目 录

第一部分

第二部分

第三部分

第四部分

引　言

> 纵观历史，紧跟着泡沫的是崩溃，崩溃之后便是惩戒性律法的出台。1999—2003 年，历史依照这个规律，一成不变地又重演了一回（Coffee，2003a，p. 46）……在 2000—2001 年高科技股泡沫破裂期间，由国际五大会计师事务所审计的上市公司，其市值损失超过 1 万亿美元。

21 世纪初，美国会计的景象发生了戏剧性的变化。20 世纪末股票市场的繁荣吸引了无数大大小小的公司。根据 Lynn Turner（2001b）的一项 2000 年的研究，1998 年，约 43.6% 的成人拥有股票（有 8 400 万个股东）。

> 这些股东来自各行各业，有年老的和年轻的，有富有的和不那么富有的……有趣的是，这些股东的一半，其年收入不足 57 000 美元，只有 18% 的股东的家庭年收入超过 10 万美元。**的确，在今天，普通股东也就是普通的美国人，他们或者就住在你的隔壁，或者就是你的叔叔或婶娘、你的好朋友，抑或就是你的家庭成员（Turner）。**

伴随 2000 年互联网公司泡沫的破裂，股市由牛市变熊市，曾在会计报告中试图掩饰其糟糕现实的公司最终露出了丑陋的面目。最早的大丑闻发生在 2000 年，施乐（Xerox）公司被指在 4 年的时间里高估利润达 14 亿美元。不幸的是，施乐并不是个案，2001 年 10 月至 2002 年《萨班斯—奥克斯利法案》出台期间，先后发生了 20 起广为人知的大丑闻，包括世界通信（World-Com）、艾德菲尔（Adelphia）、特科（Tyco）和 Golbe Crossing（见 Cohen、Dey 和 Lys，2005a）。因丑闻曝光而破产的公司令投资者损失惨重。其中最为严重的是 2002 年 5 月世界通信公司的破产，导致的损失估计约为 1 800 亿美元。

除了会计丑闻之外，因审计安然公司而倒闭的安达信会计师事务所也被认为是当今时代的一个标签。安达信，国际五大会计师事务所之一，因其达拉斯分行销毁了在安然破产案件中应提交给国会调查的文件，倒闭了。[①] 这些丑闻使投资者对资本市场

① 2001 年 10 月 16 日，安然公司宣布调减其当年税后净利润 5.44 亿美元，调减股东权益 12 亿美元。11 月 8 日，安然调整其 1997—2000 年度的报告利润，追加调减股东权益 5.08 亿美元。1 个月内，股东权益减少了 17 亿美元（占其 2001 年 9 月 30 日报告的 96 亿美元的 18%）。2001 年 12 月 2 日，安然依据美国破产法第 11 章申请破产。

的公正性失去信心。政府通过颁布《萨班斯—奥克斯利法案》于2002年7月介入此案,[①] 这个法案经美国证券交易委员会的规定而生效，并经各州立法得到强化。

对盈余管理研究的需求

变化的环境中产生了一系列的新问题，学术界、监管者和实务界无不对此十分关注。在本著作中，我们将集中探讨与公司盈余管理实践有关的问题。盈余管理，可以粗略地被定义为公司为了创造会计利润而采取的策略，这种策略“通过管理或操控会计选择和经营现金流来实现”(Plillips、Pincus 和 Rego，2003)。盈余管理对那些影响报告利润及其解释的行为来说，是一把保护伞，这些行为可以起始于对企业收益起基础决定作用的生产和投资决策，在编制会计报告时则是通过会计处理方法的选择，到最后采取行动去影响对报告利润的解释。比如，列报不按会计准则处理的利润(更通俗的名称叫模拟利润，pro forma earnings)，并要求正在怀疑其持续经营能力并准备出具审计意见的审计师，不要提及这个问题（Butler、Leone 和 Willenborg，2004)。

当今会计领域的混乱促进了对下列两类研究的需求：第一类是对如何改善这种混乱提出建议——Healy 和 Palepu（2003）;[②] Coffee（2003a)[③] 以及 Ronen（2002a，b，c)[④] 是这类研究的例证。第二类是试图为公司的盈余管理现象找出合理解释。（例如：Demski，2002；Coffee，2003b；Dechow 和 Schrand，2004；Erickson、Hanlon 和 Maydew，2004；Yaari，2005；Ronen、Tzur 和 Yarri，2006；Ronen 和 Yaari，2007)。根据上述学者的观点，如果我们知道盈余管理为什么会发生和怎样才能达到目的，我们就有能力根除它。Erickson、Hanlon 和 Maydew（2006）详细分析了对这类研究的需求：

> 历史上一些特大的会计舞弊疑案都发生在最近几年，这些案件导致会计行业发生巨变，并影响到立法和监管方面的改变。立法者、监管者、从业者和学者们都希望知道，导致这些舞弊疑案的根本原因是什么。**理解导致舞弊疑案发生的潜在动力，是从根本上防止此类事件再次发生的前提**。许多学者认为，问题的答案就是管理层获得个人利益的动因和机会。

---

① 这个法案的正式名称是：《上市公司的会计改革和投资者保护法》。

② Healy 和 Palepu 提出将董事会的审计委员会改为“透明度”委员会，由其向投资者提供能帮助他们理解公司战略的信息，从公司的愿景、使命，到目标、成功的要素及风险等。

③ Coffee 指责证券市场看门人应为会计丑闻负责，因为他们没有尽到其应尽的职责，消除管理者与外部人之间信息的不对称。

④ 在他们的研究中，Ronen 提出重构审计行业，让保险公司聘请审计师并保障会计报表的质量。见 Ronen 和 Berman（2004）以及 Dontoh、Ronen 和 Sarath（2007）。

对盈余管理的理解还可以使我们认识到，并不是所有的盈余管理都是坏事，将所有的盈余管理一网打尽，存在着“倒洗澡水连同孩子一起倒掉”的风险，正如 Arya、Glovers 和 Sunder（2003）所评述：

> 会计研究表明，盈余操纵并不是彻头彻尾的魔鬼，相反，尽管有其局限性，但它的确能推动高效率的决策。我们的观点无疑会引发争议，但值得提出来讨论：盈余管理以及管理操控与许多职能之间存在错综复杂的联系，忽略这些内在联系的会计改革很可能弊大于利。

对第一类研究，我们将重点放在财务报表保险（Financial Statements Insurance，FSI）方面，对第二类问题的研究将更为广泛和深入。当然，报表重述和盈余管理现象早在上个世纪就已经存在，[①] 对盈余管理的研究也已经开始。本著作的第一作者，Joshua Ronen 在 1981 年就与 Simcha Sadan 合作著书，探讨公司在历年的会计报告中是否存在消除波动的行为——跨期平滑——以及公司是否通过将重要交易计入经营性交易或计入非经常损益，提高了投资者的价值。Ronen 和 Sadan 的著作中最早引用的是《会计评论》（Accounting Review）上的两篇论文：Hepworth（1953）和 Cordon（1964）。[②]

接下来的部分将阐述 1980 年以来盈余管理研究的进展。我们建议对早期研究有兴趣的读者，去查阅 Ronen、Sadan 和 Snow（1997）；Ronen 和 Sadan（1981）以及 Stolowy 和 Breton（2000）。

历史透视：里程碑

对会计领域以及会计研究的历史划分，是以少数几个对我们了解和理解盈余管理有重大影响的事件为标志的。我们将这些里程碑分为理论研究的贡献、实证研究的贡献和监管革新 3 个部分。

在理论研究方面，博弈论在会计研究中的运用开创了会计研究的新领域，其中包括：

- Lamber（1984），研讨了现实的收益平滑行为，认为这是管理者利用生产及投资决策的弹性来降低公司价值波动幅度的策略。Lamber 将收益平滑解释为管理者与所有者之间委托代理关系的结果。
- Dye（1988）阐述了粉饰性盈余管理的内部与外部需求。内部需求主要源于管

---

① 20 世纪末的丑闻包括：废物管理（Waste Management）、微观策略（Microstrategy）、Rite Aid、Cendant、Sunbean、Oxford Health、McKession HBOC 等。《会计与审计实施手册》第 1405 号（SEC，2001 年 6 月 19 日）指出：1998 年 2 月，废物管理公司声称将重编其 1997 年前三季和前 5 年即 1992—1996 年的财务报表。

② 《公司交流》杂志（*Journal of Corporate Communications*）（2002 年 8 月 22 日）上的一篇摘要引用了 20 世纪 30 年代的会计丑闻。

理者与所有者的委托代理关系，外部需求则是因为资本市场需要对公司进行估价。

• Dye（1985a）；Arya、Glover 和 Sunder（1998，2003）以及 Ronen 和 Yaari（2002）挑战了显示性原则的运用。显示性原则是一种博弈工具，这一原则表明，无论拥有私人信息的博弈双方在博弈中达到怎样的均衡，将分析限制在另一个双方都了解真相的平衡中，都不会失去其普适性。显示性原则对形式上的盈余管理分析的价值提出了质疑。

• Sankar（1999）；Ronen 和 Raari（2001，2002）以及 Ronen、Ronen 和 Raari（2003）等考察了盈余管理对放大盈余反应系数、自愿性信息披露和附加信息需求的影响。

在实证研究方面，将研究重心转移到研究引证管理层什么时候需要进行盈余管理，该方面的研究成果颇丰：

• Healy（1985）的研究表明，如果报酬合约没有规定更高利润会增加他的奖金，经理人可能会选择降低利润的计量方法，结果就是公司私藏了利润。

• Schipper（1989）讨论了盈余管理的不同定义（见本书第 2 章），并批判性地总结了实证研究的最新发展。《会计研究》杂志的研讨会结束之后，她的评论发表了，题为：《管理层影响报告时间和扩大应计会计的能力和动机研究》。在这次研讨会上关于盈余管理研究的文献，被引用最多的是 McNichols 和 Wilson（1988）对坏账费用操纵的研究。

• Jones（1991）在考察进口减免时对利润数据进行调整，将操控性应计利润与非操控性应计利润进行了区分。随后，Dechow、Sloan 和 Sweeney（1995）；Bartov、Gul 和 Tsui（2000）；Dechow 和 Dichev（2002）；kang（2005）；Kothari、Leone 和 Wasley（2005）；Ye（2006）以及 Yaari、DaDalt、Roneen 和 Taari（2007）都探讨过运用区分操控性和非操控性应计利润的方法甄别盈余管理的问题。

在监管层面，我们发现了下述重大的进展：

• 1998 年，当时的证券交易委员会主席发表题为"数字游戏"的讲话，预示了即将会有旨在加强会计盈余质量的监管措施出台。这些措施包括：SAB98（重要性）、SAB 100（时间和重述确认）、SAB101（收入确认）。

• 2002 年的《萨班斯—奥克斯利法案》。该法案促成了上市公司会计监管委员会的诞生，该委员会是一个独立的机构，负责发布审计及道德准则，该机构的出现有效取代了会计师行业的自我监管。

• 加强了对会计和会计报表的监控，比如在本书撰写期间证券交易委员会增加雇员 800 人。

写作本书的目的在于对盈余管理提供一个全方位的观察并促进下一步的研究。尽管在此之前已经有了部分文献综述（比如，Schipper，1989；Healy 和 Wahlen，1999；Stolowy 和 Breton，2000；McNichols，2000；Beneish，2001；Fields、Lys 和 Vincent，2001），但我们相信，我们涉猎的宽度和广度可以在该领域为读者提供一个完整的图画。由于相关的参考文献有将近 2 000 个条目，我们拟将重点放在近期的研究上。

本书内容的安排

本书共分 4 个部分：概念框架、会计界和实证研究成果、理论贡献和实证研究设计。

第一部分，我们从财务信息使用者的角度解释为什么他们重视盈余，这也反过来解释了为什么需要盈余管理。本部分还讨论了盈余管理的定义。

第二部分，我们将进行对会计界的回顾，并介绍主要的参与者以及与他们相关的盈余管理事件。我们将参与者分为 3 大类：管理层、其他利益相关者（比如股东、债权人、雇员、顾客和供应商）和具有监管价值的看门人（比如分析师、董事会、审计师和新闻媒体）。在我们的分析举例中，管理层进行盈余管理的目的是为了增加管理者的补偿价值；而债权人推动的盈余管理，是为了公司不违背借贷契约；分析师则是为了配合公司达到或者超过市场预期。

第三部分，我们将讨论理论研究对文献的贡献，并将这些研究按照盈余管理的行为方式加以分类：

- 告知真相（揭示真相）类——会计处理方法的选择是中立的。
- 平滑收益类——通过高估较低年份的收益和低估较高年份的收益来减小各期报告盈余的波动幅度。尽管从长远来看，在多个报告期内，公司的平均报告盈余与平均经济收益将会相等，但各期报告盈余之间的差异则缩小了。
- 收益最大化与收益最小化行为和大清洗。公司高估、低估或过分低估收益（冲销资产、预计未来费用和进行广泛的清洗）。①

第四部分，我们将描述盈余管理实证研究的状况。我们的讨论从应计利润开始，因为大量的研究都考察了对应计利润的管理。要理解什么是应计利润管理，首先需要熟悉不被管理的应计程序。我们还将回顾以 Ronen 和 Sadan（1981）为起始，以 1991 年 Jones 模型为终点的盈余管理研究进程。本部分的最后一章将讨论 Jone 模型的修正和对盈余管理的其他检测方法。

致谢

我们衷心感谢我们的同事，感谢他们有价值的贡献和讨论中给予的鼓励。他们

---

① Mulford 和 Comiskey（2002）将“大清洗”定义如下：“成批地冲销资产和预计负债，编制极稳健的资产负债表使之没有费用拖累未来的收益。”

是：Bill Baber、Sudipta Basu、Donald Byard、Masako Darrough、Salma Ibrahim、Joseph Kerstein、Joseph Tzur、JimmyYe 和 Amir Ziv。同时，也要感谢我们的博士生提出的有益建议。他们是：Nana Amosh、Loretta Baryeh、C. J. Alina Lerman、Arthur Wharton 和 Willians。我们还受益于我们的编辑 Harry Butler。这里还要特别感谢我们的家人，他们是：Ruth、Tavy 和 Asaf Ronen 以及 Uzi、Hila、Linor 和 Rona Yaari。本书第二作者还要感谢摩根州立大学提供的研究支持。

我们期望本书能向读者描绘会计界和会计界的参与者以及他们的各种动机，还有各类参与者之间的相互作用。至今为止我们收到的反馈表明，这些目标都能够实现。愿读者们心情愉悦地享受阅读过程，同时又有不少的收获。

欢迎读者提供反馈意见，请将意见发至下列邮箱：jronen@ stern. nyu. edu 和 vardayaari@ gmail. com。

第一部分

在引言中，我们描述了盈余管理的演变及其近年来导致的会计丑闻。在具体、深入剖析为什么会有、怎样进行盈余管理以及盈余管理如何产生影响之前，我们将提出并试图回答盈余是否重要、盈余为什么重要的问题。与此同时，我们还将讨论区分管理盈余与未管理盈余的重要意义。第 1 章，我们将从不同的会计思想流派去解释为什么盈余是重要的。第 2 章，我们将列出并讨论盈余管理的定义，以及盈余管理是如何实施的。

第 1 章　盈余的重要性

本章将分析作为管理和操纵对象的盈余为什么如此重要。下一章，我们将正式给出盈余管理的定义。迄今为止，人们对盈余管理给出的定义并不是很严格，仅仅涉及影响报告盈余的行为以及对这些行为的解释。[①] 某些读者可能会认为，盈余的重要性是不言而喻、不必讨论的，因为盈余是对最终业绩的衡量。然而有证据表明，在一些特定的行业，财务报表中的其他指标远比盈余重要。其他业绩指标包括收入、息税前盈余（EBITA）、资本性支出；资产负债表的项目如资产和负债；经营现金流；或者其他各种非财务业绩指标。例如，Francis、Schipper 和 Cincent（2003）根据标准普尔行业调查数据，曾列出经常使用的业绩指标。具体见表 1.1。

表 1.1　特殊行业常用的业绩评价标准

业绩评价标准	行业
盈余	通讯设备、计算机、半导体、多种经营的金融服务、保健、房屋及耐用品投资服务
息税前盈余（EBITA）	石油和天然气设备及服务、保健设备、电信通讯
经营活动产生的现金流	化学、工业金属、纸和其他森林产品
非财务指标	航空（收入/人英里、成本/有效座位英里、装载因素） 住宅建造（新订单价值和未交货订单的价值） 零售餐馆（等量分店销售）

我们认为盈余是管理层对会计数据进行管理的最终目的。本章其余部分将阐述有关盈余重要性的其他学术观点。理解为什么盈余会特别地被管理，无论对分析性还是对实证性研究都至关重要。分析性模型就是用研究者选定的变量建模并从中推断出盈余管理，理解盈余的重要性有助于这些变量的选择。我们将在第三部分讨论分析性研究。实证研究则提出并剖析可进行实证检验的命题。同样，理解盈余的重要性对于提出假设、选择控制变量和构建样本等环节都至关重要。例如，Palmrose 和 Scholz

① 定义中之所以包括解释，是因为我们将模拟盈余也作为盈余管理的一种形式。虽然准则盈余属于未管理盈余，但非准则盈余将会影响对准则盈余的解释。

(2004) 发现在会计报表重述中，被重述的最大单个项目是收入。假如收入是盈余管理的目标，受影响的盈余只是收入管理的一个副产品，那么，实证研究设计就应该重点关注收入，而不是盈余。我们将在第四部分讨论实证研究设计。

§1.1 会计的双重角色

由于会计信息通常被认为是很重要的，因此盈余信息也是重要的。传统上，会计信息的价值表现为这类信息的双重角色：信息观和经管责任观（Ronen，1979；Gjesdal，1981；Dye，1988；Antle 和 Demski，1989；Antle、Demski 和 Ryan，1994；Natarajan，1996，2004；Rajan 和 Sarath，1996；Narayanan 和 Davila，1998；Sunder，1997，2002；Bushman、Engel、Milliron 和 Smith，2000；Lambert，2001；Baldenius、Melumad 和 Ziv，2002；Christensen 和 Feltham，2002，2005；Baldenius 和 Ziv，2003；Christensen 和 Demski，2003；Feltham、Indjejikian 和 Nanda，2006）。

信息观源于投资者对信息的需求，以预测未来现金流和评估其风险（SFAC No. 1，AICPA，1994；AIMR，1993）。[①] 大量的文献通过盈余数据与股票价格之间的经验证据，阐述了会计的这一角色。我们不可能回顾所有文献，作为举例，这里仅仅提及 Francis、Schippper 和 Vincent（2003）的研究。该研究发现，与现金流、销售收入及其他报表数据相比，报告利润与股价之间的相关性更强。

会计的经管责任观根源于上市公司所有者与管理者的分离，这种分离将管理者（经理人）置于股东受托人的位置。但经理人作为个人利益最大化的经济人，与股东的目标难以保持一致。就股东而言，他的目标是：在经理人行动之前考虑怎样激励他们，使其目标与自己的目标一致，行动之后则需要信息来对其加以监控。正如 Watts 和 Zimmerrman（1978）指出：财务报告的功能之一就是约束经理人使之为股东利益效力。

会计的双重角色只是部分地解释了盈余的重要性，因为其仅仅关注了股东和经理人，忽略了其他利益相关者，比如供货商、雇员和监管者等（详见 Tirote，2002）。此外，盈余作为携带信息的信号，其作用也是不确定的。信息观被质疑还因为华尔街宁可相信模拟利润也不愿相信依据公认会计准则（GAAP）编制的报告利润（见 Bradshaw 和 Sloan，2002；以及本书第 2 章）。报告盈余与股价之间的相关性一直在下降，具体地说，就是盈余反应系数（ERC）这一衡量盈余对股价波动的影响程度的指标一直在下降（见 Sinha 和 Watts，2001；Dontoh、Ronen 和 Sarath，2003）。就经管责任观而言，以所有者权益为基础的经理人激励计划，削弱了盈余与管理者报酬之间

---

① AIMR 报告的第 97 页指出：“编制和公布财务报表是为了提供自由资本市场运作所需要的信息。”

的相关关系（Murphy，1999；Bushman 和 Smith，2001）。[①] 由于盈余仅仅是影响估价的因素之一，盈余影响因素所占比重的下降，会使管理层从成本效益角度考虑降低进行盈余管理的动机。换句话说，如果盈余对股价的影响非常小，那么，盈余管理的收益就非常小，公司也就不会花费巨大成本来提供盈余信息并进行盈余管理。

下面我们将从学术的角度解释盈余的价值。

§1.2　盈余的价值相关性

因为会计信息的生产者和提供者都是企业，所以，很自然地，我们可以透过企业理论来探讨盈余的重要性。尽管我们希望有个单纯且容易理解的定义，但因为模型的局限性，难以做到。Baintridge（2002）曾说：

> 学术理论如果想要超越简单的描述，就必须将其嵌入某一特定的模型以引导分析。但不可避免地，人类认识的局限性要求我们采用的这些模型可以产生简化的假设。

我们确认了 3 种主要的用于定义企业的学说，正是这些定义构造了会计理论：

- 成本性契约观
- 决策观
- 法律政治观

上述学说的基础，是上市公司所有权和管理权的分离，即股东拥有公司，但管理层控制公司，二者之间的利益存在冲突，双方都非常理性。所谓理性，是指存在追逐个人利益的机会主义行为。[②]

企业的大多数决策由管理层而不是股东完成，这加剧了二者利益的冲突。管理层的决策不一定符合股东的利益。因双方都很理性，因此都会选择有利于自身利益的行为，而不考虑对方的利益。

三种学说有相似之处，但也有区别。区别主要表现在两个方面：一是关注了会计盈余的受众（以下简称外部人）在不依赖会计信息的情况下对企业实际经济盈余的

---

① 除此之外，还有人认为，因为报告盈余激励管理者注重股东的利益，因而短视，只注重季度业绩，牺牲企业的长期利益。当我们注意到，当股东的视线正由短期（比如当日买卖的炒家）转向长期（比如价值投资者）时，这一批评就显得非常关键。有一趣闻可为例证：A. R. Sorkin 报告（见《纽约时报》，2004 年 8 月 8 日，“向公众吻别”），一家电缆公司，Cox 通讯的控制者决定将该公司下市：“向价格收报机说再见引起这么大的争议意味着什么？”

Cox 和其他考虑下市的公司似乎正为恼人的投资者、季度盈余目标和事后诸葛亮式的研究分析而心烦。

② Kreps（1990）讨论效用最大化与机会主义行为的区别：

要想简单区分自我利益者与机会主义，试想一个完全诚实的人，从不食言而且如实告知她所知道的，但她仍然想最大化她自己的福利，这就是自我利益者。而机会主义者会食言，也会在需要的场合讹传事实。而且，我们将机会主义的含义延伸，用以表示当别人需要他提供信息时，他拒绝披露他自己有其他人没有的信息。

了解程度。如果会计信息没有传递增量信息，盈余就不可能具有价值。二是考虑了远距离的股东和其他外部人决策权力的大小，他们可能会因为没有权力而无法做出正确的选择，这个视角表明：即使会计数据传递了有用信息，也仍然有可能无关紧要，因为这些信息没有经济后果。

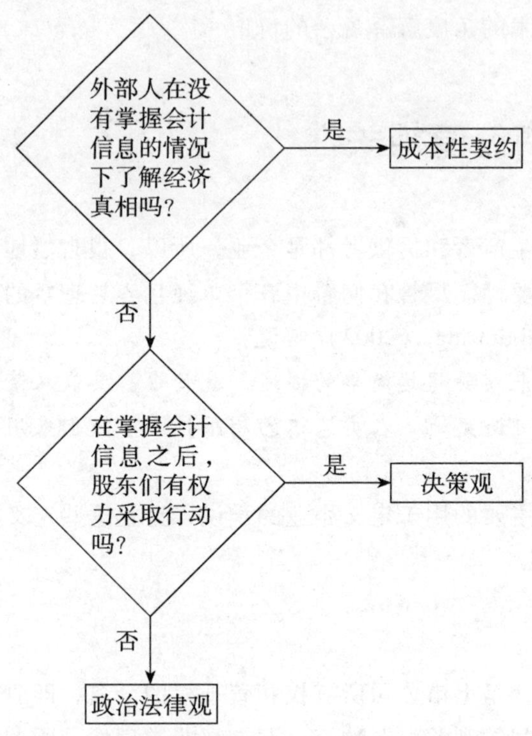

图 1.1　用以解释盈余重要性的三种不同学说

成本性契约观假设股东完全拥有认知（并隐含权力假设）。该学说与决策观和法律观的主要差异，在于后者采用了“信息视角”（information perspective）（Healy 和 Palepu，1993），其基本信条是：在管理层和股东之间存在信息不对称，管理层具有信息优势。

决策观和法律政治观的差异在于二者对股东的假设不同。前者假设股东有权力但没有认知，后者假设股东既没有权力又没有认知，因而完全无力监控管理者。

§1.2.1　成本性契约观

1.2.1.1　基本观点

企业被定义为一个契约集（Cosse，1937）。[①] 契约由企业与外部人，比如债权人，以及企业与内部人，比如管理者和雇员签订。

---

① 企业是一个契约集的观点早于 Rochester 思想学派。现在称为卡内基学派。进一步讨论见 Sunder (1999)。

对正式书面契约而言，契约存在的理由是契约各方存在利益冲突。例如，债权人希望企业在归还其本金之前不要向股东支付红利。雇员希望有更多福利而业主希望向雇员支付更少的福利。

给定管理层与股东之间的利益冲突，将盈余视为业绩评价指标以便股东能够监控管理层就显得理所当然了。具体地说，会计数据就是签订企业契约的基础。将会计信息作为签约基础，是因为会计信息可以被各方观察到，契约因而可以被设计为可由与契约无关的外部人，比如仲裁和法庭来强制实施。但如果签约双方都已经了解了会计数据后面的所有经济事项，会计数据仅仅被视做衡量和说明公司业绩的语言，那么，会计数据的作用就与用来签订契约的任何一种语言（比如英语或法语）没有区别了。

会计数据在什么情况下会有价值？只有在契约无法按经济环境的变化调整到理想状态，或者这种调整非常昂贵以致签约双方都希望能避免这种调整时，会计数据才有价值。比如，假设在企业与其债权人的债务契约中规定了一些限制条款，其中之一是，如果公司的盈余低于极限值 K，公司就不得向股东发放红利。再假设有这么一种情况，公司盈余下降了，但并不是因为财务状况恶化，而是因为财务会计准则委员会（FASB）颁发的新的计量准则降低了报告利润。这个利润数据具有经济后果，是因为该数据将导致公司不得向股东支付股利。但是，如果盈余数据接近这个极限值的公司能够与债权人重新谈判使其降低这个极限值，那么新颁发的这个计量准则就没有经济后果。

Watts 和 Zimmerman（1990）指出：

> 信息论之所以没形成能解释会计选择的假说，是因为在实证研究所依据的财务理论中，会计选择本身不能影响公司的价值。在 Modigliani 和 Miller（1958）和他们的资本资产定价模型中，信息无需成本也没有交易费用。因此，如果会计方法不影响税收，也就不会影响公司的价值。在那种情况下，预计和解释会计选择都没有依据。会计没有价值相关性。

契约的不完备性和机会主义两种情况相结合，致使契约无法完全根据经济状况的变化调整到理想状况，于是会计数据就变得重要了。[①] 契约不可能被设计得十分完备，不可能详细说明未来所有可能的事项。由于很多未来不确定事项是契约各方无法预料的，因而契约不可能完备。契约不完备本身并不能使会计信息变得有价值，因为契约各方可以通过不断修改契约使其能够反映情况的变化，而且，如果签约的任何一方存在机会主义行为，另一方也可以不接受契约的修订。例如，假定一个合资企业的签约双方约定，如果盈余高，则 90% 的盈余奖励给 A；但如果盈余低，则 90% 的盈余奖励给 B。他们签订了协议，规定以 2 000 万美元为界，高于 2 000 万美元为盈余高，低于 2 000 万美元为盈余低。现在，假定经济情况发生了无法预料的变化，这个

① 研究交易成本的经济学家认为一项给定的交易之所以由公司类的机构完成而不是由公开市场的若干交易来实现，是因为前者的交易成本更低。是 Williamson（1985）和其他研究交易成本的经济学家，认识到机会主义和契约的不完备所导致的交易成本的重要性。

界限应该调整为2 200万美元。如果该企业的实际盈余为2 100万美元，则从经济情况看，10%的利润应该分配给A；但法律上说，90%的利润应分配给A。很明显，A肯定不愿意修改原契约规定的界限。

初一看，成本性契约观似乎只适用于那些没有充分的讨价还价余地的契约，而实际上讨价还价是一个非常普遍的现象。如果公司给付经理人报酬的备选方案会使股票价格下降，从而导致这种报酬"没有含金量"，董事会就可能会选择另一种报酬的给付方式。如果公司在技术层面未能履行债务契约中的约束条款，则债权人可能出具一份弃权书；但如果公司未能归还贷款，债权人则可能会要求重新讨论债务契约，甚至要求将债权改为股权。① 因此，成本性契约观的另外一种表达就是：签约活动以及重新谈判的成本都很高昂，这高昂的成本可以由更好、更有效率的会计计量来降低。

Lambert (2003) 指出：

> 20世纪70年代末期产生了以契约理论为基础的研究会计角色的新视角……即使是精明的签约人，也只能将其精明局限于签订较为复杂的契约，即在契约中设定多种或有情况并规定多种绩效衡量指标。通过公司治理程序来约束经理人也仍然是一种昂贵且费时的程序。根据这种观点，**好的综合性的计量，不需太多，就已经是很有价值的了，因为能够降低契约成本，而这个成本，从比较广义的定义上说，是非常高的。**

这就是说，会计数据很重要，因为其对未来不确定事项的更好的计量可以降低契约的不完备程度，因而降低对昂贵的再次谈判的需求。

从这个角度探讨会计数据的价值，则很多现象可以得到解释。比如，Beatty、Ramesh、Weber (2002) 研究了会计数据计量弹性的成本，这种弹性是借款企业希望用在其借款限制条款的相关计算中并愿意为此承担成本的（借款合同中包括以会计数据为依据的限制条款）。他们发现，如果在借款合同中限制自觉（被动）的会计变动，利率成本可以降低84（71）个基点。这个发现表明，借款企业为了防止未来无法满足限制条款，愿意支付会计计量弹性的成本。

会计数据对契约的重要性还解释了股市对一项交易的两种不同会计确认方法的不同反应：第一种是将该交易作为成本反映在当期利润表中，另一种是将其在会计报表附注中加以披露。上述两种方式传递的其实是相同的信息，但差异在于对会计数据的影响上，这些会计数据被企业及其参与者作为签订正式契约的基础。值得一提的例证包括：以股票为基础的报酬（Espahbodi、Espahbldi、Rezaee和Tehranian，2002）和冲销资产（Aboody，1996）。②

---

① Asquith、Beatty和Weber (2005)，研究了包含绩效定价的银行债务契约（不同于公共债务）。绩效定价条款将利率与借款人的绩效联系起来，具体地说，如果借款人的信用等级提高（降低）了，利率随之降低（提高）。因此，绩效定价就是协商-举证契约的例证，因为契约条款中已经规定了信用等级变化可以导致对利率的再协商。

② Hirshleifer和Teoh解释与实际现金流不相关的会计信息的重要性。会计报表对决策者而言很重要这个事实，是经验证据研究所证明了的。

实证会计理论倡导者的观点与成本性契约观非常接近（Watts 和 Zimmerman，1978，1986，1990）。当我们的注意力还集中在由契约执行人签订的正式契约上时，实证会计理论已经意识到契约还可以涵盖其他情形，比如税收和受其监管的行业。企业和监管者之间的契约是一种公共契约。虽然没有任何人与监管者签订正式的书面契约，说明作为回报，交了税的人可以得到社保和接受教育，但所有人都会交税并期望得到联邦或地方政府的服务以作为回报。这类公共契约的问题在于，即使某人对现行状况非常不满意，也不能停止交税，只能盼望政府能有所改变。

1.2.1.2　盈余管理观

依据成本性契约观，盈余管理是一种机会主义行为，盈余管理追逐的是签约双方签订的正式合同中所确定的目标数据。例如，如果债务契约的限定条款中规定了应获得的最低盈余数，公司就非常有可能进行盈余管理，高估其盈余使其不违背限制条款。

我们将在第 2 章给出盈余管理的定义。这个定义以被管理盈余对其使用者提供丰富信息为基础。与成本性契约观相关的学派可能更喜欢这样一个定义："盈余管理是一种会计选择，这种选择或者是机会主义的，或者是经济上高效率的"（例如：Watts 和 Zimmerman，1990；Fidlds、Lys 和 Vincent，2001）。当盈余管理能最大化公司价值时，其被认为是经济上高效率的；否则，就被认为是机会主义的。

从盈余管理角度看契约昂贵理论，其局限性在于盈余管理现象被局限于一种情况：契约或者不能根据经济条件变化加以调整，或者再谈判的成本非常高昂。有趣的是，对于有监管者参与的公共契约来说，契约根据会计选择来调整的可能性非常小，因为政府雇员没有动机去启动这些调整。Jones（1991）指出：

> 如果管理者相信监管机构不会完全调整他的选择，他就会有很强的动机选择提高利润的会计处理，公众或者监管机构都不会认为自己被公司内部编制的会计数据愚弄了。相反，监管者们或者被"捕获"了，或者简单地认为废除报告数据成本过高。

§1.2.2　决策观

1.2.2.1　基本观点

决策观认为企业是一个契约集，这些契约都是由个体内生设计的（Jensen 和 Meeking，1976）。因此，我们应重点关注设计这些契约的决策者。Sunder（1996）指出：

> 在企业的契约模型中，我们假设每个参与的人都追逐各自的利益，他们在企业组织中合作，仅仅限于在他们认为这种合作对他们有利时。**组织本身并不需要一个目标，只有参与这个组织的人需要。**

决策观将企业视为一个社会机构，这个机构的产出是多个决策者共同作用的结果，这些决策者或者通过正式的书面契约，或者通过非正式的隐性契约建立起彼此的关系。[①] 因此，学习和理解企业的行为，就是找对这些关键决策者的位置，以及他们在公共产出中的利益。从决策论角度，盈余对企业为什么重要这个问题，应该重新被表述为：盈余对那些有权决定这些盈余数据的决策者而言为什么这么重要。[②]

决策论根植于博弈论之中，它的产生是受了 Neumann、Morgenstern 和 Savage 等人始创的理性选择数学模型的启发。从时间上说，它早于成本性契约观。决策论的考察对象是单个决策者，他的个人偏好可由一个排列不同结果的效用函数所概括（比如，每个雇员都更喜欢高薪金而不是低薪金）。每个决策者都是理性的，他的决策行为都在最大化他的期望效用。

有一决策 d_i^* 对决策者 i 来说是理想的，如果这个决策能最大化他的效用 EU_i 的话，他必须从可行的备选方案 D_i 中选择一个，并知道他的选择 d_i，和其他相关决策者的选择 d_{i-1}^* 将会使其获得下述社会产出中属于他的部分 s_i：

$$d_i{}^* \in \arg\max_{d_i \in D_i} E_{s_i} U_i(s_i \mid d_i,\ d_{i-1}^*) \tag{1.1}$$

决策者的份额 s_i 部分地依赖于其他决策者的行动。例如，一个有权力采取行动去影响报告盈余的 CEO 知道报告盈余可影响股票的价格，而股票价格会影响其股票期权的价值，但股票价格不是由他决定，而是由市场中的分析师、投资者、经纪人和监管者等决定的。

强调最佳决策[③]意味着任何能提供决策相关信息的会计数据都有价值。（反之亦然，那些没有增量信息含量的会计数据就没有价值）。具体地说，预期效用的计算需要理解 s_i 怎样携带期望值 U_i 和其他决策者的回应怎样影响 s_i（见 Christensen 和 Feltham，2002）。

在那些需要预测未来盈余数据的决策中，比如企业估价，或者需要评估风险的决策中，比如投资或借债给一个企业，盈余数据显得特别有价值。而且，由于盈余数据和其他财务会计数据都是公开信息，所以，这就不仅决定了这个已知决策者自己知道哪些信息，还决定了他认为别人知道哪些信息以及哪些别人知道的信息是他自己也知道的，如此以致无穷（Sunder，2002）。这个无穷尽的“知道金字塔”就是博弈中所谓的公共知识结构。它有可能通过对博弈各方期望值的影响，最终影响

---

① Sunder (1996) 指出：将企业或组织当做人与人之间的契约的集合，通常会给我们带来很大的方便。这里契约一词的含义是宽松的，而不是一个法律或书面的安排，契约只是对各个参与者的行动的相互理解或预期(p.2)。

② 在无数的应用中，如果我们将决策者确认为签订并执行契约者，则罗切斯特学派和决策学派可以合二为一。但是，加入一般意义的盈余和盈余管理变量，两个学派的理论分歧就出现了，对盈余为什么有价值的问题，就有了不同的解释。

③ Amershi 和 Sunder (1987) 解释为什么理性的管理者会做出愚蠢的决策。被激励为股东实现价值最大化的管理者，可能得到的是一个错误的投资价值模型。被认为可以纠正管理者错误决策的股价，常常不能达成这个目标，因为股价有太多噪音干扰，使管理者无法从中认识到自己的错误。

社会产出。

以下一些特征可以将成本性契约观和决策观加以区分。首先，决策观假设决策者没有充分掌握信息，这就导致了对会计数据中所含的信息的需求。[①] 其次，决策观接受隐性契约。隐性契约怎样影响理性的行为？答案可以从博弈论中获得。理性决策者假设意味着每一个参与者都能形成正确的预期（Kreps，1990）并因此能选择最佳的行动。所有决策者的最佳行动集中在一起将得到一个均衡，这里，均衡是指所有的参与者选定一个不会被任何参与者单方面背离的策略。[②] 这时，行动的选择过程是自我完成的契约，对未来的预期也是在没有明确的契约的情况下完成的。而且，公司与其利益相关者之间的重复关系可能导致隐性契约的产生，这些隐性契约以不言而喻的相互合作为基础，因为如果一方不合作，就会在下一轮的签约过程中被其他受害方所惩罚。Scott（2003）总结了隐性契约的重要性：

> 隐性契约中也会产生盈余管理的动机，隐性**契约**又称为关系契约。隐性契约不是像管理者报酬合同或借款合同那样的正式契约，而是在公司与其利益相关者（比如股东、雇员、供应商、债权人和客户）之间持续不断的关系中生成，表达的是建立在以往交易方式上的对日后行为的预期。例如，如果公司及其管理层能在履行正式合同方面建立良好的声誉，其就可以从供货商那里获得更好的交易条件，从债权人那里获得更低的利率，等等。结果，契约各方也真的就会如此行动，就好像这些优惠条款实际上已经存在一样。依据……博弈理论……管理层及公司各方利益相关者要想得到合作结果而不是纳什均衡，相互之间就必须充分信任。[③]

1.2.2.2　盈余管理观

强调盈余在决策中的价值意味着，如果以被管理盈余为依据的决策和以未被管理盈余为依据的决策没有差异的话，那么盈余管理就是无关紧要的。当参与者丢开会计数据去理解数据后面的经济业绩时，这种情况就可能发生。但是，这就需要所有的参与者都有恰当的计量模型，并了解盈余管理的努力方向。这时，只有当盈余管理正是对参与者预期的最佳回应时，公司才会进行盈余管理，因为如果参与者预期公司将会进行盈余管理而公司却没有这么做，参与者的反应会使公司受到惩罚。例如，如果公司外部人预期公司将高估 10% 的利润，但实际上公司是如实报告，那么，该公司的

---

① 注意到契约是对预先规定的行为的承诺。因此，在盈余数据披露之前，契约中早就已经规定了以盈余数据为基础的不确定事项发生后的行为。这里并不存在有意义的新东西。对决策学派来说，决策之前，最需要的是信息。因此，不同的信息含量导致不同的行为以及不同的现金流量后果。

② 在博弈论中，如果不能订立书面的正式契约，这个博弈就是非合作博弈（Harsanyi 和 Stlten，1988）。这个问题因 Selten（1965）的最佳纳什均衡理论得以解决。根据纳什均衡理论，博弈树被分裂为各个子博弈，每个子博弈中的选择都是理想的。

③ Bowen、DuCharme 和 Shores（1995）就是列示为了隐性契约进行盈余管理的例子。在该项研究中，他们选择会计技术的目的是为了在公司的利益相关者中获得良好的声誉。

诚实报告也会被外部人打10%的折扣，并伴随公司股价下降的可怕后果。这就是众所周知的“信号堵塞动力”（Stein，1989；Dye，1988）。Elitzur（1995）运用这个动力来解释会计监管的作用。是监管决定了盈余管理的机会以及市场对盈余管理的认知程度。

鉴于在最近的会计丑闻中投资者遭受的数以亿计的损失，认为盈余管理无关紧要的观点，确实令人非常难以接受。上述的争论是建立在市场参与者能够完全预计到盈余管理的动机这个假定的基础之上的。而且，在博弈论理论框架内，这个假定可以放宽条件。例如，Ronen和Yaari（2002）讨论《1934年证券和证券交易法》中的规则10b-5对自愿披露动机的影响。我们假设投资者不会去观察经济盈余数据，而公司报告数据的审计也不是无可挑剔的，也就是说审计师很有可能没有揭示出真相。因此，优良的业绩报告实际上表明了两种可能：或者是公司报告了事实，或者是公司成功地进行了盈余管理。由于非常难以判断上述两种情况到底属于哪一种，市场只能对报告的利润打折扣。但是，被打折的市场价值仍然可能被高估，因为市场仍然在一定程度上认定了报告利润的真实性。① 结果，当业绩差的公司装扮成业绩好的公司与其混在一起时，就会产生机会主义的盈余管理行为。

“所有的市场参与者都理性”这个假定局限了盈余管理的范围。由于盈余管理的有害性，受其损害的参与者理应对其予以制止，除非制止的成本高于制止的收益。Ronen和Yaari（2007）曾设问：

> 既然股东与经理人充当的是主人与代理人的角色，而盈余管理又是如此有害，主人为什么不设计一份激励代理人讲真话的契约呢？

我们基于下述事实来给出答案：激励代理人讲真话的契约中必须有对不讲真话的惩罚，而经理人在其所得报酬内只承担有限的责任，责任的有限性导致对经理不如实报告的惩罚成本太高，因此，激励盈余管理行为的契约可能比激励讲真话的契约更为现实。

§1.2.3 法律—政治观

1.2.3.1 基本观点

法律—政治观是今年由下述研究提出来的：Hart（1995a，b，2001）；La porta、Lopez-De-Silanes和Shleifer（1999a）；Bebechuk、Kraakman和Triantis（2000）；Bebchuk和Hart（2001）；Bebehuk（2002，2005a，b）；Bebchuk、Fried和Walker（2002）；Bebehuk和Fried（2003，2004）；Monks和Minow（2004）；Niskanen（2005）。

如果说企业是一个契约集，则法律-政治观关注的是管理层与股东之间的签约关

① 一个简短的数字例子可以解释这一争议。假设一家业绩良好的公司价值为1，一家业绩差的公司的价值为0。用P代表公司的价格，如果市场上只有一家公司说实话，则市场价格为P（业绩好的公司）=1；P（业绩差的公司）=0。上述不同的市场价格意味着当公司业绩很差时，其就会有动机去误报业绩。

系，而把与其他利益相关者的契约看做是股东与管理层契约的附属。Niskanen (2005) 指出：

> 认为公司经理人还应该对受其决策影响的其他利益相关者负责，比如雇员、债权人、地区社团、环境等……我完全不能接受这种观点……虽然我理解企业与这些利益相关者之间的契约是不完备契约，但这些契约比企业与股东之间的开放契约要完备得多。如果其他利益相关者的利益与股东利益一致，好的经理人就自然会关注各个利益相关者的利益。但如果要让经理人对公司各方利益相关者都负责，就一定会大大提高经理人的管理操控程度，使得他们最后对谁都不负责任。

像前述两种论点一样，法律—政治观也认识到管理层与股东之间的利益冲突。具体地说，企业本来就是为了将资产集中起来创造现金流的，但是，在一个典型的由管理层控制的企业里，这些现金流的所有权不属于有权决定怎样管理资产的人。管理层拥有决策权，他们的使命就是采取行动管理企业的资源和资产，创造源源不断的盈余。盈余可用来证明持有公司股份的是股东，管理层仅仅是代表公司与其他参与者做生意。拥有现金所有权的人非常清楚（至少在美国模式下是如此），只有持普通股的才是公司的股东。从法律上说，他们拥有剩余要求权，但实际上没有人能保障他们得到任何现金。

管理层与股东之间的差异之所以十分需要关注，在于二者之间存在内在的利益冲突。双方都追逐各自的利益，但没有任何一方能使其利益得到优先保障。股东希望自己能做出高效的投资决策且其投资能有回报，管理层则关心其报酬、晋升、任期和声誉等。因此，比方说，如果公司业绩很差，投资者希望越早知道越好，但管理层为了得到高薪酬（或为了暂免问责等待时机好转）却希望尽量推迟报告坏消息，因为他们的任期和报酬都与报告的业绩直接挂钩。

然而，如果所有者能够有效地引导管理层，则这些利益冲突并不足以引发盈余管理。从法律上说，所有者对于那些影响他们股权价值的决策，几乎没有权力干预。例如，恶意收购被认为是一种处罚管理层的机制（见 Bechit、Bolton 和 Roell，2003）。20 世纪 80 年代恶意收购非常普遍时，法律规定公司可以按照法律条款提高恶意收购者的收购成本，相关的做法被称为"毒丸"，提高收购成本的结果就是恶意收购的日益减少（Holmston 和 Kaplan，2001）。再例如，股东对公司是否发放股利没有话语权，这是由代表股东[①]利益的董事会决定的（Bebchuk，2005a）。Robert Monks，一个激进主义股东，曾经说："美国的股东不能提名董事人选，不能挪动他们，也不能——除非 SEC 想要这么做——将建议传递给他们。对于 2006 年美国股东的情况来说，民主是一个极其具有误导性的描述"（《经济学家》，2006 年 3 月 11 日）。前证

① Becchuk (2005b) 考察股东是否会提议一个董事局候选人，来替代现任管理层提名的候选人，以及他们是否成功。规则是掌握多数选票的团体赢。但他发现这种情况很少出现，赢的少。我们注意到，如果没有替代候选人出现，则股东大会上会以多数票选出董事局，因为只有对提名的董事有利的票才会被统计。

券交易委员会（SEC）主席 Donaldson 曾建议修改相关规则以提高股东在选举董事局方面的权力（公报第 34-48626 号）。但屈服于美国的老板们（也就是管理层），所提议的条款被无限期搁置。更多例子可参考 Bebchuk（2005a）。Bebchuk（2005a）总结道："美国和英国的公司法都以相同的基本原则为出发点：股东尽管向公司提供了资金，但在任何行动中股东都不一定有权指挥董事会。"

股东及其股东大会的弱点意味着股东的财富依赖于治理结构的其他要素，这里治理结构的简单定义是"为了股东的利益，用以修正管理层的行为或决策的一系列补充机制"（Core、Guay 和 Larcker，2003）。例如，不满意的业主可对企业提起诉讼，这是一种可能导致经理人被解聘的降低企业价值的事件。因此，股东与管理层关系的下述两个特征，导致了股东没有能力去激励管理层最大化股东的财富：第一是公司治理太差，第二是信息缺失。就是说，股东需要信息以监控经理人，但董事会的权力有限。如果他们对管理层的业绩不满意，他们可能会尝试联合其他股东来取代现任团队（DeAngelo，1988b；Bebchuk，2005b）。

盈余是一个汇总信息。因此，盈余的用处更在于：不需要股东了解公司经营的细节，就可以传递有价值的信息给股东。而让股东了解公司经营的细节是一件高成本的麻烦事，还有可能因此将公司秘密泄露给竞争者。

表面上看，决策论和法律-政治论之间的差异似乎非常小，在公司治理结构中加入成本变量，两种学说之下可以给出相同的预期。但是，事实才重要，这就是：两种学说的最大差异在于其股东与管理层信息不对称的特征不同。依据决策论，决策者面对不确定性，会去预计他不知道的东西；在法律-政治观之下，投资者是没有认知的。因此，根据法律—政治观，会计信息更有价值。而且，与决策观不同，法律—政治观假定股东无法设计契约来防止管理者操控财务报告，为自己谋利而由股东来负担这个成本。正如 Hermalin 和 Weisbach（2003）观察到的：

> 在许多大股份公司，股东过于分散，深受搭便车问题困扰，也由于相同的原因，股东完全没有信息来设定管理层的报酬。①

1.2.3.2　盈余管理观

由于股东是公司外部人，依赖由公司内部人——管理层和董事会——提供的信息来决策，因此，无论是提高公司价值的盈余管理，还是机会主义的盈余管理，在法律-政治论中都可得到解释。提高公司价值的盈余管理是管理层与股东建立良好关系的一种手段，这种手段既向市场传递了价值相关信息，又避免了太多麻烦的细节。"保护业主"这个招牌总是有价值的。

机会主义的盈余管理则可能因为股东与管理者之间的利益冲突而产生。或者，一般而言，是因为掌握了内部信息的人容易利用这些信息为自己谋利益却让他人支付成

---

①　这种情况似乎因 SEC 正在制定的关于管理层报酬信息披露的规则而改变。

本。法律—政治观认为机会主义的盈余管理非常简单。或者因为现行法律制度需要改变，或者表明公司治理机制或信息太糟糕（与博弈理论不同，在博弈理论中，当理性的股东评估公司的价值或管理者的业绩时，会考虑盈余管理的影响）。①

由此我们总结以下事实：存在全球范围的证据，表明公司治理和信息与盈余管理息息相关。Leuz、Nanda 和 Wysocki（2003）在他们对 31 个国家 1990—1999 年期间的盈余管理的研究中，发现在产权市场比较发达、股权结构比较分散、股东权力较大和法制较健全的国家，企业盈余管理现象相对较少。对这一结果，他们认为这反映了公司内部人会利用盈余管理粉饰其糟糕业绩，以便公司外部人不会挑战他们现有的控制权。Wysocki（2004）考察了盈余管理和纳税守法情况，发现更好的投资者保护法律和更高质量的会计准则可以减轻盈余管理、提高公司遵守税法的程度。

§1.3　小结

本章阐述了学术界关于盈余为什么重要的三种比较主流的学说。盈余为什么重要这个问题，奠定了盈余管理研究的基础，因为如果盈余不重要，那我们所说的盈余管理就可能完全是另外一回事了。

我们阐述了三种学说：契约观、决策观和法律观。成本性契约观突出正式契约的重要性，承认任何契约都无法具体规定未来所有的不确定事项，而盈余和其他会计数据提供了有助于设计高效率契约的总括数据。一旦不可预见的事项发生，契约各方都要受到牵连。在这种情况下，盈余就会从手段变为目的，公司就可能进行盈余管理以使报告数据与事先签订的契约中的要求一致。

决策观认为盈余是为决策提供有价值的信息。如果所有的股东都是完全理性的，没有来自股东的或明或暗的期许，则盈余管理根本就不可能发生。也就是说，如果不是因为被管理的盈余数据反映了事实，使得盈余管理没有危害，那么就是因为盈余管理虽然歪曲了事实，但造成的损害小于揭示真相的成本。

法律—政治观认为股东缺乏有效监控管理层的工具。盈余数据是有价值的业绩衡量手段，可概括公司的活动，使股东能够更有效地运用他们原本有限的工具。盈余管理从好的方面——提供未来价值的信号——来说，是在不介入细节的前提下，降低股东与管理者之间信息不对称程度的桥梁。从坏的方面——歪曲事实——来说，是缺乏好的公司治理的结果。

---

① 经验证据表明，小型或新设企业经常受害于透明度不高，因为比之大公司或历史悠久的公司，它们的信息不对称程度更为严重（Bhushan，1989）。信息不对称程度越严重，盈余管理活动就越活跃（Richardson，2000；Gu、Jevons Lee 和 Rosett，2003）。但是，即使是小型企业，其公司治理机制也各不相同。例如，Hochberg's（2002）考察新上市企业合营资本的作用，发现合营资本可以缩减盈余管理的范围。

第2章　盈余管理的定义

给一个广义的对象下一个有用的定义总是很困难。太精准的定义可能不够全面，且经常是完全误导性的（Paton，1922）。

本章将要给出正式的盈余管理定义，并将该定义与其他定义进行比较。基于盈余管理本来就是一个比较概括性的概念，我们从探讨盈余管理的手段出发来丰富这个概念。最后，作为结束，本章将详尽地展示公司如何通过将模拟盈余与准则盈余一同报告从而达到盈余管理的目的。

§2.1　定义

表2.1概括了盈余管理的各种定义，并将其分类归纳为白色、灰色和黑色。有价值（白色）的盈余管理会提高会计报告的透明度；有害（黑色）的盈余管理是指完全的误报和舞弊。灰色的盈余管理是指在不违反明确的准则规定的前提下对会计报告进行的操控，这种操控既有可能是机会主义的，也有可能是可以提高效率的。

表2.1　盈余管理的不同定义

白色	灰色	黑色
盈余管理是利用会计处理方法选择中的灵活性，传递管理者对未来现金流量认识的非公开信息 Ronen 和 Sadan（1981）；Demski、Patell 和 Wolfson（1984）；Suh（1990）；Demski（1998）；Beneish（2001）；Sankar 和 Subramanyam（2001）[a]	盈余管理是选择一种会计处理方法，这种选择或者是纯机会主义的（仅仅最大化经理人的个人效用），或者是经济上高效率的 Fields、Lys 和 Vincent（2001）；Scott（2003）[b]	盈余管理是为了误导或降低财务报告透明度而采用的把戏 Cchipper（1989）；Levitt（1989）；Healy 和 Wahlen（1999）；Tzur 和 Yaari（1999）；Chtourou、Bedard 和 Courteau（2001）；Miler 和 Bahnson（2002）[c]

a. “……根据［盈余管理的信息角度］…… 管理操控是管理者采用的手段，目的是向股东透露其对未来现金流量的个人预期。”（Beneish，2001）

b. “提高财务报告和公司治理中的透明度，只在一定程度上而言对股东有益。超过了这个程度，由于缺乏私密性而导致的管理上的顾虑最终会损害股东利益……认为盈余管理降低透明度的观点将问题简单化了。”（Arya、Glover 和 Sunder，2003）

“当经理人有限制或无限制地对会计数据进行操控时”，盈余管理就发生了。“这种操控可以是提高公司价值的，也可以是机会主义的。”（Fields、Lys 和 Vincent，2001）

“**盈余管理**是经理人为了达到某种目的而对会计政策进行的选择。”（Scott，2003）

C “提到‘盈余管理’，我真正的含义是指对外部会计报告过程进行有目的干涉的‘披露管理’，目的就是获得某些个人利益。与纯粹为了提高报告中立性的目的相反。”（Schipper，1989）

盈余管理是一种“实践……目的是为了得到一个理想的数据，而不是按照约定的程序得出这个数据，且不顾虑分析师对你报告数据的预测。”（Miller 和 Bahnson，2002）

给定我们在第 1 章中关于盈余价值的三种思想和对盈余管理的最终需求，现有文献中对盈余管理做了最佳描述的定义应该是：

> 定义：不论是为了在公司的经济业绩方面误导投资者，还是为了影响以会计信息为依据的契约结果，当管理层在财务报告或者交易结构中加入主观判断以便改变财务报告时，**盈余管理**便发生了。[①]

这一定义概括了第 1 章讨论的成本性契约观（盈余管理用于影响契约结果）和信息观（盈余管理用于误导股东）。像其他定义一样，这一定义将管理层视同决策者，他们的决策处在盈余管理保护伞的保护之下。该定义也包括了机会主义盈余操纵的内涵。

但是，该定义存在两个弱点。第一，该定义没有明确对盈余管理与正常的盈余计量活动加以区分。Dharan（2003）对此表达过以下看法：

> 对财务分析师、投资者和公司管理层来说，一个相关的问题是：怎样区别完全属于舞弊性质的盈余操控和管理层为了将成本控制在预算之内或为了使收入达到预期目标而进行的日复一日的努力。

第二，并不是所有的盈余管理都是误导性的。比如，投资者倾向于将持久稳定的利润与大起大落的利润加以区别地报告，公司若通过盈余管理以便让投资者更好地区分上述两类利润，就不会歪曲利润，相反，还会加强其报告利润的信息价值。

因此，我们给出另一个盈余管理的定义如下：

> 盈余管理是一个管理决策的聚合，其结果就是不报告管理层知晓的、短期的、能最大化公司价值的真实利润。
>
> 盈余管理可以是：
>
> ——有益的：它可以是公司长期价值的信号。

① Healy 和 Wahlen（1999）。

> ——有害的：它隐瞒短期或长期的价值。
>
> ——中性的：它揭示短期实际业绩。
>
> 被管理的盈余是这么产生的：在盈余确认之前对生产或投资活动施加影响，或在实际盈余发生之后，选择能影响盈余数据及其解释的会计处理方法。

上述定义有3个方面的含义。首先，将报告盈余与管理者知晓的短期实际盈余相比较；其次，给盈余管理附加主观价值；再次，在更广阔的范围内阐明盈余管理是如何实现的。[①] 第一和第三方面的结合体现了 Schipper（1989）给出的视角，称为“经济收益视角”。[②]

我们的定义依据以下前提：存在一个客观中立的盈余数据（短期的事实），这个数据在短期内能最大化公司的价值。我们强调短期是因为一般情况下盈余数据反映的都是一个季度或一年的情况。这个前提的意义在于两个方面。首先，使区分高估盈余与低估盈余的盈余管理成为可能，前者报告高于实际的盈余，后者报告低于实际的盈余。例如，考虑表格 2.2（摘自 Dechow 和 Skinner，2000）。

表 2.2

报告类型	会计选择
遵循准则	
“稳健型会计”	夸大确认各类准备 夸大重估费用和冲销资产
“中立的会计”（非盈余管理）	盈余数据来自中性的立场
“激进的会计”	低估坏账准备 极力减少各类准备
违背准则	
“舞弊”	在不满足确认条件时确认收入 虚构存货以高估存货价值

盈余管理手段即存在于产生“稳健”盈余的决策中，也存在于产生“激进”盈

---

① 请注意我们的定义抓住了盈余的两个属性：一是计量经济真相；二是向使用者传递信息。

② 我们定义的第一部分似乎已经抓住了公司各方参与者认为的盈余管理，尽管他们也许并不用这个概念。比如，Schili（2002）将财务诡计定义为“为隐藏或歪曲主体真实的财务业绩或财务状况的行动或懈怠”（p. 1）。O' Glove（1987）谈及盈余质量时，用了一个简单的比方，“假如一家公司报告每股盈余为 $2.00，你在分析这个数据。你会不会认为该公司的老总会有理由将实际每股 $2.5 的盈余低估为每股 $2.00？肯定不会。但他可能会将原本每股 $1.50 的盈余高估为每股 $2.00，以便使他的统治看起来比实际的漂亮些（p. xii）。McBarnet 和 Whelan（1999）关注了不同于遵守会计准则和公司法的创造性会计”。

余的决策中，前者低估而后者高估盈余（相对于真实的盈余），还存在于产生舞弊性盈余，即违背 GAAP 的决策中。

其次，该前提的意义还在于认识到短期事实可能模糊长期事实。比如，假设公司的持久性盈余是 100，由于某一次意外的销售膨胀，导致该季度的盈余上升到 120。显然，这个短期事实不符合公司的长期事实。

我们将注意力限定为事实并假设管理者对此是知晓的，因为我们无法排除管理者确实不知晓事实的可能。这并不否定第 1 章中所讨论的信息不对称次序，即假定管理者拥有信息优势。因此，如果事实为 x，但管理者相信是 x′并报告 x′，则不构成盈余管理；如果报告 x，则属于盈余管理。

第二部分我们将讨论由所谓“真相”的实际内涵引发的困难。将盈余管理定义为不说真话的策略，就给其戴上了有害的帽子。① 其实，盈余管理可以是中立的，甚至可以是有益的。例如，当其消除了短期真实报告中的噪音，传递了前瞻性的价值相关信息时，盈余管理就是有益的了。Gu、Leung 和 Srinidhi（2002）发现有较多投资机会的公司管理者曾通过盈余管理来传递公司未来增长的信号。如果报告使用者能够排除报告的影响，去理解公司的经济真相，盈余管理也可以无害。比如，如果大家都理解公司修改折旧政策是为了在困难时期增加盈余，那么，即使公司修改了折旧政策，只要予以披露，那么，报表使用者就可以排除折旧政策改变的影响去理解公司的真实情况。

盈余管理一般被理解为误报，有害的盈余管理与这一理解相吻合（Demski，2003）。当公司试图粉饰其糟糕的业绩并误导投资者时，盈余管理就有害了，例如，WorldCom 以及其他很多公司，其破产之前都发生过重述以前年度盈余的情况。

请留意我们的定义排除了以下情形，就是盈余报告披露了公司的短期实际业绩，但使用者对其做了不同的解读。比如，使用者无法区分下述两种情况：一是公司如实报告；二是公司故意将真相弄混。我们以 Christensen 和 Demski（2003）为例，说明这个问题。假定公司对某一客户的收入确认程序包括 4 个序时事件：

1. 确定该潜在客户的位置。
2. 完成销售。
3. 预计客户退货的可能性。
4. 收款。

根据收入确认原则，公司如果不能确定货款很可能能够收到，就不能确认收入。因此，在发生上述事件 2 时确认收入，意味着两种可能：一是公司诚实地确认收入，因为公司预计货款能如期收取；二是公司已经预计到销售将会在发生事件 3 时被退

① 有害盈余管理的内涵是，即使不存在舞弊，它也是不道德的（Bruns 和 Merchant，1990；DePree 和 Grant，1999；Kaplan，2001a，b；Shafer，2002；Carpenter 和 Reimers，2001；Fischer 和 Huddart，2005）。

回，但仍然决定采取激进的策略确认收入。通过观察事件3发生的退货，根本无法判断公司原本是哪一种情况。

如果某个财务报告的使用者在事件2发生之后，但在事件3发生之前得知此事，再假设他相信行业内有80%的公司是诚实的，20%的公司会比较激进。假定毛销售为$100，诚实公司的货被退回，因而收不到货款的概率为5%，则销售的预期价值为$95。但是，如果货被退回，收不到货款的概率增加到，比如说90%，则该销售的预期价值就降低为$10。如果所有的公司都报告$95的收入，而投资者没有能力区分诚实和激进的公司，因而只能自己判断该预计收入的价值。根据贝叶斯（Bayes）公式，销售的期望值是$95和$10的加权平均值，等于76美元（0.8×95+0.2×10）。可见，即使公司诚实报告，其收入也会因为报告使用者的怀疑而被打折扣。将公司的报告决策与报告使用者的解读加以区分，我们的定义得以比较容易地将报告真相与盈余管理相区别。需要强调的是，我们的盈余管理定义排除了被报告使用者打折的诚实报告，也就是说，我们不将这种情况视做盈余管理的表现形式。

§2.2 管理盈余的方法

在怎样进行盈余管理这个问题中，包括很多变量。根据Bruns和Merchant（1990）；Ayres（1994）；Francis（2001）等的研究，盈余是通过以下途径被管理的：

- 从会计准则所允许的方法中作出选择，比如，存货计价选择先进先出法（FIFO）还是选择后进先出（LIFO）（Hughes、Schwartz和Fellingham，1988；Neill、Pourcisu和Schaefer，1995），折旧方法的选择（Neill、Pourciau和Schaefer，1995；Bishop和Eccher，2000），石油天然气行业的完全成本法或成果法（Malmquist，1990；Zeff，1993；Aboody，1996），[①] 以及收入确认政策（Bowen、Davis和Rajgopal，2002）。

- 执行新准则的时间选择（比如，Ali和Kumar，1994，讨论执行SFAS 87的时间；Lehavy和Revsine，1994；Smith和Rezaee，1995；Amir和Livnat，1996；Amir和Ziv，1997a，讨论执行SFAS 106的时间；Balsan、Haw和Lilien，1995，讨论FASB从1973—1989年颁布的96个准则中最主要的11个），将新旧准则转换影响计入利润表还是作为追溯调整计入资产负债表股东权益项的选择（Balsam、Haw和Lilien，1995；Amir和Ziv，1997a，b），以及在不重要领域中不执行新准则的选择（Gilkeson和Stengel，1999）。

---

① 两种方法的区别在于确认石油和天然气的取得、开发和勘探成本的时间不同。在完全成本法下，所有这些成本都资本化；根据成果法，如果油井是干的，则即刻全部费用化（当然，在完全成本法下，如果开发成本大于石油天然气预计储量收入所产生的未来现金流量的现值，也必须即刻确认损失）。

• GAAP 要求进行会计估计时的判断，比如折旧（Bishop 和 Eccher，2000），坏账准备（McNichols 和 Wilson，1988），资产计价（Easton、Eddey 和 Harris，1993），养老金会计（Asthana，1999；Brown，2004；Bergstresser、Desai 和 Rauh 2005；Hann、Lu 和 Subramanyam，2007）以及资产冲销（Strong 和 Meyer，1987；Elliott 和 Shaw，1988；Eliott 和 Hanna，1996；Francis、Hanna 和 Vincent，1996；Rees、Gill 和 Gore，1996；Bunsis，1997；Alciatore、Dee Easton 和 Spear，1998；Bartov、Lindahl 和 Ricks，1998；Alciatore、Dee、Easton 和 Spear，2000；Black、Carns 和 Richardson，2000；Burgstahler、Jiambalvo 和 Shevlin，2002；Riedl 和 Srinivasan，2006）。

• 为了区分持续稳定收益和偶然交易收益，而选择将某个项目放在经营利润（或者持续经营利润）线上还是线下（比如，Godfrey 和 Jones，1999；Dye，2002；Lin、Radhakrishnan 和 Su，2006；McVay，2006），比如重估成本的处理（Elliott 和 Shaw，1988；Elliott 和 Hanna，1996；Hwang 和 Ryan，2000；Bens 和 Johnson，2006）。

• 为了达到理想的会计结果而有意安排某些交易事项，比如当融资租赁不再比经营租赁更好时，施乐公司运用一个资产组合政策销售了其巴西子公司的租赁合同（经营租赁收入只有当租金可以收到时才能确认）。① 更多在会计准则内的案例包括发行高成本的有条件可转换债券，根据 SFAS 128，在满足转换条件获得转换之前，这种债券不会稀释每股盈余（Marquardt 和 Wiedman，2005）；设计合并方式以满足权益合并法的条件（Aboody、Kasznik 和 Willians，2000；Ayers、Lefanowicz 和 Robinson，2002）。② 例如，Refco 安置了 4.3 亿美元的应收账款在 Liberty，这个公司与 Refco 的 CEO，Phillip Bennet 先生具有关联关系。

• 为了平滑盈余而选择收入和费用确认的时间，比如，选择销售资产的时间（Bartov，1993；Gunny，2005）及决定是否资本化某些支出，比如，商标成本（Muller，1999）。

• 通过真实发生的生产（Lin、Radhakrishnan 和 Su，2006；Roychowdlhury，2006；Zang，2007）或投资决策（Bens 和 Monahan，2005），比如减少研发费支出（Baber、Fairfield 和 Hagard，1991；Hansen 和 Hill，1991；Bushee，1998；Darrough 和 Rangan，2005；Gunny，2005；Singer，2007；Zang，2007）及干预销售和管理费用（Gunny，2005；Lin、Radhakrishnan 和 Su，2006；Zang，2007）。

• 干预报告的透明度。例如，部分分析师和华尔街报告对安然公司只在其脚注

① 见《民事诉讼法》第 03-CV-0671（DLC）条控告证券舞弊。

② 相关的会计选择还有关注购买法下企业合并中未完成研发成本的会计处理。Levitt（1998）；Press 和 Dowdell（2004）发现公司将这些成本全部费用化，而不是资本化（在以后期间予以摊销）从而达到管理盈余的目的。

中披露其 SPE 予以高度关注（Smith 和 Emshwiller，2003）。[①] Riedl 和 Srinivasan（2006）还讨论了公司的特殊事项是在利润表中单列一行披露还是只在脚注中披露的选择问题。

- 通过其他各种方法来管理盈余中的信息含义，比如，在股东权益表中而不是在利润表中报告综合收益（Lee、Petroni 和 Shen，2006），从准则收益中扣除金额较小的费用来编制模拟收益，下面将对此进行讨论。

我们并不奢望提供一个清单，详细列示公司盈余管理行为的各个种类，这也不是本书的研究范围。然而，值得注意的是，收入是盈余管理中涉及最多的单一账户，这一点已经被很多传闻、报告重述以及证券交易委员会（SEC）强制执行的案例所证实（Dechow、Sloan 和 Sweeney，1996；Bonner、Palmrose 和 Young，1998；PricewaterhouseCoopers，2000[②]；Turner，2001b；Anderson 和 Yohn，2002；Wu，2002；Palmrose 和 Scholz，2004）。分析被审计的公司如何经常向审计师施加压力，让审计师勉为其难地满足其意愿，也可以得到这个结论（Nelson、Elliott 和 Tarpley，2003）。Coffee（2005）报告了 SEC 在 1997—2002 年期间对所有强制执行诉讼案件的调查，发现在总共 227 件“重点实施”案件中，有 126 件与不恰当的收入确认有关。

给定大多数公司都希望高估盈余这个事实，公司操控收入的手段可包括：

- 将允许退货的不确定收入确认为收入。
- （分销）渠道填塞。
- “出单持货”交易。
- 违背季度截止原则。

企业确认不确定收入的含义是不言自明的。因为与商品相关的所有风险并没有转移给购买方，所以确认这种收益违反了收入确认原则。分销渠道填塞是调整交易的一个例子，为了提高本期销售额，公司向客户提供更多折扣以刺激客户提前购买。出单持货销售是虚拟的交易，除了记录一笔销售账之外，没有任何事情发生，企业仍然继续持有货物，买方也不需要付款。违背季度截止原则的行为是指在收入实际发生的季度之前就确认收入的行为，比如，在将货物发给客户之前就确认收入。

§2.3 通过模拟盈余来对准则盈余进行管理

盈余管理的手段之一，就是通过报告模拟盈余来使盈余信息偏离会计准则。这里所说的偏离准则的盈余不包括那些“非经常”或“非现金”的项目，比如特殊项目

---

① 请注意其他作者（Hirst 和 Hopkings，1998；Maines 和 McDaniel，2000；Hirst、Hopkins 和 Wahlen，2004；Hunton、Libby 和 Mazza，2006）讨论过如实报告和信息披露中的透明度之间的关系。

② 例如，2000 年，所有被认为与会计舞弊有关的案件中，有 66% 与收入确认有关。

（主要是重估成本）、SFAS 141 之前的商誉摊销和其他各种损失。2003 年 3 月之前，公司不必进行准则盈余与偏离准则的盈余之间的调节，因此，人们对二者差异的内容的了解在很大程度上依赖公司的自愿信息披露。例如，Bhattacharya、Black、Christensen 和 Larson（2003）列示了自愿披露这一信息的公司所披露的“调节”① 清单，主要包括下述内容：折旧和摊销费用、与股票报酬相关的支出、兼并成本、研发成本、利得或损失、非常项目或非持续经营项目、计算没有收益的普通股股数的调整。Doyle、Lundholm 和 Soliman（2003）通过对各个案例的逐案分析，发现与准则盈余不同，该类调整在各个公司之间或在同一公司不同期间各不相同。研究结果都表明，模拟盈余与准则盈余和分析师的盈余都有差异（Gu 和 Chen，2004；Bhattacharya、Black、Christensen 和 Mergenthaler，2007）。DiGabriele 和 Eisner（2005）以及 Bryan 和 Lilien（2005），都描述了依据准则计算的负的每股盈余（EPS）怎样在设计模拟盈余时变为正的每股盈余。

有证据表明在实施《萨班斯—奥克斯利法案》第 401（b）条规定之前，公布模拟盈余的公司数量稳步增长（例如：Bradshaw 和 Shoan，2002；Bhattacharya、Black、Christensen 和 Larson，2003；Bhattacharya、Black、Christensen 和 Mergenthaler，2004），但在此之后则逐步下降（Heflin 和 Hsu，2005；Nichols、Gray 和 Street，2005；Entwistle、Feltham 和 Mbagwu，2006；Marques，2006）。

用模拟盈余来替代准则盈余类似于有害的盈余管理。毕竟，如果公司的准则盈余被认同，那公司为什么要披露偏离准则的盈余？作为非正式的证据，可看看 Bryan 和 Lilien（2005）研究中的 Kodak 公司。该研究发现，Eastman Kodak（EK）截至 2004 年 12 月 31 日的第四季度“实际盈余”为每股 $0.78，由于分析师普遍估计其为 $0.65，Kodak 公司得到了 $0.13 的正差异惊喜，而根据准则计算的摊薄的持续经营收益却只有 - $0.04。当日股票价格大涨（实际上，这段时间公司多次宣告负盈余、会计差错和内部控制薄弱等）。

那些典型的披露模拟盈余公司的态度，似乎也证明了这种关注，Ciccone（2002）发现公司都试图向公众展示一幅较之按照会计准则计算的结果更好的图画，比如，用报告模拟盈余的方法来抵消按准则计算的损失。公司还用模拟盈余来降低公司业绩的波动幅度（Ciccone，2002）。在 Ciccone 研究的波动最大的 1990—2002 年的样本中，模拟盈余的平均波动几乎只有准则盈余波动的 1/2，在盈余波动较大的公司分组中，平均的模拟每股盈余（$0.65）与平均准则盈余（$0.05）之间，也存在巨大的差异。Hsu（2004）表明当利润表中的非经常项目使盈余提高时，准则盈余与模拟盈余

---

① Doyle、Lundholm 和 Soliman（2003）：我们将准则盈余和模拟盈余的区别（比如例外事项）分为两部分，特别项目例外事项和其他例外事项。特别项目例外事项比较容易辨认，最常见的例子就是重估性支出……最容易辨识的其他例外事项是商誉的摊销，但还存在很多更难辨识的内容。比如计划关闭的分店的损失（大西洋和和太平洋公司，1998）、股票报酬支出例外（Amazon，2001）、进行中的研发支出例外事项（AT&T，1999）、法律费用例外事项（General Motors，2001）。

之间的差距则相对较小。Bhattacharya、Black、Christensen 和 Mergenthaler（2004）发现报告模拟盈余的公司显著表现出盈利能力更差、债务水平更高和市价账面价值比更高。Lougee 和 Marguardt（2004）注意到盈余为负数的公司更愿意披露模拟盈余数据。[①] Frankel、Mcvay 和 Soliman（2006）的研究表明因董事会缺失独立性导致的公司治理问题，会使公司在准则盈余中排除具有价值相关性的内容，尤其是当公司的做法正好符合市场的预期时。Doyle、Lundholm 和 Soliman（2003）发现在披露模拟盈余 3 年之后，具有较大的例外事项的公司的股票回报比没有太多例外事项的公司低 45%。Bhattacharya、Black、Christensen 和 Merenthaler（2007）考察了较不成熟的投资者的交易，作为小规模交易的证据，发现他们比成熟的投资者更有可能使用模拟盈余信息，成熟的投资者几乎忽略这种信息。简单地说，披露模拟信息的公司有更强大的动因隐瞒按准则确认的盈余。

舆论和监管者谴责这种行为一点都不奇怪。Turner（2001b）说：

> 值得委员会考虑的最近的建议来自 2001 年 5 月 28 日 Barron 编辑的文章，该文在讨论盈余披露问题时，恰当地指出：
>
> 实践中几乎每一家公司在业绩计量方面都偏向于在计量旧式盈余时不要使争议太大。网络交易公司用模拟盈余搞推广，结果搞得狼狈不堪，因为最终的业绩表明这只是一场白日梦。但这并没有阻止其他行业的公司继续用模拟盈余来进行盈余管理，公司财务报告的建筑师们正在构建他们自己的通天塔。
>
> 该文正确地认识到模拟盈余被公司用在业绩和交易等方面以达到粉饰其真实盈余的目的。事实上，华盛顿邮报曾将模拟盈余恰如其分地定义为“假定盈余”。

然而，是不是披露模拟盈余与有害的盈余管理相比就不值一提了呢？有观点认为公司总是高估利润，其实不一定，部分公司报告的偏离准则的盈余就低于其按准则报告的盈余。例如，在 Bhattacharya、Black、Christensen 和 Larson（2003）手工收集的样本中的 30% 和 Ciccone（2002）的亏损样本的 70%，都是按准则计算的盈余高于偏离准则的盈余。Lougee 和 Marquardt（2004）给出的一个解释是：有时模拟盈余可以用来进行有益的盈余管理，因为那些准则盈余较低的公司可以用模拟来传递价值信号。Bradshaw 和 Sloan（2002）；Bhattacharya、Balck、Christensen 和 Larson（2003）以及 Frankedl 和 Roychowdhury（2006）等的研究还提供了证明模拟盈余有价值的证据，Johnson 和 Schwartz（2005）则认为模拟盈余对投资者的影响是中性的。

我们注意到，存在一些证据证明市场更倾向于偏离准则的盈余，财务分析师和机构投资者喜欢模拟盈余，因为他们不考虑短期项目（Bradshaw 和 Slan，2002）。

---

① 见第 3 章关于债务是盈余管理动因的讨论。

Abarbanell 和 Lehavy（2002）的研究报告了一些分析师们不会去预测的项目，模拟盈余更接近分析师对盈余的定义。在智者看来，在 I/B/E/S 商务数据库中，实际盈余是与模拟盈余一致而不是与准则盈余一致（又见 Gu 和 Chen，2004）。Bhattacharya、Black、Christensen 和 Larson（2003）发现在他们手工收集的样本公司中，超过65%的公司的模拟盈余与 I/B/E/S 中的盈余一致，中位数的差异仅仅为 1 美分。

经理们应对来自华尔街的压力，报告不包含短期项目的模拟盈余（有关管理者动机的调查，参考 Bowen、Davis 和 Matsumoto，2005）。Doyle、Lundholm 和 Soliman（2003）随机检查了 50 份 1999 年登载了第 4 季度盈余公告的新闻，其中 48 份的 I/B/E/S每股盈余与新闻中披露的相似，将准则盈余调节至 I/B/E/S 实际盈余所需的例外项目，都已经在引导段落中披露。

2002 年 7 月出台的《萨班斯—奥克斯利法案》，改变了有关模拟盈余的游戏规则。条款 401（b）更是引导 SEC 制定规则，以保障"公开披露的模拟财务信息，能被认识到是不按准则进行的财务计量。既不能严重误导，也不能将模拟盈余信息加以调节后就和准则盈余一起发布"。2002 年，SEC 颁布了规则 G，要求所有在 2003 年 3 月 28 日之后披露非准则盈余的公司，编制同时期的准则盈余以及二者之间的调节。Nichols、Gray 和 Street（2005）；Kolev、Marquardt 和 McVay（2007）发现目前已经很少有公司公布模拟盈余了，而那些确实背离准则规定的公司，都是具有更好业绩的公司。

规则 G 引发了两个问题：第一，公司还会利用模拟盈余作为盈余管理的策略吗？第二，如果公司再公开进行盈余管理，最有可能采用什么手段来进行？重点关注第一个问题答案的，是少数不成熟的投资者（见 Hisheifer 和 Teoh，2003；Fredereckson 和 Miller，2004；Elliott，2004；Dilla、Janvrin 和 Jeffrey，2006；Allee、Bhattacharya、Black 和 Christensen，2006；Bhattacharya、Black、Christensen 和 Mergenthaler，2007）。较不成熟的投资者容易相信非准则盈余，尤其当非准则盈余很高，而且披露时又将之与准则盈余高度关联时。但是，只要投资者愿意花时间，就可以减少一些理解上的偏差。

第二个问题应由下述研究来给出答案，即考察如何运用偏离准则的盈余来干扰市场对准则盈余的解读。Elliott（2004）以及 Allee、Bhattacharya、Black 和 Christensen（2006）考察了公司是在模拟盈余之前还是在模拟盈余之后公布准则盈余。Bowen、Davis 和 Matsumoto（2005）研究那些同时披露两种盈余的公司，通过考察大标题、首段文字和其他相关段落，检查两种信息的披露重点。这些研究也表明，公司利用模拟盈余来展示公司好的方面。Kolev、Marquardt 和 McVay（2007）发现在 SOX 之后，模拟盈余的质量有所提高，但公司现在试图通过将更多的项目列为特殊项目，来掩盖其例外事项。

§2.4 小结

本章概括了本书的第一部分，回答了盈余为什么被管理的问题，给出了盈余管理的定义。我们的盈余管理定义能够区分盈余管理行为和作为日常经营决策而对盈余进行的管理。我们认为盈余管理可以是有益的，也可以是中性的，还可以是有害的。

第二部分

在第2章里，我们给出了盈余管理的定义，并讨论了其形成的几种主要方式。下面，我们通过该定义来讨论具有盈余管理特征的不同现象。我们选定了13个特定的案例，并对其逐一进行讨论。

我们的分类围绕着财务会计情景中的关键角色，他们可以分为三种主要类型：管理层、普通用户（plain-vanilla users）、守门人或监控者。管理层报告盈余；用户使用盈余并将其作为决策的信息；守门人向其他用户提供报告盈余的可信性及其信息价值（Coffee，2002，2003a、b）。我们把每个角色和与他们的决策最相关的盈余管理事件结合起来，例如，分析师在发挥其守门人的功能时，形成了市场对未来盈余的预期。公司为了不让市场失望，可能会通过管理盈余来达到分析师的预期。

参与者（The Players）

会计情景及其在管理层与公司的其他成员之间的互动关系由图1描述。图1显示了几类主要的角色人物：管理层、用户以及守门人。公司可理解成是管理层与董事会之间的代理人合同，董事会决定管理层的报酬。在图1中，我们把管理层放在董事会上面，最理想的状态则是相反的情形。美国证券交易委员会（SEC）委员 Cynthia Glassman 指出：

> 在美国，管理层、董事会以及股东形成公司决策的层级，管理层在该层级的最下方。尽管一些CEO并不总是意识到这点，但这却是事实。然而，大部分的公司决策是由管理层制定的，大到公司战略制定与实施，小到决定办公室墙纸的颜色，都在管理层的管辖范围内。管理层的职责很大，它关系到公司的日常运营。

财务报告是管理层行为的结果，也是用户和看门人在决策中使用的信息。更重要的是，后两组人依据影响业绩衡量的财务报告采取行动，而业绩的衡量也是管理层报酬的基础。例如，债权人利用盈余信息来确定一家公司偿还负债的能力，他们的决策决定了利润表中的利息费用以及投资项目可以筹措到的资本。看门人在图中是多种多样的，他们包括了审计师，而审计师参与了财务报告的编报；也包括作为股东利益的代表和监控管理层的董事会以及其他公司外部的看门人，如分析师、机构股东、投资银行家、信用机构以及媒体。

此外，还需注意监管者的双重身份。一方面，他们是用户；另一方面，监管者决定了游戏规则。例如，Altamuro、Beatty 和 Weber（2005）发现，根据 SEC SAB 101 的要求，只在盈余过程完成之后才确认收入的公司，不太能成功地满足盈余预期（见第4章和第5章）。法律系统是财务报告系统基础结构中的重要组成部分，它能

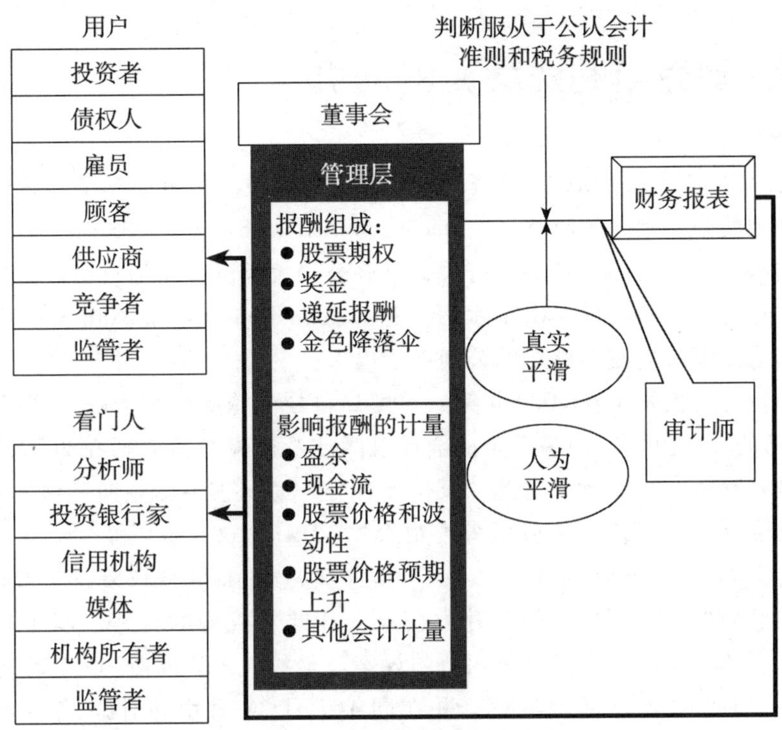

图 1　会计情景以及管理层与其他利益相关者的关系

帮助或阻碍报表使用者影响盈余管理程度的努力。①

《萨班斯-奥克斯利法案》即著名的《2002 年公众公司会计改革和投资者保护法案》，形成了一系列可以辨别 21 世纪会计情景的关键约束。

《萨班斯-奥克斯利法案》

对于理解会计情景而言，有关法律系统的知识是重要的。2002 年 7 月以来，美国的法律体系除了 SEC 的一系列规定、公司经营的规范以及各洲的法律外，增加了一个《萨班斯-奥克斯利法案》②。在这里，我们着重讨论这一法案。需要注意的是，可能还存在更严格的交易条例，公司也可能通过自己的治理规定向股东传递公司价值

① 在对最优财务会计报告结构的讨论中，Ball（2001）指出：

也许最重要的，是建立起一个有效、独立的法律系统来发现和处罚欺诈、操纵以及不遵循会计准则和其他披露的行为，包括那些受到低劣财务报告和信息披露不良影响的股东和债权人私人诉讼的条款（128 页）。

② 各管制机构设立的规定相互关联。2002 年 7 月以前，交易所制定条例满足《萨班斯-奥克斯利法案》的要求。例如，纽约证交所要求审计委员会完全由外部的独立审计师组成，同时要求上市公司具有行为准则。

的信息。

《萨班斯-奥克斯利法案》的动机

根据 Coffee（2002，2003b），资本市场的坍塌和经济危机推动了监管改革，进行恶意盈余管理的公司因此被曝光了。Becht、Bolton 和 Roell（2003）指出，许多公司失败的案例都与不正当的会计手法有关，这些公司大都巨额高估自己的盈余，而此类会计丑闻在经济下滑的时候浮出了水面。正如 John Kenneth Galbaith 曾经指出，经济不景气把从审计师眼皮底下逃掉的公司揪了出来。

最近一轮的危机发生在 2000 年第一季度高科技泡沫破裂的时候，紧跟着是 2001 年和 2002 年的会计丑闻，而最严重的会计丑闻涉及世界通讯公司在 2002 年超过 108 亿美元的报表重述。联邦政府对此的反应是制定《萨班斯-奥克斯利法案》，该法案结合了众议院议员、众议院金融服务委员会主席 Michael Oxley 和参议员、参议院银行委员会主席 Paul Sarbanes 的提案。在 2002 年 2 月 13 日，众议院议员 Oxley 在众议院提交了一份加强审计师独立性和建立公众会计监管机构的议案。同年 6 月 25 日，参议院议员 Sarbanes 也提交了一份相似的议案。最终，《萨班斯-奥克斯利法案》于 2002 年 7 月 25 日在参众两院通过，并在同年 7 月 30 日由布什总统签署成为一项法律。[①]

法案的实施需要时间。最初的实施是从 2002 年 9 月开始的，SEC 强制推行公司管理层对财务报告进行保证。最后生效的其中一个部分法案是对内部控制进行规范的 404 条款，这一规定到 2007 年 7 月 15 日后才对小企业适用。

由于《萨班斯-奥克斯利法案》的出台为盈余管理研究提供了更多新的机会，我们会在后面着重讨论针对该法案进行的研究。

针对《萨班斯-奥克斯利法案》的研究

《萨班斯-奥克斯利法案》引发了一系列在法律、会计、财务和经济学[②]领域的研究。

法律领域的研究者对法案进行了多番辩论（例如 Backer，2002，2004；Chander 和 Strine ，2002；Fairfax，2002a、b，2005；Ribstein，2002，2003，2005；Brickey，2003； Cunningham， 2003； Gordon， 2003； Langevoort， 2003； Mitchel， 2003；

① 对相关时间的描述请见 Li、Pincus 和 Rego（2006）。

② 见 Holmström 和 Kaplan（2003）、Kirchmaier 和 Selvaggi（2006）以及 Wasserman（2005）。

Paredes，2003；Bainbridge 和 johnson，2004；Blumberg 和 kelleher，2004；Bratton，2004；Henning，2004；Karmel，2004，2005；McDonnell，2004；Marks，2004；Young，2004；Ahdieh，2005；Anand，2005；Galindo，2005；Romano，2005；Bainbridge，2006；Butler 和 Ribstein，2006；Frankel，2006；Garrie 和 Armstrong，2006；Moberly，2006；Perino，2006a、b；Cross 和 Prentice，2006；Tippett，2006）。法律领域研究关注的问题大致可以归为两类：第一类是认为共和党为了即将来临的竞选需要，匆忙抛出一个救火式的法案惩治会计丑闻，正如 Ribstein（2005）指出：

> 国会在 2002 年夏天通过《萨班斯-奥克斯利法案》。脆弱的证券价格以及每日揭露出来的欺诈案，尤其是世界通讯这一巨大的会计欺诈案，造成了一片恐慌的气氛，该法案没有经过充分的讨论就匆忙出台。

从这个角度，法案被质疑是否能够有效地阻止会计丑闻的发生，也引起了是否存在法律相互矛盾的担心。其中一个例子是，法案关于告密者的第 806 节与 SEC 第 205 条规则存在不一致。[①] 806 节把获得回应（getting a response）这一责任的重担转移给揭发消息的告密者，当告密者向管理当局反映但并没有给出令人满意的答复时，806 节要求告密者继续努力往上揭发。相反，SEC 第 205 条规则则要求在董事会建立一个有资格的法律执行委员会来处理来自律师的告密事件，当律师掌握着要求他们揭发的消息时可减轻责任。

法律研究关注的第二类问题是对《萨班斯-奥克斯利法案》的法律回应，例如联邦规定延伸到了州立法者和法庭，由于涉入过多，将会对后者产生弱化作用。在对《萨班斯-奥克斯利法案》回应促使州法律产生改变的研究中，Chandler 和 Strine（2002）观察到，虽然很难预测州法律改革的全部结果，但已经很清楚，改革代表了联邦政府和交易所对公司董事会监管程度的显著上升。[②] 还有一种考虑是，当公司管理人员承担更大的责任时，也可能导致机会主义行为。Ribstein（2005）警告说：

> 内部控制报告的主要问题可能更微妙，即使公司建立了报告程序和机制，这些问题也可能继续存在。更为严重的是，《萨班斯-奥克斯利法案》强加了一些新的责任风险，一个聪明的法庭辩护律师可以在事后追踪到一个实施了内部控制并失败的企业所有经营中的实际问题。因此，诉讼风险不仅仅与欺诈和管理不善有关，也与经营的不确定性有关。

经济成本

法案中被认为成本最高的条款是 302 条款和 404 条款。404 条款要求公众公司加

① SEC 是实施《萨班斯-奥克斯利法案》的机构。

② 美国公司治理的政策制定者如下：1. 联邦政府（通过立法和 SEC 的议案）；2. 州政府（通过公司法和公司商法）；3. 股票交易所（通过制定条例和上市规定）。虽然这些机构相互之间有涉及，但各自都享有很大的自由（Chandler 和 Strine，2002，脚注 12）。

强它们的内部控制系统，报告重大缺陷；302 条款要求管理层对报告进行保证。① SEC 发布了一项在 2003 年 8 月 14 日开始实施的条例：管理层应对财务报告进行内部控制方面的报告和依证券交易法对定期报告进行披露，这一条例把"对财务报告的内部控制"定义为：

在上市公司主要执行官和主要财务负责人或发挥近似功能的其他人员指导下设计，由上市公司董事会、管理层和其他人士实施的旨在保证财务报告可靠性以及根据公认会计准则（GAAP）编制满足外部需要的财务报表的过程，它应该包括以下政策和程序：

1. 保存能正确并公平地反映交易及上市公司资产处置情况的详细记录。

2. 合理保证按照公认会计准则编制财务报表的需要对交易进行记录，并确保上市公司的收入和支出仅仅依据管理当局和上市公司董事会的授权进行。

3. 合理保证能防止或及时发现可能对财务报表产生重要影响的上市公司的资产没有被非经授权而购买、使用和部署。

302 条款在 2002 年 8 月 29 日对所有上市公司（filers）生效，而 404 条款于 2004 年 11 月 15 日后的财政年度对所有大型及中型上市公司（accelerated filers）生效。② 对小型上市公司（non-accelerated filers），404 条款在 2007 年 7 月 15 日后生效。

执行 302 条款和 404 条款增加了建立内部控制系统的直接成本和由审计师评估内部控制系统而带来的审计费用。③ 监管者、职业组织、媒体和研究人员等分析了预计的增量审计费用。Eldridge 和 kealey（2005）估计，从 2003—2004 年，648 个披露了审计费用的财富 1 000 强企业的平均成本为 230 万美元；Asthana，Balsam 和 Kim（2004）报告了他们在 2003 年可以获得数据的 5 208 个样本公司的平均审计费用，从 2000 年的 748 204 美元上升到 2002 年的 1 099 581 美元，而且审计费用占总资产的比率也从 0.092% 上升到 0.157%。Raghunandan 和 Rama（2006）发现，660 家生产企业 2004 年支付的审计费用与 2003 年同期相比大大上升了（2004 年审计费用的均值

① 内部控制的重大缺陷被定义为"引起中期或年度财务报表产生重大误报的严重缺陷或是若干严重缺陷的联合，而这些误报未能被阻止或被发觉（PCAOB，审计准则第 2 号）"。

② 见 http：//www.sec.gov/answers/form10k.htm

上市公司类型	修订的提交定期报告的期限	
	10-K 年度报告期限	10-Q 年度报告期限
大型上市公司（市值超过 7 亿美元或以上）	2006 年 12 月 15 日前的财政年度为 75 天，2006 年 12 月 15 日后为 60 天	40 天
中型公司（7 500 万美元≤市值≤7 亿美元）	75 天	40 天
小型公司（市值小于 7 500 万美元）	90 天	45 天

③ 对成本的最初估计显然低于实际。2003 年，SEC 期望"编撰文件、实施新程序和培训员工"等执行 404 条款的增量成本总额控制在 12.4 亿美元，或者是每公司 9.1 万美元。

和中位数分别上升了86%和128%），58家在财务报告中披露了内部控制重大缺陷的企业的审计费用甚至更高。执行302和404条款也伴随着间接费用的增加，例如，管理层的精力从投资和生产决策转移到对内部控制的监管。Block（2003）分析认为，需要费时费力地建立内部控制系统是公司考虑退市的主要驱动因素：传统上，公司不考虑上市的原因是满足证券分析师和其他相关利益方的要求所花费的时间过多，这不是本研究所要回答的问题。相反，上市公司在其他方面耗费了更多的时间，如指导审计师、参加董事会关于保证执行SEC规定的会议，等等。Bryan和Lilien（2005）总结道：

> 国际财务执行官组织（FEI）2004年7月对224家公司进行了调查，收到的答卷表明，公司第一年为了执行《萨班斯-奥克斯利法案》404条款平均花费300万美元，最大的公司（收入超过50亿美元的公司）平均花费800万美元。答卷者预期，为了支付内部控制的证明费用，审计费用平均将提高53%。再加上与这些步骤相关的成本不仅包括实际支付的费用（out-of-the-pocket costs），而且也包括从重要的运作与投资活动方面转移管理当局的关注点的间接费用。①

执行《萨班斯-奥克斯利法案》的许多其他条款的成本也很高。例如，对非审计服务的限制（Zhang，2005）、建立保护告密者的机制和缩短必须提交报告的期限（Block，2003）等。上市公司财务监管委员会（PCAOB）基金的资金来源通过市场总市值分摊到每个公司，大公司承担的费用每年大致在200万美元（Branson，2006）。其他间接成本的提高还包括增加对专门信息披露的成本的提高。例如，Barrett（2003）发现，关于一家公司如何看待其诉讼的有价值的信息，可以通过观察这家公司根据401（a）条款所计提的准备来获得。除此之外，《萨班斯-奥克斯利法案》还导致对董事激励成本的提高。

对小企业而言，执行《萨班斯-奥克斯利法案》成本更高。② 例如，23家道琼斯30的公司2004年的审计费用比2003年上升了40%（Eldridge和kealey，2005），一般的公司则上升超过50%。由于较少小公司在2003年之前自愿执行《萨班斯-奥克斯利法案》的条款，因此其在比例上承担了更多由新规定带来的成本（Aggarwal和Williamson，2006）。小公司通常倾向于在内部控制上花费更少的资源，因此也造成了审计成本上升（Eldridge和Kealey，2005）。由于小公司的风险比较高，因此不容易吸引到人才和获得大审计师事务所的关注。

会计与经济利益

《萨班斯-奥克斯利法案》的另一面是，市场重视内部控制，因此内部控制是重

① 超过50%的答题者来自年收入至少为10亿美元的大公司。

② 监管执行成本对小企业和创业型企业（madcap firms）产生的不平衡影响并非仅限于《萨班斯—奥克斯利法案》（见Hsu，2004）。

要的，尤其是基于财务报告的内部控制。2004 年，SEC 首席会计师 Donald T. Nicolaisen 指出：

> 随着大量财务丑闻的出现、市值的下降以及由此造成的投资者对市场信心的丧失，我相信在所有近期的改革中，内部控制要求最可能提高财务报告的可靠性。资本市场是在信任的基础上运作的，大部分的公司为投资和政策制定提供可靠、完整的财务数据。向世界展示由建立了恰当的、没有重大缺陷的控制系统的公司来负责收集、整合并提供财务信息，将加强公众对市场的信心，并激励其对国家各个行业的投资。

低质量的内部控制与更多盈余管理（Bédard，2006；Chan、Farrell 和 Lee，2006）、更多的报表重述（Bryan 和 Lilien，2005）相关联，证据似乎证实了《萨班斯-奥克斯利法案》404 条款的价值。

会计以及相关学科的经验研究关注《萨班斯-奥克斯利法案》的后果。广义地说，有三个被关注的问题：

• 市场反应：导致法案颁布的事件（Bhattacharya、Groznk 和 haslem，2006；Chhaochharia 和 Grinstein，2005；Zhang，2005；Jain、Kim 和 Rezaee，2006；Li、Pincus 和 Rego，2006；Rezaee 和 Jain，2006）；法案对在美国上市的外国公司的影响（litvak，2006；Smith，2006）；一些特别条款，例如保证的要求（Bhattacharya、Groznik 和 haslem，2003，2004；Griffin 和 Lont，2005a；Gupta 和 Nayar，2006）；[①] 对内部控制重大缺陷的披露（De Franco、Guan 和 Lu，2005；Hammersley、Myers 和 Shakespeare，2005；Beneish、Billings 和 Hodder，2006；Chan、Farrell 和 Lee，2006）；期权授予两天内报告的规定（Narayanan 和 Seyhun，2005）[②]；治理的改进（Aggarwal 和 Williamson，2006）。

如果反应是正面的，《萨班斯-奥克斯利法案》完成了它所表明的在一个完善的资本市场上重塑投资者信心的使命。

总体而言，这个目标的确达到了。对导致法案出台的事件的市场反应研究表明，法案是成功的（Jain、Kim 和 Rezaee，2006；Li、Pincus 和 Rego，2006；Rezaee 和 Jain，2006）。涉及盈余管理更多的公司的市场反应更显著地为正（Li、Pincus 和 Rego，2006）。[③] 盈余管理现象减少证实了市场信心被重拾。Cohen、Dey 和 Lys（2005a）研究了在 1987 年到 2003 年间 5 538 家公司的 80 963 个季度样本，观察到盈余管理在《萨班斯-奥克斯利法案》出台之前稳定上升，之后则下降。进一步地，管

---

① Vermeer（2005）考察了管理层自愿保证，发现在盈余管理和保证之间存在着负相关关系。

② 见第 3 章倒填日期（Backdating）丑闻。

③ 有一个例外。Zhang（2005）发现，最重要的制度制定事件所引起的损失的市场总值约为 1.4 万亿美元。Zhang 选择的事件与 Li、Pincus 和 Rego（2006）的选择并不完全一致。

理层对财务报告真实性的保证减少了盈余管理，增加了稳健性（Lobo 和 Zhou，2005）。[①] Williams、DaDalt、Sun 和 Yaari（2006，2008），Bartov 和 Cohen（2007）以及 Koh、Matsumoto 和 Rajgopal（2007）通过研究公司达到或超过分析师预期也发现，《萨班斯-奥克斯利法案》颁布后，盈余管理减少了。

- 按照《萨班斯-奥克斯利法案》302 条款和 404 条款披露内部控制系统的重大缺陷（Bryan 和 Lilin，2005；Ge 和 McVay，2005；Hammersley、Myers 和 Shakespeare，2005；Krishnan 和 Visvanathan，2005a；Ashbaugh-Skaife、Collins 和 Kinney，2006；Bédard，2006；Beneish、Billings 和 Hodder，2006；Doyle、Ge 和 McVay，2006；Ettredge、Heintz、Li 和 Scholz，2006；Ghosh 和 Lubberink，2006；Ogneva，Subramanyam 和 Raghunandan，2006；Ettredge、Li 和 Sun，2007）。

由于市场反应为负，这些披露看来是价值相关的（De Franco、Guan 和 Lu，2005；Hammersley、Myers 和 Shakespeare，2005；Beneish、Billings 和 Hodder，2006），特别是当管理层宣布系统有效时（Hammersley、Myers 和 Shakespeare，2005）。De Franco、Guan 和 Lu（2005）发现，投资者的反应大部分是由小投资者出售股票引起的。

会出现这样一种现象，说明重大缺陷更可能存在于运营更复杂、会计风险更暴露以及在内部控制上资源投入更少的公司中。而且，相比于报告内部控制有效的公司，报告内部控制无效的公司可能引起更高的与《萨班斯-奥克斯利法案》有关的审计费用，未来进行报表重述的可能性也更高。

- 《萨班斯-奥克斯利法案》既定的和非既定的经济后果（Block，2003；Lai，2003；Smith，2006；Asthana、Balsam 和 Kim，2004；Hsu，2004；Jain 和 Rezaee，2004；Bris、Cantale 和 Nishiotis，2005；Bryant-Kutcher、Peng 和 Zvinakis，2005；Cohen、Dey 和 Lys，2005b；Collins、Gong 和 Li，2005；Griffin 和 Lont，2005b；Heflin 和 Hsu，2005；Kamar、Karaca-Mandic 和 Talley，2005；Krishnan 和 Visvanathan，2005a；Markelevich、Hoitash 和 Barragato，2005；Schwarzkopf 和 Miller，2005；Stadtmann 和 Wissmann，2005；Ahmed、Duellman 和 Abdel-Meguid，2006；Bédard，2006；Carney，2006；DiGabriele 和 Gottesman，2006；Engel、Hayes 和 Wang，2006；Gordon、Loeb，Lucyshyn 和 Sohail，2006；Leon，2006；Leuz、Triantis 和 Wang，2006；Linck、Netter 和 Yang，2006；Roberts 和 Chava，2006；Schloetzer，2006；Williams，2006；Williams、DaDalt、Sun 和 Yaari，2006；Zhang、Zhou，2006；Brochet，2007；Williams、Sun 和 Yaari，2007）。

这一组文献所涉及的领域是很丰富的。例如，Lai（2003）的研究证据表明，财

---

① Bhattacharya、Groznik 和 Haslem（2004）研究了 688 家被要求在 2002 年 8 月 14 日之前进行保证的公司中的 664 家公司的市场反应，发现没有证据表明要求 CEO 和 CFO 进行保证的规定被投资者显著地定价。Jain 和 Rezaee（2004）也没有发现会计稳健性发生改变。

务报表中操控性应计较低，审计师发出非标准无保留意见的可能性提高，表明《萨班斯-奥克斯利法案》提高了审计师的独立性。Cohen、Dey 和 Lys（2005b）发现，在 R&D 下降时，管理层权益报酬上升而现金报酬下降。Gordon、Loeb、Lucyshyn 和 Sohail（2006）发现，对计算机安全质量的自愿披露提高了，因为 404 条款强调加强计算机安全的重要性。

一些研究考察《萨班斯-奥克斯利法案》对公司下市决策和 going dark 决策的影响（Block，2003；Hsu，2004；Marosi 和 Massoud，2004；Subramanian，2005；Carney，2006；Engel、Hayes 和 Wang，2006；Leuz、Triantis 和 Wang，2006；Smith，2006）。① Going dark 不在 SEC 处注册登记，不再需要发布财务报告，因此节约了执行法案的成本。在《萨班斯-奥克斯利法案》实施后，这种现象有上升的势头。例如，Leuz、Triantis 和 Wang（2006）报告了 gong dark（going private，下市）公司的数量大幅上升，从 1998 年、1999 年分别为 28（23）家、29（54）家上升到了 2003 年、2004 年分别为 183（79）家、122 家（66）。② 很清楚，一些公司选择下市③的原因与监管环境没有关系，高现金流、低成长机会以及内部人所有权结构（Marosi 和 Massoud，2004）可能使公司没有在市场上获得资本的需要；由于机构投资者不感兴趣，会造成公司的低流动性（例如 Block，2003；Hsu，2004）；公司被私有企业收购（Kamar、Karaca-Mandic 和 Talley，2005），等等。然而，向 SEC 提交 13E3 表格（公司的身份改变时不能单由董事会决定，还要取得股东的同意，该表格是股东同意的证明）的公司通常会列出执行《萨班斯-奥克斯利法案》的成本，并将此作为影响其决策的因素之一。④ 例如，Block（2003）向在 2001 年 1 月至 2003 年 7 月间选择下市的纳斯达克公司发出了 236 份问卷，在收回的 110 份答卷中，发现公司下市的原因是成本（回答者认为平均上市成本从 90 万美元上升到 195.4 万美元）。与下市现象相反的是 IPO，Zingales（2006）发现，筹集资本的国际公司并不选择美国的交易所，其

---

① 《萨班斯-奥克斯利法案》看来是在把外国公司驱逐出美国市场（Hsu，2004；Bris、Cantale 和 Nishiotis，2005；Stadtmann 和 Wissmann，2005），导致了在美国上市的外国公司的市场反应为负（Litvak，2006）。2006 年 12 月，SEC 发布了推动外国公司退市的新规定。

② 在美国，公司下市是非常费时的，规模比较大的公司只有当股东数量少于 300 人（或登记在册的股东数量少于 500 人，过去 3 年中的任何一年资产少于 1 000 万美元，股东注册纪录只是在券商那里的一个代号（street names））时会选择下市。选择下市必须完成若干步骤，例如在完成下市转变之前要进行反向股票分割。

③ 下市的一条途径是把一些人逼走（freeze-outs），一个控制股东把少数股东手中的股份买过来（Subramanian，2005）。更多对公司下市途径的讨论参见 Kamar、Karaca-Mandic 和 Talley（2005）。

④ Block（2003）收到的回复表明，下列直接成本引起公司下市：

- 审计、法律和人力资源费用和成本。
- 管理层和公司员工花费在披露上的时间。
- 为满足证券监管条例报告义务必须发生的印刷和邮寄成本。
- 与向 SEC 提交文件相关的费用和其他直接费用、股票市场上市费用和股票转移费用。
- 为注册股东（有些股东仅持有少量股票）提供服务的管理费用、回复股东和投资者询问以及在公共关系上花费的时间。
- 满足公司治理要求的成本——例如，独立董事的报酬。

中一个原因就是其他市场更有竞争力，另一个原因是这些公司不情愿承担高昂的《萨班斯-奥克斯利法案》的执行成本。

第二部分内容的安排

在第 3 章，我们讨论盈余管理源自于与管理相关的目标。我们确定了四个这样的案例：

1. 报酬——管理层通过操纵盈余来提高整个职业期间的报酬。

2. CEO 变更（CEO turnover）——即将离任的 CEO 在决策时会同时考虑提高其最后一年的经营奖金及其获得董事资格的机会，而刚到任的 CEO 则会试图通过“洗大澡”的方式对报告利润建立准备。

3. 内部人交易——管理层是否会通过私人信息优势来获得投机回报或通过管理盈余来获得类似收益？

4. 管理层收购（management buyout）——管理层在计划收购时会试图降低支付给股东的价格。

在第 4 章，我们将讨论与使用者相关的盈余管理，我们指的使用者包括外部股东、流动资金交易人（liquidity traders）、市场操手、债权人、竞争者、顾客、供应商、员工和监管者等。我们确定了六个案例：

1. 达到或超过预期（benchmark）——公司通常会努力达到或超过某个指标，比如利润为零，因此必须避免报告损失，可供选择的指标通常由过去的业绩驱动。

2. 首次公开发行（IPO）、股票增发（SEO）以及新上市（new listings）——公司通过管理盈余来提高发行股票的价格。

3. 兼并收购——以股票融资进行兼并的公司通过盈余管理提高股票价格，有效地降低兼并成本。

4. 债券契约和负债——公司通过管理盈余在借贷之前影响负债成本，借贷之后放松契约条款要求。

5. 与雇员工会谈判——公司为了压低工资，通过管理盈余显示的财务状况比实际情况更为不理想。

6. 监管和税收考虑——公司通过管理盈余来回应某些监管约束，比如税收等。

在第 5 章，我们将讨论与看门人有关的盈余管理。看门人被假定为减少公司与其他利益相关者之间信息不对称状况的监管者，包括分析师、机构投资者（大股东或 activists）、董事会以及审计委员会、审计师、媒体、投资银行以及信用机构。我们会讨论三类看门人：

1. 与达到或超过分析师预期（MBE）有关的分析师——与达到某个指标类似，不过这里的指标是分析师的一致预测。

2. 涉及公司治理的看门人——公司所有权特征、董事会和审计委员会推动或限制盈余管理。

3. 审计师——审计师的审计质量影响公司成功实施管理盈余的可能性。

显然，一些现象涉及不止一种参与者。例如，报酬计划由董事会的报酬委员会设计，因此同时涉及经理人和看门人。① 选择怎样归类时，我们至少用了下面两个标准的其中一个：第一个标准着眼于有盈余管理激励的一方，而不是限制盈余管理的一方。例如，我们相信经理人可能倾向于提高报酬，董事会则倾向于限制报酬。第二个标准考虑与某类参与者有关的现象。例如，在一个没有放贷者的抽象经济中，公司不需要通过管理盈余来避免违反债务契约条款。

---

① 例如，Core、Holthausen 和 Larcker（1999）发现比较差的公司治理与较高的 CEO 报酬和较差的业绩相关联。

第3章　管理层

在这一章，我们将描述管理层如何参与会计情景并促成盈余管理。不过，在开始之前，我们必须首先提出一个适宜在本章讨论的关于高层管理人员的问题。盈余管理问题要求关注负责报告公司盈余的高层管理者：首席执行官（CEO）、总会计师（the controller）以及首席财务官（CFO）。有一些研究把其他管理人员也包括进来，但也有一些研究把CFO和总会计师（the controller）排除在外。例如，关于高级管理人员变更（turnover）的研究倾向于考察CEO、董事长或总裁；关于报酬的研究通常关注五位获得最高报酬的高级管理人员；关于内部交易的研究却把所有高级管理人员和其他公司内部人混为一谈。[①] 在考虑以下讨论时，读者应该注意到这些区别，至于这些区别是否至关重要则有待观察。在某些情况下，这些区别是十分重要的。例如，Aier、Comprix、Gunlock和Lee（2005）发现，重述报表的可能性与CFO的专业水平负相关。专业水平由其担任CFO的经验、是否有MBA学位以及是否获得CPA资格来衡量。另一个例子是，Geiger和North（2006）的研究发现，刚到任的CFO与较低水平的盈余管理相关。相反，以下的讨论显示，刚到任的CEO与较高水平的盈余管理相关。因此，考虑CEO-CFO团队的专业水平比仅仅考虑CEO的专业水平更重要。在其他案例中，高层管理人员定义的区别可能无伤大雅（例如，Huddart和Lang，1996，2003；Kasznik，2003）。在最近发生的倒填日期（backdating）的丑闻中，“价内”（in the money）期权不仅授予CEO，而且也授予普通员工，这就导致了他们有可能与CEO一起合谋进行盈余管理。

---

① 根据1934年的《证券交易法》第16a-（f）条，公司内部人包括CEO、CFO、主管以及总裁、副总裁（负责主要的经营单位、分部或职能部门，例如，销售、行政或财务等）和其他所有高管。

§3.1 背景

§3.1.1 管理层在报告盈余中扮演的角色

高层管理人员在创造和报告盈余方面担当领导的角色（例如，Wasserman、Nohria 和 Anand，2001；Desai、Hogan 和 Wilkins，2006；Karpoff、Lee 和 Martin，2007b 以及文中引用的内容）。[①] 尽管公司重要的管理决策必须获得董事会批准，但有关经营、投资以及融资等所有决策都由管理层制定，其中包括对经营战略的设计与实施、资本投资与预算以及发放股利、购买债券和有价证券等。如第 1 章所讨论，在制定这些决策的过程中，管理层比任何人都更了解公司的经济情况。例如，内部交易的研究表明，内部人通常在股票被高估时出售股票，在股票被低估时买进股票（Seyhun，1988；Beneish 和 Vargus，2002；Ke、Huddart 和 Petroni，2003）。这样高人一等地掌握公司的情况意味着，管理层能够通过管理盈余来传递有用的、价值相关的信息，进行有利可图的盈余管理，或者通过隐瞒负面因素，进行恶意的盈余管理。

《萨班斯-奥克斯利法案》重新定义了管理层的受托责任。特别地，法案 302 条款和 404 条款提高了高级管理层对财务报告的责任。Backer（2002）指出：

> 安然事件之前，人们通常期望候选的 CEO 对其可能就任的职位表现出相当程度的恪尽职守（due diligence），但这种恪尽职守的要求大多都是“量身定做”（fit）或与公司业绩挂钩的。但是，后《萨班斯-奥克斯利法案》时代是与责任挂钩的，候选 CEO 必须更谨慎和具有判断力，在恪尽职守方面必须采用一些有别于过去的新方式。谨慎性和判断力必须着重于：（1）公司内部控制；（2）道德规范到位。

302（a）条款要求主要的执行官或主管以及主要的财务官或主管，或履行类似职能的人员，对每份年报和季报进行保证。保证是指对以下几个方面进行确认：

（1）签字主管已经对报告进行审阅。

（2）据主管所知，为了使财务报表不存在让人产生误解之处，并且与编制时的情况一致，报告没有包含任何对重要事实的不真实陈述，也没有遗漏应该陈述的重要事实。

（3）据上述主管所知，财务报表和其他报告中包含的财务信息公正地列报了报告中包括的各时期的财务状况的所有重要方面以及经营的结果。

后面的两个规定具有一些含义。第一，保证成为一个自下而上的程序，该程序有

---

① Fama（1980，290 页）这样描绘高级管理层：“管理层是一种扮演特定角色的劳动力——协调投入方的活动，执行各投入方同意的合同，所有这些表现为‘决策’的特性。”

效地促使下层管理人员也进行保证；[①] 第二，在盈余管理企图被发现时，CEO 不能再假装对此一无所知；[②] 第三，保证影响了经理人与审计师之间的关系。为了说明最后一点，我们考虑环球保健公司（Universal Health Company）首席财务官 Kirk Gorman 的任职终止（见 2004 年 2 月 15 日《纽约时报》）。取代安达信成为环球保健公司审计师的 KPMG 提出，如果 Gorman 继续留任 CFO，他们将不对环球保健公司的财务报表提供鉴证服务，Gorman 因此被迫离开了公司。KPMG 的决定是对 Gorman 在 2003 年 12 月 12 日发出的一封信的回应。在该信中 Gorman 陈述，他签署了一份审计师要求他签署的、关于鉴证结果准确性的审计客户表白书，他对所有的会计规则细节一无所知，之所以签署该信是基于对 KPMG 专业水平的信赖。“作为我本人恪尽职守的一部分，”他写道，“我曾经请 KPMG 提供一份关于对我们的财务报表和披露进行持续审阅的表白书或证书，但 KPMG 拒绝提供任何类似的表白书或证书。”有趣的是，为公司提供审计服务的，正是在安达信（担任审计师）时期提供审计服务的那些审计师。

这个例子表明，如果保证者是无知的，则保证规定毫无意义。为了确保保证者具有必需的知识，302（b）-4 说明，签字的主管要对建立和维护内部控制负责（302（a）-4（A）），并对评价内部控制体系（302（a）-4（C））以及发现内部控制体系不足做出特别规定，找出修正不足的方法，提请审计委员会和审计师（302（a）-5 和 302（a）-6）注意。更进一步，如果公司未能执行 404 条款关于内部控制的规定，经理人不能对财务报告进行保证。对未能执行诚实报告和披露规定的处罚也变得更严厉，可处监禁和罚款。因此，进行恶意盈余管理的成本上升了。

《萨班斯-奥克斯利法案》还有影响财务报告的附加条款，包括建立对高级财务官的道德规范（406 条款）和限制经理人从公司获得私人贷款（402 条款），这类私人贷款引发公司以宽松条件为执行官进行第三方贷款做出安排（Baker，2006）。

§3.1.2　管理层的具体职能

因为管理层始终对财务报告负责，《萨班斯-奥克斯利法案》的新要求促使我们提出这样的问题：为什么这些新的收紧措施是必需的？具体来说，在这些监管措施缺乏时，到底是什么因素导致管理层对盈余进行管理？只有当我们获得了答案，才可能

---

① 对收入超过 12 亿美元的公司来说，SEC 要求从 2002 年 6 月 27 日，即《萨班斯-奥克斯利法案》执行前，实施保证规定。值得提出的是，盈余质量较高的公司的 CEO 甚至在 SEC 设定期限 2002 年 8 月 14 日前执行保证（Lobo 和 Zhou，2005）。

② 正如轶事证据显示，在 Richard Scrushy 的案例中，这位南方保健公司的创始人和前 CEO 声称，他对其所在公司通过以向健康保险公司开具发票的金额而不是以实际收到的较低价格来记录收入的手法虚夸利润的事实一无所知。为了收集证明 Scrushy 知道公司在利润确认上有问题的证据，他的 CFO 在与他进行私人会谈时身上带了录音设备。最后，Scrushy 被指控故意对南方保健 2002 年 8 月 14 日向 SEC 提交的虚假财务报表提供保证，在 2003 年 3 月试图迫使公司的 CFO 对虚假的报告提供保证，但他最后洗清了所有的指控，被判无罪（参见 Werhane、Mead 和 Collier，2006）。

对新的监管措施是否能有效地阻止公司高管们进行盈余管理进行讨论。

在这一部分，我们将通过讨论管理层与股东职能的差异来描述众所周知的管理层的客观职能。讨论的机理是，如果我们所观察到的管理层目标与股东目标是一致的，或者现有机制能成功地把两类目标连为一体，那么股东就不需要《萨班斯—奥克斯利法案》的保护。

与管理层不同，股东的组成不是同质的。2004 年 7 月 27 日的《华尔街日报》（Mandelbrot Benoit B. 和 Richard L. Hudson，A look at market—moving numbers—literally，C1，C6）引用瑞士基金经理兼数理金融专家 Richard Olsen 的话说：

> 人并非都是理性的，人们的想法也不可能都一样。有些人一天内频繁地进出市场，这些人是敏捷的投机者；另一些人是公司财务总管，他们通过蓄意买入卖出大宗合同筹措合并所需的资金或对出口风险进行套期；有些人是中央银行家，他们只是在一些关键时刻偶尔进行交易；还有一些人是长期投资者，他们购买证券后持有数月或数年。

一些股东希望公司长期价值最大化，另一些股东则计划在不久后出售股票，他们希望公司短期价值最大化（Hart，1995a；Ronen 和 Yaari，2002）。

研究证据表明，管理层目标与股东目标存在差异的原因在于：

- 经理人和股东通过不同的途径享受公司消费，而与此同时，一些投资和生产决策只形成经理人的个人成本。
- 经理人的投资组合包括在特定公司的人力资本，这些资本是不能多元化的。
- 经理人制定决策的角度与投资者和公司的角度不同。

假设你拉一个股东代表来担任 CEO，在那个时刻，你就给了他机会享受其他股东享受不到的特权，例如使用公司的专用飞机（Yermack，2006a）和公寓、享受医疗待遇、拥有俱乐部会员资格以及在《萨班斯-奥克斯利法案》颁布之前可以以优惠利率对个人消费进行融资等。① 在一则趣闻逸事中，我们观察到 1995 年受聘担任迪斯尼公司总裁、15 个月后被解聘时获得 1.4 亿美元解雇费的 Michael S. Ovitz 所享受到的特权：

> 根据迪斯尼公司 1997 年进行的内部调查，Ovitz 先生花费了公司 76 413 美元租用豪华轿车、48 305 美元安装家庭影院以及 6 500 美元派发圣诞节小费。同时，他在自己家里举办公司高层会议，由公司支付每人 125 美元的食品费用，该费用在他任期临近结束时降低到 15 美元。14 个月里，公司为这些早餐和晚宴鲜花所支付的费用达到 9 535 美元。而且，公司还为 Ovitz 订了一本《花花公子》杂志（Holson，Laura，M.，Investor suit at Disney puts

① 自 2006 年 12 月以来，公司要充分披露超过 1 万美元的福利。评论员期望，董事会对过度消费进行约束，即当公司进行披露时，过度消费就会被察觉到（Nanette Byrnes 和 Jane Sasseen，Board of hard knocks，2007 年 1 月 22 日《商业周刊》，第 36 页到 39 页）。

exits in a spotlight. 2004年10月18日《纽约时报》, C1)。

Jensen和Meckling (1976) 把这类特权产生的费用归为代理成本。显然，经理人对公司资源的消费是过度的：经理人百分百地享受着此类消费的每一美元，却只承担着其中他所持有的、比例低得多的权益成本。

股东也可以通过设计以权益为基础的报酬计划来提高此类私人消费的成本 (Balsam, 2002)：股票、限制性股票和期权以及明确要求经理人必须持有一定数量的股票。然而，由于某些原因，报酬计划并不是理想的解决方案，其中一个原因是契约摩擦的出现。例如，有限责任保护经理人报酬不受下行风险的影响 (Gaver和Gaver, 1998; Leone、Wu和Zimmerman, 2006; Ronen和Yaari, 2007)。[①] 那就是，公司可能累积损失，股东投资可能招致失败，但经理人的报酬计划却不用承担损失。Ronen和yaari (2007) 的研究显示，即使在真实导向契约 (truth-inducing contracts) 可行时，经理人只需负有限责任也可能导致股东设计引发恶意盈余管理的契约。另一个原因则是股东不直接设计管理层报酬计划，而是让董事会去完成设计。当经理人把董事会争取过去后，他可能会被支付最理想水平的报酬，经理人因此会采取出人意料的行动，通过提高公司业绩的波动性来抬高他的期权价值 (Cohen、Hall和Viceira, 2002; Huang, 2005; Coles、Daniel和Naveen, 2006a; Adams、Almeida和Ferreira, 2005)，或通过平滑盈余来降低他的风险 (Grant、Markarian和Parbonetti, 2007)。此外，当报酬计划被作为一种义务机制来调节股东和债权人的利益冲突时 (John和John, 1993)，它不一定能够最大化预期股东价值。更进一步，因为激励对盈余很敏感 (Bushman和Smith, 2001)，报酬计划激发了经理人违反股东的意愿对盈余进行管理的动机。[②]

尽管Jensen和Meckling (1976) 关注经理人的过度福利，从经理人为他们的工作承担私人成本的角度，存在着另一种代理成本理论。我们把这个问题归类到委托代理理论，在第三部分再做详细讨论 (Harris和Raviv, 1978, 1979; Holmström, 1979; Shavell, 1979; Sappington, 1983, 1991; Grossman和Hart, 1993; Demski, 1994;

① Fama (1980) 就制定最优决策而规范管理层提出了两个观点。第一个观点集中在内部和外部的劳动力市场。这个市场在管理层声誉上放置了一定的权重，因此经理人在得到他们应得的报酬时，能够实现管理层声誉在最初的最佳配置。但这个观点忽略了视野的问题，因为管理层在公司里的职业范围是限定的，声誉的边际价值可能随着经理人的年龄而下降。的确，高层管理人员的平均年龄远比入门阶段经理人的平均年龄要大得多，这一事实已经引起了一些学者对把声誉作为改善股东和经理人利益冲突的方法的怀疑 (Coffee, 2003a)。第二个观点是，在经理人不能被观察到的努力结果中存在着噪音，通过回顾历史结果、重新制定支付经理人所采取的行动和边际生产力的合约，这些噪音能够被分离出去 (第300页) (重新制定合约是一种安排，假定信息可以获得，每一次支付的都是到目前为止的最优工资总额和实际支付总额之间的差额，经理人或者返纳过量的工资，或者获得更高的工资)。正如Fama所言，我们不能保证掩盖了管理层行动的噪音的统计特性支持合约的重新制定，因此逃避责任 (或恶意盈余管理) 还是有可能发生的。而且，重新制定合约隐含着有限责任的废除，因为如果对经理人支付过度，则他被假定要退还超额支付部分。如果经理人承担有限责任，则这种安排不再可行。

② 市场压力可能对公司的价值有负面影响的事实已经催生了一连串文献，这些文献研究在引发经理人在长期投资中进行短视决策时股票市场受到的影响 (例如，Bebchuk和Stole, 1993)。

Christensen 和 Feltham，2005；Evans、Kim 和 Nagarajan，2006）。股东-经理关系带有道德风险的特性，为了诱发不愿工作、不愿冒险的经理人在工作中竭尽全力，不逃避责任，股东必须把经理人所承担的风险提高到一个更高的水平，而不仅仅是最初的最佳水平，这种方法就是提供期权（Hirshleifer 和 Suh，1992；Hemmer、Kim 和 Verrecchia，1999；Feltham 和 Wu，2000；Core 和 Qian，2001；Jenter，2001；Lambert 和 Larcker，2004）。期权的出现增加了经理人承担的风险，因为在经理人行使其期权时，只有（不稳定的）股票市场价格被提高了，期权才有价值（Guay，1999①）。因此，不愿承担个人成本的经理人将采取必要的行动来增加公司的价值，同时其自身也在此过程中获益。

对期权的研究反复出现两个相互关联的问题。第一个问题是是否应该根据结果的风险程度来提高或降低激励。首先，如果结果已经是有风险的，为什么还需要通过风险更高的激励去诱发经理人采取行动？其次，道德风险范围对风险更高的公司的经理人而言更大，因此，正如 Holmström 和 Milgrom（1987）和 Prendergast（2000）所认为的那样，最佳的办法是用更高的激励来奖励经理人（例如 Aggarwal 和 Samwick，1999 与 Core 和 Guay，2002a 之间的争论；以及 Lambert，1986；Core 和 Qian，2001）。Raith（2003）探讨了由竞争的激烈程度引起的结果波动。② 不过，对于 Raith 所得出的激励与竞争强度正相关的研究结论是有争议的，有些实证研究发现支持这种正向关联（例如，Cuñat 和 Guadalupe，2005），但也有另一些研究发现激励与竞争者数量负相关（Santaló，2002），还有一些研究对其结论的支持是混合的（例如，Karuna，2004）。

第二个问题关系到期权把经理人激励与股东目标联系在一起的效率（Holmström 和 Kaplan，2003）。一些研究似乎想说明效率是由经济力量驱动的。成功的公司在期权与公司业绩之间具有正的相关关系（Agrawal 和 Mandelker，1987；Hanlon、Rajgopal 和 Shevlin，2003；Sullivan 和 Spong，2004③；Aggarwal 和 Samwick，2006），但困境公司在两者之间却具有负的相关关系（Hall 和 Leibman，1998；Core 和 Guay，2002b）。对后者的一种解释是，期权是当公司已经承受破产压力时向员工提供激励的一种比较受欢迎的途径（Yermack，1995；Core 和 Guay，2001）。在 Demsetz 和 Lehn（1985）的研究基础上，Himmelberg、Hubbard 和 Palia（1999）试图找出规模、资本密集程度、R&D 投入程度、广告投入程度、现金流和投资比率等与道德风险有

---

① Guay 发现，是期权而不是持有公司股票在股票价格业绩中影响经理人财富的敏感性，风险诱发了经理人更多地投资能增加公司价值的风险较高的项目。

② 同时参见 Hart（1983a）；Fershtman 和 Judd（1987）；Scharfstein（1988）以及 Schmidt（1997）。

③ Sullivan 和 Spong 研究了在 1990—1994 年间的 267 家银行，其中 157 家由雇佣的经理人管理，110 家的高层经理是在银行中持股比例很高的控股集团成员。他们发现，由雇佣的经理人运营的银行的业绩很突出（ROA、权益回报率以及平均资产的经营利润率等指标显示）。经理人财富与银行业绩之间的关系越密切，以盈余变动、利率风险以及破产来衡量的银行风险越低。

关的变量，进一步的检验使他们得出了管理层持股与公司业绩由一般公司共有的特定因素决定这一结论。因此，一个激励合约可以大幅简化而不用牺牲效率（Zhou，2001）。对报酬合约效率的进一步讨论，参见 Pavlik、Scott 和 Tiessen（1993）；Core、Holthausen 和 Larcker（1999）；Rajgopal 和 Shevlin（2002）；Core、Guay 和 Larcker（2003）；Hanlon、Rajgopal 和 Shevlin（2003）；Huang（2005）以及 Grant、Markarian 和 Parbonetti（2007）。

有一个相关的问题是《萨班斯-奥克斯利法案》对报酬计划的影响，对这个问题现在还不是很清楚。虽然 Cohen、Dey 和 Lys（2005b）以及 Carter、Lynch 和 Zechman（2006）发现，《萨班斯-奥克斯利法案》实施以后，报酬计划的风险降低了（因为工资上升和奖金下降），但人们相信《萨班斯-奥克斯利法案》并没有对报酬计划产生很大的影响。高管报酬也许是没有受到影响的最重要的部分，尽管公众对不恰当的高管报酬（out of line）颇有微词。大量对制定高管薪酬的典型的董事会组成极少是非关联的和有效的批评一直不断，在这个问题上，系统性转变还是没有发生（Coglianese 和 Michael，2006）。

3.1.2.1 管理层投资组合中的公司特定人力资本

广义地说，管理层财富包括人力资本、公司特定的财务资本以及其他与公司没有关联的资本。通常，经理人的人力资本是公司特定的，即经理人不能够很好地把投资组合中的这类风险通过多样化分散掉（Agrawal 和 Mandelker，1987）。相反，综合类的人力资本却能够在其他职业中发挥作用。这就意味着一般经理人的风险承受能力可能比投资者低，因此，从股东的角度来看，投资决策通常都比较保守（Bebch 和 Fershtman，1994；Nohel 和 Todd，2002）。[①] 这样，补偿的方法是设计把两者利益联结在一起的报酬计划（Balsam，2002）。用这一领域里的行话来说，要诱使经理人成为风险承担者，必须设计带有比线性工资或凹工资风险更高的凸工资（convex payoff）报酬计划。直觉是，凹报酬计算公式是边际报酬递减，而凸报酬安排却是边际报酬递增。为了保证经理人具有同样水平的保留效用（reservation utility），相比于凸工资，凹工资在结果较差时支付给他多一点，在结果较好时支付给他少一点。因此，凹工资曲线比较平坦，风险较低（Yaari，1993）。

同样地，经理人的总财富以及他对风险的态度也可能造成他对风险的偏好与股东不同（Lambert、Larcker 和 Verrecchia，1991）。Core、Guay 和 Larcker（2002）以下面的例子来强调财富的重要性：假设有两位 CEO，他们的财富相同，风险好恶效用相同，边际产品相同，努力的成本也相同。两个 CEO 都持有效率相同的合约，其中一位 CEO 继承了很多金钱，但另一位 CEO 却因为离婚丧失了所有外在的财富。两位 CEO 都有动机采取非最大化公司价值的行动，第一位通过少工作一些，但第二位通

① 对其他一些经理人和股东不能达成一致意见的决策，参见 Bebchuk 和 Fershtman（1991，1993）。

过承担风险小一些。在这里，期权可再一次用来改变经理人承担风险的行为（Rajgopal 和 Shevlin，2002），用来鼓励私人成本较高的投资（Aggarwal 和 Samwick，2006）。[①] 从盈余管理的角度，期权的重要特点是其价值取决于股票价格，这意味着管理盈余的动机延伸到盈余对股票价格有影响。

另一个大量使用股票和期权的结果是经理人出售其持有的股份。总的来说，内部人出售股票比他们购买股票要多（Beneish 和 Vargus，2002；Hochberg、Newman 和 Rierson，2003）。[②] 经理人在行权后立即出售大部分期权（Lakonishok 和 Lee，2001）。持股比例很高的经理人出售通过直接购买或行使期权获得的股份（Ofek 和 Yermack，2000；Safdar，2003），经理人持有的权益份额越高，出售的股票数量也越多（Cheng 和 Warfield，2005）。Ofek 和 Yermack 指出：

> 尽管董事会表示他们意图采用期权和其他奖励方法是来提高管理层持股，但高管们不见得具有同样的目标。现代资产组合理论预测，获得额外公司股票的经理人会卖掉这些股票，或者会把他们手中原来已经持有的那部分公司股票卖掉，以分散与持有单一资产相关的非系统风险。对经理人而言，他们的人力资本价值已经与公司的业绩相关联，因此他们持有公司股票的风险比普通的投资者要高。
>
> 根据高管手中是否持有与他们在新授予的期权或限制性股票中获得同样数量的公司股票，我们把数据再分成子样本……我们发现，持股比例高的高管在获得新的期权奖励的年份，一般都活跃地出售公司的股票……这种销售行为大大地减弱了对持股比例高的经理人进行股份支付的激励效果。[③]

管理层出售股票的事实意味着内部人交易可能是盈余管理需求的另一个决定因素。

---

① Murphy（1999）表达了对期权可能过火的担忧："因为期权的价值随着股票价格波动而上升，持有期权的高管有动机进行风险更高的投资"（第 6 页）。Abowd 和 kaplan（1999）则持相反的意见，他们认为股票和期权的风险程度诱发经理人只接受较低的风险。对期权争论的进一步讨论参见 Hall 和 Murphy（2002，第 6 页）以及文中相关的引用。

② Hochberg，Newman 和 Rierson（2003）指出：

一般来说，在出售的数量和收入美元方面，无论在采用激进的还是正常会计方法的时期，集团里面的内部人都是卖的多买的少，这和之前关于内部人交易的文献介绍是一致的……公司内部人所拥有财富的很大一部分可能就是他们所持有的公司股票，因此，他们有诸如投资组合再平衡（portfolio rebalancing）、税务筹划、资产规划（estate planning）以及周期性流动性需要等动机持续地出售手中的公司股票（第 16 页）。

③ Safdar（2003）、Cheng 和 Warfield（2005）以及其他研究指出，在报酬计划中用奖金和工资来替代期权增加了管理层财富对公司股票价格的非系统风险暴露（idiosyncratic exposure）。

Kasznik（2003）也提到了公司内部人出售股票的资产组合再平衡效应：

更多最近的研究（例如，Lakonishok 和 Lee，2001；Jeng 等人，2001）发现，虽然购买股票具有信息含量，但内部人（16（a））出售股票却主要出于非信息性的原因。更早期的研究证据对出售后超常回报的计量，特别是对规模、风险和价格动量因素（price momentum factors）具有敏感性。内部人（尤其是 16（a）内部人）通过报酬计划积累了大量的公司股票，因此，出售股票的行为主要由流动性和资产组合再平衡需要等动机所驱动，和私人信息关联不大。相反，购买股票更加可以自由支配，因此更可能反映出利用内部信息的需要（第 34 页）。

3.1.2.2　视野问题

造成经理人与股东的具体功能不一致的另一个原因是他们具有不同的决策视野。经理人存在对其全部职业生涯的考虑，这些考虑意味着经理人有着通过公司的经营业绩纪录来建立声誉的需要。对高水平的经理人而言，声誉在获得高报酬合约（lucrative contract）方面（Gibbons 和 Murphy，1992b；Baber、Kang 和 Kuman，1998；Holmström，1999）以及进入其他公司担任董事方面起着重要作用（Brickley、Coles 和 Linck，1999）。

一方面，声誉可能导致经理人最大化公司的长期价值，因为公司失败将导致经理人出局；但另一方面，声誉也可能引发相反的结果。Narayanan（1985）显示，建立声誉的考虑可能诱发经理人做出牺牲公司价值的短视行为，这种行为的动力来自于经理人不为人知的能力（对公司价值而言这种能力很重要）。被认为能力较高的经理人通常会获得更高的报酬（Malmendier 和 Tate，2005），因此，为了显示自己具有较高的能力，经理人更倾向于选择投资获得更高短期回报的短期项目。不过，这些看法可能适用于经理人任职初期。Allgood 和 Farrell（2003）显示，一位 CEO 离开公司的可能性在其任期的前 5 年上升，但之后会下降。

不过，这种情形的另一方面是，年龄大的经理人预期会更短视，因此任何对声誉产生影响的因素对他们而言都会少一些。当一位经理人的任期即将届满时，投资周期可能比他在公司留任的时间更长，这就诱发了经理人产生不顾公司长期价值，只为了提高短期盈余而采取行动的动机。

视野问题意味着高管变更是盈余管理的重要因素，因为临近离任决定了离任 CEO 留在公司的时间，而晋升到 CEO 的岗位则是到任 CEO 任期的开始。下面我们对高管变更作进一步的讨论。[①]

有趣的是，在经理人与股东的利益冲突中，任期的重要性被经理人激励计划设计的效果所证实。Gibbons 和 Murphy（1992b）证明，平均来说，股东财富上升 10%，相应地，离退休还有不到 3 年时间的 CEO 的现金报酬也改变 1.7%，但离退休不止 3 年时间的 CEO 的现金报酬却只改变了 1.3%。[②] Clinch 和 Magliolo（1993）发现，CEO 任期的长度对银行的报酬计划有影响。他们把盈余分成三个部分：循环的经营活动产生的盈余，如从普通的放贷功能中获得的盈余；具有直接现金流效应的操控性非经营性盈余，如出售银行的信用卡组合；以及没有直接现金流效应的操控性会计盈余，如通过购买年金来支付养老金负债等。他们发现，当任期比较长时，经营性盈余

① 除了经理人退休前的决策时段更短，造成经理人短视行为的原因可能还有很多（Stein，1988，1989；Shleifer 和 Vishney，1990；Narayanan、1996；Garvey、Grant 和 King，1997；Bange 和 De-Bondt，1998；Bushee，1998；Behn，Nagy 和 Riley，2002）。不过，对于实证研究设计而言，高管变更为更容易察觉到的短视野问题提供了数据。

② 尽管本书讨论的是美国的情况，但这种现象似乎是没有国界的。例如，Korczak（2004）发现，在波兰人交易的资本市场（Polish-traded capital market）中，建立声誉与持股较低相关，堑壕效应与投票权较高相关。

与报酬计划之间以及具有现金流效应的操控性会计盈余与报酬计划之间的关联关系都比较弱。Dechow、Huson 和 Sloan（1994）考察了重组费用如何影响报酬计划的设计，因为重组费用数额一般较大，如果它们影响报酬计划，管理层可能在重组价值提升的时期选择不重组。该研究还发现，由于重组费用对盈余产生不利影响，CEO 预期留任的时间越短，CEO 报酬越不可能因此而向下进行调整，尤其是当重组费用不可能再发生时。Baber、Kang 和 Kumar（1998）研究了持久性盈余在管理层现金报酬计划（工资加奖金）中的权重，他们按照 CEO 年龄是否已经达到 60 岁对样本进行分类，发现盈余持久性参数与年龄的二元哑变量是正的，而且在 0.05% 的水平上具有显著性。这个结果表明，对接近退休的 CEO，薪酬委员会更关注盈余持久性。有趣的是，年长的 CEO 的现金报酬增长慢于年轻的 CEO 的现金报酬增长。

另一个值得我们关注的盈余管理行为根源于管理层通过收购股票取得的所有权。计算是很简单的，管理层为了诱使股东在收购中让步而支付的溢价部分降低了他们的财富。因为价格反映了在历史盈余基础上产生盈余的潜力，管理层有向下调低盈余的动机。

总结来说，经理人与股东的利益在以下几个方面存在冲突，从而产生了管理层通过管理盈余获取私人收益的动机：

- 报酬。
- 内部人交易。
- 高管变更。
- 管理层收购。

§3.2 报酬

在这一部分，我们回顾一个典型的 CEO 报酬计划的组成，并解释这样的一个计划如何对盈余管理产生激励作用。在制度方面，董事会负责对报酬进行设计。董事会决定报酬计划的六个组成部分：工资的改变、短期现金和股票奖励、长期（现金和股票）奖励、授予期权或股票增值权（SAR）、授予绩效单位（performance units）以及授予限制性股票。CEO 可以参与薪酬委员会的讨论，但如果公司想利用税务当局（IRS）把 CEO 的激励报酬在税前扣除（Rule 162（m）），CEO 就不能成为委员会的成员。但实际上，管理层通常都会参与报酬计划的设计。Murphy（1999）描述了这一典型的（制定报酬计划）的过程：

> 尽管所有与高层报酬相关的主要决策都由委员会通过，但委员会极少对竞争性的报酬水平进行市场调查，也极少提出新的激励计划，他们只是有时会雇请自己的报酬计划专家。相反，对报酬计划水平的最初建议以及新的激励计划一般会由公司人力资源部门会同外部会计师和报酬计划顾问进行讨论

> 后提出，**在送给薪酬委员会考虑之前，这些建议通常会先由高层经理审核批准和修订**……委员会要不接受这些建议，要不把建议退回去修改。如果建议被接受，委员会会将建议送到董事会审批。①

§3.2.1 报酬计划

基本的 CEO 报酬计划②包括一个把现金、股票和期权与业绩衡量联系起来的公式，这里的业绩衡量包括股票回报和盈余（Healy，1985；Jensen 和 Murphy，1990a；Gaver、Gaver 和 Austin，1995；Ely，1991；Dechow、Huson 和 Sloan，1994；Murphy，1999；Jensen、Murphy 和 Wruck，2004）。与盈余和盈余组成直接挂钩的主要业绩衡量指标如下：

- 会计回报。
- 销售收入。
- 净利息收益。
- 多指标的平衡计分卡指数。
- 经济附加值（EVA）。

上述清单并不是很详尽的，公司经常会采用多种加和或加倍的业绩标准。Ely（1991）就指出：

> 形势似乎对会计变量有利，因为相对于一个回报变量，可能可以找到三种标准，这正是会计系统的优势之一。我们能找到很多的会计变量，每个变量都传递着不同的信息。在一些情况下，因为会计变量的合并加和了所有的信息，因此毫不奇怪它比仅一个回报变量具有更强的解释力（脚注 22）。

要理解为什么盈余与股票回报在股东与经理人之间这种业主与代理人关系中是有价值的，我们分别用 x 和 p 来表示会计盈余和股票价格；股东的效用功能用 W 表示；经理人的效用功能与货币性报酬 s 之比用 U 表示；经理人的无效用与努力程度 e 之比用 G 表示。经理人通过其他工作获得的保留效用为 u_0，经理人的最优努力（在均衡中的努力程度）为 e^*，则主要解决下面的最优化程序（optimization program）：

$$\max_{s,\ e} EV(.)$$

---

① Murphy 表示，他相信报酬委员会具有好的意图。他和此类委员会主席的接触传递了这样的信息，委员会主席们只有在面临从公司角度看相同的两类选择时才会偏向公司高管。但其他研究者则认为，高管们利用他们的权力影响自己的报酬，从而榨取由股东支付成本的经济租金（参见第 1 章的法律方法）。例如，Bebchuk，Fried 和 Walker（2002）声称，榨取租金可能导致采用无效率的、提供次优激励的支付安排，从而损害股东利益。Zingales（1998）也持同样的观点，他认为，契约是最优的，但非预期的冲击在损害股东利益的情况下授予经理人临时的权力，股东却花很长时间来纠正这种无效率。

② 我们只关注经理人任职期间的报酬，不考虑被称为“黄金降落伞”的遣散费（例如，Yermack，2006b），也不考虑遣散费如何对盈余管理动机产生影响（Kedia 和 Philippon，2005）。

s. t.

$EU\ (s\ (p,\ x))\ -G\ (e)\ \geq u_0$ (IR)

$e^* \in \arg\max EU\ (s\ (p,\ x))\ -G\ (e)$ (IC)

$e \geq 0$

价格 p 和盈余 x 的联合分布用 $f\ (p,\ x)$ 表示，记号 λ 和 μ 分别表示第一类和第二类约束的影子价格（拉格朗日乘数），解这个程序得到了以下的逐点均衡条件：

$$\text{For each } \langle p,\ x\rangle,\ \frac{W'}{U'} = \lambda + \mu \frac{f_e\ (p,\ x \mid e)}{f\ (p,\ x \mid e)}.^{19} \tag{3.1}$$

第一级条件显示，合约依赖于信号 p 和 x 中表示经理人观察不到的努力的信息含量（由右边的部分捕捉）。如果这两个信号中的任何一个捕捉到的信息含量已经包含在另一个中，这个信号就是没有价值的。① 换句话说，每个信号的价值依赖于，相对于另外一个信号，它在多大程度上能揭示出经理人的努力程度。Holmström（1979）配置了一个条件，即一个信号只有在信息性条件（informativeness condition）中包含了新的边际信息时，才会出现在合约中。关于这个问题的进一步探讨可参见 Christensen 和 Feltham（2005）。

盈余与市场价格信号理论的应用是很清晰的。如何每个信号都传递关于 CEO 努力的新信息，那么两个信号都应该包含在报酬合约中（Lambert 和 Larcker，1987；Bushman 和 Indjejikian，1993；Holmström 和 Tirole，1993；Kim 和 Suh，1993；Sloan，1993；Feltham 和 Xie，1994；Feltham 和 Wu，2000；Core、Guay 和 Verrecchia，2003；Bolton、Scheinkman 和 Xiong，2006）。而且，如果随机盈余的分布功能是正态的，则每个信号的相对权重与和它相关的、观察不到的 CEO 努力程度的边际信息含量是成比例的（Lambert 和 Larcker，1987；Banker 和 Datar，1989；Bushman 和 Indjejikian，1993；Kim 和 Suh，1993；Sloan，1993；Baiman 和 Verrecchia，1995；Core、Guay 和 Verrecchia，2003）。这意味着，当对代理人进行业绩衡量的敏感性上升时，它在报酬中的权重也会上升。但是，如果代理人的行动空间是多维的，即使是有监督的业绩衡量完美地与公司的经营结果保持一致，这种关系也可能不存在了（Datar、Kulp 和 Lambert，2001）。②

鉴于盈余对本书的重要性，有必要对盈余有用性和盈余组成等研究中对信息含量观点（informativeness arguments）的另一作用做一个说明：Gaver 和 Gaver（1993）和 Baber，Janakiraman 和 Kang（1996）发现，相对于证券回报，对投资更多的增长型公

① 技术上，假设盈余的信息含量可以完全从价格中获得，例如，$f\ (p,\ x \mid e)\ = f\ (p \mid e)\ ^* f\ (p,\ x)$，那么，$f_e\ (p,\ x \mid e)\ = f_e\ (p \mid e)\ ^* f\ (p,\ x)$ 和 $\frac{W'}{U'} = \lambda + \mu \frac{f_e\ (p,\ x \mid e)}{f\ (p,\ x \mid e)} = \lambda + \mu \frac{f_e\ (p \mid e)}{f\ (p \mid e)}$，则第一级条件显示出盈余对制定合约是冗余的。

② 实证研究充分支持这一理论（Sloan，1993；Yermack，1995；Clinch 和 Magliolo，1993；Baber、Janakraman 和 Kang，1996；Natarajan，1996；Bryan、Hwang 和 Lilen，2000；Core、Guay 和 Verrecchia，2003；Engel、Hayes 和 Wang，2003；Shin，2004）。

司而言，或者当投资机会成为公司价值的重要组成时，分配给会计盈余的权重下降了。理论认为，价格反映出来的未来盈余信息为衡量努力程度提供了有价值的信号，因为在投资决策中的努力是多个时期的结果。Clinch 和 Magliolo（1993）分析了盈余与银行控股公司 CEO 现金报酬之间的关系，他们根据上面的讨论，把盈余分成几个部分：从经营活动中获得的周期性盈余、产生现金流的操控性非经营盈余以及不产生现金流的操控性会计盈余，发现现金报酬只与前两种盈余有关系。对此，他们的解释是，不涉及现金流的操控性交易对业绩的衡量比较不可靠。Dechow、Huson 和 Sloan（1994）发现，在盈余作为合约基础时，重组费用被剔除了。Natarajan（1996）发现，经营活动中的应计和现金在报酬计划中有不同的权重，当加入盈余时，经营活动中的流动资本对现金报酬有增量的解释力，他也用这一理论解释了他的发现。Kren 和 Leauby（2001）研究了当公司执行 FAS 106 准则（退休后福利的确认）时，由于并没有实际支付现金，只产生了负债而使非现金盈余降低对 CEO 报酬的影响。他们发现，通过削减退休后福利（有效地把财富从雇员手中转移到股东手中）作为对新的报告费用回应的公司经理人获得了应得的奖励，在其他公司，报酬计划没有反映盈余的下降。①

对于为什么盈余与股票价格提供不同的关于管理层努力程度的信号，我们认为有两个主要原因。第一，因为会计上分期是人为设定的，盈余可能滞后于经理人不可观察的努力，这意味着经理人的努力能够在不止一个会计时期影响盈余。那就是，从制定产生经济盈余（以及报告盈余）的投资决策的时期 0 开始，一直到未来的时期 1，2，…，N，经理人都需要不断地付出努力。相反，由于股票价格等于当前的自由现金流以及折现的未来自由现金流的总和，价格包含着还没有实现（当然也还没有报告）的对未来盈余的期望。例如，Lehn 和 Zhao（2004）报告了市场对收购公告的反应可以预测该收购到底提升了价值还是降低了价值。一个相关的问题是，股票价格包含了对未实现的业绩的期望（Barclay、Gode 和 Kothari，2000；Leone、Wu 和 Zimmerman，2006）。例如，DeAngelo（1998b）发现，批评管理层业绩低下的持不同意见的股东倾向于用市场价格来说话，因为市场价格的上升回应了市场对负责任的管理层业绩提升的期望，或是由更有能力的领导人取代现有管理层的期望。

第二，会计计量问题可能混淆了经理人的努力与公司业绩之间的关系，我们可以把稳健性原则在确认收入和费用上的不对称性作为一个例子（对计量问题的进一步讨论，参见 Basu，1997 和 Barclay、Gode 和 Kothari，2000）。

§3.2.2　现金报酬：工资和奖金

现金报酬包括基础工资和奖金。基础工资是提供给管理层的固定报酬，这份报酬

① 对于发现随会计方法改变的报告盈余对报酬产生影响的研究，参见 Healy、Kang 和 Palepu（1987）。他们的结果强化了我们在第 1 章里的讨论。他们观察到，盈余是重要的，因为合约不能完美地调整到适用新的盈余数字，尽管新的盈余数字衡量相同的经济业绩。

为管理层提供一定程度的保障，因为报酬不能低于这个基础。但奖金却是有条件的，必须达到某个业绩指标才能获得。两个因素都与公司的规模和成长性有关（Ittner、Larcker 和 Rajan，1997；Prendergast，2002；Indjejikian 和 Nanda，2002；Nagar，2002）。与公众对 CEO 薪水过高的批评相对应，《国内税务法》（Internal Revenue Code）在 1993 年引入了 162（m）条款。该条款明确了对每个支付最高报酬的高管，当报酬超过 100 万美元时，可供公司作税前费用扣除的报酬只包括业绩基础部分，例如奖金、股票授予和股票期权。[①] 由此引发盈余管理动机的改变，那就是工资下降，而奖金和以权益为基础的报酬上升了（Perry 和 Enner，2001）。

随着时间的推移，奖金计算的方式已经从由董事会作操控性决策变成了由“预算基础”目标设定。[②] 作为后者的一个例子，可以考虑“80/120 计划”（Murphy，1999）。目标在年初设定，在年末，如果业绩没有达到标准的 80%，则奖金为零；如果业绩目标完成了 120%，则可以获得最高奖金，上限和下限的阀值因公司和时间的不同而各异。另一个比较受欢迎的计划是一个混合体，该系统为每个员工设定一个“预算基础”目标（级别高的员工获得的奖金比例也较高），合起来便形成一个“奖金池”。在年末，董事会决定奖金池的实际规模，向计划包括的所有各方支付奖金。

§3.2.3 操控工资

虽然工资在一个给定的年份里不能改变，但对于经理人业绩的满意度而言，工资在不同的年份中是改变的。尽管这些年报酬计划中工资的相对权重下降了，[③] 但它仍然很重要，主要的原因是工资影响着奖金（Holthausen，Larcker 和 Sloan，1995；Murphy，1999）和养老金等的支付。Murphy（1999）做了如下解释：

> 高管们特别关心决定工资的过程。第一，基础工资是高管聘用合同（合同起码会保证在未来 5 年内基础工资的最低增长幅度）的关键组成。第

---

① 为了获得在税前扣除奖金费用的优惠，公司要获得执行奖金计划的资格，因此激励必须满足以下的条件：

1. 业绩目标由包括由两个或更多外部董事组成的报酬委员会决定。
2. 不管支付哪一种报酬，业绩目标必须向股东披露，并由大多数股东投票通过。
3. 在支付报酬之前，必须由报酬委员会证实业绩目标和其他重要条款已经满足。

Reitenga、Buchheit、Yin 和 Baker（2002）以及 Balsam 和 Yin（2006）指出，一些公司选择不满足奖金计划的资格，放弃节税优惠。Balsam 和 Yin 批评这种不情愿通过充分节约税费来降低契约成本的做法：

公司，更重要的是公司的决策者，用公司通过获得成本扣除利益来做交易。这种成本扣除的利益包括节税……以及降低高管和公司之间的政治成本。成本包括重写高管报酬合约的成本、寻求股东赞成业绩基础报酬计划的成本、与高管相关的动机改变给公司价值带来的不利影响以及通过支付额外的报酬来补偿高管面临额外风险所产生的费用（第 305 页）。

② 基于一家收集了 177 个报酬计划的大型报酬顾问公司的独家调查，Murphy（1999）对高管奖金计划进行了描述：大部分公司都选择基于商业计划或预算，或是基于前一年的业绩来设定业绩标准。被调研的公司中，只有 11% 报告它们主要依赖于行业业绩或者是其他的外部决定因素来设定业绩标准。

③ 由于用于研究这一现象的实证数据先于 2000 年的网络泡沫的爆发，因此这种说法是成立的。

二，因为在高管合约中基础工资代表“固定的成分”，相对于“目标”奖金或不确定的报酬计划中的现金增长，厌恶风险的高管自然更偏爱在基础工资中的现金增长。第三，报酬中的大多数成分由相应的基础工资水平衡量。例如，目标奖金通常表示为基础工资的百分比，而期权授予也表示为基础工资的倍数。固定的养老金福利和遣散安排通常也依赖于基础工资水平。结果，基础工资中每一美元的增加对许多其他报酬成分有正向的影响。

对于想要增加工资的经理人来说，一个可能的途径是通过影响董事会来降低（业绩）指标。现在的业绩与未来业绩指标之间的暂时交互关系一直被认为具有“齿轮效应”（ratchet effect）：由于某一年份的优良业绩提高了指标业绩预期，但未来实现目标的难度却上升了，因此经理人反而在未来的年份受到惩罚（Milgrom 和 Roberts，1999）。我们还没有看到过分析对工资本身产生齿轮效应的研究，但 Sheikh（2001）发现与此相一致的证据，不过他的研究并不是关注工资的。Sheikh 研究奖金，因为通过奖金他可以构造一个区分齿轮和非齿轮公司的样本。① 我们推测，一个刚到任的 CEO 具有通过降低任期第一年的盈余来降低业绩指标的动机。不过从那以后，情况就不那么清晰了：某一年的业绩（比如年份 t），以牺牲为后一年（t+1）设置更高门槛为代价，比上一年（t-1）的业绩更好了。

Gao 和 Shrieves（2002）考察了报酬计划的组成成分与盈余管理强度（由当前的操控性应计的绝对值除以资产规模来衡量）之间的关系，发现盈余管理强度与工资负相关，与股票期权和奖金正相关。正如该研究显示，当资本结构和规模的控制变量被排除在（包含在）回归方程中时，工资绝对值的负效应 8（4）倍地大于奖金的效应。Erickson、Hanlon 和 Maydew（2004）研究了从 1996 年 1 月至 2000 年 11 月间 50 家被 SEC 指控为会计欺诈的公司，发现工资水平与被指控欺诈的可能性负相关。

到目前为止，工资似乎削弱了进行恶性盈余管理的动机。同时，人们也可能想知道工资是否也减轻了调增利润的盈余管理。但是，工资可能促使经理人隐藏能使未来业绩变得更好的应计项目，这是一种由齿轮效应加剧的效应。

§3.2.4　操控奖金②

Healy（1985）把盈余管理与奖金联系起来研究。他在归因经理人的偏好时，把

---

① 样本组成如下：齿轮公司指那些把公司的年度增长、销售增长、EPS 增长或经营利润的上升作为派发基础奖金依据的公司。非齿轮公司指那些用行业业绩或同业公司的业绩、用诸如之前决定的资产回报率等固定标准作为派发奖金依据的公司。Indjejikian 和 Nanda（1999）发现，在齿轮效应存在的情况下，最优代理合约下的支付对业绩表现出高度的敏感性。在该研究的基础上，Sheikh 提供了齿轮效应的一致证据。当业绩衡量指标是股票回报时，支付-业绩敏感性在齿轮公司中比较高。

不过，当业绩衡量指标是资产回报率时没有差别。对这矛盾结果的一个可能的解释是，齿轮公司的业绩更好。齿轮公司 ROA 的中值为 7.10%，但对非齿轮公司来说，只有 3.91%。

② 我们讨论的是年度奖金，但是，公司对经理人也有以滚动平均数年累积业绩（3～5 年）为基础的长期激励计划，这些计划的形成与年度奖金相似。关于在 1996 年建立的长期激励计划数据，可参见 Murphy（1999）。

最大化现期奖金排在最大化未来报酬的前面。图 3.1 描绘了标准奖金计划。

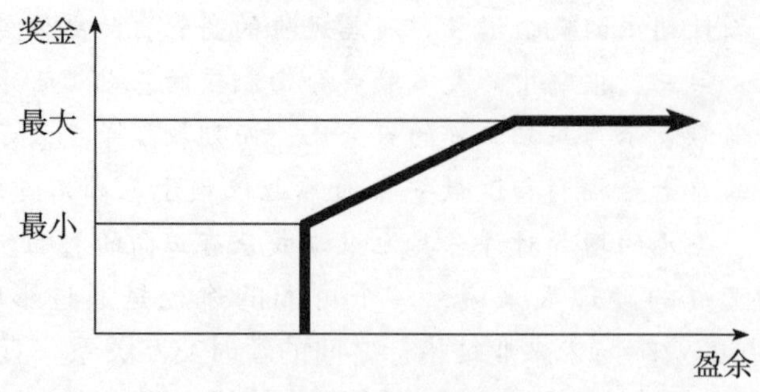

图 3.1　奖金计划

当通过经济盈余获得的奖金处于最低和最高激励区（the incentive zone）之间时，经理人能够通过调增会计盈余增加他的现有报酬。当其已经获得最高奖金，或者经济盈余太低以至于经理人无法通过调增盈余来获得奖金时，经理人具有通过调低报告来隐藏报告利润到未来时期的动机（例如，报告低于经济或客观盈余的利润）。[①]

当业绩太低时，后续研究没有发现经理人“洗大澡”（Gaver、Gaver 和 Austin，1995；Holthausen、Larcker 和 Sloan，1995；Reitenga、Buchheit、Yin 和 Baker，2002）。相反，他们发现平滑行为。那就是，当盈余很低时，经理人倾向于调增利润。在下结论说 Healy 的发现可能是 Healy 衡量盈余管理方式的结果之前，注意这些研究考察的是不同的样本期，而因为如前所述奖金设计的变化，这些差异是很重要的。但是，有一些研究发现，当业绩超过了仍然支付奖金的最大业绩衡量值时，经理人会“隐藏”报告盈余（Gaver、Gaver 和 Austin，1995；Holthausen、Larcker 和 Sloan，1995；Guidry、Leone 和 Rock，1999）。[②]

值得注意的是，当奖金作为一个研究相关现象的回归方程中的控制变量时，一些研究为由奖金报酬引发的盈余管理提供了证据。例如，Barton（2001）分析了作为平滑盈余的波动性工具的衍生工具与操控性应计之间的平衡，他把奖金、股票和期权作为控制变量来替代经理人对风险的态度，这种态度会影响经理人通过衍生工具套期来降低公司风险的尝试。Barton 并不考虑经理人在极端点（获得最高和最低的奖金）的行为，他的研究显示，当操控性应计是因变量，奖金是其中一个自变量时，系数在 0.01 的水平下显著为正。

通过研究 1989 年至 1993 年间 513 家 Compustat 公司季度盈余中的操控性应计，Lin 和 Shih（2002）间接支持了 Healy 对奖金的假设。他们发现，所有公司在 20 个季

---

① 在第 5 章，我们把公司治理和盈余管理联系起来。治理包括了董事会负责的报酬计划设计，这是代表股东对公司进行治理的机构。毫无疑问，许多研究发现在治理质量和报酬水平之间存在着正相关关系。Healy 的发现也可以作为把低治理水平与报酬相关的盈余管理相联系的例子（参见 DeAngelo，1998b）。

② Jensen（2001）批评了传统的预算过程，同时也就对业绩进行支付的激励系统与误报和操纵之间的非线性关系做了说明。

度中的平均操控性应计的时间序列行为呈 U 型：当经济条件弱或强（普通）时，平均应计为负（正）。他们指出，证据表明，公司在经济不景气时累积的盈余储备在以后的时期战略性地释放出来，这种模式与奖金长期最大化是一致的。

经理人也能够通过其他方式操控盈余，例如通过重组交易。Marqardt 和 Wiedman（2005）发现，现金奖金（由现金奖金和总支付现金之比来衡量）与公司发行或有可转换债券的可能性之间存在正相关关系。因为 SFAS 128 规定，或有可转换债券不能包括在计算稀释的每股收益的公式中，这个决策影响了稀释的每股收益对业绩的计量。

同样有趣的问题是，长期奖金计划是否加剧或缓解了盈余管理。Richardson 和 Waegelein（2002）分析了采纳长期加上短期奖金计划的公司的盈余管理活动，他们的研究表明，长期计划缓解了盈余管理，并导致更高的年度收益。

另一个有趣的问题是，《萨班斯-奥克斯利法案》对奖金和由奖金诱发的盈余管理有何影响。Carter、Lynch 和 Zechman（2006）考察了 1996 年至 2004 年间奖金和盈余管理之间的关系，他们的结果显示，在《萨班斯-奥克斯利法案》颁布之前，稳健的盈余管理没有受到惩罚，激进的盈余管理不相称地提高了奖金。但他们也发现了《萨班斯-奥克斯利法案》颁布之后的相反情形：调增利润应计的溢价部分被消除了，而且，调增利润的操控性应计受到了惩罚。

§3.2.5　更多关于操控现金报酬的讨论

一些实证研究分析了没有区分组成成分的现金报酬。Balsam（1998）研究了在 1980 年至 1993 年间出现在福布斯报酬调研中的 Compustat 公司的 3 439 个观察值（公司/年），他发现，尽管公司用操控性应计来实现盈余目标，但只有正的操控性应计与 CEO 的现金报酬显著地正相关。He、Srinidhi、Su 和 Gul（2003）分析了 1992 年至 2001 年间美国公司的 7 246 个观察值（公司/年），发现当报酬计划中的现金部分大于股票部分时，以及现金部分的比例随时间而上升时，CEO 更可能通过削减研发费用来避免报告盈余的下降。

§3.2.6　股票和期权

近年来，股票和期权是报酬计划的主要组成部分（Hall 和 Liebman，1998；Murphy，1999；Bushman 和 Smith，2001；Hall 和 Murphy，2002；Gao 和 Shrieves，2002；Holmström 和 Kaplan，2003；[①] Jensen、Murphy 和 Wruck，2004；以及其他）。

---

① 相对于对高管支付高度的批评，Holmstrom 和 Kaplan（2003）观察到：

仅基于几个案例来讨伐整个系统是不恰当的。这些案例并不具有代表性，不能够认为发放给 CEO 的收入产生了严重偏斜。2001 年，也就是前十位美国 CEO 获得 1.7 亿美元平均期权授予的一年，标准普尔 500 公司的总报酬的中值为 700 万美元。因此，美国高管报酬并非媒体描绘的那样是一辆失控的火车（第 14 页）。

以股份为基础的报酬有几种组成方式：授予股票；授予限制性股票（在公司工作的最短时间要求没有达到之前，或者在公司达到业绩目标之前不能出售的股票）；影子股票（phantom stocks）和股票溢价权（SAR）（没有实际发行股票凭证，只模仿授予股票或期权把报酬与股票价格绑在一起）；以及业绩单元（经理人达到设定的业绩目标时获得普通股、现金或股票和现金组合的权利）。

期权与股票是不同的。要行使期权，雇员必须支付一笔前期费用。① 而且，只有股票价格超过行权价格时，期权持有人才会获利，因此是否行使期权也没有保证。②

期权的授予必须由董事会批准。要达到期权的数量一般有两条途径（Hall，1999；Walker，2006）：一条是在若干年里每年获得固定数量的期权；另一条是，薪酬委员会用单一期权的价值来除最优激励额来决定期权的数量（如果最优激励额是 $100 000，期权的价值是 $0.25，那么期权授予的数量是 400 000）。期权的价值通常用依赖于股票价格、授予日的股票价格、隐含股票价格的波动性（可能与实际波动性有区别）、期权到期的时间（指可以行使期权的时间）、股息率以及无风险利率的 Black-Scholes 模型来计算。

图 3.2 描绘了有四个锁定期的期权生命周期中的主要事件，以及其中可能产生盈余管理或其他操纵现象的每个阶段的事件。

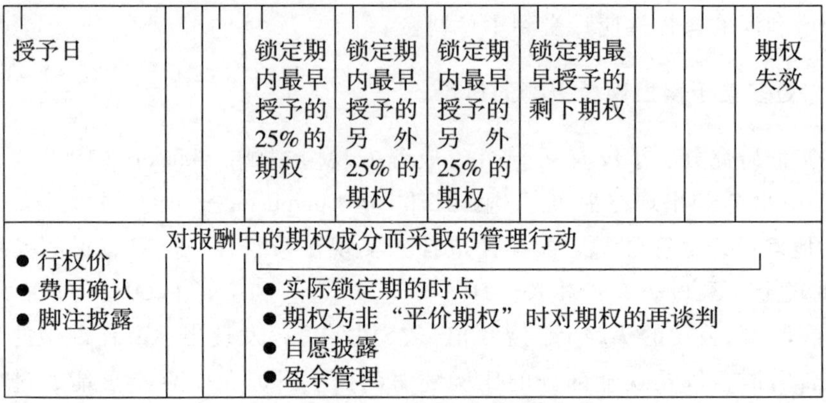

授予日			锁定期内最早授予的25%的期权	锁定期内最早授予的另外25%的期权	锁定期内最早授予的另外25%的期权	锁定期最早授予的剩下期权			期权失效
● 行权价 ● 费用确认 ● 脚注披露			对报酬中的期权成分而采取的管理行动 ● 实际锁定期的时点 ● 期权为非“平价期权”时对期权的再谈判 ● 自愿披露 ● 盈余管理						

图 3.2 在期权生命周期中的操纵活动

期权授予明确了当期权转换为股票时要支付的行使价格、标志着锁定期的最早行使日以及期权的有效期。与税收规定相对应，在授予日期权的行使价格等于股票价

① Feltham 和 Wu（2001）观察到，股票等同于可行使的、行权价为零的期权（指在一个时点没有包括在经理人股东的效用功能中的情形）。他们建立了一个在股东-经理人的代理博弈中的期权和股票交易模型，并显示股票比期权更受欢迎，因为行使期权的价格越高，期权的数量也越大，原因在于必须授予足够数量的期权才能达到预期激励水平。

② 股票溢价权（SAR）近似于期权授予，因为只有在股票价格上升时才获得奖励。不同的是，获得股票溢价权的日期是固定的，而期权的行使日期则由期权持有人根据授予条款自行选择（参见 Feltham 和 Wu，2000）。

格，例如，一般授予的是平价期权（at the money）。因为如果期权在授予日被行使，对其持有人来说期权价值为零。授予期权的目的是诱使经理人作使公司价值上升的决策，因为经理人会因此获得利润，利润额等于股票价格与期权行使价格之差乘以股票数量。过去对期权进行会计处理时用内在价值的方法，就是认为平价期权与股票价格没有差异；从公司角度认为期权代表了报酬费用，需要确认。即使是平价期权，公司仍然可以出售给外部投资者获得现金（Jensen、Murphy 和 Wruck，2004）。如前所述，现在计算报酬费用一般采用 Black-Scholes 模型。

员工一般不能马上行使期权，也不能马上交易（卖空 short-selling 是被禁止的）。Murphy（1999）报告了在授予期权与行使期权之间的时间跨度，通常来说至少为 3 年，也很少超过 5 年。[①] 另外，离开公司期权就作废了。鉴于我们只讨论盈余管理，有必要说明，大多数情况下，高层管理人员获得的授予与其他员工所获得的授予类似，只不过他们获得的授予要大得多。例如，Narayanan 和 Seyhun（2005）报告了在 1992 年到 2002 年间获得授予的 605 个样本中，22% 是由 5 个报酬最高的高管获得的。

在我们的图表中，在锁定期的头四年中，事前确定部分的期权是可以行使的。尽管锁定日前允许行使期权，行使期权的实际时点和融资方式则是由期权持有人自行决定的（持有人一般靠卖掉新股来融资）。现实中，行使期权通常在锁定期开始的时候。Hall 和 Murphy（2002）对这种现象做了解释，对于厌恶风险的员工来说，被限制交易的期权的价值低于没有被限制交易的期权。

显然，如果市场价格比行权价格低，期权就不是平价期权，期权将不会被行使，这就造成了一种两难的情形。一方面，如果市场价格在授予日以后没有提高，员工没有作出正确的决策，他应该受到持有无价值期权的处罚；另一方面，如果授予日在牛市，锁定期在熊市，行权价不受员工控制地高于股票价格，则需要对行权价格进行调整。实证证据表明，重新定价既是个政治决策，也是个会计决策，说它是政治决策，因为该决策很可能在 CEO 是薪酬委员会成员之一、公司的经营状况（Brenner、Sundaram 和 Yermack，2000；Carter 和 Lynch，2001）和治理状况（Ferri，2004，2005）很差时发生。后来的一个研究（Chidambaran 和 Prabhala，2003）支持了一个理论，在股票成长性和盈利能力突然震荡时，40% 对期权重新定价的高成长公司并没有对 CEO 的报酬重新进行定价，可见利用期权来留住员工的经济动机减轻了政治动机（进一步的讨论可参考 Core、Guay 和 Larcker，2003；Ferri，2004，2005）。因为（重新定价后）授予不再与固定的授予条款条件一致，自从 2000 年 3 月以来，FASB 要求重新定价的公司确认报酬费用。如果将旧的期权保费，在 6 个月零一天内重新授予新的期权，则这个费用可以避免。我们提请读者注意，因为未知的行权价格（通常是授予日的股票收盘价）把风险强加到厌恶风险的员工身上，重新定价对公司而

① 为了使授予获得激励计划的优惠税务处理的资格，税法设定了授予日和锁定期之间的最低时间要求。因为授予的目的是为了留住人才，公司倾向于把锁定期延长，且超过税法规定的最短时间要求。

言经济成本很高（如果在会计的处理上不明智的话）。Coles、Hertzel 和 Kalpathy (2006) 表明，在新的期权发布之前，公司向下管理盈余，而且市场可以对此进行预测。

§3.2.7 权益持有与盈余管理

对以权益为基础的报酬计划的研究主要关注由股票和授予期权所创造的总价值，[①] 其基本假设就是，随着经理人持有的权益价值的上升，他们的效用也上升。经理人的权益价值等于每股股票价格乘以股票数量与表示为等值股票的期权数量之和。

基于前面对齿轮效应的讨论，我们很容易看到，以权益为基础的报酬计划产生了(与股东利益）有冲突的盈余管理激励。一方面，市场价格越高，经理人手中的股票价值也越高。因此，短期的、试图提升利润的盈余管理是最佳选择。另一方面，市场价格越高，未来通过更高的价格获利将更困难（齿轮效应）。因此，长期的盈余管理应该以调减盈余为目标。所以，大部分人都认为，以权益为基础的报酬计划会造成短期行为。O’Connell（2004）指出：

> 报酬系统的不完善使得它们无法将股东的利益与管理层的利益连成一体……相反，在 CEO 任期平均为 4 年的公司里，经理人通过各种能够在短期内提升股票价格的途径取悦市场。这些途径包括采取激进的盈余管理行为以保证盈余的不断增长，并以此满足股票分析师的预测……

总的来说，研究结果支持存在着为调增盈余而进行盈余管理的假设。[②] Gao 和 Shrieves（2002）发现，与工资相反，股票期权和奖金的数量与盈余管理的强度正相关，盈余管理的强度用当前操控性应计除以资产规模的绝对值来衡量。Burns 和 Kedia（2006）考察了 215 家在 1994 年至 2001 年间重述了盈余的公司，因为它们的财务报表与 GAAP 不一致。他们发现在报表重述与股票期权报酬之间存在着正相关关系（这种相关关系随着向经理人提供能提升股东长期价值的长期激励计划而减弱）。平均来说，股票价格每变化 1%，重述报表公司的 CEO 持有的期权价值变化达到 567 802美元，而未重述报表公司 CEO 持有的期权价值变化只有 263 595 美元。Cohen、Dey 和 Lys（2005a）的研究揭示了盈余管理与期权之间正的相关关系，他们通过给一些变量打分来衡量盈余管理。

Debus、Hanouna 和 Sarin（2006）和 Erickson、Hanlon 和 Maydew（2006）的研究

---

① Murphy（1999）报告了，在 1996 年，大约有 28% 的标准普尔 500 公司向它们的 CEO 授予限制性股票，这些授予平均占总报酬计划的 6.1%（22% 的报酬对获得授予的 CEO 而言）。正如期权一样，限制性股票不能马上在市场上交易出售，而且在某些条件下会失效。

② 对这些具有反作用的激励进行有意义的讨论要求对内部人交易的方式进行考察。例如，Cheng 和 Warfield（2005）发现，持有权益份额高的经理人（在他们 1993 年到 2000 年的样本中）在后续时间的净出售额也高。这里权益被定义为总的期权授予、未行使期权、行使期权以及限制性股票和股票。因为更高的股票价格使得出售股票时获利更高，经理人因此可能采取行动通过盈余管理来管理股票价格。

发现，当以股份为基础报酬计划的数量、以股份为基础（工资相比）报酬占高管总报酬的比例以及以股份为基础高管报酬价值的敏感性随股票价格而变化时，被指控欺诈的可能性提高。

Bauman、Braswell 和 Shaw（2006）的研究在这些发现中找到了一个例外。他们假设股票期权增大了经理人达到分析师预期的压力。通过对 1992 年到 2002 年间 1 500家标准普尔公司进行研究，他们发现，经理人获得更多股票期权的公司通过向下引导预期而不是向上调增盈余来达到预期。相反，Bauman 和 Shaw（2006）的研究显示，在报酬计划中更大量的股票期权提高了公司只是小额超过分析师预测（在 0 至每股 1 美分之间）的机会。对达到或超过分析师预期现象的讨论参见第 5 章。

一个相关的问题是，这种盈余管理到底是良性的还是恶性的，答案似乎应该个别而论。Warfield 和 Wild（1995）指出，在股权比例与股票回报中的盈余含量之间存在着正的相关关系。Behn、Nagy 和 Riley（2002）发现，更高的股权比例与盈余有用性的改进、操控性应计调整数量的降低、操纵广告费用、在更小的程度上进行研发投资相关。Bizjak、Brickley 和 Coles（1993）研究了对当前股票价格的关注可能导致经理人用投资来传递公司价值的信号，他们的研究显示，信息不对称程度高的公司更倾向于关注长期股票回报（当前的和未来的）的合约，而不仅是近期的股票回报。

相反，有证据表明，欺诈公司涉嫌恶性盈余管理。Johnson、Ryan 和 Tian（2003）及 Erickson、Hanlon 和 Maydew（2006）收集了一些被指控违反 SEC 会计审计实施条例，涉嫌欺诈的公司样本，发现与其他公司相比，欺诈公司的高管从股票价格提高中获得更多的股票和期权回报。具有财务激励的欺诈公司高管的中值比其他公司高管的中值高 51%。以美元计算，公司价值每上升 1%，欺诈公司高管报酬比控制组样本的高管报酬多 58 844 美元。Erickson、Hanlon 和 Maydew 观察到，在以股份为基础的报酬中，一个标准偏差的提高使会计欺诈的可能性提高了 68%。

§3.2.8　期权与盈余管理

事实上，期权是以权益为基础报酬的一个重要部分。在 Jensen，Murphy 和 Wruck（2004）的研究里，从 1992 年至 2002 年间，以 2002 年物价指数调整后的美元计算（期权在授予日的价值用 Black-Scholes 模型决定），CEO 平均报酬中的期权份额上升了。权重在 1992 年占平均 270 万美元的支付计划的 24%；在 1999 年到 2002 年之间，上升到几乎占平均支付计划的一半（1999 年，占 1 000 万美元支付计划的 47%；2000 年，占 1 400 万美元支付计划中 49%；2001 年，占 1 290 万美元支付计划的 54%；2002 年，占 940 万美元支付计划的 47%）。Safdar（2003）考察了在 1991 年至 1998 年间 2 116 家公司的 4 273 项行使期权的事件，他指出，“在 ExecuComp 数据库中存在着这样程式化的情况，在存在股票期权计划的公司里，CEO 的权益组合（权益曝光）大部分是期权，CEO 持有的平均期权数是其持有公司普通股数的 9 倍……”。

我们把关注点限定在期权和盈余管理的关系上，期权引发盈余管理的事实也没有逃脱监管者的注意。SEC 的前主席 Arthur Levitt 在 2002 年指出：

> 股票期权发展很快……期权热导致这样一种氛围：被授予期权的高管们热衷管理股价而不是管理公司。期权使高管们产生了利用会计魔法来提高报酬所依赖的股价的动机。

从一些研究可以推断出两者之间存在关联（例如，Elitzur 和 Yaari，1995；Burns 和 Kedia，2006；Efendi、Srivastava 和 Swanson，2006；Kadan 和 Yang，2006；McAnally、Srivastava 和 Weaver，2006；Peng 和 Roell，2006），另有一些研究则直接指出了两者之间的关联，我们在这里根据这些研究对期权的生命周期进行讨论。

§3.2.9 授予日

因为一般来说，授予日正式行使价格等于股票价格，经理人便有了为降低股票价格而采取行动的动机。在授予日降低股票价格能提高行权时的股票价值与行权成本之间的差异。过去的研究发现了一些达到这个目标的方法，包括及时授予（Yermack，1997）、在利好消息分布的一个季度之前或不利消息分布的一个季度之后对期权重新定价（Callaghan、Saly 和 Subramaniam，2004；Ferri，2004，2005）、在授予日之前泄露价格下降的消息（Chauvin 和 Shenoy，2001）、推迟披露好消息或提前披露坏消息（Aboody 和 Kasznik，2000）、操控应计和事前公告（Baker、Collins 和 Reitenga，2003①）、操控应计（Balsam、Chen 和 Sankaraguruswamy，2003）以及为了降低行使价格和有效地使期权成为“平价期权”，特意说明正式的授予日是在真正的授予日之前（倒填日期）或之后（提前日期）（Lie，2005；Narayanan 和 Seyhun，2005；Fleischer，2006；Heron 和 Lie，2006，2007；Narayanan，Schipani 和 Seyhun，2006；Walker，2006）。② 作为一则轶事，因为审计师在把执行价设定为期权授予获得批准的 30 天内的最低收盘价的文件上签字，Micrel 公司把它的审计机构德勤会计师事务所告上法庭。③

与“压紧弹簧”（spring loading——公司在可以提升股票的好消息公布之前安排授予期权）和“躲避子弹”（bullet dodging——把授予日设定在坏消息公布之后，坏消息公布后股票价格一般会反弹）不同，SEC 和司法部一直都对“倒填日期”（backdating）进行指控。在作者撰写本书的同时，超过 120 家公司因为“倒填日期”

---

① 他们对 168 家公司在 1992 年到 1998 年期间的分析表明，预期会获得大量股票期权的经理人倾向于把选择向下调整应计作为降低行使价格的方法。而且，当公司在授予日之前发布盈余公告的时候，期权和应计之间的负相关关系更强。

② 合法日期是董事会批准授予计划的所有细节的日期。

③ 对倒填日期丑闻与治理质量以及与连锁董事会（interlocking of boards，例如，两家公司的高管分别担任对方公司的董事）关系的研究，参见 Bebchuk、Grinstein 和 Peyer（2006）；Bizjak、Lemmon 和 Whitby（2006）以及 Collins、Gong 和 Li（2006）。我们在第 5 章讨论治理问题。

被调查。到 2006 年 11 月 15 日，用市场对公司可能倒填期权授予日期消息的反应来衡量，15 家被调查公司的投资者损失超过了 1 000 亿美元（Bernile、Jarrell 和 Mulcahey，2006）。

"倒填日期"丑闻有几个方面的影响：第一，股东没有被告知期权是平价发布的，因此可能非法；一个更低的行权价格使得股东权益在他们本身不知情的情况下被降低了，因此报酬计划是一项秘密行动。第二，在 2005 年 6 月 SFAS 123R（要求公司确认股票期权报酬费用）实施之前，会计准则要求公司记录行权价格与授予日价格之间的差异（从 2005 年 1 月开始，在锁定期而不是在行使期产生了一项税务负债）。第三，《国内税收法》的 162（m）条对非激励报酬超过 100 万美元的规定减少了行使价格与倒填日期之间的差异。

进入 21 世纪，监管的变化减弱了倒填日期的程度。从 2002 年 8 月 20 日开始，SEC 发布 34-46421 条，要求公司执行《萨班斯-奥克斯利法案》403 条款，在期权授予 2 天内披露消息。而过去，公司被要求在高管获得期权的财政年度后的 45 天内披露消息。进一步，主要的股票交易所明确规定，所有的股票期权计划必须经过股东批准（NYSE 纽约证交所上市公司手册第 303A. 08 条，Nasdaq 纳斯达克手册第 4350（i）条）。如果股东对期权执行价格异于授予日股票价格不知情，就说明公司没有执行披露规定（Campos，2005；Narayanan、Schipani 和 Seyhun，2006）。2006 年 7 月，SEC 发布更严格的披露规定，要求公司不仅要披露授予日期，也要披露董事会或薪酬委员会最终决定授予计划细节的日期。如果行使期权价格与授予日的收盘价之间存在差异，公司应该对确定行使价格的整套方法进行描述（17C. F. R. 239，249）。[①] Heron 和 Lie（2006，2007）及 Narayanan 和 Seyhum（2005，2006）发现，《萨班斯-奥克斯利法案》要求公司在期权被授予 2 天内向 SEC 报告的规定，部分地减少了倒填期权授予日的 V 型股票回报，但并没有完全消除该行为。[②]

§3. 2. 10　会计确认

在公司多年不确认平价期权费用（APB 25）以后，SFAS 123R 要求公司在锁定期确认期权费用（参见 Ronen，2005 的讨论）。SFAS 123R 更新了允许公司在费用化期权和仅在脚注中披露做出选择的 SFAS 123，并且取代提高了 SFAS 123 披露要求的 SFAS 148，这一准则要求公司在脚注的"重要会计政策概要"部分用表格的方式对期权费用进行披露。

由于管理层在期权费用的处理中存在决定权，大多数关于股票期权费用确认的研

---

① SEC 一直在对一系列规则做进一步的修订，这些规定包括，如何列报管理层报酬和董事报酬表格、如何与 SFAS 123R 保持一致计算股票期权费用如何提高经理人报酬计划组成成分的透明度等。参见 34-55009 条规则（http：//www. sec. gov/rules/final/2006/33-8765fr. pdf）。

② 因为公司一般在股票价格最低时选择授予日，授予日前的回报通常为负，之后的回报通常为正。

究都涉及这个问题。关于与期权相关的操纵的文献指出，持有大量股票期权的经理人都不喜欢声张。例如，Dechow、Hutton 和 Sloan（1996）发现，经理人持有大量股票期权的公司在 SFAS 123 发布前都反对将期权费用化。在 SFAS 123 实施的第一年（1996 年），经理人股票期权占报酬计划大部分的公司，以及 IPO 的公司，倾向于通过披露来分摊小部分的期权价值（Balsam、Mozes 和 Newman，2003）。进一步地，虽然资本市场把期权纳入考虑范围，大多数公司还是选择不报告为费用（Aboody、Barth 和 Kasznik，2004a）。最近的估计是，在 SFAR 123R 被强制执行前，只有 400 家公司自愿报告股票期权费用（参见 Aloody、Barth 和 Kasznik，2004b）。①

因为股票期权费用是基于对 Black-Scholes 模型的一些参数的估计，因此操控股票期权费用的确认是可行的。由于公众批评激励计划过于慷慨，经理人可能喜欢采取比较“稳健”的估计，并且采取行动来操控股票期权价值的计算。对于学界而言比较幸运，因为这些估计必须披露，因此我们可以比较公司对 SFAS 123 提供的指引到底做了什么。研究人员发现，在对成为计算股票期权费用公式基础的参数进行假定时，存在着以下操控性假定：从授予日到行权日之间的预期期权生命期（Yermack，1998；Aboody、Barth 和 Kasznik，2004b）、未来股票波动性（Coller 和 Higgs，1997；Davis-Hodder、Mayew、McAnally 和 Weaver，2004②；Johnston，2006③）、未来股息生息率以及未来无风险利率（Aboody、Barth 和 Kasznik，2004b④）。其他操控费用的途径包括考虑与公式接近的程度（例如，Yermack ，1998 发现，样本中 40% 的公司通过调整公式来调低费用）以及对数字进行解释（参见 Blacconiere、Frederickson、Johnson 和 Lewis，2003⑤对 disavowals 的研究）。⑥

① 这个数据的获得基于 2004 年与 Ron Kasznik 之间的私人谈话。

② Davis-Hodder、Mayew、McAnally 和 Weaver（2004）把年报中披露的模型输入（input）与 SFAS 123 建议的以及 2004 年 3 月 FASB 征求意见稿包括的三个参考点做了比较：历史经验、市场默认输入（例如，交易期权的隐含波动性）以及行业参照物。他们发现，公司报告的每股价值平均为 9.98 美元（总的公允价值为 2 900 万美元），比每股 11.43 美元的公允价值低（总的公允价值为 3 600 万美元），这个价值是在假设公司没有偏离基准参照物时应该报告的价值。不过，我们不能马上下结论说所有公司都低估了股票期权费用，在他们的样本中，有 25% 的公司高估了股票期权的未来价值。不管是从好的盈余管理角度或坏的盈余管理角度都值得注意，有 30% 的公司对参数做出了比较准确的估计，它们因此而对未来的经营风险做出改变。其余的公司可能涉及了企图隐藏报酬费用的坏的盈余管理。

③ Johnston（2006）发现，在计算期权费用时，经理人用历史信息和前瞻信息来确定预期波动性参数，但对前瞻性信息的依赖只限于可以产生降低波动性和降低期权费用的情形，因为报酬通常是过度的，要不就是主要以股票为基础的。

④ Aboody、Barth 和 Kasznik（2004b）发现，授予更多期权因而有更高的以股票为基础的报酬费用的公司以及被认为对 CEO 过度支付报酬的公司，呈现更低的期权生命期。然而，当对预期波动性、股息生息率以及无风险利率分别进行考虑时，我们没有发现与操纵上述指标的预言一致的证据。

⑤ Blacconiere、Frederickson、Johnson 和 Lewis 的研究显示，过度的报酬与利用 disavowals 相关。

⑥ 其他考察经理人如何试图最小化投资者对股票期权费用预期的研究，参见 Lewellen、Park 和 Ro（1995）；Murphy（1996，1998）；Baker（1999）和 Bartov、Mohanram 和 Nissim（2003）。相反，Balsam、Mozes 和 Newman（2003）没有发现与公司通过不同的输入参数来管理高管股票期权公允价值一致的证据。

§3.2.11　行权的时点

在 1991 年以前，通过行使期权获得的股票必须持有 6 个月才能出售，这是考虑到内部人交易的另一个例证，禁止通过“短线交易”（short-swing）获利。不过，行使期权的行为传递了一种内部人期望股票价格在 6 个月内上升的信号。实证研究证据也显示了正的超常回报（Carpenter 和 Remmers，2001），证实了这种解释。不过，自 1991 年以来，行使期权获得的股票可以马上出售，因此，向前看的信息是坏消息，因为人们相信高管人员可能拥有私人消息，知道股票价格目前比较高，因此最好在股票价格下降之前马上卖掉（Beneish，1999b；Huddart 和 Lang，2003；Johnson、Ryan 和 Tian，2003）。最近的一个研究（Cai，2007）对这个观点进行提炼，他用行使期权的融资方法对行使期权进行分类：高管支付现金行使期权（行权之前股票回报为负，之后 15 天的窗口内股票回报为正）①；为了行使期权获得公司股票，高管出售手中持有的公司股票来获得所需要的现金（行权之前股票回报为正，之后 15 天的窗口内股票回报为负）；高管指示经纪人出售持有的旧股票，获得行使期权购买新股票所需要的现金，没有涉及实际的现金支出（一种互换交易，在行权之前股票回报为正，之后 15 天的窗口内股票回报为负）。

行使期权暴露了私人信息的事实可能意味着，以获得投机收益为目的的盈余管理行为非常活跃。Bartov 和 Mohanram（2004）考察了 1992 年至 2000 年间大约 1 200家上市公司的盈余管理连带最高管人员行使大宗股票期权的决策，他们发现，在行使期权的前两年（后两年），股票价格改变异常为正（负），而且，行权后的负盈余象征着行权前被夸大的盈余的转回。Safdar（2003）；Philippon（2003）以及 Kedia 和 Philippon（2005）也发现，在行使期权和股票价格变化之间存在着相似的情形。②

§3.2.12　有关经营、投资和融资的决策

期权也解释其他的决策。正如 Murphy（1999）指出，在授予之前，因为派发股利会使股票价格下降，期权会引发派发股利这一有悖常情的动机。相反，一旦期权被授予，持有期权的高管们不仅有避免派发股利的动机，而且更倾向于回购股

---

① Cai（2007）研究了在 1997 年到 2005 年间一批行使期权的样本，他对《萨班斯-奥克斯利法案》前后的情形进行了比较。在《萨班斯-奥克斯利法案》颁布后，不再有高管用现金行使期权。Cai 的研究也提供了短窗口的结果。

② Safdar（2003）对更短的窗口进行了分析，他的证据表明，平均来说，盈余管理大小与股票期权的关系不大。但在行权前的季度，操控性应计占总资产的比例在 0.35% ~0.62%，这就使得在行权后的两个季度，负的超常回报可以小于 3%（在数量上）。

份。[1] Lambert、Lanen 和 Larcker（1989）也支持这一观点，他们的研究发现，在高管期权计划被采纳后，股利支付水平比预期下降了。类似地，May（1995）；Jolls（1998）以及 Fenn 和 Liang（2001）也证实，高管持有的期权上升以后，股票回购倾向于取代现金股利。Weisbenner（2000）也提供证据，支持股利假定（授予高管人员期权促使公司减少派发现金股利），但股票回购与大量股票期权授予全体员工的联系更紧密。Bens、Nagar 和 Wong（2002）发现，因为回购股票需要支付现金，而这些现金通常来自于减少的研发费用的开支，因此股票回购降低了公司的价值（参见 Guay，2002）。Gong、Louis 和 Sun（2007）分析了在回购股票之前调低盈余的盈余管理，他们发现，盈余管理与 CEO 持股有关联。因为公司在回购股票后有超常回报，他们下结论说，股票回购前向下的盈余管理对降低市场对盈余上升的预期是成功的。

§3.3 CEO 变更

如果报酬在经理人激励中是一种奖赏，那么解雇则是一种打击。[2] 因为“旧朝已逝，新皇万岁”是一个基本的事实。CEO 变更有两个阶段，那就是：变更涉及两个不同的决策者，离任的 CEO——前任，和到任的 CEO——继任。因而变更引起了两个独立的盈余管理问题：一个是前任如何管理会计盈余，另一个是继任如何管理会计盈余。[3] 我们发现，对两个问题的答案都是人们所关心的。离任 CEO 可能试图通过调高盈余来掩盖（cover up）拙劣的业绩，以避免被强制要求离开，或者在他在位的最后一年获得一份更高的奖金（视野问题），或者在退休后获得董事职位或更好的职位（后视野问题）。而继任 CEO 则更倾向于为在第一年指责他的前任业绩不佳、在下一年报告良好业绩而调减盈余——“洗大澡”，除非离任 CEO 成为了董事，这种把戏才可能终止。

§3.3.1 离任

研究发现，平均变更率为 5% ~15%，取决于不同的时期和样本（参见 McNeil、Niehaus 和 Powers，2004）。高管离任有两种类型：和平的有秩序的正常离任和包含着各种

---

① 这种看法在最近一些年获得了更多的支持（例如，Gumport，2006），而且这种看法代替了更早的观点，那就是回购股份传递了股票价格太低（Bartov，1991；Hertzel 和 Jain，1991）或者公司的普通股风险较低（Bartov，1999）这一好消息。

② 实证上，大多数的 CEO 离开公司的原因是退休。例如，在 Engel、Hayes 和 Wang（2003）的1 330 个观察样本中，851 个 CEO 退休，另外 27 个因为身体原因离开，37 个死亡。

③ 实证研究的一个挑战是，把离任和到任分开。Murphy 和 Zimmerman（1993）指出：

最终的推论通常取决于是否控制了离任 CEO 和到任 CEO 变量，文献中对过渡年份的处理是不一致的。我们通过把 CEO 在财政年度的初期离开和后期离开对样本进行分组，控制了离任 CEO 和到任 CEO 的相对影响。

遗留问题的非正常离任（Pourciau，1993）。大多数的情况下，继任的 CEO 是一个内部人。①

和平离任可能是为指定内部人继任者铺路过程的最后一步。Vancil（1987）描绘了这个“接替过程”：早在在职的 CEO 任期届满（大约 65 岁）之前的若干年就已经选择了继任者，在这段时间，他们一起工作，决策权逐步从离任 CEO 转移给潜在的继任 CEO。离任 CEO 留在公司董事会若干年，并对继任 CEO 的选择保持一定程度的控制。另一种选择性的“和平”过程是“赛马”，在现任 CEO 离任之前不久，若干个候选人竞争该职位。

非正常离任大多与拙劣的业绩（Weisbach，1988；Puffer 和 Weintrop，1991；Murphy 和 Zimmerman，1993；Huson、Malatesta 和 Parrino，1997；Lehn 和 Makhija，1997；DeFond 和 Park，1999；Huson、Parrino 和 Starks，2001；Farrell 和 Whidbee，2003；Fee 和 Hadlock，2004；Berry、Bizjak、Lemmon 和 Naveen，2006②）以及降低利润的重述（Collins、Reitenga 和 Sanchez，2005）有关。Brickley（2003）观察到：

> CEO 变更与公司业绩负相关。比起公司股票价格和会计业绩优良的时期，CEO 们更可能在股票价格和会计业绩不佳时离开公司。除了大多数关注公开上市公司的研究，在非盈利性医院以及公司的分部也发现了相似的关系。

因为突然离任不能通过一个精确的公式与业绩进行挂钩，研究者们用了几种方法（metrics）。例如，Coles、Lemmon 和 Naveen（2003）用福布斯定义的经营利润（利息、折旧、摊销和所得税前利润）、净利润（不包括非常项目）以及员工数量与销售收入的比率（劳动效率的指标）。Puffer 和 Weintrop（1991）考察了未能达到分析师预期的盈余，还有一些研究通过调整盈余与行业业绩之比把业绩与行业竞争联系起来（DeFond 和 Park，1999）。DeFond 和 Park 显示出，在经营比较不集中的行业，经过行业调整的盈余对变更决定有更重要的影响，Engel、Hayes 和 Wang（2003）证实了这些结果。一些研究用以市场为基础的计量方法，Warner、Watts 和 Wruck（1988）考察了 269 个公司的随机样本，他们显示了在最低业绩十分位数的公司变更率（年回报均值为-51.6%）为 13.9%，而最高业绩十分位数的公司变更率（年回报均值

① Agrawal、Knoeber 和 Tsoulouhas（2006）研究了超过 1 000 个在 1974 年到 1995 年间的样本，发现超过 80% 的样本的继任者是内部人。

为了把变更与第 5 章的治理问题相联系，要注意指定一名外部人到 CEO 位置的可能性随着董事会的独立性上升而上升（Borokhovich、Parrino 和 Trapani，1996）。变更也和治理特征相关联，离任更有可能在共同起诉之后发生，共同起诉与投资者和公司之间的代理冲突激烈程度正相关，这种冲突用公司风险、大规模、年轻、较低的市价和账面价值比率以及无股利分配（Strahan，1998）等衡量。离任也可能伴随着更独立的董事会、更高的权益报酬（Perry，2000）以及大宗股票持有人（Denis、Denis 和 Sarin，1997）的出现，但比较不可能伴随着更高的管理层持股（Denis、Denis 和 Sarin，1997）。

② Berry、Bizjak、Lemmon 和 Naveen（2006）显示，拙劣的业绩和离任之间的关系取决于公司的类型，与单一经营的公司相反，多元化公司没有显示出这种关系。

为-127%）只有 8.3%。[①] 还有一些研究把变更与公司创伤性的事件联系在一起。Gilson（1989）考察了陷入财务困境公司（破产、拖欠贷款或避免破产的私人债务重组）高层管理人员的变化情况。他发现在任何年份，52% 的困境公司都有高管变更发生，而对仅仅是不盈利但并没有陷入财务困境的公司来说，只有 19% 发生高管变更。DeFond 和 Jiambalvo（1994）发现，他们的样本中，29% 拖欠债务的公司在拖欠的当年发生高管变更。Gilson 和 Vetsuypens（1993）报告了，在公司申请破产或债务重组的前一年到后一年期间，CEO 变更率从 8.5% 变到 30.7%。

其他研究者也考察了可观察到的管理层行动。例如，Lehn 和 Zhao（2004）注意到，尽管兼并收购由整个董事会批准，但通常是由 CEO 发起的，而且认为这是他的一项主要责任。他们认为，一个发动降低公司价值的收购行为的 CEO 将被取代（例如被迫离任的 Quaker 公司的 CEO 兼董事长 William Smithburg，在花费了 17 亿美元收购 Snapple 公司后仅仅 3 年，以 3 亿美元的价格将 Snapple 出售）。从 1990 年到 1998 年间 395 个完成收购的公司样本中，他们发现，价值下降的收购行为结束后，高管变更的可能性更高。用买进持有报酬率（buy-and-hold return）来衡量，这一比率经过收购完成日后 3 年或 1 年的市场调整，并用同一窗口来计算累计超常回报（CAR）。[②]

与能用一个精确的公式把奖励与业绩联系起来的报酬不同，突然离任似乎是基于下降趋势的。因此，盈余变化可能比盈余水平更重要。例如，让我们来看驱逐 CEO 的 Chares Schwab 公司，2004 年 7 月 21 日的《纽约时报》报道[③]：

> Chares Schwab 公司昨天驱逐了自己的首席执行官……在牛市的最高点，Schwab 的市场价值曾经高达 255 亿美元，略高于美林（Merrill Lynch）公司的 254 亿美元。今天美林的价值为 470 亿美元，大约 4 倍于 120 亿美元的 Schwab。
>
> Potttruck 先生说，Schwab 公司昨天告知他董事会的决定，他觉得很震惊，但他说他接受这一决定。
>
> “自 2001 年以来，我们的业绩一直欠佳，”他昨天说。

§3.3.2 CEO 离任与盈余管理

经理人可能用管理盈余的手法来避免离任（例如，Fudenberg 和 Tirole，1995；DeFond 和 Park，1999；Ahmed、Lobo 和 Zhou，2006），那就是，经理人通过把业绩好的年份的盈余转移到业绩比较不佳的年份来展示比较稳定的业绩。下面，我们把关注点限制在与可观察到的离任有关联的盈余管理。如前所述，现实中存在着两类前任

① 有趣的是，DeAngelo（1988b）发现，当不满的股东发动选举公司董事的活动以取代在职经理人时，争夺代理权（proxy contests）的样本公司并没有使用股票价格。

② 令人惊奇的是，“坏投标者”被取代的可能性与诸如规模、董事会结构、CEO 同时担任董事长以及所有权结构等治理参数之间并没有显著的关联。

③ Atlas，Rivas. Schwab 公司创始人插手驱逐首席执行官。

CEO，即和平离任的CEO和被迫离任的CEO。

3.3.2.1 和平离任

不再担任CEO并不意味着他停止涉及公司事务或商界事务。Brickley、Coles和Linck（1999）发现，离任的CEO通常都会被安排成公司董事。特别是，比起会计盈余，股票价格变动与前任CEO成为该公司董事更相关。因此，为了提高退休后成为公司董事的可能性，即将退休的经理人有动机在最后一年进行盈余管理。Reitenga和Tearney（2003）发现，独立董事的出现以及经理人持有大量的股票期权降低了最后一年进行盈余管理的可能性，但当离任CEO退休后在公司获得董事职位以及当存在机构投资者时，盈余管理会更加严重。这就是，治理起作用了。我们将在第5章单独讨论治理的问题。

Dechow和Sloan（1991）分析了CEO任期最后一年的研发费用支出，发现存在为了提高奖金而向上管理盈余的证据。这个证据不如和平变更CEO时强，而且随着公司在职经理人的持股比例而下降（因为没有理由地削减研发费用，致使公司股票价值下降）。[①] Conyon和Florou（2004）把研究延伸到英国公司，他们发现，在CEO离任的当年，存在着削减资本性支出的机会主义需求，但当董事会使用奖励与对公司忠诚的相反的激励计划，或进行权益/报酬奖励时，这种需求会减弱。

3.3.2.2 强制离任

从拙劣的业绩开始到强制离任，这一过程通常持续2~3年（参见Warner、Watts和Wruck，1988；Mikkerson和Partch，1997；Denis和Kruse，2000；McNeil，Niehaus和Powers，2004）。因此，CEO有充分的时间来进行减少坏消息泄露的管理盈余。[②]这种观点比较极端，因为CEO免职需由董事会提出。Pourciau（1993）认为：

> 正如Vancil（1987）指出，当执行官业绩表现不佳时，通常不容易请他/她离开。经理人需要时间来证明自己的能力，而且，必须收集信息、获得反馈、结成联盟，才能使大部分的董事要求该执行官辞职。

Murphy和Zimmerman（1993）的研究样本包括了在1971年至1989年间599家公司1 063宗高管离任事件，他们估计了管理决策可以解释潜在操控性变量变化的程度，指出：由于在业绩与操控性行为之间存在着必然的联系，因此，在管理决策的影响中，把业绩不佳的影响分离出来有相当的难度。他们下结论说，公司总的经济业

---

① Murphy和Zimmerman（1993）试图使这一发现与之前的研究（Butler和Mewman，1989；Gibbons和Murphy，1992a）以及他们自己的发现，即离任CEO不会降低研发费用，相一致。这就研究设计而言是一种挑战，他们指出：

最终的推论通常取决于是否控制了离任CEO和到任CEO变量，文献中对过渡年份的处理是不一致的。

通过把CEO在财政年度的初期离开和后期离开对样本进行分组，我们探讨了其他可能的解释，控制了离任CEO和到任CEO的相对影响。

② 在高管变更和业绩之间没有一个精确的计算公式，可能可以解释两者之间比较弱的实证关系。Brickley（2003，第228页）指出："虽然CEO变更和公司业绩之间的统计关系显著，其经济重要性却是比较小的。有代表性的研究发现，业绩的十分位数从高到低变化，上升公司CEO变更的可能性提高了4%。"

绩，而不是离任 CEO 的决策，解释了他们的发现。

在 1985 年至 1988 年间的 73 宗非正常离任案例中，Pourciau（1993）发现了降低盈余的应计。在过渡年份的前一年到后一年，考察盈余、应计、现金流以及特别项目和冲销，她发现离任执行官在其最后一年记录了降低盈余的应计和冲销，这一结论与转回之前调增的盈余一致。①

对于管理层试图掩盖低劣业绩的程度，一个相关的问题是，盈余管理是否属于“跳出油锅，又进火坑”（逃脱小难又罹大灾）的情况。那就是，一方面，盈余管理推迟了释放关于业绩的坏消息，因此有利于推迟 CEO 被强制离任；但另一方面，当欺诈被揭发时，其结果可能比被强制离任更糟，因为经理人面临着被罚款和监禁的可能。

Beneish（1999a）以及 Agrawal、Jaffe 和 Karpoff（1999）没有发现欺诈提高了 CEO 变更，Desai、Hogan 和 Wilkins（2006）则观察到，重述提高了 CEO 变更。他们的样本包括 146 家 1997 年至 1998 年间重述盈余的公司，有 59.6% 的公司在报表重述的 24 个月内，至少经历了一个最高层职位（董事长、CEO 或总裁）的变更；而在年龄、行业配对组中，变更率只有 34.9%。而且，样本公司 112 位（15%）被取代的经理人中，只有 17 人能够在另一家公司获得相似的职务；而在控制组中，63 位（21%）被取代的经理人中，有 21 位获得相似的职位。他们指出，我们样本中经理人的平均年龄小于 50 岁，这个结果意味着，平均而言，重述公司的经理人在信誉上，而且非常可能在个人财富上，遭受了重大损失。其他研究也证实了会计欺诈对高管变更的影响。Feroz、Park 和 Pastena（1991）发现，因为违反会计规则被 SEC 调查的公司倾向于解雇经理人。Jayaraman、Mulford 和 Wedge（2005）将被 SEC 调查的公司与控制组比较，在 SEC 会计审计实施公告（AAER）数据库包括的公司中，发现在大多数情况下 CEO 要离开公司，而在 5 年的窗口（事件前 2 年和事件后 3 年）内，会计欺诈提高了高层管理人员变更的可能性。1978 年 1 月 1 日至 2006 年 9 月 30 日，SEC 以及司法部一共发动了 788 项针对财务误报的实施行动。最近的一项研究中，Karpoff、Lee 和 Martin（2007b）考察了 2 206 个被（公开公告或法庭起诉）认定对误报负有责任的个人，他们发现，作恶者：（1）失去工作（占 93.4%）；（2）被其他公司禁止雇用（31%）；（3）失去持有的股份（平均为 1560 万美元）；（4）被 SEC 罚款（平均为额外的 570 万美元）；（5）面临司法部的犯罪指控（28%）而且通常都需蹲监狱。②

最后，当研究不能区分高管离任是因和平变更，还是因业绩不佳时，通常会出现

① Pourciau 也提出了其他的解释：公司业绩的内生性（例如，业绩在研究设计中没有恰当地被控制），以及当公司业绩不佳时监管力度增加。

② Karpoff、Lee 和 Martin（2007b）批评了之前的研究（Feroz、Park 和 Pastena，1991；Agrawal、Jaffe 和 Karpoff，1999；Beneish，1999a；Desai、Hogan 和 Wilkins，2006）限制了包括欺诈事件的任意事件区间内搜索高管变更（第一类误差），以及不能辨别传播者（Propagators）（第二类误差）。

一种情形，那就是盈余在 CEO 离任的当年较低，而且伴随着其他向上管理盈余，和下一年盈余较高的证据（参见 Godfrey、Mather 和 Ramsay，2003）。

§3.3.3　继任 CEO

CEO 变更是一个很大的改变，紧跟而来的可能是不良资产的清算（Weisbach，1995）、影响各资产层次和构成的重组（Denis 和 Denis，1995；Denis 和 Serrano，1996；Nam 和 Ronen，2007）、其他主要管理人员的离任（Hayes、Oyer 和 Schaefer，2002）以及公司战略向外来控制转移（Blonigen 和 Wooster，2003）。因此毫不奇怪，继任 CEO 有压力要表现业绩，越早越好。因为他要负责对任期内第一个期间（一个季度或一年，或两者）报告盈余，他有责任建立自己的业绩标准。

许多研究发现，只要离任 CEO 没有继续留在公司担任董事，新任经理人就会在他到任的当年通过巨额费用来"洗大澡"，而在下一年显示出盈余的上升。[①,②] 的确，学术界对这一点有一致的观点。Turner（2001b）指出：

> 在会计准则质量方面，还有相当多地方应该改进。
>
> • 应该设定一种严格的、有效的减值测试方法，因为减值测试能够在价值下降的时期告知投资者价值的下降。相反，现行准则只能在 CEO 变更时一次"洗个大澡"，报告高额费用……

Nam 和 Ronen（2007）最近一项研究提出了一个问题，冲销是否证明了有害的盈余管理，或者因为继任经理人来自外部，比较倾向于以纠正的方式来作为提高效率的行动。对新任 CEO 的市场反应和对公司冲销公告的市场反应表明，市场试图辨别这两种力量。具体地，市场反应对继任 CEO 先前任职的业绩（经理人的声誉）、对他刚加入公司的行业内专业知识（表明他采取提升价值行动的能力）以及冲销是否为重组的一部分是敏感的。

我们以下述观点来总结我们的讨论。虽然有大量对 CEO 变更的研究，但 CFO 还没有引起人们足够的关注。Turner（2001b）引用了 2000 年 4 月出版的《财务总监》杂志的一个报告，这个报告在公告盈余与 CFO 被要求离开公司之间建立了一种联系：

> 正如 2000 年 4 月出版的《财务总监》杂志表明的，10 年前，财富 500

---

① Koch 和 Wall（2006）提供了轶事证据：

在 1996 年 6 月被 Sunbeam 公司任命为 CEO 之后，Al Dunlap 使公司的报告财务业绩发生了巨大改变。在 1996 年，Sunbeam 的报告损失超过了 2 亿美元，紧接着下一年，净利润几乎达到 1.1 亿美元。在接受 CEO 职位时，Dunlap 就报酬计划与公司进行谈判，计划包括巨额的股票授予、股票期权以及巨额的工资和福利。1998 年，随着业绩的上升，Dunlap 的工资和福利计划也进一步上升。1998 年和 1999 年，Sunbeam 报告亏损，Dunlap 也不再担任 CEO……为了把费用转移到 1996 年，提升 1997 年的报告净利润，Sunbeam 大部分财务数据的变动都反映出对应计以及其他会计策略的操控性使用。

② Elliott 和 Shaw（1988）；Strong 和 Meyer（1987）以及 Francis、Hanna 和 Vincent（1996）等研究关注用大量操控性冲销进行盈余管理这种方法。我们在第 9 章里讨论 DeAngelo（1988b）的贡献。Paourciau（1993）；Murphy 和 Zimmerman（1993）以及 Godfrey、Mather 和 Ramsay（2003）等研究的方法也被引证。

强公司的CFO变更率大约为每年12%，其中退休是离开公司的主要原因。1998年，这个数字上升到26%，原因通常为某个季度不能达到盈余预测。当提到“CFO”不能达到预期时，我觉得很有趣。那么CEO、COO以及主管生产、销售、市场和开发产品的副总裁们呢？难道不是由于所有这些高管们的不善管理，造成了企业不能达到必须的销售收入、成本水平和新产品引进，从而不能达到盈余预期的吗？

Graham、Campbell和Rajgopal（2005）收集到关于CFO的职位安全与管理盈余的压力之间关系的类似观点。

§3.4 内部人交易

与报酬相似，内部人交易是一个经济学界、金融学界、会计学界和法律学界感兴趣的话题。[①] 虽然可能进行内部人交易的各方包括公司内部人和员工、[②] 律师和会计师这类“推定内部人”（在他们与公司签订合约的期间能获得公司特定的信息）以及“消息灵通人士”（例如上述内部人的家族成员），我们把关注点放在盈余管理与由经理人进行的内部人交易之间的关联上。

我们首先概述内部人交易的法律层面：

• 《1934年的证券法》第16（a）条对“公司内部人”的定义不仅包括CEO和CFO，也包括了其他管理人员、董事以及有利可图的所有者，例如直接或间接持有公司任何类别的权益达到10%以上的所有者。

• 所有的公司内部人必须通过向SEC进行公开登记，报告他们的交易情况。2002年7月颁布实施的《萨班斯—奥克斯利法案》，要求从2002年8月29日起，内部人在所有权发生变化的2天内报告。在2002年8月之前，内部人必须就此进行报告的窗口长达40天，就是说要在交易发生的下一个月份的10号之前向SEC报告。

• 《1934年的证券法》第16（b）条禁止通过从购买到出售交易之间的6个月内的短线交易获得超常利润（根据普通法，应为6个月减一个晚上）。这个禁令也包括了卖空。

---

① 内部人交易也和披露相关。参见Bushman和Indjejikian（1995）；Noe（1999）；Niehaus和Roth（1999）；Boyer、Ciccone和Zhang（2004）；Gregoire（2004）；Richardson、Teoh和Wysocki（2004）以及Cheng和Lo（2006）。

② 一般来说，员工不属于公司内部人，但根据代理法，员工是公司委托人的代理人，因此，禁止内部人交易也包括了员工。回应Chiarell的判决，SEC根据《1934年的证券法》的第14（e）条发布了第14e-3条规则：如果个人在竞价出标时依据了重要的非公开信息，而SEC得知消息来源于某个内部人，则这种交易行为为非法。在Chiarella判例中，一个印刷工人从他负责印刷的文件中获得关于竞价出标和兼并的非公开信息，从而购买了他服务公司收购的目标公司的股票。高级法庭裁定，依据这些重要的非公开信息进行交易不足以引发反欺诈条例下的责任义务，因为该印刷工人对目标公司的股东并不负有责任，因此他被判无罪。

• 基于“SEC vs. Texas Gulf Sulphur Co. （1969—1969）[①] 案”的判例法认定，以重要的非公开信息进行的交易为非法，而对于是否重要的认定，则取决于对股票价格的影响。[②] 从那以后，拥有这些信息的人士只有两种相互排斥的选择：在交易之前披露该信息或者不交易。

• 10b5-1 和 10b5-2 这两条规则做了进一步的详细说明。10b5-1 涉及欺诈（“故意”，scienter）的企图，具有这种企图一般都证明其违反了 10b5 条。特别地，如果一个交易者在购买或出售时意识到重要的非公开信息，就可以确定其违反了内部人交易规定。该规定也提供了一些辩解的机会，例如交易者在知道消息之前已经开始了交易计划。10b5-2 涉及由消息灵通人士进行的交易，这个规定避免了一个漏洞，即交易由获得机密消息的人士进行，但这个人对拥有该消息私人索取权的公司并不具有受托责任。

• 一些公司还制定了说明什么时候允许交易，什么时候不允许交易的规则（被称为“管制阶段”）。[③] 在每家大公司，对公司股票进行交易必须由指定高管批准。盈余公告发布之后的大约 3 天是一个典型的交易窗口，这个窗口一般在不长于盈余公告发布之后的 12 天内结束（Bettis、Coles 和 Lemmon，2000）。为了获得投资者的关注，一些小公司也对交易进行了限制（Jagolinzer 和 Roulstone，2004）。

实证研究提供了以下观点：

1. 内部人交易是基于私人信息的

内部人交易基于私人信息（Jaffe，1974；Jenter，2005；Huddart、Ke 和 Shi，2007），这类信息甚至比分析师基于对公司和行业进行研究（参见 Hsieh、Ng 和 Wang，2005[④]）推荐的信息更有价值。利用股票被错误定价而出现的交易机会（参

---

① Texas Gulf Sulphur 公司是一个矿业公司，公司在安大略发现了丰富的锌和铜矿层，这一消息只有公司的主要内部人掌握，他们因此而购买了公司的股票。公司没有对外宣布发现矿源的消息是因为公司必须获得开采权，如果矿源丰富的消息被公布，开采权的价格必定提高。在消息被公告的几个月前，内部人利用这些秘密购买股票，并获得不知情的董事的批准。1964 年 4 月，发现矿源的公告引起了公司股票价格的大幅上升。判例法认定，内部人交易发生在公开公告的 4 个月前。有证据表明，这种做法在更早的时期已经出现了（Bainbridge，2001）。

② 这种认定基于 10b-5 条，在相关的部分，该条例指出：

任何人直接或间接地具有以下行为都是非法的：

a）用任何装置、方案或技巧来进行欺骗。

b）为了虚构某些陈述，对某个重要的事实做不真实的陈述，或遗漏对一项重要事实的必要陈述。

c）在购买或出售证券时，任何涉及对其他人进行欺诈的行动、做法或过程。

尽管 10b-5 条没有明确地指出内部人交易，但在涉及内部人交易的判例中，法庭一直都依据该条例作出判决。

③ Roulstone（2003）发现，管制时期对公司而言成本是很高的。该研究把经理人激励成本的增量作为成本，通过奖金、股票和期权把激励分成不同的水平，他的结论是，交易限制诱发了经理人对高股价和高波动性的偏爱。Bettis、Coles 和 Lemmon（2000）发现，交易限制有利于提高市场流动性。

④ Hsieh、Ng 和 Wang（2005）研究了公司内部人交易相对于分析师建议的模式，他们发现，内部人交易在相反的方向，但与未来股票回报是一致的。那就是，在分析师给出不购买建议之后，内部人购买更多自己所在公司的股票，而未来的回报和内部人的交易战略一致。

见 Lakonishok 和 Lee，2001；Jenter、Lewellen 和 Warner，2006 以及那里引用的文献），经理人可以预测股票价格的变动，他们在股票价格上升前购买股票，在股票价格下降前出售股票（Seyhun，2000；Lakonishok 和 Lee，2001；Jenter，2005；Piotroski 和 Roulstone，2005）。他们卖出热门股票——因为近期较高的盈余增长率以及价格上升高于市场平均水平而受到追捧的股票，这类股票有可能定价过高；他们也买入价值型股票——近期以相对于其本身价值（例如，股利、盈余和销售收入等）而言较低的价格进行交易的股票，[①] 这类股票可能定价过低（Seyhun，2000；Sawicki，2005）。在经理人交易与现行的和未来的盈余之间存在着某种关系（Piotroski 和 Roulstone，2005），他们在出售股票时发布同期的好消息以及未来的坏消息（Brochet，2007），在买入股票时发布同期的坏消息以及未来的好消息。Ke、Huddart 和 Petroni（2003）考察了盈余管理作为系列（string）季度盈余的一种功能，在这里，系列是指季度盈余持续上升（以相对于上一年的同一季度来衡量）的连续季度的顺序。系列结束的那个季度（在当前季度盈余首次低于上一年相同季度的盈余时）表示“中断”（break）。在先前 Barth、Elliott 和 Finn（1999）以及 DeAngelo、DeAngelo 和 Skinner（1996）研究的基础上，他们考察了在季度中断之前的内部人交易，发现了季度中断无论在经济上或统计上都与股票价格下降显著相关。他们也发现在季度中断之前第 3 个季度到第 9 个季度，净内部人出售的频率上升。**这种出售模式在成长型公司的公司季度（firm quarters）中表现更强，是更长系列的一部分，而且是在一个更长的中断之前。**

Brochet（2007）在其最近的研究中证明，因为《萨班斯-奥克斯利法案》要求及时披露内部人交易，内部人交易的信息含量有所提高。

2. 内部人交易对盈余质量是一种有价值的信号

一些研究在内部人交易与盈余质量之间建立起某种联系。Beneish 和 Vargus（2002）显示，当盈余质量以其持久性来衡量时，较高的内部人出售股票数量伴随着大量正的操控性应计，这意味着较低的盈余质量。Hochberg、Newman 和 Rierson（2003）假设，预期应计要被转回（在应计和操控性应计中引入了一个负的连续自相关）的事实意味着，正的操控性应计的系列越长，公司报告盈余的信息含量越低。为了检验这个假设，如果某个公司的操控性应计的十分位数在某个季度被排列在所有公司的前列，他们就把该公司在这个特定的季度描绘为“激进”公司。按照被认定为激进的连续季度的数字对公司进行分类，只有一个季度被认定为激进的公司分在第 1 组，其他连续数个季度被认定为激进的公司分在第 2 组。为了支持他们的假设，即揭示公司的真实状况，第 2 组公司报告的盈余相比第 1 组来说，具有较低的信息含量，Hochberg、Newman 和 Rierson 考察了内部人交易的模式。他们发现，每个组的内

① 价值型股票一般具有较高的股息生息率、较低的市净率或者较低的市盈率。

部人出售的股票组合率差异很大。特别是，在激进的时期，相对于较近的正常会计期间，第1组的内部人减少股票的出售（在激进时期出售300万美元的股票，在之前的会计期间出售360万美元的股票，下降13%）。相反，第2组内部人在激进的时期增加股票出售47%。

3. 在收购和盈余公告发布之前的内部人交易似乎被控制

在1984年和1988年，国会通过了提高对内部人交易进行处罚的法令。《1984年的内部人交易惩治法》（公开法98-376［H. R. 559］，1984年8月10日）对内部人交易所得处以的罚金3倍于民法规定的罚金，而且缴纳了这些处罚还不能排除SEC和司法部可能采取其他行动。Bainbridge（2001）指出，因为SEC试图迫使获利者交出非法所得以及3倍的罚金，内部交易者面临的民事责任高达其所得利润的4倍。《1988年的内部人交易和证券实施法》（公开法100-704［H. R. 5133］，1988年11月19日）的处罚甚至更高。例如，1984年的法令规定处以5年监禁，1988年的法令规定为10年监禁。因为犯罪是衡量成本收益之后的经济决策，因此毫不奇怪，SEC和国会的共同努力消除了盈余公告和兼并之前的内部人交易。[①] Seyhun（1992）观察到，法庭在消除这一现象的过程中扮演了重要角色：

> 20世纪80年代的判例法对内部人交易有着重要的影响。生效的判例法把在收购和盈余公告以及其他重要的公司公告发布之前进行交易定义为非法交易。证据显示，在20世纪80年代，内部人不太可能在盈余公告和公司兼并之前进行交易。

4. 总体而言，净出售比净购买更普遍，也更没有信息含量

更大的出售量可以用以股票和期权来奖励管理层的激励计划来解释（参见Hochberg、Newman和Rierson，2003）。因为经历了通过一个交易计划来保护自己的交易，因此SEC的10b5-1条的信息含量比较低。

5. 分析性观点

理论分析可以分为市场基础的研究和与代理相关的研究两类。对前者，内部人交

---

① 回应“Chiarella v. United States一案”的判决（445 U. S. 222（1980）），SEC颁布了《1934年的证券法》第14（e）条下的14e-3条例：如果个人在竞价出标时依据了重要的非公开信息，而SEC得知消息来源于某个内部人，则这种交易行为为非法。在Chiarella一案中，一个印刷工人从他负责印刷的文件中获得关于竞价出标和兼并的非公开信息，从而购买了他服务公司收购的目标公司的股票。高级法庭裁定，依据这些重要的非公开信息进行交易不足以引发反欺诈条例下的责任义务，因为该印刷工人对目标公司的股东并不负有责任，因此他被判无罪。

其他对内部人交易的合法地位有影响的判例法如下：

在“Dirk v. SEC，463 U. S. 646（1983）一案”中，高级法庭裁定，内部人没有站在公司利益的立场上采取行动，违反了他对公司的信托责任。而对于获得信息的人，他只有意识到把信息传递给他的情形是违法的，才有义务不依据该信息进行交易。

在“United States v. O’Hagan，521 U. S. 642（1997）一案”中，高级法庭明确了，由于失职使得信息被获得并被非法利用，可能涉及到信任和保密的责任，而不是公司内部人和证券被交易的公司股东的责任。

易是匿名交易者进行的。这类研究关注在有噪音的理性预期均衡中的价格特征（参见 Ausubel，1999；Laffont 和 Maskin，1990；Bhattacharya 和 Spiegel，1991；Leland，1992；Baiman 和 Verrecchia，1995；Jain 和 Mirman，1999）。那就是，在预期中，市场价格是准确的，因为它等于实际价格。但是，它也可能偏离了事实，一个造市者（market maker）不能辨别噪音交易者的交易和知情交易者的交易，因此噪音交易者能够影响市场价格。这些研究发现，内部人交易提高了价格的信息含量，但成本却很高，因为造市者必须设定买卖价差来弥补与拥有有价值信息的内部人进行交易的预期损失。这些匿名内部人的存在驱逐了流动性交易者，因为他们意识到自己处于劣势。

代理导向的文献关心的是内部交易对公司所有者与经理人利益冲突的影响。在 Manne（1966）的基础上，Easterbrook（1985）争论说，经理人所进行内部交易是有利的，因为它减少了股东与经理人之间的利益冲突。Dye（1984a）证实，经理人进行的内部交易是有利的，因为它能降低经理人合约的成本。Bebchuk 和 Fershtman（1991，1993，1994）显示，经理人进行内部交易的价值取决于经理人厌恶风险与交易的投机所得之间的平衡。Elitzur 和 Yaari（1995）以及 Elitzur（2007）发现，经理人进行内部交易影响经理人在任期内操纵报告盈余的时点。Baiman 和 Verrecchia（1995）分析了一个案例，其中，市场价格包含着经理人不能观察到的努力这一非契约性的完美信息，因此，最优的激励合约仅仅基于股票价格。他们发现，尽管经理人内部交易影响合约公式，但对股票价格没有性质上的影响。Noe（1997）观察到，限制经理人进行内部交易对限制经理人活动的机制而言是有价值的，因为对经理人活动的控制减弱了所有者意在诱使经理人发挥努力的激励。Bolton、Scheinkman 和 Xiong（2006）在扩展了 Holmström 和 Tirole（1993）的研究后显示，通过把内部交易包括在最优合约的设计中，所有者向经理人传递了他们的预期偏好。

§3.4.1 内部人交易与盈余管理

内部人交易基于私人信息这一事实意味着，内部交易推动了恶意的盈余管理。对这类交易与即将发生的欺诈或破产事件之间关系的研究，对此提供了更为确凿的证据（Seyhun 和 Bradley，1997；Summers 和 Sweeny，1998；Beneish，1999a；Agrawal 和 Cooper，2007）。Beneish 发现，与控制组相比，背离 GAAP 夸大盈余的公司经理人更可能在盈余被夸大的时期出售公司股票。我们认为这种盈余管理是恶意的，因为从某种意义上说，在盈余被夸大的时期，经理人进行的股票交易是在盈余管理影响条件下以较高的价格进行的（Beneish，1999a）。

不过，这些发现不一定意味着内部交易总是恶意的。Boyer、Ciccone 和 Zhang（2004）考察了操控性应计是否与恶意盈余管理、传递利好信号（beneficial signaling）的盈余管理或者平滑一致（最低（最高）十分位数代表公司最大的降低（提高）利润的操控性应计），然后根据全部十分位数检验内部交易的方向。他们的证据与机会主义假设一致，就是说预测内部人在向上（向下）操纵盈余时更可能出售（购买）

股票，与信号理论下的预测模式相反。[①]

McVay、Nagar 和 Tang（2006）发现，试图通过盈余管理来超过分析师预期的经理人在出售股票。因为市场会奖赏达到或超过分析师预期的公司，这样的盈余管理会导致更高的股票价格。内部人的出售与市场不能识别盈余管理一致。

盈余管理与内部交易之间的关系提出了一个问题：是内部人管理盈余获得投机收益？还是盈余管理诱发了内部交易？

Elitzur 和 Yaari（1995）及 Bebchuk 和 BarGill（2003）的分析研究证实了，在均衡中，内部交易激发了经理人操控盈余，因为有利可图的交易机会提高了管理盈余的益处，对成本却没有影响。因此，在交易之前，经理人出于成本效益的考虑向盈余管理倾斜。[②] 实证研究提供了混合的结果。例如，Beneish（1999a）研究了 1982 年至 1993 年间的 64 宗欺骗性财务报告案例，显示出经理人在夸大盈余之后出售股票。相反，Beneish 和 Vargus（2002）提供的证据表明，经理人在向上管理盈余之前出售股票。类似地，Beneish、Press 和 Vargus（2005）发现，盈余管理紧跟着内部交易，以作为一种保护，防止遭到潜在的共同起诉（class action），指控内部人牺牲其他投资者的利益，在价格高时出售股票。他们发现，内部人在拙劣的公司业绩出现之前出售股票，是调增利润的盈余管理行为。[③] 而且，在经理人异常地出售股票之前，他们没有发现盈余管理的证据。这意味着在向上管理盈余之后以较高价格出售股票（一个“哄抬股价的计划”），不能解释内部交易与盈余管理之间的关系。要找到答案面临的困难是，两者都是管理层的决策，因此在标准分析中，内生性问题无法避免。Park 和 Park（2004）在一个二阶最小平方分析中考虑公告后的内部交易，他们的发现支持下列观点：操控性应计提高之后，出售股票成为经理人投资决策的一部分。Sawicki（2005）检验了内部交易之前和之后的盈余管理，与 Beneish 和 Vargus（2002）类似，她发现，在内部人购买股票的后一年，公司调增盈余。与 Park 和 Park（2004）类似，她也发现公司在内部人出售股票的前一年调减盈余的证据较少。

另外的证据，参见 Bartov 和 Mohanram（2004）；Kedia 和 Philippon（2005）以及

① 向下的盈余管理可能是一个未来业绩恶化的征兆。我们的观点是，相对于当期未被管理的盈余，当业绩预期下降时，当期盈余将被储存起来保留到未来的时期。Beneish（2001）也确认了这种保留储备来维持未来业绩的做法。另一方面，向上的盈余管理也可能是一种预期业绩上升的信号。因此，信号假设预测了，如果盈余被管理向上（下），经理人将购买更多（少）的股票。

② Ronen、Tzur 和 Yaari（2007）是唯一的一篇预测内部交易降低了盈余管理影响的文章，这些影响包括对价格、财富从内部人向与内部人进行交易的不知情股东转移的影响。这篇文章研究公司内部人，而不是管理层。他们发现，管理层进行的内部交易揭示了包括在价格中的信息，因此降低了非管理层内部人的投机收益。

③ 他们分析了在 1983 年到 1997 年间 462 家经历了对债务技术性违约（technical default）的公司。在检验了操控性应计之后，通过显示有非正常内部人出售股票的违约公司在会计选择上更加激进来支持他们的发现：相对于业绩配对控制组，其也趋向于报告更低的折旧、更低的坏账费用。

其他在 8.2 部分引用的文献。

§3.5 管理层收购

管理层收购是一种杠杆购买，可能因购买而被私有化的公司的经理人也是权益投资者（Depamphilis，2003）。计算很简单：购买公司的经理人希望支付尽可能低的价格，而出售公司的股东希望尽可能卖一个高的价格。双方都有议价的空间，因为公司的业绩在管理层收购之后一般会显著上升。例如，Kaplan（1989，1991）发现，1980 年至 1986 年间，76 家管理层收购的公司，在收购的次年经营利润上升超过 20%，现金流上升超过 80%（反向杠杆收购也可参见 Muscarella 和 Vetsuypens，1990；Simth，1990；Holthausen 和 Larcker，1996）。[①]

收购后业绩提升的可能解释有：Murphy（1993）把价值提高归因为改进的动机，因为"相同的经理人现在管理着重组前后相同的资产和员工"。Depamphilis（2003）把改进归因为治理的改善，以及企业经营状况的改变，他说：

> 管理层购买的最佳对象通常是大公司里业绩欠佳的部门，这些部门已经不再是母公司支配性战略的重要组成部分。这些部门承受着母公司大量的管理费用，为了支付比外面价格低的服务费用，母公司向它摊配各种法律、审计和财务费用。而且，得不到母公司的关注通常使这些部门失去很多机会，因为母公司不太可能有足够的资金支持那些它认为对整个公司战略而言重要性不够的投资机会。

毫不奇怪，我们认为情况可能是，为了降低收购价格，经理人在收购前向下管理盈余。收购是个很长的过程，特别是因为它涉及债务融资，因此经理人有足够的时间窗口来管理盈余。

实证研究或证实该假设，或最起码不推翻这个假设。Perry 和 Williams（1994）对 1981 年至 1988 年间的 175 个管理层收购事件进行研究，发现在管理层收购的前一年存在向下的盈余管理。Wu（1997）估计，平均而言，盈余管理降低了大约 5 000 万美元的收购成本。Marquardt 和 Wiedman（2004a）研究了 1995 年到 1999 年间的

---

① 这些统计给人的印象非常深刻，人们意识到，由于过高的杠杆收购失败率，使得 20 世纪 80 年代的杠杆收购浪潮在 20 世纪 90 年代消退（Depamphilis，2003，pp. 560-561）。而相比于类似的公众公司，最大、最成功的私人公司的利润，用经营利润与销售收入相比或净利润与销售收入相比来衡量，通常要低 50% 左右（Coles、Lemmon 和 Naveen，2003）。因此，公司的价格应该定在下面两点之间：第一点是它的历史业绩比较持久（对现行股东而言的最低价格）时的公司价值，另一点是当经理人收购公司并提升业绩时的公司价值（对管理层来说的最高价格）。确实，DeAngelo、DeAngelo 和 Rice（1984）在他们对 1973 年到 1983 年间的 72 个管理层收购样本的研究中发现，对购买的账面价值支付的溢价为 56%，但当有两个出标人时，溢价上升到 76%（Muscarella 和 Vetsuypens，1999）。

100 个管理层收购事件，他们用二阶的方法首先发现通过总操控性应计进行的盈余管理，然后识别出经理人为达到盈余目标而可能使用的单项应计，包括应收账款、存货、应付账款、应计负债、折旧费用以及特别项目。他们认为，下降的收入（用未预期的会计应收来考察，UAR）为公司价值恶化提供了一个很强的信号。他们发现，相比于控制组而言，发生管理层收购的公司的边际 UAR 显著为负（前者的均值（中值）为 0.376%（-0.226%），后者的均值（中值）为-1.299%（-0.440%））。值得注意的是，对于管理层收购的公司，只有 38% 的 UARs 为正，而控制组则为 45%。

不过，可能存在着影响盈余管理的范围和方向的抵消因素。第一，因为管理层收购是杠杆收购，债务融资包括用应收账款和存货来担保的负债，因此也存在着向上管理这些项目的动机。第二，不能直接参与公司业务的股东也可能请投资银行给意见（当管理层收购涉及子公司时，母公司应该了解它的内在价值）。第三，除了管理层外，还有其他竞争性买家。DeAngelo（1986）指出：某些情况下，其他潜在买家的竞争有助于保证股东以公平价格卖出公司……不过，当经理人在出价前有过半数的控制权时（超过 1/3 的样本公司中存在这种情况），这种竞争的效果将被限制，因为这些经理人能够有效地把其他竞标者挡在门外。

在第 4 章，我们转向与财务报告使用者相关的盈余管理影响范围。

第4章 使用者

在第3章，我们主要关注管理层进行盈余管理的动机。作为内部人，管理层代表盈余信息的提供者。在本章，我们关注一般使用者：为自己的商业需要对公司进行评估而对盈余信息有需求的利益相关者。在第5章，我们将关注一些特定的使用者、监管者或者看门人，这些看门人能为其他信息使用者提供一些有价值的信号，这些信号包括公司的信用能力以及报告盈余的信息价值。

在本章，我们要讨论以下几组使用者：

• 对公司经营决策没有影响力的散户股东。他们需要利用盈余信息来评估对公司股票的投资。

• 债券持有人和其他债权人。他们需要盈余和现金流信息来评估对借出资金的风险，并在债务形成后对公司进行监控。[①]

• 监管者。监管者头戴两顶帽子，一顶帽子是本章讨论的一般利益相关者，另一顶帽子是第5章将讨论的监控者。前者需要被监管行业的盈余信息来评估税务负债，例如银行和保险行业。

• 员工。他们需要盈余信息来评估公司的生存能力以及提高员工工资的能力。[②]

• 竞争者、供应商和顾客。竞争者制定经营决策需要盈余信息，供应商和顾客评价公司的偿债能力也需要盈余信息。

在以下的每个部分，我们首先阐述使用者，并解释盈余对某一利益相关者与公司之间交易的重要性，然后讨论与该特定利益相关者有关的盈余管理事件。

---

① 归类为投资者可能会把债券持有人和股东归到一起。因为大多数对盈余管理的研究把交易分为权益性和债务性两种，我们也按照讨论的目的把这两组分开。对权益融资和债务融资进行区分的例外讨论可参见下列文献：Dechow、Sloan 和 Sweeney（1996）；Richardson、Tuna 和 Wu（2002）以及 Erickson、Hanlon 和 Maydew（2004b）。这些研究发现，对外部融资的需求引发了盈余管理。

② 例如，在法国，为了保护员工的权利，上了一定规模的公司被要求提前一年支付形式盈余（pro forma earnings），来保证公司不会破产并且解雇员工。在撰写本章的同时，通用电气 GM 的一个大供应商 Delphi 宣告为生存而削减工资。对于在职员工来说，其损失是一个警告信号。

§4.1　股东

为了发展而融资，公司可以通过内部获得资本，或者在外部发行债券或股票。众所周知，美国的股票市场是高度发达的（Levitt，1998；Dechow 和 Schrand，2004；Yaari，2005）。因此，股票市场对公司通过盈余进行信息沟通所施加的压力在盈余管理现象中扮演着一个重要角色。

下面我们选择一组股东进行重点关注：散户、短期（投机性）机构投资者（例如银行、保险基金以及开放式共同基金）、潜在股东、市场操手（庄家）和券商等。第 5 章讨论参与公司治理并在其中扮演监控角色的股东，例如大股东和非投机性机构投资者。

股东对信息的要求形成了盈余与股票价格之间的联系，这是股东在盈余管理中扮演的角色的根源。股票价格对公司很重要有三个方面的原因。第一，它影响资本成本。公司不能在内部通过留存收益满足自身的资本需要时，就需要在外部进行债务和权益融资（Myers 和 Majluf，1984）。股票发行价格越高，资本成本越低，因为价格越高，为了筹措一定量的资金所需发行的股份数量越少。第二，股票如同现金。股票可以形成对员工的实质性激励，特别是对面临流动性困难的新公司而言（例如 Core 和 Guay，2001）。股票在换股并购中也是可以交换的。第三，股票也可以作为担保物。例如在安然公司中，它的特殊目的实体（SPE）通过用安然公司的股票担保进行资本融资，其条件就是，如果股票价格下降到某个水平以下，安然承诺支付现金。安然之所以垮台，原因就是市场获知安然的真正风险而使得它的股票价格下降，但这时安然却没有足够的现金来偿付债务。在许多情况下，无法承担债务义务的公司，在对它们的负债进行重新谈判时，会说服债权人把债务诉求转换为股票。

§4.1.1　价格形成过程

要理解盈余如何影响股票价格，我们模仿纳斯达克（NASDAQ）提供了股票价格形成过程的文献选辑。价格形成过程的关键是，股票价格是在有噪音的理性预期均衡中形成的（Christensen 和 Feltham，2002）。说股票价格是理性的，是因为在预期中，它等于预期的未来股利的净现值，因此，我们将以未来股利或未来经济价值（两者可替代）的净现值作为基础。不过，在任何给定的时间，价格都可能与其基本价值不同。一个可能的解释是，公司对盈余进行管理，而市场不能看穿被管理的盈余（Baber、Chen 和 Kang，2006）。

股票价格由市场庄家（券商）确定（established）。市场庄家拥有股票和现金，其设定两个价格：买家的“出价”（bid）和卖家的“要价”（ask）。在微观结构文献中有一个的假定，那就是，市场庄家的目标是设定一个反映公司预期经济价值的价格。

我们并不清楚公司的经济价值。一些投资者在获得公司价值的私人信息方面耗费了大量的资源，因此而成为了“知情投资者”。因为市场庄家不能分辨哪些是知情者的交易，哪些是不知情者的交易，他试图通过可观察到的总需求推断出知情者拥有的信息。例如，当需求很高时，市场庄家会在下面两者中进行权衡，是把需求解读为一种知情者相信价格低于公司经济价值的信号，还是认为这种需求反映了存在大量不知情交易的可能性。两种解释的区别对价格而言是很重要的。如果存在好消息的公司价值（只有知情者掌握）应为每股 10 美元，而现行的价格只有每股 5 美元，那么价格将上升到每股 5 到 10 美元之间，这取决于市场庄家对造成高需求原因的理解。例如，如果理性的市场庄家认为高需求的可能性 80% 源于知情者对好消息的反应，股票价格将变成 80%×＄10+20%×＄5=＄9。总体而言，当卖出量（买入量）比较大时，市场价格趋向于下降（上升）。[①]

§4.1.2　盈余对股票价格的影响

盈余为投资者提供了信息。一些信息在公司公布其经营结果之前就已经为外界知晓。在这种情况下，公告只是证实了市场（或市场庄家）的想法。而另一些则是意外信息。一旦投资者改变了他们对公司价值的认识，他们会调整投资决策，因此也会对股票价格产生影响。股票市场有一条至理名言——“更好的盈余等于更高的价格”（Anderson 和 Thomas，Picking up the pieces，the Fall of Refco is Providing a Test for Wall Street”，*New York Times*，October 15，2005）。

会计研究提供了大量的实证证据，证明在盈余与股票价格之间、股票价格与未来盈余之间存在着正相关关系（参见 Latane 和 Jones，1989；Belkaoui，1983；Rayburn，1985；Asquit、Healy 和 Palepu，1989；Easton 和 Harris，1991；Swaminathan 和 Weintrop，1991；Ball 和 Bartov，1996；La Porta、Lakonishok、Shleifer 和 Vishny，1997；Lamont，1998；Shroff，1999；Billings 和 Morton，2001；Affleck-Graves、Callahan 和 Chipalkatti，2002；Choi、Lee 和 Press，2002；Gelb 和 Zarowin，2002；Kinney、Burgstahler 和 Martin，2002；Chamber、Jennings 和 Thompson，2003；Monahan，2005；Callen、Livnat 和 Segal，2006；Butler、Kraft 和 Weiss，2007；同时也可参见以下调查报告，例如 Lev，1989；Barth、Beaver 和 Landsman，2001；Holthausen 和 Watts，2001；Kothari，2001；Stolowy 和 Breton，2000），这有力地支持了这句名言。

---

① 自从 Glosten 和 Milgrom（1985）以来，衡量资本市场信息不对称的其中一个指标是“买入价”和“卖出价”之间的差异。这个差异有助于市场庄家防止由于与无法辨认的、拥有有价值信息的交易者进行交易而产生损失。

§4.1.3　盈余管理对股东信息的影响

盈余对市场价格的重要性引出了两个问题：

1. 什么是盈余管理的市场反应？

2. 哪些盈余管理情形主要由盈余对股票价格的重要性而引起？

4.1.3.1　盈余管理的市场反应

市场价格对盈余管理的反应取决于以下联合事件：盈余管理的种类（如第 2 章所定义，是有利的、恶意的或者是中性的）、经济的和未被管理的盈余，以及市场看穿操纵的能力。表 4.1 综合了这些可能发生的情形。

表 4.1　市场价格对盈余管理的反应

	盈余管理		
	有利的（市场知道长期事实）	中性的（市场知道短期事实）	恶意的（报告误导市场）
市场可以看穿操纵	——市场认知被管理的报告的信息内容 ——价格因此而变化	——市场从报告中过滤出事实 ——价格因此而变化	盈余管理可能是恶意的吗
市场不能看穿操纵	——没有均衡	盈余管理可能是中性的吗	——市场不相信被管理的报告 ——价格变化比市场可能认知事实时更强

为了说明上表，我们来看下面的例子。我们把短期真实的经济盈余定为 100，长期真实经济盈余为 120 或 60，概率分别为 60% 和 40%。公司本身知道其长期的真实经济盈余。

有利的盈余管理。当自然选择长期的真实经济收益为 120（60）时，公司通过报告大于（小于）100 来传递私人信息。如果市场能解读这个信号的含义，有好消息时价格将上升到 220，有坏消息时将下降到 160 。

有利的盈余管理和市场无法解读信号的含义是不一致的。

中性的盈余管理。假设会计稳健性要求盈余为 100 的公司只报告 80，公司则成功地把盈余管理到 95。如果市场能解读该报告，报告为 95 的公司价值是报告了事实的公司价值，$100+0.6\times120+0.4\times60=196$。如果市场不能解读这个信号，盈余管理就不可能是中性的。从定义上看，中性的盈余管理与真实的报告获得相同的均衡收益（Stein，1989；Elitzur，1995；Ronen、Tzur 和 Yaari，2006）。

恶意的盈余管理。众所周知，有坏消息的公司（收益为 60）存在 20% 的机会模仿有好消息的公司（收益为120）。有好消息的公司宁愿披露事实。

从定义上看，恶意盈余管理隐瞒事实。如果市场不能看穿盈余管理的意图，它就不会相信财务报告。报告好消息的公司的价值是 $0.88\times220+0.12\times160=212.80<220$。[①] 报告真实的坏消息的公司价值是160。因为212.80这个价格低于长期的经济价值220，好消息公司被惩罚。然而，因为市场分给报告真实一些权重，因此坏消息公司的定价高于其真实的价值，$212.80>160$，坏消息公司因此获得回报。

我们如何能知道盈余管理的类型？市场又对盈余管理了解多少？有一个方法是，当盈余管理用操控性应计[②]（Subramanyam，1996；Guay，Kothari 和 Watts，1996）和平滑（Hand，1989；Chaney、Jeter 和 Lewis，1998；Zarowin，2002）来衡量时，把盈余管理直接与市场反应联系起来。另一个研究策略则是基于盈余反应系数（ERC）的检验，这些检验对盈余意外（earnings surprise）（自变量）与回报（因变量）进行线形 OLS[③] 回归分析，如下[④]：

$$R = a + \mathrm{ERC}\times\Delta X + \varepsilon \tag{4.1}$$

其中：

R = 市场价格回报；

ERC = 盈余反应系数；

ΔX = 盈余意外；

a = 截距；

ε = 噪音。

一般来说，考虑到分析师不对准则盈余进行预测这一情况，公司业绩与分析师对盈余预测之间的差异可作为对盈余意外的度量（参见 Abarbanell 和 Lehavy，2002；

① 根据贝叶斯法则，好消息公司的比例是（0.6×1÷（0.6×1+0.4×20%））= 0.88。假装有好消息的坏消息公司的比例为（0.4×20%÷（0.6×1+0.4×20%））= 0.12。

② 参见第4部分。

③ 这个模型的计量经济学假设一直受到挑战。主要的争议是回报/意外盈余之间的线性关系（Cheng、Hopewood 和 McKewon，1992；Freeman 和 Tse，1992；Ali，1994）。另外，注意对模型进行扩展时对非预期现金流和非预期应计增加的回归量（参见 Ali，1994；Pfeiffer、Elgers、Lo 和 Rees，1998）。最近对 ERC 文献的讨论参见 Kothari（2001）。

④ 对会计稳健性的研究——对损失提前确认和对所得推后到实现时确认（Watts，2003a，b）——也考察盈余和回报之间的关系（参见 Basu，1997；Ball、Kothari 和 Robin，2000；Gigler 和 Hemmer，2001；Basu、Hwang 和 Jan，2002；Givoly 和 Hayn，2000，2002；Penman 和 Zhang，2002；Beaver 和 Ryan，2005；Jain 和 Rezaee，2004；Pae、Thornton 和 Welker，2005；Balachandran 和 Mohanram，2006；Bushman 和 Piotroski，2006；Givoly、Hayn 和 Natarajan，2007；Roychowdhury 和 Watts，2007）。典型的检验是进行反回归，盈余作为因变量，回报作为自变量。这种设计的一个优点是，它解决了难以解决的盈余序列相关问题。

Digabriele 和 Eisner，2005）。[①] 对盈余意外的其他度量都基于公司会计盈余的历史纪录。

盈余反应系数 ERC 可以捕捉到每一美元的盈余对价格的影响。总的来说，对 ERC 的预期是正的（虽然 Antle、Demski 和 Ryan，1994 以及 Teets，1994 显示，当市场存在其他信息来源时，限制性的会计确认可能导致盈余反应系数为负）。因为价格试图捕捉公司的经济价值，盈余反应系数对盈余的持久性、任何影响盈余持久性和可信度的因素非常敏感。例如，公司规模（参见 Chaney 和 Jeter，1992；Collins、Maydew 和 Weiss，1999）、风险（例如，Willett、Kim 和 Jang，2002；Chambers、Freeman 和 Koch，2005）或成长性（Shroff，1995）、环境负债（Bae 和 Sami，2005）以及审计师变更这些特定的事件（例如，Hackenbrack 和 Hogan，2002）。衡量股票回报的窗口使得市场可以通过获得额外信息，来对盈余（参见 Chaney 和 Jeter，1992；Shroff，2002）和补充披露的质量（例如，Lundholm 和 Myers，2002 通过 AIMR 对公司披露的评级来衡量披露质量；Lennox 和 Park，2006 发现盈余反应系数与公司盈余预期正相关）[②],[③] 进行评价，盈余反应系数对这个窗口的长度也很敏感。

盈余管理如何影响盈余反应系数 ERC？恶意盈余管理混淆了公司价值。如果市场怀疑盈余管理的存在，盈余反应系数 ERC 应该比较低（参见 Sankar，1999；Feltham 和 Pae，2000；Ronen、Ronen 和 Yaari，2003；Liang，2004；Crocker 和 Huddart，2006）。一些研究（Christensen、Hoyt 和 Paterson，1999；DeFond 和 Park，2001；Choi，2004；Baber 和 Kang，2001，2002b，2003；Marquardt 和 Wiedman，2004b；Cohen、Dey 和 Lys，2005a；Baber、Chen 和 Kang，2006；Ghosh 和 Lubberink，2006；Lin 和 Shih，2006）为盈余管理与市场对盈余的反应之间存在负相关关系提供了实证支持。例如，Lin 和 Shih（2006）考察达到或刚刚超过分析师盈余预期公司的 ERC。正如 5.2 中讨论的，这种现象反映了存在盈余管理的嫌疑。如果市场不相信这些公司所报告的盈余，那么这类公司的 ERC 应该比较低，因为它们的盈余应该被（市场）折价了。Lin 和 Shih 的研究显示，这类公司的 ERC 的确显著低于

---

① Baber 和 Kang（2002a）显示，股票分割能污染数据，因为数次被重述的数据是经四舍五入处理过的。他们这样描述：

例如，假设分析师对每股收益 EPS 的一致预期是 0.10 美元，而实际的 EPS 是 0.09 美元，假设公司后来进行股票分割，每 1 股分成 2 股。那么，在进行重述时，经过四舍五入到最接近的美分后，分析师预期和实际的 EPS 都被报告为 0.05 美元。这样，即使在披露日实际报告的盈余与分析师的一致预期不一致，从分析师预期档案获得的数据也会错误地显示，盈余“达到”了分析师预期。

Baber 和 Kang 表明，股票分割除权调整公司（split-adjusters）一般是那些有典型特征的公司：会计业绩、公告前和公共后的股票价格业绩、销售增长或系统风险都比较高，但账面价值对市价比率以及负债资产比率比较低。涉及把分析师预期作为市场预期的一种度量时，对所产生的差错进行衡量的进一步讨论可参见 Kim、Lim 和 Shaw（2001）以及 Cohen、Hann 和 Ogneva（2007）。

② 参见第 3 章关于盈余的信息内容和股票价格的讨论。

③ 正如第 1 章所讨论的，会计文献存在的其中一种争议是，长期来说，ERC 是否下降（例如，Buchheit 和 Kohlbeck，2002）？如果下降，是否表明盈余价值的下降或其他替代性信息资源价值（Francis、Schipper 和 Vincent，2003）、价格噪音价值（Dontoh、Radhakrishnan 和 Ronen，2004）或其他替代性会计计量价值的上升？Collins、Maydew 和 Weiss（1997）发现，账面价值的上升，特别对亏损公司来说，对下降的 ERC 是一种补偿。

控制组的ERC。

基于ERC的研究可能也传递了所有盈余管理都是恶意的这样一种印象。然而，在关注信息不对称对ERC的影响的研究中（例如，Balsam、Bartov和Marquardt，2002；Jacob和Jorgensen，2007。参见Kothari（2001）的调查），不存在有利的盈余管理的直接证据。

市场不能完美地探测到恶性盈余管理，意味着盈余管理可能与市场观念的异质性提高有关系。例如，Cohen、Dey和Lys（2005a）以及Li、Xie和Xu（2005）发现，交易量与盈余管理的大小正相关。这里，交易量是一种异质市场观念的信号（Dontoh和Ronen，1993；Kim和Verrecchia，2001）。

§4.1.4 市场何时获知非中性的盈余管理?

关于市场何时获知盈余管理，可考虑以下可能的时间（见表4.2）：

4.1.4.1 盈余管理前，盈余管理被预期。

4.1.4.2 盈余管理后盈余公告前，盈余管理被怀疑。

4.1.4.3 发布盈余公告时，盈余管理被怀疑。

4.1.4.4 盈余公告后12个月的时间窗口内，盈余管理被发现。

4.1.4.5 被揭露时，市场获知盈余管理。

4.1.4.6 市场从未获知盈余管理。

表4.2 **市场发现盈余管理的时间表**

时点1	时点2	时点3	时点4	时点5	时点6
盈余管理发生前	盈余管理发生后盈余公告前	发布盈余公告时或盈余公告后不久	发布盈余公告后12个月的时间窗口内，盈余管理被发现	盈余公告后很久或当盈余管理被揭露时	盈余管理从未被发现
Chai和Tung (2002)；Burgstahler和Eames (2003)；Ghosh和Lubbernik (2006)；Lin和Shih (2006；DaDalt和Margetis (2007)	Coles、Hertzel和Kalpathy (2006)；Desai、Krishnamurthy和Venkataraman (2005)	Bishop和Eccher (2000)；Shivakumar (2000)；Balsam、Bartov和Marquardt (2002)；Baber和Kang (2003)；Baber、Chen和Kang (2006)；Hribar、Jenkins和Johnson (2006)；关于ERC的文献	Subramanyam (1996)；Guay、Kothari和Watts (1996)；Black、Carnes和Richardson (2000)；Francis、LaFond、Olsson和Shipper (2005)；以及关于错误定价的文献	关于重述：Anderson和Yohn (2002)；Richardson、Tuna和Wu (2002)；Wu (2002)；Palmrose、Richardson和Scholz (2004)；Kedia和Philippon (2005)；Efendi、Srivastava和Swanson (2006)；Karpoff、Lee和Martin (2007)；以及集体诉讼和有关会计与审计违规公告(AAERs)的文献	Chambers (1999)；Daneshfar和Zeghal (2001)；Das和Zhang (2003)；Beneish和Nichols (2005)；Michaely和Roberts (2006)

4.1.4.1 盈余管理前，盈余管理被预期

因为市场价格要扣除信息不对称的影响（例如，Easley、Hvidkjaer和O'Hara，2002；Easley和O'Hara，2004），市场可能在恶性盈余管理发生之前就对价格打了折扣（又或者，价格折扣反映了第1章和第3部分中描述的中性盈余管理的“信号干扰”能力）。

Burgstahler 和 Eames（2003）以及 Lin 和 Shih（2006）提供了分析师预测盈余管理的例子。前者显示，分析师预期为了避免小额亏损和盈余小幅下降的盈余管理，后者发现达到或刚刚超过预期的公司盈余意外在盈余预告之前已经被打了折扣。Burgstahler 和 Eames 指出，分析师不可能找出那些通过管理盈余来超过市场预期的公司，因此分析师在预测报告盈余为零的公司时，显示出悲观倾向。Lin 和 Shih 显示，分析师从过去的观察中学习。

Ghosh 和 Lubberink（2006）考察了 2004 年 11 月后披露内部控制系统存在重大缺陷的公司。他们研究在披露重大缺陷之前的 2001 年和 2002 年，这些公司盈余的市场反应，发现资本市场可以感知到这些公司的财务呈报质量较低。在消息揭露前，这些公司的盈余反应系数、股票评级和债务评级较低，债务成本和审计费用较高，分析师盈余预测误差也较大。在研究因控制不足使盈余管理成为可能的程度时，他们也提供了直接的证据，证明市场能够感知潜在的盈余管理。

通过将美国会计总署（GAO）的重述公司与没有重述的、具有相同四位 SIC 码（美国国家工业标准分类码）的公司进行配对，DaDalt 和 Margetis（2007）考察了 1996 年至 2002 年期间盈余重述对同行业竞争者定价的影响。他们发现，竞争者重述公告的超常回报显著为负。Han 和 Wild（1990）也有相似的结果。不过，我们对市场反应显示了盈余管理预期的解读，可能需要更多的检验。在对其竞争者 Freddie Mac 公司的调查结果公布后，监管者迫使房贷巨头 Fannie Mae 公司采用更稳健的会计和财务方法。因此，在一些情况下，对竞争者进行揭露的反应可能与盈余管理的反应同时发生。

对盈余管理的怀疑，导致市场对公司盈余打折扣。例如，轶事证据和实证结果记录了市场对延迟的盈余公告的负面反应（参见 Begley 和 Fischer，1998 以及里面引用的文献）。这种延迟反映盈余管理的程度（Trueman，1990），市场反应似乎是对这种行为有预期。然而，如果一家公司并非因为盈余管理而延迟公告，对随后发生的价格下降的最佳反应是什么？Chai 和 Tung（2002）研究了 1991 年至 1994 年间 2 045 家延迟公告的公司。[①] 他们发现，延迟公告者使用了降低盈余的操控性应计，而这些应计的大小与报告时滞成比例。那就是，因为市场对公司的盈余打了折扣，公司倾向于建立供未来使用的报告盈余准备。因此，盈余管理预期具有自我实现的预测功能，这种功能发生在公司为了抬高盈余而建立报告盈余准备时。

4.1.4.2 盈余管理后盈余公告前，盈余管理被怀疑

在盈余管理发生后盈余公告前对盈余管理产生的怀疑需要对其辩解进行衡量。例如，卖空者的位置与股票负回报之间的关系值得我们关注（例如 Dechow、Hutton、Meulbroek 和 Sloan，2001；Desai、Ramesh、Thiagarajan 和 Balachandran，2002；

① 在前一年度报告日后的 5 天到 90 天内进行报告的公司。

Desai、Krishnamurthy 和 Venkataraman，2006①）。被 Desai、Krishnamurthy 和 Venkataraman 访问的卖空者指出，他们以盈余质量较低的公司为目标，这些公司也被怀疑有盈余管理的嫌疑，被市场定价过高。他们对 412 家重述盈余的公司进行考察的结果表明，卖空者早在盈余重述前的 18 个月，就已经确定了其位置。在那个时候，盈余管理已经发生，但因为盈余还没有被重述，因此只有一些市场参与者知情。

Coles、Hertzel 和 Kalpathy（2006）显示，在盈余管理发生前有足够的披露时，市场就已经预期到盈余管理的发生。在公司被要求将股票期权费用化前，如果：（1）授予日价格被设定为行使期权价格（参见第 3 章倒填日期丑闻）；（2）报酬计划条款不是可变的，公司就不记录报酬费用。上面第 2 个条件取消了股票期权的重新定价，因此，如果公司没有钱，其只要取消（旧的）现行的期权，等待 6 个月零 1 天后发布新的期权即可，SEC 的披露要求使得事件得以公开化。一个典型的例子就是，公司公告计划被重新发布，然后给员工 1 个月左右的时间来决定他们要购买的期权数量。因为重新发布的期权具有较低的行使价，等待"6 个月零 1 天"的公司经理人从中会获得好处，分析师应该能够预期到，在重新发布日前，管理层有向下管理应计项目的意图（Coles、Hetzel 和 Kalpathy，2006）。证据支持这种观察。他们发现，当公司公布重新发布期权计划时，市场和分析师能够看穿调低盈余的盈余管理意图。

不过，有些例子也支持，甚至在披露之后，市场还不能看懂盈余管理。Hand（1989）报告了用掉期来进行平滑的盈余管理，他在 1990 年的研究中，考察了市场在掉期发生的季度对盈余公告如何反应。由于掉期会提前公告，如果市场可以看穿盈余管理，则对掉期利得应该没有反应。但 Hand 的研究表明，市场对由于掉期而产生的盈余上升有正的反应，证明市场不能"吸收"掉期的所有"含义"。

4.1.4.3 发布盈余公告时，盈余管理被怀疑

当公司根据 SEC 的 10-Q 表格提交财务报告时，公众便获得了详细的报告。在盈余公告日或（最多）几个星期以后，一些盈余管理就被发现了。两个事件的差异是，10-Q 格式报告中的信息更为详细。② 如果市场不能在公告日辨别盈余管理的意图，它还有机会在后续的报告日获知。我们注意到上述的盈余反应系数文献。因为盈余反应系数衡量市场对盈余意外的反应，这类研究似乎支持市场会对可能被管理的盈余打折扣的看法。这类从管理会计盈余角度进行的研究的界定是，它用与会计盈余不同的分析师盈余（Abarbanell 和 Lehavy，2002；Digabriele 和 Eisner，2005）。

Bishop 和 Eccher（2000）考察了改变资产使用寿命的公司。这种行为是可观察到的，因为公司必须在利润表中报告。但估计使用寿命的改变不一定是一种恶性盈余管理行为。与控制样本进行比较得知，资产估计使用寿命的增加代表着盈余管理，但估计使用寿命的降低却不是。Bishop 和 Eccher 的研究显示，在改变当年以及之后的

① 相反，Richardson（2003）没有发现卖空者对应计进行交易。

② 在一些例子中，在公告盈余与报告盈余之间可能也存在着差异（Hollie、Livnat 和 Segal，2004）。

两年，市场价格可以消除被修订盈余假设的影响。它会对资产寿命上升的公司股票打折扣，并对寿命下降的股票授予溢价。

Shivakumar（2000）在之前研究的基础上发现，增发股票的公司有向上管理盈余的倾向。他研究市场反应是否会对被管理的盈余打折扣，发现在操控性应计与股票长期业绩之间没有关系。因此，他下结论说，在股票增发时，市场能够认知到盈余管理的意图，并且完美地消除其影响。相反，Louis（2005）在对换股合并的市场反应的研究中发现，虽然在导致合并的时期会消除盈余管理的影响，但长期来说两者之间存在关系。这些研究结论的差异意味着，市场对盈余管理的判断不是完美的。那就是，市场意识到盈余管理的存在，但显然不能准确地探测到它的程度，完全掌握公司盈余管理的程度需要进行长期研究。

Balsam、Bartov 和 Marquardt（2002）考察了两组管理盈余的公司的盈余管理①对市场回报的影响：一组公司的机构投资者比例较高，机构投资者存在与否用投资者成熟程度（investors'sophistication）作为替代，另一组为其他公司。他们发现，在报告日后 17 天的时间窗口内，非预期操控性应计与累积超常回报（CAR）之间存在着负的相关关系，表明市场会立即对恶性盈余管理打折扣。对于市场对新信息立即作出反应的程度，他们的发现与成熟和不成熟投资者的反应差异一致。成熟的投资者在 10-Q报告正式公布前就已经考虑到盈余管理的定价含义（通过非预期操控性应计），但早在盈余公告日却还没有这种考虑。不成熟的投资者只有在 10-Q 报告公布以后，摆在面前时，才对盈余管理有所察觉。

Baber 和 Kang（2003）研究了 1993 年至 1999 年间的 42 000 份季度盈余公告，他们发现，在盈余公告期间，股票回报可靠地与被管理盈余的计量构成要素负相关。Baber 和 Kang 也对所有季度盈余公告中 19% 的“达到目标”的公告进行检验，“达到目标”指每股收益（EPS）刚刚等于分析师预测。对这组样本，当盈余被高估时，盈余公告 3 天后的股票回报可靠地低于当盈余被低估时的回报。而且，被管理盈余的计量构成要素与超常回报之间负的相关关系也更强。Baber、Chen 和 Kang（2006）考察了在公司公告盈余时，补充披露对市场对盈余管理的怀疑产生的影响。样本包括 10 248个公司/季度，EM 表示盈余管理。他们的结论是，投资者试图通过定价来保护自己，抵御 EM 的影响，而当公司披露相关信息，且这些信息能够被用于从 EM 的后果中解脱出来时，投资者的这种抵御能力得到提高。

Hribar、Jenkins 和 Johnson（2006）考虑了公司将股票回购作为影响每股收益和达到分析师预测的工具时产生的影响，他们观察到，市场会对这种盈余管理意图打折扣。这些公司超过分析师预期时产生的溢价，比没有用股票回购方法来“玩数字游戏”公司的股票溢价低 60%。

① 他们有两条途径捕捉到盈余管理：达到分析师预期的公司和操控性应计至少为总资产 1% 的公司。

这些发现提出了一个问题，为什么当经理人意识到盈余管理的作用会被市场打折扣时，还会对盈余进行管理？我们将在第3部分讨论这个问题，但这里先做简要说明。如果一家公司不能达到分析师的预测，哪怕只是1分钱的差异，市场反应都会为负，而且这种负的市场反应十分强烈（参见 Levitt，1998）。因为市场怀疑所有不能达到分析师预测的公司都面临困难。因此，这不是“我不想”的问题，而是“我不能”的问题。市场因此而迫使公司要不就“玩弄把戏”，要不就被惩罚（Nofsinger 和 Kim，2003）。

4.1.4.4 发布盈余公告后12个月的时间窗口内，盈余管理被发现

由于盈余只是一种对市场参与者的信号，因此，市场只能在较长的时间里获知盈余管理。的确，一些盈余管理在发生后被市场发现，而证据一般都在1年的时间窗口内才能获得（Subramanyam，1996；Guay、Kothari 和 Watts，1996）。

Black、Carnes 和 Richardson（2003）比较了报告多个非再生项目（指终止经营、特别项目以及非常项目等利润表项目）的公司的市场反应以及只报告一个非重复项目的公司的市场反应。一方面，由于这些非重复项目本身具有短期的性质，因此被认为对公司价值没有影响；另一方面，报告多个非重复项目的公司倾向于在5年内宣告破产。Black、Carnes 和 Richardson 考察了1977年至1996年期间内的公司，发现报告多个非重复项目的公司的市场反应为负，只报告一次的公司的市场反应为正。他们发现，操控性应计的形式与经理人在多次冲减之前进行向上管理盈余时一致，这个发现可以把报告非重复项目与盈余管理相联系。

Francis、LaFond、Olsson 和 Schipper（2005）把资本成本与盈余管理联系起来，他们关心两者之间超前一个季度的关系。那就是，在对季度t的资本成本变量进行衡量时，相应地考察季度（t-1）的被管理盈余。他们发现，具有比较低的盈余质量的公司会有比较高的资本成本，比如，较低的债务评级、较大的已实现债务成本、较大的经行业调整的盈余价格比率、较大的权益风险（equity betas）以及把盈余质量系数加到单因素或3因素资产定价回归模型后正负载（positive loadings）。一些其他的研究指出，盈余管理增加了资本成本（Blackwell、Noland 和 Winters，1998；Anderson、Mansi 和 Reeb，2004；Hribar 和 Jenkins，2004；Mansi、Maxwell 和 Miller，2004；Ashbaugh-Skaife、Collins 和 LaFond，2006；Karpoff、Lee 和 Martin，2007a）。[①]

其他对市场在这个时间区间内看穿盈余的能力的讨论，可参见对应计错误定价的文献（例如，Xie，2001），这类文献以 Sloan（1996）为出发点。Sloan（1996）的研究显示，尽管应计的持续性与现金流不同（参见 Dechow 和 Schrand，2004），但市场在对盈余进行定价时，不能分辨出应计和现金流。

---

① 一些发现了更高治理质量带来更低的债务成本的研究（例如，Klock、Mansi 和 Maxwell，2005）也提供了间接的证据，因为好的治理质量抑制了恶性盈余管理。参见第5章。

4.1.4.5　被揭露时，市场获知盈余管理

一些恶性盈余管理只有在被曝光时才被觉察到，大大滞后于被操纵的盈余公告。图 4.1 摘自 Karpoff、Lee 和 Martin（2007a），为综合了揭露盈余管理事件的时间表。

图 4.1 所描述的过程可能持续若干年。例如，在被起诉前，Cendant 公司已经操纵盈余至少 12 年。执行期可能持续若干年，而且在许多情况下，公司一般在时点 8 之前已经退市（参见 Karpoff、Lee 和 Martin，2007a，在 585 家操纵盈余的样本公司中，仅 194 家公司在此过程中幸存下来）。

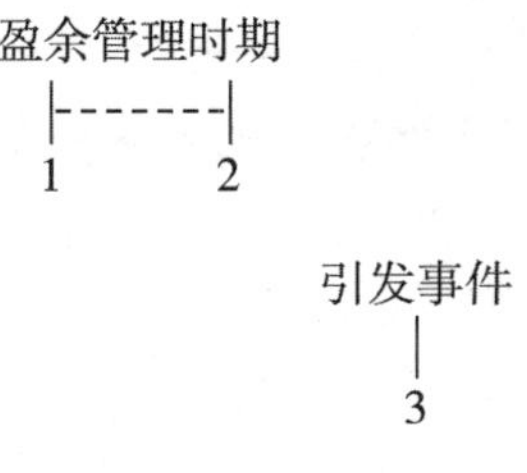

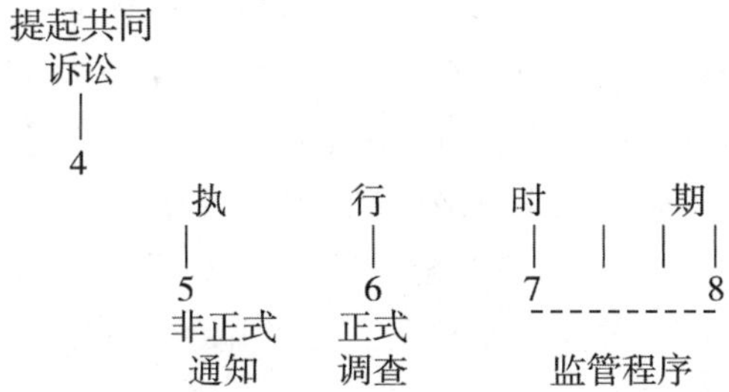

图 4.1　执行过程

本小节，我们主要关注引发事件（时点 3），因为在大多数案例中，这时公众首次获知公司进行盈余管理。最可能的引发事件是即将发布的盈余重述公告。不过，Karpoff、Lee 和 Martin 观察到，虽然经历执行时期的每个公司都曾经重述过盈余，至少重述过一次，但重述盈余并不一定就是引发事件，因为一些重述盈余的行为是对审计师或管理层不同意见的回应，或者是对 SEC 的例行检查和告密者指控的回应。[①]

一起引发事件之后通常紧跟着共同起诉（时点 4）。在他们的样本中，Karpoff、Lee 和 Martin 观察到，共同起诉发生在监管审理终结之前和之后的任何时点。要描述即时共同起诉的情况，可考虑曾经是最大的商品期货交易公司之一的 Refco 公司。Refco 被指控在 2005 年 8 月上市时有 4.3 亿美元的应收账款没有收回来。因为这些账目放置在由 Refco 的 CEO（Phillip Bennet）控制的另外一家公司（Liberty 公司）中，因此当时这一情况被隐瞒了下来。在 2005 年 10 月 10 日星期一，董事会宣布，IPO 时提交的会计报告是不准确的，Bennet 已经停职，Refco 已经从 Bennet 处收回了 4.3

① 注意，引发事件也可能是公司对非常态交易的披露。在一些案例中，一些市场参与者在公众获得消息之前就已经知道公司进行会计舞弊。

亿美元应收账款的余额。公司的股票价格即时下跌。第二天，Bennet 被 Elliott Spitzer（2005 年 6 月当选纽约市长——译者注）软禁在家。星期三，公众提起第一次共同起诉。Refco 只好关闭需要信用的产品线。星期五，公司宣告破产，并在接下来的星期一向法庭申请破产。①

执行时期从时点 5 开始，分成两个子时期。第一个是调查期，可能从非正式调查开始，继续下去为正式调查（时点 5—6）。SEC 接下来也可能放弃调查，否则，会启动正式法律审理程序，有时相关案件会移交给司法部，对涉案的公司或关键人员提起刑事起诉（SEC 通常会启动行政监管程序或提起民事起诉）。管理时期可能涉及多个事件（在时点 7 和时点 8 之间）。Karpoff、Lee 和 Martin 考察了 585 家 1978 年至 2002 年间进行会计舞弊的公司，他们报告说，平均执行行动涉及 1.7 项行政监管公报、2.06 项民事起诉和 0.56 项刑事起诉。执行行动总数为 2 532 起，另外涉及 199 家其他有关联的公司（例如会计公司和投资银行等）以及 2 381 个个人。

正如那些跟踪特别案例新闻的读者所了解的那样，负的市场反应并不一定限制在引发事件。Karpoff、Lee 和 Martin 观察到，有可辨认引发事件（时点 4）的 328 家公司（在 CRSP 数据库中共有 371 家公司）的平均回报为 25.24%；对于 230 家调查被披露（时点 5—6）的公司（数据库中共有 278 家公司），平均回报为 -14.4%；586 家披露行政监管被公告的公司（数据库中共有 1 953 家公司），平均回报为 6.56%（时点 7—8）。他们把负影响（因为一些公司退市了，这种影响实际上更大）解释为：调查公告一般证实了猜测，经常显示了关于公司过去和未来盈余、资产价值和管理层的附加信息。

值得一提的是，对总法律成本的分解显示，在上述 585 家公司中，只有 47 家（或 8%）面临财务惩罚（均值为 1.0698 亿美元，剔除了世界通信公司被处罚的 22.8 亿美元（后来也减到 7.5 亿美元），这个数字还下降到 5 980 万美元）。对 585 家公司中的 231 家公司（或 39.3%）的共同起诉使这些公司面临的成本是法律惩罚（平均 0.373 亿美元。剔除特异值，即对 Cendant 公司处罚 22.83 亿美元，这个数字下降到 2 555 万美元）的 5 倍。在与执行行动有关的总损失中，法律成本占 8.5%。其余的损失为纠正被调高的盈余以及名誉损失，“名誉损失”会损害公司与供应商、债权人以及顾客的商业关系。Karpoff、Lee 和 Martin 估计，每高估 1 美元的盈余，公司将损失 4.08 美元。

与这些事件的顺序相关的研究关注三类事件：重述、共同起诉、SEC 的会计（审计）信息强制性披露公告（AAER）。

---

① 2005 年 10 月 15 日《纽约时报》哀叹：Refco 的轰然坍塌是一个例证，在华尔街，一个公司是否能够存续，起决定作用的通常并不是资产负债表的规模，而是最高层管理人员的品格。

的确，那些被失去诚信的管理人员通过会计舞弊掌控了财务领域的公司全部都消失了，包括像 Drexel Burnham、E. F. Hutton、Salomon Brothers 以及 Kidder Peabody 等公司（Jenny Anderson 和 Landon Thomas, The Fall of Refco Is Providing a Test for Wall Street）。

• 重述[①]

参见 Wu（2002）、Richardson、Tuna 和 Wu（2002）；Palmrose、Richardson 和 Scholz（2004）以及 Palmrose 和 Scholz（2004）。研究证实，市场对重述的反应为负。Wu（2002）对 1997 年至 2000 年间的 1 068 起重述事件、Richardson、Tuna 和 Wu（2002）对 1995 年至 2000 年间的 440 起重述事件分别进行了研究，他们发现在重述事件前后 3 天的窗口中，超常回报为-11%。Anderson 和 Yohn（2002）对 1997 年到 1999 年间的 161 起重述事件进行研究，发现在第一次重述公告前后 6 天的窗口内，超常回报为-3.49%。Palmrose、Richardson 和 Scholz（2004）对 1971 年至 1999 年间的 403 起重述事件进行了研究，发现在此类事件前后 2 天的时间窗口中，超常回报为 9%。Richardson、Tuna 和 Wu（2002）研究了 1995 年至 2000 年间的 440 起重述事件、Wu（2002）研究了 1997 年至 2000 年间的 1 068 起重述事件，他们都发现，在重述事件前后 3 天的窗口中，超常回报为-11%。Wu（2002）指出，当重述涉及收入时，超常回报会更低，为-14.4%或以下。Kediag 和 Philippon（2005）发现，在 1995 年至 2002 年间的 226 个重述盈余的公司样本中，价格下降 10%。Richardson、Tuna 和 Wu 发现，重述公司也趋向于超过正向的季度盈余增长基准和正向的盈余惊喜。Ryan、Lev 和 Wu（2006）发现，投资者会考虑对以前年份报告的盈余进行重述的相反作用。

重述也降低了公司会计利润的可信度（Wu，2002；Anderson 和 Yohn，2002）。Anderson 和 Yohn 的研究表明，盈余反应系数 ERC 下降。Hribar 和 Jenkins（2004）显示，在重述之后，公司的资本成本立即上升。

• 共同诉讼[②]

一些研究考察了共同诉讼的问题（Kellog，1984；Francis、Philbrick 和 Schipper，1994；Griffin，1996；Bhagat、Bizjack 和 Coles，1998；Niehaus 和 Roth，1999；Ferris 和 Pritchard，2001；DuCharme、Malatesta 和 Sefcik，2004；Griffin、Grundfest 和 Perino，2004；Peng 和 Roell，2006）。法律规范对这个话题提出了丰富的文献（参见 Bauman，1979；Alexander，1991；Romano，1991；Johnson、Nelson 和 Pritchard，2007）。

这个领域的研究通常与引发事件有关。例如，Ferris 和 Pritchard（2001）区分了

---

① 有价值的重述文献回顾，可参见 Eilifsen 和 Messier（2000）。一些研究关注导致重述的盈余管理动机，参见 DeFond 和 Jiambalvo（1991）关注公司通过管理盈余来掩盖其较差的业绩。Burns 和 Kedia（2003）；Collins、Reitenga 和 Sanchez（2005）以及 Efendi、Srivastava 和 Swanson（2006）等关注公司通过操纵盈余来最大化管理层激励计划的价值。Richardson、Tuna 和 Wu（2002）；Kedia（2003）；Kedia 和 Philippon（2005）以及 Efendi、Srivastava 和 Swanson（2006）关注债务的重要性。Agrawal 和 Chadha（2005）把公司的治理特征与重述相联系。

② 共同起诉作为一个独立事件需要慎重对待。在许多案例中，特别是在《2002 年的私人证券诉讼改革法》颁布之前，股票价格下降可能是因为公司隐瞒了坏消息，基于股东过度支付了股票这样的指控，也会引发共同诉讼。Niehaus 和 Roth（1999）报告说，平均来说，内部人异常出售股票、CEO 异常变更以及异常的资本筹措活动发生的证据表明，共同诉讼具有价值。在所有这些事件中，管理层有隐瞒坏消息的动机。

三个时点：涉嫌舞弊被发现的时点、提起共同起诉的时点以及法官觉得是否案件没有受理价值的时点。他们发现，在涉嫌舞弊被揭发时点附近，超常回报为-25%，当诉讼提起时超常回报会有-3%的增加。[①] 与之前的一些研究不同，他们发现当发起诉讼的一方决定撤销起诉时，市场没有反应，即使撤诉行动后来也取消了。

- AAER

对会计（审计）强制执行信息的发布（AAERs）的研究并不独立于对重述和共同起诉的研究而存在。例如，Palmrose 和 Scholz（2004）发现，有 52 家公司（占样本的 11%）因为重述盈余而被 SEC 调查，186 家公司（占样本的 38%）被起诉。Wu（2002）发现，232 家公司（占样本的 41%）因为重述盈余而被起诉。关于共同起诉和重述之间的关系，也可参见 Choi（2005）及 Johnson、Nelson 和 Pritchard（2007）；关于诉讼的几率，则可参见 Bonner、Palmrose 和 Young（1998）。[②] 上述研究把 AAER 的存在作为一种简单的方法，用来识别被获知涉及恶性盈余管理的公司样本（参见 Feroz、Park 和 Pastena，1991；Dechow、Sloan 和 Sweeney，1995，1996；Beneish，1997，1999b；Bonner、Palmrose 和 Young，1998）。

市场对执行行动的反应是负面的。例如，Feroz、Park 和 Pastena（1991）研究了 188 家在 1982 年 4 月至 1989 年 4 月涉及 AAER 信息发布的公司，发现在公告违例事件前后 2 天的窗口内有负的超常回报。Dechow、Sloan 和 Sweeney（1996）研究了 92 家在 1982 年至 1992 年涉及 AAER 信息发布的公司，发现股票价格平均下降 9%。此外，他们发现买卖价差上升，跟踪公司的分析师数量下降。

4.1.4.6 市场从未获知盈余管理

讨论市场从未获知盈余管理的案例很困难，市场没有发觉盈余管理可能就是因为公司没有操纵盈余。因此，我们最多只能提供一些间接的证据。例如，盈余管理如果是恶性的，除非存在信息不对称，否则难以幸存下来。在他们对股利支付的研究中，Michaely 和 Roberts（2006）描述了一个不能彻底解决信息不对称的例子。他们观察到，公众公司长期对股利进行平滑，它们一般通过逐步提高股利、不经常性降低股利以及利用股利对短期盈余意外（earnings shock）的不敏感性等政策。相反，私人公司的股利政策对短期盈余意外更敏感一些——包括正的和负的。正如第 5 章所讨论的，平滑的股利流是投资者不需要担心短期盈余的信号。

纵容恶意盈余管理的经理人并不希望市场知道，因为这样会使他们达不到目的。显而易见，一些恶意盈余管理因此从未被察觉。Chambers（1999）推测，利用调高（或调低）利润的手法进行盈余管理而从来未被市场察觉的公司，股票将被定价过高

---

① Richardson、Tuna 和 Wu（2002）报告了类似的发现。

② 作为一个盈余管理的信号，被包括在 AAER 中并不是公司涉及欺诈性盈余管理的一个确切信号。例如，Bonner、Palmrose 和 Young（1998）确认了 390 家在 1982 年到 1995 年期间受到 AAER 披露的公司，只有 261 家公司被采取执行行动。其他的公司，100 家公司（占 42%）没有被起诉，98 家公司（占 38%）涉及审计师诉讼，另外 53 家（占 20%）涉及其他诉讼。

(过低)。他通过构造由盈余管理的程度来选择股票的套期组合(hedge portfolios)来检验他的假设,结果显示,在盈余信息发布的 12 到 24 个月的窗口内,可以获得显著的超常交易回报。

盈余管理也可能因为投资者在心情比较好的时期不想知道令人不快的事实而没有被察觉(Coffee,2003a)。在对 1999 年第一季度到 2000 年第一季度末的 1510 家公司①的操控性应计的研究中,Daneshfar 和 Zeghal(2001)提供了实证证据。在这段时期,股票价格指数上升:道琼斯工业指数上升 20%,标准普尔 500 指数上升 22%,纳斯达克价格指数上升 108%。他们假设,当经济环境比较乐观时,投资者更愿意接受盈余的好消息。与假设一致,他们发现每个季度的操控性应计显著为正。

Das 和 Zhang(2003)观察到,公司为了把每股收益调高而向上操纵盈余。虽然意图很明显,但市场并未做出应有的反应。他们在研究中留下了这个未决的问题:市场是否发现了盈余管理?

其他的研究可参见错误定价的文献(第 9 章)。我们对本小节做一小结。前面讨论过的一些研究中所观察到的现象,在一定的程度上与公告后的盈余漂移现象一致。就是说,这种现象表明,在对公告盈余的信息含量做出全面反应之前,市场将会等待额外的信息。

对公告后的盈余漂移现象的讨论,可参见 Bartov(1992);Bernard 和 Seyhun(1997);Kothari(2001);Livnat(2003);Jegadeesh 和 Livnat(2006)以及 Livnat 和 Mendenhall(2006)。Dontoh、Ronen 和 Sarath(2003)显示,这种现象与市场理性一致。

§4.2 盈余管理事件

研究者已经识别到三种公司有动机操纵盈余从而影响股票价格的情况:

4.2.1 达到或超过基准值。

4.2.2 发行股票:首次公开发行(IPO)、增发新股(SEO)或新上市。

4.2.3 合并和换股收购。

§4.2.1 达到或超过基准值

冒着重复老生常谈的风险,我们认为,不与一些基准值相对照,会计数字是没有意义的。因此,为了超过一些基准值,公司存在操纵盈余的动机。这些基准值包括:盈余为零、平行期之间盈余的预期变化以及分析师的一致预期。

---

① 行业和相应的 SIC 代码是:基础工业,115;资本产品,385;建筑,44;消费者产品,813;能源,110;金融,42。

4.2.1.1 零盈余水平

一般来说，公司倾向于避免报告亏损。那么为什么盈余为零也是一种有价值的基准值呢？Burgstahler 和 Dichev（1997a）及 DeGeorge、Patel 和 Zeckhauser（1999）提供过一些心理学上的解释，例如对投资者希望观察到正的盈余的理解。Hayn（1995）；Burgstahler 和 Dichev（1997b）；Durtschi 和 Easton（2005）以及 Lee、Li 和 Yue（2006）等提供的答案基于以下事实，即亏损和利润的定价模型是不同的。例如，Durtschi 和 Easton 发现，报告 1 美分亏损的公司的股票价格中值为 0.25，相比之下，报告 1 美分利润的公司的股票价格中值为 1.31。因此，盈余某种程度上是双重的。公司或者报告亏损从而把自己放在一类定价模型中，或者报告利润从而属于另外的一类。

Xue（2003）提供了另外一种解释。Xue 认为，超过某个阀值①是通过推高现有的应计实现的，这种做法牺牲了在将来达到某个门槛的可变通性，因此成本太高。当公司和市场之间关于公司真实价值的信息存在不对称而且不对称比较严重时，公司与市场通过一种对某个焦点阀值的隐含协议来进行"交流"。表现比较好的公司会超过这个阀值，表现比较弱的公司就会达不到这个值。Xue 的研究显示，市场懂得这种信号游戏，会奖赏超出目标的公司，惩罚达不到目标的公司。基准值的一个重要特征是，表现差的公司是无法超过基准的。Hayn（1995）研究了 1962 年至 1990 年的 9 572个样本，发现在她的样本中，亏损是经常的：

> 盈余变量被定义为非常项目、终止经营以及会计变更的累计影响前由经营活动产生的利润（或损失）……损失具有普遍性，所有的公司/年都为 19.6%。随着时间的流逝，损失的频率戏剧性地上升，从 20 世纪 60 年代初的 3%上升到 20 世纪 80 年代后期的 30%以上……发生亏损的几乎包括所有公司……在 29 年的样本期间内，至少包括 8 年数据的大部分公司（4 148 家里面的 2 547 家，占 61.4%）报告它们至少有过一次亏损，其中1/5的公司报告有过两次或三次亏损。

发现报告亏损随着时间流逝而上升的其他研究，可参见 Burgstahler 和 Dichev（1997a）；DeAngelo、DeAngelo 和 Skinner（2004）以及 Durtschi 和 Easton（2005）。

我们观察到，根据 Xue 的研究，阀值本身并不重要，但市场和公司对它的绝对认同却至关重要。的确，Brown（2001）以及其他研究发现，随着时间流逝，盈余的分布已经从报告小额亏损变为利润为零，最近又变成小额利润。焦点业绩水平随着时间推移似乎已经产生变化。

4.2.1.2 平行期之间的盈余变化

一般来说，相对于上一个年度同一季度的盈余，公司倾向于避免报告盈余下降（Burgstahler 和 Dichev，1997a；DeGeorge、Patel 和 Zeckhauser，1999；Matsunaga 和

---

① 根据 DeGeorge、Patel 和 Zeckhauser（1999），此处的阀值也即基准值，我们交替使用这两个词。

Park，2001；Marquardt 和 Wiedman，2004a；Graham、Harvey 和 Rajgopal，2005；Barua、Legoria 和 Moffitt，2006）。比较可取的战略是，报告一连串的盈余上升（DeAngelo、DeAngelo 和 Skinner，1996；Barth、Elliot 和 Finn，1999；Brown，2001；Richardson、Tuna 和 Wu，2002①；Suk，2005；Myers、Myers 和 Skinner，2006），由此，对于报告利润的公司，其压力要大于报告损失的公司（Barua、Legoria 和 Moffitt，2006）。

为什么避免盈余下降是一个有价值的基准值？答案有可能与对第一个基准值的解释重叠：市场会抬高达到阀值的公司的股价。Rees（2005）的结果显示，一个基于预测盈利能力的交易战略会获得正向的超常回报，这里的盈利能力指公司报告正向的盈余改变，以及超过分析师的一致预期。

当盈余上升是持久的时，避免盈余下降就是一个有价值的基准值。盈余的预期增长越高，公司未来收益流的净现值就会越高，因此，股利支付也越高。根据对 CFO 的采访和收回的问卷调查，Graham、Harvey 和 Rajgopal（2005）指出，基准值是上一年同一季度的季度盈余。

分析师对盈余的一致预期

一般来说，公司具有达到或超过分析师对盈余的一致预期（MBE）的压力。

为什么分析师的一致预期是一个有价值的基准值？答案在于它们代表了市场的预期。正如 Parfet（2000）以及其他专业人士观察到的，公众公司的第一法则是不让市场失望。我们在第5章里将详细讨论这个基准值。

Graham、Harvey 和 Rajgopal（2005）这样总结他们的发现：

> CFO 们相信，盈余而不是现金流，是公司外部人首先考虑的关键参数……两个最重要的盈余基准值是上一年同一季度的季度性盈余以及分析师对盈余的一致估计。达到或超过基准值是非常重要的。经理人描述了在短期“交付盈余”的需要和制定价值最大化投资决策的长期目标之间的平衡。高管们相信，达到盈余基准值在市场上树立了公司的可信度，有助于维持或提升公司的股票价格。

从盈余管理的角度，问题是在公司达到或超过阀值的时候，我们怎样解读这种情形。因为实证研究不能为了识别盈余管理而将不可观察到的真实的与报告的盈余进行比较，研究者采取三种方法中的一种。第一种方法是基于这样的假设，即未经操纵的盈余是呈正态分布的。因此，如果所有公司的盈余分布偏离了正态分布，那么盈余管理就可被确认（Hayn，1995；Burgstahler 和 Dichew，1997a；Kang，2005 以及其他在下面引用的文献）。在后面，我们将之称为分布方法（McNichols，2000）。

另一方法是，与同一行业内有其他操纵盈余的动机的公司进行比较。通过比较公众银行与私人银行的盈余变化频率以及会计处理选择，Beatty、Ke 和 Petroni（2002）

① Richardson、Tuna 和 Wu，2002 考察了1971年至2000年间225家公司的440项报表重述事件，他们发现，相比于没有报表重述的公司，重述公司存在更长串的正向季度盈余增长和更长串的正向盈余惊喜。

考察公众银行是否操纵了盈余。显然，私人公司没有为了超过阀值而取悦股东的压力。而且，私人银行的股东数量较少（Nagar、Petroni 和 Wolfenzon，2002）报告。在他们的样本中，大部分私人银行的股东数量少于 5 人，股东一般也是经理人。因此，私人银行的盈余并不是一个减轻股东和经理人之间冲突的重要参数，但是，私人银行的盈余对税额的估算是很重要的。Beatty、Ke 和 Petroni 发现，公众银行盈余下降的频率比较低。公众公司对利润表中的主要项目的会计选择，与避免小额盈余下降的盈余管理是一致的。并且，对公众银行来说，报告盈余上升的时期会更长一些。

当一个可比较的样本不存在时，还可以通过另一种方法来识别盈余管理，那就是比较账面收益与应税收益，因为应税收入是建立在更少的估计基础上的（Desai，2003）。

4.2.1.3　分布检验

利用这一方法的研究显示，在盈余管理对象的分布函数与基准值之间存在着一个弯折。图 4.2 和图 4.3 比较了四个季度的以年初权益市场价值进行调整的净利润变化分布。

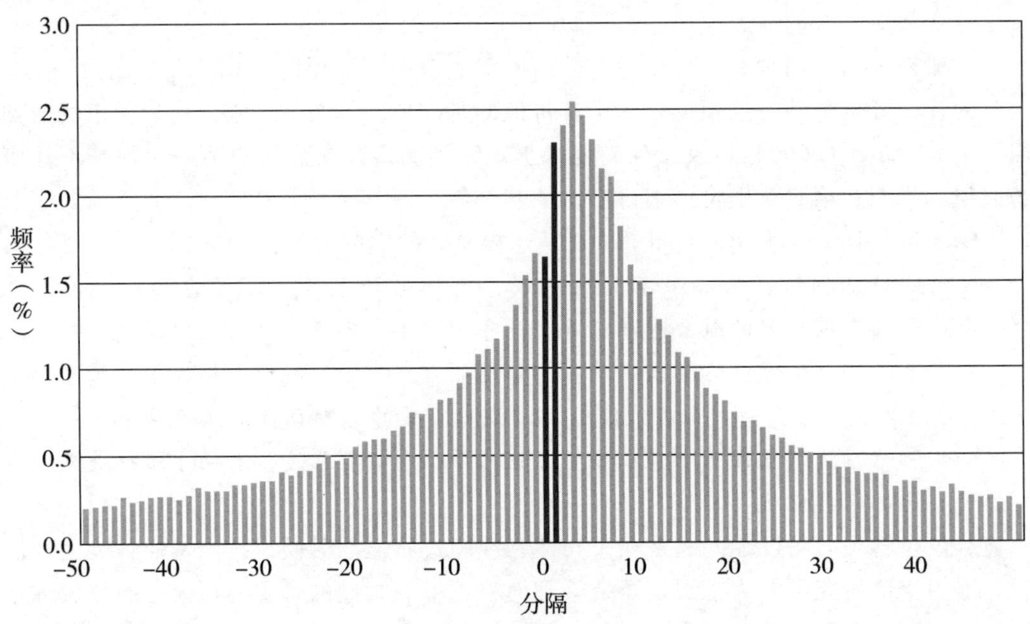

图 4.2　经调整的财政年度净利润变化

注：此图来自 Jacob 和 Jorgensen（2007）在 2005 年的工作论文中的图 2A，基于季度 Compustat 数据库 1981 年到 2001 年间的所有公司样本（样本包括 1981 年至 2001 年间 22 015 家不同公司的 920 926 个季度观察值）。

图 4.2 在文献中是很典型的。它显示达不到基准值的公司数量异常低（在基准值的左边），而超过基准值的公司数量异常高（在基准值的右边）。以图形表示，图上有一个弯折（kink）。Burgstahler 和 Dichew（1997a）和其他的研究把这个弯折解读为，它表示了很多账面上小幅亏损的公司通过盈余管理把账面调整为小幅盈利。Burgstahler 和 Dichew 通过经营盈余成分检验现金流，为解读上述现象提供了确凿的

证据。

如果这个弯折是盈余管理的结果，显而易见地，对操控性应计的进一步检验应该可以证实这个假设。在这里，证据是混合的。Kang（2005）的研究利用琼斯模型和 Kang 和 Sivaramakrishnan 的方法 IV 发现了盈余管理。Marquardt 和 Wiedman（2004a）考察了公司与盈余下降相反的应计，发现当与控制组进行比较时，这些公司的确是在操纵盈余。经滞后资产调整的非预期应计的均值为 0.745，而控制组只有 0.039。根据 Marquardt 和 iedman（2004a）的研究结果，涉嫌操纵公司特别项目的均值为 -0.59，而控制组特别项目的均值只有-1.591，因此经理人似乎利用正向的特别项目来调整盈余。

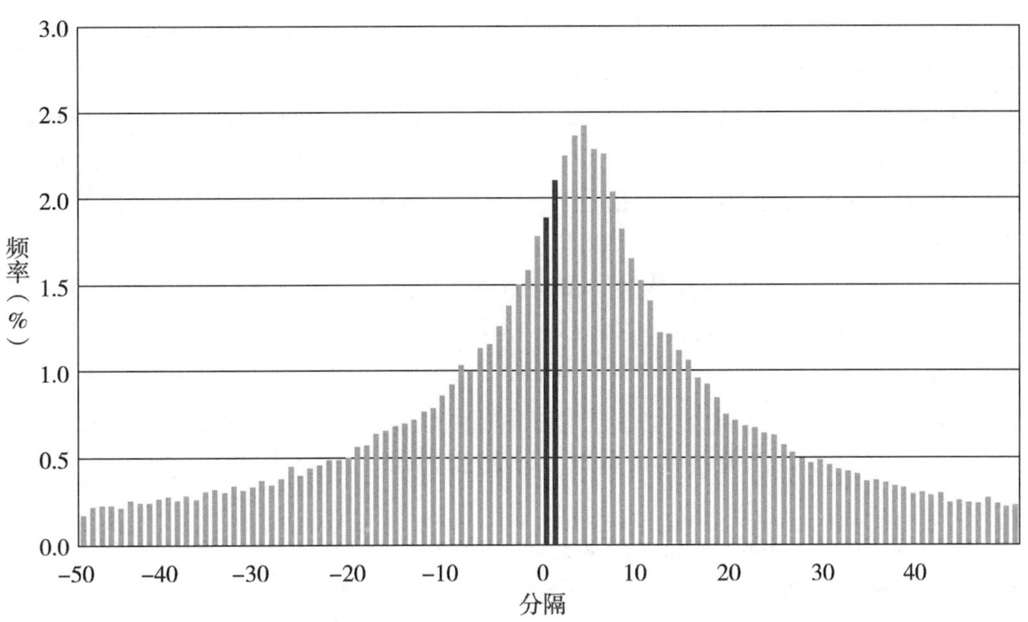

图 4.3　经调整的第一季度为年度终止的年度净利润变化

注：此图来自于 Jacob 和 Jorgensen（2007）在 2005 年的工作论文中的图 2B，基于季度 Compustat 数据库 1981 年到 2001 年间的所有公司样本（样本包括 1981 年至 2001 年间 22 015 家不同公司的 920 926 个季度观察值）。

Dechow、Richardson 和 Tuna（2003）考察盈余接近零的公司（微小亏损或微小盈利）的操控性应计。他们发现，虽然正如预期，微小盈利的公司显著地拥有较高的应计项目，但微小亏损的公司同样也拥有较高的应计项目。他们试图通过考察其他的解释，将他们的发现与图上的弯折进行调节：

1. 分布不是盈余管理标志。设定目标的第一级作用是人们努力工作来达到目标；第二级作用是盈余管理。

2. 因为股票交易所对上市公司设定的利润规定，公众公司的分布是向右倾斜的。他们发现，图中的弯折部分更多地代表上市 2 年以内的年轻公司，但时间长的公司也没有消失。

3. 由于亏损公司在定价上与盈利公司有差别（Hayn，1995；Burgstahler 和 Dichev，1997b），用市场价值对结果进行调整可能可以解释弯折部分。Dechow、Richardson 和 Tuna 的发现支持了这个解释。Durtschi 和 Easton（2005）考察每股收益的分布，发现在零附近很集中，但峰值是每股收益为零的观察值，其次是每股亏损 1 美分的，再次是每股盈利 1 美分的。①

4. 会计稳健性会促使微小亏损的公司报告更大的损失，而较高利润的公司则显示较少的收益。

5. 金融资产诱发正的股利和不能为负的利息收入，因此减少了样本中微小亏损公司的比例。

有趣的是，Coulton、Taylor 和 Taylor（2006）对澳大利亚公司的研究也发现，较高的应计在微小亏损和微小盈利的公司之间没有差别。

Hansen（2004）的研究发现，公司实际上使用一组基准值，因此 Dechow、Richardson 和 Tuna 的发现并没有排除微小亏损的公司为达到其他基准值而进行盈余管理的可能。公司使用多个基准值的其他证据，可参见 Graham、Harvey 和 Rajgopal（2005）；Rees（2005）以及 Suk（2005）。

另一个批评关注考察基准值微小偏离的技巧，这个问题也与真实情况的不可观察性有关。一些研究人员（Basu，1995；Givoly 和 Hayn，2002；Jacob 和 Jorgensen，2007）报告了调整过的盈余分布是负向倾斜的。这种倾斜是盈余管理的结果，还是计量盈余的会计稳健性以及市场对损失的容忍度的结果？Jacob 和 Jorgensen 发现，当公司意识到它们不可能超过基准值时，倾斜和公司“洗大澡”而进行的盈余管理有关。

Dechow、Richardson 和 Tuna（2003）的发现提出了一个问题：除了微小亏损的公司集体变成微小盈利是造成图形弯折的原因之外，是否还存在其他原因（Beaver、McNichols 和 Nelson，2004；Kerstein 和 Rai，2005）？Beaver、McNichols 和 Nelson 认为，因为税款与特别项目的不对称作用，有正向盈余的公司与有负向盈余的公司的分布是不一样的。他们指出：

> 我们认为，在不存在盈余管理的零假设下，因为受盈利和亏损公司某些盈余成分的不对称作用的影响，盈余的横切面分布在零的位置仍然会出现中断。首先，我们预期，相对于盈利公司来说，亏损公司负的特别项目的频率和幅度会上升……（因为）有证据表明，减值与较差的公司业绩相关联。第二个盈余成分……是所得税……税务环境的特征表明，大部分的亏损公司经历过较低的实际税率，甚至零税率……如果两个盈余成分中的一个或同时两个不对称地在零附近，就违背了在这个区域缺乏判断力的盈余分布是连续

① Durtschi 和 Easton 指出，由于年初价格可得的标准，出现了一个样本选择问题。发现微小亏损的公司的比例大于微小盈利公司的比例。

的这个假设（pp. 8–9）。

税款降低了盈利公司的盈余，增加了微小盈利公司的数量。因为税务处理不对称，不存在微小亏损公司的镜像效应（mirror effect）。SFAS 109 号准则规定，只有当因延后损失而获得的利益（可以存下来抵扣未来税费）这种不确定的资产“很可能”实现时，才要求确认这种收益，因此亏损公司的实际税率比盈利公司的实际税率要低。由于负的重组费用和要求公司立即确认损失的会计稳健性要求，使得微小亏损的公司向巨额亏损公司的区域转移，造成了微小亏损公司的数量减少。

形式变元（formal argument）如下：x 表示盈余，ρ 表示未经操纵的盈利能力参数，ε 和 η 表示正态分布的噪音，[①] $E(\eta)<0$，A 表示资产基数，则盈余为：

$$\frac{x}{A}=\rho+\varepsilon+\eta \mathrm{I} \tag{4.2}$$

其中：I 是一个指示函数（盈利公司的 $\mathrm{I}=0$，$\rho+\varepsilon>0$；亏损公司的 $\mathrm{I}=1$，$\rho+\varepsilon<0$）。实际税率的差异 τ 对报告盈余 NI 有不同的形式：

$$NI=(1-\tau_t)\ x,\quad t=\mathrm{L},\ \mathrm{P} \tag{4.3}$$

t 代表公司的类型（L 为亏损公司，P 为盈利公司），亏损公司的税率比盈利公司的税率低，即 $\tau_L<\tau_p$。公式（4.2）和（4.3）表明，从图形上，零的左边，在一个低谷后面，会有一个局部的高峰，然后是另一个高峰。Beaver、McNichols 和 Nelson 对这个模型的模拟[②]和实证检验支持了图形弯折的预测。不过，考虑到这个弯折作为部分公司操纵盈余不能被排除的证据，实证结果仅解释 2/3 的不连续性。

在公司没有在头三个季度操纵盈余的假设下，Kerstein 和 Rai（2005）检验了年度盈余的盈余管理。[③] 因此，在第 3 季度后和年度报告后对公司分布进行比较的结果支持了这样的看法，如果以前的（第 3 季度）正态分布产生了弯折，则盈余管理是存在的。有趣的是，他们发现，弯折是在第 3 和第 4 季度之间产生的，但由于（公司集体）移动而偏向左边。特别是，微小亏损的公司移向较大亏损的区域，利润较高的公司移向利润较低的区域。这应该是公司采用稳健性原则和审计师持审慎态度的结果。

如上所讨论的那样，Jacob 和 Jorgensen（2007）同意，操纵财政年度盈余的压力比较大，例如，这是确定管理层奖金的时点。由于被操纵的盈余以后会转回，在年度报告中被操纵的盈余总量以及下一季度的应计会比较低。为了说明这一点，假设公司

---

① 正态分布假设支持这样的观点，即利润分布的弯折表明了盈余管理的存在。

② 经市场价值调整的经营利润被认为是一个均值为 0.10、方差为 0.0256 的正态分布。亏损公司被认为有 50% 调低账面价值的概率，其均值为 −0.05，方差为 0.0169。亏损公司的税率为 8%，盈利公司的税率为 33%。

③ 最初看，因为一些公司可能每个季度都操纵盈余，这个假设似乎太强。不过，Dhaliwal、Gleason 和 Mills（2004）的证据表明，公司比较关注年度盈余。

而且情况也可能是，当前面 3 个季度的业绩比较差时，公司调高第 4 季度的盈余，而当业绩比较好时，把盈余调低储备起来（例如，Das 和 Shroff，2002）。当对每个季度进行检验时，Kerstein 和 Rai 也获得了相同的分布。

通过渠道堵塞来操纵盈余，那就是，公司在12月份以较低的价格，比如100美元，向顾客出售产品，因此，提高了100美元的应收账款和盈余（假设成本为零）。交易条款要求分别在1月份支付60元，2月份支付20元，6月份支付20元。表4.3详细说明这个例子。

表4.3 **例子**

日期	12月	1月	2月	3月	4月	5月	6月
季度	4	1	1	1	2	2	2
超常应计	100	-60	-20				-20
累计超常应计（转回后）	100	40	20	20	20	20	0

计算显示了12月份的100美元的超常应计。如果我们考察从第2个季度开始的12个月的超常应计，例如，从4月1日到后一年的3月31日，超常应计只有20美元，因为80美元都已经转回了。如果我们转到一个从第3季度开始的四季度时期，例如，从7月1日开始到后一年的6月30日，则超常应计为零。Jacob和Jorgensen因此观察任意四个季度（Q2-Q1；Q3-Q2；Q4-Q3）的盈余分布，将任意四季度盈余的分布特性与财政年度（Q1-Q4）盈余的分布特性进行比较。他们发现，当最后一个季度不是第4季度时，如果盈余管理的对象是盈余水平，则弯折消失了。如果盈余管理的对象是盈余变化，则弯折仍然存在。根据Beaver、McNichols和Nelson（2004），在盈余水平与盈余变化之间存在正向的关联关系，后一发现是一个谜。如果对盈余水平来说弯折消失了，则对盈余变化也应该比较弱。

Durtschi和Easton（2005）的研究对由于盈余管理而产生的弯折的结论提出了批评。他们认为，弯折是由于计量和样本选择程序所引起的，他们用显示每股收益的分布并没有产生弯折来支持自己的观点。在每股收益分布中，只有1美分损失的公司数量比1美分盈利的公司数量要多，在每股收益为零的地方是一个高峰。

另一个关于基准值的问题是对重要性的排名。在他们1974年至1996年的样本中，DeGeorge、Patel和Zeckhauser（1999）发现，避免发生亏损比提高盈余更重要，达到分析师预期排在最后。不过，正如几位研究者所提出的（Brown，2001；Dechow、Richardson和Tuna，2003；Brown和Caylor，2005），这些基准值的相对重要性随着时间流逝已经变化，分析师预期现在处于领先位置。Brown（2001）发现，公司已经从微小的负的盈余意外转移到没有意外，最近又转到微小的正的盈余意外。Brown和Caylor（2005）分析了1985年至2002年的季度数据，发现在他们研究时期的早期（1985年到1993年）经理人更多地采取避免损失和盈余下降，而不是避免负的盈余意外。在后期，经理人则更多地倾向于避免负的盈余意外，而不是避免损失。在研究时期的最后7年（1996年至2002年），经理人更喜欢避免负的盈余意外，而不是避免盈余下降。因此，他们下结论说，经理人可能从资本市场获得暗示，因此，媒体覆盖率的上升应该是基准值变化的原因。

此外，Hansen（2004）及 Beaver、McNichols 和 Nelson（2004）提供了基准值不独立的证据。后者表明，盈余变化基准值与盈余水平基准值是相关联的，盈余变化基准值是盈余水平基准值的噪音信号。

我们以下述评论来结束这一部分。超过基准值与第 3 章相联系，因为这样做影响到经理人的财富。[①] Matsunaga 和 Park（2001）发现，与以前年份的同一季度相比，如果不能在至少 2 个季度内避免盈余下降，对 CEO 的现金奖励就会产生负面影响（不考虑没有达到期望的季度的实际数字）。而且很显然，如果 CEO 不高兴，CFO 也会不高兴，这是普遍的常识（关于公司的 CFO 由于不能达到基准值而产生的职位不安全感的讨论，参见 Graham、Harvey 和 Rajgopal，2005）。因此，CFO 们也面临着超过基准值的压力。

§4.2.2　权益发行和新上市

现在对在权益发行和公司新上市时涉及的盈余管理研究进行讨论。我们的讨论分为三个部分：首次公开发行（IPO）、增发新股（SEO）以及公司新上市。

4.2.2.1　首次公开发行

背景：IPO 即首次公开发行。公司因此获得资本注入，并改变所有权结构。轶事证据显示，公司通过改组、改变所有权结构以及改善财务报告系统来筹备 IPO。当一家公司上市时，它必须走一个“应循程序”，然后首次公布其财务报表。[②] 内部人和经理人已经拥有了私人的、价值相关的信息（例如 Cheung 和 Krinsky，1994；Rao，1993；Balatbat，2006；Barzel、Habib 和 Johnsen，2006 以及里面引用的文献）。Roosenboom、van der Goot 和 Mertens（2002）指出：

> 当一家公司决定上市时，外界对公司是一无所知的。关于未来现金流、投资机会、管理技巧、控制未来代理成本以及其他内部信息都是管理层的私人信息。结果，信息不对称显得其更强了。

在公司与市场之间的信息不对称意味着，高质量公司的价格被低估了。因此，为

---

① 在某种程度上，公司的基准值决定了管理层的业绩基准值。Murphy（1999）提供了以下几组内部使用的基准值：

- “预算”标准，将业绩与公司的年度预算进行比较。
- “上一年”标准，将业绩与经过对每股收益 EPS 或经营利润进行调整后的以前的业绩比较。
- “同年龄组”标准，将业绩与行业内或市场内的其他公司比较。
- “永恒”标准，将业绩与一些固定的标准比较，比如预先设定的资产回报率。
- “资本成本”标准，将业绩与基于公司资本成本的标准比较（比如基于经济价值增值 EVA 的计划）。
- “操控性”标准是上述所有标准的结合。Murphy 把操控性表述为公司采用“平衡计分卡”的案例。

通过审阅公司的商业计划、过去的业绩、预算业绩以及对达到预算业绩的困难进行评估，董事会设定业绩目标。

② Oesterle（2006）介绍了美国 IPO 的制度。

了把自己与其他低质量的公司区别开来，高质量公司有传递自身价值的动机。研究者们已经考虑了一些这样的信号：业主保留股份（Leland 和 Pyle，1977；Fan，2007）、盈余预测（Firth 和 Smith，1992）、业主保留股份和盈余预测（Li 和 McConomy，2004）、股票邀标定价（Book Building）时间的长度（Welch，1992）[①] 以及保留和公开观察到的盈余管理（Fan，2007）。

从公司生命周期的角度，文献中对 IPO 存在两种相反的观点。一种观点是，IPO 是一个过程的结束。它允许最初的投资者（例如风险资本家）兑现他们的股票（例如 Ritter，1998；Elitzur 和 Gavious，2003）。另外一种观点是 IPO 只是一项为获得所需资本以支持未来发展而采取的行动。公司期望为未来发展筹集更多的资本（例如，Chaney 和 Lewis，1998；Ritter，1998；Roosenboom、van der Goot 和 Mertens，2002；Ritter 和 Welch，2002；Block，2003）。不同的观点影响了引发盈余管理的策略。

盈余的价值：我们提出盈余是否存在价值这个问题，对 IPO 和盈余管理的关系展开讨论。IPO 事件就对新股票定价向市场提出挑战。因此，如果盈余能够影响股票价格，那么它是有价值的。如果盈余没有价值，那么盈余管理就是徒劳的。

轶事证据和文献都对报告盈余是否有价值存在疑问（参见 Cheng 和 Firth，2000）。这里的争议是，一家 IPO 公司的历史盈余对形成关于未来盈余的预期是不足够的，何况这家公司还在发生变化。对此产生疑问的另一个原因是，IPO 公司大多数是年轻的公司，很多都还没有开始盈利，那么我们如何对亏损进行定价？对报告负的现金流和亏损的互联网公司与其他创业公司进行研究的实证证据表明，盈余并不是对这类公司进行评价的基础（Bartov、Mohanram 和 Seethamraju，2002；Rajgopal、Venkatachalam 和 Koth，2002；Singer，2007）。

不过，我们认为，在某些地方盈余还是有价值的。第一，其通过了“市场检验”。聪明的投资者在公司 IPO 时考虑购买股票会要求知道公司的盈余，而当公司获得净利润时，在评估公司股票价格的公式中也包括盈余数字。

第二，盈余作为评估未来的基线时是有价值的。把 IPO 时的盈余与以后公布的报告进行比较，可以判断公司的成长。我们可以利用一个简单的例子来描述这一点，在这个例子中，损失可能也是有价值的。我们考虑两个公司，在 IPO 季度，一个公司报告 1 美元的利润，另一个公司报告 1 美元的损失。在 IPO 季度后，两个公司报告的每股收益都是 1 美元。因为第二个公司的成长是 2 美元，因此它的价格很可能会更高，而这时第一个公司的成长率为零。

第三，如果失望的投资者认为在 IPO 时被公司误导了，则他们可能起诉公司，这时盈余是很重要的。这是因为，关于公司的信息随着时间流逝会被媒体、分析师报告和后续的财务报表揭示出来（Teoh、Welch 和 Wong，1998b）。也可参见 Ball 和

---

① 股票邀标定价时期从向 SEC 登记开始。在这个时期内，承销商组织“路演”，联系潜在的投资者。

Shivakumar（2006）对这个问题有价值的讨论。他们的研究表明，因为上述考虑，公司的报告策略在IPO之前是更为稳健的。

最近Refco公司的终结可以作为一个例子来描述IPO时期的盈余价值。《纽约时报》报道说：

> 在10月10日，Refco宣告，它的首席行政官Phillip R. Bennett将永久离任。Bennett先生隐瞒了一个由他控制的公司亏欠Refco公司4.3亿美元的事实。这笔被转移到对冲基金（Liberty Corner Capital）的债务在公司8月IPO时既没有被披露，也没将其与Bennett先生联系在一起。Refco同时指出，它在2002年以后的财务报表也是不可靠的（Anderson Jenny，Refco Sells Futures Unit and Seeks Bankruptcy Protection，*New York Times*，October 18，2005，Section C）
>
> 根据公司所说，目前这4.3亿美元占了1998年以来“形成的公司非关联第三方所欠的不能收回的历史债务”中的主要部分……如果债务是不能收回的，正常情况下Refco会对这些债务进行全部或部分冲销，这将造成它的报告利润下降，可以想象得到，会危及商品和证券监管者要求维持的资本水平（Norris，Floyd，and Jenny Anderson，Questions Over Deals at Refco Dating to ‘98，New York Times，October 18，2005，Section C）。

在Refco公司披露隐瞒应收账款和要求Phillip R. Bennett（首席执行官、董事会主席和总裁）永久离任的同一天，公司报告Bemmett支付了4.3亿美元的应收账款。因此，从现金流的角度，这些应收账款是无关紧要的：在它们尚未被偿还时，对冲基金Liberty向Refco公司支付利息，然后这些账款被支付。但是，因为公司误报了IPO时的盈余（从而违反了SEC对公司在IPO时的披露要求），这些被新揭露的事实导致Refco公司在一周后申请破产。①

Singer（2007）提出了一个不同的观点。Demers和Joos（2006）发现，在盈利能力、对有形资产和无形资产的投资以及成长机会等方面，IPO公司与其他公司不同，受Demers和Joos的启发，Singer认为，操纵向市场提供的信息取决于对投资者来说比较重要的变量，这个变量可能是公司的类型，而不一定是盈余。Singer把他的样本（包括1988年到2000年期间上市的2 975家公司）分成4组：以科学为基础的公司，包括生物技术和制药行业的公司；资产在位的公司，包括拥有更多传统资产的公司；以技术为基础的公司，主要是高技术的公司；以及另外一个类别——互联网公司，即通过网络销售获得更多收入的公司。他的研究显示，以科学为基础的公司和互联网公司更喜欢操纵研发费用（R&D）而不是盈余，可能是因为这类公司的盈利能力一般

---

① 顾客的反应是纷纷“挤兑”；股东的反应提起诉讼，第1起诉讼发生在信息披露的第2天；信用机构的反应是下调Refco的信用等级。Refco有贷款合约，合约中有特别提到，如果公司的信用等级下降，债权人将收回贷款，因此这个反应对公司的损害特别大。支付140亿美元的债务是Refco无法承受的。

都比较低（互联网公司对收入的操纵进一步支持了这个发现）。资产在位的公司操纵盈余，而以技术为基础的公司操纵销售收入、盈余以及研发费用。

盈余管理与 IPO：对 IPO 角色的两种不同观点，对公司存在期间所采用的盈余管理策略有着不同的含义。如果人们认为 IPO 是兑现的工具，那么公司的策略将是调高盈余从而达到股票价格最大化。与这种观点一致的是 Li，Zhang，and Zhou（2005）的发现，他们的研究在操纵盈余的规模和公司未来退市的可能性之间找到了正向的关联关系。[①] Singer 显示，盈余管理与长期股票回报成反向关联关系。

如果人们认为 IPO 只是从外部筹措资本的第一步，然后使公司达到未来预期，则审慎和稳健的做法会更可取。与这种观点一致，Teoh、Welch 和 Wong（1998b）解释了在 IPO 之后操纵盈余的压力：

> 公司在 IPO 之后也有调高盈余以维持较高的市场价格的动机。最初的创业者可能希望在锁定期结束后在二级市场出售个人持有的一部分股票（创业者承诺在一个一般为 IPO 之后的 180 天或更长的锁定期内不出售他们所持有的股票）……要使二级市场价格不会下降到发行价格以下……发行股票的公司面临着以下这些压力，要达到二级市场预测来维持其可靠性声誉，要维持制定最初的盈余预测的投资者、投资银行以及分析师的商誉，以及要避免由于盈余在 IPO 之后下降激怒股东而被起诉。

大多数的实证研究支持第一种观点，并对公司为了提高股票价格而激进地操纵应计提供了大量证据（Aharony、Lin 和 Loeb，1993；Friedlan，1994；Teoh、Wong 和 Rao，1998；Teoh、Welch 和 Wong，1998b；Roosenboom、van der Goot 和 Mertens，2003；DuCharme、Malatesta 和 Sefcik，2004；Marquardt 和 Wiedman，2004a；Singer，2007）。这种激进的盈余管理解释了在 IPO 之后的短窗口和长窗口出现负的超常回报的原因。

对应计操纵的进一步分析揭示了 IPO 公司如何利用折旧政策来调增盈余（Teoh、Wong 和 Rao，1998；Marquardt 和 Wiedman，2004a）。这些公司同时也有比较高的应收账款，表明它们有夸大销售收入的可能（Marquardt 和 Wiedman，2004a）。

激进的行为在真实的生产和投资决策中也可能被证实。Darrough 和 Rangan（2005）发现，IPO 公司在进行 IPO 时减少年度研发费用的投入，在内部人出售他们的股份之后继续 IPO 前高水平的研发费用支出。因为美国 GAAP 要求公司将研发成本作费用化处理，降低研发费用支出可以被认为是盈余管理或者是通过 IPO 筹措资本来解决流动性问题。研发费用在内部人出售股票之后回复到原来的高水平的发现，似乎支持了恶意盈余管理的假设。

一些人把较高的应计理解为激进的、恶意的盈余管理。Fan（2007）提出了一个

---

① 根据上述观点传递的信号，相对于质量高的公司，激进的盈余管理对质量低的公司来说成本更高。因为质量高的公司的未来盈余足够高，因此它们可以承受对未来盈余的预支。

不同的观点。Fan 考察了两种信号。一种信号是盈余，另一种信号是业主保留的股票（参见 Leland 和 Pyle，1997 关于这个变量信号价值的讨论）。Fan 认为，在一个既有高质量也有低质量的公司的市场中，通过 IPO 发行股票的公司希望，通过调高利润的盈余管理这种平衡策略，传递公司具有高质量前景的信号。与其他研究类似，Fan 发现操控性应计在 IPO 当年为最高。操控性应计在 IPO 当年与未来盈余正向关联这一发现，使得 Fan 做出这样的结论，应计是高质量的 IPO 公司传递的一种可信的信号。他的另一发现，盈余（以及业主保留的股票）在对 IPO 公司的价值进行评估时被显著地定价为正，也进一步支持了他的观点。Fan 同时也假设，风险更高的公司通常采用调高利润的盈余管理，并维持比较低的所有权比例，因为对于厌恶风险的股东来说，后者是一种更为昂贵的价值信号。他的实证检验表明，风险较高的公司的确用更多的盈余管理来代替所有权保留信号，通过盈余管理来传递信号的成本很高，但却是可信的。

如果 IPO 是向公众筹措资本的第一步，则在 IPO 时期采用激进的财务报告模式是不可取的，因为这种做法掠夺了公司的未来盈余（因为应计是可以转回的）。储备一些收益以便在后续权益发行之前报告一系列平滑利润的做法更为稳健（Chaney 和 Lewis，1998；Roosenboom、van der Goot 和 Mertens，2002；Ball 和 Shivakumar，2006）。Teoh、Welch 和 Wong（1998b）指出，激进公司与稳健公司相比，增发新股的比例要低 20% 。

Hochberg（2005）以及 Morsfield 和 Tan（2006）考察了风险资本家参与 IPO 公司盈余管理的情形。Hochberg 的样本包括从 1983 年到 1994 年间的 1 041 家有风险资本家支持的公司，Morsfield 和 Tan 的样本包括从 1983 年到 2001 年间的 2 630 家有风险资本家支持的公司，他们的研究发现，有风险资本家支持的 IPO 公司发生盈余管理的情况比其他 IPO 公司要少。例如，Hochberg 发现，有风险资本家支持的 IPO 公司的操控性应计（经资产额处理过）为 0. 0324，比控制组的其他 IPO 公司的 0. 0949 要低。风险资本家不是通过引发公司采用稳健的报告方法来操纵盈余，就是抑制盈余管理。我们认为，因为风险资本家与 IPO 公司维持比较长期的所有权关系，所以显而易见地，他们会引发稳健的盈余管理。正如国家风险资本协会主席 Mark G. Heesen 在 2002 年对《萨班斯-奥克斯利法案》第 407 条所评论的那样，[①] 盈余的重要性对于风险资本家而言是长期的，两种观点都与他的观点相一致：

> 风险资本家在审计委员会存在特别的利益。许多人在公司 IPO 前在审计委员会服务，当风险资本支持的公司公开上市交易后，他们继续在审计委员会服务。风险资本专业人士在上市公司董事会中代表风险资本基金，他们认为，为了保护基金在新的上市公司所做的大投资，最好在审计委员会中获得

---

① http：//www. sec. gov/rules/proposed/s74002/mghessen1. htm.

一个席位。

总体来说，一些 IPO 公司似乎通过调增利润来操纵盈余，但其他的一些公司却通过储备利润来平滑长期的增长。这些相互冲突的动机可能解释了为什么一些研究没有发现 IPO 公司进行盈余管理（例如，Beaver、McNichols 和 Nelson，2000）。

4.2.2.2 增发新股（SEO）

在增发新股（SEO）中，除非公司通过配股来筹措资本，否则就要招募一批新的投资者。配股是指公司向现有的股东提供的购买新增的公司股票的权利。在 SEO 中，现任股东自然希望股票发行价格尽可能高，因此，毫不奇怪公司在增发股票之前会对盈余进行操纵（Teoh、Welch 和 Wong，1998a；Rangan，1998；Kinnunen、Keloharju、Kasanen 和 Niskanen，1999；Shivakumar，2000；Kim，2002；Chin、Firth 和 Rui，2002；Ho，2003；Marquardt 和 Wiedman，2004a，b；Zhou 和 Elder，2004；Pastor 和 Poveda，2005；Baryeh、DaDalt 和 Yaari，2007）。不过，毫无道理地推高市场价格是有问题的，因为它会引起降低现有股东权益比例的诉讼（参见 Beneish，1998b 及里面引用的文献）。

早期的研究对被大量文献证实的由于恶意盈余管理使得增发新股之后业绩较差（参见 Loughran 和 Ritter，1997 以及里面引用的文献）的现象提出批评。Shivakumar（2000）和 Ho（2003）认为，市场识别了盈余管理，并对此进行折价，使得盈余管理在股票增发之后呈现为中性。Baryeh、DaDalt 和 Yaari（2007）认为，SEO 时中性的盈余管理与刻画了这一事件特征的信息不对称（Altinkilic 和 Hansen，2003）是不一致的。而且，平均来说，折价对公司可能是正确的，但对每家公司而言就不一定是正确的了。他们支持在增发股票的当年、之前以及之后考察内部人交易的观点。

我们以下面的评论来结束本部分的讨论。增发新股与第 3 章有关联，因为 SEO 将对经理人的财富产生影响。Brazel 和 Webb（2006）认为，大量持有公司权益的经理人只有在非常需要的时候才会考虑发行股票，因为在权益发行公告发布后，无论是长期还是短期股票价格都倾向于下跌。他们发现，当经理人的财富对股票价格比较敏感时，其对增发股票的反应更强。Marquardt 和 Wiedman（2004b）显示，不论是首次发行还是增加发行，当管理层出售股票时，市场对盈余的折价更高。增发股票也与第 5 章有关联，因为市场反应涉及增发股票守门人，比如审计师和承销商等（例如，Santos，1998；Slovin、Sushka 和 Hudson，1990；Zhou 和 Elder，2004）。

4.2.2.3 公司新上市

公众公司在一个新的股票交易所上市为新上市，比如外国公司在美国上市或者美国公司在不同的交易所之间移动。在前一种情况下，一些动机是相互抵消的。一方面，公司具有调增利润推高股票价格的动机；另一方面，因为美国的报告系统有更严格的规定，追求新上市可能会推动公司改善它们的盈余质量，甚至导致有益的盈余管理来传递质量信号。

对新上市与盈余管理之间存在的联系所进行的研究支持这样的命题，如果经济收益并非足够大，公司将操纵盈余。还没有人发现有益的盈余管理。Charitou 和 Louca（2003）研究了 1981 年至 1999 年间的 145 家在美国股票交易所上市的加拿大公司，他们发现，这些公司在进入之前倾向于调增利润。与那些没有进行盈余管理的公司相比，操纵盈余的跨境上市公司在上市后超过 3 年的时间内有负的累计超常回报。其他关于公司涉及恶意盈余管理的附加证据是，在纽约证券交易所和纳斯达克交易所，那些没有操纵盈余的公司有更好的业绩表现。同样的，Lin（2003）考察了 1990 年至 1997 年间的 584 家从纳斯达克交易所转移到纽约证券交易所和美国证券交易所以及从美国证券交易所转移到纽约股票交易所的公司，他发现，在转移之前的 1 年间，经理人对盈余继续操纵。Lang、Raedy 和 Wilson（2006）发现，进行跨境上市的外国公司在平滑利润时表现得不那么激进。新的跨境上市公司也表现出更好的经济业绩和较低的风险。[①] 对跨境上市公司进行盈余管理的最近研究，可参见 Lang、Raedy 和 Wilson（2006）；Ndubizu（2007）以及 Ndubizu 和 Hong（2007）。后一项研究发现，盈余管理具有信息含量（由超常应计与未来现金流的相关性来衡量），特别是对于那些由于 IPO 而引起监管者进一步审查的公司。

§4.2.3　兼并和换股收购

兼并和收购（M&A）是另外的事例，这时，公司股票是交易中的通用货币（参见 Heron 和 Lie，2002 以及里面引用的文献）。因此，收购公司的股票价格是很重要的。常识告诉我们，为了尽可能地用较少的股票来支付这笔交易，收购公司有调高盈余的动机。因为交易必须由收购公司的股东批准，这种盈余管理策略与股东们避免所有权被稀释的偏好一致。

第 3 章讨论管理层收购问题时提到，投资银行家的介入是一个减轻盈余管理的因素。投资银行家对交易的公平条款提供专业的意见。而且，收购公司的商业模式是基于通过收购而成长，这种策略是通过发行股票来实现的，因此重复激进的盈余管理可能不可行。因为应计是可转回的，在一个时期调高盈余将增加未来时期调高盈余的难度。再者，交易的谈判时间通常比较长（正常的情况下要持续 1 年时间）。收购公司与目标公司之间由于谈判而接近可能使盈余管理不产生效果。Erickson 和 Wang（1999）指出：

> 收购公司可能有理由选择不对盈余进行操纵……在换股兼并中，会计信息的使用者可能对情况不了解。相反，目标公司的管理层和董事会却能获得资源和专家意见，他们会雇请有经验的会计师、审计师、投资银行家等专家来评估收购公司的财务报表，并有效地利用这些意见。如果目标公司经理人和董事会没有代表公司的股东行使职责，他们将会被股东起诉。因此，他们

---

① Huijgen 和 Lubberink（2005）是一个例外，他们发现在美国上市的英国公司比没有涉及跨境上市的英国公司更为稳健。

有搞清楚收购公司财务报表（包括盈余）不存在严重的会计操纵的强烈动机。

由于不存在强烈的操纵盈余的动机，在换股收购中，收购公司可能选择不进行调高盈余的操纵行为。

反对的意见则认为，即使银行家能够看穿它们的把戏，收购公司也会对盈余进行操纵。这可能是第1章和第三部分讨论的“信号干扰”（signal jamming）机制的一个例子。如果公司不对盈余进行操纵，银行家的折扣降低了股票价格，因而提高了交易的成本。因为盈余管理没有影响盈余的信息含量，盈余管理是中性的。

据我们所知，对收购公司盈余管理的研究只有3项。Erickson和Wang（1999）研究了1985年至1990年间进行换股合并的55家收购公司（平均交易规模为2.704亿美元，最低为90万美元，最高为38亿美元）。他们发现，盈余管理在兼并协议之前出现。似乎制造业企业比较倾向利用提高库存的手法来调高盈余，而服务业企业则青睐递延费用的手法。此外，Erickson和Wang的研究表明，操纵盈余的动机与交易的规模和管理层的所有权有正向的联系。规模越大，通过盈余管理调低股票价格所得的利益越大；管理层持股比例越高，管理层目标与股东目标的一致性越强。

GAO（2003）研究了2000年至2001年间有重述日期的95家重述公司，Efendi、Srivastava和Swanson（2006）的研究将GAO（2003）重述样本中的这95家公司与一组规模和行业匹配的控制样本进行了比较。他们发现，对涉及收购的公司，重述的可能性也显著地提高了。

Louis（2004）也对由兼并和收购所引起的盈余管理作出了贡献。Louis考虑了在1992年至2000年间的373项兼并和236项换股收购，并选择了137项纯粹的现金收购作为控制样本。他发现，收购公司在换股收购公告前的季度调高盈余。正如Erickson和Wang的研究所指出的，在换股收购中，CEO的持股比例要比现金收购中的CEO持股比例高。

目标公司的策略如何？这里，盈余的价值是很模糊的。一方面，盈余传递未来潜在利润的信号，由此而设定交易价格；另一方面，目标公司的价值取决于两家公司的协同作用这个事实，意味着盈余本身是第二重要的。总而言之，我们还不清楚目标公司是否操纵盈余。

Erickson和Wang（1999）的研究发现目标公司不显著地正向盈余管理。不过，他们的发现应该小心解读。因为他们的研究测度谈判和兼并协议公告之后的盈余管理，但目标公司可能不会这么迟才对盈余进行操纵。这个发现也突出了发现盈余管理的困难。当事件持续时间比会计周期长时，我们应该如何测度盈余管理？

Easterwood（1998）研究了1985年至1989年间的110家被投标出价的目标公司的盈余管理策略。他观察到，被敌意收购的公司有进行调高利润的盈余管理的意图，试图通过调高盈余来阻挠被敌意收购。

作为兼并中的盈余管理需求的一个例子，我们可以考虑Halliburton公司。2004

年 8 月 4 日的《纽约时报》刊登了 Floyd Norris 写的一篇文章。该文说，Halliburton 公司支付了 750 万美元的罚款来解决 SEC 的指控。该指控说，Halliburton 公司在改变其处理过高项目成本的会计方法时，没有知会投资者。1998 年，Halliburton 公司由 Brown & Root 能源服务公司运作的、在中东的项目成本大大超出了预期，确认成本超出预计的旧方法是将其确认为损失，但新方法却仍然记录收入，因为 Halliburton 公司认为顾客最终还会同意支付。这种会计方法的改变推高了盈余：由于新方法的采用，公司 1998 年的税前利润为 2.788 亿美元，提高了 46%。[①] Norris 说：

> 在会计方法改变时，Halliburton 公司正准备兼并 Dresser 工业公司，而且正在想办法解决公司股票价格下降的问题，石油价格暴跌是股票价格下降的部分原因。公司在这个季度的利润中报告了 34% 的利得，远远高于其他石油服务公司。Cheney 先生说，尽管未来石油需求仍然不确定，Halliburton 公司的财务状况却继续得到改善。

最后，兼并和收购是一个商业策略的问题，相比于非多元化公司，多元化公司可能或多或少地倾向于进行盈余管理。Jiraporn、Kim 和 Mathur（2004）提到现存的两种相互冲突的力量。一方面，多元化造成了额外的组织复杂性，这导致了更高的经理人与外部人之间的信息不对称水平。因此，公司能够利用这种情形进行恶意的盈余管理，或者试图通过有利的盈余管理来减轻信息不对称。另一方面，多元化公司从不同的渠道获得现金流。但这些现金流与应计之间的关联却很难完美，甚至倾向于相互抵消。结果，通过应计水平来进行的检验可能会显示出较低的盈余管理水平。Jiraporn、Kim 和 Mathur 的实证检验表明，行业多元化公司的盈余管理水平要低 1.8%。进一步地，行业和全球多元化的结合使盈余管理范围减少 2.5%。

§4.3　债券持有人和其他债权人

§4.3.1　背景

现实中存在无数公司可能接受的债务合约条款、各种各样的担保、优先受偿的要求权以及限制公司采取某些投资和融资行动自由的合约等。在以下部分，我们把债务分成公众债务和私人债务。公司通过发行债券而形成公众债务。这些义务通常是长期的、条款相对比较宽松的合约。委托人会对债务进行监控，对合约进行重新谈判的可能性很小。私人债券大多是通过银行获得的，它们通常是短期的、大范围的合约，也是可以重新谈判的。辛迪加贷款由银团、保险公司以及其他金融企业承销和提供资

① 虽然百分比提高很小，1999 年前 3 个季度的盈余也比本来应该获得的盈余数字高大约 4 000 万美元。

金，由于它们是私人的但又涉及多个借出人，因此它们是混合型的（Zhang，2003）。通常，它们是包括短期和长期债券的组合。①

所有的债务合约都涉及全体管理层、债权人和股东。因为债权人与股东、债权人和管理层之间存在着利益冲突，允许债权人参与到会计事务中更加剧了这种冲突。

股东与债务人之间也是存在利益冲突的（例如，Kalay，1982）。股东知道，在破产清算时，债权人对公司资产有优先索取权。债务保障的一部分，是业主在公司里面的权益。股东因此会倾向于在债务到期之前获得股利分配。相反，债权人关心的是，股东撤回（资本）可能会危及公司偿还债务的能力。

要了解这种冲突，可以在债务到期的时点和必须归还本金加上分期利息的时点对公司进行观察。图 4.4 显示了三种债权人与股东收到现金的可能情形。

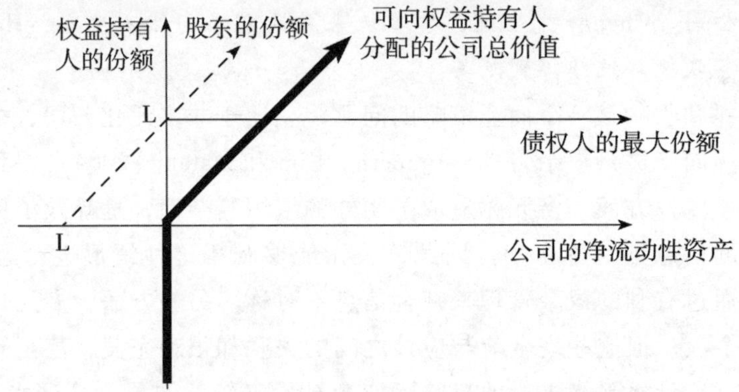

图 4.4　股东与债权人之间的冲突

如果公司没有足够的资金来支付其债权人，则债权人什么也得不到，股东同样也得不到任何东西（公司的权益价值为零或为负）。如果公司有一些资产，但这些资产的价值低于债权人的索取权，则债权人将获得全部资产，股东则什么也得不到（在零和点 L 之间）。如果公司的资产超过了点 L，则债权人获得当初双方同意的份额，其余的由股东获得。该图揭示了这种冲突的一个结果——一个投资不足的问题。因为对债权人支付固定回报降低了给股东派发的红利，因此，净现值为正的投资项目（其价值在数轴原点的右边）可能不被采纳（参见 Moyen，2000 的理论分析和 Elyasiani、Guo 和 Tang，2002 的实证研究以及里面引用的文献）。

债务人与管理层也存在利益冲突。和股东一样，债务人向公司提供资金。不管是股东还是债权人都无法观察管理层如何使用这些资金。因此，他们会关注，管理层的选择是否会影响公司偿还债务的能力。

---

① 辛迪加贷款涉及信息不对称和出借人中存在的道德风险问题。通常，这种贷款由一个与借款人有商业关系的银行牵头，但其他成员与借款人不存在商业关系。因此，牵头的银行有较强的信息优势，可能逃避作为辛迪加财团的代表监控借款人活动的责任（Gorton 和 Pennacchi，1995；Dennis 和 Mullineaux，2000；Zhou，2003）。

虽然股东可能认为管理层过于厌恶风险，债权人却担心管理层太激进。债权人希望公司选择低风险的项目，这些项目能保证达到偿还债务所需要的盈利性。期望股票价格最大化的股东却相反。由于有限责任的保护，股东（股东设计管理层的合约）不会承担比投资更多的风险。因此，一个风险比较高的项目会提高他们的预期收益。

虽然我们强调股东与债务人之间的利益冲突，但一些研究者认为，后者也提供了监控股东的服务（Jensen 和 Meckling，1976；Jensen，1986）。一些研究为这个假设提供了一些实证证据（Jaggi 和 Gul，1999；Gilson 和 Warner，1998；Krishnaswami、Spindt 和 Subramaniam，1999；Hubbard、Kuttner 和 Palia，2002）。①

在公众和私人贷款的监控价值上存在着区别。与公众债务相比，私人债务合约更严格（例如 Smith 和 Warner，1979；El-Gazzar 和 Pastena，1991；Beneish 和 Press，1993；DeAngelo、DeAngelo 和 Skinner，1994；Gopalakrishnan 和 Parkash，1995；Dichev 和 Skinner，2002），但同时私人债务合约的再谈判也比较容易。在公众债务中，作为公众债务安排的一部分，会指定一个委托人，但他是没有多少变通性的（参见 Smith，1993）。②

Harris 和 Raviv（1999）认为，债务人也提供了关于公司价值的信息。他们指出以下一些为公司的财务健康呐喊的事件：负债的偿付、对债务违约的再谈判、破产后由会计师和律师进行的调查等。③

债务的其他好处，可以参考 Harris 和 Raviv（1999）对资本结构部分的文献回顾。

§4.3.2 盈余对债务合约的重要性

债权人通过设计限制公司制定与他们的利益相左的决策的合约来保护自己的利益。广义上说，这些限制包括在肯定的或否定的限制性条款中。肯定的限制性条款要求公司维持会计数字基础上的规定比率，例如流动比率、利息覆盖率、固定资产净值和最低的盈余等。否定的限制性条款禁止一些投资和融资行为，比如未来的资本支出、收购、支付股利以及新的债务合约等（Smith 和 Warner，1979；Begley，Duke 和 Hunt，1990；Press 和 Weintrop，1990；El-Gazzar 和 Pastena，1990，1990；Simth，

---

① Jaggi 和 Gul（1999）发现，低成长公司在债务和自由现金流之间存在着正向的关联关系。Krishnaswami、Spindt 和 Subramaniam（1998）观察到，存在更高“道德风险”的公司更多地利用私人债务。Gilson 和 Warner（1999）考察了从私人用户借贷转向通过公共垃圾债券融资的公司，其动机并不是经营业绩的恶化，而是希望从严格的债务限制以及出借人通过银行对其进行监控中解放出来。Hubbard、Kuttner 和 Palia（2002）的研究表明，因为银行存在相关的交易，他们具有监控借款人的优势。HassabElnaby（2006）用观察到的合约撤销的范围来显示，借款银行对借款人拥有私人信息，该信息被用来降低涉及关系中的代理成本。

② Black、Carnes、Mosebach 和 Moyer（2004）显示，加强银行的监管减少了在新的债务发行中合约的使用。

③ Strobl（2004）提出了一个相似的论点，他认为，股东希望对经理人进行监管。正是为了体现股东的利益，公司才进行过度投资。因为公司同时追求净现值为正和为负的项目，所以过度投资提供了公司现金流的不确定性。这就使得外部人收集信息，因此增加了价格的信息含量，也加强了对公司管理层的监管。

1993；Beneish 和 Press，1993，1995a，1995b；Chen 和 Wei，1993；Sweeney，1994；Mohrman，1996；Dichev 和 Skinner，2002；Beatty 和 Weber，2003）。

我们用 Dichev 和 Skinner（2002）中的大样本对此进行描述。利用 DealScan 提供的数据，他们确认了以下 12 项限制性条款，并按照相同的限制性条款在不同贷款中出现的相对频率进行排序：

现金流负债率	3 016
利息偿付比率	2 914
固定费用偿付比率	2 720
固定资产净值	2 446
净值	1 945
固定资产净值负债率	1 735
债务偿还能力比率	1 480
杠杆率	1 400
流动比率	1 374
现金流优先债务率	566
现金利息偿还比率	163
权益负债率	144

在不同的债务合约中，一些限制性条款的计算方法也不同。“债务”可以是总负债、长期负债或减去现金后的长期负债（funded debt less cash）等。而“现金流”可以是经营现金流、息税前利润、利息税项折旧及摊销前的利润等（Dichev 和 Skinner，2002）。而且，在私人债务合约中，与 GAAP 一致也是很流行的做法（Lefwich，1983；El-Gazzar 和 Pastena，1990）。

当会计准则改变时，公司可以改变其盈余，但债务合约可能包括一些限制公司报告盈余的条款（Smith，1993）。一些合同要求借款人使用与签订合同时相同的会计准则，或者对根据新会计准则获得的会计数字进行详细的调节（即冻结准则，“frozen GAAP”）。其他一些合同在签订时允许非预期的 GAAP 变化（即滚动的准则，“rolling GAAP”）。Beatty、Ramesh 和 Weber（2002）发现，债权人在同意采用滚动的会计准则时，会要求获得更高的利息。而为了避免提供两套会计报表，借款人也愿意支付更高的利息。

他们还指出，虽然早期的合同允许公司根据会计准则改变其会计处理方法，但近期的合同大都取消了这种选择自由（参见 Mohrman，1996）。

私人债务合同也有业绩定价条款。这些条款与贷款条款中以会计指标衡量的借款人信用的预期改变的条款相一致。从设计合同的角度，似乎是债权人主要通过合约的设计来适应风险的增加，而通过业绩定价来适应改善的风险，虽然业绩定价对这两个方面都有作用（Beatty 和 Weber，2000；Dichev、Beatty 和 Weber，2002）。Asquith、Beatty 和 Weber（2005）指出：

> 业绩定价是银行债务合同中一种相对比较新的条款。……业绩定价把银行贷款利息作为对借款人现在的信用进行分类一种功能，或者作为计算含有利息率的财务比率（如负债对利息税项折旧及摊销前的利润的比例、杠杆或利息偿还能力比例）的一种功能，这种利息率合同随着财务业绩的变化而变化。这种做法的结果，使业绩定价扩展了会计信息在债务合同中的重要性，也潜在地降低了私人债务的契约成本。

Asquith、Beatty 和 Weber（2005）的研究显示，业绩定价反映了未来信用的信息不对称性，因此当多项业绩计量能够提供借款人风险的真实性时，它不太可能发生。近似地，Roberts 和 Panyagometh（2003）观察到，业绩定价减轻了牵头银行与其他辛迪加贷款成员之间的信息不对称性，因为在这一机制下，这些成员几乎与借款人没有接触。①

盈余重要性的另一个证据是，把它作为一种实证研究设计中的控制变量可能会取得显著的结果。例如，Burns 和 Kedia（2006）的研究表明，在与控制组配比之后，由于会计不规范而重述盈余的公司有更高的杠杆。

§4.3.3　盈余管理与债务合约②

因为负债是一个多时期的现象，在这个背景下讨论盈余管理要求对这些时点很熟悉。图 4.5 归纳了债务违约的一些潜在时点。在一个有代表性的、被撕毁的债务协议的生命周期中，这些时点并不呈现按照正常的顺序发展，相反，这些事件按照自己的严格程度来排列。这种严格程度以对公司资本成本的意义来衡量。例如，Beneish 和 Press（1995b）发现，没有出现（可观察到的）时点 2 的公司可能仍然走向破产（时点 3）。在一些情况下，对债务偿还的违约与破产审理案件同时发生。我们描述在偿还债务毁约前对合同的技术性毁约，这时，公司不能支付利息或本金，然后破产和清算。Beneish 和 Press（1995b）报告，平均而言，从以下事件公告的-1 到+1 天，负的股票价格反应为：（合约的）技术性违约-3.53%，偿还毁约（不能向出借人支付利

---

① 正如偏离了盈余管理话题本身但仍然与研究者相关的一个教育问题提出的，债务对会计信息的依赖，激发了考察对债务的新会计准则的影响的研究。例如，Frost 和 Bernard，1989；Mohrman，1993 对 SFAS 19 的征求意见稿的研究，这个征求意见稿提出对石油燃气勘探行业取消完全成本法；El-Gazzar，1993 对 SFAS 13 要求公司对一些租赁进行资本化处理的研究；Amir 和 Gordon，1996；Amir 和 Livnat，1997 以及 D'Souza、Jacob 和 Ramesh，2000 对 SFAS 106 的研究，该准则讨论养老金以外的退休后福利。

② Bryan、Nash 和 Patel（2006）的研究表明，随着盈余管理的上升，债务的监控角色在 20 世纪 90 年代减少了。

息或本金）-10.52%，破产-29.74%。把这些数据与时点2的权益市场价格相乘，得到股东的损失效应分别为250万美元、680万美元和2 020万美元。因为公司违约数额比较小，所以这些数字的规模是相当大的。

时点1	时点2	时点2	时点2	时点3	时点4	时点5
开始	技术性违约被修复	放弃而不是修复技术性违约	技术性违约没有被放弃	偿还债务违约（DSV）	破产	清算

图4.5　违反债务合约生命周期中可能发生的事件

时点1：

常识告诉我们，在贷款之前，公司面临着两种相反的压力。一方面，由于债权人希望评估公司的风险，分析其诸如权益负债率等财务比率，以便评估其偿还贷款的能力，公司具有调增盈余的动机。另一方面，由于贷款是一项长期义务，公司面临着稳健地报告会计信息，以便可以建立一些准备账户的压力，因此公司也具有调减盈余的动机。

我们来看看用杠杆来控制那些具有以调增盈余的手法来操纵盈余的动机的研究（例如，Das和Shroff，2002；Gul、Tsui、Su和Min，2002）。尽管DeAngelo、DeAngelo和Skinner（1994）对那些被持续亏损困扰并停止支付股利的困境公司进行研究时，没有发现在事件年之前的10年内有调增的应计，我们还是要对这些结果进行小心的解读，因为这些研究者并没有控制贷款的开始。

Ahmed、Billings、Morton和Stanford-Harris（2002）的研究证明，公司进行稳健的盈余管理会获得收益。Bharath、Sunder和Sunder（2004）以及Francis、LaFond、Olsson和Shipper（2005）发现，公司在向上和向下两个方向操纵盈余，不一定就是为了债务谈判。不过，这些研究也提到，不管哪个方向的盈余管理都会受到惩罚。Bharath、Sunder和Sunder（2004）的研究从DealScan数据库收集了1988年至2001年间3 082家公司的7 334项私人银行贷款，用超常应计（可作为操控性应计的替代）来考察获得辛迪加贷款的公司的债务成本，发现了U型的关系。他们认为所研究的变量可以作为给出借人带来更高风险的恶意盈余管理的标志。不管超常应计是正还是负，对于利息、到期日和担保物来说，贷款成本都比一个较高的绝对操控性应计水平更高。增量利息成本比平均利息高17%~23%，到期日比平均到期日长1个月，用担保物来保证贷款安全的概率要高11%。而且，因为债权人为了对贷款进行监控付出了高昂的成本，表明更差的盈余质量导致那些会计质量最差的借款人要支付的前端费（up-front fees）比其他借款人高16%~37%，年费要高50%。Francis、LaFond、Olsson和Shipper（2005）观察到，盈余质量较差的公司会有比较低的债务余额和更高的实际债务成本。相比之下，盈余质量比较好的公司在贷款成本上则可以享受126个基点的折扣。

Bharath、Sunder和Sunder（2004）和Francis、LaFond、Olsson和Shipper（2005）的发现意味着，债权人可以揭穿盈余管理的面纱，但Janes（2003）发现了相反的证据。他针对1990年至2000年间Compustat数据库中可以获得的数据样本（7 007家公司的36 652个公司年样本），调查应计与商业贷款的管理严格度之间的关系。他认为应计水平是财务困境的第一指标，而且发现，合约不会在应计水平很高时签订，只有应计水平比较低时才会签订合约。Janes比较赞成商业银行不能全面地消化应计信息内容这个解释。而另一个解释是，意识到较高的应计提高了违反合约的可能性，而放松合约的条款规定会节约高昂的再谈判成本。

我们注意到，一些研究考察，在时点2，杠杆是否可以作为债务合约管理严格度的替代，参见Duke和Hunt（1990）以及Press和Weintrop（1990）。当杠杆最多是作为管理严格度的一个噪音信号时，证据是一致的（参见Dichev和Skinner，2002）。因此，如果杠杆激发财务健康的公司调增盈余，我们的解释更可能是，它们希望在重复继续交易的预期中维持与债权人之间的和谐关系，而不是希望避免违反合约的规定。

杠杆作为一个解释盈余管理的变量有多可靠？作为杠杆（和其他在第10章描述的变量）的一个功能，Beneish（1997）考察了公司违反GAAP的倾向。他发现，公司杠杆系数变量对销售水平提升而被分类为激进的应计为正（0.587）而且显著。他解释说，这种结果表明，当有需要遵循条约的规定和筹措资本的条款有利时，违反GAAP的动机提高了。不过，当他用任意样本来评估其模型时发现，在考察公司销售水平提高的激进应计时，杠杆变量只对任意样本中的20%显著。

时点2：

获得贷款之后，公司可能会经历技术性违约，不能遵循一个或多个合约的规定。注意，当合约仍然处于违约状态时，公司的可信度可能会轻微恶化。对于由业绩定价的合同，债权人可能利用调高利息的弹性作为对未来困境的预警。

技术性违约有三种情况：

1. 在财务报告日，出借人豁免技术性违约的责任。通过对原来贷款合同的再谈判，违反合约的问题得到解决。

对于公司而言，这种解决方法是很幸运的，但对研究来说就很不走运。除非公司作出自发性披露或者出借方不公开地追究违约，但公司必须对此作出披露，否则这样的事件可能会不引起注意。根据Regulation S-X的第210条Rule 4-08的C段，以及EITF 89-30，公司不必在报表的附注中披露是否违约；根据FAS 78，公司不必对债务的长期和短期进行重分类；根据SAS 59，审计师不必开出“持续经营”的资格证明。

利用DealScan数据库，Dichev和Skinner（2002）的研究发现，30%的样本公司至少有过一次债务违约，大部分的违约都是由财务健康的公司引起的。[①] 因为缺乏关

---

① DeFond和Jiambalvo（1994）对NAARS数据库在1985年到1988年之间大约4 100个公司的研究发现，有345家公司在第1年发生违约，证明违约是一种发生频率很高的事件。

于违约后会发生什么的数据，无法把消除违约行为和违约获得豁免分开。他们观察到，私人债务合同中合约的设计比较严格，以此来解释违约的盛行。再谈判不能解决违约的事实意味着，借款人会为此而斗争。同时，通过要求解释以及公司的盈余预告，债权人有机会对贷款进行更有效率的监控。因此，更严格的合约成本被他们所提供的早期预警信号的价值抵消。

如果当公司财务状况良好时很容易就豁免了一些合约，公司还会通过操纵盈余来放宽合约条件吗？我们没有发现有关于解决违约问题的研究，但一些考察关于获得豁免概率的会计选择的研究发现，其研究证据与常识是一致的。HassabElnaby、Mosebach 和 Whisenant（2005）的研究结果显示，盈余管理与获得豁免的概率有负的关联关系，成本高昂的再谈判以及获得暂时豁免机会的概率有正的关联关系。Beatty 和 Weber（2003）发现，当贷款由一个出借人提供时，调增利润的会计选择比较不可能，这时候借款人的谈判能力比较强。

其他两种技术性违约的情形为（除了违约被解决）[①]：

2. 技术性违约被豁免但没有解决。

3. 技术性违约没有被豁免。[②]

当公司违反技术性合约时，它通常违反了不止一项合约（Beneish 和 Press，1993；Dichev 和 Skinner，2002）。而且，某些合约被违反的次数远远多于其他合约。Beneish 和 Press（1993）发现，以下合约最经常被违反：净资产或以有形资产计算的净资产（参见 Sweeney，1994；Jaggi 和 Lee，2000；HassabElnaby、Mosebach 和 Whisenant，2005）、营运资本或流动比率以及杠杆率。最低盈余、最低利息偿还比率和现金流指标（比如经营活动的现金流或现金流对总负债的比率）等比较少被违反。

广义上说，这样的违约有两个原因：一个原因是公司财务上很健康，而技术性违约的发生缘于合约太严格；另一个原因是公司处于财务困境。

借款人对违约的反应主要取决于违约的原因。[③] Smith（1993）观察到，债权人对违约的反应处于一个闭联集：在一个极端，不用再谈判，债权人就同意对违约永久豁

---

① HassabElnaby、Mosebach 和 Whisenant（2005）的研究中，263 家公司（58%）只违约一次，194 家公司（42%）有超过一次的违约。

② 我们把情形 2 和情形 3 结合起来，是因为大部分的样本对两者并没有区分，而且，一个公司也可能首先获得一次暂时的豁免。

③ HassabElnaby（2006）发现，“在出借人作出对违约豁免的决定之前，他们准确地解读了应计所传递的信号……而且，会计程序和应计是低成本债务合约违约的部分替代”。

特别地，必须披露违反债务合约规定的公司可能也经历着财务困难。在 Beneish 和 Press（1993）的研究中，在违约的年份和在披露违约的年份报告亏损的公司比例为 85.4%，而以同行业没有违约公司作为配比时发现，没有违约的公司报告亏损的比例只有 24.5%。DeFond 和 Jiambalvo（1994）报告说，违约公司年度盈余下降的中值为资产的 6%，损失频率为 80%。即使是 Dichev 和 Skinne 的研究中包括了相对健康的公司的样本，在开始违约的季度也存在着比例从 35% 到 51% 的亏损，而在所有违约的季度，亏损的比例为 26% 到 33%。

事实上，对这个领域的研究存在一种批评，那就是并非所有研究都能够区别财务健康的公司和困境公司（Peltier-Rivest 和 Swirsky，2000；Peltier-Rivest 和 Swirsky，2000）。

免；然后是，不用再谈判，同意暂时豁免；再就是，没有再谈判，也没有豁免；再后面，是再谈判之后豁免；最后是，再谈判破裂，没有豁免，公司从另一个债权人那里获得融资。如果一家财务健康的公司违反了合约，它可能会获得永久豁免。但是，如果债权人怀疑其即将出现财务困境，就会发生再谈判，借款人必须使债权人确信，公司很快会恢复正常。如果公司成功了，暂时的豁免就会变成永久豁免。如果公司失败了，可能会对合同会进行重新谈判，也可能对债务进行重组（Beneish 和 Press，1993；Chen 和 Wai，1993；DeFond 和 Jiambalvo，1994；Sweeney，1994），或者公司不能取得豁免，必须尝试对贷款进行再融资。①

对于借款人而言，违约的成本可能很高。Beneish 和 Press（1993）研究了 1983 年到 1987 年间的 91 家违约公司，他们估计，由于违约造成出借人的成本提高，使得利息水平从权益市场价值（MV）的 84% 提高到 193%，而由于出售资产和再融资带来的重组成本平均为权益市场价值的 37%。② 正如上面所讨论的，这里存在着一些额外的成本，因为合约被收紧了，操作也被限制了。虽然这些成本对于获得豁免的公司而言比较低，但出借人能够获得费用或迫使对方让步，例如通过要求提前偿还本金来获得豁免。

尽管豁免使公司得以摆脱困境，但真实的情形是，这种脱困是要支付成本的。因此，这就部分解释了以下的现象：接近违反债务合约的公司通常会有负的市场价格反应（Beneish 和 Press，1995a，b），对坏消息的负市场价格反应更大（Core 和 Schrand，1999），能够使合约条款放宽条件（slack of covenants）的新会计政策的公布会引起负的市场价格反应（El-Gazzar，1993）。

我们用下面的假设来总结对这个问题的讨论：

债务合约假设：担心违约不能被解决的公司为了放宽合约的条件，会向上操纵盈余。③

这个假设已经被 Healy 和 Palepu（1990）；Beneish 和 Press（1993）；DeFond 和 Jiambalvo（1994）；DeAngelo、DeAngelo 和 Skinner（1994）；Sweeney（1994）；Jaggi 和 Lee（2000）；Dichev 和 Skinner（2002）以及 Beatty 和 Weber（2003）等研究所检验。

---

① Chen 和 Wai（1993）考察了 1985 年到 1988 年间的 52 家获得违约豁免并在财务报告中披露了信息的公司，豁免包括了永久豁免和暂时豁免。违约后的发展分布表明，在“债权人要求支付”的情形中，永久豁免和暂时豁免都为 4；在“债务重组或债务变成活期借款（demand loan）”的情形中，永久豁免为 1，暂时豁免为 2；在“债务条款收紧”的情形中，永久豁免和暂时豁免都为 2；在“债务条款没有变更”的情形中，永久豁免为 21，暂时豁免为 10。因此，永久豁免总数为 29，暂时豁免总数为 23。

② DeFond 和 Jiambalvo（1994）报告说，因为以下原因，公司会招致更多的成本：被分类为流动负债（21 家公司）、贷款限制降低（7 家公司）、额外的资产担保或要求的最低应存款（compensating balances）上升（6 家公司）、收到的现金被银行控制或存款被银行扣押（5 家公司）、利息率提高（3 家公司）、被迫进行部分清偿（2 家公司）以及其他特殊成本（9 家公司）。

③ 对这个假设的讨论，参见 Watts 和 Zimmerman（1996）。

表4.4概述了以上的研究及其发现。第一，几乎所有的研究[①]都显示，在违约发生之前，公司进行向上的盈余管理。第二，研究结果取决于样本公司的财务困境水平。期望获得永久豁免的财务健康的公司一般不会继续盈余管理，它们担心假如盈余因被操纵而上升，公司就不可能获得永久豁免。而处于财务困境的公司之所以会向下操纵盈余，很可能是因为希望在再谈判中对债权人和员工产生影响。

对重述公司的研究提供关于债务合约可以解释盈余管理需求的额外证据（例如，Dechow、Sloan 和 Sweeney，1996 对面临 SEC 执行要求的公司的研究）。Richardson、Tuna 和 Wu（2002）发现（样本包括1971年到2000年间重述年利润的225家公司），与非重述公司经过行业和年份调整的杠杆（0.028）相比，重述公司的杠杆较高（0.069），t统计量为4.76。Efendi、Srivastava 和 Swanson（2006）显示，当公司被债务合约所约束时，重述的可能性显著上升（样本包括2000年至2001年间GAO重述样本中有公告日的100家公司）。

表4.4　**考察债务合约假设的研究**

研究[a]	盈余管理工具	财务困境[b]	对债务合约假设的支持
Healy 和 Palepu（1990）	会计选择（折旧方法、使用LIFO的程度、投资课税扣除方法、无形资产摊销期、养老金前期服务成本的摊销以及养老金回报率估计等）	是	围绕股利合约事件，不存在重要的会计变更。 公司倾向于削减股利。 在-2年存在调增利润的会计选择。 在-1、0年，只存在调增利润、节约现金的养老金会计决策
Beneish 和 Press（1993）	折旧、LIFO、养老金前期服务成本摊销（有关规定在1986年SFAS 87中发生变化）、投资课税扣除递延（在1985年废止）	是	在违约的当年，公司采用提高报告盈余的新的会计准则
DeAngelo、DeAngelo 和 Skinner（1994）	控制销售收入和现金流后的超常经营性应计（利润减去经营现金流）、应计的变化、流动资本的成分、诸如损失的销账和准备等会计选择（表4.5、表4.6）	是	在-3年，存在调增利润的应计。 在-1到-10年，困境公司（29家）和配对样本（47家）之间不存在差异。0年是股利被削减的第一年。 总的来说，证据支持诸如大幅勾销存货等调减利润的会计选择
DeFond 和 Jiambalvo（1994）	在时间序列和截面分析中的超常应计	是	在违约前一年存在调增利润的操控性应计。 虽然在违约的年份没有发现盈余管理，但在控制了管理层变更和审计师持续经营证明之后，这一年还是存在一些可能的操纵

① 对这个假设的讨论，参见 Watts 和 Zimmerman（1996）。

续表

研究[a]	盈余管理工具	财务困境[b]	对债务合约假设的支持
Sweeney（1994）	会计方法（存货、折旧、投资课税扣除和养老金成本的摊销等）、自发的会计变更（例如，养老金会计假设和成本方法、LIFO 和 FIFO 的采用和范围、折旧方法、折旧年限、投资课税扣除处理）、估计的变更和采用强制性会计变更的时间	混合	会计上具有灵活性以及承担着技术性违约成本的公司更可能进行调增利润的会计选择。相比于控制组（与同行业公司配比）而言，违约者在违约的年份比违约发生前后的年份制造更多调增利润的会计变更。 违约公司加速（延后）采用调增（调减）利润的强制性方法
Peltier（1999）	操控性应计	是	公司采用调减利润的应计
Jaggi 和 Lee（2000）	操控性应计	混合	为放松债务豁免规定，公司向上操纵盈余；而在重组债务之前则向下操纵盈余
Peltier-Rivest and Swirsky（2000）	操控性应计	不是	公司通过调增利润的应计来放宽债务合约条件
Dichev 和 Skinner（2002）	公司报告的会计数字与相关合约门槛（例如，“合约”（covenant slack））之间差异的分布	不是	会计数字刚刚比合约规定的低（高）的贷款季度的数量通常比较少（较多）。这些情形在债务违约的初期经常出现
Beatty 和 Weber（2003）	自发的会计选择变更	可能不是	业绩定价诱发了调增利润的会计选择。支付较高利息来维持其会计灵活性的经理人一般会进行调增利润的盈余管理
HassabElnaby、Mosebach 和 Whisenant（2005）	会计处理方法选择与操控性应计	是	如果因为，例如，永久性豁免可能发生，预期的技术性违约成本比较低，公司比较不可能进行盈余管理

[a] 研究样本参见附录。

[b] 持续性亏损、削减股利以及负的现金流。

时点3：

一项时点3事件涉及债务偿还违约，债务人不支付利息或部分本金。这样的事件可能与破产同时发生，但破产也可能不发生。

从盈余管理的角度，公司可能由于战略转移而违约。因为支付利息或本金需要很多现金，公司可能考虑不支付以便保留现金，或者避免寻找成本更高的其他贷款来偿还债务。Francis（1990）考察了一组违约事件，包括在1982至到1984年间的150家公司（其中的75家是根据 Altman Z-Score 模型判定的困境公司）的随机选择样本。她发现，当票面利率超过市场利率时，公司更可能违约，即使它们计划在将来偿还。虽然她没有把研究限制在私人债务方面，但她的样本主要包括私人债务。债权人似乎愿意忽略一次孤立发生的不支付行为，希望（借款人）未来会偿还，并可以有更多的合作机会。

时点 4:

破产改变了债权人和公司的关系。因为债权人现在变成了公司资产的剩余索取人，他们在公司的经营和投资决策方面有更多的话语权。例如，在宣告破产的 120 天内，公司必须提交一份能够扭转劣势的再谈判计划，法庭对这份计划的认可要获得各个级别的大多数债权人的同意。根据破产法第 11 章进行破产申请使得公司可以缓解马上支付债务的压力。

根据我们对债务合约的广泛讨论，值得注意的是，放宽合约条件并不能防止破产。例如，Asquith、Gertner 和 Scharfstein（1994）的研究显示，在其样本中，有 59% 放宽了合约条件的公司和 68% 收紧了合约条件的公司最终申请了破产。

因为破产已经引致了会计、财务、法律等方面的广泛注意，我们对此不作更多的讨论。从盈余管理的角度，破产阶段是很无趣的，因为这是事实被揭露的时期，恶意的盈余管理已经不存在多少空间了。

时点 5:

清算是公司的末日。只要可能，公司的资产被出售，出售资产所得按照索取权的次序被优先用于支付债权人。与破产阶段一样，清算阶段盈余管理已经没有多少好处了。

§4.4 监管者

研究人员在考察由监管、政治环境和税收等因素驱动的盈余管理方面取得了很大的成绩。现有的研究操纵操控性应计的方法始于 Jone's（1991），该文关注那些获得进口救济而被调查（import relief investigation）的公司的盈余管理。这些公司的动机表明其需要获得保护以避免进口竞争。结果是，它们向下操纵盈余。近似地，Cahan（1992）显示，违反《反垄断法》被调查的公司在被调查的时期报告调减利润的应计。Cahan、Chavis 和 Elmendorf（1997）发现，1997 年，那些预期要提供资金给超级基金（Superfund）对被污染的环境进行修复的化学公司显著地向下管理盈余，而此时管制此类活动的法律仍然无法解决此类问题。Key（1997）选择国会在是否对有线电视行业放松管制的听证时期，研究该行业公司的未预期应计，她的证据表明，该行业在被审查期间延迟报告盈余。Han 和 Wang（1998）显示，在 1990 年海湾危机中，即便石油精炼公司获得超额利润，它们也仍然推迟报告盈余，并且选择调减利润的应计。一些其他的研究强调在监控公司操纵盈余方面，政治成本和监管非常重要（参见 Hall 和 Stammerjohan，1997 对石油行业的研究；Makar 和 Alam，1998 对反垄断调查的研究；Lim 和 Matolscy，1999 对进行价格控制的公司的研究；以及 Navissi，1999 及 Bowman 和 Navissi，2003 对价格控制行业为了诱使监管者提高价格而向下管理盈余的研究)。

§4.4.1　所得税费用和递延所得税

另一由监管驱动的研究脉络是对税费、递延所得税以及递延所得税资产减让的研究。从盈余管理的角度，提出了两个研究问题。第一个问题是，公司为了达到一个既定的目标，操控它们的估价准备（valuation allowance）账户吗？换句话来说，我们把追踪这个问题的研究归为——盈余目标利用法（Gramlich，1991；Boyton、Dobbins 和 Plesko，1992；Dhaliwal 和 Wang，1992；Manzon，1992；Sweeney，1994；Burilovich 和 Kattelus，1997；Miller 和 Skinner，1998；Visvanathan，1998；Lu，2000；Bauman、Bauman 和 Halsey，2001；Kumar 和 Visvanathan，2003；Schrand 和 Wong，2003；Phillips、Pincus 和 Rego，2003；Dhaliwal、Gleason 和 Mills，2004；Gleason 和 Mills，2004；Holland 和 Jackson，2004；Krull，2004；Phillips、Pincus、Rego 和 Wan，2004；Cook、Huston 和 Omer，2006；Frank 和 Rego，2006)。

根据 SFAS 109（从 1992 年 12 月 15 日开始实施），公司需要重新组织满足某些条件的递延所得税资产。不过，这是一种不确定的资产，由于公司只有在获得应税收入时才能享受这种未来的优惠，因此，公司需要提供用来抵消递延所得税资产的估价准备。这种准备需要管理层进行判断，因为它是建立在有证据表明递延所得税资产不能被实现的可能性超过 50% 的基础上的。

递延所得税属于在盈余公告之前才关账的账户之一。在准备这些账户的时候，公司已经完全了解它们是否已经达到既定的目标盈余。因此，公司存在扭曲这些账户的动机，以期达到其理想的盈余管理水平。公司利用税费和递延所得税来操纵盈余的事实也得到了其他研究证据的进一步支持，Wysocki（2004）发现，在盈余管理和税收遵循方面，国际上都存在着负的相关关系，因为这两个变量都被保护投资者的法律和会计准则所影响。

研究递延所得税资产的文献考察众所周知的、诱发公司进行盈余管理的情况，比如达到基准值（Bauman、Bauman 和 Hasley，2001；Phillips、Pincus 和 Rego，2003；Phillips、Pincus、Rego 和 Wan，2004；Frank 和 Rego，2006)、发行或回购股份（Bauman、Bauman 和 Hasley，2001)、达到分析师预期（Bauman、Bauman 和 Hasley，2001；Phillips、Pincus 和 Rego，2003；Dhaliwal、Gleason 和 Mills，2004；Lu，2000；Schrand 和 Wong，2003；Gleason 和 Mills，2004；Frank 和 Rego，2006)、“洗大澡”（Visvanathan，1998；Lu，2000；Bauman、Bauman 和 Hasley，2001)、平滑利润（Miller 和 Skinner，1998；Visvanathan，1998；Schrand 和 Wong，2003；Holland 和 Jackson，2004)、以杠杆为替代的债务相关的动机（Miller 和 Skinner，1998；Visvanathan，1998；Lu，2000；Bauman、Bauman 和 Hasley，2001)、奖金（Visvanathan，1998）以及向投资者传递信息（Kumar 和 Visvanathan，2003）等。总的来说，过去的研究发现，公司通过操纵递延所得税准备来达到它们既定的盈余

目标。

第二个问题是，公司是否以操纵盈余来达到最小化税费的现值的目的？关注这个问题的研究把公司的税费作为盈余管理的对象，被操纵的盈余作为盈余管理所产生的结果——我们将其称为税收目标法（Boynton、Dobbins 和 Plesko，1992；Dhaliwal 和 Wang，1992；Scholes、Wilson 和 Wolfson，1992；Warfield 和 Linsmeier，1992；Dhaliwal、Frankel 和 Trezevant，1994；Guenther，1994；Hunt、Moyer 和 Shevlin，1996①；Maydew，1997；Collins、Kemsley 和 Lang，1998②；Jenkins 和 Pincus，1998；Beatty 和 Harris，1999；Mikhail，1999；Calegari，2000；Seida 和 Wempe，2004；Badertscher、Phillips、Pincus 和 Rego，2006b）。

理论（John、John 和 Ronen，1996）和经验主义者们支持这样的观点，公司为了最小化税费而进行调减利润的盈余管理和报告盈余的跨期转移。在这方面，《1986 年税收改革法》已经引起了研究者的特别关注。该法案中一个条款规定，对那些在法案出台之前没有支付足够税费的公司，账面利润作为计算公司最低税费的一个部分。特别地，该法案还明确说明，要将可替代最低税收账面利润调整（alternative-minimum-tax-book-income adjustment，以下简称“调整”）加到应税收入中。一些研究（Gramlich，1991；Boynton、Dobbins 和 Plesko，1992；Dhaliwal 和 Wang，1992；Manzon，1992）发现，在法案实施的第一年 1987 年，公司利用操控性应计来调低利润。由于法案在两年期间内将最大法定税率从 46% 降低到 34%，因此诱发了公司将净利润往下年度结转的动机。Maydew（1997）估计，通过将毛利往下年度结转，将销售和管理费用提前确认，将经营净损失往前年度扣减（carrybacks），公司将利润转移到税率较低的季度，因此总计节约了 23 亿美元。近似地，Scholes、Wilson 和 Wolfson（1992）和 Guenther（1994）的研究也证明，公司将利润从税率高的年份转移到税率较低的年份。③

Warfield 和 Linsmeier（1992）考察了银行为了操纵其“证券交易所得和损失”账户而出售投资证券，这个账户是其正常利润的一个组成部分。银行将投资以成本计量，因此收入和损失在证券被出售时确认。他们注意到，盈利银行的税费最小化策略是，卖出那些亏损的投资证券，持有其他的，但累计亏损银行的策略则正好相反。从盈余管理的角度，这种策略起到了平滑利润的作用。即使公司没有故意这样做，从外

---

① 在一些情况下，操纵税费不需要在报告盈余方面进行妥协。例如，Dhaliwal、Frankel 和 Trezevant（1994）以及 Hunt、Moyer 和 Shevlin（1996）的研究显示，公司操纵库存来降低应税收入，而在财务报告中，对报告盈余并没有影响。他们发现，在税率比较高时，LIFO 公司通过加速购买存货来操纵税费，而在税费比较低时延迟购买存货。

② 这项研究与其他研究不同，因为它显示了在国外有分部的公司将收入从税率高的国家转移到税率低的国家。

③ Marsden 和 Wong（1998）报告了在 1987 年之前获得税收豁免的新西兰电力公司，在必须支付税费的第一年 1987 年，通过对应计进行操纵将盈余调低。

部观察到这一事实的人也会怀疑公司通过出售投资证券的时点来对盈余进行操纵。

因为我们预期公司会最小化其税费，因此调增利润的盈余管理增加了税费这一点值得我们注意。对这个问题的关注使Eilifsen、Knivsfla和Saettem（1999）提出了一个理论模型。至少在短期，税收对恶意盈余管理的发生会有好的影响，因为这种行为的成本很高。Klassen（1997）的研究对这个理论提供了支持，他发现，在资本市场上承受较小压力（用内部人的所有权来替代，较高的内部人所有权表明在资本市场上的压力较低）的公司，的确会通过剥离收益较低和亏损较大的资产来操纵其税费支出。同时，也有一些公司意欲操纵并为不存在的利润支付税费。Erickson、Hanlon和Maydew（2004a）研究了1996年到2002年间在SEC的执行行动中支付了超额税费的27家公司（参见Matsunaga、Shevlin和Shores 1992）。①

公司如何在向上管理盈余的动机与通过降低应税收入减少税费的动机这两者之间取得平衡？答案是混合的。Frank、Lunch和Rego（2004）对1991年至2003年间的5 641家公司（28076公司年）的一组样本进行研究后观察到，在20世纪90年代，公司普遍存在着避免税费和进行激进的盈余管理这样一种趋势。他们发现，利用比较激进的财务报告模式的公司也会采用比较激进的税务报告模式。相反，Badertscher、Phillips、Pincus和Rego（2006a）则认为，在向上管理盈余与向下管理应税收入之间存在着一种平衡，因为激进的盈余管理提高账面利润与应税利润之间的差异，因此导致税务当局（Mills，1998）和SEC（Jenkins和Pincus，1998）加强对公司的审查力度。他们对一组由于违反会计规定对盈余进行向下重述而被GAO点名的159个公司样本进行研究，考察了多种提高现期税费的盈余管理策略，以及对应税收入没有影响的盈余管理。他们发现，公司在经营中可能会采用以下的一些策略：将经营净损失递延、保持足够的自由现金流、雇佣第4/5/6大会计师事务所等。② 当公司的纳税状况会降低上述战略成本时，公用采用影响税费的盈余管理。他们的研究结果也表明，总体而言，公司在不需要支付更高的税费时，会比较容易对盈余进行操纵。

当然，税收与盈余管理之间的关系可能更复杂。Aharoni和Ronen（1989）的研究考察了，当经理人的报酬包括了奖金（税前盈余的一个函数）和期权（市场价格的一个函数）时，经理人对税率变化的反应。他们的结果表明，经理人对税率上升的反应是提高报告利润，以达到缓解税费提高对其财富的不利影响。我们以他们采用的一个非常简明的模型来对此进行描述。

假设公司是在风险中性的股东和风险中性与具有有限财富的经理人之间签订一个两期合同，公司的股票价格由市场决定。每一时期，公司都产生盈余，X_t，$t=1$，2。

① 应税收入与财务报告的收入不一致并没有改变一个事实，那就是税收提高了调高利润的盈余管理的成本。账面利润和应税利润的一致可以减轻美国国税局的审查程度，从而降低税收审查的最终成本（Cloyd，1995；Cloyd、Pratt和Stock，1996；Mills和Sansing，2000；Mills和Newberry，2001）。

② 他们也发现，进行欺诈性盈余管理的公司倾向于利用更多的节税策略。

股东设计经理人的合同，合同包括净奖金 B①，这是报告盈余 R_t（也就是，$B_t=\beta R_t$，$t=1$，2）的一个函数。合同也包括奖励给经理人的股票，这是公司在第一期期末的市场资本总额 V_1 的分数 γ。假设存在理性预期均衡，价格与有条件的第一期报告的总预期收益相等，即 $V_1=E\ (X_1+X_2\mid X_1^R)$。决定第二期末公司是否报告第一期真实情况的随机监控技术由市场来设计，这种技术能发现不真实报告的几率 p^*，以及对管理层的“有偏”报告所进行的惩罚 P。如果这种技术能成功地诱使经理人在第一期末报告真实情况，则经理人报告的 $R_1=X_1$。

因为市场知道盈余是随机性游走的，也就是，$X_2=X_1+\varepsilon$，这里 ε 是白噪音。因为，$V_1=E\ (X_1+X_2\mid R_t)\ =2\ (1-\tau)\ E\ (X_1\mid R_1)$，所以当税率 τ（$0<\tau<1$）给定时，$E\ (\varepsilon)\ =0$ 是公司的税后预期价值。当经理人说真话时，他的预期财富在第一期末为：

$$B_1+E\ (B_2)\ +\gamma V_1=2\beta X_1+2\gamma\ (1-\tau)\ X_1=2\ [\beta+\gamma\ (1-\tau)]\ X_1 \tag{4.4}$$

假设经理人调增的第一期报告盈余为 ρ，而在后面的时期，没有转回的应计。在后期没有应计转回的假设下，如果市场相信公司的财务报告，经理人的预期财富在第一期末为②：

$$\begin{aligned}&B_1+E\ (B_2)\ +\gamma V_1-p*P=\\&\beta X_1\ (1+\rho)\ +\beta E\ (X_2)\ +2\gamma\ (1-\tau)\ X_1\ (1+\rho)\ -p*P=\\&2\ [\beta+\gamma\ (1-\tau)]\ X_1+\rho\ [\beta+2\gamma\ (1-\tau)]\ X_1-p*P\end{aligned} \tag{4.5}$$

很显然，当 ρ 被最优化时，有 $d\rho/d\tau=2\gamma\ [1+\rho]\ /\ [\beta+2\gamma\ (1-\tau)]\ >0$。那就是，只有在 $\rho\ (\beta+2\gamma\ (1-\tau))\ X_1-p*P=0$ 时，经理人是否说真话都是无关紧要的。假设在事前 p^*，被设为盈余、经理人报酬计划的变量、可能的惩罚以及税率等的函数，因此经理人是否说真话变得无关紧要，即 $p^*=[2\rho\ (\beta+\gamma\ (1-\tau))\ X_1/P]$。如果税率意外地上升，则经理人有动机通过虚夸利润来补偿自己财富的损失，此时 $\rho>0$。在均衡时，如果税率上升，则调增利润的盈余管理就会发生。

Keating 和 Zimmerman（1999）考察了在 1981 年税收目的的折旧规定（固定的折旧率表）改变以后，与税收有关的应计（折旧）的变化所产生的影响。“在 1981 年前，如果一个公司对其资产进行重新估计，使其使用寿命和残值与税收目的相比更长和更高（那就是利用调增利润的估计），国税局可能会质疑公司税收目的的估计，如果成功的话，公司的应付税费将会增加。《1981 年的税法》通过规定以纳税为目的固定折旧率，消除了财务和税务报告之间这种非直接的关系”（第 360 页）。他们发现，当经理人不再关心是否被国税局质疑（以及公司的税费是否会意外地上升）时，修改估计的可能性上升了，而修改折旧方法的可能性下降了。

对研究税收问题的进一步讨论，可参见 Shackelford 和 Shevlin（2001）以及该文

① B 是扣除了经理人个人所得税之后的净值。

② 这里存在一个争议，如果报告真是一个纳什均衡，我们应该可以证实，经理人不会期望单独偏离。

评论人的文章 Maydew（2001）。

§4.4.2 管制行业：保险公司和银行

保险公司和银行这两个被管制的行业引起了广泛的关注。[①]

会计报告对管制的重要性解释了保险公司操纵其财务数字的动机。保险业信息管制系统（IRIS）一直是识别处于困境中的保险公司的主要分析工具（Petroni，1992 提供了关于 IRIS 的详细介绍）。从保险公司的法定年度报表中获取可得的会计数据，计算出 11 个财务比率。每个比率都被定义为“正常”（usual）或者是“异常”（unusual），正常的范围由国际保险业监督官协会（NAIC）决定。如果有超过 3 个比率处于正常范围之外，公司将被划归到“失败”这一统计阶段。这些公司进入到系统的分析阶段，其中，会有一组分析人员和高级财务分析师对它们的法定财务报告进行审阅，这个团队把其中的一些公司再归类到需要“立即引起监管者注意”或“可引起监管者注意”的子类别。

银行监管也是基于其会计资本比率，政府会希望避免银行失败，因为它是存款的最终保险人。在 1991 年，国会通过了《联邦存款保险公司改进法案》（FDIC Improvement Act），法案提供了一个基于资本比率的 5 个层次的分类系统，最低层次的资本资产比率小于 2%。对于被归到最低层次的银行，如果它们不能在其资本资产比率低于 2% 以后的 90 天内将该比率提高，监管者应该考虑将它们关闭掉（参见 Wall 和 Peterson，1996 以及其中的引用文献）。与资本资产比率不同的一个比率是主要资本（大约等于股东权益加上贷款损失准备）对调整的总资产（资产加上贷款损失准备）比率。显然，调增盈余会提高这一比率。

4.4.2.1 保险行业的盈余管理

接近警戒线的公司可能会向上操纵盈余。保险公司通常利用一些手法来进行盈余管理，这些手法包括再保险（Adiel，1996；Mikhail，1999）、[②] 调整损失准备的水平（Grace，1990；Petroni，1992；Collins、Shackelford 和 Wahlen，2000，2001；Beaver、

---

① 虽然我们关注监管对盈余管理动机的影响，在对保险业的研究中，存在一些相应的、在本书的其他部分讨论的案例。例如，Browne、Ma 和 Wang（2004）研究了是否管理层的股票期权所形成的动机对损失准备的估计更加准确。另一方面，调增盈余似乎更加符合常理。但因为市场可以看穿差错并对公司进行惩罚，他们希望可以发现，而且他们的证据也显示，股票期权与向上的应计具有关联关系。这些发现与 Anthony 和 Petroni（1997）的结果一致，对于准备估计差错更善变的保险公司来说，其盈余反应系数更小。Beaver、McNichols 和 Nelson（2000）考察了提供财产伤亡（property casualty）保险的公司是否在发行股票前操纵盈余，其中包括 80 家 IPO 公司和 116 家增发股票的公司。Petroni 和 Beasley（1996）和 Gaver 和 Paterson（2001）也研究，像审计师或精算师这类外部监控者是否能够减轻财务上比较弱的保险公司调减损失准备的动机。Ke、Petroni 和 Safieddine（1999）讨论了提供财产责任（property-liability）保险的公司的 CEO 报酬计划和会计业绩计量之间的关系。

② SFAS 113 对再保险有以下描述：

一个保险企业可能购买再保险来降低由某些它已经同意提供保险的事件而引起的损失暴露，与由个人和非保险公司购买的直接保险合同类似。保险企业可能也会通过与提供再保险的公司签订合同，来促进那些比通常接受的合同更大的合同的签订、在进行新类型交易时获得或提供帮助或者达到其税收和监管的目的。

McNichols 和 Nelson，2000，2003）、修订（估计）的损失（Collins、Shackelford 和 Wahlen，1995；Petroni，Ryan 和 Wahlen，2000）以及对净利息收入中的经营性成分影响最大的利率互换等（Song，2004）。①

Grace（1990）发现，保险公司用它们的损失准备来平滑利润（降低其预知的风险）以及降低税负。《1986 年税收改革法案》的颁布提高了最低税率和降低了最高税率，有效地改变了公司通过管理盈余来降低税负的动机（Adiel，1996），Grace 的研究样本包括法案颁布前的 1966 年至 1979 年间提供财产责任保险的公司。Petroni（1992）以及 Gaver 和 Paterson（2000）发现有证据表明，接近被监管者审查的保险公司会对其损失进行操纵。Petroni 把临近监管者审查定义为准备的水平。Gaver 和 Paterson 则用可能偏离比率（IRIS 比率）的程度来作为衡量的标准，因为偏离比率的数量小于 4 就可以避免受到监管者的审查。Gaver 和 Paterson（2000）观察到，NAIC 的认证程序的确是成功的，因为比较差的保险公司会提高它们的损失准备，尽管它们有动机通过降低这些准备来提升业绩。

作为一个枝节问题，保险公司倾向于大量持有流动性资产，例如债券和股票。根据 SFAS 115，这些投资可以分为 3 组：

- 持有至到期的投资——这个组别包括管理层有意图、有能力持有至到期的债券。对这类资产的会计处理方法是以摊余成本来报告，未实现的持有利得和损失不确认。
- 以交易为目的的投资——公司（为了实现短期利润）期望在近期出售的债务和权益证券。对这类资产的会计处理方法是以公允价值来报告，购买成本与市场价值之间的差异被定义为持有利得和损失，并在利润中确认。
- 可供出售的投资——包括所有其他的债券和股票。对这类资产的会计处理方法是以公允价值来报告，但持有利得和损作为一个单独成分在股东权益中报告。

很显然，SFAS 115 为通过出售那些具有持有利得的、被划分为可供出售的投资的股票来操纵盈余的公司提供了机会，这种手法被称为“摘樱桃”（cherry picking）（Beatty、Chamberlain 和 Magliolo，1995；Jordan、Clark 和 Smith，1997—1998；Lee、Petroni 和 Shen，2006；Hirst，2006）。

4.4.2.2 银行业的盈余管理

最低资本要求诱发了银行对盈余的操纵（Ma，1988；Beaver、Eger、Ryan 和 Wolfson，1989；Barth、Beaver 和 Wolfson，1990；Moyer，1990；Scholes、Wilson 和 Wolfson，1992；Ahmed 和 Takeda，1995；Beatty、Chamberlain 和 Magliolo，195；Collions、Shackelford 和 Wahlen，1995；Beaver 和 Engel，1996：Ahmed、Takeda 和 Thomas，1999；Gray，2004；Gray 和 Clarke，2004）。有大量的证据表明，接近最低资本要求的银行低估贷款损失准备、低估贷款销账②以及确认证券投资组合的超常实现利

① 其他诸如资本利得和利失、股利和普通股、优先股等手法也被考察过，但事实证明这些手法不太成功。

② 正如 Moyer（1990）指出，损失销账的证据是混合的。

得等。不过，较强的治理机制与较低的盈余管理水平相关，治理水平以更活跃的审计委员会、审计委员会利用更有效的治理技术以及更活跃的董事会等来衡量（Zhou 和 Chen，2004）。对把治理作为盈余管理中的一个单独话题的讨论，参见第 5 章。

银行进行盈余管理还有其他原因，比如税收目的和稳定性需求（例如，Greenawalt 和 Sinkey，1988；Moyer，1990；Bhat，1996）以及平滑业绩（Liu 和 Ryan，2006）等。Beatty 和 Harris（1999）发现，与私人银行相比，公众银行更可能通过操纵盈余来部分降低信息不对称。其他的研究表明，对损失准备的管理对银行具有信号价值（例如，Beaver、Eger、Ryan 和 Wolfson，1989；Wahlen，1994）。

§4.5　雇员

在写本书时，因破产的威胁，Delta 航空公司就超过 10 亿美元的削减工资问题与关键的雇员谈判。很显然，谈判劳动合同的公司有动机调低利润的应计。Liberty 和 Zimmerman（1986）调查了在工资合同谈判期间的盈余管理（包括 1965 年至 1981 年间 105 家公司的 242 个年度合同样本，以及 85 家公司的 134 个季度合同样本），他们没有发现盈余管理。不过，他们的结果值得进行解释。我们认为，一是因为谈判公司的业绩已经很差，所以掩饰良好业绩的动机不存在。二是短期的盈余管理并没有引起雇员的注意，如果雇员能够被操纵过的盈余所愚弄，也许公司有动机利用调增利润的盈余管理来麻痹雇员相信其工作岗位是安全的。

后来的研究或发现了盈余管理，或为公司没有进行盈余管理提供了解释（DeAngelo，1990；Bowen、DuCharme 和 Shores，1995；Peltier-Rivest，1999；D'Souza、Jacob 和 Ramesh，2000；Peltier-Rivest 和 Swirsky，2000）。实证研究表明，当公司相信工会被较低的盈余所影响，以及会在报酬条款的谈判上进行更多的合作时，公司有采取上下调整利润的会计选择的动机（Bowen、DuCharme 和 Shores，1995；D'Souza、Jacob 和 Ramesh，2000；Peltier-Rivest 和 Swirsky，2000）。另一方面，当公司已经受到财务困境的困扰时，它们操纵盈余的压力减轻了，因为令人沮丧的真实情况反而有助于它们达到目的。我们观察到的现象是，这些公司要不不对盈余进行操纵（Peltier-Rivest，1999），要不利用诸如加大解雇雇员的力度和牺牲白领雇员等额外的手段来支持较低的盈余（DeAngelo 和 DeAngelo，1991）。

§4.6　竞争者、供应商和顾客

竞争者是盈余管理现象中的一个重要因素。第一，不断上升的竞争可能使公司的利润缩减，并诱发操纵盈余以向利益相关者隐瞒利润下降真相。第二，竞争者传递了关于公司有用的信号（考虑首先公告其财务报告的领头公司的重要性）。例如，Dadalt 和 Margetis（2007）的研究显示，竞争者的重述可能导致在公司的报告日附近出现显著的负超常回报。第三，财务报告包含对手决策需要的有用信息。事实上，诸如计算管理层激励方案的计算公式等信息是不应要求披露的，因为它们可能会泄露产权信息。

竞争在诱发公司进行盈余管理方面扮演了一个关键的角色。Dharan（2003）评论说，竞争程度高的行业，公司可能希望维持一定的收入或市场份额。一些值得关注的例子中，包括了以下一些以操纵盈余来回应竞争压力的公司：施乐（Xerox）公司，当其意识到其利润会因亚洲公司生产出价格较低的类似产品而下滑时进行盈余管理；世界通信（WorldCom）公司，采用并购策略来应对竞争，因此收购了过剩的生产力（Sidak，2003）；壳牌（Shell）公司，在埃克森（Exxon）和美孚（Mobil）合并后，发现自己面临着更强大的竞争者，因此通过夸大石油储备20%来进行盈余管理。

竞争者也能采取诱发公司进行盈余管理的行动。Fudenberg 和 Tirole（1986）及 Bolton 和 Scharfstein（1990）认为，竞争者可能会威胁一家借款公司的生存。短期的流动性需要会促使公司争取获得债权人批准，而这时对手公司会有动机使得借款公司无利可图，从而驱逐其潜在的出借人和投资者。

尽管竞争驱动了盈余管理，但竞争者也是被操纵的财务报告的读者之一。Krishnan（2005）显示，医院的价格竞争制造了降低成本的需求，同时也制造了在医院的竞争者之间的会计信息需求；对质量的竞争则导致了相同的需求。

最后，竞争也解释了公司不情愿披露产权信息，从而在总体上，而不仅仅在盈余管理上对盈余质量会产生影响（例如，Ettredge、Kwon 和 Smith，2002）。

对这个部分的实证研究比较缺乏。这个问题也令人比较迷惑，因为利益相关者与公司之间的关系需要有一个更长远的视角，比如实时制生产要处理与供应商的关系，在会计基础的合同关系管理上存在更多的需求。尽管第 5 章中讨论的 Matsumoto（2002）在试图发现那些达到或超过分析师预测的公司特征时，对这个问题有过一些关注，但据我们所知，只有两项研究涉及以盈余管理行为来作为对供应商和顾客关系的回应（Bowen、DuCharme 和 Shores，1995；Peltier-Rivest，2002）。

Bowen、DuCharme 和 Shores（1995）提出了一个假设，与供应商和顾客存在的长期关系导致产生利用调增利润应计动机的公司具有声誉资本：

> 尽管公司经常会与它们的利益相关者签订一些显性的合同，但许多正在进行的关系却仍然是隐性的（例如，对购买耐用性产品的顾客持续提供零件和服务的默认承诺）。因为一些默认的承诺总体来说不具有法律地位，它们被认为是自我执行的。一家公司具有的能与利益相关者进行谈判的交易条款（例如价格、支付条款、数量等），一部分是缘于公司兑现这些默认承诺的声誉。

他们假设，公司通过采用调增利润的会计选择来建立其声誉。具体来说，就是利用一种将存货流动中选择的方法进行加总的复合计分方法，他们发现了支持其假设的证据。相反，Peltier-Rivest（2002）观察到，困境中的制造业公司只有在非常依赖于供应商时才存在调增利润的会计选择的动机，顾客的隐性索求权没有引发公司进行盈余管理的动机。

附录

表 4.5　　考察负债—合约假设的研究样本

研究	样本
Healy 和 Palepu (1990)	1981 年至 1985 年间（但不包括 1980 年）的 26 家接近违反不支付股利条约的公司
Beneish 和 Press (1993)	1983 年至 1987 年间 91 家第一次出现技术违约的公司
DeAngelo、DeAngelo 和 Skinner (1994)	1980 年至 1985 年间纽约证交所 76 家报告至少 3 年亏损，但在这之前一直在财务上很健康（以正利润和股利支付来衡量）的公司
DeFond 和 Jiambalvo (1994)	1985 年至 1988 年间在国家自动化会计研究系统数据库中的 94 家仅在第一年违约的公司
Sweeney (1994)	130 家第一次违约的制造业（SIC 行业代码为 20—39）公司，但 1977 年至 1979 年间没有违约
Peltier-Rivest (1999)	1985 年至 1995 年间的 127 家至少连续 3 年亏损的公司，这些公司要不在首次报告亏损的前一年、要不在亏损的当年减低股利，但在第一次亏损的前一年有正利润和支付股利
Jaggi 和 Lee (2000)	1989 年至 1996 年间的 135 家技术性违约公司,① 81 家债务重组公司（其中 80 家不存在技术性违约），21 家技术性违约后进行债务重组的公司
Peltier-Rivest 和 Swirsky (2000)	1986 年至 1994 年间的 161 家 5 年内没有亏损（在事件期前 3 年，既从第 1 年以后）的公司
Dichev 和 Skinner (2002)	1989 年 1 月至 1999 年 12 月间的 2 810 家公司的 8 004 项贷款，971 家公司的 1 313 项有流动比率合约贷款，以及 236 家公司 288 项有净价值合约的贷款
Beatty 和 Weber (2003)	1995 年 1 月至 2000 年 6 月间的 125 家有银行贷款的公司
HassabElnaby、Mosebach 和 Whisenant (2005)	1982 年至 2000 年间违反了债务合约限制的 457 家公司②

① 永久豁免……37
暂时豁免……51
没有豁免……47
合计……　135

② 违约的公司数量：
一项合约……263
两项合约……115
三项合约…… 36
四项合约…… 18
五项合约…… 11
没有说明…… 14
合计 …… 457

第 5 章　守门人

守门人是参与资本市场的监控者。Coffee（2001，2003a）把守门人定义为有信誉的、为投资者提供鉴证服务的中介：

> 公司治理依赖于"守门人"来保护投资者和股东的利益，"守门人"负责对公司"内部人"的行为进行监控，以准确和无偏且客观评价的方式报告公司业绩的财务结果……"守门人"是独立的专业人员，他们在投资者与经理人之间进行调停，通过扮演一个监督者的角色降低公司治理的代理成本（Coffee，2001）。

§5.1　对守门人的需求

对守门人的需求是由公司与投资者之间的信息不对称引起的。信息不对称可能使具有信息优势一方（公司）有机会从不具有信息优势的一方（潜在投资者）那里获得好处，这就导致了市场失败。在这种情形下，尽管一方面公司希望筹措更多资本，另一方面有更多投资者在寻求对公司的投资，但实际上资本转移却不会发生，因为理性的投资者相信，公司为了出售股票会向上操纵价格。①

以二手汽车市场为例，Akerlof（1970）发表了第一篇关于信息不对称和市场失败的论文。在只有两类汽车"桃子"和"柠檬"的市场，"柠檬"的市场价值比较低。因为只有卖方知道汽车的真实情况，因此买卖双方之间存在着信息不对称。买方的最高出价，是以"桃子"和"柠檬"的加权平均价值代表的期望价值。② 因为这个出价低于"桃子"的价值，没有一个"桃子"的主人愿意把他的汽车卖掉，而愿意卖汽车的，只有"柠檬"的车主。我们再想想这个情形，潜在的买方会以柠檬的价值

---

① Dye's（1988）的代际交叠模型（overlapping generation model）避免了市场失败的问题，因为每一代都必须购买前一代的利益分成（stakeholdings）。

② 为了说明这个问题，假设"桃子"和"柠檬"的价值分别是 10 和 0，95%的二手车是"桃子"。因此，买方愿意支付的最高价是 $0.95\times10+0.05\times0=9.5<10$。

出价。由于这些买家没有办法区分“桃子”和“柠檬”，因此便出现了市场失败：尽管市场上有愿意交易“桃子”的买卖双方，交易却不会发生。

在会计领域，产品是公司的证券——股票、债券和商业票据。买方是投资者，公司是卖方，而信息不对称关系到证券的真实价值。一些公司有比较好的投资前景（“桃子”），而另外一些公司的前景却比较差（“柠檬”）。虽然盈余为公司的真实价值提供了信号，但可能因噪音太强而无法完全消除信息不对称对公司价值的影响。①

克服信息不对称问题的一个方法是让卖方（买方）利用信号传递（筛查）机制来区分投资前景的好坏。这个机制包括通过平滑当前利润、选择有资质的审计师（Bachar，1989；Datar、Feltham 和 Hughes，1991；Feltham、Hughes 和 Simunic，1991；Bewley、Chung、McCracken 和 Ng，2006）来传递未来盈余的信号，也包括诸如股利政策（Bhattacharya，1979；Eades，1982；Miller 和 Rock，1985；Ramasastry、John、和 Williams，1987；Ofer 和 Siegel，1987；Michaely 和 Roberts，2006）、资本结构（Leland 和 Pyle，1977；Myers 和 Majluf，1984；Maksimovic 和 Titman，1991）以及股票分割（Ikenberry、Rankine 和 Stice，1996；Louis 和 Robinson，2005）等财务决策。其他有关通过盈余管理传递信号的情况在第三部分讨论。

关于信号传递机制有几点需要说明：第一，成本很高。为了达到个体均衡（separating equilibrium），只有好的投资前景才能承受这些机制所需要的成本。第二，有时候这类成本变化不够明显，因而不能够分辨出投资前景不好的公司并将其驱逐出去。在共同均衡中（pooling equilibrium），“柠檬”模仿“桃子”，这种情形以社会福利丧失为特征，因为没有消除信息不对称，两种类型都消耗着昂贵的资源。

信号传递机制的另外一个问题是，在某种意义上，这些信号是缄默的，投资者可能需要具有足够的财务和治理专门知识的人士对信号进行评价。必须引入一个附加的机制——“守门人”，来提高信号传递的效率。② 作为守门人评价角色的一个例子，可参考《纽约时报》记者 Gretchen Morgenson 在2006年11月12日发表的题为“为什么回购并不总是好消息?”的报告，该报告帮助投资者更好地理解回购所传递的信号。

因为守门人或者对公司的报告进行评价，比如分析师在公司公告其财务报告后修订之前的预测，或者向投资者提供额外的、独立的信息，比如审计师对财务报告发表

---

① 这个观察是被实证结果支持的。例如，基于 Glosten 和 Milgrom（1985）信息不对称提高了买卖价差的理论，Affleck-Gravees、Callahan 和 Chipalkatti（2002）显示，对盈余可预测性较低的公司，买卖价差较高。基于信息不对称提高了公司资本成本的程度，这些公司具有操纵盈余来传递价值信号的动机。

② 除了遵循强制性的盈余报告要求，公司也可以自发披露信息。因为自发披露自利的管理层的决定，其可信度是受到怀疑的。因此，也就产生了由具有财务判断力的专业人士对信息进行解释的需求，例如，分析师可以消化这些披露的信息含量。

意见，或信用评级机构对公司的信用进行评定，他们减少了公司与投资者之间的信息不对称。①

我们下面确认几类守门人：

• 分析师。分析师跟踪公司的表现，据此进行盈余预测，并就是否买卖股票提出建议。

• 审计师。审计师审查公司的财务报告是否根据公认会计准则（GAAP）对其财务状况进行公正的列报。

• 董事会和审计委员会。董事根据最大化股东财富的目标对管理层进行监督。

• 媒体。媒体向公众传播信息，从而影响使用者的决策。

• 其他。公司律师对盈余管理提出意见；信用评级机构考察公司的风险、流动性以及债务的等级；投资银行启动“尽职调查”（due diligence）程序，对需要筹措资本的公司披露的信息进行证实。

我们将在5.2节到5.5节分别对上述守门人进行讨论。我们对其他守门人在盈余管理中扮演的角色知道不多。在《萨班斯—奥克斯利法案》第705条中，涉及投资银行家（信用机构）的问题，因此有必要研究其在最近的会计丑闻中所扮演的角色。例如，在管理层收购中，投资银行家被要求对公司价值提出意见，这时候他们会大量使用会计信息（DeAngelo，1990）。在最近的一项会计丑闻中，银行家涉嫌设计支持恶意盈余管理的交易，比如为环球电信（Global Crossing）公司衍生工具互换和意大利巨头帕玛拉特（Parmalat）公司的银行未决诉讼。② Jorion、Shi和Zhang（2005）以及Ashbaugh、Collins和LaFond（2006）的研究有助于我们理解信用评级机构在盈余管理中扮演的角色。前者发现，恶意盈余管理上升是平均信用评级随着时间流逝而下降的原因之一，盈余管理的恶劣性质，使盈余质量降低了。③ 后一项研究发现，公司的信用评级与较好的治理（以在公司持有至少5%股份的大股东、财务透明度、董事会独立性、董事会所有权、董事会专业知识等变量来衡量）正相关，与CEO在董事会中的权力负相关。而且，在信用评级中具有投机级别的公司CEO，被相对于具有投资级别的公司过度补偿了，而这种过度补偿超过了CEO所分摊的、由于较低的信用评级而产生的额外债务成本。

---

① 作为这种评价角色的一个例子，可以考虑《纽约时报》记者Gretchen Morgenson在2006年11月12日发表的一篇名为“为什么回购并不总是好消息?”的报告，使投资者可以更好地理解回购所传递的信号。

② 对于此类指控，一个值得注意的例子是，SEC对瑞士信贷第一波士顿银行（Credit Suisse First Boston）前技术银行家Frank P. Quattrone的指控，指控他对分析师施加压力和把热销股票转给客户以换取银行业务。

③ 轶事证据支持信用评级机构在打垮重述盈余的公司方面起了关键作用，因为它允许债务人赎回未到期的债务。例如，在2005年8月Refco公司披露IPO时期的财务报告不准确后（参见第4章），2005年11月11日的《纽约时报》报道说：

标准普尔将公司的信用评级从BB降低到B+，并将其列入具有负面含义的信用观察（credit watch）名单，表明进一步降级的可能。

一家信用评级机构的分析师Tom Foley说，借款给Refco公司的债券持有人和银行可能会利用最近披露的信息迫使它提前偿还债务，使Refco公司陷入财务困境。而且他还说，“这表明可能还存在其他财务控制问题。”

一些企业，诸如世界通信等巨头过度的盈余管理引出了一个问题：守门人无法发现盈余管理，到底是一种常态，还是一个例外？答案似乎是前者。SEC 的委员 Cynthia Glassman（2002）观察到，几乎所有抵制大规模欺诈、保护市场的机制，包括投资银行家、买卖方分析师、律师、信用评价机构、审计师、执行官和董事等，都在不同程度上失败了。

前 SEC 主席 Richard Breeden 也在他 2003 年的报告中有类似的陈述，称为信任恢复：①

> 董事会、外部审计师、外部律师是行为标准的守门人，如果他们警觉，而且重要的是，如果他们在有需要时愿意采取行动，就能够提前防止损失的发生。
>
> 在许多欺诈中，一个共同的特征是：守门人不能从一开始就阻止不当行为。有时候，守门人没有发现管理层行为的细节；另外一些时候，守门人在接受那些被证明风险远远高于董事会可以接受的业务时，太相信管理层的理性；甚至还有一些时候，尤其是在经理人报酬领域，董事会只是简单地批准那些不必要的大项目，而正是这些项目制造了操纵报告盈余的强烈动机；最后，经常发生的是，由于从大客户处可得到巨额服务费，外部审计师和律师的判断和行为由此被弱化。

守门人在防止恶意盈余管理上的失败可以归结为他们自身的利益和他们监控责任之间的冲突，我们将在以下部分对这些冲突进行详细的讨论。

§5.2　分析师

分析师是中介之一，他们研究公司，为投资者提供建议，并对公司未来的盈余、收入和现金流等财务数据进行预测。现实中存在两类分析师：一类是由诸如共同基金等机构投资者聘请的买方分析师，这些机构投资者需要分析师的专门知识来平衡他们的投资组合；另一类是由经纪公司雇请的卖方分析师，经纪公司通过证券交易赚取佣金。一些经纪公司规模很小，因此仅需要雇用几个分析师。经纪公司同时也提供投资银行服务（Agrawal 和 Chen，2006），比如股票承销、并购顾问服务等。规模最大的经纪公司包括花旗/所罗门美邦（Citigroup/Salomon Smith Barney）、美林（Merril Lynch）、瑞士信贷第一波士顿银行（Credit Suisse First Boston）、摩根士丹利（Morgan

---

① 参见 Coffee（2002，2003a，2005）；Ribstein（2005）以及 goldman 和 Slezak（2006 脚注 3）。Cohen、Dey 和 Lys（2005a）比较了在《萨班斯—奥克斯利法案》前（从 1987 年第一季度到 2002 年第二季度）和后（2002 年第二季度到 2003 年第四季度）的盈余管理。他们发现在《萨班斯—奥克斯利法案》实施前，盈余管理迅速上升，他们总结说，“我们的证据表明，问题更具有普遍性，而并非由于‘几个坏苹果’”（第 2 页）。

Stanley)、高盛（Goldman Sachs）、摩根大通（JP Morgan/Chase）以及雷曼兄弟（Lehman Brothers）等。

卖方分析师是守门人，因为他们会公开发布对每股盈余的预测，并公开提出建议和其他诸如对公司特征进行描述的信息。不同的公司和分析师使用的建议术语可能有差异，建议通常使用“积极买进”、“买进”、“持有”、“卖出”和“积极卖出”等术语，但也有一些分析师用不同的术语，比如“增持”（overweight）和“中性”（equal weight）、“增持”（positive）和“中性”（neutral）以及“与大盘表现持平”（market perform）和“低于大盘”（outperform）等。

乍一看，分析师似乎可以用不同的术语来模糊他们所提建议的含义，但实际上并非如此，这些术语后面的含义通常非常易懂。在轶事证据中，花旗集团前主席 Sanford Weill 为了迫使他的明星电讯行业分析师 Jack B. Grubman 把 AT&T 股票的评级从中性提升为增持，对他施加了很大压力。

§5.2.1 背景

对分析师的预测和建议有需求，原因在于：首先，如上所述，分析师减少了投资者与管理层之间的信息不对称（例如，Brennan 和 Hughes，1991）。虽然人们可能认为公司已经通过报告信息来减少信息不对称，但这种信息比较复杂，并非每一个用户都可以充分地扑捉到其含义。还有一些错综复杂的问题与高技术和经营的复杂性有关。其次，公司每个季度发布财务报告，投资者持续进行决策，[①] 因此投资者对分析师提供的中期信息有需求。再次，盈余主要报告了过去的交易，投资者期望预测未来的现金流，[②] 这就使分析师的预测具有价值。

当分析师修改盈余预测时，证券价格会做出反应，这就表明了守门人的重要性（参见 Barry 和 Jennings，1992；Teo，2000；Abarbanell、Lanen 和 Verrecchia，1995；Barron，Kim、Lim 和 Stevens，1998；Mittendorf 和 Zhang，2005；Wang，2006；Arya 和 Mittendorf，2007 等的理论分析；Francis 和 Soffer，1997；Healy 和 Palepu，2001；Kothari，2001；Francis、Chen、Philbrick 和 Willis，2004；Shroff、Venkataraman 和 Xin，2004；Bagnoli、Levine 和 Watts，2005b；Barron、Stanford 和 Yu，2006 等的实证分析和调查）。[③] 例如，Francis 和 Soffer（1997）发现，在盈余公告 3 天的时间窗口中，预测和建议占了超常回报增量的 5%。Shroff、Venkataraman 和 Xin（2004）显示，

① 一个公司的中期披露可能毫无作用，因为要么是这些披露只和单独的事件有关，要么是公司价值依赖于无数其他因素和交易。这就有待于分析师对公司的披露及其作为一个投资的前景对公司价值产生的影响提供解释。

② 第一眼看去，这可能是形式盈余（参见第 2 章）减轻了问题的复杂性，因为一些项目被遗漏了。不过，公司在决定应该去除哪些项目时具有灵活性，这就使得各期间之间和各公司之间的比较变得困难。进一步地，正如 Frankel、McVay 和 Soliman（2006）以及其他一些研究所显示，公司可能滥用这种决定能力并牺牲透明度。

③ 有一些证据表明，市场不能立刻确认分析师预测的信息含量（例如，Zhang，2000）。

即使是边际预测，就是在其他分析师发布预测之后发布的最后一个预测，也影响公司的股票价格。

分析师所观察和研究的范围，与可以获得的公开财务信息（参见 Barth 和 Hutton，2000；Elgers、Lo 和 Pfeiffer，2001）以及与流动性改善（参见 Brennan 和 Tamarowski，2000 以及里面引用的文献）有关的、较高水平的股票价格效率相关。跟踪每家公司的分析师的数量，可能从一个到几十个，都与公司与投资者之间的信息不对称负相关（例如 Brennan 和 Subrahmanyam，1995；Easley、O'Hara 和 Paperman，1998；Houston、Lev 和 Tucker，2006）。因此，分析师涉及的范围被用来作为公司信息环境是否丰富以及投资者与公司之间信息不对称程度的替代（参见 Xue，2003；Louis 和 Robinson，2005）。

Barron、Byard 和 Kim（2002）；Byard 和 Shaw（2003a，b）；① Asquith、Mikhail 和 Au（2005）；Bagnoli、Levine 和 Watts（2005b）；Chen、Cheng 和 Lo（2006）以及其他一些研究证实了分析师披露信息时所扮演的解释性角色。Barron、Byard 和 Kim（2002）认为，如果分析师仅仅是管理层传递信息的渠道，他们应该在公司的盈余公告之后发表相同的意见，因为他们使用的是同样的信息。② 而研究证据却表明，在盈余发布之后，分析师与之保持一致意见的比例稳定下降，他们认为这表明分析师对公司公布的盈余有自己的理解。Bagnoli、Levine 和 Watts（2005b）也显示，投资者对信息披露的反应是利用分析师对预测的修正作为评估这些披露的一种方法。特别是，当披露集中在财务报表信息时，股票价格强烈迅速地对一连串的修正做出反应。当披露涉及公司经营的战略信息时，反应要慢得多和弱得多，因为这类事件对公司的价值有更不确定的含义。③ 另一个不同的研究是考察分析师的研究是不是公司信息披露的补充和替代。Chen、Cheng 和 Lo（2006）发现了补充的作用，在紧跟着盈余公告的一周内，市场对盈余的反应与市场对分析师研究的反应之间存在正的相关关系；反之，当

---

① Byard 和 Shaw（2003a）研究了一组 AIMR 的调查数据样本，这个样本按照公司私人和公开披露信息的质量对 1985 年到 1995 年间的大型公众公司进行排序。基于投资者关系活动（通过财务披露），对私人（公开）披露评分。如果分析师仅仅是公司披露的一个渠道，他们的私人（公开）信息应该与投资者关系活动的评分（公开披露的评分）有关联。Byard 和 Shaw 发现，两种形式的分析师信息都显著地和公司公开披露的质量相关。

② 他们采用 Barron、Kim、Lim 和 Stevens（1998）的方法，ρ 代表分析师预测的一致意见，则

$$\rho=\frac{SE-\frac{D}{N}}{SE-\frac{D}{N}+D}$$

其中，SE=分析师预测均值的误差的平方的期望，误差用实际盈余和预测均值的差异来衡量；D=用预测的截面方差的无条件预期来衡量的预测离散度；N=分析师的数量。他们的样本包括了 1986 年到 1997 年间 990 个公司年的观察值，观察窗口从盈余公告日之前的 14 个月开始。

③ 还有证据表明，跟踪高技术公司的分析师数量（Barth、Kasznik 和 McNichols，2001）越多，分析师取得一致意见的水平也越低（Barron、Byard、Kile 和 Riedl，2002）。因为高技术公司的会计报告并没有反应它们的无形资产，因此它们以放弃财务披露质量作为妥协，而分析师作为中介可以减轻信息不对称。高成长要求更多的资本，因此需获得更多投资银行家的关注，这些投资银行家会“购买”研究报告来推广他们正在承销的股票。

两者关系为负时，不存在补充的作用。该研究的检验窗口存在于盈余公告前后的数周。对于具有复杂信息的公司，分析师研究的补充作用更显著。

另一个将分析师作为信息中介的研究，是基于机构投资者喜欢透明度而不是掩饰，其倾向于避免对没有分析师研究的公司（参见 O'Brien 和 Bhushan，1990）进行投资。

分析师也起着为公司传递市场期望信息的作用。例如，Puffer 和 Weintrop（1991）以及 Farrell 和 Whidbee（2003）发现，管理层变更被分析师预测为替代的预期业绩影响。而且，Farrell 和 Whidbee（2003）也显示，当对长期每股收益增长的预测比较低时，新的 CEO 更可能是一个外部人，市场期望他可以改变公司的政策和战略。Bolliger 和 Kast（2004）发现，达到分析师预测对 CEO 的奖金产生有利的影响。

正如轶事证据所显示的，分析师向公司传递市场预期，我们考虑以下例子：

> Costco 批发公司的平均工资是每小时 17 美元，比竞争对手 Sam 俱乐部高 42%。Costco 的健康计划让其他大部分零售商的健康计划看起来十分吝啬。Sanford C. Bernstein 公司的分析师 Emme Kozloff 批评 Sinegal 先生（Costco 批发公司的 CEO）对员工过于慷慨。注意，当分析师抱怨 Costco 的员工只支付自己医疗费用的 4% 时，他仅将该比例提高到 8%，而其他零售商的平均水平是 25%。Sinegal 先生说，他关注分析师的意见，因为这个意见加强了健康计划的管理，但他却避而不谈华尔街对他所施加的压力，那就是不要对员工过于慷慨（2005 年 7 月 17 日《纽约时报》）。

最后，我们注意到，分析师只跟踪大公司。Block（2003）引用 Tally2003 年在《华尔街日报》上的一份有关规模与分析师关系统计数据的报告：市值在 200 亿美元到 990 亿美元之间（5 亿美元到 10 亿美元之间）的公司，平均有 18（6）位分析师对其进行跟踪研究，而市值在 5 000 万美元以下的公司基本上没有分析师跟踪研究。

§5.2.2　决策与动机

关于分析师的研究文献非常丰富，我们把讨论集中到分析师在盈余管理中所扮演的角色上。[①] 我们主要关注两点：

- 分析师是否考虑公司发布的财务信息？如果考虑，他们是否对有可能通过盈余管理调增利润的财务报告折价？
- 分析师是否有与管理层合谋操纵盈余的动机，而不是发布“就公司的状况向投资者提供独立的、公正的意见”的无偏报告？或者，他们能否约束盈余管理？

5.2.2.1　盈余对分析师的重要性

1994 年，在对詹金斯委员会（Jenkins Committee）作证时，分析师指出其本身是

---

① 我们感谢 Donald Byard 对本部分的宝贵贡献。

财务信息的使用者。的确，管理层的季度和年度盈余公告以及公开的盈余指导引发了大量的修正（Bagnoli、Levine 和 Watts，2005a；Stuerke，2005；Cotter、Tuna 和 Wysocki，2006）。作为使用者，分析师似乎满足了詹金斯委员会的建议。是使用者，而不是公司，对未来业绩进行预测。他们越有经验，对历史盈余的使用和把握就越有效率（Mikhail、Walther 和 Willis，2003）。

然而，分析师如何利用这些盈余信息？答案是含糊的。一方面，有证据表明分析师没有充分利用会计报告中的信息（Abarbanell 和 Bernard，1992；Easterbrook 和 Nutt，1999；Ali、Klein 和 Rosenfeld，1992；Cheng，2005）。Hopkins、Houston 和 Peters（2000）对113位买方的权益分析师进行了实验研究，要求研究对象对摊销商誉的公司进行评估，因为这些公司在会计处理中采用了购买法而不是权益集合法，因此盈余比较低。Hopkins、Houston 和 Peters（2000）发现，虽然经济上所涉及的交易一样，但分析师对较低盈余的公司定价也比较低。比起购买1年后定价，这种结果对购买之后3年进行的定价更加明显。Bradshaw、Richardson 和 Sloan（2001）为分析师应计错误定价提供了证据。虽然由于应计可以转回从而持久性比较低，但分析师给应计和现金流贴上了相同的持久性标签。

另一方面，分析师似乎具有专门的财务知识，[①] 因为他们的盈余比华尔街盈余更具有信息含量（Gu 和 Chen，2004）。除了盈余，他们也考虑额外的信号。分析师利用他们的经验（Brown 和 Mohd，2003；Mikhail、Walther 和 Willis，2003）来考察公司的历史、所属的行业（因为分析师通常按行业来分配，同时跟踪行业内的几家公司）、宏观经济变量（Byard 和 Shaw，2003a）以及其他分析师最近的预测（Granham、1999；Hong、Kubik 和 Solomon，2000；Welch，2000）。[②] 作为分析师利用额外信号来解释会计信息的例子，我们可考虑 Barton 和 Mercer（2004）。他们进行了一项实验研究，要求124名分析师对公司为其拙劣的业绩所做的解释进行评价。外界认为公司用这些解释来传递一种信号，那就是：拙劣的业绩是瞬时震荡的结果，因此不应该对定价具有显著影响。研究发现公司的解释与分析师所扮演的解释性角色一致，因为这些解释的可信度影响定价。

就分析师在决策中将盈余作为一个考虑因素而言，存在着一个显而易见的问题，那就是他们是否对盈余管理加以折价。证据是混合的。Abarbanell 和 Lehavy（2003b）把两类盈余管理与预测中偏差的分布联系起来。“洗大澡”（具有较高的负操控性应计）导致平均正的预测偏差，这种策略能够解释预测差错分布中的较低处存在的宽

---

① 例如，Breton 和 Taffler（1995）发现，有经验的分析师在景气的年份对盈余给予更多的关注。

② 由于我们根据发表日前的顺序来引用参考文献，因此模糊了这样的事实，文献似乎源于 Welch 在1996年出版的一本书。

尾现象。[①] 通过调增盈余（更小的幅度）来超过预测意味着，分析师在预测差错为零附近是悲观的。结果，Bradshaw、Richardson 和 Sloan（2001）；Ahmed、Nainar 和 Zhou（2005）的研究发现，总体而言，分析师无法区分操控性和非操控性应计。

Brown（2004）以及 Lin 和 Shih（2006）提供的相反证据表明，分析师已对激进的盈余管理折价。Brown 考察公司披露的财务会计数据与公司价值之间的关联，并把报告这些数据的管理层决策的影响也包括进来。他的证据表明，分析师可以发现经理人的报告动机。当分析师推断这些动机诱发了经理人选择降低义务的假设时，分析师将报告义务的每一美元视为不止一美元的义务。Lin 和 Shih（2006）发现，分析师在修订下季度的盈余预测时，会考虑公司在历史上达到的和刚刚超过分析师预测的记录。我们将在后面讨论达到或超过预期（MBE）的问题。

我们以下述提醒来结束这部分的讨论：对一些证据的解释应该更小心。Basu 和 Markov（2004）显示，分析师达成一致预测的证据，作为一个有偏差的方法，可能主要应该归结于通过 OLS 回归来检验其预测误差。他们建议，与其用说明分析师损失函数为线性这一事实的最小一乘回归法，还不如用二次方程式——预测误差的函数。

5.2.2.2　分析师的动机

Francis、Chen、Philbrick 和 Willis（2004）指出，在 1980 至 1996 年间，分析师的数量以每年 10.2% 的速度递增，远远高于每年 3.2% 的公司增长速度。至少被一名分析师跟踪的公司比例从 1980 年的 26% 上升到 1996 年的 66%。这些统计数字表明，分析师在资本市场上扮演着越来越重要的角色。

总体来说，分析师的雇主证券公司并没有对他们所研究的对象收费，但由于证券公司的经纪人和投资银行对分析师的研究结果和建议支付佣金，因此证券公司能够向分析师支付工资。

经纪人

因为感到满意的顾客会支付佣金，所以向顾客提供购买股票的建议诱使分析师做出准确的预测。Mohd's（2005）对财务分析师变更的分析表明，在分析师变更与业绩之间存在着关联关系。[②] 相对于他们的同行，业绩卓越的分析师会转移到新的经纪人公司，继续跟踪与过去同类的公司，或者转到一个更大的公司并且继续表现超群，但这时他们的工作量会稍微低一些。那些离职并且从该行业消失的分析师在离开之前，业绩一般都比较差（Mikhail、Walther 和 Willis，1999）。通过对大客户——机构投资

① Abarbanell 和 Lehavy（2002）观察到，虽然观察值的数量在预测误差分布的尾部引起了不对称，但这个数量相对比较小（在负的尾部较低处为 5%，在正的尾部较高处为 2.5%），这些极端差错的大小对预测差错的均值具有不相称的影响。

② 因为即使当他们变更雇主时，I/B/E/S 数据集也能让分析师纪录他们的号码，Mohd 能够跟踪变更前业绩和变更事件之间的关系。明显地，变更雇主对分析师来说是重大的。大约 71% 的分析师离开了这个领域。9638 名分析师在 2002 年离开了 I/B/E/S，而在 1984 年只有 339 名。

者（Reingold 和 Reingold，2006）进行问卷调查，卖方的分析师每个月都被打分考评，因此，就买方分析师喜欢准确和及时的信息来说，分析师面临着发布准确预测的压力。

不过，由于分析师的主要信息来源是管理层，客观评价的需求被阻碍了。[①] 通过禁止分析师获得公司的特定信息，公司已经认可了分析师对它们的批评。[②] 而且，每个经纪公司都有自己的股票清单，它们希望从中产生巨大的交易量。因此对分析师来说，还存在着来自他们雇主施加的压力，那就是对这些清单上的股票给予有利购买的建议。有关考察发布有利报告压力的研究，可参见 Francis 和 Philbrick（1993）；Dugar 和 Nathan（1995，1996）；Lin 和 McNichols（1998）；Francis 和 Soffer（1997）；Michaely 和 Womack（1999）；Dechow、Hutton 和 Sloan（2000）；Lim（2001）；Chan、Karceski 和 Lakonishok（2003）；O'Brien、McNichols 和 Lin（2005）[③] 以及 Agrawal 和 Chen（2005）。

投资银行业

在 20 世纪后期，交易佣金下降，但分析师通过为投资银行家服务仍然可以产生收入。[④] 当公司筹措资本时，投资银行家通过承销赚钱，公司内部分析师的建议使股票价格升得更高。2001 年纽约市总检察长 Eliot Spitzer 的一项调查揭露了一些案例，其中有投资银行家支付被竞争者一方雇佣的分析师，他们为雇主进行独立的研究，保证一致预测是有利的。在 20 世纪 90 年代的牛市中，投资银行业很繁荣，分析师预测的有用性同样也很兴盛。而且，以前，分析师报酬通常直接与为投资银行带来的业务挂钩，不过这种做法在 2003 年被取缔了。[⑤]

拓展业务的需求把分析师放在要与公司高层维系和睦关系的压力之下，而公司高层通常有权决定其投资银行业务。O'Brien、McNichols 和 Lin（2005）考察了 1994 至 2001 年间负责跟踪 4 640 家发行权益证券的公司的分析师建议，他们发现，有关联的分析师对好消息与坏消息的处理是不对称的：他们对好消息立刻回应，但通常不太喜

---

① 对分析师与管理层同坐一条船这样极端的事例，可以考虑美邦（Smith Barney）的电信行业分析师 Jack B. Grubman 和世界通信公司的创始人 Berbard J. Ebbers 之间的关系。当世界通信公司面临着财务危机时，Grubman 泄露了他参加世界通信公司的董事会会议，他指点 Ebbers 怎样处理即将来临的分析师参加的电话会议（2003 年 2 月 27 日《纽约时报》），而且在股票价格开始下降时还建议买入股票。

② 这种能力是由 2000 年 10 月实施的 FD 条例（Regulation FD）带来的，FD 条例不允许将公司的财务结果与分析师进行私人沟通。

③ 大部分被引用的文献关注投资银行家考察权益发行时分析师的预测和建议所带来的压力。所有的研究都发现，与投资银行家有关联的分析师给出的预测和建议都比较乐观。

④ 我们并非冷嘲热讽地使用“服务”这个术语。Gasparino（2005，p. 10）报告了对一名分析师 Gerry Rothenstein 的访问，1997 年当华尔街研究似乎是人人都希望获得的职位时，他警告自己的儿子不要步他的后尘，“除非你想成为投资银行业的仆人”。

⑤ 形式上，在投资银行业和研究之间本来应该存在着难以逾越的障碍。事实上，在 SEC 的默许下，这种障碍是不会维持的（参见 Reingold 和 Reingold，2006）。

欢发布坏消息。一项在权益证券发行之后2年内对建议的修订进行的考察揭示出，有关联的分析师通常在调低“买入”和“持有”建议时比较慢，而在调高“持有”建议时比较快。

Clarke、Ferris、Jayaraman和Lee（2006）提供了关于提供乐观建议压力的间接证据，他们考察了一组1995至2001年间的384家申请破产的公司样本，没有发现分析师建议具有乐观的偏见，因为这些公司不太可能向投资银行家提供有利可图的业务。他们发现，在申请破产前的8个季度内，分析师的建议单向下降，而与没有申请破产的控制组相比，有更多不太有利的建议。①

分析师怎样平衡相反的压力?② 文献中存在着三种看法：第一，分析师是守门人，因此他们可以解决盈余管理问题；第二，分析师平衡不同的压力；第三，分析师与管理层合谋，在公正性上妥协。

一些研究，尤其是国际范围的研究发现，分析师提高了透明度，降低了操控性应计的范围，因此其支持分析师扮演了守门人角色的意见。Ke（2001）发现，在跟踪某家公司的分析师数量，以及报告盈余小幅上升或盈余长期连续性上升的可能性之间存在着负的相关关系。那些报告盈余小幅上升（在所有公司的盈余增长分布中）且被很多分析师跟踪研究的公司，作为恶意盈余管理的结果而被广泛地研究，Ke的发现与分析师延缓了盈余管理的意见一致。DeGeorge、Ding、Jeanjean和Stolowy（2004）研究了一组26个国家在1994至2002年间的11 085家非金融公司的53 656个观察值，他们发现，跟踪一家公司的分析师数量越多，盈余管理的可能性越小。不过，因为这种关系在透明度高的环境中比较强，在不透明的环境中则比较弱，分析师出现本身并不能消除操纵盈余的动机。相反，分析师作为守门人的有效性取决于环境是否给他们提供必要的支持。Frankel和Li（2004）也提供了间接的证据，他们的研究显示，跟踪一家公司的分析师数量上升，与内部人交易的获利能力下降以及较低水平的内部人购买相关。这个发现表明，分析师减少了内部人与外部人之间的信息不对称。Lang、Lins和Miller（2004）研究了27个国家2 500家公司的所有权结构、跟踪研究公司的分析师数量、内部人保护以及定价问题，他们发现，因为治理结构较差的公司有着保留或操纵盈余的强烈动机，分析师比较不可能跟踪这类公司。当分析师跟踪那些在国家层面上存在着比较差的外部治理结构，而在内部治理方面也存在着潜在问题

---

① 安然事件是一个反例，它的破产来得如此之快以至于分析师没有机会修改他们对这个华尔街宠儿的看法。Clark、Ferris、Jayaraman和Lee（2006）观察到以下现象：

2001年末，安然的垮台是一个导致呼唤新立法和敦促媒体、投资者、政治家以及监管者扩大对分析师批评的引发事件。虽然安然在2001年12月申请破产，但分析师继续对它在2001年10月的股票走向持乐观态度。的确，在安然申请破产的季度，虽然它在会计上已经报告了巨额亏损，市场价值也下降了50%，但在17位跟踪该公司的分析师中，有10位给出“买进”的强烈建议，5位给出“买进”的建议（第10页）。

② Cowen、Groysberg和Healy（2006）则描绘了一幅不同的画面，他们发现，比起那些被经纪人公司聘请但不提供承销服务的分析师，提供交易和承销服务的、被公司聘请的分析师似乎更不乐观。

的公司时，会存在正的定价效应，表明分析师作为守门人的价值。①

分析师解决盈余管理的一个途径是，发布使市场可以看穿盈余管理的额外消息，比如现金流预测②（McInnis 和 Collins，2006）和收入预测（Rees 和 Sivaramakrishnan，2006）。McInnis 和 Collins（2006）研究了1993至2004年间同时具有每股收益预测和每股现金流预测的5237个公司/年样本，并将其与只有每股收益预测的32 308个公司/年样本进行比较。从定义看，如果市场同时具有现金流预测和盈余预测，它也应该有应计预测，因此通过对应计进行操纵从而超过市场预期就会比较困难。McInnis 和 Collins 发现，有现金流预测的公司对盈余的操纵较小。Rees 和 Sivaramakrishnan（2006）认为，市场会区别对待那些达到或没有达到预期收入的公司，即使二者都成功地超过了市场的预期。

也有证据支持分析师并非纯粹的守门人的看法，认为他们在获得公司管理层和雇主的欢心并维持自身是一个可靠的预言家时游刃有余（Easterbrook 和 Nutt，1999；Mest 和 Plummer，2003；Agrawal 和 Chen，2006）。Easterbrook 和 Nutt（1999）提供的证据，与分析师为了取悦管理层而调整他们对会计盈余方向的看法一致。分析师对正向（负向）盈余信息过度反应（反应不足），这种反应的不对称性说明了他们的预测一般都过于乐观。Mest 和 Plummer（2003）将盈余的预测误差与对收入的预测误差进行了比较，他们认为，对管理层来说，盈余比收入更重要。与这个观点一致，他们发现销售收入的预测差错较小。虽然有人可能会争辩说，因为盈余由很多项目构成，其中也包括收入，因此比较难预测。但在预测误差方面存在的系统差异，仍然可能对准确预测（没有预测误差）和对盈余的正向处理（预测误差与乐观一致）之间的平衡产生影响。Agrawal 和 Chen（2006）编撰了一组独特的数据集③，这个数据集包括了一系列诸如投资银行业务收入、经纪人业务收入以及其他业务收入等分析师雇主的收入细目（大部分是私人公司，没有公众公司需要执行的披露规定）。他们发现，由于投资银行业务或经纪人业务所引起的利益冲突，对分析师季度盈余预测的准确性和偏好没有影响，但对修改季度盈余预测和长期成长预测的频率有影响。他们认为，这些发现可能支持了分析师面临发布利好建议的压力，因为“分析师对预测的修改提高了交易量（参见 Ajinkya、Atiase 和 Gift，1991），除了盈余、股利或其他公司公告信息外，也显著地影响股票价格（参见 Stickel，1999）”。

第三种看法是，分析师与管理层合谋。下面我们将讨论公司如何为达到和超过分

---

① 在一些情况下，公司业绩和跟踪公司的分析师数量之间的关联关系是不真实的。对于他们不愿意给出正面建议的公司，分析师可能先是保持沉默，然后中断对它们的跟踪研究（参见 Francis、Chen、Philbrick 和 Willis，2004 以及里面引用的文献）。

② DeFond 和 Hung（2003）显示，相对于不发布现金流预测信息的公司，以下的因素结合在一起，通常诱使公司发布现金流预测信息，这些因素包括：较差的盈余质量、较差的财务状况以及较高的资本密集度。

③ 这个数据集包括了被39家公众证券交易公司，以及124家私人证券交易公司雇请的3 000多名分析师，在1994年1月到2003年3月间，对7 400家美国上市公司所做的超过170 000条的季度盈余预测和超过38 000条的长期成长预测。

析师预期（MBE）而操纵市场预期和盈余。在季度初，分析师的预测倾向于比接近盈余公告时（向下）修正的预测乐观。降低预测使公司更容易达到和超过预期的盈余。Bartov、Givoly 和 Hayn（2002）怀疑，为什么在季度末的预测中，分析师不会为了表现为系统性向下的偏好而纠正他们的预测。或者，更具体地说，分析师如何能够连续 41 个季度低估微软公司的盈余？显然，分析师有参与动机（参见 Lim，2001；Abarbanell 和 Lehavy，2003a；Chan、Karceski 和 Lakonishok，2003；Dopuch、Seethamraju 和 Xu，2003；Durtchi 和 Easton，2005；Burgstahler 和 Eames，2006）。

分析师屈从于管理层压力的观点认为，总体而言，分析师是一些软弱的守门人。例如，当公司有恶意盈余管理的意图时，分析师几乎从不通过紧急揭露来警告公众。在某些情况下，即使有证据表明公司的财务状况很差，他们也不修正原来的建议。Griffin（2003）分析了 1994 年到 2001 年间的 847 家被联邦证券发起共同起诉的公司，他发现，分析师对诉讼的反应是：要么停止对这些公司的跟踪研究，要么在盈余管理事件被披露后（例如重述之后）降低原来的建议级别。Cotter 和 Young（2004）也报告了近似的结果，他们考察了一组 1995 年到 2002 年间被 SEC 调查（由 AAER 公告）的公司样本，研究是否卖方分析师会由于会计欺诈而预期公司重述报表。他们发现，大约 60% 的分析师不会停止跟踪调查，超过 50% 的分析师不会在欺诈被首次公开披露前降低他们的建议级别。

这三种观点哪一种更好地揭示了现实的情况？特别是，最后一种看法可能会引起一种猜测，那就是所有的分析师在任何时候都发布其偏好的报告。我们不清楚对这几种不同的观点应该怎样分配权重。2005 年 7 月 26 日，SEC 委员 Roel Campos 在美国参议院银行、住房和城市事务委员会的讲话中指出：

> 在我服务的这三年中，委员会贯彻国会的指令，如期完成任务，通过经常性的、复杂的政策制定，执行《萨班斯—奥克斯利法案》的要求。但令人遗憾的是，在这三年里，投资者的信心面临着许多挑战，市场稳定性被动摇。我们发现，证券分析师对那些连他们自己都认为是“劣质的”公司给出利好的建议，换句话说，以促进银行业务。
>
> 我一直认为，在拥有最多商人、经纪人和投资顾问的美国，专业人士是正直和谨慎的。

不幸的是，诚实的建议不是一种对盈余管理最有效的防御。例如，Abarbanell 和 Lehavy（2003a）发现，收到“卖出”建议的公司，通过“洗大澡”预提有利于未来报告盈余的准备的方式对盈余进行操纵。

§5.2.3 21 世纪的分析师

到目前为止，我们主要关注 20 世纪的状况。但现实情况是，这个行业在最近几年已经发生了巨大的变化（Williams，2006）。2000 年 3 月，网络股泡沫破裂，接踵而来的是经济衰退。2000 年 10 月，FD（公平披露）条例生效，该条例限制分析师通过私人途径从管理层那里掌握公司的真实盈余信息。一方面，FD 条例减少了分析师的私人信息（Francis、Chen、Philbrick 和 Willis，2004；Francis、Nanda 和 Wang，2006；Williams，2006），结果是，在盈余公告之后发布的预测的准确性也降低了（Sidhu、Smith 和 Whaley，2006）。FD 条例减缓了分析师对盈余的反应速度（Janakiraman、Radhakrishnan 和 Szwejkowski，2006），对那些已被其他分析师所关注的公司的注意力也被转移了，因为跟踪这些公司的边际利益不能抵消执行 FD 条例带来的增量成本（Mohanram 和 Sunder，2004）。另一方面，FD 条例导致公司的公告更加公开，增大了公司披露的信息含量（Bailey、Li、Mao 和 Zhong，2003；Heflin、Subramanyam 和 Zhang，2003；Wasley 和 Wu，2005），增加了分析师预测所包含的其他信息来源的比重（Shane、Soderstrom 和 Yoon，2001），比如信用评级（Jung、Sivaramakrishnan 和 Soderstrom，2006），同时也拉平了分析师的水平，因为盈余公告发布后分析师预测的离散度降低了（Shane、Soderstrom 和 Yoon，2006）。

另一改变始于 2001 年，纽约州总检察长 Eliot Spitzer 对美林证券（Merril Lynch）内部邮件所进行的调查，揭露了因投资银行业务与对公司的跟踪研究的密切关系而诱发的利益冲突。通过州政府监管部门和 SEC 的共同努力，调查以十家最大的投资银行同意支付接近 140 亿美元、不承认有不当行为①和两名分析师被逐出该行业的结果而告终。除了支付巨额罚款，上述处理结果还包括一些结构性的改变，比如关于分析师不能再因为带来投资银行业务而受到金钱奖励的协议。这项调查在 2002 年 12 月完成，并于 2003 年 4 月签订协议。

上述处理结果在 2002 年 4 月《萨班斯—奥克斯利法案》颁布之后的几个月内达成。法案第 501 条责成 SEC 制定法规，阻隔分析师对投资银行业务施加影响。2003 年，国会通过分析师认证条例（Analyst Certification Regulation），同年 4 月生效。该条例要求分析师证明他们提供的报告反映了他们真实的观点。

20 世纪后期迅速发展起来的分析师行业最终开始收缩了。2005 年 7 月 29 日，《纽约时报》公布了证券行业协会的一项调查结果，金融行业减少了 55 000 个工作岗位，这些岗位主要是对公司权益证券的研究岗位（参见 Mohd，2005）。从监管有效地缓解了分析师利益冲突这个意义上，对公司进行跟踪研究的边际利益下降了，因此，分析师的报酬也下降了。②

---

① 所罗门美邦（Salomon Smith Barney）（4 亿美元）；美林（Merril Lynch）（2 亿美元）；瑞士信贷第一波士顿银行（Credit Suisse First Boston）（2 亿美元）；摩根士丹利（1.25 亿美元）；高盛（Goldman Sachs）（1.1 亿美元）；摩根大通（JP Morgan Chase）（8 000 万美元）；雷曼兄弟（Lehman Brothers）（8 000 万美元）；贝尔斯登商业银行（Bear Steams）（8 000 万美元）；瑞银普惠（UBS Paine Weber）（8 000 万美元）以及美国合众银行（US Bank Corp Piper Jaffray）（3 250 万美元）。

② 由于拉平了那些与公司关系密切的、首屈一指的分析师和其他分析师之间的距离，FD 条例因此影响了整个分析师行业。Janakiraman、Radhakrishnan 和 Szwejkowski（2006）发现，在 FD 条例颁布之后，第一次预测范围（用分析师第一次发布季度盈余预测的日期到财政年度的季度末之间的天数来计算）减少了大约 12 天，对那些著名的分析师来说，与他们过去每年的平均首次预测范围相比，下降的幅度更大。

2005年7月28日，Eliot Spitzer在接受电视节目Mad Money的主持人J. Cremer采访时说，他相信大量的腐败现象被消除了，但并非所有问题都得到了解决。① 不过毫无疑问，问题正在被解决的过程中。例如，2005年7月26日，为富国证券（Well Fargo Securities）服务的半导体业股票分析师Tad LaFountain宣告，他不再跟踪Altera公司。在他做出这个非同一般的举动②之前发生的一切其实都再平常不过了。对于Altera公司利用回购股份来抵消股票价格下降的做法，该分析师认为是对股东现金的无效利用。因此，Altera公司将他列入分析师黑名单，拒绝与他沟通，在电话会议上也不回答他的问题。我们认为这名分析师的举动非同一般，是因为他“公开”指责公司有过错。Altera公司的首席财务官Natahn M. Sarkisian随后道歉，保证公司将与所有分析师进行全面沟通。这一事实证明，权力从管理层转向了分析师。③

但这些并非影响最广泛的变化。例如，Mayew（2006）显示，在与分析师进行的电话会议中，在决定哪位分析师有机会提问时，公司希望分析师提出更多利好的建议。Chen和Matsumoto（2006）假设，在分析师预测准确性与公司向他们披露的信息之间存在着一种关系。他们发现，在FD条例发布之前，那些发布更多利好建议的分析师所做的预测准确性相对上升；但这种关系在FD条例颁布之后消失了。因此，FD条例减轻但并非完全消除了因公司进行选择性披露所造成的信息不对称。

§5.2.4 达到或超过分析师预期——MBE

> 在一个以大量警告开始的盈余季节，事情似乎都显得很顺利。
>
> 超过半数的标准普尔500公司在最后两周内报告比华尔街预期略高的盈余，大多数公司只超过1美分左右（《纽约时报》，2003年2月2日）。
>
> 波音昨天报告第二季度盈余下降6.8%，但公司仍然超过华尔街预期，波音公司还提高了它当年的盈余展望（《纽约时报》，2005年7月28日）。
>
> 通信运营商Sprint公司昨天说，它的利润是第二季度的两倍以上，其增长源于增加并保留了更多的无线用户。尽管一些分析师希望看到Sprint在竞争激烈的移动电话领域有更好的表现，公司的盈余报告还是超过了华尔街分析师的预期（《纽约时报》，2005年7月28日）。
>
> Alcoa公司报告了第三季度净利润上升86%，但公司由于远远没有达到分析师对更低的金属价格的预期，它的股票在盘后交易（after-hours trading）中下滑。该公司的季度盈余报告只能以苦涩的说明开始（《华尔街日报》

---

① 2005年2月，在纽约市的一个投资者会议上，一名发言人评论说，“分析师位于不同的楼层，但你也可以乘坐电梯”。

② Gretchen Morgenson, “You'll Never Do Research in This Town Again,” *New York Times*, July 31, 2005)。

③ 同一天的《纽约时报》故事披露，“Altera公司没有说出来的是，它已经将摩根大通的分析师Chris Danely列入黑名单。Sarkisian在一封4月22日发出的7页纸长的信件中直截了当地说，‘现通知你我们不会再与你或你的同事进行进一步的互动或沟通。’Danely违法了吗？据这封信说，他对公司有偏见。”

2006 年 10 月 10 日)。

MBE 是公司宣告的盈余达到或超过分析师对盈余所做的一致预期的现象。MBE 的重要性是根据盈余主要为分析师预测的统计数字这一事实得出的（例如，DeFond 和 Hung，2003)。因此，成功地达到预期或不能超过预期会引起媒体和投资者的密切关注。

研究表明，MBE 现象在 20 世纪后期迅速增加。Bartov、Givoly 和 Hayn（2002）研究了 1983 年 1 月到 1997 年 12 月间 64872 个公司的季度观察值，指出，公司季度观察值中 MBE 的数量，由前 5 年平均每个财政季度 400 个，稳定地提高到后 5 年每个财政季度超过 1 500 个。Matsumoto（2002）对 1985 至 1997 年间的一组样本进行研究，他们也报告了近似的趋势，在 Zacks Surprise Files 数据库中，1985 年有 41% 的公司/季度存在 MBE 现象，1997 年增加到 70% 。[①] Brown（2001）的研究显示，盈余意外的中值在 1984 年到 1990 年间轻微为负，1991 年到 1993 年间为零，1994 年到 1999 年间轻微为正。

如今，MBE 现象仍然十分普遍。[②] 路透社报道说，超过半数的标准普尔 500 公司在 2003 年 1 月的后半月报告的盈余，仅仅达到预期或者仅仅超过预期 1 美分。一项由汤姆森金融公司（Thompson Financial）开展的研究，对 1999 年到 2004 年间 30 家道琼斯公司进行分析后发现，46. 1% 的公司每个季度都刚好达到分析师的一致估计或仅仅超过 1 美分。在 2004 年的前 3 个季度，10. 9% 的公司没有达到预期的结果，低于 2003 年的 11. 7% 和 2002 年的 25% 。MBE 现象在各个行业广泛存在。Williams（2006）考察了 1999 年到 2003 年间在 59 个两位 SIC 数字代码中的 11503 个公司/季度观察值（剔除了数据缺失、金融机构以及公司数少于 10 的观察值之后)，她发现，在一些拥有无形资产的行业存在着集中的 MBE 现象。其中，服务业占 17. 06% 、电子电器设备占 10. 07% 、化学和化工类产品占 9. 98% 、仪器和相关产品占 7. 87% 。其他 55. 02% 则平均分布在其余的 55 个行业。

不过，MBE 现象的表现形式在 21 世纪已经产生了变化，盈余意外大于预期 1 美分，并且伴随着股价上升。由于 FD 条例的规定，在正式公告之前，CEO 和首席财务官必须对公司业绩保密。结果如何？盈余意外变得更像是一个意外。这就是为什么成长股能够在一天内上升 10% 、20% ，甚至更高的原因（David Saito-Chung，“Even

---

① Matsumoto 指出：

这种增长不太可能因为分析师低估了正向的微观经济事件对公司利润的影响而引起……随着时间推移，大多数季度并不存在着非常项目前的每股收益比前一年同一季度（例如，盈余的季节性变化）显著上升的趋势（第 8 号 Compustat 数据库的季度项目）……但从 1991 年开始，达到和超过分析师预期的季度稳定增加，但盈余上升的季度却没有增加（第 489 页）。

② MBE 现象在《萨班斯-奥克利斯法案》颁布后下降（Williams、DaDalt、Sun 和 Yaari，2006，2008；Bartov 和 Cohen，2007；以及 Koh、Matsumoto 和 Rajgopal，2007）。

Leaders Get Burned by Dismal Profit Outlooks", Investor's Business Daily, July 25, 2005)。[①] 而且，上面提到的汤姆森金融公司的研究也发现，市场价格对超过预期1美分的反应较小，而且仅仅超过预期1美分的公司也较少。[②]

为什么公司要达到或超过预期？答案是，市场回馈这种行为。Barth、Elliott和Finn (1999)；Bartov、Givoly和Hayn (2002)；Kasznik和McNichols (2002)；Lopez和Rees (200)；Bhojraj、Hribar和Lo (2006) 以及其他研究发现，在控制了预测差错的大小之后，达到或超过（达不到）分析师盈余预期的公司存在着显著的股票价格溢价（惩罚）。[③] 市场反应最强的盈余意外范围，在一个美分附近（+1美分的MBE公司和-1美分达不到预测的公司)。衡量市场反应的窗口也很重要。[④] 因为有可能获得额外的盈余预先公告以及其他信号，当回报窗口扩展时，股票价格溢价或惩罚的绝对价值也上升了。

一组特别的MBE公司包括习惯性地达到或超过预期的公司。一旦一家公司开始了预期游戏，它就无法金盆洗手，而不产生使失望的投资者作出剧烈反应的风险(Barth、Elliott和Finn, 1999；Kim, 2002；Skinner和Sloan, 2002；Graham、Harvey和Rajgopal, 2005；Myers、Myers和Skinner, 2006)。我们在下面对这组公司进行讨论。[⑤]

§5.2.5 MBE作为一项盈余管理的策略

MBE被认为是另一种为了超过某个标准值而对盈余进行操纵的情形，这个标准值就是分析师的一致预测。零利润和去年同一季度盈余这两个标准值表面上是客观和无法改变的，但对一致预期就不能这么说了。第一，分析师只跟踪那些他们认为可以

---

① 关于FD条例对分析师预测质量产生影响的大量研究的回顾，可参见Francis、Chen、Philbrick和Willis (2004)。

② 1998年，超过预期1个美分的道琼斯公司股票在公告日上升0.78%，但在2004年只上升了0.15%。1998年，MBE公司的比例为60%，但2004年却下降到35%。超过预期1美分以上的道成分公司的数量从2002年的27.2%上升到2004年的54.3%。

③ 汤姆森金融公司的研究报告了，报告盈余低于分析师预期的公司价值在公告日平均损失1.08%，5天后，损失平均为1.59%。

④ 由于存在股票分割，对这些研究应该小心解读。在股票分割之后，数据库提供了四舍五入到最接近美分的重述历史数据。分析师预测的盈余意外也被四舍五入到最接近的美分，与股票分割混在一起，数据会产生偏差。Baber和Kang (2002a) 观察到：

例如，假设分析师一致预期的每股收益为0.10美元，而实际的每股收益为0.09美元，而且公司进行了1股分拆为2股的股票分割。四舍五入到最接近的美分后，预测和实际的每股收益都报告为0.05美元。这样，预测档案里的数据不正确地表明盈余“达到”了分析师的预期，即使在披露日报告的实际盈余与一致预期有差异(第278页)。

Baber和Kang显示，达到预期的分割公司（非分割公司）可以享受3天的正向（负向）超常回报。也可参见Kim、Lim和Shaw (2001)，该研究观察到，分析师预期的一致意见是一种有偏的测量方法，因为它对所有的分析师都过度强调可得到的公开信息。

⑤ 参见Matsumoto (2003) 以及Williams (2006) 关于为了维持公司的市场价格而必须达到或超过预期的市场压力的讨论。

产生足够交易量的公司，因此，很多上市公司没有被跟踪研究。Durtschi 和 Easton（2005）将机构经纪人预测系统（Institutional Brokers Estimate System，I/B/E/S）与公司的 GAAP 盈余数据库（Compustat）进行了比较。[①] 他们报告说，在 1983 年到 2002 年间，I/B/E/S 跟踪了 Compustat 中 4.4%（11.6%）报告了 1 美分损失（利润）的公司。单是这种差异，就能够在报告 1 美分损失的 I/B/E/S 公司数量和报告 1 美分利润的公司数量之间产生 3 倍的差异。第二，管理层信息是分析师研究中一种有价值的信息来源。公司因此能够影响分析师的预期，特别是有关估计未来盈余的信息披露，是指引和预先公告。

这个公司与分析师之间的游戏的时间轴如下（基于 Cotter、Tuna 和 Wysocki，2006 中的图 1）：

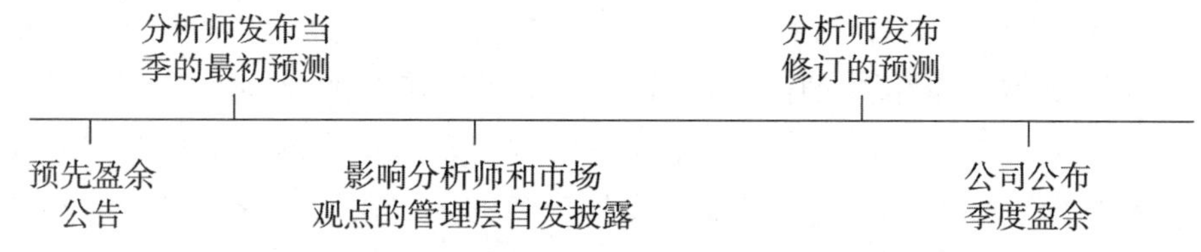

图 5.1　MBE 游戏

图 5.1 展现了公司如何通过操纵预期和盈余来达到或超过预期。[②] 曾为 MCI 公司工作过的 Dan Reingold 描述了在 FD 条例颁布之前公司管理预期的手法：

> 我很快就知道，投资者关系是一门艺术而不是科学，特别是，当它被用来操纵分析师盈余预期的时候。
>
> 如果公司某个季度的业绩很差，则我们需要缓慢平静地将信息透露出去，以使得股票价格会在盈余公告前的一两周内下降，但又不会引起媒体的关注。这样做比股票价格在盈余公告日大泻而下要好得多，因为全世界都会对此事件紧密关注。正面的消息也会泄露出去，但却不会受到太多的关注，因此当比预期更好的消息出笼时，股票价格会有足够的反弹。这是普遍的做法，普遍到我从来都不会在那个时候关注它（Reingold 和 Reingold）。

文献提供了公司管理盈余以超过预期的证据。Bannister 和 Newman（1996）发现，比起那些盈余超过预期的公司，未能超过预期的公司更多地涉及调增利润的盈余管理。Abarbanell 和 Lehavy（2003a）发现，收到“买入”建议的公司更可能通过操纵盈余来达到分析师的预期。Kasznik（1999）显示，预期的形成是对更早期自发披露信息的反应，公司操纵盈余的目的是为了不使市场失望。Moehrle（2002）考察了 121

---

① I/B/E/S 盈余不同于 GAAP（例如，Abarbanell 和 Lehavy，2002；Bhattacharya、Black、Christensen 和 Larson，2003；Durtschi 和 Easton，2005；Frankel 和 Roychowdhury，2005）。

② Ke 和 Yu（2006）显示，在 FD 条例颁布之前，分析师有参与盈余预期游戏的动机。参与这个游戏的分析师平均而言发布更准确的预测，从而更有工作保障。这个结果支持以下看法，那就是，在向市场泄露价值相关的信息的过程中，公司是个老练的玩家。

项在1990年到1999年间记录的重组费用的转回，发现它们被用来作为达到期望的盈余预测（或其他标准值）的一种工具。因为美国GAAP要求公司在研究与开发支出发生当期将其全部费用化，Bange和De-Bondt（1998）考察了高管人员是否为了管理盈余而操纵研究和开发预算。他们对1977年到1986年间100家美国公司的研究表明，研发预算调整降低了分析师的盈余预测和报告盈余之间的预期差距。Das和Zhang（2003）发现，公司报告的每股收益（以美分表示）小数点右边的数字通常能通过四舍五入将EPS抬高。例如，如果EPS是10.435，则公司会报告为10.44。进一步的考察表明，对那些只达到预期或超过预期1美分的公司来说，四舍五入的使用更为普遍![①] McVay（2006）显示，公司通过费用转移来达到分析师预期，那就是，它们将销售成本与销售费用或管理费用之间的项目——核心盈余——移到特别项目中。

实证研究证实，两种策略（操纵预期和操纵盈余）都有使用。[②] Kinney、Burgstahler和Martin（2002）的证据表明，在1992年到1997年间，预测的特点变为与盈余管理和预期管理的上升一致。作为一个例子，修正预测的平均时间（相对于年度盈余发布日）缩短52%，报告盈余意外为零的公司比例上升41%，报告正向盈余意外的公司比例上升14%，报告负向盈余意外的公司比例下降29%。因为分析师在公司披露盈余之后修正他们的预测，较短的预测时间表明了预期管理的广泛运用，盈余的修正越接近，盈余就可能越准确。Louis（2004）对换股合并中股票互换前的季度收购公司所进行的激进盈余管理进行了研究，他发现，这种盈余管理策略的影响是，形成了降低合并后盈余的应计转回。Louis发现，那些没有考虑在合并公告之后的月份里被操纵的应计转回，从而完全修正他们预测的分析师，会在收购公司最终发布季度盈余公告时考虑应计的转回。他总结说，公司很显然“超前”于分析师。Comprix、Mills和Schmidt（2004）揭露了公司所玩弄的一石二鸟小把戏。对有效税率的季度估计，可使预期管理和盈余管理的目标同时实现。在较早些季度公告较高税率，使公司有一些可以超过年度盈余目标的准备，同时，也降低了分析师预期，因为他们不会考虑到年底税率比季度报告时更低。

以下文献提供了更多关于利用两种策略来达到或超过预期的实证证据：Bartov、Givoly和Hayn（2002）；Matsumoto（2002）；Bernhardt和Campello（2003）；Burgstahler和Eames（2003）；Chen（2003）；Ayers、Jiang和Yeung（2006）；Williams（2006）。特别是，如果盈余管理是恶意的，公司会通过操纵预期来降低分析师预期，通过调高

---

① 例如，当四舍五入的对象为净利润时，56.1%（60.1%）达到预期（超过预期1美分）的公司利用四舍五入的方法。

② 引导分析师的盈余管理手法是其他研究的话题。从First Call公司发布的引导数据库中，Cotter、Tuna和Wysocki（2006）获得了1995年到2001年间的引导事件数据。他们发现，经理人选择在哪个季度发布公开指引。在8198项指引中，有2382项公开的管理层指引，在盈余公告前公开发布指引的平均天数为29天。公司因此“超前于分析师”，因为分析师的乐观性（相对于实际盈余）上升100%，导致通过公开管理指引来降低预期的可能性上升了5%。

盈余来达到或超过预期。

公司 MBE 的手法各有不同。一些公司只操纵预期，另一些公司只操纵盈余，有一些两样都不做，还有一些两样都做。[①] Matsumoto（2002）给出了利用这些策略的背后所存在的公司需考虑的线索。表 5.1 综合了她的研究发现：

表 5.1 MBE 的使用策略

	操纵盈余	不操纵盈余
操纵预期	有较高比例的机构股权，特别是短期投资型机构股权的公司	1. 依赖于利益相关者隐性索求权的公司 2. 盈余更加价值相关
不操纵预期	高成长公司	有亏损历史的公司

倾向于利用盈余管理来达到或超过预期的公司有两种。其中一种公司关注盈余，因为它的股东主要是机构投资者，他们基于公司达到盈余预期的能力来决策。另一种公司是高成长公司，其增长率决定它们的定价。有可能通过操纵预期从而达到或超过预期的公司，是那些关注盈余数字完整性的公司，或者是那些喜欢尽快地过滤披露给资本市场的信息，以避免被起诉的公司。

Baik 和 Jiang（2006）考察了只操纵预期的动机，也就是，他们不讨论盈余管理。他们的研究显示，有短期投资型机构股权的公司以及之前有达到或超过预期行为的公司更可能在预测中带有负向偏差。遭受损失的公司更可能发布带有负向偏差的预测，因为他们有抑制损失中坏消息含量的动机。对此研究的补充可见 Barua、Legoria 和 Moffitt（2006），他们的研究显示，对于盈利公司而言，他们为了达到或超过预期而操纵盈余的压力比亏损公司更大。

当市场看穿盈余管理时，它就不再回馈 MBE（Bolliger 和 Kast，2004；Lin、Radhakrishnan 和 Su，2006），这时我们不清楚达到或超过预期的动机是什么。不过，大多数的研究发现，MBE 公司得到了市场的回馈。这就引起了一种担忧，市场可能会回馈恶意的盈余管理。1998 年，当时的 SEC 主席 Arthur Levitt 在题为“数字游戏”的演讲中指出，大多数人都认为这是恶意的盈余管理：

> 我越来越担心达到华尔街盈余预期的动机可能正在践踏人们对商业惯例的判断力。当大家都热衷于满足对盈余的一致估计和设计一条平滑利润的途径时，打如意算盘的妄想可能就会战胜真实反映。

《纽约时报》的 Gretchen Morgenson 也指出：

> 问任何一位首席执行官，问他或她是否参与盈余管理的游戏，你将毫无

① Lin、Radhakrishnan 和 Su（2006）考察了盈余管理的工具，除了利用操控性应计来达到或超过预期外，还有分类转移（Classification shifting，类似 McVay，2006）负的超常销售和管理费用（类似 Gunny，2005）以及正的超常生产和负的超常经营现金流（类似 Roychowdhury，2005）。他们发现达到或超过分析师盈余预测的可能性上升 5% 到 10%，取决于所运用的盈余管理工具。

疑问地听到“当然没有!”这个斩钉截铁的回答。但问同一位执行官他们公司最近的业绩时，你可能会听到其自豪地回答，“我们超过分析师预期1美分”。

在一个不确定的世界里赢得这个胜利带有盈余管理的味道。位于西雅图的Fleckenstein Capital公司负责人Bill Fleckenstein说，“根本不可能有这么高比例的公司可以击中靶心。商业事务太复杂了，里面存在着太多的构件。”

Williams、DaDalt、Sun和Yaari（2006）假设，那些需要重复再三地报告优良业绩的公司通过MBE传递了业绩优良的信号。那就是，如果一家很强的公司调高它的盈余报告，它可以承受得起。今天夸大盈余，将导致威胁公司达到或超过未来预期能力的盈余转回。因此，承受这一风险的公司传递了未来价值的信号。一些实证研究证据表明，平均来说，MBE公司有较好的业绩（例如，Chevis、Das和Sivaramakrishnan，2001；Bartov、Givoly和Hayn，2002；Dopuch、Seethamraju和Xu，2003）。[①] 例如，Chevis、Das和Sivaramakrishnan（2001）分析了1988年到1998年间的MBE现象后发现，习惯性地达到或超过预期的公司可能有较高的成长性和较高的盈余上升态势以及更稳定的盈余。结果，其吸引了预测离散度比较低的更强的分析师。更进一步，Brown、Hillegeist和Lo（2006）也认为，市场回馈MBE得到了证实，因为MBE降低了公司的资本成本，从而产生了真实的现金流效应。通过增加交易量、吸引知情交易者和更好的流动性，MBE改变了市场对公司的反应，其结果是减少了公司与投资者之间的信息不对称，并降低了公司的资本成本。

市场对MBE公司的回馈解释了表现低劣的公司想与业绩优良的公司混在一起的动机。但如果市场不能区分弱与强的MBE公司，则它会对所有公司平均回馈。举例来说，假设60%的公司表现优良，则其经济价值为1；其余40%的公司表现低劣，则其经济价值为0.2。如果只有优良的公司达到或超过预期，则MBE公司的市场价格为1，非MBE公司的市场价格为0.2。如果非MBE公司也试图达到或超过预期怎么办？因为市场不能对两者进行区分，所以市场价格将是两者的平均数，那就是60%×1+40%×0.2=0.68。因为这个价格远远高于0.2，从而表现低劣的公司有达到或超过预期的动机。如果它们被发现了，价格将下降到0.2，但不会更低。很显然，如果它们不尝试达到或超过预期，它们的情况会更坏。[②]

Bhojraj、Hribar和Picconi（2003）的研究证明，市场不能区分MBE公司的强弱。他们比较了两类公司：一类是没有达到预期但也没有进行盈余管理的公司；另一类是达到或超过预期但却很显然是通过激进的盈余管理才达到目标的公司。他们发现，市

---

① Bhojraj、Hribar和Picconi（2003）是一个例外。他们发现，因为没有操纵盈余而不能达到或超过预期的公司胜过操纵盈余的公司。

② 我们继续讨论这个例子。假设因为投资者的诉讼（参见第8章），揭露后的价格下降到0。如果被发现的概率小于70%，则MBE仍然是可取的。如果0.68×（1-x）+0×x=0.2（x为被发现的概率），则x=0.48÷0.68=0.7。这时是否MBE，对表现差的公司来说都是一样的。

场回馈了后者。不过，就回报和盈余变化而言，在一个 2 到 3 年的时间窗口内，那些没有操纵盈余的公司胜过操纵盈余的公司。

Williams、DaDalt、Sun 和 Yarri（2006）研究了在 FD 条例和《萨班斯—奥克斯利法案》两个浪潮中，市场区分业绩优劣两类公司的能力。比之我们只讨论分析师的简单研究，该研究提供了一个更丰富的模型。因为分析师面临着"囚徒困境"的动机，他们对强弱两类公司都给予利好建议。[①] 那就是，分析师不会提供歧视性的建议以使市场得以区分两类公司，从而使得那些表现低劣的公司有了通过向下管理预期和向上管理盈余来达到或超过预期的动机。因此，这个模型也间接地表达了 FD 条例和《萨班斯—奥克斯利法案》的监管冲击，将影响表现低劣的公司如何达到或超过预期。这个预测被一组习惯性进行 MBE 的、表现优良的公司样本所检验。市场对 MBE 的回馈表明，当公司通过引导分析师预期（盈余管理）来达到 MBE 目标时，FD 条例提高了市场辨别公司强弱的能力，而《萨班斯—奥克斯利法案》则没有影响到此。

假设 MBE 也会有成本，那什么时候公司会面临恶意地达到或超过最优良的公司的压力？Payne 和 Robb（2000）研究了一组 1986 年到 1997 年的样本，其中包括 13532 家 I/B/E/S 公司，检验激进的盈余管理与分析师预测的离散度之间的关系。因为离散度衡量分析师之间的协议，以及分析师对市场预期产生的影响。离散度越低，市场对某家公司业绩的预期越一致。Payne 和 Robb 发现，当分析师预期的离散度比较低时，经理人更可能通过调增利润的策略来达到或超过预期。Richardson、Teoh 和 Wysocki（2004）研究了 1984 年到 2001 年间 53653 个公司/季度观察值，结果显示，计划进行内部人交易的经理人具有给市场利好惊喜的动机。McVay、Nagar 和 Tang（2006）检验了一组 1990 年到 1999 年间的 21 952 个公司/季度的观察值，这些观察值只包括仅仅达到（零利润或 1 美分利润）或仅仅差一点不能达到（差 1 美分或 2 美分）季度盈余预期的公司。他们也发现，相对于仅仅差一点不能达到预期的可能性，仅仅达到预期的可能性与后续管理层出售股票有很强的相关关系。"仅仅达到"预期公司的经理人销售股票（以持有的股票数量来进行调整）的比例，比起那些"仅仅差一点达不到"预期的公司高出 56%。Cheng 和 Warfield（2005）对 1993 年到 2000 年间的非金融公司和高阶主管数据库（ExecuComp）公司的样本进行研究，也获得了相似的结果。他们的研究显示，股票期权诱发经理人战略性地进行盈余管理和内部人交易。通过避免报告大的盈余意外，他们更可能达到市场预期。Bolliger 和 Kast（2004）在对一组 1993 年到 2001 年间的 8 714 个公司/年观察值进行研究后发现，股票期权解释了资本市场对管理层所施加的压力，通过引导分析师向下预测盈

---

① 考虑一个两个分析师跟踪同一个表现低劣的公司的游戏。分析师的报酬是这样的，如果只有一个分析师发布诚实的意见说明公司表现低劣，则他将被惩罚，另一个给予溢美之词的分析师将被回馈。只有两个分析师同时谴责公司，他们的报酬才会比他们同时隐瞒事实高。一系列对这种情况的说明显示，如果两个分析师都说假话，则每个分析师的效用是 5。如果两个都说真话，则每个人的效用为 7。但如果只有一个分析师说真话，则他的效用为 4，而另一个的效用却为 9。

余，使之能够达到或超过预期。相反，Bauman、Braswell 和 Shaw（2006）考察了通过机会主义的会计选择和引导分析师达到或超过预期的情形，他们认为，以股份为基础的报酬计划诱发了预期管理，而不是盈余管理。如果市场不确定盈余数字是真实的，还是恶意盈余管理和预期管理的产物，它就可能：

（a）对 MBE 折价。

（b）搜索额外的线索。

如果公司为了隐藏真实财务状况而达到或超过预期，那么理性的市场将对 MBE 公司折价。那就是，当市场怀疑存在盈余管理或引导分析师预期时，MBE 溢价比较低（Baber 和 Kang，2001，2002b，2003；Bartov、Givoly 和 Hayn，2002；Das 和 Zhang，2003；Bolliger 和 Kast，2004；Choi，2004；Lin 和 Shih，2006；Williams，2006）。例如，Williams 发现，对通过预期管理而达到或超过预期的回馈，低于对盈余管理的回馈，因为市场更容易发现预期管理。在一些情况下，市场会惩罚那些通过激进的盈余管理来达到或超过预期的公司，因为在盈余公告日前后的回报是负的（例如，Babe 和 Kang，2003；Dopuch、Seethamraju 和 Xu，2003；Williams，2006）。[①]

如果市场对 MBE 折价，那它为什么不忽略 MBE 事件呢？[②] 我们的答案是，MBE 游戏需要那些仅仅差 1 美分而达不到目标的公司的可信度。将上述例子扩展，假设现在有 50% 试图达到或超过预期的表现低劣的公司可能仅仅差 1 美分而达不到目标，但每一家表现优良的公司都超过预期。如果一家公司达不到目标，它的价格将会是 0.2，因为不能达到或超过预期表明了公司的类型。根据贝叶斯规律，因为 80% 的公司都达到或超过了预期（60% +50% ×（100% -60%）），MBE 公司的市场价格是 $\frac{60\%\times1}{80\%}+\frac{40\%\times50\%\times0.20}{80\%}=0.8>0.68$。MBE 有一些可信度，因为并非每一家公司都能成功地达到或超过分析师预期。[③] 现在，只有“好”的公司才有动机达到或超过预期，因为如果它们不试图传递它们自身价值的信号，没有其他公司会这样做，而其市场价值也就只有 0.68。

另一个处理 MBE 的途径是，发现更多 MBE 公司可信度的证据。Dopuch、

---

① Dechow、Richardson 和 Tuna（2000）报告说，相对于其他公司，达到或超过预期的公司倾向于有一些负的特别和非常项目，虽然总的来说，它们有大量的流动资本应计和大量的特别项目。

② 在一些情况下，市场会忽略 MBE。DeFond 和 Hung（2003）显示，当制度因素对作为公司价值信号的盈余质量产生怀疑时，分析师除了预测盈余之外，也对现金流进行预测，因为，例如，公司具有对投资者权利保护比较弱的特征。Ertimur 和 Stubben（2005）也发现了当盈余太波动或者为负，又或者包含着大量的应计时，市场有对销售收入和现金预测的需求。

③ 如果存在着不能达到预期的公司，这个论点就是有意义的。事实上，超过预期的公司比达不到预期的公司更多（例如 Durtschi 和 Easton，2005），还有许多公司只差 1 美分而达不到预期。因此而引发了一些问题：谁应该被责备？是不太会玩预期游戏的公司，还是勉强通过盈余管理而超过预期的公司？或者是不合作的分析师？Chen（2003）假设，责任在于经理人，当到达自己的预测的成本超过利益时，他们更可能达不到自己本身的预测。Chen 发现，经理人达不到预测的公司在会计上的灵活性比较差，在预测上的经验也不足，他们的盈余也更难预测，因为风险更高（正如有证据显示，在季度里有更多的负超常回报的天数）。

Seethamraju 和 Xu（2003）对 MBE 公司的可信度进行了研究。他们考察了当人们考虑公司盈余的时间序列行为时，公司是否也达到了预期。他们的样本包括 1993 年到 2000 年间的 33 575 个公司/季度观察值。他们观察到，那些成功地超过了两个标准值的公司的市场溢价为 4.5%，高于只超过一个标准值的公司的市场溢价。进一步的检验表明，对那些只达到或超过分析师预测的公司，累计超常回报 CAR 显著为负（-0.009）。相比之下，那些达到或超过两个标准值的公司的 CAR 为 0.045。他们总结说，投资者并不盲目地回馈仅仅超过分析师预测的公司，相反，他们也将时间序列预测中的增量信息考虑进来。

Dopuch、Seethamraju 和 Xu（2003）也将 MBE 和第 4 章中讨论的其他标准值的关系清楚明白地显示了出来。特别是，不同的目标是否可以相互补充和替代？Hansen（2004）；Graham、Harvey 和 Rajgopal（2005）以及 Rees（2005）发现，公司试图超过多个标准值。因此，他们认为在不同的标准值之间，可能存在着替代关系。Brown 和 Caylor（2005）发现，市场对 MBE 的回馈大于对其他盈余标准值的回馈。这个发现意味着，即使一些目标是可以替代的，但 MBE 占的权重可能更大，因为市场对 MBE 的反应更强。

另一个信号是收入。Rees 和 Sivaramakrishnan（2006）显示，当一家 MBE 公司不能达到分析师的销售预测时，达到盈余预期的溢价将完全消失。不过，Stubben（2006）观察到，那些收入被市场定价很高的公司，通过向上操纵收入来达到收入的目标。

还有一个信号是公司习惯性地达到或超过预期的声誉。Barth、Elliott 和 Finn（1999）；Kim（2002）；Skinner 和 Sloan（2002）以及其他研究观察到，市场会回馈长期达到或超过预期的公司（Lopez 和 Rees，2002 以及 Choi，2004 显示，他们的盈余反应系数 ERC 更高）。一旦一家公司不能达到这个目标，它的市场价格马上会下跌，这个现象被称为“毁灭效应”（torpedo effect）。很显然，公司成功地达到目标的每个季度，都在它的长期价值上提高了市场的信心。一旦公司不能达到预期，市场会就对公司进行惩罚，因为它对公司的看法转而向下。研究发现达不到预期的公司的未来表现不好（Dechow、Richardson 和 Tuna，2003；Chen，2003），市场的这种反应是理性的。轶事证据表明，毁灭效应的原因之一是理财经理的反应。他们倾向于丢弃所有的公司股票。而且，从公司股票价格影响其生产和投资决策的意义上来说，股票价格的负面震荡产生了一种自我实现的预言能力，那就是公司在未来不可能有好的表现。

总结来说，分析师出现在会计情境中，诱发了公司通过盈余管理来达到或超过分析师预期的动机。我们还不清楚为什么一些公司达到预期，而另一些公司却仅仅超过预期 1 美分。

§5.3 治理——所有权

§5.3.1 美国公司治理的定义和框架

我们沿用经济合作与发展组织（OECD）在2004年发布的“关于公司治理原则”报告中对治理的定义：“公司治理涉及一家公司的管理层、董事会、股东以及其他利益相关者的权力和责任的安排”。[①] 我们关注美国的系统。[②] 美国把创造长期股东价值看做是治理系统的目标（Gertner 和 Kaplan，1998；Dallas，2002；Jensen，2005a、b；Niskanen，2005；Skousen，Glover 和 Prawitt，2005）。但与此形成鲜明对照的是印度IT领域客户的看法。Agrawal 和 Fuloria（2004）发现，排在最前列的目标，是利益相关者价值最大化。Niskanen（2005）指出：

> 对于公司经理人也应该对其他被他们的决策所影响的“利益相关者”，例如员工、债权人、当地社区、环境等负有责任的看法，我一点都不赞同。虽然我承认，公司与这些群体之间的合约不完备，但却远比公司与股东之间的开放型合约（open-ended contract）完备。好的经理人会留意各种类型的利益相关者的利益，其关注程度与关注普通股东的利益相一致。但认为公司经理人对多个类型的群体负有责任，将大大地增加管理层所需要的判断力，增加管理层最终无法令任何一类人满足的可能性。

形成美国公众公司特征的无数的委托人和代理人关系，让最大化股东价值成为挑战。总的来说，公司是一个在股东（机构股东和散户）与董事会、董事会与高级管理层之间由委托人-代理人关系组成的等级关系组织。对董事来说，股东是委托人。董事是股东的代理人，但他们又是高级管理人的委托人，而高级管理人是董事会的代理人。

在高级管理层与他们的下属之间、机构股东与他们的受益人之间，也存在着委托人-代理人关系。因为，从定义上来说，机构股东管理着其他人的资产。[③] 2005年9月，在贝弗利山酒店举行的投资者责任研究中心（IRRC）的会议上，加州养老金雇员退休系统（CalPERS）前法律顾问 Rich Koppes 说，机构投资者也是受托人，应该

---

① 一些研究人员倾向于强调治理的法律层面（例如，Garrod，2002；Gillan 和 Starks，1998）。治理是一个控制公司运营的法律、规则和因素的系统，其中包含的各种因素导致了市场的压力，比如劳动市场和资本市场。关于对公司治理不同定义的讨论，可参见 Gillan 和 Starks（1998）和 Farinha（2003）。

② 例如，可将德国和荷兰的两层治理系统与英国和美国的董事会进行对比。

③ Coffee（1991）观察到：

谁来看守守门人的问题，是一个永恒的问题，但当假设的守门人是机构投资者时，这个问题变得尤其复杂。在机构投资者的层面上，不仅相同的代理成本问题会出现，而且还有理由让人相信，一些机构投资者对自己的“主人所尽的受托责任，并不如公司管理层对股东那样尽责。简单来说，公司受托责任中用到的最普通的机制，在机构投资者那里，要么不存在，要么在机构的层面上被放弃”（第1283页）。

考察他们自己的内部治理。他建议，机构股东要全面关注，什么对他们的受益人最有利。[①] 对机构股东可能放弃对其受益人受托责任的担忧，促使SEC要求机构股东披露他们如何投票（参见Latham，2005）。讨论机构股东如何完成其受托责任的最近的研究，可参见Adams和Santos（2006）。

图5.2描述了委托人-代理人关系。

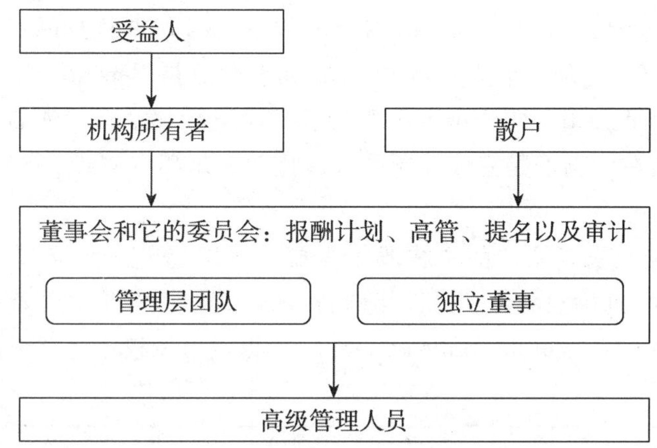

图5.2 治理结构中的委托人-代理人关系

对照第3章中我们将CEO作为股东的代理人，在这里我们把CEO刻画为在治理机制中并作为管理层的委托人。CEO和高层管理人员是内部管理层与股东之间的沟通途径。内部管理层关心战略和日常运作，而股东关心的是如何平衡一个有效率的投资组合（Jensen，2005a）。Booth（2005）认为，CEO作为委托人的角色，解释了为什么他们作为股东的合伙人，应该得到高报酬。

我们对5.3的其余部分作这样安排：首先讨论股东，接着是董事会。对每一个群体，我们都提出如下问题：盈余对他们是否重要？他们鼓励或阻止盈余管理的动机是什么？我们提供解释考察盈余管理的研究来对此进行总结。

§5.3.2 股东

5.3.2.1 股东在美国公司治理中扮演的角色[②]

现实中存在着两类股东：机构股东和散户。前者包括银行、保险公司、共同基

---

① http://www.irrc.com/company/news_fulltext.htm#CII。

② 从所有者的角度看来，治理质量的衡量标准主要是由投资者责任研究中心（IRRC）制定的，关注反收购条款的股东权力评分系统；或者是由机构投资者服务机构（ISS）制定的，主要提供诸如审计、董事会特征、董事和高管的报酬等附加治理变量的治理评分系统。前一个衡量标准与Gompers、Ishi和Metrick（GIM）（2003）的研究相关，该研究发现，弱治理与低劣的业绩和相应的低回报相关。这种治理评分的效率后来被Brown和Caylor（2005）以及Core、Guay和Rusticus（2006）所质疑。Brown和Caylor发现，是他们的治理评分系统中的章程/细则（charter/by-laws）类别（与GIM评分紧密相关）与低劣的业绩相关联。对GIM评分系统的进一步评价，可参见Bebchuk、Cohen和Ferrell（2004）。

金、养老基金以及大学捐赠基金，后者通常指个人投资者。我们后面的讨论主要关注机构股东。在某些情况下，至少持有5%股权的股东被称为大股东。他们通常能够推选成员到董事会，以便对管理层进行密切的监控。参见 Shleifer 和 Vishny（1986）；Admati、Pfleiderer 和 Zechner（1994）；Winton（1993）；Huddart（1993）；Chidambaran 和 John（1999，2003）；Kahn 和 Winto（1998）；Maug（1998）；Noe（2002）；Aghion、Bolton 和 Tirole（2004）；Faure-Grimaud 和 Gromb（2004）以及 Oded 和 Wang（2005）。例如，Warren Buffet 作为"华盛顿邮报"的董事，他是 Bershire Hathaway 公司的主席、总裁和 CEO，Bershire Hathaway 公司持有"华盛顿邮报"17%的股权，属于大股东。[①] 另一个大股东的例子是家族控制公司，比如沃尔玛（Wal-mart）是由 Walton 家族控制的。[②]

管理着至少上亿美元资产的机构股东需要向 SEC 登记，这意味着实证研究中的样本通常只是大的机构投资者。[③] 联邦储备局定时出版的《美国资金账户的流动》（Flows of Funds Accounts of the United States），[④] 提供以下权益持有细目分类（单位为十亿美元）：

	2005年第1季度	2006年第1季度
美国散户和机构投资者持有的权益证券的市场价值	14 840.2	16 425.8
散户持有部分	（39.9%）5 774.3	（34.6%）5 684.5
商业银行	19.4	28.0
储蓄机构	27.1	26.2
提供财产损失保险的保险公司	196.0	214.9
人寿保险公司	1 037.5	1 214.7
私人养老金	1 995.7	2 220.6
州和地方政府退休基金	1 581.0	1 811.8
联邦政府退休基金	99.5	122.5
共同基金	3 669.9	4 529.2
封闭式基金	87.8	109.1
交易型开放式指数基金	217.4	305.8
经纪人和经销商	134.6	158.5
机构所有者的总持有部分	（61.1%）9 065.9	（65.4%）10 741.3

*2005年（2006年）第1季度持有的总权益为169 981亿（190 253亿）美元，其中包括外国权益持有者持有的20 679亿（25 062亿）美元，以及州和地方政府持有的900亿（933亿）美元。

① http：//archives. cjr. org/year/98/6/buffett. asp。

② 在所有权集中方面，美国的公众公司存在许多特征。例如，Demsetz 和 Lehn（1985）发现，当股权集中用5个最大的股东的普通股权益来衡量时，这个变量的价值在1.27到87.14之间，均值为24.81。当这个变量用最大股东所持有股权的百分比来衡量时，变量的值在1.27到91.54之间，均值为37.66。最近的数据可参见 Dlugosz、Fahlenbrach、Gompers 和 Metrick（2006）。

③ 对需要向 SEC 进行登记的具体要求，参见 http：//www.sec.gov/about/firms/form13f. pdf。

④ http：//www. federalreserve. gov/releases/zl/Current/zl. pdf。

正如表中指出，机构股东持有的权益，比散户大约高出 50%。他们是否能够对公司决策产生足够的影响？一方面，答案是否定的，因为机构股东通常更青睐大公司（Gompers 和 Metrick，2001）。即使持有大宗股票，相对于流通在外的股票而言，他们所持有的股权还是很少。而且，有证据表明，为了不被归类为内部人而必须遵循 SEC 关于内部人交易的规定，他们避免持有超过 10% 或更多的股权。另一方面，答案又是肯定的，因为作为一个群体，他们不能被忽略，而且他们可能有影响管理层决策的能力。

把这个问题与第 1 章联系起来，我们注意到，对股东权力的一个有意义的讨论，应该是考虑其法律局限性。因为股东对影响他们财富的主要决策（比如合并）可以投票否决，但他们并不是决策的发起人，法律学者总结说，股东基本上属于弱势所有者。Bebchuk（2003）指出："管理层权力和股东的弱点不是所有权分散的必然产物，而是部分源于将管理层和股东干预分离开来的法律规定。"

那么，股东可以做什么？总的来说，他们有 4 种相互排斥的选择：通过投票与管理层合作；"用脚投票"，出售股票离开这个游戏；通过购买大宗股票从而在董事会获得一席之位以及直接监控管理层，诱发转变；成为"激进的股东"。

5.3.2.2　股东激进主义

最近股东激进主义高涨，不过他们组织的活动不及在董事会听到的他们的意见多，我们对这个问题单独进行讨论。要解决股东弱势地位这个严酷的问题，仍然存在着一段距离，SEC 已经考虑让股东有权力任命董事，但这只是提高股东权力的一个信号，因此也说明了股东激进主义的重要性（参见 Coglianese 和 Michael，2006，他们对在哈佛大学举行的"21 世纪公司治理中变化的关系"圆桌会议进行了综合）。①

激进主义者被定义为那些不改变控制权，但却通过采取措施来影响决策的股东（Gillan 和 Starks，2008，2007；Black，2002）。这个定义涵盖了股东提议和股东对管理层的任命。它不包括在公司中为了影响决策而接管和购买少数股东控制权的做法。

一个激进主义股东可以准备一份用于在年度股东大会上投票的股东提案。② SEC 明确了以下规定：

- 程序（提议首先被提交到公司的执行官办公室，并向 SEC 备案）。
- 内容（SEC 在 1934 年颁布的《证券交易法》的 14a-8 条规定了 13 种被禁止的提案类型，例如任何要求公司违反法律的提案）。
- 长度（不能多于 500 字）。

---

① "最近一些年，转向对董事实行多数投票的压力很显然一直在稳定上升，最近的委托书征集季节（proxy seasons）无数股东对这个问题提出动议。虽然许多这些提议被驳回，但仍然有一些值得注意的动议被接受了。试图通过动议来提高股东对选择董事的影响在未来可能会继续。"

② 除了被称为"牛蝇"的机构和个人激进主义者，自 1995 年以来，"美国投资者权利协会"（IRRA）也递交提案。

• 时间表（对于提交给定时召开的年度股东大会审议的提案，公司执行官办公室必须在前一年度股东大会股东签署的委托书签发日前不少于120天收到）。

• 提案发起人资格（在提案之前持有价值2000美元的股票或1%的权益（选较低者）一年以上。当发起人为受益股东（某个经纪人持有他的股份）时，他必须拥有一封能证明他持有股份的信件）。

• 重新提交之前被驳回的提议（没有被股东大会接受的提案可以重新提交，但如果它只受到小于3%的投票支持，或者在第二年受到小于6%的投票支持，或者在之前的5年内受到小于10%的投票支持，则在未来3年的年度股东大会上，提案不得再提出）。

大多数提议的话题都涉及治理和环境问题。例如，2005年，CalPERS宣布，5家美国公司由于低劣的财务业绩和较差的公司治理而被列入“关注名单”：美国国际集团（AIG）、AT&T公司、Delphi、Novel公司以及惠好公司（Weyer-haeuser）。① 这个名单中包括一些被CalPERS视为激进主义目标的公司：“CalPERS的公司治理计划每年都在系统的国内权益组合中确认一些长期表现低劣的公司。在CalPERS国内股票组合中被确认为长期业绩表现最差的公司，被作为系统内公司治理激进主义关注的目标。”②

显然，可以递交提案赋予股东某种能力。不过，提案的范围也是有限制的，而且成本很高。限制提案的范围导致了如下对SEC的批评：“SEC的规则第14a-8条显然是更多地保护公司不被股东侵犯，而不是保护股东、员工或环境不被公司侵犯。”③ 股东激进主义的成本是很高的，因为除了直接成本，它还“要求对公司和公司经营环境有所了解”（Oded和Wang，2005）。直接成本是递交提案过程中的官僚主义的结果：提案递交给公司以后，可能会被管理层“遗漏”。公司在14天内通报提案发起人，谁可以采取修正行动来纠正被公司确认的错误。SEC也会涉及进来，因为公司必须在股东签署的委托书发出之前80天内，向SEC提出“不作为请求”（no-action request），同时向发起人提供一个副本。虽然从法律上说，SEC不应该作为公司和发

---

① CalPERS有一份“监控名单”和一份“关注名单”。例如，在Novell公司继续表现低劣后，而且“在与养老基金谈判后的数月内都无法设计一个真实的、以业绩为基础的高管报酬计划时”（2005年4月20日，新闻稿），CalPERS决定将Novell公司从2004年的“监控名单”提升到2005年的“关注名单”。

② 在第3章，我们介绍了倒填日期。有趣的是，到2006年9月30日，CalPERS宣告，它也采用主要的“论质支付方案”（pay-for-performance initiatives），具体如下：

——高管报酬计划涉及员工股票期权“倒填日期”（backdating）以及“压紧弹簧”（spring-loading，即在影响股价的利好消息放出之前，公司派发期权给高管——译者注），造成无数公司被SEC调查。

——由于最高层管理人员直接参与股票期权倒填日期丑闻，被要求对媒体的公开指控作出回应的公司。

——在联邦法庭诉讼中因授予股票期权而被一个单独的原告起诉的联合健康集团（UnitedHealth Group）（http://www.calpers.ca.gov/eipdocs/about/facts/corpgov.pdf，第1页）。

③ 最近，股东递交提案，要求在选举董事时采取多数投票规则（之前，在年度股东大会上，选举董事要求一股一票）和确认股票期权费用（Glassman，2006a，b）。

起人之间的调停人，但因为 SEC 要听取两边的说法，实际上它担当了这个角色。[①] 如果 SEC 不同意“不作为”的请求，提案将被附在股东签署的委托书上，并在公司年度股东大会上讨论。

即使是一项提案在年度股东大会上出现，也不一定能够保证它会得到多数票通过。在任董事会有权解释为什么反对这项提案，并试图说服股东投反对票。而且，当一些股东也和公司有业务来往时，比如保险公司和银行，他们可能以投票支持管理层的方式与其合作（例如 Brickley、Lease 和 Smith，1988；[②] Fields 和 Keys，2003；Monks 和 Minow，2004；Borokhovich、Brunarski、Harman 和 Parrino，2006）。[③] 正如前面关于股东对公司反应的讨论，在 Coffee（1991）一文中，脚注 29 报告了“华尔街规则”：[④]“华尔街规则”的基本思想是，机构应该支持并投管理层一票——不然就卖出股票。一些人将这个非正式行为规则的起源追溯到由美国银行家协会 1940 年发展起来的指引。[⑤]

虽然股东提案通常会被驳回（例如 Maug 和 Rydqvist，2006），但股东激进主义可能仍然颇具价值。直接后果是，提案打开了与高级管理层和董事沟通的渠道。其好处是，在谈判以后，要么是发起人达到了他提案里提出的要求，要么是双方找到了一个折衷的解决方案（Gillan 和 Starks，1998；Black，2002）。大多数人认为，当股东激进主义者预期会得到公司的积极回应时，谈判比发起股东提案的成本要低。而当激进主义者预期公司会反对时，提案将会是双方合作的威胁。

只有当机构投资者相信，股东激进主义所带来的收益可以证明其成本也恰当时，

---

① 为了说明这个问题，我们设想股东激进主义关心权益的报酬。SEC（14A）报告说：

在 2001 年到 2002 年股东委托书征集季节（proxy season），股东向若干公司递交了关于权益报酬计划的提案。一些提案要求，对所有可能导致现有股东权益被稀释的权益报酬计划，公司都应递交给股东审批。我们接到 4 项公司提交的“不作为”请求，要求根据规则 14a-8（i）（7），在它们的委托书材料中去除这些提案。在这几项事例中，我们认为可以按照规则 14a-8（i）（7）去除这些提案，因为提案涉及普遍的员工报酬，这是普通的商业问题。

委员会已经指出，这些提案所涉及的“对员工的管理，比如员工的雇佣、提升以及解约”，属于普通的商业问题。到目前为止，我们对权益报酬提案的立场，与这个指引以及本部门对报酬提案的历史处理方法一致。自 1992 年以来，关于权益或现金报酬计划，我们采用明线分析方法：

——我们同意，公司所提出的按照规则 14a-8（i）（7）去除与普通员工报酬计划有关提案的意见。

——我们不同意，公司提出的按照规则 14a-8（i）（7）去除只与高管和董事报酬计划有关提案的意见。

② Brickley、Lease 和 Smith 发现，当股票价格对提案的反应为正（负）时，比起有关联的大宗股票股东，没有关联的大宗股票股东更（不太）可能反对可以阻止敌意收购的反收购修正案。

③ 对 SEC 的说明，参见 http：//www. sec. gov/interps/legal/cfslb14. htm。

④ 这不仅发生在美国境内。Amzaleg、Ben-Zion 和 Rosenfeld（2002）分析了以色列共同基金经理对 792 宗管理层支持的提案的实际投票，他们发现，他们只反对 30%“不好的”（也就是对股东有害的）提案。投票反对“不好的”提案的成功机会，与基金的持有和基金的规模以及公司的规模负相关。一些间接证据表明，支持管理层的投票受共同基金和公司之间的商业关系所影响。

⑤ 我们也意识到有例外存在。1988 年劳动部的一项规则判定，与其他基金资产（plan assets）一样，投票权应服从相同的受托责任标准，因为代理投票（proxy voting）可以增加价值。这个规则只适用于遵循“雇员退休收入保障法”（ERISA）的机构投资者。进入 21 世纪，我们没有发现这个规则的新发展，除了 SEC 在 2003 年 1 月 23 日规定，共同基金的代理投票必须公开披露。这个规则使股东得以监控，投票与他们自身的利益相一致。

股东激进主义行为才会发生，因此股东激进主义可能会下跌到社会最佳水平以下。收益是双重的：在股东干预（因为市场对发生激进主义行为之前的公司进行折价）以及私人信息合并之后，公司的价值将提高。因为激进主义者只持有公司的一部分股权，所以价值提升也给其他没有参与成本高昂的激进主义行为的股东带来好处。那就是说，股东激进主义会遇到可能降低机构投资者价值的“搭便车”问题，“搭便车”现象解释了激进主义者倾向于提高他们所持有股权的原因。Bethel、Liebeskind 和 Opler（1998）发现，激进主义者大都在业绩低劣的不同公司购买股票，而避免染指带有“驱鲨”（shark repellent）[①] 修正案以及大量的股票期权计划的公司。如果机构激进主义者获得私人信息，能够进行交易但成本却由不知情的非激进主义股东承担，则这种“搭便车”的影响将会减轻。私人好处的获得要求股票具有足够的流动性，其他交易者对机构投资者的私人知识（Maug，1998）不知情。[②] 不过，因为流动性很容易引起“用脚投票”，因此它对股东激进主义也存在着不利的影响。总的来说，由于存在着“搭便车”现象和机构对多样化和流动性的偏好，激进主义的利益被稀释了（Coffee，1991；Roe，1991；Admati，Pfleiderer 和 Zechner，1994；Maug，1998；Parrino、Sias 和 Starks，2003）。

对股东激进主义的争论是，它增加了价值。对此，证据是混合的。一方面，Karpoff（1998）对文献进行了详细研究后总结说，激进主义对公司治理只是些微的推进，虽然对盈余和回报存在着一些影响，但这些影响微不足道。利用 1983 年到 1995 年的样本，Bhagat、Black 和 Blair（2004）的研究证实，股东激进主义对价值没有影响。另一方面，Bethel、Liebeskind 和 Opler（1998）的研究考察了投资者收购之后公司的变化，发现在激进投资者收购之后，公司价值有所提升，资产剥离、经过行业调整的经营性盈利能力以及超常股票价格增长都有所提高。有趣的是，CalPERS 也发现，在对 CalPERS 扮演激进主义者角色的公司进行的委托研究中，股东价值有所

---

① “驱鲨修正案”（shark repellent amendments）是对公司章程的修改，这些改变会削弱股东的权力，以允许在任管理层得以阻止可能会将他们踢出公司的敌意收购。Agrawal 和 Mandelker（1990）列出了 5 项类似条款：

1. “超级多数投票”（supermajority voting）条款。这个条款将批准合并所需要的多数投票比例提高到 66% 到 95% 之间。

2. “超级多数投票的董事会权力”（supermajority with board-out）条款。与（1）类似，但它允许董事会搁置这个要求。类似地，股东的权力被削弱了。

3. “公平价格”（fair price）条款。它要求出标者必须提供“公平价格”，公平价格可定义为出标者过去收购的目标股票中支付的最高价格，或者由目标公司董事会批准的价格。不能满足这个要求将引发“超级多数投票”条款。最终，出标者无法通过“化整为零”（divide and conquer）的方法来收购公司。

4. “董事任期错开”（staggered board）条款。参见 5.4 部分的讨论。如果所有的董事会成员都不是在相同的年份被任命，则收购公司是一个漫长的过程。

5. 通过“授权发行优先股”这一“毒药”条款，董事会可以提高与其股权不相称的投票权。

② 交易公司通过代码显示交易者的出售和购买活动。随后，人们通过代码了解交易者的身份，尤其是当代码与姓名的首字母接近时。但交易者也能够通过由中介进行交易来掩饰其身份。

提高。[①]

§5.3.3　盈余的重要性

下面的讨论将对具有短期视角和长期视角的机构投资者进行区分。我们认为，盈余的重要性以及对盈余管理的需求会由于投资视角不同而不同。[②]

5.3.3.1　短期股东

一些机构股东是短期存在的，其投资视野是短期的（例如，Lang 和 McNichols，1997；Parrino、Sias 和 Starks，2003；Bhagat、Black 和 Blair，2004）。Lang 和 McNichols（1997）指出，平均来说，机构的交易比个体股东更频繁，部分原因是其交易成本更低。[③] Bhagat、Black 和 Blair（2004）发现，虽然在他们 1983 年到 1995 年的样本中，大股东的数量是其他类别（员工福利和养老金计划、控股公司、投资顾问、投资公司以及合伙公司等）的两倍以上，但大多数机构投资者持有的股份都很快被出售。实际上，财务研究文献批评说，机构投资者活跃的交易行为是股票价格波动的部分原因（Lakonishok、Shleifer 和 Vishny，1992；Potter，1992；Sias，1996；Nofsinger 和 Sias，1999；Bushee 和 Noe，2000；Dennis 和 Strickland，2002；Hotchkiss 和 Strickland，2003）。

正如第 4 章中所讨论的，盈余计算包括了投资决策。Hotchkiss 和 Strickland（2003）用一组特定的数据，将机构投资者的投资策略分为成长型、积极成长型、价值型、收入型和要素型几种。[④] 除了要素型策略是为了在股票价格上升或下降之前购买和出售股票，属基于对市场趋势所进行的识别之外，其他的策略都基于盈余。[⑤]

即使盈余对机构股东是重要的（例如 Lang 和 McNichols，1997），目前也不清楚其到底如何重要。机构投资者也使用非盈余信息，这些信息降低了盈余信息在其决策中的相对权重，因此也就减少了盈余管理所带来的好处。例如，Jiambalvo、Rajgopal 和 Venkatachalam（2002）报告说，在机构股东对公司的定价中，其给订单储备（order backlog）分配的权重要高于其他投资者。机构股东也有买方分析师，其会追踪自身所做的投资。事实上，机构股东可以作为经验丰富的投资者的替代，

---

① 关于这个问题的详细资料，可参见 CalPERS 的网站。

② Brickley、Lease 和 Smith（1988）提供了另一种分类方法。根据机构投资者挑战管理层的意愿，该研究将其分为 3 个组别：耐压机构（pressure-resistant institutions）（公共养老金基金、共同基金、捐赠基金以及基金会等）、压力不确定机构（pressure-indeterminate institutions）（公司养老金基金、经纪人公司、投资律师行以及其他）以及压力敏感机构（pressure-sensitive institutions）（银行、保险公司和非银行信托机构等），它们与公司之间有现存的或潜在的商业关系。该研究对反收购修正案投票进行考察，发现压力敏感机构比较不可能对管理层进行挑战。

③ 他们发现，即使机构出售股票，其也不必出售所持有的全部股份。

④ 数据库从 Gerogreson 处购买，它包括 203 个机构投资者在 1992 年第 4 季度到 1997 年第 4 季度的数据。

⑤ 增长型投资策略关注盈余增长高于平均水平的公司。

其具有获得和处理价值相关信息的能力（例如，Hand，1990；Walther，1997；Bartov、Radhakrishnan 和 Krinsky，2000；Jiambalvo、Rajgopal 和 Venkatachalam，2002）。

事实也可能是，机构投资者对盈余的信息需求不如个体投资者强烈，因为盈余是一种综合性的统计数字，而通过在董事会获得一席位置和拥有买方分析师，经验老到的机构股东能够获得详细的信息。不过，盈余是有用的，因为机构股东的业绩，由其受益人根据盈余和回报来判断，而这些数据是由其持有股权的盈余来决定的。另外，正如第 1 章所讨论的，盈余在管理层报酬计划的设计中是有价值的。管理层的报酬对公司股票价格更敏感，也对管理层施加了更高的风险。公司所有权中的机构持股集中度越高（Hartzell 和 Starks，2003），交易量（turnover）也越高（Kim，2005）。因为盈余和盈余意外是一种有关市场价格的信息，因此盈余是重要的。①

Lang 和 McNichols（1997）提供了盈余对机构股东的重要性的证据。根据以季度内出售的股票与平均每季度持有的股权这一比率来衡量的机构变更，他们对机构进行分类。低变更机构是长期所有者，包括学院和大学（每季度变更率为 5.6%）、私人基金会（季度变更率为 3.1%）以及公共养老金基金（每季度变更率为 4.7%）。高变更机构是短期所有者，包括银行（每季度变更率为 8.1%）、保险公司（每季度变更率为 11.7%）、投资顾问公司（每季度变更率为 14.5%）以及投资公司（每季度变更率为 11.5%）。Lang 和 McNichols（1997）发现，对于低变更机构而言，回报与交易之间存在着负相关关系。而对高变更机构而言，两者之间为正相关关系。不过，对交易与盈余之间的关系，两类机构都为正。

5.3.3.2　长期所有者

为了讨论的需要，我们将长期视角等同为股东激进主义，因为股东激进主义要求持股超过一年。激进主义者不太可能具有管理公司的资源和专门知识。尽管如此，对要求自己对公司业绩进行监控的股东，其还是负有受托责任②的。要求公司董事会的大部分董事具有类似于独立性这样的提案，满足了上述监控目标的要求。

---

① 正如上面所讨论的，长久以来，重构报酬计划都是股东提案的一个议题。Gillan 和 Starks（2000）发现在 2042 宗股东提案中，有 233 宗是关于高管报酬计划的。正如一项轶事所描述的那样，我们可以考虑一下 2005 年 CalPERS 的关注名单，AT&T 公司是 5 个被关注的公司中的其中一家：

“这些遣散费（severance payouts）是龌龊的，”Valdes（CalPERS 的投资委员会主席）说。“AT&T 的领导人使公司陷入困境，然后卖掉它，他们是向自己支付巨额遣散费的报酬计划的设计者。如果这些 AT&T 公司的董事将来出现在 SBC 董事会或其他公司的董事会中，为了防止 AT&T 惊人的遣散费不再重现，CalPERS 要坚定地考虑不再支持他们（2005 年 4 月 20 日新闻稿）。”

② 这种责任是忠诚和尽责（loyalty、due care）（参见 Monks 和 Minow，2004）。

对于监控业绩而言，盈余是有用的。我们可以考虑 CalPERS。[①] 如果以经济增值（税后经营利润减去资本成本）来衡量的公司业绩以及治理水平都很低，它就将这些公司作为治理检查的目标。因此，盈余对于业绩衡量是重要的。

有趣的是，2005 年，在 FASB 规定股票期权费用化之前，股东就递交提案，要求确认会降低报告盈余的股票期权费用。有这些股东提案的公司包括 Dell（戴尔）公司、Adobe Systems 公司、HP（惠普）公司、国际商业机械公司、PeopleSoft 公司以及德州仪器公司等，戴尔公司的股东提案没有被采纳，因为它只获得 44% 的投票。所有其他公司的提案都获得了多数投票通过。

长期所有者的一个特殊类别是理性投资者。他们持有足以让他们能够向公司管理层提出意见的大宗股票，他们也通过延长留任来承担相应的义务。Bhagat、Black 和 Blair（2004）将理性投资定义为，在至少 4 年的时间里持有至少 10% 的权益。这个类别的股东是重要的，因为比起一般的激进主义者，他们能够更有效地对管理层进行监控。就其他利益相关者是在盈余的基础上对公司进行评判这个意义上来说，盈余对这些股东也是重要的。同时，因为市场对存在盈余管理嫌疑的公司价值折价，这些股东似乎想阻止盈余管理。Healy 和 Palepu（1993）评论说，如果公司所有权是集中的，而且这些大股东积极地参与公司治理，财务沟通问题也会被缓解。

§5.3.4　盈余管理

我们到目前为止的讨论表明，机构股东在盈余管理中所扮演的角色不是先天就清楚的。显而易见，其在盈余管理中的角色取决于其投资视角。追求短期获利的机构股东不会受盈余管理的影响，因为其在发现恶意盈余管理之前就已经将股票出手了。如果其以被调高的价格出售股票或者以被调低的价格买入股票，则其不可能抱怨。不过，如果其以被调低的价格出售股票或以被调高的价格买入股票，则其有对公司以及管理层（包括审计师）提起共同起诉的可能，并获得由现任股东支付的赔偿（参见 Ronen 和 Yaari，2002）。

追求短期获利的机构股东甚至可能会对公司施加调高盈余的压力，因为其存在着操纵盈余的压力。Lakonishok、Shleifer 和 Vishny（1991）观察到“粉饰报表”的现象，在每个季度末，机构买入赢家股票，卖出输家股票，风险通常都比较低，而回报却比较高。很显然，对公司来说，存在着要被分类为赢家的压力，这就促使其进行盈

---

① CalPERS 在机构所有者激进主义历史上所扮演的角色是众所周知的。Gillan 和 Starks（1998）报告说：

机构激进主义开始于 1985 年 1 月，加州的财政厅厅长 Jesse Unruh 组建了机构投资者委员会（Council of Institutional Investors）。这个组织的形成，是对 Bass Brothers 公司绿票讹诈 Texaco 公司事件的回应。作为加州财长，Unruh 对加州公共员工退休系统（CalPERS）以及加州教师退休系统（CalSTRS）负有终极责任。在对 Bass Brothers 公司收到本应属于其他投资者（也包括 CalPERS 和 CalSTRS）的 1.37 亿美元的调查中，Unruh 决定采取行动，因此建立了为了股东的权力而进行游说的机构投资者委员会。这个组织已经发展成为机构股东激进主义的焦点（第 13 ~ 14 页）。

余管理。

只要长期机构所有者不出售股票，其就不会亏损。因为即使价格下降是重大的，价格下降总是紧跟着对盈余管理的指控（例如，CalPERS 报告说，在 2005 年，它损失了 2.4 亿美元对 AIG 的投资）。但因为其留下来了，其会因为接踵而至的诉讼或名誉成本而损失权益。那就是，当短期股东发起共同起诉时，长期股东承担了诸如诉讼等带来的成本冲击。

实证研究支持机构股东是阻止盈余管理发生的守门人这一观点（DeFond 和 Jiambalvo，1991；Rajgopal 和 Venkatachalam，1997；Bange 和 De-Bondt，1998；Bushee，1998；Shang，2003；Cheng 和 Reitenga，2006）。总的来说，在机构持有股权与盈余管理之间存在负的相关关系。[①] 例如，Rajgopal 和 Venkatachalam 发现，在被操纵应计的最高五分位数中，机构所有者的平均值为 4.5%，而在最低五分位数中，平均值是 69.5%。操控性应计绝对值的均值从最低的五分位数（0.060）下降到最高的五分位数（0.037）。而且，当研究者区分长期和短期所有者时，其关系与预期吻合：短期机构股东与调高的盈余存在关联关系，长期机构股东与解决盈余管理问题存在关联关系。例如，Bushee 发现，当机构投资者追求瞬时获利（永久持有）时，通过降低 R&D 费用来操纵盈余的可能增加（减少）。

集中两种类型的样本设计可以解释在机构股东与盈余管理之间存在负的关联关系。那就是，当考察全部机构投资者时，长期股东占优势。例如，Shang（2003）提供证据表明，机构可以看穿盈余管理（例如，其在调高价格的盈余管理之后出售股票）。他总结说，这种看穿盈余管理的能力，能够解释为什么机构比单个投资者有更好的表现。

§5.4 治理——董事会

§5.4.1 导言

作为管理公司的机构，董事会的受托责任是，“保证公司为了所有者和股东的长期利益而运营（monks 和 minnow，2004）”。董事会的责任包括每年参加数次会议，对关键问题进行投票。这些会议的议程包括评论管理层关于公司财务状况和业绩的报告，投票决定与财务（比如红利）、商业策略（比如兼并收购）以及经营（比如解雇现任 CEO、选择新的 CEO 以及设计管理层报酬计划等）等问题有关的提案。

一家典型的大型公众公司的董事会应该有若干个特定的委员会：负责制定管理层

---

① 这种现象部分可以归结为这样的事实，那就是机构所有权水平越高，公司业绩也就越好（例如，McConnell 和 Servaes，1990），因此，通过恶意盈余管理来掩盖低劣的业绩的压力也比较小。

报酬计划的报酬委员会、负责会计报告和内部控制问题的审计委员会、负责董事任命的提名委员会以及具有代表整个董事会决定日常事务权力的执行委员会（Blair，1995）。[①] 执行委员会使公司不必等待董事会的定期会议作出决定便可迅速采取行动（Vance，1983）。所有委员会都需要向董事会报告。

董事会有两种功能：监控管理层和提供有用的关系和专家意见。第一种角色意味着董事会参与公司治理（MacAvoy 和 Millstein，1999；Melis，2004；Adams，2005）。Becht、Bolton 和 Roell（2003）认为：由董事会来监控 CEO，是解决股东分散中的集体行动问题的一种替代方法"。[②] 第二种角色相当于董事会为公司提供了一种生产要素（Dalton、Daily、Johnson 和 Ellstrand，1999；Johnson、Daily 和 Ellstrand，1996；Agrawal 和 Knoeber，2001；Carpenter 和 Westphal，2001；Adams，2005；Adams 和 Ferreira，2007）。例如，Klein（1998）以及 Agrawal 和 Knoeber（2001）观察到，大量的外部董事都有政府、政治或法律的相关经验，但却缺乏经营本领。因为政府是重要的买家，公司的经营比较容易受到食品和药品管理局、环境保护协会、平等就业机会委员会等监管机构的决策影响，所以这些外部董事的经验可能是有用的。

两种功能都包含对信息的需求。董事会需要信息来评价管理层的业绩，作出提升股东利益的决策。董事们也需要信息来充分利用他们的专门知识和关系。必需的信息会被提供给管理层。那就是，虽然美国公司法根深蒂固的核心原则是，所有主要的公司决策必须由董事会制定，或至少由董事会提出（Bebchuk，2005），但大多数提到董事会议事日程上的提案，都要求有管理层准备的背景材料，即使管理层并不是提案的发起人。两种角色的信息要求可能是不同的，因为董事会的专家角色要求与管理层进行合作，但监控却可能使双方产生争执。

作为一则由于监控而导致双方对抗的轶事案例，我们考虑前 SEC 主席 Richard Breeden。他被法庭委派为监控 MCI（前身为世界通信公司）出现破产的"公司监管者"。下面引用的段落捕捉到对公司进行监控的对抗性本质：

> 在采取指定一个公司监管者这样史无前例的步骤中，法官首先告诉 Breeden 先生要"观察所有的角落和破绽"，以确定 MCI 是否存在欺诈经营。监管者对公司大多数事务的仔细检查，意味着 Capellas 先生（公司的 CEO）"要在严格的限制下工作，"董事会成员 Dennis Beresford 说。"有时候，世界通信的员工认为，Breeden 先生是一个讨厌的家伙，"另一个电信巨头的董事 Nicholas Katzenbach 说。

---

① 例如，大陆航空公司在执行委员会章程中特别指出，执行委员会具有"可以行使董事会在公司经营管理和其他事务上的全部权力和授权"（参见 http://www.continental.com/company/investor/docs/continental_charterexeccte_2003_02_26_01.pdf）。

② 其他的方法包括敌意收购和大宗股东持股。在敌意收购中，由于经理人受到如果收购成功将被取代的威胁，因此他们服从规定；而大宗股东在监控管理层方面做了很大的努力，而且其也有"实施管理层变更"的权力（Becht、Bolton 和 Roell，2003）。

我们注意到，Richard Breeden 应该是一个有效的监控者。由于他是由法庭委任的，他可以接触到所有文件和员工。他对公司的监控为股东节约了大量资金，但在此过程中，他与管理层产生了对抗。例如，他拒绝了一项丰厚的管理层报酬计划。据媒体报道，在委任期结束后，Breeden 不太可能被任命为董事会主席。

信息对有效指挥的重要性在董事们身上施加了不与管理层对抗的压力，因为如果产生对抗，管理层就有可能不与董事们分享信息，或者不从董事们那里寻求建议。我们可以考虑以下例子：Fisch 和 Jentile（2003）对 SEC 制定的要求公司建立法律委员会（QLCC）的 205 号规则提出批评，认为这完全是公司和管理层的政策：

> 管理层……因此可能反对建立法律委员会。如果监管者决定了无论如何要建立 QLCC，则管理层可能会对其行为产生猜疑，或者不支持其进行的调查，尤其是当管理层对调查的内容完全不知情时。类似地，对 QLCC 调查者角色的关注以及与公司高管之间潜在的对抗关系，可能导致这些高管减少与董事会分享信息。例如，在记录新业务收入的会计方法问题上，首席执行官可能会变得非常不愿意寻求董事会的建议，尤其是那些在 QLCC 中任职的董事。

这个讨论提出了董事会和管理层之间权力抗衡的问题，以及董事会的两种角色对这种抗衡产生的影响。文献中有两种观点。第一种观点认为，由于公司的特定需要，董事是被任命的，因此董事在监控和专门知识方面的“混搭”是最优的（例如，Gillan、Hartzell 和 Starks，2003[①]；Chidambaran 和 Brick，2005[②]；Lehn、Patro 和 Zhao，2005[③]）。另一种观点认为，董事会只是 CEO 决策的橡皮图章（例如，Jensen，2000；Baker 和 Gompers，2003；[④] Becht、Bolton 和 Roell，2003；Hermalin 和 Weisbach，2003；Boone、Field、Karpoff 和 Raheja，2004[⑤]），CEO 可以通过若干途径来控制董事会，例如，通过选择外部董事和提供给他们的信息，经理人在董事会中占有天然的优势（Farinha，2003）。Branson（2006）观察到，由于董事会被赋予在股东大会期间进行决策的权力（存在由于法律所规定的例外情况），一个由内部人组成的

---

① Gillan、Hartzell 和 Starks（2003）发现，治理结构是由与杠杆、诸如竞争和产品独特性等战略经营变量以及与信息和监管环境相对的行业投资机会决定的。这些发现表明，监控水平取决于企业特定的特征。

② Chidambaran 和 Brick（2005）发现，在风险（以股票价格波动性来衡量）和董事会独立性以及监控（以独立董事的数量、独立董事在董事会中的比例以及独立董事数量和董事会会议的数量来替代）之间存在着负的关联关系。风险更高的公司更难监控，这个发现证明，董事会的组成是有效率的。不过，他们也发现对第二种观点的支持证据，在 CEO 对董事会施加影响更多的公司，监控活动通常比较少。

③ Lehn、Patro 和 Zhao（2005）研究了在 1935 年到 2000 年之间存在的 81 家公众公司，他们发现，董事会的规模（内部人代表）呈现上升（下降）趋势，但成长性却下降（上升）。更高的成长性增加了的风险和经营的复杂性，降低了监控效率，以及对外部董事的最终需求。更大的规模可能提高了对多种董事技能的需求，因此，这些结果也与董事会最优性一致。

④ Baker 和 Gompers（2003）显示，有风险资本家支持的 IPO 公司有更多的外部人，这与风险资本家有能力通过更多的监控向内部人施加压力的看法一致。

⑤ Boone、Field、Karpoff 和 Raheja（2004）显示，IPO 公司倾向于有更高比例的独立董事。

执行委员会可以很容易地篡夺这种优势和权力。

根据后一种观点，董事会只是一个门面。那就是，选择董事会成员只是因为他们的名望，委员会（如审计委员会）是一种形式（Menon 和 Williams，1994；Wolnizer，1995；Spira，1999；Cohen、Krishnamoorthy 和 Wright，2002；Vafeas，2005）。董事同意在董事会中任职，因为这种任职被认为是获得额外收入的途径（例如，Ferris、Jagannathan 和 Pritchard，2004）。[①] 如果董事会只是一个门面，那么董事会会议也就是一种投入的努力最小的仪式。例如，下面是 Allaire 和 Firsirotu（2005）引用的在 2001 年 2 月 12 日，安然公司的审计委员会议程：

1. 收到和讨论审计师的审计报告。
2. 与审计师讨论安然的内部控制、会计程序以及财务报告。
3. 审查安然公司 2000 年财务报表中的重要准备账户。
4. 审查在 2000 年中与 LMJ 的所有交易以及批准这些交易的特别程序。
5. 审查法律问题报告。
6. 审查 2000 年财务报表，向董事会建议将这些报表作为安然公司年度报告和向 SEC 提交的报表中的一部分。
7. 审查并批准审计与合规委员会章程。
8. 审查 2001 年内部控制审计计划。
9. 审查公司管理层与分析师沟通的政策和实务。

在这里，值得注意的不是议程本身，而是上面所有问题的讨论只在 1 小时 35 分钟内完成。[②]

这种情景令人担忧，股东可能有动机与管理层合谋进行恶意盈余管理。不过除非董事会是一张金字招牌，否则它如何能够作为一个门面呢？例如，Fich 和 Shivdasani（2006）点明了董事名望对公司的重要性。他们报告说，如果董事是相互关联的，也就是在各自的公司里相互担任董事，则在公司涉嫌证券欺诈而被共同起诉时，这些相互关联的公司的股票价格会下降；而当被起诉的董事辞职时，股票价格会上升（Borden，2007）。

对于那些董事会中有名望很高的董事的公司来说，名望是有价值的。不仅如此，名望对董事个人也是有价值的。坏名声的成本来自两个方面：第一，业绩低劣的和被股东起诉的公司要对董事会进行改组（Gilson，1989；Kaplan 和 Reishus，1990；

---

① 贯穿上述讨论，我们假设董事的供应是具有无限弹性的，因此董事会的组成是公司的决策选择。不过在现实中，我们还不清楚事实是否真的如此。《萨班斯—奥克斯利法案》之后，这个问题加剧了。

② 毫不惊奇，大量的批评指向安然董事会。2002 年的参议院听证会有这样的意见：

“受托责任缺失。安然董事会没有起到保护安然股东的作用，他们允许安然公司染指高风险的会计操作、不恰当的利益冲突交易、大量被隐瞒的表外业务以及过度的高管薪酬计划，因此造成了美国第 7 大公众公司的瓦解。在若干年里，董事会目睹了管理层涉及无数问题业务，但它忽视这些问题对安然股东、员工以及业务伙伴的危害。”

Hermalin 和 Weisbach，1998；Agrawal、Jaffee 和 Karpoff，1999；Ferris、Lawless 和 Makhija，2001；Bhagat 和 Black，2002；Farber，2005；Fich 和 Shivdasani，2005；Srinivasan，2005）。例如，取代了破产的世界通信公司的新的权益主体 MCI 公司，通过增加以正直严谨著称的董事，改组了原来世界通信公司的董事会，美国财务会计准则委员会（FASB）前主席 Dennis Beresford 成为新的审计委员会主席。Agrawal、Jaffee 和 Karpoff（1999）报告说，内部人董事的变更与欺诈之间存在正相关关系，这里说的欺诈不仅限于财务欺诈。他们支持董事会只是一种门面的观点，他们发现，外部董事比例相对高的公司比较可能增加新的内部人董事，比较不可能增加新的外部人董事。Srinivasan（2005）研究了 1997 年到 2001 年间重述盈余的 409 家公司，他们发现，外部人董事，尤其是审计委员会成员，在董事人才市场上承担着财务报告失败的名誉成本。例如，在重述盈余之后 3 年里，向下重述盈余的公司的董事变更率为 48%，而以业绩配对的对照组的董事变更率只有 33%。高估盈余的公司的董事，大约只损失了 25% 在其他公司任职的机会，这比审计委员会成员的损失要高。第二，董事也会丧失在其他公司担任董事的机会。Gilson（1989）以及 Kaplan 和 Reishus（1990）显示，公司业绩比较差的董事以后再担任董事的机会大幅减少。Gilson 、Kaplan 和 Reishus 发现，由于公司出现财务困境，公司减少红利分配而造成高管辞职离开公司，使他们在董事会中所占的席位也有所减少。Fich 和 Shivdasani（2005）报告说，被指控涉嫌证券欺诈的公司，它们的董事在其他公司再担任董事的机会下降，这与欺诈的严重程度以及外部董事监控欺诈的责任是成比例的。

在 Ronen、Tzur 和 Yaari（2006）中，通过名誉而产生的经济利益到底有多重要还是个疑问，因此我们不能认为丧失名誉的成本是对恶意盈余管理的一种威慑。现实中存在个别例外的情况，比如世界通信公司，董事不需要对胜诉的共同诉讼支付赔偿金。的确，Chalmers、Dann 和 Harford（2002）显示，表现低劣的 IPO 公司的董事购买更多的保险。Kim（2006）显示，高管和董事们过大的保险责任范围诱发了盈余管理。而且，他们中间的大多数人，在过去的工作中已经积聚了大量的财富，因此并不一定迫切需要获得这份董事收入。我们认为，董事们之所以有动机去引诱经理人进行盈余管理，是因为这造成了董事与其他投资者之间的信息不对称，而这种不对称可以被利用，以通过交易实现收益。

近年来，董事在涉及会计违规方面引起了更多关注。例如，William H. Donaldson 在参议院银行、住房和城市事务委员会作证时，就《萨班斯—奥克斯利法案》的实施做了以下陈述：

> 到 2003 年 8 月 20 日为止的这个财政年度，委员会已经实施了 543 起行动，其中的 147 起涉及财务欺诈或违例报告……委员会已经禁止 144 名违例公司的高管和董事在公开交易的公司里任职。

我们意识到，董事的角色向着更好地对管理层进行监控方面转变，是新规则导致这种转变的发生。这些规则包括，要求董事全面披露管理层报酬计划的细节。投资者和监管者对他们的行为做更为严格的审查。过去由董事在CEO提交的计划上简单地盖一个章批准通过，但这样的事情已经不可能再发生了（Nanette Byrnes and Jane Sasseen，"Board of hard knocks，" Business Week，January 22，2007）。

本部分后面的内容这样安排：我们讨论可观察到的董事会关键特征以及盈余管理与这些特征之间相关关系的研究发现。为了解释这些发现，对董事会价值的相反意见是有用的。最后，因为审计委员会在财务报告和盈余管理中扮演重要的角色，我们将单独对审计委员会进行讨论。

§5.4.2　董事会特征

我们可以观察到的董事会特征，包括规模、组成、会议的次数、董事持有的权益份额、董事的年龄和任期等。另外，根据董事是否占有多个董事职位，CEO是否同时担任董事会主席等，可以将董事会进行分类。

5.4.2.1　规模

背景

简单来说，董事会规模就是董事的数量。研究认为下面几个因素决定最优董事会的规模：公司规模、经营复杂性以及所有权概况等。

从经济的角度看，一个规模更大的董事会可以增加董事们带来的专门知识和经验。因此，在决定董事会规模时，公司的规模是至关重要的（Yermack，1996；Denis和Sarin，1999；Gillan和Starks，2003；Belkhir，2004；Boone、Field、Karpoff和Raheja，2004；Coles和Daniel和Naveen，2006b）。Belkhir（2004）研究了1995年到2002年间的一组包括174家银行和储蓄与借款控股公司的样本，他发现，当公司规模成倍增长时，董事会平均增加2名董事。Boone、Field、Karpoff和Raheja（2004）报告说，权益价值均值为1.502亿美元的IPO公司平均有6.2名董事。比较之下，Denis和Sarin（1999）观察到，权益价值均值为4.346亿美元的增发公司平均有9.35名董事。

公司规模本身并不能完全解释董事会规模的变化，但公司经营业务的复杂性起了很大的作用，因为复杂性要求更多样化的专门知识，而这些专门知识可以通过一个规模更大的董事会获得。公司经营的复杂性可以用多样化（Ferris、Jagannathan和Pritchard，2003；Coles、Daniel和Naveen，2006b）、公司成长中的经营风险（Lehn、Patro和Zhao，2005）、研发费用投入力度（Coles、Daniel和Naveen，2006b）、分权公司分部之间协调的需求（Adams和Mehran，2005）和杠杆（Coles、Daniel和Naveen，2006b）等诸多因素来衡量。所有者的分布也是一个起作用的因素，因为股东期望董事会能够反映他们的需求（Bennedsen和Wolfenzon，2000；Bennedsen、Kongsted和Nielsen，2004）。所有者分布越分散，在董事会中体现他们利益的代表人数就越多。

在20世纪后半叶，与公司为追求核心运营的商业策略而裁员的趋势同步，平均董事会规模也在下降（Blair，1995；Vafeas，2005）。这种下降的趋势也可归结为股东激进主义者带来的压力，例如CalPERS（Wu，2000，转引自Hermalin和Weisbach，2003），因为人们确信规模大的董事会允许管理层控制它们。在《萨班斯—奥克斯利法案》的浪潮以及接踵而来的交易所改革中，大型公众公司的董事会也通过增加独立董事而扩大（Linck、Netter和Yang，2006）。轶事证据证实，小公司的情况相反，其发现，现在更难雇请到既能够符合新的《萨班斯—奥克斯利法案》以及交易所规定，又愿意承受加在董事身上的额外风险的人才。①

通过董事会规模对业绩的影响，可以更好地理解规模和盈余管理之间的关系。大众的看法是，较小的董事会比较有效（Lipton和Lorsch，1992；Blair，1995；Jensen，2000），也不太可能被管理层控制（Dechow、Sloan和Sweeney，1996；Jensen，2000）。有效性要求信息在公司和董事之间以及董事彼此间的流动，虽然信息流动的成本很高，但较小的董事会会降低这类成本。例如，Blair（1995）声称，超过15人的董事会可能会浪费很多时间，因为这类董事会一个会议的召开时间就可能超过4个小时。Lipton和Lorsch（1992）以及Jensen（2000）建议，最优董事会规模应该为不超过7到8个董事。当董事必须决策时，也存在着搭便车的问题。要描述这个问题，我们可以考虑要求法律专门知识的关于决策的轶事证据（从匿名资料获得）。假设董事会有10名董事，其中只有1名律师。当董事会制定一项涉及法律问题的决策时，每个人都等待律师先发表意见。如果律师犯错误了怎么办？在规模比较小的董事会，搭便车问题可能会得到缓解，因为每个董事都会强烈地感受到自己所需要承担的责任。

实证研究证据支持董事会规模与业绩之间存在着负的关联关系。在这类研究中，业绩通常以托宾Q、ROA、销售收入与资产的比率或者其他会计指标来衡量。Yermack（1996）是考察这个问题的先驱。他研究了1984年到1991年间452家美国工业公司，这些公司的董事会规模在10到30个人之间。研究结果显示，较小的董事会更有效。Gertner和Kaplan（1998）研究了被杠杆收购（leveraged-buyout，LBO）专家控制的反向杠杆收购（reverse LBO）公司。这些专家具有采取最大化股东价值行为的动机。他们的研究结果显示，这些公司的董事会一般都比较小。国际研究证据也支持这种关系：可参见研究了芬兰的中小型公司的Eisenberg、Sundgren和Wells（1998）、研究芬兰公司的Odegaard和Bøhren（2003）以及研究新加坡和马来西亚公

① 2003年9月9日，William H. Donaldson（美国证监会前主席——译者注）在参议院银行、住房和城市事务委员会作证时，对《萨班斯—奥克斯利法案》实施做了以下评论：

到2003年8月20日为止的这个财政年度，委员会已经发起了543起实施行动，其中的147起涉及财务欺诈或违例报告……委员会已经禁止144名违例公司的高管和董事在公开交易的公司里任职。而且，我们认为不仅涉及欺诈的公司负有责任，所有其他参与者也不能逃脱干系。例如，最近的行动表明了委员会对追踪那些在疏于管理方面不计后果的董事的决心。为了能将资金返还给那些受到重大损失的投资者，而不仅是为政府聚集资金，我们持续地设计出一些能够利用法案的创造性条款的策略（第2~3页）。

司的 Mak 和 Kusnadi（2002）。

Paul（2001）考察了发起破坏价值的合并和收购竞价的公司。他的结果显示，董事会比较小的公司不太可能完成破坏价值的交易。[①] Bennedsen、Kongsted 和 Nielsen（2004）对有关董事会规模和业绩之间的关系的争论进行了提炼，他们认为，这种关系不是线形的。该研究对 5000 家股东人数有限的中小型丹麦公司进行了实证检验，他们的结果显示，只有当董事会有超过 7 名董事时，业绩与董事会规模之间负的关联关系才存在（当董事会规模更小时，这种关系不存在）。

如果董事会更多地表现为一种门面，从而使 CEO 得以减少他最大化股东价值的责任，则业绩与董事会规模之间负的关联关系是有意义的，因为更大的规模使他能够控制董事会（Hermalin 和 Weisbach，2003）。

盈余管理与董事会规模

盈余管理与董事会规模之间的联系不是直接的。一方面，如果一个规模更小的董事会比较有效，我们预期在董事会规模与恶意盈余管理之间会存在正的关系，最不可能的理由是，低劣的业绩引发盈余管理。另一方面，因为规模更大的董事会也包括更多的独立董事，他们有监控盈余管理的动机，我们预期会看到在规模与盈余管理之间存在负的关联关系。最后，如果董事会只是一种门面，那么在规模与盈余管理之间应该不存在任何关系。

唯一认为规模对盈余管理有影响的学说，是由 Aggarwal 和 Nanda（2004）提出的。他们的出发点是，董事会与经理人之间存在的委托代理关系，是通过董事承担制定公司目标并将这些目标与管理层沟通的任务而体现的。一个更大的董事会可能要求管理层实现多种形形色色的目标，因此经理人面临着多任务的局面。如果他们被要求把精力分配到多个目标上，则经理人可能会减少花在最大化利润活动上的努力。因为被预期将会减少花在提高利润活动上的精力，经理人的动机和公司的业绩都会表现得更弱。作者并没有特别考虑盈余管理的问题，他们的分析意味着，当董事会规模更大时，如果盈余管理占据了经理人宝贵的时间，他们可能会减少对盈余的操纵。[②] 又或

---

① 实证研究也存在着一些冲突的结果。Dalton、Daily、Johnson 和 Ellstrand（1999）进行了一项荟萃分析（meta-analysis），从不同的研究中汇总出 20620 个原始数据观察值。他们总结说，董事会规模和财务业绩之间的关联关系显著为正。Beiner、Drobertz、Schmid 和 Zimmerman（2003）在他们的瑞士公司样本中，没有发现规模和业绩之间存在关联关系，因为进一步的检验表明规模是重要的。他们总结说，董事会规模已达到均衡，那就是，规模已经达到最优（参见 Hermalin 和 Weisbach，2003）。Belkhir（2004）在研究一组银行和存贷控股公司后也发现，业绩和董事会规模之间不存在关联关系。Adams 和 Mehran（2005）发现，由于银行控股公司存在复杂的组织结构，在业绩和董事会规模之间有正的关联关系。他们假设，在不同的州建立分公司，可能会需要一个规模比较大的董事会。Core、Holthausen 和 Larcker（1999）在董事会规模和 CEO 报酬计划之间发现正的关系，和较大的董事会是比较差的这种看法一致，但他们没有发现在业绩和董事会规模之间存在关联关系。

② Aggarwal 和 Nanda（2004）的研究对 1998 年到 2001 年间的 842 家标准普尔 500 指数的公司、标准普尔中型价值股 400 指数的公司以及标准普尔小型价值股 600 指数的公司的 2 148 个公司/年的一组观察值进行了检验，检验结果证实了他们的学说。

者是，如果多个目标增加了对经理人有限时间的需求冲突，经理人可能会增加对盈余的操纵，因为在这些需求冲突中，盈余管理所需要的时间最少。

董事会规模与盈余管理之间关系的实证证据的确也是混合的。

	董事会与盈余管理之间的关系		
	关系为正	关系为负	没有关系
研究	Dechow、Sloan，和 Sweeney（1996）；Abbott、Parker 和 Peters（2004）；Larcker、Richardson 和 Tuna（2005）	Chtourou、Bédard 和 Courteau（2001）；Xie、Davidson 和 DaDalt（2003）；Anderson、Mansi 和 Reeb（2003）；Larcker 和 Richardson（2004）；Larcker、Richardson 和 Tuna（2005）	Ferris、Jagannathan 和 Pritchard（2003）；Bradbury、Mak 和 Tan（2004）；Uzun、Szewczyk 和 Varma（2004）；Baber、Kang 和 Liang（2005）；Farber（2005）；Vafeas（2005）

Abbott、Parker 和 Peters（2004）在报表重述和董事会规模（系数为 0.093，t 统计量为 2.566）之间发现正的关联关系。Chtourou、Bédard 和 Courteau（2001）研究了一组大幅调增应计利润或大幅调减应计利润的公司样本，他们在 196 个样本中发现，当操控性应计为调减利润的应计时，在操控性应计和董事会规模之间存在着显著为负的关联关系。Xie、Davidson 和 DaDalt（2003）发现，在超常流动资本应计水平和董事会规模之间存在着负的关联关系。Larcker 和 Richardson（2004）发现，在非审计费用和操控性应计之间存在着正向关系的公司，董事会规模一般比较小。Larcker、Richardson 和 Tuna（2005）则发现，在操控性应计和董事会规模之间存在正的关系，但在应计的绝对值和规模之间存在着负的关系。Anderson、Mansi 和 Reeb（2003）对董事会规模和债务成本之间存在的负的关联关系提供了间接的证据。特别是，增加一个董事使债务成本下降了 10 个百分点。Helland 和 Sykuta（2005）考察了在证券诉讼中被起诉的公司。有趣的是，虽然这项研究没有区分诉讼是由于欺诈性的盈余管理还是其他证券诉讼（例如纠正信息披露的遗漏），但他们发现控制组的董事会平均要少 1.5 个董事。

文献也发现了两者之间较弱的关系或者没有关系。Bradbury、Mak 和 Tan（2004）发现在操控性应计和董事会规模之间存在着不显著的负的关联关系。Ferris、Jagannathan 和 Pritchard（2003）发现，面临欺诈诉讼的公司，两者之间的关系不显著。Uzun、Szewczyk 和 Varma（2004）以及 Farber（2005）都发现，把欺诈公司与一组控制组配对时，规模是不显著的。在 Uzun、Szewczyk 和 Varma（2004）的研究中，两个组别的董事会平均人数都近似地等于11；而在Farber（2005）的研究中，两个组别的董事会平均人数都近似地等于6。Baber、Kang和Liang（2005）没有发现在重述的可能性和董事会规模之间存在关系。Vafeas（2005）发现，在公司通过避免负的盈余意外或报告小的盈余增长来操控盈余和董事会规模之间，存在着不显著的正向关系。

这些相互冲突的发现意味着什么？一些发现与和董事会对立的看法一致。如果董事会是一种门面，选举其的唯一目的是为了侵占投资者，则观察值应该密集在投资者认为是有效率的规模附近。一个较大的董事会规模可能意味着，CEO试图控制董事会，或者是公司的运营风险较大或复杂性较强。而一个较小的董事会可能表明，潜在的董事不愿意将自己的声望贡献给公司。在这种情况下，我们不太可能在董事会规模和盈余管理之间发现关系的存在。不过，如果董事会是一个监控者，一个规模较小的董事会会更有效，那么我们可以预期在董事会规模和盈余管理之间存在着正向关联关系。但是，无论哪一种看法都无法解释，在董事会规模和盈余管理之间存在着负向关联关系。Xie、Davidson和DaDalt对他们的发现评论说："这种结果是违反直觉的……对规模较大的董事会，普遍存在着一种看法，那就是董事会可能会增加很多有经验的董事。也许我们的发现反映了这种观点，因为有经验的董事可能会起到限制盈余管理的作用。"

另外一种解释是，规模与其他变量（Harris和Raviv，2005）有关联，因此对规模和盈余管理之间关系的解读，被其他的变量混淆了。

5.4.2.2　构成与独立性

广义上说，董事会由3种类型的董事组成：内部人、外部人和关联董事。内部人董事是公司员工，比如CEO或其他高管，他们既是管理者也是董事。外部人董事指独立董事，除了担任公司董事，他们和公司不存在连带关系。关联董事是指与公司有业务关系的董事，例如供应商、顾客、关联公司和审计所的员工以及顾问、律师、投资银行家、广告代理公司的高管、前员工以及与公司曾捐赠过的慈善机构有关系的董事。①

每一种类型的董事都扮演着不同的角色。外部人董事负责监控。SEC评论说，有效的董事会在负起其责任时会进行独立判断（2004）。内部人董事被认为是有效率监控的障碍。例如，Blair（1995）这样批评董事职能，在Blair所服务的委员会中，不可能产生好的监控效果，因为委员会包括了部门领导，该内部人会对其他独立的委员会成员之间的自由沟通设置障碍（Salomn，1993）。

内部人对公司的经营了如指掌。与外部人不一样，内部人已经获得公司特定的信

---

① 应用这种方法来对相互有关联的董事进行分类并非是没有价值的。关联董事在各自的董事会中担任董事，那就是，A公司里的董事是B公司里的员工，而B公司里的董事是A公司里的员工。SEC的34-50298号规则认为，如果相互关联的董事前3年在各自的报酬计划委员会中任职，则他们是不独立的。

息，外部人来到公司，他们对公司的经营情况没有直接的了解（Yermack，2004），其会每年花几天时间参加会议（在《萨班斯—奥克斯利法案》颁布之前，平均花8天的时间）。① 由于熟知公司这个独特的舞台，内部人从而可以更准确地预测一项决策在公司可能引起的反响。例如，Klein（1998）发现，在财务和投资委员会中提高内部人董事比例的公司，比起那些降低这个比例的公司，会在投资项目中获得更高的回报。Bathala 和 Rao（1995）也发现，在独立性和成长机会之间存在负的关系。Boumosleh 和 Reeb（2005）对 1997 年到 1999 年间的标准普尔 500 公司进行研究后发现，内部人董事数量比较多的公司，支付给 CEO 的薪酬比较少。有一种观点认为，当会计基础的业绩计量（ABPM）的噪音比较小时，它比市场基础的计量（MBPM）更有价值。与这个命题一致，他们的研究也发现，当内部人董事的数量比较大时，ABPM 比 MBPM 更适用。

一个有关内部人价值的研究关注他们的忠诚度。如果内部人进入董事会是为了在未来成为 CEO（Vancil，1987），他们就很有可能与外部人董事产生密切联系，以便于提高他们被选为下任 CEO 的可能性。否则，他们就有动机与管理层合谋，因为 CEO 控制着他们的职业生涯。而对职业生涯的考虑不会影响外部人董事，尤其是当他们确信自己有能力被聘请在其他公司担任董事时（Beatty 和 Zajac，1994；Boumosleh 和 Reeb，2005）。例如，在 2003 年以前，报酬计划委员会可能面临着向所有经理人授予锁定期相同的管理层期权的压力，这就产生了为了降低执行期权价格和在行使日提高股票价格而合谋进行盈余操纵的动机。Boumosleh 和 Reeb（2005）提供了支持后一种观点的证据。他们发现，当公司的内部人董事比例比较高时，向 CEO 支付的金额和向其他高管支付的金额之间的差距会比较小。这个发现表明，在内部人董事和 CEO 之间存在着为了获得更多好处而合谋的行为。

关联董事具有二重性。与独立董事相比，这些董事比较不可能监控经理人，因为他们不愿意破坏他们与管理层的和睦关系。例如，Shivdasani 和 Yermack（1999）提供的证据证明，当 CEO 对董事的任命拥有更多法定的权力时，董事会里的外部人监管者比较少，而这种具有二重性的"灰色"董事则比较多。但在一些研究中，研究者仍然将他们与独立董事混在一起（例如 Gillan 和 Starks，1998）。

我们注意到，这种分类并没有揭示出董事们幕后的行为是怎样的。外部人董事比关联董事更独立吗？答案并不确切。例如，有证据表明，担任其他公司经理人的独立董事，可能会更多地站在管理层的立场上（Chtourou、Bédard 和 Courteau，2001；DeZoort 和 Salterio，2001；Vafeas，2005）。

---

① Gillan、Hartzell 和 Starks（2003）指出：

在董事会中外部人的比例太高是要付出成本的。外部人董事不具备内部人董事通过涉及公司业务所掌握的详细信息。而且，由于外部人董事必须承担他们身上负有的其他各种责任，他们可能不能像内部人那样付出相同的时间和承诺。

对董事的另一种分类关注他们带到公司董事会的经验和监控力（Rosenstein 和 Wyatt，1990a，1990b；Baker 和 Gompers，2003；Xie、Davidson 和 DaDalt，2003；Vafeas，2005）。例如，Xie、Davidson 和 DaDalt（2003）根据关联董事和外部人董事的背景对他们进行分类：公司董事（74%）、财务董事（16.3%）、法律董事（10.8%）。① 公司董事是目前或以前曾经在公众公司担任执行官的董事，他们被预期具有商业洞察力。财务董事是目前或以前在金融机构担任执行官的董事，② 他们被预期具有与杠杆相关的知识以及与金融机构的关系。法律董事是律师。除了具有法律知识，他们在帮助公司应付监管者方面有经验（Block，1999）。正如下面所讨论的那样，董事们的经验能够清楚地显示出，业绩与外部人董事比例关系的混合结果。

构成与业绩

关于董事会构成的文献主要关注独立董事对业绩的贡献。独立性的度量通常是指独立董事在整个董事会规模中所占的比例以及独立董事的数量。

一些研究指出了监管者的看法，独立董事增强了管理层目标和股东目标的结合（例如，Weisbach，1988；Byrd 和 Hickman，1992；Lee、Rosenstein、Rangan 和 Davidson，1992；Brickley、Coles 和 Terry，1994；Borokhovich、Parrino 和 Trapani，1996；Cotter、Shivdasani 和 Zenner，1997；Mayers、Sivdasani 和 Smith，1997；Hermalin 和 Weisbach，1998；Huson、Parrino 和 Starks，2001；Bhagat 和 Black，2002；Perry 和 Peyer，2005；Perry 和 Shivadasani，2005；Aggarwal 和 Williamson，2006；Borokhovich、Brunarski、Donahue 和 Harman，2006）。

Weisbach（1988）以及 Huson、Parrino 和 Starks（2001）报告说，如果董事会中大部分董事是外部人，则业绩表现差的经理人更可能被免职。Borokhovich、Parrino 和 Trapani（1996）考察了 1970 年到 1988 年间 855 家大型公司的 969 起关于连任的个案。结果显示，价格反应对外部人连任是支持的。特别是，如果取代被免职的新任 CEO 为内部人，则对这个内部人的价格反应为负。从发现有较高比例的外部人董事的董事会更可能任命外部人为 CEO 开始，外部人董事与独立性的关系就凸现出来了。

Byrd 和 Hickman（199）以及 Cotter、Shivdasani 和 Zenner（1997）的研究显示，当一项敌意收购获得成功时，如果有一个更独立的董事会，则它的股东溢价也会越高。前者也报告了，当董事会独立性更高的时候，采取毒丸（poison pills）方法来阻止并购具有正向的回报，因为市场预期董事会将采取这些步骤来抵御对股东价值的破坏。通过显示股票价格对毒丸公告的反应，Brickley、Coles 和 Terry（1994）对这一发

① 他们也考虑到 8.8% 代表了所有独立和关联董事的大宗股票股东。

② Xie、Davidson 和 DaDalt 也按照财务董事是否为商业银行或投资银行的雇员或过去的雇员对这个组进行分类。

现提供了进一步的支持。当大部分董事为（不为）外部人时，股票价格反应为正(负)。

Lee、Rosenstein、Rangan 和 Davidson（1992）对管理层收购进行了研究。他们的研究设计非常有趣，因为 CEO 可能具有双重忠诚。作为一个买家，他希望获得较低的买入价并迅速交易。作为董事会的成员，他有对股东的责任，而股东希望给出较高的卖价。Lee、Rosenstein、Rangan 和 Davidson 显示，当管理层瞄准 100% 地对公司进行收购时，董事会的独立性提高了股东的溢价。否则，结果是没有决定意义的。Mayers、Sivdasani 和 Smith（1997）发现，外部人董事提高了股东价值，因为他们在工资等方面发生的支出费用更低。Perry 和 Peyer（2005）发现增加一个外部人董事会产生正的价格反应，即使这位董事在其他公司也担任董事，并且是一位全职的员工。如果增加这名董事之前董事会中独立董事占少数，或者公司的业绩差强人意，则价格回报会更高。Perry 和 Shivdasani（2005）显示，以外部董事为主的董事会比较担心在重组、解雇员工以及出售资产等方面作出错误的决策。重组公司的业绩最终得到改进，证实了外部人是更好的监管者这个事实。这个结果和 Borokhovich、Brunarski、Donahue 和 Harman（2006）的发现一致，董事会的独立性越高，没有继任者的 CEO 死亡事件的正向市场反应越大，尤其是当公司业绩不佳时。独立性降低了债务成本的发现也提供了另外的证据（Bhojraj 和 Sengupta，2003；Anderson、Mansi 和 Reeb，2004；Ashbaugh-Skaife、Collins 和 LaFond，2006）。Aggarwal 和 Williamson（2006）在他们 2001 年到 2005 年的 5 200 个公司样本中，对独立性以及其他公司治理特性进行了研究。[①] 他们发现好的公司治理有溢价，特别是当公司自发采纳治理条款的时候。

一些研究在董事会构成和业绩之间没有发现关联关系（例如 Klein、1998；Bhagat 和 Black，2002；Singh 和 Davidson，2003；Dionne 和 Triki，2004；Lehn 和 Zhao，2004；Adams 和 Mehran，2005；以及 Dalton、Daily、ohnson 和 Ellstrand，1999 和 Deutsch，2005 所进行的荟萃分析）。其他的研究在业绩和独立性之间发现了负的相关关系（例如 Agrawal 和 Knoeber，1996，2001）。

对这些混合结果有几种可能的解释。一种解释将治理看成是一种组合：所有权结构、债务融资等（例如 Bathala 和 Rao，1995；Agrawal 和 Knoeber，1996；Bhagat 和 Jefferies，2005；Hermalin 和 Weisbach，2003；Singh 和 Davidson，2003；Harris 和 Raviv，2005；Larcker，Richardson，和 Tuna，2005；Vafeas，2005；Berry、Fields 和

① Aggarwal 和 Williamson（2006）研究了以下价值的指引（对公司和董事会规模的控制）的影响：

1. 董事会大部分董事必须为独立董事。
2. 非管理层董事必须有没有管理层参与的执行会议。
3. 提名委员会必须只包括独立董事。
4. 报酬计划委员会必须只包括独立董事和至少 3 名成员。
5. 公司必须采纳公司治理指引。

Wilkins，2006）。[①] 公司最优化地选择这种组合，以平衡双方的利益，例如进行更严格的监控，以及平衡不利因素，例如降低更高的信息成本。[②] 例如生物技术公司可能喜欢董事会独立性低一些，因为向独立董事传递技术信息的成本非常高；而食品加工公司可能希望董事会的独立性更高一些，因为这个行业的信息成本相对较低。上述讨论的含义是，在均衡中没有显著的关系可以预期。如果系统没有达到均衡，正如业绩恶化时，可能会发现正向的关系，因为激烈行为成为必须。

另一种解释认为董事会被管理层控制了。虽然 CEO 并不在提名委员会中占有一席之地，但他们有对董事会提名的权力。Monks 和 Minow（2004）报告说，他们对不包括 CEO 在内的提名委员会董事进行的访问表明，董事们将征询管理层对被提名人的意见。在那种情况下，提名委员会的组成难道很关键吗？Monks（2004）指出，“独立董事是一种修饰，因为他们是一组被选择的人。董事的身份是很重要的，他们对俱乐部的规则而不是对股东忠诚。如果一名独立董事既傲慢又真正独立，那他们就不会得到董事的职位（引自 2004 年 Crainer 的访问）。”根据这种看法，如果在董事会构成与业绩之间存在着正向关系，则董事会就作为一种成功的门面获得了回报，因为当董事会顺应外部利益相关者对一个好的董事会的预期时，他们会更加善待这个公司。[③]

还有一种解释是，业绩与董事会构成之间的关系是非线性的。Block（1999）研究了 1990 年到 1994 年间 1 026 项独立董事任命公告后发现，虽然股票价格对外部人董事任命的反应是有利的，但这种影响在外部人董事的数量达到一个临界点的时候（超过 60%）消失了。Anderson 和 Reeb（2004）对标准普尔 500 公司中创始家族仍然是大股东的 141 个样本进行了研究，这些股东一般在公司里拥有较多的股份。在某些情况下，CEO 是一名家族成员（例如福特公司）；在其他情况下，他们在董事会中有非管理层代表（例如迪斯尼公司和惠普公司）。这些公司在创始家族股东和其他股东之间存在着利益冲突，对前者而言，即使他们在董事会中的代表不是 CEO，他们也可能获得其他股东不能获得的额外补贴。在更早期的研究中，Anderson 和 Reeb（2003a，b）认为，创始家族股东对业绩产生有利的影响，表明他们可以有效地监控管理层。但谁来监控这些股东？很自然，一组外部人董事可能对这些股东进行监控。

---

① 对最优董事会组成的分析调查，可参见 Warther（1998）；Kumar 和 Sivaramakrishnan（2002）；Raheja（2005）以及 Adams 和 Ferreira（2007）。

② 这种看法对实证研究而言是很重要的，因为它意味着最优的治理结构对行业从属关系是敏感的。这就导致一些研究者关注单个行业：美国的航空业（Kole 和 Lehn，1999）、银行业（Adams 和 Mehran，2005）、银行和储蓄贷款控股公司（Belkhir，2004）、封闭式投资公司（Dann、Del Guercio 和 Partch，2003）、医院（Eldenburg、Hermalin、Weisbach 和 Wosinka，2004）、保险业（Mayers、Shivdasani 和 Smith，1997）以及美国的共同基金业（Tufano 和 Sevick，1997）。

③ 这里的争议是比较微妙的。市场包括有某些特性的强公司和与它们混杂在一起的公司。在无法区分两种类型的情况下，利益相关者会奖励那些他们认为达到最优董事会组成的公司。我们预期多处担任董事的情况将加剧这种动态。

Anderson 和 Reeb（2004）提供的间接证据表明，当家族成员是提名委员会委员（很显然，创始人家族产业不欢迎外部人董事）时，外部人可能通过发现董事会中的外部人董事数量是否减少，来限制创始家族成员的权力。不过，他们发现在董事会独立性和公司业绩之间存在着 U 型关系。特别是，当家族在董事会中的代表权比较低或比较高（或不低也不高）时，家族董事对独立董事的比率越高，公司业绩越好（差）。

这种非线性关系对未来研究是很重要的，因为交易所对董事会独立性做了限制。例如，纽约证交所要求所有的上市公司建立完全独立的提名和报酬委员会，董事会大部分应为独立董事。[①] 而且，独立董事要在没有管理层董事参与的情况下碰头。在这个规定出台前董事会大部分为非独立董事的公司，会被放在无效率董事会档案中，这引发了业绩和独立性之间的负向关系。公司对这个新规定的回应让我们看到，董事会是一个代表股东利益而不仅仅是个门面的有效率的机制。一方面，如果在新规定出台之前的治理是最优的，则比起法律规定的变化，公司可能对规则的变化更怀有敌意。如果公司治理是一种饰品，则新规定可能引发那些希望传递价值信号的公司做出进一步的改进。例如，《萨班斯—奥克斯利法案》颁布以来，为了推广公司长期价值最大化的目标（例如迪斯尼公司），更多的公司将董事会主席和 CEO 的职位分开（例如戴尔公司），并限制董事在任期内交易公司股票。

关于公司治理最近规定的影响的进一步讨论，参见 Hertig（2005）；Lavelle（2002）；Hartman（2005）以及 Broshko 和 Li（2006）。

盈余管理

董事们不能自己操纵盈余，但他们可以与管理层合谋来操纵盈余。更好的监控机制可以对恶意盈余管理进行审查，使董事会独立性和盈余管理之间产生负的关联关系（Beasley，1996；Dechow、Sloan 和 Sweeney，1996；Xie、Davidson 和 DaDalt，2003；Bowen、Rajgopal 和 Venkatachalam，2004；Kelly、Koh 和 Tong，2004；Uzun、Szewczyk 和 Varma，2004；Farber，2005；Helland 和 Sykuta，2005；Hochberg，2005；Vafeas，2005）。Beasley（1996）将 1982 年到 1990 年间的 75 家被指控存在财务欺诈的公司与控制组的 75 家公司进行了比较，他发现，较高比例的独立董事和灰色董事（gray director）降低了会计欺诈发生的概率。Dechow、Sloan 和 Sweeney（1996）考察了 1982 年到 1992 年间被指控财务欺诈的 82 家公司，他们的结果显示，当董事会大部分董事不是外部人，也不存在大股东时，公司更有可能进行财务欺诈。Vafeas（2005）发现，避免负的盈余意外与独立性负相关。

然而，不管董事们的独立性程度如何，其都有可能看不到盈余管理的危害。Jensen（2005b）指出：

---

① 《萨班斯—奥克斯利法案》颁布之前的规则和执行之间的差异，参见 Klein（2003）。

> 我观察到，有些人作为董事会成员对操纵财务报告的行为毫无责备之意，因为这些事情从来不在他们身上发生。他们认为这只是撒谎，而撒谎仅仅是一些需要管一下的事情。

因此顺理成章地，在董事会独立性与盈余管理之间不存在关系（Wright，1999；[①] Chtourou、Bédard 和 Courteau，2001；Abbott、Parker、Peters，2004；Zhou 和 Chen，2004；Dey，2005；Larcker、Richardson 和 Tuna，2005）。

其他研究还考察了与盈余的及时性和透明度相关的问题（例如，Vafeas、1999a；Bushman、Chen、Engel 和 Smith，2004；Dey，2005；Larcker、Richardson 和 Tuna，2005）。除了 Vafeas（1999a）没有发现独立性对盈余回报关系有影响外，其他研究人员都发现，好的治理机制导致更高的盈余质量。Frankel、McVay 和 Soliman（2006）考察了被华尔街盈余剔除的费用项目的特征以及与董事会独立性之间的关系，他们发现，独立董事比较少的公司，其华尔街盈余的信息含量较低。

关于治理和盈余质量的进一步讨论，参见 Cohen、Krishnamoorthy 和 Wright（2004）。[②]

5.4.2.3 其他董事会特征

除了董事会的构成和规模，研究还考察了以下董事会特征：

- 兼任董事（multiple directorships）——一名董事兼任董事的上市公司数量（Gilson，1990；Kaplan 和 Reishus，1990；Beasley，1996；Booth 和 Deli，1996；Bhagat 和 Black，1999；Carpenter 和 Westphal，2001；Ferri、Jagannathan 和 Pritchard，2003；Harford，2003；Adams，2005；Fairchild 和 Li，2005；Fich，2005；Keys 和 Li，2005；Perry 和 Peyer，2005；Vafeas，2005；Conyon 和 Muldoon，2006）。
- 二职合一（duality）——董事会主席是否兼任 CEO（Dechow、Sloan 和 Sweeney，1996；Brickley、Coles 和 Jarrel，1997；Agrawal、Jaffee 和 Karpoff，1999；Goyal 和 Park，2002；Gul 和 Lai，2002；Chtourou，Bédard 和 Courteau，2001；Xie 和 DaDalt，Davidson，2003；Bowen、Rajgopal 和 Venkatachalam，2004）。
- 召开董事局会议的次数（Gertner 和 Kaplan，1998；Vafeas，1999a；Anderson、Mansi 和 Reeb，2003；Xie、Davidson 和 DaDalt，2003；Bowen、Rajgopal 和 Venkatachalam，2004；Zhou 和 Chen，2004；Weber，2004；Krishnan 和 Visvanathan，2005a；Anderson、Deli 和 Gillan，2006；Jiraporn、Davidson、DaDalt 和 Ning，2007）。
- 董事持有股票份额（Beasley，1996；Yermack，1996；Denis、Denis 和 Sarin，1997；Bhagat、Carey 和 Elson，1998；Wright，1999；Perry，2000；Chtourou、Bédard

---

① Wright（1999）发现，正如分析师所评价的那样，财务报告质量较高的公司，灰色董事的比例通常比较低，但在质量和内部人比例之间不存在关系。

② 我们对管理层报酬计划和治理问题分别进行讨论，但这些机制可能是相互联系的（例如，Core、Holthausen 和 Larcker，1999；Vafeas，1999b；Chidambaran 和 John，2003；Kim，2005；Larcker、Richardson、Seary 和 Tuan，2005）。

和 Courteau，2001；Paul，2001；Cyert、Kang 和 Kumar，2002；Abbott、Parker 和 Peters，2004；Lehn、Patro 和 Zhao，2005）。

• 年龄（Larcker、Richardson 和 Tuna，2006）和任期（例如，Vafeas，2003，2005；Adams 和 Mehran，2005）。[①]

当兼任董事同时也在其他公司担任管理人员的外部人董事时，存在两个方面的问题。第一，派出这名董事的公司有一个需要花费时间在另一个公司服务的管理人员，这会减少他致力于自己公司事务的时间，但也可能有助于他的公司获得有价值的商业网络。第二，接受这名董事的公司从外部人董事那里也获得好处，包括专门知识和关系（Rosenstein 和 Wyatt，1990a；Perry 和 Peyer，2005；Conyon 和 Read，2006）。大多数的研究都是从接受董事公司的角度来看问题的。

这种现象的范围有限。Ferris、Jagannathan 和 Pritchard（2003）对 4 190 家 1995 年年初资产总额在 1 亿美元以上的公众公司的样本进行了研究，他们发现，在 23 673 名董事中，只有 16% 的董事同时担任两到三家公司的董事，只有 6% 的董事同时担任 3 家或 3 家以上公司的董事。Perry 和 Peyer（2005）收集了 1994 年到 1996 年的 349 个新董事任命公告，发现只有 20% 的公告，其董事已经兼任两家或更多家其他上市公司的董事。兼任董事的分布向较大董事会且规模也较大、较成功的公司倾斜（Gilson，1990；Kaplan 和 Reishus，1990；Bhagat 和 Black，1999；Ferris、Jagannathan 和 Pritchard，2003；Harford，2003；Fich，2005；Keys 和 Li，2005；Perry 和 Peyer，2005）。Ferris、Jagannathan 和 Pritchard（2003）发现，在两家或更多家公司兼任董事的人大多在福布斯 500 强公司里任职。他们总结说，兼任董事最初是大公司的现象。在较大公司里盛行这种现象意味着，兼任数家公司董事比其他也是兼职的董事在同一个董事会中共事的概率更高（Ferris、Jagannathan、Pritchard，2003；Conyon 和 Muldoon，2006）。这种特征强化了董事会更好交际的形象。兼任多家公司董事传递了董事的价值信号（Fairchild 和 Li，2005）。例如，在成为一家业绩很差的公司的董事之后，其很难能再获得另外的董事职位，除非该董事能够证明，比如说，他曾通过不与敌意收购抗争来完成监控的角色（Harford，2003）。Brickley、Coles 和 Linck（1999）发现，如果 CEO 在任的最后 4 年公司是成功的，则他在退休以后更可能担任董事的职务。Yermack（2004）考察了 1994 年到 1996 年间财富 500 强公司 734 位董事的动机，他的研究显示，公司业绩的中值提高 1 个标准差，董事的财富在任职第 5 年提高 28.5 万美元。他还发现，公司的市场价值每增加 1 000 美元，新任职董事的财富将增加 0.043 美元。看起来好像是可以忽略的参加董事局会议的报酬也很重要，Adams（2005）考察了报告董事“出席问题”的替代，他发现，在出席会议和每次会议的报酬之间存在着正的关联关系。

① 专门知识是另一个在对审计委员会的研究中已经被广泛考察的特征，我们会在下面讨论审计委员会。

两职合一是 CEO 控制董事会的权力和能力的表征。He、Srinidhi、Su 和 Gul（2003）发现，CEO 离任的概率与 CEO 兼任董事会主席的事件负相关。虽然在加拿大和英国很罕见，但这种现象在美国很普遍。20 世纪末，在大型上市公司，CEO 兼任董事会主席的比例超过 80%。①

召开董事局会议的次数是衡量董事在公司努力程度的指标。从董事会是经理人的委托人这个意义上来说，我们还不清楚董事们在私下场合里会做些什么，他们为了做好工作到底会投入多少努力。下面的讨论传达的意思是，20 世纪的制度并没有要求董事们投入很多努力，这和董事会是一种门面的看法一致，董事们每季度碰一次头，通常董事局会议会选择在某休假胜地或一个比较远的城市举行，公司也会邀请董事们带着配偶来参加会议。董事局会议通常是计划或是战略反思会议，会议持续 3 到 4 个小时，通常安排在早上或者从早上到下午。拥有几十亿资产的公司在工作的地方召开董事局会议的次数会多一些。

股权的持有表明董事们的动机与最大化股东价值相联系的程度。Bhagat、Carey 和 Elson（1998）以及 Perry（2000）发现，持有较多权益的外部董事更可能取代业绩很差的公司的 CEO。一方面，短期持有可能导致与管理层合谋进行上调股价的盈余管理（Chtourou、Bédard 和 Courteau，2001）。我们来看女英雄 Cynthia Coopers 的轶事证据，在世界通信公司会计丑闻中，她在 2005 年三藩市举行的 AAA 会议上告诉听众，在她试图与审计委员会就嫌疑人的问题进行沟通时，审计委员会主席拒绝合作。依其所属，她了解如果华尔街获知有这样的调查，世界通信公司的股票价格会下降，而世界通信公司的董事们就会失去财富。Collins、Gong 和 Li（2006）的研究考察期权日期倒填，结果显示权益报酬计划也可能造成危害。他们发现，在那些董事获得较多股票期权的公司，董事们可能与管理层合谋，把期权授予日期倒填为股票价格最低的日期，从而保证“价内期权”（in the money），因为执行价格通常被设为授予日的股票价格。

年龄与任期同样也是有争议的变量。一方面，年龄代表有价值的经验，任期使董事们对公司的正常业务和资源更熟悉，从而有助于他们对公司进行监控；另一方面，这些变量也可能意味着董事们与管理层之间更紧密的关系。例如，在安然失败一案中，董事们不作为的一个解释，可能就是他们的长任期（Niskanen，2005）。

最近的新规定也引发了公司治理的一些变化。最明显的是提高董事会独立性的要求，这是从 20 世纪末开始的一个趋势（例如，Vafeas，2005）。公司对提高独立性要求的回应是扩大其董事会的规模。董事会的组成也发生了改变：独立性降低了执行董事中律师、顾问和前执行官的比例（Linck、Netter 和 Yang，2006）。

---

① 例如，Xie、Davidson 和 DaDalt（2003）报告了，他们 85% 的公司/年样本中，董事会主席和 CEO 由同一个人担任（他们的样本包括了在 1992 年、1994 年和 1996 年的头 100 家标准普尔公司的 282 个公司/年观察值）。

董事们的责任更多了，尤其在审计委员会。从91%的公司都授权董事会雇用自己的顾问这点，可以看出诉讼的风险和董事的责任更大了。董事会会议的次数也增加了，尤其是由审计委员会召集的会议，会议的次数是过去的两倍以上（Linck、Netter和Yang，2006）。而且，与董事们的权益和总收入增加同步，兼任董事的发生概率也下降了（Coglianese和Michael，2006；Linck、Netter和Yang，2006）。

董事会的代价如今更加不菲，特别是小公司。据Linck、Netter和Yang（2006）报告，2004年每1000美元的销售收入，小（大）公司要支付3.19美元（0.32美元）的董事费用，如今比2001年上升0.84美元（0.07美元），比1998年上升1.21美元（0.10美元）。

其他的变化包括两职合一现象的减少和领袖董事（lead director）——负责行使非管理层董事的管理权力的独立董事数量增加（Coglianese和Michael，2006）。

Aggarwal和Williamson（2006）报告了刻画2005年超过90%的公司的以下治理特征，其中一些特征在2001年时几乎不存在：

- 除非有很正当的理由，所有董事必须参加75%的董事会会议。
- CEO只兼任两家或以下公司的董事。
- 支付给审计师的咨询费少于审计费用。
- 只有一个类别的股票（而不是双重类别）。
- 董事会有聘请顾问的明确权限。
- 不能忽略股东的提议。①

他们注意到，因为这些规定提高了所有公司的治理水平，因此消除了良好治理水平的溢价。不过，公司似乎也改善了并非由最新规定要求的治理领域。

5.4.2.4 审计委员会

董事会扮演守门人的角色抵制恶意盈余管理，而站在最前沿的是审计委员会。2001年1月5日，Arthur Levitt在写给5000家公众公司审计委员会主席的信中说：

> 当审计师与董事会就重要的但却是灰色的会计领域进行诚实和有意义的讨论时，公司与股东的利益同时得到兼顾。这样，包括审计委员会在内的董事会、管理层以及外部审计师形成了一张可靠披露和积极监督的“三脚凳”（three legged stool）。

在20世纪末期，关注盈余管理的监管者设计了提高审计委员会、外部审计师和管理层责任的机制。新的方法意味着，要使审计委员会成为有效的守门人，必须加强其独立性。在1998年9月，SEC、NYSE以及NASD宣布，由John C. Whitehead担任蓝带委员会（Blue Ribbon Committee）主席。1999年2月，Ira M. Millstein宣告了提

---

① 关于其他的条款，可参见Aggarwal和Williamson（2006）。

高审计委员会有效性的十分计划（ten-point plan），在 1999 年 12 月到 2000 年 1 月期间开始实施。在纳斯达克、美国证交所和纽约证交所上市的公司被要求在审计委员会结构和成员以及委员会的章程方面做出改变，例如，增加了一条审计委员会所有成员必须具有财务素养、至少有一名成员具备财务专门知识[①]的要求（SEC 第 34-42231、[②] 34-42232 以及 34-42233 号公告）。[③] 其明确了对披露改变的要求，包括与审计师讨论有关财务报表和聘请审计师进行非审计服务的考虑（SEC 第 34-42266 号公告）[④]。

2002 年 7 月颁布的《萨班斯—奥克斯利法案》增加了公众公司必须有审计委员会的要求。在《萨班斯—奥克斯利法案》下，审计委员会的成员必须是独立的，至少有一名成员必须是财务专家。要保持独立，个人必须不是公司的执行官或持有超过 10% 公司权益的股东。《萨班斯—奥克斯利法案》授权 SEC 给财务专家下定义，以下是 SEC 给财务专家下的定义：

- 了解 GAAP 和财务报表。
- 具有评价有关估计、应计和准备等会计原则应用的能力。
- 了解审计委员会的功能和对财务报告的内部控制。
- 具有审计、编制、分析和评价包含与公司预期提交的财务报表的复杂程度相当的复杂会计问题的财务报表的经验。

《萨班斯—奥克斯利法案》第 407 条要求披露审计委员会是否包括一名财务专家，他有能力用其知识和技能来理解与公司报告的复杂程度相当的财务报告，该名成员必须是有道德的，过去没有受过任何处分，另外还需要披露这名专家是否独立。

正如下一个部分将要讨论的，在涉及审计师的领域，《萨班斯—奥克斯利法案》

---

① 对财务素养（literacy）和专门知识（expertise）区别的描述，可参见 McDaniel、Martin 和 Maines（2002）的实验研究。他们把审计经理作为财务专家，高级 MBA 毕业生作为具备财务素养的人员，发现在上述人员不同的教育模式中，对决定盈余质量重要性的问题也不同。

② 审计委员会的章程必须明确以下问题：

(1) 审计委员会责任范围，以及它如何执行这些责任，包括结构、过程和成员要求。

(2) 审计委员会保证从外部审计师那里获得描述审计师和公司之间关系的正式书面陈述，该陈述与独立性准则委员会（Independence Standard Board）的第 1 号准则以及审计委员会的责任一致。审计委员会的责任是，必须就那些影响审计师客观性和独立性的所有披露关系和服务积极参与和审计师对话，并采取或建议董事会采取恰当的行动来保证（监督）外部审计师的独立性。

(3) 外部审计师对作为股东代表的董事会和审计委员会的最终责任，以及这些股东代表选择、评价，并且在必要时取代外部审计师（或在任何股东签署委托书中提出任命外部审计师的议案并由股东审批）的最终授权和责任。

③ KPMG 对证交所要求和《萨班斯—奥克斯利法案》要求进行比较和综合，该文件可在其网上下载：http：//www. sec. gov/news/headlines/audind. htm。

④ 参见 http：//www. sec. gov/news/headlines/audind. htm。

给予审计委员会更多的责任。审计委员会对保证首席财务官和 CEO 遵守道德守则也负有责任。[①] 第 301 条授权委员会聘请顾问，并由公司支付费用。

研究考察了审计委员会披露（Liu，2004）与盈余管理之间的关系（参见 Beasley，1996；Gerety 和 Lehn，1997；Parker，1997；Klein，1998，2002b；Beasley、Carcello、Hermanson 和 Lapides，2000；Carcello 和 Neale，2000；Chtourou、Bédard 和 Courteau，2001；Abbott、Parker、Peters 和 Raghunandan，2003；Felo、Krishnamurthy 和 Solieri，2003；Xie、Davidson 和 DaDalt，2003；Abbott、Parker 和 Peters 2004；Bédard、Chtourou 和 Courteau，2004；Bradbury、Mak 和 Tan，2004；Bryan、Liu 和 Tiras，2004；Uzun、Szewczyk 和 Varma，2004；Zhou 和 Chen，2004；Agrawal 和 Chadha，2005；DeFond、Hann 和 Hu，2005；Zhang、Zhou 和 Zhou，2006）。有价值的文献回顾参见 DeZoort、Hermanson、Archambeault 和 Reed（2002）以及 DeFond 和 Francis（2005）。

学术界对审计委员会的研究关注两个主要特征：其成员的独立性以及他们在财务方面的专门知识（Krishnan 和 Visvanathan，2005b）。在较低的程度上，其他变量可能也会被考虑：任期，这个变量表明董事们可以获得公司特定经验，但却可能降低其客观性；审计委员会的规模，这是决定其资源的变量；召开会议的频率，表明其活动；[②] 成员持有的股票期权，决定了他们与管理层合谋或者把自己的利益与股东利益联结为一体的动机；治理专长，该变量决定了在应付管理层和董事会时审计委员会成员手中的砝码。

盈余管理和盈余质量由不同的方法来检验：直接检验通过稳健性、报表重述、欺诈、操控性应计等，或间接地检验，例如，因为管理层过度违背财务报告的要求从而引起冲突造成审计师辞职（Archambeault 和 DeZoort，2001；Carcello 和 Neale，2003；Lee、Mande 和 Ortman，2004）。又例如，降低审计过程独立性的非审计服务购买（Abbott、Parker、Peters 和 Raghunandan，2003）。研究结果总体上与预期一致。一个较强的审计委员会与较高的盈余治理相关联。

市场反应的证据则是混合的。Anderson、Deli 和 Gillian（2006）发现，在他们 2001 年的公司样本中，当公司有一个独立的董事会时，市场对盈余意外的反应更强。但审计委员会的独立性却没有增量的显著性。其他两个研究 Davidson、Xie 和 Xu（2004）[③] 以及 DeFond、Hann 和 Hu（2005）发现，市场奖励那些审计委员会里有财

---

① 《萨班斯—奥克斯利法案》对小企业有重要的影响，因为自从 1999 年后到《萨班斯—奥克斯利法案》颁布前，小企业免予执行有一个完全独立的审计委员会的要求。

② Bédard、Chtourou 和 Courteau（2004）也用审计委员会章程作为对活动的衡量，因为章程给予委员会决策的权力。

③ Davidson、Xie 和 Xu（2004）调查了 1990 年到 2001 年间的 136 起自动披露的任命公告，主要集中在 1999 年的小型纳斯达克公司，研究指派董事的审计委员会前、后的股票回报。DeFond、Hann 和 Hu（2005）考察了 1993 年到 2002 年间 850 家公告任命董事到审计委员会任职的公司（分为 126 名财务会计专家、489 名非财务会计专家以及 235 名不具备两种财务专家资格的人士），研究在 3 天的时间窗口的累计超常回报（CAR）。

务专家的公司。

§5.5　审计师

> 21 世纪的开端是以会计丑闻、股票市场的坍塌以及 1930 年以来最为势不可挡的证券市场改革为标志的，这些事件的一个未曾预料到的结果是提高了人们对审计的认知程度。特别是，监管者、市场参与者以及公众似乎都对审计在美国金融市场的成功运作中所扮演的角色表示赞赏（DeFond 和 Francis，2005）。

因为审计师鉴证财务报告，审计师可能是阻止恶意盈余管理发生的最为重要的守门人。历史上：

> 美国资本市场投资者在超过一百多年的时间里依赖于外部审计师这个独立的第三方来审查公司管理层记录的账目和提交的财务报告。在 20 世纪 80 年代，因虚假财务报告引起市场失去信心之后，投资者和纽约证交所需要独立的审计师。这是他们在 1930 年无线电和汽车"新"技术牛市崩溃以后再一次有这种需求。他们今天仍然有这种需求，在亚洲市场危机以及"新"技术和信息时代的网络公司终结之后，其也许比过去更需要审计师（Turner，2001c）。

本部分我们将阐述两个问题。首先考虑《萨班斯—奥克斯利法案》颁布之前和《萨班斯—奥克斯利法案》颁布之后审计师与管理层之间关系的结构，并对未来财务报表保险制度提出建议。这将使我们得以理解作为此类守门人特征的利益冲突，因为恶意盈余管理中一个被指控的原因就是，审计行业没有履行作为独立守门人应尽的职责。然后，我们讨论审计师在盈余管理中所扮演的角色。

§5.5.1　《萨班斯—奥克斯利法案》颁布之前审计师与管理层关系的制度环境[①]

图 5.3 描述了《萨班斯—奥克斯利法案》颁布之前审计师与管理层之间的关系。形式上，下一年对审计师的聘任是在年度股东大会上批准通过的。然而，股东并不支付审计师的费用，相反，审计费用是由被审计的公司支付的。《萨班斯—奥克斯利法案》颁布之前，审计师依赖于 CEO 和 CFO 们，他们是聘请审计师并支付报酬的实际决策者（Abdel-khalik，2002）。

---

① 审计情景的一些特征在《萨班斯—奥克斯利法案》颁布之后仍然是真实的。

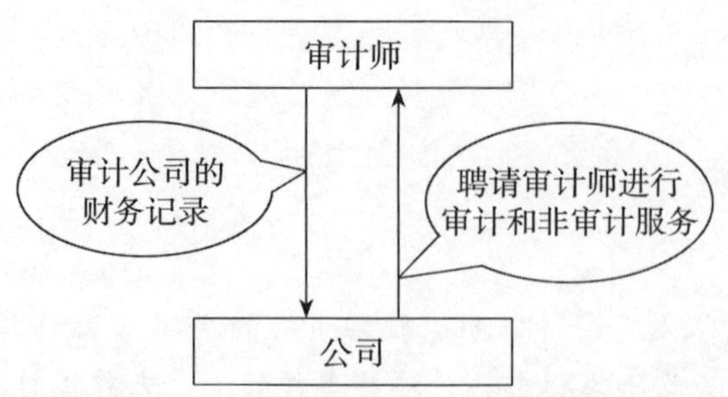

图 5.3 《萨班斯—奥克斯利法案》颁布之前审计师与管理层之间的关系①

审计过程要根据审计准则（GAAS）验证数据，和根据会计准则（GAAP）验证财务报表项目。数据验证的目的在于核实会计数据的妥当性、完整性、准确性以及及时性。验证财务报表项目涉及对财务报表中列报的价值的合理性进行判断，例如，以成本或市价孰低原则对存货进行计量，或者对商誉进行减值等。

当审计不能发现财务报告数据或表述中的不恰当性时，审计失败就发生了。例如，在意大利的 Parmalat 舞弊案中，审计师注意到，用以证明 Parmalat 通过其凯曼群岛的分公司 Bonlat 将价值 49 亿美元的资金存放在美洲银行账户的文件，通过传真之后变得很模糊，但实际上这份文件是伪造的。

审计失败可能缘于很多因素，比如较弱的控制，因为审计依赖于公司提供的文件，以及业务合同和交易的复杂性。例如，对安然审计失败的一个解释就是：审计师没有能力了解到安然公司已经将自己变成了一个产生过度财务风险的对冲基金。Ronen 和 Berman（2004）提供了另外的解释，他认为最重要的原因是工业经济转变为信息经济。在工业经济中，审计需要验证的是诸如存货和不动产、厂房和设备等固定资产。而且，在审计师结束审计的时候，经营周期也可能要结束了：大多数的存货已经周转完、应收账款已经收回、大多数的应付账款也已经支付。这就使验证过程变得很容易。

信息经济导致资产和负债的性质发生改变。特别是，很难量化的无形资产的数量大大增加。由于负债的本金和债务条款依赖于没有实现的条件，比如衍生物，负债也变得不透明。作为一个例子，我们可以考虑向市价会计的转变，市价会计允许公司资本化长期合约，可以通过对合约乐观的假设来确定现值并对亏损合约确认利润。Ronen 和 Berman 观察到：

> 存在大量无法验证的无形资产使对财务报表的审计变得困难。它们由大量无法在事后被很好地验证的私人信息组成，我们只能观察到一个经理人的预测是否准确，但不知道他在做这些预测时自己都不相信它们是准确的。

5.5.1.1 审计师的动机

审计师的动机决定了他保持独立性的能力，这对于他是否能够在阻止恶意盈余管

① 图表的来源：2005 年马里兰大学的 Rona Barton 关于财务报表保险制度（FSI）的报告。

理中担当守门人的角色至关重要。Turner（2001a）指出，高质量的审计准则是财务报告机制的重要组成部分，而审计师独立性是最关键的。这就解释了为什么审计费用应与审计师的发现无关，虽然代理理论有不同的解释。

与经济条件同步改变的，是在 20 世纪后半叶发生的降低审计师独立性的改变。首先，竞争更激烈，结果审计师为了获得新客户而“低价揽客”（engagement-low-balling），向客户提供更大的价格折扣（DeAngelo，1981a；Francis 和 Simon，1987；Nofsinger 和 Kim，2003）。其次，审计师在共同起诉中的责任降低了（Coffee，2003a），这也降低了他们的稳健性。[①] 再次，咨询服务繁荣。因为使用审计和咨询服务是管理层的责任，审计师转向对管理层忠诚。例如，Cohen、Krishnamoorthy 和 Wright（2002）显示，审计师将治理层等同于管理层，而忽略了董事会。[②] Coffee（2002）总结道：

> 今天，客户不能随便解聘审计师。解聘审计师是一个成本很高的步骤，可能会引起潜在的公共困窘、需要公开披露解雇审计师或审计师辞职的原因，以及会引起 SEC 的干预。不过，如果审计师变成了客户的顾问，那么客户就可以轻易地通过中断其咨询业务，或者减少从审计师处购买的咨询服务来报复审计师的不妥协，这报复不需要公开披露也不会引起 SEC 的监督，但却惩戒了会计师事务所，因此它可能造成事务所替换不让步的审计合伙人。实际上，客户也可能在审计师扮演核心顾问时，通过增加（减少）使用咨询服务来贿赂（胁迫）审计师。[③]

一个极端恶劣的审计师缺乏独立性的例子，是对安达信的指控[④]。世界通信公司位于密西西比地区，那个地区没有其他大客户，因为担心被其竞争对手取代，安达信向世界通信公司交出它对该公司的审计计划。因为审计师计划检查资本支出，所以在审计进行的时候，资本支出的问题被恰当地解决了。因为公司资本化而不是注销过剩的生产能力，世界通信公司后来对盈余进行了重述。

研究者已经考察了非审计费用是否降低了审计师独立性，是否是审计师允许恶意

---

① Seetharaman、Gul 和 Lynn（2002）提供的证据，与美国审计师的责任成本比其他国家审计师的责任成本更大的看法一致。我们在下面讨论责任。

② Mayhew 和 Pike（2004）提供的实验证据表明，把雇佣审计师的权力从管理层转移到投资者减少了对独立性的背离。

③ SEC 和 AICPA 都强制推行 3 条财务报告要求。第一，上市公司必须在变更审计师的 5 个工作日内向 SEC 提交 Form 8K 表格文件。第二，AICPA 要求审计师独立地向 SEC 通报该事件。第三，上市公司必须在递交 Form 8-K 表格文件的 10 个工作日内，向 SEC 提交一份从前审计师那里获得的“审计师证明信”（auditor's exhibit letter），里面审计师要么同意 Form 8-K 表格文件里的报表，要么解释他不同意的原因。

④ 基于世界通信公司内部审计前副主栽 Cynthia Cooper 在 2005 年三藩市 AAA 会议上的介绍。

盈余管理发生的结果[①]（Magee 和 Tseng，1990；Gigler 和 Penno，1995；Reynolds 和 Francis，2000；Coffee，2001，2002，2003a；Chaney 和 Philipich，2002；Craswell、Stokes 和 Laughton，2002；DeFond、Raghunandan 和 Subramanyam，2002；Frankel、Johnson 和 Nelson，2002；O'Connor，2002；Abbott、Parker、Peters 和 Raghunandan，2003；Ashbaugh、LaFond 和 Mayhew，2003；Healy 和 Palepu，2003；Demski，2003；Abbott，Parker、Peters 和 Rama，2004；Kinney、Palmrose 和 Scholz，2004a；Larcker 和 Richardson，2004；[②] Reynolds、Deis 和 Francis，2004；Abbott、Parket、Peters 和 Rama，2005；Agrawal 和 Chadha，2005；DeFond 和 Francis，2005；Louis，2005；Ahmed、Duellman 和 Abdel-Meguid，2006；Antle、Gordon、Narayanamoorthy 和 Zhou，2006；Beaulieu 和 Reistein，2006；Francis，2006；Francis 和 Ke，2006；Krishnan、Sami 和 Zhang，2005；Ghosh、Kallapur 和 Moon，2006；Gleason 和 Mills，2006；Lu，2006；Moore、Tetlock、Tanlu 和 Bazerman，2006；Nelson，2006；Ruddock 和 Taylor，2006）。[③]

大量的实证发现支持了观察者的指控。例如，Krishnan 和 Gul（2002）发现，在 1995 年到 2000 年间，在超常应计、出具保留意见以及对操控性应计的定价方面，五大会计师事务所客户的盈余质量下降了。

Turner（2001c）归纳了审计行业在 20 世纪末期的变化：

> 由于国际化、行业合并以及咨询业务的快速增长，主要的会计师事务所在最近几十年里发生了巨大的变化。根据最大型公司公开报告的信息，审计业务占 30% 的总业务收入，与 1977 年的 70% 相比发生了大幅的下降。目前顾问和其他管理咨询业务收入占一半以上，大大超过了 1977 年的 12%。1993 年以来，审计收入每年平均增长 9%——而咨询和类似业务每年增长 27%。除了传统的会计、审计和税务咨询，这些业务还包括公司财务、大规模的 IT 计划和安装等。[④]

华尔街和监管者都意识到，审计师可能并非如他们所希望的那样，成为独立有效

① Coffee（2002，第 32 页）引用了《芝加哥论坛报》2002 年 2 月 24 日的调查，该调查发现芝加哥地区 100 家最大型的公司（由市值决定）向它们的审计师支付平均为向相同的审计师支付的审计费用 3 倍的咨询费用。

② 这项研究对咨询诱惑的关注低于对独立性规定的关注。

③ DeFond 和 Francis（2005）提出了另一个关于独立性的问题：进行客观的会计研究的能力：

在呼吁学术界对审计职业进行“修理”的同时，我们认为重要的是要承认，在对审计职业进行调查的时候，对我们本身的独立性存在着一种内在的威胁。这种威胁的出现是因为审计行业雇佣我们的学生，捐赠我们的教学系和学校，资助教学和讲座教授，提供实验数据和独家数据的题材，聘请我们担任专家证人等。所有这些因素都对审计研究人员、仲裁人、刊物编辑营造了一种和睦友好的关系和诱惑，使得他们对审计职业抱有赞许的态度，而这种赞赏可能是由“对来帮助自己的人反咬一口”的理性恐惧所驱动，屈从于这种赞赏态度可能会严重地腐蚀我们的智力完整性。如果审计研究人员成为审计职业的辩护人，那么对自己的职业、学生、社会以及我们自己都极为不利。

④ http：//www. sec. gov/news/headlines/audind. htm。

的监控者。1998 年，Arthur Levitt 在题为“数字游戏”的演讲中，提出了一个包括提高审计师独立性的计划。2000 年，大量针对会计师事务所的争论和压力，使 SEC 修改了《萨班斯—奥克斯利法案》关于审计师独立性条件的规定，即 2001 年 2 月 5 日生效的 337919 规则。① 这一规则导致了对会计师事务所的重构。其通过向第三方出售或上市的方法，大幅剥离了非审计业务。但是，这些改变并没有阻止会计丑闻的出现，从而导致《萨班斯—奥克斯利法案》的制定和 2003 年关于提高审计师独立性的额外条款的出台。

5.5.1.2　《萨班斯—奥克斯利法案》颁布之后的审计委员会

《萨班斯—奥克斯利法案》颁布所引起的最显著的改变是，增加了一个之前自我监管并有执行能力的规则制定机构。《萨班斯—奥克斯利法案》建立了一个半政府的公众公司会计监管委员会（PCAOB）。《萨班斯—奥克斯利法案》赋予 PCAOB“保护投资者利益以及在制定有信息含量的、准确的和独立的审计报告等方面维护公众利益”的权力。PCAOB 的责任包括建立或采纳“与为财务报表提供者编制审计报告、质量控制、伦理、独立性以及其他标准有关的”规则。图 5.4 描述了审计行业的新结构。公司和审计师仍然直接互动，因为公司虽然通过审计委员会聘请审计师，但审计师直接对公司进行审计。PCAOB 监管审计师。

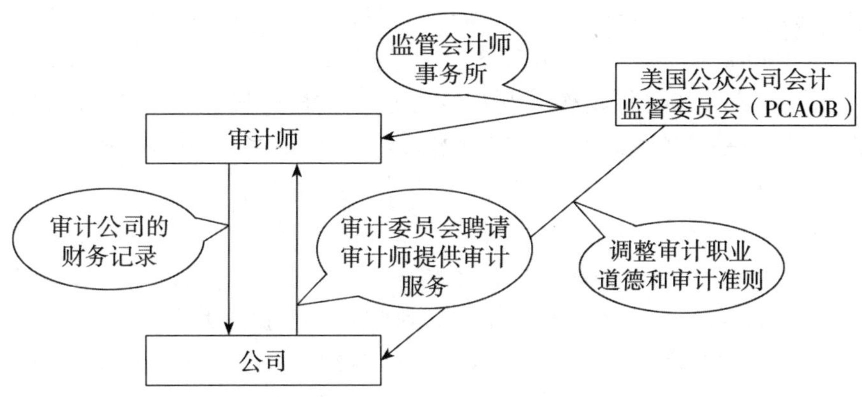

图 5.4　《萨班斯—奥克斯利法案》颁布之后审计师、公司以及 PCAOB 之间的关系

聘请审计师的权力从管理层转移到审计委员会。《萨班斯—奥克斯利法案》要求，审计委员会对财务报告的编制和审计过程进行监督。审计委员会负责聘请、付费和续聘公司的独立审计师，它具有解决管理层和审计师争端、聘请审计师完成非审计业务的权力。《萨班斯—奥克斯利法案》具体规定了审计委员会和审计师之间如何进行沟通。② 审计师需要向审计委员会提供：（1）在编制财务报告过程中使用的会计政策的细节；（2）从一组 GAAP 可供选择的方法中选择会计处理方法的结果；（3）披露其他重要的审计师和管理层之间的书面沟通。

① http：//www. sec. gov/rules/final/33-7919. htm。

② 在《萨班斯—奥克斯利法案》颁布之前，SEC 要求审计委员会只披露一些其与审计师沟通的细节。

另一个提高审计师独立性的条款是201条款，该条款限制了咨询业务的范围。审计师不可以再提供以下服务：

- 簿记或公司其他与将被审计的会计记录或财务报表有关的服务。
- 设计或实施财务信息系统。
- 评估或定价服务、公平意见或实物捐献（contribution-in-kind）报告。
- 统计服务。
- 内部审计外包服务。
- 管理层功能和人力资源。
- 经纪人或经销商、投资顾问或投资银行服务。
- 与审计无关的法律服务和专家服务。

另外，虽然税务服务没有被禁止，但在法庭审理案件中，审计师不可以就税务问题代表审计客户（Beale，2004）。其他非审计服务也应该至少事先由审计委员会的一名成员批准。

在一些被指控的会计丑闻中，审计师可能面对的是他以前的同事，也就是CFO或其他在财务部门工作的人员，其过去曾经与审计师在同一家会计师事务所工作过。研究表明，这种关系提高了盈余管理的可能性，比如超常应计和保留意见等，这也证实了监管者的担心（Dowdell和Krishnan，2004；Menon和Williams，2004；DeFond和Francis，2005；Geiger、Marshall和O'Connell，2005；Lennox，2005）。例如，Dowdell和Krishnan（2004）发现，当CFO之前曾在会计师事务所任职时，盈余管理更普遍。《萨班斯—奥克斯利法案》通过对特定CEO、CFO、财务经理以及总会计师（CAO）的冷冻期（cooling-off period），来处理这种审计师-被审人（auditor-auditee）关系，这些管理人员至少在审计发生前一年之内不能在会计事务所进行过审计业务（206条款）。另外，还有额外条款规定了档案文件的保留（802条款），以保证销毁文件是违法行为，以及禁止高管们不恰当地对审计过程施加影响（303条款）。①

203条款和207条款讨论审计师任期。203条款要求对公司进行审计的合伙人必须每5年轮换一次。207条款要求对事务所的轮换进行更多的研究。对审计师任期的实证研究证据是混合的。Johnson、Khurana和Reynolds（2002）发现，六大会计师事务所短于3年任期的盈余质量较低。Myers、Myers和Omer（2003）发现轮换对报告盈余质量有不利影响。Hatfield、Jackson和Vandervelde（2006）发现，合伙人轮换和会计师事务所轮换之间没有差异。Davis、Soo和Trompeter（2006）研究了1988年到2001年间的27 377个I/B/E/S公司/年样本，他们观察到在任期与达到或超过分析师

---

① SEC 303条款：对审计业务施加不当影响。

（a）禁令——委员会应该本着公众的利益和对投资者的保护，制定必须的和恰当的规则和制度，任何违背这些规章的所有发行证券公司的官员、董事或受他们指使的任何人员，为了欺诈性地影响、强迫、操纵或误导独立的、正在对发行者的财务报表进行审计的注册会计师而采取的行动，及以达到实质性地误导会计报表的目的的任何行为均是非法的。

预期之间存在着非线性关系。他们发现，当审计师任期为 3 年或以下以及 15 年或更长时，盈余预测误差的绝对值下降。更重要的是，其利用操控性应计来达到或超过盈余预期。

对审计行业的整顿也对 FASB 产生影响。目前，FASB 不再由它的成员而是由 PCAOB 提供资金支持。而且，SEC 正在研究是否以准则导向会计取代规则导向会计。[①]

一些条款已经生效。例如，SEC 已经要求审计师归属于 AICPA 的机构、已经要求合伙人轮换的 SEC 业务部门。大型公司已经有董事成员必须是独立的审计委员会成员，大多数有审计委员会的公司都将选择审计师的责任委托给审计委员会（Parker，1997；Urbanic，1997）。因此，对审计行业最严酷的打击是自主权的丧失。Revsine（2002）表达了对该行业的感触：

> 审计准则目前是由美国注册会计师协会制定的，我看不到有立刻做出改变的需要。审计师自己拥有形成一个恰当的指引所必需的专业知识。的确，目前 AICPA 也了解，制定强硬的规定和严格的程序是所有成员长期利益的需要。

审计师已经让步了，因为他们意识到自我监管的失败。例如，2003 年 1 月，加州通过法律，要求有资格颁发审计师资格的州管理部门要有除了会计师以外的公众成员，并要求发生报表重述时要向这些部门报告，这使得其可以决定，对报表重述负有责任的审计人员的表现是否符合道德规范。

对最近的改变做一比较，我们更多地注意到其他方面对审计行业的兴趣。正如第二部分所讨论，《萨班斯—奥克斯利法案》颁布以来，为了补偿会计师所做的额外的工作，审计费用大约上升了 50%。同时，《萨班斯—奥克斯利法案》改变了审计师的认知。Branson（2006）评论说，审计职业——在两年前被谩骂为是龌龊商人道德上的同类——已经无法预料地被推到权力和繁荣的新高。

一些额外费用补偿了审计费用的上升。这些成本是重构这个行业无法避免的，我们将在下一部分对此进行讨论。

5.5.1.3 财务报表保险制度（FSI）

一个改变动机和减少误导性财务报告机会的提议是，Ronen 在 2002 年倡导的财务报告保险（FSI）制度（Ronen，2002a，b，c）。在 FSI 制度下，公司可能为了防止审计失败而对其财务报表进行保险，而审计则由保险公司聘请的审计师负责。[②] 参见第三部分的引言和下面关于 FSI 机制细节的讨论。

没有 FSI，审计师可能在也可能不在盈余管理中合谋。例如，Petroni 和 Beasley（1996）以及 Bradshaw、Richardson 和 Sloan（2001）提供了合作的证据。前者发现，

---

① SEC 的动机是，规则导向的会计准则鼓励公司管理层将会计规则等同于税法看待。

② 保险机构也可以包括那些以这种或那种方式将保险功能包括进来的审计师事务所。

不考虑审计师的类型，在他们1979年到1983年的样本中，意外保险行业索赔损失估计差错是重大的。后者发现，在《萨班斯—奥克斯利法案》颁布之前，当应计超乎常态时，审计师并不发布保留意见，虽然超常应计与SEC的执行行动有联系。

当然，审计师也有不合谋的动机，包括昂贵的诉讼费用以及声誉损失。目前，他们以下列方式来处理盈余管理的风险：

（1）筛选出高风险的客户。有关《萨班斯—奥克斯利法案》制定之前的证据，可参见Krishnan和Krishnan（1997）以及Shu（2000）。有关《萨班斯—奥克斯利法案》制定之后四大会计师事务所辞聘的证据，可参见Hertz（2006）以及Rama和Read（2006）。Landsman、Nelson和Rountree（2006）也发现，最大事务所的业务量在《萨班斯—奥克斯利法案》颁布之后有所改变，但他们怀疑，客户组合的风险是否的确降低了。

（2）对风险高的客户索取额外费用。参见Gul和Tsui（2001）；Gul、Chen和Tsui（2003）；Schelleman和Knechel（2005）以及Abbott、Parker和Peters（2006）的证据，他们在审计费用和盈余管理的程度之间建立了一种关系。

（3）增加努力。参见De和Sen（2002）。

（4）就财务报表的调整进行谈判。Heninger（2001）发现，当操控性应计是对盈余管理程度的度量时，随着操控性应计的增长，诉讼风险提高了。因此，审计师喜欢更稳健的报告。例如DeFond和Jiambalvo（1993）；Kinney和Martin（1994）；Cahan和Zhang（2006）以及Libby、Nelson和Hunton（2006）。①

（5）尽管有来自管理层的压力，但仍然尽量降低签发非无保留意见报告的门槛。参见Francis和Krishnan（1999）；Carcello和Neale（2000，2003）；Willekens（2003）。②

很显然，这些方法都不能保证审计师能够防止他们的客户进行盈余管理，因为在所有该做的都做了，该说的都说了以后，盈余管理仍然可以是公司内部人的决策。而且，一些方法可能会减少投资者的财富。例如，Kothari、Lys、Smith和Watts（1988）观察到，本来预期可以保护投资者的诉讼的增加，因为审计师为了支付诉讼成本而索取额外费用，对管理层披露价值相关信息的动机也会产生不利的影响。Ronen和Yaari（2002）显示，增加的诉讼可能抑制了披露，因此降低了财务报告的透明度。

FSI通过向对公司的股票价格表现感到失望的投资者说明这些昂贵的诉讼风险，减少了使用这些不完美机制的需要，使审计师得以受益（参见例如，Lys和Watts，1994；Bonner，Palmrose和Young，1998）。③ FSI将审计师和管理者的动机与股东的

① Libby、Nelson和Hunton（2006）显示，比起在脚注中披露，审计师在确认方面更为固执。

② Willekens（2003）发现，4大会计师事务所在安然事件之后变得更稳健，比其他会计师事务所签发更多的保留意见。她把这种行为归结为对诉讼的威胁。

③ 从审计师的角度看，与其他普通法国家比较，如澳大利亚、加拿大和英国等，美国系统是非常好诉讼的。

动机结合起来，以保证更好的审计质量、更好的财务报表质量，最小化在财务报表中的遗漏和误报（O&M）以及补偿小股东因为遗漏和误报所引起的损失。同时，证券价格更准确地反映公司财务报表的质量，对一个更完美的市场和提高配置效率作贡献。而且，会计师事务所以质量尺度而不是价格尺度进行竞争，从而提高该职业在独立性和能力方面的声誉。

FSI 过程始于公司为了它们的股东可以抵御因财务报表的遗漏和误报而遭受的损失，向保险责任范围的承保人发出要约邀请。承保人会聘请保险业的评论人（可能是一个独立机构，也可能是一个外部审计师），通过考察公司特定的内部控制、管理层报酬结构、竞争环境、过去发生遗漏和误报的历史、过去的盈余意外以及市场对这些意外的回应等，对遗漏和误报的风险进行评估。详细的保险评价报告是承保人决定是否提供保险、最大的保险范围以及需要收取的保险费用的基础，其可能也提供一份保险范围和保险费用计划安排。基于承保人提出的价格，经理人可能会提出他们自己作为代理人关于购买 FSI 保险责任范围的建议供股东投票。投票之后，股东批准的保险责任范围和费用会被公布，成为公开的消息。选择不投保的公司和选择不提出 FSI 保险责任范围邀约的公司可保留现有的制度，它们聘请外部审计师对其财务报表签发审计意见。股东批准投保的公司，将从被它们的保险承保人认可的会计师事务所中选择外部审计师。这个审计师由承保人聘请和付费。会计师事务所也可能由独立机构进行评估，很可能就是进行保险评估的相同机构。审计师就审计计划与评估人进行协调，并对计划进行调整，使之适合评估结果。最后，只有当审计师对第 t 年（有时候是在 t+1 年）的财务报表签发了无保留意见时，保险责任范围才生效。如果审计意见不是无保留的，那么可能就没有保险提供，或者政策条款要重新进行谈判。在没有保险或对保险范围和保险费用进行重新谈判的条件下，新的条款将会被公开。

FSI 的基础是，它防止了漏报和误报的发生。不过，如果股东有理由对公司起诉，则由在保险政策允许范围内的漏报或误报引起的损失将通过快速的过程解决。一个事前与保险公司、与被保险人签订协议的受托机构会收到发现漏报和误报的投诉，它们聘请专家对造成的损失进行估计，并在政策范围内提出解决方案；承保人也可能雇用自己的专家对损失进行分析（见图 5.5）。

要了解这个机制如何对上述的好处进行协商，我们来考虑各方的动机。

保险公司：一旦保险人承担了 FSI 的保险责任，其目标就是最小化保险索赔成本。这和最小化股东损失的索赔是等价的。因此，保险公司的动机与股东的动机是联结在一起的。要最小化损失，保险公司必须使用报酬的组合，使得它所聘请的审计师有动机进行零漏报和零误报或者是使漏报和误报达到最低水平的审计。那就是，就给定的保险责任范围和保险费用而言，审计质量必须达到最优。它应该能够证实，审计质量比现有机制更高。由保险公司支付的审计费用由被保险公司偿还，并单独公开。由于根据保险评估人对风险的评估来裁定适合的保险费用，因此保险费用可信地、准确地传递财务报表的质量信号。保险公司收取的保险费用既不能过高，以免在竞争性

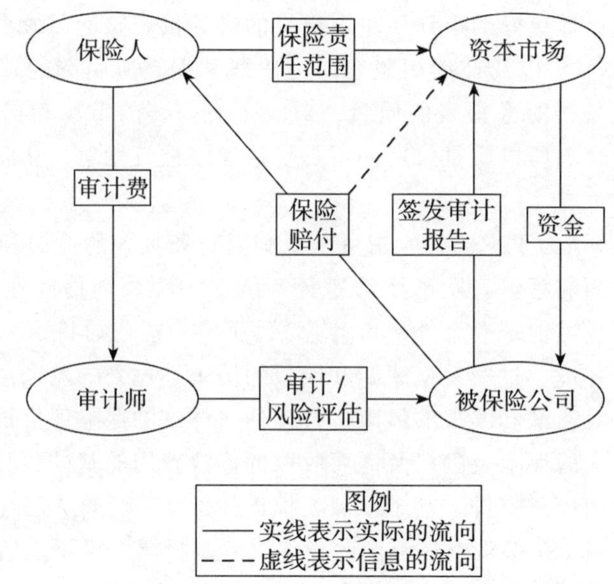

图 5.5　按照 FSI，审计师、公司与保险公司之间的关系

很高的保险行业中失去市场份额，也不能过低，以免因此而破产。

市场：因为基于对漏报和误报风险的详细评估，公开的保险责任范围和保险费用可以成为财务报表质量的可信的信号，投资者对在给定保险范围内保险费用较低的（较高的）相关的证券支付较高（较低）的价格。结果是，除了反映预期的现金流外，价格也包括了嵌入在公开披露的保险责任范围和费用中的财务报告质量的信息。市场变得更完全，证券价格成为资源分配的更好的信号。

被保险公司：预料到公开保险责任范围和费用对其发行证券的影响，并因此对资本成本产生的影响，财务报表质量很高的公司的经理人将自发地购买保险以向外界传递其财务报表质量确实很高的信号。财务报表质量较差的公司的经理人将会了解到，他们的唯一的选择是提高报表的质量，只有这样才可以支付比较低的保险费用。这样，FSI 的安排就可以推动公司就其财务报表质量进行竞赛，看谁先拔头筹。而且，由于财务报告更透明、更真实，投资者能够更好地对潜在低回报和潜在高回报的公司进行区分，使资源配置得到优化。

审计师：因为他们可能被保险公司聘请，所以审计师不再受现有制度下困扰他们的与客户的利益冲突的支配。他们实质的和形式的独立性都得到了保证。他们可以从必须赞同客户采用靠不住的会计处理和披露方法的压力中解放出来，他们将因为更高的审计质量而不是因为情愿“发现不了”实质性的遗漏和误报而获得回报。因为他们是因更高的审计质量而获得回报，所以他们将就能力而不是价格或者是默许客户需要的程度来竞争。这种竞争将重构审计职业，使小的事务所有机会进行有效的竞争，因为被保险公司聘请审计师并不需要有很雄厚的资金支持。而且，审计师的法律义务平均来说也会减少，因为在 10B-5 类案例（《证券交易法》10B-5 规则是一个关

于反对证券欺诈行为的一般性规定——译者注）中，原告举证审计师意图，包括动机和机会）时会遇到困难。

另外，目前关于原则导向和规则导向之争也会有一个轮廓更鲜明的解决方案。当审计师的动机、管理层的动机与股东的动机不一致时，原则导向可能会被滥用，因为客户能够利用规则的缺失向审计师施加压力，迫使他们在会计处理或披露中采纳管理层的意见。有 FSI 的安排，以及 FSI 所引发的一致动机，“原则导向”的模式将变得可行且需要：没有强迫的明线规定会阻止财务报告中对公司的“公允”看法的反应。[①]

一篇最近的文章（Ronen 和 Sagat，2007）提出了一个不同的保险形式。那就是，根据他们的提议，审计师自动地投保他们的客户的财务报表不被重述，免除由于报表重述所引起的法律责任，且对假定审计风险的程度收取费用。如果发生报表重述，则其不需要为错误辩解，审计师/保险公司直接向 SEC 的公平资金（Fair Fund）支付可计算的投资者损失，然后支付给投资者。修正 FSI 最重要的一点是，免除因报表重述而引起的诉讼对审计师和公司都具有很强的动机。其他 FSI 的好处并不因此修正而受到影响。

§5.5.2 盈余管理

通常，当审计失败发生时，审计师会指责管理层隐瞒信息。[②] 不过，轶事证据表明，在《萨班斯—奥克斯利法案》颁布之前，审计师也意识到公司里到底发生了什么，因为他们被要求就如何在 GAAP 允许的范围内进行盈余管理提供意见。《华盛顿邮报》记者问道，还记得“盈余管理——曾经是会计师事务所主持讲座的话题（Pearlstein Steven, More Middleman Feel Belt Tighten around Them, October 20, 2004）?” Turner（2001b）对审计师的清白表示怀疑，即使盈余管理构成了欺诈：

> 通常在这些媒体报告中，审计师说管理层欺诈是某次或很多次审计中差错没有被发现的原因，但我问你，“审计师如何能够遗漏10亿美元?”这不是零花钱！注意，并不是只有一名审计师遗漏了，而是相当有经验的一个团队！其中包括一个项目合伙人和一个几乎同样有经验的审核合伙人，他们通常有12到30年的经验。同时，经理人也有约6到12年的经验。而如果是上市公司，通常还会有一个 SEC 派出的第三方审核合伙人参与其中。

事实上，最终的报告是管理层和审计师谈判的产物（Antle 和 Nalebuff，1991；Dye，1991；Zhang，1999；Beattie、Fearnley 和 Brandt，2004；Gibbins、McCracken 和

---

① 可以由 FSI 安排来说明的关于最新规定的弱点的额外信息，可参见 Ronen 和 Berman（2004）。

② 在紧跟着 Refco 公司丑闻之后的一个访谈中，Lynn Turner 回忆说，“我记得曾几进行过一次审计，前任审计师已经向外部第三方发出审计证明说这些是好的应收账款、好的账户……第三方公司也证实了这些应收账款账户，但最后却发现，审计客户的经理人贿赂了他们，……我想任何人都可能忽略它”（Glater, Jonathan D. “A Smaller Auditor, Entangled Just the Same,” New York Times, October 19, 2005）。

Salterio，2005）。Nelson、Elliott 和 Tarpley（2002，2003）提供了上市公司对审计师施加压力以及可能被操纵的项目的直接证据。[①] 他们对五大会计师事务所的 253 名审计合伙人和经理进行调查，他们描述了 515 起审计过程中被发现的潜在盈余管理事例，其中 44% 导致调整，其余的事例则没有。只有 7 起事例最终被出具了非标准审计意见。[②] 这种压力是审计师对稳健性需求的基础，因为他们意识到，客户指望提高其报告盈余（Antle 和 Nalebuff，1991）。

一般来说，研究关注下列问题：

- 审计师出具的保留意见是否传递了盈余管理的信号？

参见 Francis 和 Krishnan（1999）；Bartov、Gul 和 Tsui（2000）；Butler、Leone 和 Willenborg（2004）；Schelleman、Caren 和 Knechel（2005）。

- 在审计师质量与盈余管理之间是否存在关联？

参见 Petroni 和 Beasley（1996）；Becker、DeFond、Jiambalvo 和 Subramanyam（1998）；Francis、Maydew 和 Sparks（1999）；Basu、Hwang 和 Jan（2002）；Brown（2003）；Kim、Chung 和 Firth（2003）；Krishnan（2003a，b，2005b）；Butler，Leone 和 Willenborg（2004）；Zhou 和 Elder（2004）。

第一个问题的答案是，一项保留意见，与清洁的非保留意见对应，最多是负的而不是噪音信号。例如，Lennox（2005）发现，一份不利的审计报告将导致高管报酬计划的显著下降，尤其是如果报告是新近被更改的，且和持续经验的不确定性没有关系。在这个信号中的噪音来自于审计师可能通过签发保留意见来保护自己的利益这个事实。

对第二个问题的回答大都符合预期。较高的审计师质量导致更稳健的盈余。对此，一种解读是，盈余质量的确比较高。另一种解读由 Kim、Chung 和 Firth（2003）提供，他们显示，向下操纵盈余更可能被六大会计师事务所所忽视。也可参见 Balsam、Krishnan 和 Yang（2003）。

审计质量的一种测度方法，是审计师是否属于六大或五大或四大，以及是否为国内会计师行或当地事务所。这种度量的动因是，较大规模的事务所具有更多的资源，也能够得益于规模效益（Danos 和 Eichenseher，1981）。[③] 较大规模的事务所也更关心自己的声誉，因为假如审计失败，它们一定会失去更多的客户（DeAngelo，1981b）。Coffee（2002）解释说：

> 自然，守门人作为监督者是由他们所监督的对象付费的，但其相对可信

---

① Libby 和 Kinney（2000）对这种影响提供了实验证据。他们显示，审计师更可能放弃一个合理的调整，以“帮助”客户达到分析师预测。

② “而且，出具这 7 个非标准审计意见可能是因为管理层和审计师之间存在着关于对 GAAP 的应用方面的分歧，而不是因为盈余管理”（Butler、Leone 和 Willenborg，2004，第 143 页）。

③ Doogar 和 Easely（1998）提出了相反的意见，他们认为比起规模效益，客户的规模和审计师的努力更好地解释了审计行业的结构。

度来自于他们以自己的声誉资本作抵押的事实，这种资本是经过很多年、为无数的客户提供类似的服务才建立起来的。

理论上，一个守门人有许多客户，每个客户都支付他费用，这些费用成为事务所全部收入的一部分。例如，安达信（Arthur Andersen）曾经有2 300个审计客户。在这个基础上，会计师事务所似乎没有动机为了任何一个客户而拿自己的声誉资本来冒险。

很清楚，最大的会计师事务所会设法获得品牌（Francis 和 Wilson，1998）。而且，它们对好诉讼的美国环境的反应也更稳健——客户的应计水平更低（Basu，1997；Francis 和 Wang，2004）。

对审计质量的直接度量包括诉讼减少（Palmrose，1988）、较强的盈余意外反应（Teoh 和 Wong，1993）、报表编制者和使用者的理解（Carcello、Hermanson 和 McGrath，1992）以及较高的项目成本（Craswell、Francis 和 Taylor，1995）。另一个度量是行业专长，以审计师的客户行业组合中的行业份额或审计师的市场份额（Carcello 和 Nagy，2002；Balsam，Krishnan 和 Yang，2003；Krishnan，2003b），以及经验的年份来衡量（Brown，2003）。

一个与审计师的信号价值有关的问题是审计师辞聘。审计师辞聘是由和客户产生分歧而引起的。在一些情况下，因为审计师签发了保留意见而引起客户不满，如果股东也不高兴，则不满意的程度就被放大了（Nichols 和 Smith，1983；Sainty、Taylor 和 Williams，2002）。[①] 在审计师辞聘之前，公司通常存在着调增利润的操控性应计（DeFond 和 Sburamanyam，1998）。审计师辞聘之后，客户寻找愿意签发无保留意见的审计师，因此其可能会从一个高质量的审计师变成低质量的审计师（Bryan、Tiras 和 Wheatley，2005；Amoah，2006；Davidson、Jaraporn 和 DaDalt，2006）。一些研究因此而考察审计师变更与盈余管理之间的关系（DeFond 和 Sburamanyam，1998；Bradshaw、Richardson 和 Sloan，2001；Davidson、Jaraporn 和 DaDalt，2006）。一个传递了有问题的盈余管理信号的对辞聘的间接证据是，股票价格对辞聘的反应为负（参见 Choi 和 Jeter，1992；DeFond、Ettredge 和 Smith，1997）。Beneish、Hopkins 和 Jansen（2001）发现，发生审计师辞聘的客户存在着负的反应，而审计师继续留任的公司存在着正的反应。Hackenbrack 和 Hogan（2002）显示，市场对盈余意外的反应是敏感的，原因在于格式 8-K 表格中提及的分离现象。

① Johnson 和 Lys（1990）以及 Shu（2000）注意到，客户变更可能是审计师和客户不匹配的结果。DeAngelo（1982）也注意到，新的会计规则可能引起过去在工作中关系协调的审计师和公司之间的分歧。她发现，FASB 颁布《石油和燃气业勘探成功法》（Successful Effort method for the oil and gas Industry）之后，存在着分歧和辞职现象。

§5.6 媒体

在第1章里，我们曾指出，在会计丑闻发生之前，许多老百姓将他们的存款投资在股票里。因此，大批公众对上市公司的新闻感兴趣，阅读这些新闻可以满足他们的兴趣。正如 Borden（2006）所观察到的那样，记者扮演着两种主要角色：当公司存在不当的会计行为或欺诈时，知会公众和监管者，以及知会公众关于最近发生的监管变化。

作为一个守门人，在其他守门人被惩罚时，记者会受到赞赏。Branson（2006）将律师和记者进行比较：

> 因为法律从一种专业变种为商业，所以律师的角色也从交易权威和博学顾问被贬为可以被任何其他人所取代的技工，他们中的许多人可能会执行一些更廉价的工作。曾经被认为是正直和诚实的化身的公众会计，变成了一种以达到或低于对手开价就可获得的商品。相反，更多地被认为是监督者而不是守门人的财务媒体，却积蓄了力量渐渐兴旺起来。表面上看，每个公司的盈余报告都成为新闻故事的素材，而在20到30年前，盈余仅仅是放在报纸最后一页的一组简单数字。

媒体并不操纵公司的盈余，但媒体通过收集和传播事实，在盈余管理情景中扮演着重要的角色，它的行动影响着其他利益相关者的决策。① 事实上，在每个财政季度结束后不久，向 SEC 提交全套财务报告之前数周，公众公司在新闻稿上刊登盈余消息。这些披露吸引对公司业绩的关注是很重要的，它们也可以影响股票价格。当一个公司有坏消息时，它希望躲开媒体的雷达。例如，前 MCI 公司的雇员 Dan Reingold 就曾报告说：

> 如果公司有一个坏消息，则我们需要将其缓慢地、悄悄地泄露出去，因此，股票价格会在盈余公告前的一两个星期内下降，但不会引起媒体的关注。这比股票价格在盈余公告日突然下跌要好得多，因为那时候，全世界的

---

① 学术界也依赖媒体告诉我们事实是什么。例如，Romano（2005）批评《萨班斯—奥克斯利法案》道：

根据媒体中广泛的认知，紧跟着世界通信丑闻被揭发后对公司渎职问题关注的增加，在委员会苦思数月后，一项法律在中期选举之前的夏天被匆忙地制定，国会成员通常是被对改选的关注所驱动的（第3页）。

媒体在设计事件研究方面也起着重要作用。Zhang（2005）在调查市场对《萨班斯—奥克斯利法案》的反应时写道：

我是通过搜索在 Factiva 数据库中从2001年11月到2002年7月的《华尔街日报》（WSJ）和《华盛顿邮报》（WP）中“会计”这个关键词，来确定导致《萨班斯—奥克斯利法案》通过的立法事件的。要识别《萨班斯—奥克斯利法案》以后相关规则制定的事件，我用“萨班斯法案”这个关键词 i 搜索了2002年8月到2003年12月的 WSJ 和 WP，也检索了 SEC 和 PCAOB 在这段时期的新闻稿。WSJ 被广泛地认为是影响最深远和及时的商业期刊，它的新闻过滤系统可能吸引与商业社会最相关的立法行动（第4到5页）。

目光都在它身上（Reingold 和 Reingold，2006）。

媒体对会计丑闻的揭露引发公司股价下降。事实上，这样的丑闻有一条就够了。Baruch 学院的 Abraham Briloff 曾经对公司财务报表发表批判性分析，Foster（1979，1987）报告说，这种披露引发的股票价格下降大约为20%。

虽然媒体本身不能采取针对公司的惩罚行动，但其受众却可以，比如 SEC。在许多情况下，SEC 通过媒体获知会计丑闻。Feroz、Park 和 Pastena（1991）以及 Beneish（1997）指出，他们有大约1/3的样本公司面临的被 SEC 采取行动的麻烦，最初都是由媒体披露的。Turner（2001b）承认：

> 在过去一些年，重述大量增加，在2000年达到顶峰，有230起……一些人认为，对于有1万到1.2万家活跃的公众公司、市值达到16万亿美元的美国市场来说，过去几年内每年只有150或230起报表重述事件和1000亿美元的损失不会产生很大的影响，但我不认为普通的美国投资者也持这种观点……不幸的是，我们在 SEC 发现大多数报表重述的方式，和投资者发现报表重述的方式一样，那就是随手拿起一张晨报，阅读最近的“意外”消息。实际上，美国财务经理人协会（Financial Executives International，FEI）的一项调查表明，在156起报表重述事件中，只有21起是因被 SEC 调查引起的。

这种情形引起了一个问题，媒体是否为客观、可靠的监督者？Miller（2005）提供了答案。他考察了媒体通过提供有趣的故事来提高发行量所获得的好处，和识别这些故事的真伪以及疏远商业伙伴和广告客户的成本之间的平衡。Miller 没有发现，基于文章长度和数量的违背事实的程度，会影响媒体报道的可能性。另一方面，媒体正在做着一种依赖于可靠素材的工作，特别是分析师、诉讼以及审计师变更等。

Dyck、Morse 和 Zingales（2007）也显示，媒体是有价值的守门人。他们考察了1996年到2004年间从斯坦福数据库的证券共同起诉中发现的243家被指控对至少7.5亿美元资产进行盈余管理的公司，研究是由哪一方对消息进行的披露。25%的样本是公司自己对消息进行披露，但10%的情况是媒体发现了被指控的不正当行为，由利益相关者告发的占17%，监管者，且主要是行业监管者而不是 SEC 的占15%，分析师占11%。[①]

---

① 最后，对在安然事件中媒体所扮演的角色感兴趣的读者，可以参考 Smith 和 Emshwiller（2003）以及 Niskanen（2005）。

第三部分

本部分我们将讨论经实证数据检验的分析性研究。正如下面将看到的，大多数研究是基于单个公司水平进行的。研究者检验了盈余管理的外部需求，这产生于股票市场，还检验了盈余管理的内部需求，这产生于股东与管理层之间的委托代理关系中盈余管理的契约价值（Dye，1988）。尽管导致盈余管理的经济因素非常重要，但在写本书时还很少有这方面的研究。

对理论的需求

盈余管理已经在实证研究和理论研究方面广泛涉及。虽然这两类研究都认识到盈余管理非常重要，但每一类研究有其不同的观点。实证研究者更喜欢采取特定案例研究方法（见本书第二部分），而理论研究者更喜欢一般化研究方法。例如，Xie、Davidson 和 DaDalt（2003）及 Arya、Glover 和 Sunder（2003）持有相反的观点。前者在文献综述中提供了一系列盈余管理的不同实例，后者则围绕在任何环境下违背显示原理（Revelation Principle）的三个主要条件——沟通、承诺和契约来组织材料。

每一种研究可以不断获取另一种研究提供的观点。实证研究能够受益于理论研究，主要有以下几个原因：

首先，当原假设 H_0 有理论研究支持时，非常容易进行实证研究。

其次，实证结果的解释更容易。回归表明变量之间的相关关系，但是从这些回归结果中能得出什么结论？通常，研究者指出实证结果“与假设 X 一致”，但既然我们不能肯定这是唯一解释，那么回归结果的解释就很模糊。Kothari（2001）指出：“我回顾了几乎所有的资本市场实证研究。尽管如此，实证研究是（或者应该是）被理论研究所告知的，因为实证分析的解释离不开理论指引。”

不同的回归结果使这一问题变得更加严重，这需要好的理论来解决这些差异。例如，Baber 和 Kang（2003）指出公司的 CAR（cumulative abnormal returns）均值在是否符合分析师预测（UE = 0）的检验中呈弱负相关（-0.140%，Z = -1.61）；而 Bartov、Givoly 和 Hayn（2002）和 Dopuch、Seethamraju 和 Xu（2003）对达到或超过分析师预测（meeting and beating expectations，MBE）进行检验，得出其显著为正。现有理论无法解释这种表面上的分歧。

再次，考虑盈余管理研究的内生性。例如，我们在第一部分和第二部分提到公司治理较差可能导致盈余管理。也就是说，因果关系是：公司治理较差→盈余管理。例如，公司治理较差可能导致过高的薪酬组合，而高薪酬组合又诱使 CEO 更积极地管理盈余。然而，公司有意管理盈余，不是期望获得可能会揭露盈余管理的高质量公司治理。换句话说，因果关系是：盈余管理→公司治理较差。这样就把二者关系混淆了。如果系统处于均衡状态，则实证分析并不能发现盈余管理与公司治理之间的关系。如果实证分析在缺乏理论的情况下确实发现了二者之间的关系，则很难区分出是系统处于不均衡状态且盈余管理与公司治理之间存在因果关系的情况，还是系统处于均衡状态但这两个变量之间关系是伪相关的情况（想对这一问题做更多了解，参见Hermalin 和 Weisbach，2003）。

最后，理论增强了实证研究结果的贡献。例如，Johnson、Kasznik 和 Nelson（2000）发现美国 1995 年颁布的《私人证券诉讼改革法案》（Private Securities Litigation Reform Act of 1995，PSLRA）对股东财富（用股价反应来衡量）有正面的影响，该法案限制了那些违反 SEC 10b-5 条规则的无意义的集团诉讼。与研究 10b-5 条规则对股价影响的作者一样（Ronen 和 Yaari，2002；Ronen、Ronen 和 Yaari，2003），我们认为这一结果令人兴奋。我们的分析表明在 PSLRA 颁布前，股票价格是有偏的（正或负）。实证研究结果与我们的预期相一致，即 PSLRA 的作用是降低负偏差。

理论研究同样能够受益于实证研究。通过模型进行分析，显然只能认定现实的部分特性。模型的质量依赖于它是否能抓住关键特性。实证研究提供了这些特性的信息。而且，如果不同研究的实证结果达成一致，那么实证研究可以验证理论家的直觉。如果实证结果不一致，那就更好，因为理论家面临着调和相互矛盾结果的挑战。

第三部分内容的安排

接下来的 3 章按照不同的角度展开，包括说真话（truth-telling），平滑，最大化、最小化与“洗大澡”。

每一章围绕四个主题展开：

- 资本市场。
- 公司治理。
- 产品和要素市场。
- 法律、政治和监管体系。

正如第二部分讨论的，资本市场包括投资者和守门人。公司治理与管理层、董事会、股东三者之间的委托-代理关系有关。产品和要素市场决定经济盈余，以及企业维持与供应商、消费者、雇员之间长期关系的能力。法律、政治和监管体系决定“游戏的规则”。

资本市场

盈余管理研究认为资本市场分析主要关注管理盈余的作用和股票价格的披露。这种方法要求模型化股票价格，并对盈余如何体现在股价中作出假设。显然，如果股票价格充分揭示公司真实的经济价值，则盈余管理将是一个有争议的问题。在这种背景下，信息使用者既不要求有益的盈余管理，也不愿被有害的盈余管理误导。目前达成共识的是股价以噪音理性预期均衡为前提。基本前提为公司价值是随机变量。一些投资者花费大量资源来获取有关公司价值的私人信息，当股票价格低估（或高估）公司价值时，他们买进（或卖出）股票。做市商发挥着定价的作用，但不能分辨两种类型的交易者。因此，股票价格是知情交易者私人信息的噪声信号。均衡是理性的，因为人们预期，股价等于公司的真实价值。

公司治理

在理论分析中，公司治理研究将公司模型化为委托-代理关系的层级，包括股东与董事、董事与管理层。股东是董事的委托人。董事是股东的受托人和管理层的委托人，而管理层是董事的受托人。大多数研究运用 Holmström（1979）；Demski（1994）；Christensen 和 Feltham（2005）的框架，关注股东与管理层之间的关系。这种情形包含一种利益冲突。管理层“偷懒”，因为在生产和投资决策上付出努力的成本较高。股东希望管理层尽可能地努力工作，以增加公司的期望价值。他们观测不到规避风险且偷懒的管理层的努力水平。既然努力水平和企业性质共同决定企业的经济盈余，股东就无法判断盈余低（或高）是否是因为管理层偷懒（或努力工作）。

努力水平的不可观测性和利益冲突意味着需要一种机制来联结管理层的利益与股东的利益。这种机制是一种激励性契约。该契约基于双方可观测到的业绩计量，如报告盈余。当审计方法允许管理层报告的盈余偏离真实、不可观测的经济盈余时，我们就要考虑盈余管理的因素。

产品和要素市场

产品和要素市场决定收益和成本，企业从中获得经营净现金流和盈余。因此，作为好的管理和愿景，公司设计和执行战略以管理收益、成长和成本。换句话说，管理资产使之产生盈余是管理层应对产品和要素市场环境作出的负责的、理性的决策。

产品和要素市场产生了对会计报告和披露的需求。雇员、顾客和供应商在他们与公司的往来中使用会计信息。《萨班斯—奥克斯利法案》要求公司立即披露丢失的大客户。为了保住股东价值，当公司丢失大客户时，必须寻找新的客户。如果潜在客户知道公司急需新客户，则公司的谈判力将会降低，以至于公司可能难以找到真正能替换老客户的新客户。

你继续往下读的时候，会发现盈余管理的这一方面被忽略了。然而，它对理解盈余管理非常重要（如图 1 所示）。例如，2000 年发生了最大财务报告重述案的施乐公司没有及时对以更低价格生产同一产品的远东供应商的竞争作出反应。Sidak（2003）将世通公司破产归咎于它通过投资过剩产能来阻止进入的战略。Niskanen（2005）认为：

> 几乎所有公众、新闻媒体和政治家的注意力都集中在通过会计和审计的变革来恢复投资者对公司账目的信任。然而，安然事件是一系列错误商业决策的结果，不是因为它操纵账目。而且几乎所有安然的投资者、债权人、雇

员和社会团体的损失是破产的后果，而并非因为会计丑闻。

法律、政治和监管体系

正如第二部分引言所谈到的，监管体系制定规则，从而影响盈余管理的范围（如图 1 所示）。例如，GAAP 决定会计政策选择的灵活性程度。在本书中，我们主要关注如何重塑审计行业以提高审计在遏制有害盈余管理方面的效率。主要建议有两点。一是财务报告保险。这可以降低目前审计技术不完善导致的风险，投资者将从中获益。而且，公开保险单可以把管理层的私人信息传递给信息较少的投资者。二是审计师受雇于保险公司。这可以保证审计师直接对会计信息使用者忠诚。详见 Ronen（2002a，b，c）；Ronen 和 Berman（2004）；Shapiro（2005）；Cunningham（2006）；Dontoh、Ronen 和 Sarath（2007）；Ronen 和 Sagat（2007）。

最后值得指出的是，这四个因素是部分重叠的（如图 1 所示）。例如，监管决定资本市场发展的程度，也决定道德风险和资本市场中的信息不对称的程度，它限制基于私人信息的内部人交易，并界定企业有积极作为的义务去披露何种类型的信息（如 Daouk、Lee 和 Ng，2006）。公司治理与资本市场也是部分重叠的。例如，Liang（2004）；Crocker 和 Huddart（2006）表明当委托人设计的契约允许代理人通过跨期调整盈余出具有偏报告时，公司的价值呈 S 形曲线，因为价值考虑了管理者披露动因（需更多将公司治理联系到资本市场的研究，参见 Bushman 和 Indjejikian，1993；Kim 和 Suh，1993；Ronen 和 Yaari，1993；Sloan，1993；Goldman 和 Slezak，2006）。

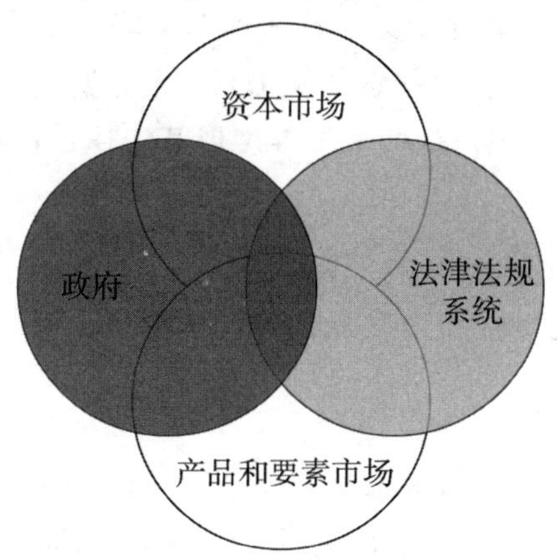

图 1　盈余管理的动因

第6章 说真话

管理层操纵动机只是影响会计信息生成和使用的一个方面。毕竟会计是一种以可靠的方法来描述公司商业活动的语言，因此它对管理层来说是非常重要的工具。如果信息使用者发觉会计被操纵，他们可能开始依赖于其他信息系统。而这可能给管理层带来信任降低、计划和控制不足等方面的问题。因此，我相信管理层也有动机避免会计操纵（Hellman，1999）。

说真话（truth-telling）与有害的盈余管理是相反的。但在某些案例中，公司的盈余管理策略是为了报告真相。它们出于何种动机这样做呢？

披露博弈可以看做是一个发送接收博弈。信号发送者（即公司）拥有私人信息，这包括好的或坏的消息。信号接收者对发送者发出的信息作出反应，即作出影响双方支付（payoffs）的决策。只要信号发送者选择的策略能最大化自己的支付（假设它的预期考虑了接收者的反应），它就选择发出真实的信息。

我们将按第三部分引言中讨论的四个维度展开论述：资本市场、公司治理、产品和要素市场以及监管体系。

§6.1 资本市场

一些上市公司确实报告了真相。实务界的人们如 Levitt（1998）；Parfet（2000）以及 Warren Buffett（2003）都认为很多公司在 GAAP 的框架下说出了真实情况：

> 今天，我想谈谈另一个广泛存在但很少被质疑的惯例：盈余管理……很多美国公司与我们 SEC 一样对这一潮流感到沮丧和忧虑。它们知道当竞争者在正当与明显欺诈之间的灰色地带中运作时，坚持好的行为有多难（Levitt，1998）。

在资本市场中，以下几种情形会诱导说真话：

- 披露原则博弈。

披露原则指出，在一定条件下，当真实信息是事后可验证的且披露策略包括充分披露或不披露时，更优的选择是充分揭示真实信息。

- 信号传递博弈。

在信号传递博弈中，信号发送者为了传递其拥有的私有信息，会对负债率、杠杆和资本支出等信息采取行动。在可分离的均衡（*separating equilibrium*）中，所有的信号发送者披露其私人信息。也就是说，所有的公司报告真实情况，努力使投资者相信它们所做的。在混同均衡或半混同均衡（*pooling or semi-pooling equilibrium*）中，一些人诚实，但其他人试着与诚实者混同（*pool*），甚至在没有好消息时还装做有好消息。

- 充分揭示信号干扰博弈。

在有些情况下，报告是有偏的，但因为偏离程度很容易被了解，所以非真实披露事实上已充分揭露。因此，在下文中，我们将揭示真相的中性盈余管理看做说真话。

- 随机策略均衡博弈。

参与人（即信号发送者和信号接收者）在可能的纯策略（pure strategies）中混合选择。本文的信号发送者在说真话与虚假披露中随机选择（参见 Ronen 和 Yaari，2002）。

§6.1.1　披露原则

在资本市场上，信号发送者是公司，信号接收者是投资者。乍一看，并不清楚为什么将披露原则应用于盈余管理，因为财务报告是强制的，披露是自愿的。然而即使在 GAAP 下，公司有权自行决定报告盈余的透明度。而且，当公司公开盈余时，它们会同时进行额外披露，影响报告盈余的信息含量，例如第 2 章讨论的备考盈利（pro forma earnings）。

在原始的公式中，披露原则应用于当披露是事后可验证的情况，这样充分揭示的唯一选择是不作为，即对真相保密。例如，Shell 在 2004 年 1 月 9 日对以前虚报油气储备作出财务重述。稍后公众揭露公司高管人员早已知道这一虚报行为。

披露原则在发送接收博弈中也得以运用，因为信号接收者将不披露公司可能有坏消息。在某些情况下，这一可怕的猜测毫无根据。Verrecchia（1983）证明如果披露必须是有成本的，那么当收益低于成本时，不披露是理性的。Dye（1986a）扩展了这一结论，指出当信息是专有时，披露降低了公司价值。Dye（1985a）认为如果公司无知且投资者不能发现它们（因为无知公司不能传递它们没有的信息），那么一些有坏消息的公司将成功混同那些无知公司，不披露信息。Suijs（2005）提出专有性成本可能导致坏消息的披露和好消息的抑制。

Dye（1985a）总结了充分披露产生的一般条件：

> 如果投资者知道管理层具有特定的、非专有性的、相关的、能被说出的信息，则信息披露不会改变管理层的薪酬，且在信息披露前投资者在资本市场建仓，那么信息将被披露。

在某些情况下，披露减少风险规避者的收益，因为披露增加了不确定性，所以风险规避者更愿意信息不被披露（例如，Verrecchia，1982）。因此，披露原则成立的另一条件是投资者能保护他们自己远离披露的附加风险。

这一组条件不能详尽。例如，当公司拥有不完美的信号时。假定公司知道其价值是 α_1 或 α_2，相应的概率分别为 1/3 和 2/3。公司可以充分披露，只披露一个信号或不披露。均衡是什么？即使公司披露两个信号，它仍可以“玩”概率且不被证明是错误的。

最后，我们总结如下：迄今为止，我们把不说真话看做是不作为。另一不说真话战略是混同，即信号发送者把纯噪声加到真实的信息里。Crawford 和 Sobel（1982）证明当信号发送者与接收者存在利益冲突时，信号发送者会混同信息以降低信号接收者识别它的能力。

§6.1.2 信号传递均衡

当市场不能知道公司的真实价值时，股票价格会低估高质量公司的价值，高估低质量公司的价值。假定市场有两类公司，B（坏）和 G（好），概率分别为（$1-\gamma$）和 γ。G 比 B 的价值更高，即 B<G。如果两类公司报告真实信息，则 B 类公司报告 r^B，G 类公司报告 r^G，且 $r^B<r^G$。然而，会计的灵活性允许 B 类公司报告 r^G。接下来，管理盈余能否成功取决于不完美的审计技术。该技术有单侧错误（Schwartz，1997）。它保证报告的真实性，当公司虚报时，它以正的概率 π（$1/2<\pi<1$）发现真相。当报告可观测且公司有动机抬高股价时，股票价格 $P(r^t)$，$t=B$，G，将如何反应？

如果公司报告 r^B，则投资者推想审计会发现真相。因此，报告是可信的。

$$P(r^B)=B \tag{6.1}$$

如果公司报告 r^G，则两种情形都有可能：一种情形是报告是真实的，因为部分公司确实是 G 类公司；另一种情形是审计不能发现真相。因此，根据贝叶斯法则，股票价格是两类价值的线性组合：

$$P(r^G)=\delta G+(1-\delta)B \tag{6.2}$$

其中：

$$\delta=\frac{\gamma}{\gamma+(1-\gamma)(1-\pi)};\ 1-\delta=\frac{(1-\gamma)(1-\pi)}{\gamma+(1-\gamma)(1-\pi)} \tag{6.3}$$

现在的问题是股价低估 G 类公司价值，因为它对报告公司是 B 类的情况赋予比重（$1-\delta$）。同时，股价高估 B 类公司的价值，因为它对报告公司是 G 类的情况赋予比重 δ。

G 类公司现在有动机采取行动使之与 B 类公司区分开来。行动的成本肯定较高，以便于只有对 G 类公司选择行动是有利的。例如，现金股利。股利成本较高，因为它花费掉可用于投资的资金。债权人可能认为该公司盈利较少、风险较大，因而增加债务成本。假定股利以 λ 减少价值，即公司在支付股利后价值为（$\alpha-\lambda$），则 $\alpha=G$，B。

在分离均衡中，G 类公司支付股利，而 B 类公司不支付，有两个条件必须予以满足：

首先，G 类公司支付股利，因为：

$$G-\lambda \geqslant P\ (r^{G}) \tag{6.4}$$

G 类公司支付股利，因为市场相信 G 报告时的价格扣除股利成本后的净值（弱）高于市场无法区分两类公司时的价格。

其次，B 类公司没有支付股利，因为：

$$B \geqslant \pi B+\ (1-\pi)\ P\ (r^{G})\ -\lambda \tag{6.5}$$

B 类公司报告真实情况且不支付股利时的价格（弱）高于预期价格扣除股利支付成本后的净值。预期价格是真实价值（当审计师察觉真相时）和市场无法区分两类公司时的价格的加权平均。

将等式（6.4）和等式（6.5）左右分别相加，得：

$$G+B \geqslant \pi B+\ (2-\pi)\ P\ (r^{G}) \tag{6.6}$$

重新整理后表明，仅当 $\gamma \leqslant 1/2$ 时，可分离的均衡（*separating equilibrium*）存在。也就是说，如果 G 类公司的比例较低，则伴随股利支付的分离均衡存在。好公司比例 γ 越高，当市场无法区分两类公司时，报告 r^{G} 的公司价格越高。这增加了 B 类公司以较高成本的股利支付进行盈余管理的诉求。值得注意的是，发现真相的概率 π，对 B 类公司虚报的支付有两方面作用：一方面，高检测概率增加了发现真相的机会，这降低了错误信号传递的收益；另一方面，当市场无法区分两类公司时，高检测率提高了那些成功实现虚报公司的价格，这增加了错误信号传递的收益。

正如这个简单例子所表明的，当报告被不完美审计时，报告要求本身可能不足以保证说真话均衡。

§6.1.3　信号干扰

据我们所知，Stein（1989）首先提出尽管公司为了影响股价而管理盈余，但市场不会受骗，并将正确解读信息。这时，就是揭示真相而不是说真话了。考察一下当盈余是随机变量，可取任一非负实值时的情况。用 x 表示盈余，$x \in [0,\ \infty)$。假定公司价值是会计盈余的倍数，即 $V=k \times x$，其中，k 已知，$k>0$。所以，当公司报告 r 时，股票价格 $P=k \times E(x \mid r)$。这种动态博弈是斯塔伯格博弈（Stackelberg game）。在自然（nature）选择盈余 x 后，公司提供报告 r（公司是斯塔伯格领导者），市场通过确定价格 P 作出反应（市场是斯塔伯格跟随者）。

我们首先分析市场反应以阐明该均衡。如 Elitzur（1995）和其他学者指出的，GAAP 为公司提供了生成会计报告的弹性。比如这个例子中，假定公司报告盈余夸大了 10%，而且这是共同知识（common knowledge）。因此，当市场相信公司想通过夸大报告盈余来最大化价格时，市场会对报告给出 10% 的折价，即 $P\ (r)\ =k\ (r \mid 1.10)$。公司想最大化股价，可求解下列函数：

$$\underset{r}{\text{Max}}\ P(r)=k(r|1.1)$$

$$\text{s.t.}\ r\leqslant 1.10x$$

公司报告盈余夸大了10%。但这一夸大行为不会误导市场，因为市场通过纠偏给出折价。这就是“信号干扰”均衡（Narayanan，1985；Fudenberg 和 Tirole，1986；Stein，1989；Elitzur，1995；Holmström，1999；Bagnoli 和 Watts，2005）。

§6.1.4 随机战略

1994 年，诺贝尔奖获得者约翰·纳什（John Nash）证明每一个博弈至少有一个混合战略均衡。在上文真实报告盈余中，公司有时可能报告真相，作为它整个报告战略的一部分。

我们用以下例子说明混合战略均衡中的说真话。假如有两类公司，即前文讨论的 G 和 B，不完美审计技术允许一些公司成功管理盈余。现在假定当公司首次报告自己是 G 类，然后又被发现是 B 类时，它将负担一些额外成本，如 SEC 调查、罚款和投资者的集团诉讼。用 λ 表示预期额外成本。假定 λ 足够大，大到使被市场折价的虚报成本太高，但又不足以阻止被市场相信的虚报。即：

若 $G>P(r^G)$，$G-B>\lambda>P(r^G)-B$ (6.7)

现在考虑当审计以概率 π 发现真相时，B 类公司和市场的战略（见表 6.1）。

表 6.1 **B 类公司股份的预期价格**

		市场	
		相信公司的报告	对报告打折
公司	说真话	B	B
	虚报	$\pi B+(1-\pi)G-\lambda$	$\pi B+(1-\pi)P(r^G)-\lambda$

根据不等式（6.7），如果市场相信报告，则虚报优于说真话；如果市场对报告折价，说真话优于虚报。由于市场对说真话的最佳反应是相信报告，则博弈没有一个纯策略均衡。但它有一个混合战略均衡，即公司在说真话与虚报间作出随机选择，市场在折价与相信报告间作出随机选择（更多内容参见 Ronen、Tzur 和 Yaari，2006）。

Guttman、Kadan 和 Kendal（2006）也用局部说真话发现一个纯策略均衡。他们研究表明：当结果（outcomes）极端（很高或很低）时，报告博弈可能有一个真相揭露的均衡。如果结果在中间范围内，则管理层将无视真相而报告相同金额。这一半混同行为使报告的分布中有一个内生的不连续点。

§6.2 公司治理

分析公司治理的主要模型是管理层（代理人）与股东（委托人）之间的委托-代

理博弈。一方面，该博弈将管理层描述成一个不好的角色，假定管理者不愿付出努力（代理人努力的负效用说明了委托人与代理人之间的利益冲突。代理人希望付出较少的努力，而委托人希望管理层更努力，因为更高的努力水平可以增加预期利润）；另一方面，该博弈捕捉到一个事实，即公司股东既不观测，也不能从财务报告和其他可观测变量来推断管理层的不可观测的行为。

由于可执行的契约必须基于可观测的变量，会计盈余被用来作为股东与管理层之间契约的基础。正如第 3 章讨论的，管理者拥有私人信息给其管理盈余提供了可能。当盈余管理有害时，管理者在损害股东的情况下赚取“信息租金”。那么，为什么管理层报告真相？

答案是显示原理（Revelation Principle，RP）。显示原理是解决信息不对称博弈的工具。在给定条件下，有太多方法设计博弈规则（*rules of the game*），其中一些方法可能得出非真实报告策略。显示原理论述，这是一个多重性问题。显示原理指出把注意力限于说真话均衡是不失一般性的，在一定意义上参与人在预定的行动序列（sequence of actions）下得到相同的支付。特别地，当博弈包括委托人和独自观测经济盈余的代理人时（所以契约以报告的盈余为基础），行动序列按以下步骤进行：

1. 委托人设计真实诱导契约。
2. 代理人付出不可观测的努力。
3. 基于代理人的努力水平自然选择经济利润。
4. 代理人独自观测经济利润，提交报告。
5. 报告被接收后，代理人按契约得到报酬。然后，委托人得到经济盈余的剩余份额。

显示原理的合理性在于：一般来说，真实对私人信息参与人有益，特别是对代理人有益，因为没人可以不诚实地得到更高的效用。也就是说，真实诱导契约解决以下问题：

$$\underset{s,e}{\text{Max}}\ EW\left[x-s(r)\mid e\right]$$

s. t.

$$\text{EU}\left[s(r)\mid e\right]-V(e)\geqslant U, \qquad \text{(IR)}$$

$$(e=e^{*},\ r^{*}=x)\in \arg\max \text{EU}\left[s(r)\mid e\right]-V(e), \qquad \text{(IC)}$$

$$e\geqslant 0$$

$$r\in X$$

其中：

W = 委托人的效用函数；

U = 代理人的冯·纽曼-摩根斯坦效用函数；

V = 代理人的努力水平效用；

U = 代理人的保留效用，来自替代性工作；

x=不可观测的经济盈余，$x \in X$；

s=代理人的薪酬；

r=报告盈余；

e=代理人的努力水平。

委托人基于报告 r 设计契约 s（r），该契约最大化其经济盈余份额（$x-s$（r））的期望效用，并以契约保证代理人的保留效用 U（个人理性约束），代理人选择努力水平和最大化代理人效用的报告（激励相容约束）为条件。

为了说明显示原理，我们简化分析，举个防止重新谈判契约（renegotiation-proof contract）的例子（Ronen 和 Yaari，2001），然后看显示原理如何应用于委托人与代理人获得相同支付。

公司由风险规避的管理层管理，只有管理层可观测到真实业绩，这由二元集合{G，B}实现，其中，G 代表好的业绩，B 代表坏的业绩。管理层在其生产和投资决策中付出的努力水平越高，G 的概率越高，因此期望业绩越好。

董事会中的薪酬委员会在期初设计一份契约，以最大化股东期望财富。由于真实的结果不可观测，契约以公司不完美审计技术 r 为基础。如前所述，我们假定单侧审计技术：真实报告是完全可验证的，试图虚报会被某一正的概率 π（$1/2<\pi<1$）检测到。

激励文献已指出在均衡契约中，当报告表明结果为 G、r_G 时，管理者的报酬更多；当报告表明结果为 B、r_B 时，管理者的报酬更少。以这种方式把风险施加给代理人，可以促使他们付出更多的努力，这增加了期望收益（Holmström，1979；Grossman 和 Hart，1983；Harris，1987；Milgrom 和 Roberts，1992，Chapter 7；Demski，1994；Christensen 和 Feltham，2005）。

在实现结果之后、审计师审查财务报告并出具审计报告之前，契约可以重新谈判。给定管理者此刻知道结果是 G 还是 B，委员会想通过让管理者在两个选择权 O_G 与 O_B 中选一个，来甄别真实结果。这样当管理者知道业绩是 G 时，他将选择 O_G，当业绩是 B 时，他将选择和 O_B。由于 O_G 可能比 O_B 更有利，委员会也使用经审计的报告来证实或否定管理者的选择。也就是说，重新谈判以四个支付取代原契约，这四个支付以管理者选择权与经审计的报告的结合为基础：

S_{GG}=选择好业绩且财务报告证实时的支付。

S_{BB}=选择坏业绩且财务报告证实时的支付。

S_{GB}=选择好业绩且财务报告否定时的支付。

S_{BG}=选择坏业绩且财务报告否定时的支付。

均衡子集是{S_{GG}，S_{BB}}，即经审计的报告与管理层的披露一致。既然激励契约对 G 比对 B 支付管理者更多，显然管理者不会误述 G。如果结果是 B，管理者将被阻止选择 O_G，因为经审计的报告 r_B 可能以概率 π 揭露“错误的”选择，这引发对虚报的惩罚。特别地，当结果是 B 时，管理者选择 O_B，如果：

$$U(S_{BB}) \geqslant \pi U(S_{BG}) + (1-\pi) U(S_{GG}) \tag{6.8}$$

结果是 B 且收到选择 O_B 时的支付效用大于管理层期望通过选择 O_G 得到的效用。在概率 π 下，经审计的报告揭示真相，管理者受到惩罚，得到（或付出）S_{BG}；在概率（$1-\pi$）下，管理者成功获得更高的与盈余 G 有关联的报酬。

等式（6.8）界定了对虚报的惩罚：

$$S_{GB} \leqslant U^{-1}\left(\frac{U(S_{BB}) - (1-\pi) U(S_{GG})}{\pi}\right) \tag{6.9}$$

仔细想想显示原理如何起作用。有另一种方法得到同样的支付吗？答案是肯定的。你可以要管理者在报告被审计前报告结果。通过比较未经审计的报告和经审计的报告，你可以发现真相（Ronen 和 Yaari，2006）。另外，你可以要管理者只报告两种可能结果中的一种。一种报告的缺失表明另一种结果。你可能会考虑把重新谈判契约写进原契约，那就设计防止重新谈判契约，这样事后重新谈判不会发生。总之，有很多方法得到相同的支付。显示原理表明，通过管理者在审计和赔偿发生前向董事会充分披露他所知道的来解决博弈是不失一般性的。我们给读者留一个练习，即证明显示原理下的激励契约设计问题与防止重新谈判契约设计问题相同。

§6.3　产品和要素市场

Verrecchia（1990a）指出，产品市场上的私人信息是专有的。也就是说，报告真相可能引起竞争者和其他利益相关者的反应，从而损害披露者价值。例如，揭示产品成本低（或产品需求大）可能促使竞争者进入市场。在这方面研究的多为寡头垄断中的信息传递，此时公司拥有其私人单位成本或未知的市场需求等私人信息（Fried，1984；Gal-Or，1985；Wagenhofer，1990；Darrough 和 Stoughton，1990；Darrough，1993；Ziv，1993；Sankar，1995；Raith，1996；Fischer 和 Verrecchia，2004；Suijs，2005）。大多数研究分析真实披露与保留披露之间的选择。例外的是 Ziv（1993），其发现因为专有性信息是一种资产，公司有动机操纵披露。因此，真实披露的均衡也包括加强真实揭露的机制。

目前，学者还没有从公司间数量或价格竞争以外角度，研究产品和要素市场的作用。我们通过分析以下三个要素来解释公司为什么报告真相，并尝试填补这一领域的空白：

1. 公司把它的信用看做一项资产，因不坚持说真话策略而损坏这一资产的成本超过虚报的收益。

2. 盈余管理可能需要其他公司的合作。

3. 公司有多重受众（multiple audiences），其利益在盈余管理方面不一致。

§6.3.1　信用作为有价资产

信用很重要，失去它的成本太高。那么，说真话可能是更优选择，即使未被发现的虚报更有利。

我们看一个例子。资本市场上有两家公司。公司的单位成本是随机变量，在区间［0，1］取值，根据已知的分布，均值为 c_0，方差为 σ^2。每家公司知道自己的单位成本，并在期初开始生产 q 单位产品前宣告该成本。期末公司的财务报告必须证实这一披露，以免公司失去信用。公司间展开产量竞争（古诺竞争，参见 Christensen 和 Feltham，2002）。反需求函数为 $P=a-Q$，$a>2$，其中，Q 是两家公司生产产量之和，$Q=q_1+q_2$。

在真实披露下，公司 i 在观测竞争者的披露后选择数量 q_{it}，以最大化期望利润 $E[R_i]$，其中，$R_i=(P-c_i)q_i=(a-q_i-q_j-c_i)q_i$，$i$，$j=1$，2，$i\neq j$。我们假定诉讼威胁阻止两个公司形成卡特尔。

说真话公司的利润为 $R_i=\left[\frac{a+c_j-2c_i}{3}\right]^2$，$i$，$j=1$，2，$i\neq j$。假设公司偏离说真话，成本虚报了 ε，这里 ε 的大小是一个决策变量。即公司报告（$c_i-\varepsilon$）。为了不失去信用，公司现在必须生产 $q_i=\frac{a-2(c_j-\varepsilon)+c_i}{3}=q_i^T+\frac{2\varepsilon}{3}$，其中，$q_i^T$ 是真实报告的生产水平。诚信的竞争者的产量是 $q_j=\frac{a-2c_j+c_i-\varepsilon}{3}=q_j^T-\frac{\varepsilon}{3}$，在最优虚报 $\varepsilon=\frac{3}{4}q_t^T$ 下，利润 $R_i=\hat{R}_i^T+\hat{q}_i^T\varepsilon/3-2\varepsilon^2/9=\hat{R}_i^T+(\hat{q}_i^T)^2/8>R_i^T$，其中，$q_i^T$ 和 R_i^T 是说真话时的数量和利润。也就是说，如果公司有完全弹性（perfect flexibility），那么最优虚报等于说真话时数量的一半，公司可以通过诱使竞争者降低产量增加利润。

如果经审计的报告以概率 π（$1/2<\pi<1$）揭示真实成本，则虚报等于赌博。概率（$1-\pi$）下，虚报者将成功，竞争者不会发现。而概率 π 下，审计师发现事实，公司失去信用。假定竞争者的关系使虚报公司的期望利润降低了 C。如果 $C\geqslant(a-2)^2/8\pi$，则说真话是更优选择。

虽然这个例子很简单，但它说明对信用的关注可能防止虚报，即使私人信息的专有性价值需要它。

§6.3.2　企业间默认的合作

某些盈余管理实践不会影响其他公司的利润，如估计坏账费用（McNichols 和 Wilson，1988）或养老金资产的收益（Bergstresser、Desai 和 Rauh，2005）。但靠收入来进行的盈余管理，则可能需要买方与供应商之间的合作，下面我们举例说明。

考虑一垂直行业中有两个寡头，Upstream（U）和 Downstream（D）。U 卖半成品给 D，D 又把半成品制成最终产品并卖给消费者。消费者反需求函数为 $P=\tilde{a}-Q$，其中，P 和 Q 分别是单位产品的价格和数量，$\tilde{a}$ 是随机变量，取值区间为［$\underline{a}$，$\bar{a}$］，均值为 μ，方差为σ^2，$\tilde{a}\sim(\mu,\sigma^2)$。按照成本构成，分配单位成本 c 到生产半成品 U 中，$c<\underline{a}/3$，而 D 承担购买半成品的成本。表 6.2 总结了 U 和 D 之间相互作用的主要特征。

表 6.2　**模型的关键特征**

	上游（U）供应商	下游（D）买方
决策	半成品价格 P_w	买与卖的数量 Q
私人信息	已知需求参数 $\tilde{a}=a$	$R_{\underline{D}}=(P-P_w)\ Q$
利润	$R_{\overline{U}}=(P_w-c)\ Q$	
P = 销售价格		
P_w = 半成品价格		
C = 半成品单位成本		

我们假定 D 在选择 Q 前观测到需求 $\tilde{a}=a$。该假定反映了供应商和消费者之间的紧密关系，消费者据此提交订单预测给他们的供应商。其他情况下，D 观测主要指标，以作出精确的销售额预测。

D 通过最大化利润 R_D 来选择 Q（基于代替价格［$R_D=(a-Q-P_w)\ Q$］和对 Q 求导），得出以下数量、价格和利润：

$$P=\frac{a+P_w}{2},\ Q=P-P_w=\frac{a-P_w}{2}\text{且 }R_D=\left[\frac{a-P_w}{2}\right]^2 \tag{6.10}$$

由于 U 选择最大化利润时的价格，$(P_w-c)\ Q=(P_w-c)\left(\frac{a-P_w}{2}\right)$，价格为 P_w，均衡为：

$$P_w=\frac{a+c}{2},\ Q=\frac{a-c}{4},\ R_D=\left[\frac{a-c}{4}\right]^2,\ R_U=2\left[\frac{a-c}{4}\right]^2 \tag{6.11}$$

假定 U 申请私人贷款来扩张筹资，D 是一个被分析师和机构投资者关注的公众公司，因而关心不要降低资产回报率（ROA）。如果已经签订销售额契约，购买额外单位产品会增加 D 的存货和降低 ROA。因此，只有价格有折扣，D 才会考虑购买更多单位产品。用 d 表示折扣，用 I 表示额外购买。如果 $(a-Q-P_w)\ Q/A\leqslant(a-Q-P_w+d)\ Q/(A+I)$，D 愿意“帮助”U，其中，$Q$ 和 P_w 由上式决定。重新整理后，额外购买的最小折扣率为 $d/I\geqslant(a-c)\ /4A$。如果 $(P_w-c)\ Q\leqslant(P_w-c-d)\ (Q+I)$，U 愿意以一定的折扣销售更多产品。重新整理后，额外购买的最大折扣率为 $d/I\geqslant(a-c)\ /2\ (Q+I)$。因此，仅当 $2A>Q$ 时，D 将与 U“合作”。否则，U 不能用这种方式管理盈余。

§6.3.3　多重受众施加压力

在某些情况下，公司的受众会对管理盈余施加相互冲突的压力，以至于公司最佳策略是报告真相和采取与真实报告一致的行动。

考虑某公司是一个垄断企业，单位成本未知。成本或者高，为 H；或者低，为 L，

H>L。公司知道披露财务报告后，面临着雇员联合会的谈判和竞争者进入市场的威胁。我们把垄断企业看做在位者，把竞争者看作进入者，表 6.3 总结了二者的支付情况。

表 6.3　　在位者和进入者的支付

	在位者的类别	
	L	H
竞争者进入市场	-1，2π	2，π
竞争者不进入市场	0，3π	0，($\pi+0.5$)

第一种情况是对竞争者的支付，第二种情况是对在位者的支付。表 6.4 给出了 π 的特征

显然，如果在位者有较低的成本，则进入者不愿进入市场，因为进入会招致损失（$-1<0$）；如果在位者有较高的成本，则进入者更愿意进入市场，因为进入会带来利润（$2>0$）。如果进入者是唯一的受众，则为了阻止它进入，在位者有动机采取一些措施，如管理盈余，使自己看上去有较低的成本。

在竞争者进入前，在位者与代表雇员的联合会谈判工资。雇员与在位者的支付见表 6.4。

表 6.4　　在位者与雇员的支付

	在位者的类别	
	L	H
雇员提出高要求	β，$\pi=1-\beta$	$-c$，$\pi=-c$
雇员不提出高要求	0，$\pi=1$	0，$\pi=1$

第一种情况是对雇员的支付，第二种情况是在位者的利润，π，$\beta>o$

显然，如果在位者类型是低成本，则雇员会提出更高的要求（$\beta>0$）；如果在位者类型是高成本，则雇员没有要求（$-c<0$）。因此，如果联合会是唯一的受众，则为了不让工资大幅上涨，公司有动机显示为 H 类型。

接下来，我们把表 6.3 和表 6.4 合并，集中研究给定两类受众的反应时，在位者的支付情况，见表 6.5。

表 6.5　　给定雇员和进入者的行动时在位者的支付

	在位者的类别	
	L	H
竞争者进入，雇员提出高要求	2（$1-\beta$）	$-c$
竞争者进入，雇员提出低要求	2	1
竞争者不进入，雇员提出高要求	3（$1-\beta$）	$-c+0.5$
竞争者不进入，雇员提出低要求	3	1.50

由表 6.5 可知，第二行和第三行在均衡中不会发生，因为雇员只在公司报告 L 时

提要求，而进入者只在公司报告 H 时进入市场。第一行和第四行的比较表明，在位者最优反应是报告真相：如果它是 L 类型，它得到 3（3>2（1-β））；如果它是 H 类型，它得到 1.50（1.50>-c）。

会计学科中更多涉及对多重受众的研究，参见 Darrough 和 Stoughton（1990）；Wagenhofer（1990）；Hayes 和 Lundholm（1996）。

§6.4　监管

用来遏制盈余管理的制度之一是强制审计。已有大量文献关注随机监测（如 Townsend，1979；Evans，1980；Gale 和 Hellwig，1985；Baiman、Evans 和 Noel，1987；Border 和 Sobel，1987）。这些文献假定一个完美的、高成本的随机监测。因为成本高，随机监测只是偶尔使用。相反，强制审计总是被使用，因为它不完美。不论完美审计以概率 π 被随机使用，还是以概率 π 发现真相的审计总是被使用，均衡分析不变。

在第三部分引言，我们提出修正审计市场的建议，即让审计师为保证公司财务报告的保险公司工作。在本部分，我们阐明这一方案可以在会计报告质量不确定时，减少盈余管理。

§6.4.1　财务报告的保险制度

审计文献中有一个考虑项目的基本模型，价值是随机的：盈利时取 G，概率为 γ；非盈利时取 B，概率为（1-γ）。审计可以完全证实 G，而对 B 验证的概率为 π，$1/2<\pi_A<1$。经审计的报告的质量以检测概率 π_A 衡量，π_A 较高时为 π_{Ah}，较低时为 π_{Al}，且 $\pi_{Ah}>\pi_{Al}$。审计质量是由审计师决定的。由于 π_{Ah} 比 π_{Al} 的成本更高，审计师有动机选择 π_{Ah}。我们将二者差量成本表示为 C_A。

现在的情况是，审计师的支付不取决于审计师意见（报告）。因此，审计师可能付出足够努力来保证低检测概率 π_{Al}。初看起来，监督审计师且有执行力的新监管机制——公众公司会计监督委员会（Public Company Accounting Oversight Board，PCAOB），可能保证更高的检测概率 π_{Ah}。因为它能检验审计程序是否符合某些最低标准。但当中期结果需要某一行动，而该行动不被 PCAOB 的检查表覆盖时，它不能保证更高的概率 π_{Ah}。而且，《萨班斯—奥克斯利法案》颁布后，按照要求，审计师向审计委员会详细报告结果，但公司不愿告诉审计师有关盈余管理的信息。

当公司有动机表现出有一个好项目时，报告 B 是可信的。那么，股票价格是 B，P（B）=B，审计被证明是成功的。报告 G，则股价为 $P(G(\pi_{Al}))$，即：

$$P(G(\pi_{A\ell}))=\delta_\ell G+(1-\delta_\ell)B \tag{6.12}$$

其中：

$$\delta_{\ell}=\frac{\gamma}{\gamma+(1-\pi_{A\ell})(1-\gamma)}$$

当审计师被保险公司雇用时，他们转向对保险公司忠诚。显然，任何以保险公司为代价勾结客户获取的收益远不及因保险公司断绝与审计师的关系造成的业务损失。因此，如果未来利润的净现值超过 C，审计师会付出更多努力。那么，审计检测概率就是 π_{Ah}。它本身可以证明这种情形，因为更多的案例被报告为 B，这种报告的增加频率是 $(1-\gamma)(\pi_{Ah}-\pi_{Al})$，而 G 类公司的价格更接近于其真实价值：

$$P(G(\pi_{Ah}))=\delta_h G+(1-\delta_h)B \tag{6.13}$$

其中：

$$\delta_h=\frac{\gamma}{\gamma+(1-\pi_{Ah})(1-\gamma)}$$

管理者：考虑管理者的动机。如果项目价值是 G，则管理层更愿意披露真相，以降低资本成本和增加奖金。但如果项目价值是 B，则盈余管理得到的支付为 $\pi_{Ai}B+(1-\pi_{Ai})P(G(\pi_{Ai}))-C_M$，其中，$C_M$ 是期望成本，如果公司没有未来盈利项目来掩盖非盈利项目。当没有保险时，成本来自于发现真相而引起的投资者诉讼。有了保险，这一成本会被保险公司作为保险单的一部分。市场从披露的保费中知道财务报告质量（如盈余管理的发生率），这是一个可靠的信号。因此，如果保险公司确定恶性盈余管理概率较高，因可能的虚报引起的管理成本既是保费，也是对较高保费披露作出的较低期望股价。

管理盈余的决策取决于管理盈余的支付 $\pi_{Ai}B+(1-\pi_{Ai})P(G(\pi_{Ai}))-C_M$ 是否大于说真话的支付 B。由于我们对模型参数做了不充足的假定，这里有三种可能的情形：

（1）$\pi_{Ai}B+(1-\pi_{Ai})P(G(\pi_{Ai}))-C_M>B$，$i=h$，$l$.

（2）$\pi_{A\ell}B+(1-\pi_{A\ell})P(G(\pi_{A\ell}))-C_M>B>\pi_{Ah}B+(1-\pi_{Ah})P(G(\pi_{Ah}))-C_M$.

（3）$B>\pi_{Ai}B+(1-\pi_{Ai})P(G(\pi_{Ai}))-C_M$，$i=h$，$l$.

注意可以按 $(1-\pi_{Ai})[P(G(\pi_{Ai}))-B]-C_M$ 为正或负两种情形，分别进行比较。

当盈余管理占优说真话时，不考虑审计准确性，情形（1）发生。但这种情形不能成为均衡，因为保险公司会增加保险单成本，以至于公司根本买不起保险单，或公司采取其他措施来降低审计风险。保险公司雇用的审计师在发现真相方面有所改进，当其能遏制现有条件下发生的盈余管理时，情形（2）发生。这种情形最令人感兴趣，因为它显示出保险计划如何消除盈余管理。当说真话占优进行盈余管理时，情形（3）发生。尽管我们不能排除对某些管理者而言这是真的，但大量的报告重述和明显的盈余管理舞弊表明这种情形不现实。

第7章 平 滑

几十年来，盈余管理更多是一种为了减少公司回报的波动性，“平滑”公司收益的波峰和波谷的游戏。因此，管理层“未雨绸缪”，试着隐藏“超额盈余”，是为了以后用这笔资金来平滑公司盈余中不希望有的下降（Coffee，2003a）。

经得起时间考验的一种盈余管理策略是平滑（Buckmaster，2001）。平滑是指减少一系列报告盈余的波动。平滑的类型有两种：真实平滑和虚假平滑。真实平滑指作出生产和投资决策，来减少盈余的波动。虚假平滑则通过会计政策选择实现。

两种类型有一些区别。首先，因为盈余是一个随机变量，取决于过去的生产和投资决策，所以真实平滑可能在虚假平滑之前。其次，真实平滑包括降低经济盈余波动性的决策。相反，虚假平滑包括夸大和缩小经济盈余，即夸大低盈余和缩小高盈余。以这种方式，一系列的报告盈余与一系列的经济盈余有同样的平均值，但波动更小。图7.1描绘了虚假平滑。

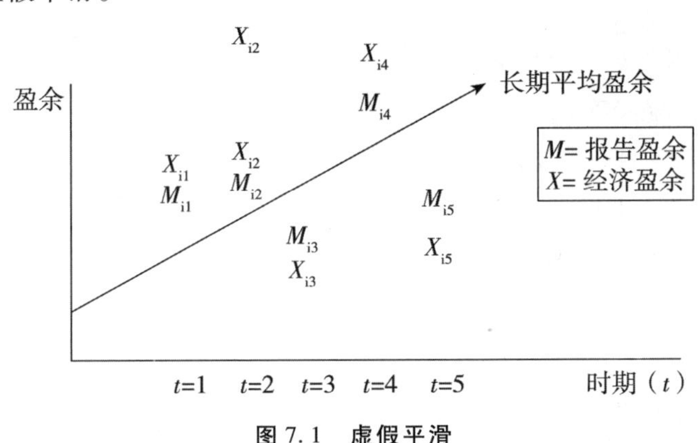

图7.1 虚假平滑

平滑也可以是有害的，因为报告盈余做得非常接近盈余趋势线，不同于管理层真正相信它应该是的样子。某种意义上平滑是有害的，《萨班斯—奥克斯利法案》可能影响真实平滑和虚假平滑的相对发生率。直觉上，应计管理看上去比真实平滑更有吸引力，因为它不降低公司价值。另外，真实平滑还有一个好处，就是不太明显，因此更难发觉和阻止（Ewert 和 Wagenhofer，2005）。

本章我们从资本市场、公司治理、竞争和监管四个维度描述平滑动因。资本市场导向的动因集中在平滑的信息价值和对平滑的需求。公司治理动因集中于多阶段委托-代理关系中代理人的平滑动因。竞争动因在文献中没有被关注，所以我们介绍了一个信号传递的例子。监管为基础的动因集中于税收。最后，我们解释市场中对审计师的改革将如何促进有益的平滑和遏制有害的平滑。

§7.1 资本市场

平滑的资本市场动因可以分为两种：第一种关注股票市场；第二种关注银行系统，它允许个体借入和存储资金用于私人消费。

§7.1.1 股票市场

讨论的第一个问题是平滑是否影响价值。实务界似乎认为答案是肯定的。Graham、Harvey 和 Rajgopal（2005）调查了首席财务官（和承担相似的财务报告任务但职位不同的主管，如主计长、副主席等）。他们发现 96.9% 的被调查者更喜欢平滑的盈余路径。当被问到如何解释更喜欢平滑时，被调查者给出一些理由。一些被调查者支持有益的平滑，另外一些则支持有害的平滑（见表 7.1）。

表 7.1 有关平滑偏好问题的回答

问题：偏好平滑的盈余路径，因为投资者感觉风险更小		同意，或强烈认同
(1)	投资者感觉风险更小	88.7
(2)	使投资者更易于分析和预测未来	79.7
(3)	使客户和供应商经营更稳定	66.2
(4)	将降低投资者的要求回报率	57.1
(5)	未来企业获得透明度和准确报告的好声誉	46.5
(6)	使对未来的成长更有信心	46.3
(7)	获得理想的信用评级	42.2
(8)	证实经济业绩	24.3
(9)	提高资金支付	15.6

7.1.1.1 有益的平滑

根据第 2 章盈余管理的定义，当它传递对未来结果的有价值的信息时，平滑是有益的。正如 Ronen 和 Sadan（1981）；Suh（1990）；Sankar 和 Subramanyam（2001）指出的，就减少市场价格扭曲来说，平滑可以是有益的。为了说明这一点，假定公司持续两个以上时期。在第一期期初，公司账面价值为 $10 000。第一期期末，公司产生

$50 000 的利润。已知第二期盈余是 $140 000 或 0 的概率相等。在公司报告第一期财务信息前，只有公司知道真实的第二期盈余。假定第二期盈余是 $140 000。报告真相的公司的价值是 $130 000，这是第一期账面价值 $10 000、第一期报告盈余 $50 000和第二期预期报告盈余（1/2 × 140 000+1/2×0）的总和。由于第二期结果是 $140 000，公司的价值是 $200 000，因此公司价值被低估了 $70 000。相反，公司在第一期期末通过报告其总报告盈余的一半 $95 000（1/2×（ $50 000+ $140 000)），来平滑第一期报告盈余，公司的价值也是 $200 000（10 000+95 000×2）。所以，平滑改进了报告的信息含量。

在我们的例子中，平滑是通过报告平均盈余来实现的，这把报告盈余的波动性降至0。然而，任一 $50 000 到 $95 000 之间的第一期报告盈余会降低盈余的波动性！这提出了平滑的最优程度问题。

Chaney 和 Lewis（1995）及 John、John 和 Ronen（1996）通过研究平滑的信号传递价值，给出了答案。Chaney 和 Lewis 分析两个时期报告模型时，采用了两种类型的公司：高价值 h 和低价值 l，h>l，且市场不能分辨二者。由于第一期管理的盈余必须在第二期反转，在每一期两种类型的报告如下：

$$\tilde{R}_{j1}=\tilde{X}_{j1}+\gamma_j\ (\mu_j-\tilde{X}_{j1})\ +\delta_j,\ j=h,\ell. \tag{7.1}$$

$$\tilde{R}_{j2}=\tilde{X}_{21}-\gamma_j\ (\mu_j-\tilde{X}_{j1})\ -\delta_j,\ j=h,\ell.$$

$\tilde{R}_{jt}$为 j 类公司在 t 期的报告，其中，$j=h$，ℓ；$t=1$，2。$\tilde{X}_{jt}$为经济盈余，由均值回归过程（mean-reverting process）生成，$\tilde{X}_{jt}=\mu_j+\varepsilon_j$，$\mu_j$ 是均值，ε_j 为已知方差的白噪声。报告策略由两个变量构成，即第一期平滑变量 γ_j（$0<\gamma_j<1$）和第一期偏态变量 δ_j。

显然，如果市场不能区分两种类型公司，它将低估 h 类公司的价值，高估 l 类公司的价值。h 类公司因此有动机选择报告，以区别于ℓ类公司。Chaney 和 Lewis 证明了在可分离的均衡中，ℓ类公司报告真相，h 类公司把平滑与正偏差相结合（正偏差是有成本的，因为它增加税收）。尽管该研究计算了第一期的最优偏度，但显然有很多种 γ 和 δ 的组合得出相同的报告。所以均衡不是唯一的。

在 John、John 和 Ronen（1996）中，平滑缘于信号传递的价值，因为较早报告利润具有税收意义。其观点是只要信号的成本足够阻止低价值公司模仿高价值公司，这个信号就是有价值的。税收提供了这样一个信号，把应税收益转移到更早期，一系列报告数字就会表现出比一系列经济盈余更平滑的路径。为了阐明这一点，我们考虑一个市场有两种类型公司：高价值公司，其整个经营期间内价值总和为 $450 000；低价值公司，价值总和为 0。税率为 30%，边际借款利率（影响支付税收的现金成本）是 10%。没有用税收支付来作为信号的动因，推迟税收支付更为可取。假定两种类型的累计损失是 $100 000，今年赚了 $100 000。高价值公司预期第二年盈余 $200 000，第三年盈余 $250 000。低价值公司预期接下来两年盈余为 0。在信号传递均衡里，低价值公司用累计损失扣减净盈利，净额为 0，节约 $3 000；而高价值公

司每年报告盈余 $150 000，并支付税收。也就是说，高价值公司不是第一年报告盈余 $100 000，第二年报告盈余 $200 000，第三年报告盈余 $250 000，而是每年报告盈余 $150 000，使报告盈余更平滑。尽管如此，公司很可能避开完全平滑，因为它希望最小化信号传递的成本，而这又影响报告盈余。第一期报告的盈余被设定在某一水平上，以阻止低价值公司与高价值公司混淆在一起。该研究与 Chaney 和 Lewis 研究的区别在于这里的均衡是唯一的，因为报告策略只包含一个变量。

最后要指出的是，当计算平滑报告盈余时，我们加总了三个时期的盈余，然后再分成三个。也就是说，平滑需要跨期合并计算。会计中合并计算的重要性长期以来受到重视（Sunder，1997）。因此，我们的讨论也间接地涉及合并计算的问题，如合并计算什么时候提供更多的信息，什么时候混淆真相（参见 Indjejikian 和 Nanda，1999；Christensen、Demski 和 Frimor，2002；Arya、Glover 和 Liang，2004；Feltham、Indjejikian 和 Nanda，2006）。

7.1.1.2 中性平滑

当盈余管理对现金流量没有影响时，盈余管理是中性的。在本部分，我们将讨论公司平滑但市场也看穿平滑的情形。

Goel 和 Thakor（2003）描述了中性盈余管理。他们分析了一个程式化的理性预期均衡。公司股东大多是对清算原因不知情的交易者，他们必须在公开会计报告后出售其股份。股东出售股份给知情交易者，知情交易者需要价值相关性的信息，但这些信息成本较高，不花成本无法从公司获取或公开观测到。知情交易者通过与不知情交易者交易来补偿信号的成本，公司收益的方差越大，知情交易者的利润就越高，现有股东损失就越大。因此，公司股票价格与其波动性呈负相关关系。这为公司提供了动机去平滑收益，从而降低波动性。围绕两个维度，有四种可能性：公司平滑收益或不平滑收益，且市场预期或未预期到平滑。显然，在均衡中，要么是公司平滑收益，且市场正确预期到公司平滑，要么是公司没有平滑收益，且市场未预期公司这么做。后者不可能是均衡，因为如果市场未预期到平滑，公司可以通过降低一系列报告盈余的波动性来提升价格。因此，唯一的均衡是前者：（a）公司平滑；（b）市场预期到公司平滑。

平滑是中性的，因为市场可以还原平滑的报告来了解真相。换句话说，所有参与人的支付与公司报告真相且市场相信报告的支付是相同的。说真话均衡不可行的原因在于，动态博弈是那些发送接收博弈中的“信号干扰”均衡：如果一个不正常的公司（信号发送者）不平滑收益，它会受到惩罚，因为无知的市场（信号接收者）为了“纠正”平滑，会以较低的价格评估公司收益流（参见 Dye，1988；Stein，1988；Elitzur，1995）。

Elitzur 和 Yaari（1995）也研究了中性平滑。作者分析了管理层的多时期决策，即管理者在该公司任职期间，安排了会计应计的披露时间和其所持股份的交易时间（他的薪酬包括基本工资、基于会计盈余的奖金和股票红利）。基于长期薪酬考虑，管理层作出一系列的平滑报告。平滑是中性的，如果市场完全理性，且有充足的信息去知道真相。

7.1.1.3 有害的平滑

公司可能有动机去平滑收益，不传递管理层对未来盈余的真实预期信息，因为公司发觉较低的报告盈余方差可以有力地影响公司价值（关于会计盈余的价值和方差之间的关系的实证文献，参见 Bitner 和 Dolan，1996；Hunt、Moyer 和 Shevlin，1996；Subramanyam，1996；Hann、Lu 和 Subramanyam，2007）。问题是在理性的市场中，什么情况下公司会做有害的平滑。

如果市场缺乏充足的信息，有害的平滑就会发生（参见 Elitzur 和 Yaari，1995 的讨论）。它是信号传递博弈中的混同均衡，即恶意平滑者模仿真诚平滑者的盈余序列。Trueman 和 Titman（1988）分析了公司贷款的案例。由于破产风险，债权人对收益波动性高的公司要求更高的回报率。某些公司不能平滑的事实给那些能平滑的公司充分的可信度，去发挥平滑的价值。正如 Newman（1988）和其他学者所说的，目前尚不清楚为什么有稳定盈余的公司不会采取措施，将自己与那些试着混同以降低资本成本的公司区分开来。

有害的平滑在理性市场上存在，部分是由于公司可能只对好消息平滑。Kirschenheiter 和 Melumad（2000）；Yaari（2005）提供了不一致平滑的基本原理。为了明白其逻辑，看看下面的例子。公司的价值是一个随机变量 V，即：

$$V=\mu+\varepsilon_v \tag{7.2}$$

其中：ε 是白噪音，$E(\varepsilon_v)=0$，且 $\mathrm{Var}(\varepsilon_v)=1/h$。

公司长期经济价值是 μ。投资者知道报告盈余 y，这是一个噪音的且基于 V 有偏的信号，$y=V+\varepsilon_y$，$E(\varepsilon_y)=0$ 且 $\mathrm{Var}(\varepsilon_y)=1/g$。报告盈余 y 是经济盈余的有偏估计。

假定 V 和 y 属于共轭分布函数，其后验均值是先验均值与信号的线性函数（所有变量是正态的），那么：

$$\mathrm{E}(V|y)=\frac{h}{h+g}\mu+\frac{g}{h+g}y=\mu+\frac{g}{h+g}(y-\mu) \tag{7.3}$$

管理层的目标函数是增加公司的价值 $E(V|y)$，给定投资者不知道 g。由于管理层对报告盈余的精确度 g 有决定权，管理层的策略是尽可能高地设定 g（即 $g/(g+h)\to 1$，且当会计盈余传递好消息时夸大陈述报告，$y>\mu$）。该策略使报告盈余相对真实盈余的波动性趋于平滑。当消息是坏的时候，$y>\mu$。Kirschenheiter 和 Melumad 研究表明，在一定条件下，公司更喜欢“洗大澡”。该策略对设定精确度 g 很高这一点放松了条件，且与平滑报告盈余不一致。

Yaari（2005）表明，当公司想在未来期间达到目标时，公司保留报告盈余以达到目标。当本期盈余高时，公司缩小盈余，这与平滑盈余一致。但当本期盈余低时，盈余的缩小会增加盈余的波动性（与平滑盈余相反）。

§7.1.2 银行系统

消费平滑（consumption smoothing）可以激发报告的平滑（如 Monsen 和 Downs，1965；Dye，1988；Suh，1990；Christensen 和 Feltham，1993；Sivaramakrishnan，1994；Boylan 和 Villadsen，1998；Haas，2000；Sankar 和 Subramanyam，2001；Srinidhi、Ronen 和 Maindiratta，2001）。

为了说明这一观点，假设公司持续两个时期，每一期随机生成盈余 x_t，$t=1, 2$。因为经济盈余不可观测，管理层在 t 期的薪酬 S_t 是基于会计报告 m_t：

$$S_1=S(m_1),\ S_2=S(m_2) \tag{7.4}$$

对报告盈余 m 唯一的限制条件是长期来看它们等于真实盈余，即给定公司内部折现率 r：

$$(1+r)\ m_1+m_2=y \tag{7.5}$$

其中：

$$y=(1+r)\ x_1+x_2 \tag{7.6}$$

假定当公司公开第一期报告 m_1 时，只有管理层完全了解第二期盈余 x_2。对 m_1 的决策影响了在两个时期之间确认公司价值 y 的时机，因为一旦披露 m_1，m_2 就确定了：$m_2=y-(1+r)\ m_1$。

如果管理层的目标是得到完美的消费平滑路径 $c_1=c_2$，那么如果 $S_1=S_2$，则完美的报告平滑随之发生，即 $(1+r)\ m_1=m_2=y/2$。

“消费”平滑得出平滑报告的观点是基于两个假设：首先，假定资本市场是不完美的，所以平滑报告是实现消费平滑的唯一方式。如果资本市场完美，则报告策略将最大化总薪酬，管理层将通过资本市场中的交易达到最佳消费路径。

其次，该观点假定没有储备薪酬，这可能影响报告战略（Yaari，1991）。换句话说，什么阻止管理层在第一期报告 y 和赚取 S（y），在第二期为 0，而通过在第一期储藏一部分 S（y）来分配两个时期的消费？储藏是最优的，如果薪酬是报告的凸函数。

为了明白这一观点，假定管理层储藏了未消费的薪酬。管理者有常数相对风险规避效用函数 $U(z)=Z^{-1/2}$，且其薪酬契约是一个分段函数。若 $x_t>\mu$，则 $S_t=(x_t-\mu)^2$；若 $x_t\leqslant\mu$，则 $S_t=0$，$t=1, 2$。其中，μ 是盈余均值。假如 $\mu=100$，$r=0$，$x_1=200$ 和 $x_2=400$。如果管理者通过每一期报告 300 来平滑盈余，则他每一期得到的消费效用为 200。如果他第一期报告 600，第二期报告 0，则他得到的总薪酬为 250 000，在各时期分配消费给他每一期带来 353.55 的效用。

该观点指出如果薪酬是凹的，平滑在完美市场也可以发生（Dye，1988；Yaari，1993；Sivaramakrishnan，1994；Demski，1998）。因为在这种情形下，报告盈余的边际薪酬降低。通过将低边际薪酬时期的报告结果转移到高边际薪酬时期，可最大化总薪酬，直到 $S_1'(m_1)=S_2'(m_2)$。这就得出一个会计报告的平滑序列 $m_1=m_2$。相反，如果薪酬是线性函数，每一期边际报酬率相同，那么在完美资本市场条件下，盈余管理就不会发生（Liang，2004）。

实际上，资本市场并不完美。Stiglitz（1969）和其他学者注意到，资本市场允许个人进入，但对个人与企业区别对待，因为后者被认为是利润更高的客户。Yaari（1993）在研究中发现一个事实，即公司所有者设计了契约和报告战略。公司所有者解决以下问题：

$$\max EV\ (m_1 - S_1\ (m_1)) + (1+\rho^O)^{-1} EV\ (m_2 - S_2\ (m_2))$$

$$s.t.$$

$$EU\ (c_1) + (1+\rho^M)^{-1} EU\ (S_2\ (m_2) + (1+i)^{-1}\ (S_1\ (m_1) - c_1)) \geq U_0, \qquad (IR)$$

其中：$m_2 = y -\ (1+r)\ m_1$；ρ^O 和 ρ^M 分别是所有者和管理层的贴现因子；i 是管理层的资本成本。

在契约保证管理者的保留效用水平 U_0 的约束条件下，所有者最大化报告盈余 $(m_t - S_t\ (m_t))$ 的期望效用（V）。第二期消费由预算约束决定，即 $c_2 = S_2\ (m_2) + (1+i)^{-1}\ (S_1\ (m_1) - c_1)$。管理者的资本成本 i 不同于公司的资本成本 r。当管理者借款时，他的利息更高，$r<i$；当管理者存款时，他的利息更低，$r>i$。

用 λ 表示（IR）的拉格朗日乘数。均衡契约满足逐点最优化条件：

$$S_1:\ \frac{V'}{U'} = \hat{\lambda}$$

$$S_2:\ \frac{V'}{U'} = \hat{\lambda}\ (1+\rho^O)^{-1}(1+i)$$

其中：$\hat{\lambda} = \lambda\ (1+\rho^M)^{-1}(1+i)^{-1}$

该契约有两个构成要素：（1）最优风险分担要素，由 $\frac{V'}{U'} = \lambda$ 得到；（2）影响两个参与人的利率和贴现因子的财务要素，由 $(1+\rho^M)^{-1}(1+i)^{-1}(1+\rho^O)^{-1}\ (1+i)$ 得到。Yaari 表明平滑不再是各公司的惯例。不同于完美平滑产生一系列零波动性报告盈余，一些公司以向上偏离来平滑盈余，其他一些公司以向下偏离来平滑盈余。这些结果解决了以上讨论的可能平滑报告的多重性问题。也就是说，平滑是一个报告策略族。公司特定的性质决定了公司选择的特殊平滑路径。

Yaari（1993）未能捕捉到 2002 年《萨班斯—奥克斯利法案》颁布之前的情况，因为一些管理者从他们管理的公司借入资金的利率，甚至优于公司的借款利率（Nofsinger 和 Kim，2003）。例如，Mattel 公司给担任 CEO 的 Jill Barad 一笔 720 万美元的贷款。当她被罢免时，那笔贷款被免除，且公司同意支付 330 万美元掩盖因免除贷款而增加税收的成本。《萨班斯—奥克斯利法案》402（a）条款阻止这种个人贷款。公众公司不允许“直接或间接地……以个人贷款的形式给公司任何董事或执行官延展或保持信贷，安排信贷延展或更新信贷延展条件。”我们推测 402（a）条款会增加管理盈余以实现消费平滑的动机。

§7.2 公司治理

平滑与公司治理的关系可以用所有者与管理者之间的委托-代理关系来捕捉。所有者面临设计薪酬契约机制的挑战，好的薪酬契约可以促使管理者作“正确的决策”。

关于道德风险对平滑的作用，有限期界委托-代理文献提供了线索，这说明本期薪酬必须以历史结果（outcomes）为条件（Lambert，1983；Rogerson，1985a；Christensen 和 Feltham，1993，2005）。报告是契约的基础，如果代理人有权选择报告的时机，则当报告数字的总和与结果的总和相等时，他可能平滑一系列报告。问题是所有者是否允许这样做。Allen（1985b）证明，长期契约占优一系列短期契约，因为它允许跨期风险分担且提供更多的信息。这一结果表明，平滑可能是委托人想要的。另外，在 Holmström 和 Milgrom（1987）的完美资本市场框架里，例如，分期支付管理者的契约，与只在契约期末一次支付代理人的契约没有区别。在这一框架下，虚假平滑没有价值，因为报告盈余的时机不重要。

在分析中考虑管理者的行动，使我们的讨论分为真实平滑——产生更平滑框架报告的行动，和虚假平滑——只平滑一系列报告结果。

§7.2.1 真实平滑

真实平滑涉及生产和投资决策。Oyer（1998）研究了销售人员的平滑行为，解释了他们是如何做的：

> 考虑公司销售零部件给汽车制造商。汽车制造商关心存货成本，想避免购买他们不使用的原材料。同样，他们很可能以合同价格购买零部件，所以即使未来价格上涨他们也不大可能紧急订货。现在考虑一家公司销售复杂昂贵的电脑系统给该公司。销售人员可能处于分享或隐藏价格和技术变革信息的境地。类似地，电脑公司执行管理人员可以分享或隐藏来自公众，有时甚至来自销售人员的信息。这样，不同于零部件公司的代理人，电脑销售人员和执行管理人员可以影响电脑购买和运送的日期。电脑销售人员有更多机会在本期和未来年份完成定额，而执行管理人员可以把销售额挪到对自己的薪酬有最大影响的年份。
>
> 这一时机影响，我称之为“时机博弈”，有两种形式。销售人员把下一个财政年度潜在业务“拉入”今年以完成定额，或者销售人员知道他今年已经完成定额或放弃完成定额，就把业务“拉出”到下一年。不知道销售人员周转率和销售收入分布的形式，就不可能确定拉进或拉出效应是否占优。

尽管有关有限期界重复委托代理博弈的文献已发现行动选择中的跨期联系（Lambert，1983；Rogerson，1985a），但分析道德风险与真实平滑之间联系的首个研究是 Lambert（1984）。

尽管有关有限期界重复委托代理博弈的文献已发现行动选择中的跨期联系（Lambert，1983；Rogerson，1985a），但分析道德风险与真实平滑之间联系的首个研究是 Lambert（1984）。

考虑一个两时期委托代理博弈，管理者在每一期期初采取不可观测的行动，管理者和自然状况一起决定经济盈余。规避风险、厌恶工作的管理者的效用函数在货币报酬 S 和努力水平 e 上是可分离的，即 $U(S, e) = U(S) - W(e)$。其中，U 是风险规避的冯·纽曼-摩根斯坦（VNW）效用函数，$U'>0$，$U''<0$；W 是努力水平 e 的严格凸函数，且严格递增，$W'>0$，$W''>0$。每一期结果 x_i 是自变量，取自连续分布函数 $f(x \mid e)$，具有某些性质。管理者在第二期的期望支付是 $\int U(S(x_1, x_2)) f(x_2 \mid e_2) dx_2 - W(e_2)$。

管理者在第二期期初的行动满足：

$$\int U(S(x_1, x_2)) f_{e_2}(x_2 \mid e_2) \mathrm{d}x_2 - W'(e_2) = 0 \tag{7.7}$$

$f_{e_2}(x_2 \mid e_2)$ 是结果 x_2 的分布函数对第二期努力水平 e_2 的导数。

注意薪酬 S 取决于历史结果 x_1 和 x_2。管理者付出的努力水平是，薪酬的期望边际效用等于付出努力的边际成本时的取值。

由等式（7.7），我们得到：

$$\frac{\mathrm{d}e_2}{\mathrm{d}x_1}<0 \tag{7.8}$$

第一期结果越高，管理者在第二期付出的努力越小。直觉是：较高的第一期结果让代理人得到更高的货币报酬。因为对货币报酬的边际效用递减，付出更多努力的边际收益也递减。同时，因为努力水平的边际成本随着努力水平递增，当付出更少努力时，努力水平的边际成本递减。

这说明第一期和第二期的结果之间存在负相关关系，即使下面的随机变量是独立的。因此，总应计的波动性降低，即：

$$\mathrm{var}(y) = (1+r)^2 \mathrm{var}(x_1) + \mathrm{var}(x_2) + 2(1+r)\mathrm{cov}(x_1, x_2) < (1+r)^2 \mathrm{var}(x_1) + \mathrm{var}(x_2) \tag{7.9}$$

仍有待回答的问题是真实平滑与虚假平滑是互补的还是替代的。

努力水平是管理者不可观测行动的简略表达形式。就我们所知，Gavious、Ronen 和 Yaari（2002）首次将努力水平与投资（因而与公司价值）联系起来。我们分析一个努力水平影响经济盈余增长率的模型，这反过来影响公司价值，因为增长率是公司价值模型中的一个参数。

我们的模型建立在标准的价值模型基础上。公司产生各时期盈余 x_t，其是在那个时期产生的永久性盈余 x_t^P 的函数：

$$x_t = x_t^p + \varepsilon_t \tag{7.10}$$

其中：ε_t 是白噪声。永久性盈余增长率由超过重置资本的投资 I_t 决定，而 I_t 由管理者努力水平的选择 e_t 和自然状况决定，$I_t \sim N$（$n_t e_t$，σ_g^2），其中，n_t 是公司或行业特征变量。净投资的不确定性捕捉计划投资——付出努力阶段——和事后实际投资的可能差异，这依赖于管理者控制之外的因素。用 r 表示增量投资的回报率，$0<r<1$。在第（$t-1$）期的净投资 I_{t-1}，使未来永久性盈余增加了 rI_{t-1}，达到 X_t^P。管理者努力水平的选择因而影响永久性盈余的增长率 g_t，g_t 被定义为：

$$g_t = \frac{x_t^{\mathrm{P}} - x_{t-1}^{\mathrm{P}}}{x_{t-1}^{\mathrm{P}}} = \frac{rI_{t-1}}{x_{t-1}^{\mathrm{P}}} \tag{7.11}$$

如果所有者是作出投资决策的决策制定者（最优情形），他们更愿意早期投资尽可能地高，以积累投资收益。如果管理者作为所有者的管理员作出决策（次优情形），则他可能推迟投资决策，以最小化投资决策中牺牲的效用。结果，期望增长率的路径在最优情形中是严格凹的，而在次优情形中是严格凸的。

把盈余管理与盈余增长率联系起来的另一研究是 Jevons Lee、Li 和 Yue（2006）。他们研究表明，当公司管理盈余以影响公司价值时，盈余管理的强度随着盈余增加而增加，随着增长率增加而降低。

§7.2.2 虚假平滑

分析性研究文献让人们对委托-代理关系中虚假平滑的发生率有了更多的了解。虚假平滑的机理与有限借款条件下平滑的讨论中呈现的机理相似（Penno，1987；Sivaramakrishnan，1994）。当代理人知道本期盈余且对未来盈余有不完美的信号时，若他受限于只报告本期结果，则代理人会围绕未来盈余信号来平滑第一期报告。因此，尽管本期报告不真实，但它具有前瞻性。

Fudenberg 和 Tirole（1995）检验了一个现任管理者的报告战略，该管理者是渴望保住工作的。该管理者不得不面对信息效应衰退的现实，这意味着前一期成功比今天成功意义更小。他们证明代理人确实会平滑报告：如果信息是非常好的消息，则把好消息的报告推迟到未来，使之免于信息效应衰退。如果信息是坏消息，则夸大报告以保证能获得连续聘用。

问题是平滑对委托人到底是有益的还是有害的。Demski（1998）对每一种情形作了分析。有害的情形比较明显，即虚假平滑降低了会计信息的质量，因为虚假平滑混淆了会计信息，而会计信息是代理人努力水平的监督工具。甚至这里有各种灰色地带，因为在某些情况下，委托人可以容忍平滑。当平滑机会只在代理人付出高水平的努力才出现时，就是有益的平滑。Arya、Glover 和 Sunder（1998）证明，委托人不承诺短期业绩差时不解雇管理者，平滑可以改善委托人的福利。早结束雇佣关系的威胁是高成本的，因为对契约保证代理人保留效用水平的要求，只能以更高薪酬成本满足（这一结果取决于问题的参数，因为盈余管理也是高成本的。夸大第一期报告来掩盖业绩差，延缓了委托人去推断现任管理者无能及应尽早被更有效的管理者取代）。与 Ronen 和 Sadan（1981）类似，Suh（1990）以及 Sankar 和 Subramanyam（2001）研究表明，平滑的信息度是有价值的，尽管成本也很高。前者指出，平滑的成本在于，盈余提供了较少的代理人努力水平信息。后者观察到，成本来自给拥有私有信息、效用最大化的管理者提供更多会计处理选择的操控。Srinidhi、Ronen 和 Maindiratta（2001）研究了管理者的最优报告策略，该管理者不能进入资本市场，但可以运用关于未来结果的私人信息，在无限期界模型中通过报告的平滑实现平滑消费。他们研究表明，管理者平滑盈余，且平滑是一个符合 GAAP 的一致性、无偏性和现金流趋同性要求的策略。

§7.3　产品市场竞争

我们不知道已发表的分析性研究，是否在企业经济学和企业经营所处产品市场的背景下，解释平滑需求，但事实在那里。例如，平滑是有用的，可以让供应商和消费者放心（Graham、Harvey 和 Rajgopal，2005）。作为公司经营战略的一部分，平滑也是有用的，可以降低风险。Barton（2001）检验了公司是否通过应计或金融衍生品平滑盈余，并运用多元化程度作为控制变量，因为“多元化程度低的公司更可能运用应计或金融衍生品，因为它们天然缺乏平滑盈余和现金流”。

为了领略平滑对利润最大化的有用性，考虑一个垂直行业中有两个寡头 Upstream（U）和 Downstream（D）。D 以价格 $\tilde{P}_w$ 从 U 公司购买半成品，然后以价格 $\tilde{P}$ 把最终产品卖给消费者（类似 6.3 部分的情形）。每一单位半成品用来生产一个单位的最终产品。

众所周知，反需求函数是 $\tilde{P}=\tilde{a}-Q$，其中，Q 是销售数量。价格是随机变量，因为 $\tilde{a}=\mu+\eta\varepsilon$。其中，$\mu$ 是平均需求；η 由 D 的销售额决定，$\eta\in[\underline{\eta},\bar{\eta}]$，$\eta>0$；$\varepsilon$ 是均值为 0、方差为 σ^2 的白噪声。D 投资于建立客户的努力水平越高，需求的风险性越低。

U 和 D 首先谈妥半成品的价格。然后 D 观测到需求，选择购买数量（和销售额）。

我们假定 D 是风险中立的。因此，可以看到在需求实现后，最终产品的价格和数量，在给定半成品价格的条件下，由类似于等式（6.10）的等式决定：

$$P=\frac{\tilde{a}+P_w}{2}\text{且 }Q=P-P_w=\frac{\tilde{a}-P_w}{2} \tag{7.12}$$

我们假定 U 是风险规避的，利润的冯·纽曼-摩根斯坦效用函数是严格凹的且严格递增，因此用 V 表示，且 $V'>0$，$V''<0$。U 接受的半成品价格，能最大化其利润的期望效用 $\tilde{R}^U$：

$$EV(\tilde{R}^{U}) = EV(P_w - c)\tilde{Q} = EV\left[(P_w - c)\left(\frac{\tilde{a} - P_w}{2}\right)\right] \tag{7.13}$$

其中，用 r^U 表示 U 的绝对风险规避系数，得出以下价格：①

$$P_w = \frac{\mu + c(1 + \eta^2 r^U \sigma^2 / 2)}{2 + \eta^2 r^U \sigma^2 / 2} \tag{7.14}$$

D 的利润为：

$$R^D = \left[\frac{\tilde{a} - \mu + (\tilde{a} - c)(1 + \eta^2 r^U \sigma^2 / 2)}{2 + \eta^2 r^U \sigma^2 / 2}\right]^2 \tag{7.15}$$

对 η 求导，得：

$$\mathrm{Sign}\left[\frac{\partial R^D}{\partial \eta}\right] = \mathrm{Sign}[\tilde{a} + \mu - 2c] \tag{7.16}$$

如果 $\tilde{a}+\mu-2c>0$，D 可以通过采取行动平滑需求的波动性来增加利润，而这又降低了两个公司报告盈余的波动性。

§7.4 监管

Liang（2004）研究了一个两时期的模型，其中监管者设计和执行会计准则，用于报告经济盈余。某些平滑方式是希望降低代理成本，因为它允许风险规避的管理者最佳传播跨期风险。这样的话，消除盈余管理的监管尝试会降低公司的价值。

自《萨班斯—奥克斯利法案》颁布以来，监管吸引了更多人的兴趣，对这一法案的更多讨论，读者可以参看第二部分引言。

---

① 该模型的推导过程为：

$$EV\left[(P_w - c)\left(\frac{\tilde{a} - P_w}{2}\right)\right] = EV\left[(P_w - c)\left(\frac{\mu - P_w}{2}\right) + (P_w - c)\left(\frac{\eta - \varepsilon}{2}\right)\right]$$

针对 P_w 的一阶条件导数，得：

$$(\mu - 2P_w + c)EV' + \eta E(V'\varepsilon) = 0$$

依泰勒围绕平均理论的解释：

$$V'(R^U) \cong V'(ER^U) + V''(ER^U) \times (P_w - c)\left(\frac{\eta\varepsilon}{2}\right)$$

给定 U 的绝对风险规避系数 r^U，$r^U = -V''/V'$，得：

$$V'(R^U)\varepsilon \cong V'(ER^U)\varepsilon + V''(E\pi^U) \times (P_w - c)\left(\frac{\eta\varepsilon^2}{2}\right)$$

第 8 章　最大化与最小化

虽然以前公司偏好收益平滑，但到 20 世纪 90 年代，这些公司开始从未来期间攫取能立即确认的盈余。简言之，“收益平滑”被掠夺行为所代替。有意思的是，涉及收入确认的财务报告重述带来了非常大的损失（Coffee，2003a）。

本章我们回顾除了平滑以外的盈余管理策略研究，包括：最大化、最小化和最小化的极端情况——“洗大澡”（Scott，2003）。在一次性博弈中，基本就是以上这些策略；在重复博弈中，就不只这些了。例如，Yaari（2005）讨论了“稳健性平滑”（conservative smoothing），即把平滑和“洗大澡”相结合。其他学者（Yaari，1991；Demski 和 Frimor，1999；Koch 和 Wall，2006）提出了“最大化波动性”策略，在该策略中管理者打算抛弃单个期间的所有报告盈余。Demski 和 Frimor 证明了当薪酬契约在会计报告发布后可以再谈判时，最大化波动性策略的最优性问题。Yaari（1991）和 Koch 和 Wall（2006）则把这一战略与契约的凸性联系起来。

定义：盈余管理策略是最大化（最小化），如果报告夸大（缩小）盈余。假设公司盈利 x，$x \in X$，则采取报告策略 M，M：$X \to \widehat{M}$。那么，给定报告 m，$m \in \widehat{M}$，报告由最大化（最小化）超过（低于）盈余产生，$m>$（$<$）x。

该定义假定说真话是唯一的并因此作为临界值：高（低）报告盈余构成最大化（最小化）。众所周知的“洗大澡”策略是最小化，例如它通过大笔销账将报告设定在一个非常低的水平。

尽管我们把最大化和最小化归并到一起，但仍有两个特征可以区分它们。首先，最小化把报告结果转移到未来报告，而最大化耗尽过去保留的报告结果或借用未来盈余。因此，当经济条件恶化时，过去的激进行为可能导致会计丑闻。Becht、Bolton 和 Roell（2003）说，

> 就在我们写本文时，一系列的丑闻和公司失败正在美国出现……很多案例发现会计不规则使公司能够极大地夸张盈余。这些丑闻经常在经济下滑时出现：如 John Kenneth Galbraith 曾谈到的，经济衰退抓到了那些审计师所漏掉的公司。

报告策略的动态博弈已经被用于将欺诈和欺诈发现与经济条件相联系（见 Kedia 和 Philippon，2005；Povel、Singh 和 Winton，2005；Goldman 和 Slezak，2006）。

其次，有证据表明公司更愿意最大化而非最小化。例如，Kinney 和 Martin（1994）从 15 年 1 500 多份审计中分析 9 组审计调整，结论是这些审计调整几乎全为负。换句话说，审计纠正在审计前盈余和资产中的正偏差（参见 Nelson、Elliott 和 Tarpley，2003）。本章我们大量关注最大化。最小化已经不作为真实盈余实现后的报告策略被研究，而是作为选择会计稳健性的结果。稳健性导致会计系统产生坏信号的概率比好信号高（Gigler 和 Hemmer，2001；Venugopalan，2004；Bagnoli 和 Watts，2005）。

总体而言，注意重复博弈中最大化和最小化的区别是有问题的。因为总报告盈余和总现金流是相等的，本期最小化将导致未来期间最大化，反之亦然。所以，最大化和最小化研究主要涉及一次性博弈，关注在报告本期盈余中的故意干扰。

我们按照以下几个方面展开讨论：资本市场、公司治理、竞争和监管。

§8.1 资本市场

正如第二部分讨论的，公司有很多原因在短期内最大化股票价格。例如，股票价格决定新项目的融资成本（Bebchuk 和 Bar-Gill，2003）和持股的管理层进行内部人交易的概率（Benabou 和 Laroque，1992；Bebchuk 和 Bar-Gill，2003；Kadan 和 Yang，2006）。简而言之，夸大价格的动机存在。然而，只有动机还不够，工具和机会也很重要。有些学者（Elitzur 和 Yaari，1995；Dye，1988；Fischer 和 Verrecchia，2000；Fischer 和 Stocken，2004；Crocker 和 Slemrod，2006；Goldman 和 Slezak，2006；Kadan 和 Yang，2006；Elitzur，2007）已提到，盈余管理是这样的工具，公司能最大化股价，因为公司市场价值随报告盈余增加而增加。机会是由不完美审计技术提供的，因为审计不一定能发现盈余管理。

第 6 章我们举了一个简单的最大化的例子，这里我们再看看这个例子。该例子包含高质量和低质量两类公司。低质量公司通过出具相同的报告，试图混同高质量公司，且一些公司可能成功。既然审计保证了报告的可靠性，则成功地夸大报告，会给低质量公司比说真话时更高的股价。由于盈余管理在资本市场方面很好理解，本章我们更进一步分析，基于非预期盈余的股价反应，以检验盈余管理的后果。

我们的基本框架假定价格由带噪声的理性预期均衡（Noisy Rational Expectations Equilibrium，NREE）确定。也就是说，市场包括做市商和以下三种参与人：公司、知情交易者和流动性交易者（Bhattacharya 和 Krishnan，1999）。

公司：每家公司产生不可观测的盈余 x，$x \in \{x_1, x_2\}$，$x_1 < x_2$。盈余的先验概率 θ 很高是共同知识，$\theta = \Pr(x_2)$。当公司给审计师财务报告初稿时，公司决定是否管

理报告盈余 r，$r\in\{r_1, r_2\}=\{x_1, x_2\}$。审计技术不完美。审计完全证实真实报告初稿，而当财务报告初稿虚报时，其以某一正的概率 π 发现真相，$0.5<\pi<1$（例如，见 Schwartz，1997）。用 R 表示公司报告战略，R：$\{x_1, x_2\}\to\{x_1, x_2\}$。审计技术暗含着 $\Pr[r_i \mid x_i, R(x_i)=x_i]=1$，$\Pr[r_j \mid x_i, R(x_i)=x_i, j\neq i]=0$，$\Pr[r_i \mid x_i, R(x_i)=x_j, j\neq i]=\pi$ 和 $\Pr[r_j \mid x_i, R(x_i)=x_j, j\neq i]=1-\pi$，$i, j=1, 2$。

知情交易者：知情交易者收到有关经济盈余的完美信号 x。因为股票价格不能充分反映他们拥有的信息，他们通过以下方式最大化利润：当他们的信息表明 x_1 时，选择低需求 l^t；当他们的信息表明 x_2 时，选择高需求 h^t。

流动性交易者：一些投资者出于流动性原因买卖股票。他们的交易把噪声引入做市价格，因为可观测的市场需求加总了知情交易者的需求和流动性交易者的需求。用 w 表示市场需求，市场需求低时为 l，市场需求高时为 h，$w\in\{l, h\}$，$l<h$。市场需求是知情交易者需求的噪声信号，即：$\Pr(l \mid l^t)=\Pr(h \mid h^t)=\rho$；$\Pr(l \mid h^t)=\Pr(h \mid l^t)=1-\rho$；$0.5<\rho<1$。

价格中的噪声意味着价格对知情交易者的私有信息不透明。特别地，市场需求是结果的噪声信号，$\Pr(x_1 \mid l)=\Pr(x_2 \mid h)=\rho$，$\Pr(x_1 \mid h)=\Pr(x_2 \mid l)=1-\rho$，$\rho>0.5$。

做市商：价格由拥有股份和现金的做市商确定。文献中的假设是，做市商的目的是获得正常利润，这被假定为 0。因此，他把价格确定为公司的期望价值，其中，期望价值基于所有可得的信息：公司财务报告和市场需求。

我们假定盈余和公司价值的关系由公司特征乘法纯量 η 反映，即公司价值等于 ηx，$\eta=(1+g)(k_s-g)$，$\eta>0$。其中，k_s 是风险调整权益资本成本；g 是盈余增长率。因此，η 是**乘数**。Bartov、Lynn 和 Ronen（1999）与 Kothari（2001）计算得出 η 大多接近于 11，可能取 8 到 20 之间的数字。

变量含义总结如下：

x=经济盈余，$x\in\{x_1, x_2\}$，$x_1<x_2$。

r=公司财务报告，$r\in\{x_1, x_2\}$。

η=短期盈余转换为长期价值的乘数。公司价值等于 ηx。

θ=高盈余的先验概率，$\theta=\Pr(x_2)$。

w=市场需求，$w\in\{l, h\}$，$l<h$。

P=股票价格，$P=\eta E(x \mid r, w)$。

ρ=市场需求正确反映盈余的概率，$\rho=\Pr(x_1 \mid l)=\Pr(x_2 \mid h)$，$1-\rho=\Pr(x_1 \mid h)=\Pr(x_2 \mid l)$，$0.5<\rho<1$。

r=公司报告策略，R：$\{x_1, x_2\}\to\{r_1, r_2\}$。

π=审计发现虚报的概率，$\pi=\Pr[r_i \mid x_i, R(x_i)=x_j, j\neq i]$，$i, j=1, 2$，$0.5<\pi<1$。

时点 1	时点 2	时点 3	时点 4
- 自然选择公司的盈余 - 得到消息的交易者私下收到盈余	股价 P_2 由造市者决定	公司观察其经济盈余并向其审计师提交其财务报告初稿	- 公司公布经审计的财务报告 - 股价 P_4 是确定的

图 8.1　模型的四个阶段

§8.1.1　均衡

我们假设做市商是理性的，这意味着他在观察市场需求和公司报告之后，更新对公司价值的信念。在下文中，我们用 α_{wt} 表示他的先验信念（prior belief），即公司价值 ηx_2，$w=l$，h，$t=2$，4。如果低盈余 x_1 的公司试图以报告 r_2 混同高盈余的公司，则价格体系如下：

$$P_2(w)=\alpha_{w2}\eta(x_2-x_1)+\eta x_1>\eta x_1 \quad (8.1a)$$

$$P_4(r_1, w)=\eta r_1=\eta x_1,\ w=\ell,\ h \quad (8.1b)$$

$$P_4(r_2, w)=\alpha_{w4}\eta(r_2-x_1)+\eta x_1>\eta x_1 \quad (8.1c)$$

其中：

$$\alpha_{l_2}=\frac{(1-\rho)\theta}{(1-\rho)\theta+\rho(1-\theta)};\ \alpha_{h2}=\frac{\rho\theta}{\rho\theta+(1-\rho)(1-\theta)}$$

$$\alpha_{l_4}=\frac{(1-\rho)\theta}{\theta(1-\rho)+(1-\pi)(1-\theta)\rho}\text{且 }\alpha_{h4}=\frac{\rho\theta}{\theta\rho+(1-\pi)(1-\theta)(1-\rho)}>\alpha_{\ell}$$

在第二阶段，给定市场需求，价格等于公司期望价值。相对于第二阶段，第四阶段报告让做市商更好地估计公司价值。第四阶段价格体系支持最大化策略动机，因为报告 r_2 的价格高于 r_1 的价格。由于报告 r_2 是否真实不确定，r_2 的价格折价。既然最优报告策略是最大化，则低盈余的报告 r_1 揭示了真相，因为对这种报告，唯一似乎合理的解释是审计发现管理盈余的企图。

盈余管理显然是有害的。它扭曲了价格体系，因为真正盈利 x_2 的公司的价格被折价，而盈利 x_1 且虚报成功的公司的价格被夸大。

举一个数学例子来解释我们的观点。

例 1：假定 $x_1=10\ 000$，$x_2=20\ 000$，$\theta=0.5$，$\pi=0.75$，$\rho=0.8$ 和 $\eta=10$。那么，$P_2(l)=120\ 000$，$P_2(h)=180\ 000$，$P_4(r_1, l)=P_4(r_1, h)=100\ 000$，$P_4(r_2, l)=150\ 000$ 和 $P_4(r_2, h)=194\ 118$。第四阶段与报告 r_2 有关的价格低于 200 000，但超过 100 000。注意第四阶段低（高）盈余报告引发价格下降（上升），这表明盈余管理最大化策略是最优的。因此，第四阶段对高盈余报告的价格低估了公司价值。

§8.1.2　盈余反应系数

盈余反应系数（ERC）是回报对非预期盈余的回归中的非预期盈余的系数：

$$\frac{P_4-P_2}{P_2}=A+\text{ERC}*\frac{r-Er}{P_2}+\text{noise} \tag{8.2}$$

其中：A 是常数项；($r-Er$) 是非预期盈余。预期盈余 Er 是在第二阶段信息可得的条件下，预期的第四阶段报告。如果公司报告低（高）盈余 r_1（r_2），则非预期盈余为负（正）。

根据 Christie（1987），非预期盈余被期初价格 P_2 除。这个平减指数还有一个优点，就是总为正。我们注意到一些研究克服了盈余的计量误差问题，即通过使用反函数。其中，回报是自变量，盈余是因变量。逆回归的 R^2 度量了**盈余及时性**（*timeliness of earnings*）（见 Basu，1997；Engel、Hayes 和 Wang，2003）。

在数学上，等式（8.2）表明 ERC 也是第四阶段价格对报告 r 的导数，$\text{ERC}=\frac{\partial P_4}{\partial r}$。因此，得到下面一系列 ERC：

$$\text{ERC}(r_1,l)=\eta \tag{8.3a}$$

$$\text{ERC}(r_1,h)=\eta \tag{8.3b}$$

$$\text{ERC}(r_2,\ell)=\alpha_{l4}\eta<\alpha_{h4}\eta<\eta \tag{8.3c}$$

$$\text{ERC}(r_4,h)=\alpha_{h4}\eta \tag{8.3d}$$

注意当报告没有被操纵时，ERC 度量报告 r 的价值效应，与盈余 x 的价值效应一致，即 $\text{ERC}=\eta$（即等式（8.3a）和等式（8.3b））。盈余管理降低了 ERC，因为报告 r_2 怀疑被操纵。因此，报告高盈余的 ERC 小于报告低盈余的 ERC。

因为报告 r_1 是揭示真相，所以市场需求信号是冗余的。因此，ERC 不受附加信号影响。相反，由于市场通过考虑市场需求信号来补偿高报告盈余中的盈余管理，高报告盈余的 ERC 对市场需求非常敏感。特别地，支持高盈余的高需求产生更高的 ERC。因此，对市场需求的每一个水平，高盈余的 ERC 大于低盈余的 ERC。

关于盈余管理对 ERC 的影响已有多项研究（Sankar，1999；Gigler 和 Hemmer，2001；Fischer 和 Stocken，2004；Bagnoli 和 Watts，2005；Crocker 和 Huddart，2006）。大多数学者注意到盈余管理可能降低 ERC（并解释盈余与市场反应之间的非线性关系）。Fischer 和 Stocken（2004）例外，他们研究投机商的私人信息对盈余管理强度的影响及其对价格的作用。研究发现盈余管理降低了盈余的质量。尽管如此，由于某些参数，盈余管理增加了 ERC，因为它产生了更大的非预期盈余。

举一个数学例子来解释我们的观点。

例 2：用例 1 中同样的参数进行分析，$\text{ERC}(r_1,l)=\text{ERC}(r_1,h)=10$，$\text{ERC}(r_2,l)=5.0$，$\text{ERC}(r_2,h)=9.41$。如果公司报告真相，则 $\text{ERC}(r,w)$ 对每一种市场需求和报告的组合将是 10。

因盈余管理使 ERC 折价的经验证据有很多，例如，DeFond 和 Park（2001），Cohen、Dey 和 Lys（2005a）。折价影响的间接证据有 Lougee 和 Marquardt（2004），Marquardt 和 Wiedman（2004b）。他们发现当非预期盈余为正时，备考盈利数字有非常大的信息含量。

如果 r_2 是盈利，r_1 是亏损，我们的观点看起来与 Hayn（1995）不一致。她发现市场对正的盈余的反应比对损失的反应大。Hayn 这样解释她的结论：

> 损失可能被认为是短暂的，因为股东总能清算公司，而不是遭受无尽的损失。换句话说，股权持有者有对公司未来现金流的看跌期权，因此他们可以按与公司净资产的市场价值相当的价格卖出股票。

Subramanyam 和 Wild（1996）确证了放弃期权，研究表明盈余信息含量与代表公司将被终止可能性的各种特征呈负相关关系。我们的结果不同于此，因为我们没有随报告盈余改变价值乘数 η，显然这是个不切实际的假设。

近年发生的一个非常令人费解的现象是：随着时间的推移，ERC 降低了（见 Lang，1991；Sinha 和 Watts，2001；Kothari，2001；Ryan 和 Zarowin，2003；Dontoh、Radhkrishnan 和 Ronen，2004）。这一结果被解释为会计价值相关性的降低。但也有其他解释，如盈余管理被市场认知且折价。该观点意味着随着时间的推移，盈余管理水平提高了。尽管如此，经验证据是相互矛盾的。Cohen、Dey 和 Lys（2005a）发现盈余管理在 1987 至 2001 年间增加，但其他研究表明操控性支出已经降低（见 Lang，1991 及其引用）。

其他解释为价格的噪声（如 Dontoh、Radhakrishnan 和 Ronen，2004）或价值相关性的可替代来源的丰富度随着时间推移而增加（如 Lang 和 Lundholm，1993；Ryan 和 Zarowin，2003）。价格噪声的增加被解释为中小投资者及其他交易者进行交易的交易成本降低，他们的交易决策可能不是靠公司基本价值信息。

到目前为止，我们详述了最大化。但有时资本市场诱使“洗大澡”——最小化的一种极端情形——或促使稳健的报告策略（只有坏消息被充分确认）。在一次性博弈中没有这种情况。但在重复性博弈中，这种最小化可能是最优的，因为今天不报告的盈余可以加到明天报告的盈余中（Benabou 和 Laroque，1992；Kirschenheiter 和 Melumad，2000；Yaari，2005；Ewert 和 Wagenhofer，2005）。

Benabou 和 Laroque（1992）论证了当管理者想从事可获利的内部人交易时，对市场的信息发布诱使他增加市场对公司价值的错误认知。如果市场高估公司价值，则管理者更好夸大报告并以夸大的价格卖出股票；如果市场低估公司价值，则管理者更好最小化并以较低的价格买进股票。

重复合作的关系对最小化策略非常重要，Ewert 和 Wagenhofer（2005）证明了这一点，这将 Fischer 和 Verrecchia（2000）的一次性博弈扩展为两时期模型（在 Fischer 和 Verrecchia 的文章里，最小化由自然任意决定）。模型中，公司股票在市场上交易且投资者为风险中立者。公司终值 $\tilde{x}$ 是正态分布随机变量，均值为 $\bar{x}$，$\bar{x}>0$，方差为 σ_x^2。博弈最初价格 P_0 等于期望均值 $\bar{x}$。会计体系给公司价值 $\tilde{x}$ 带来了噪声信号 $\underline{y_t}$，即 $y_t=\tilde{x}+\tilde{\varepsilon}_t$，其中，$\tilde{\varepsilon}$ 是独立的白噪声变量。只有公司管理者观测已实现的会计信号，且公司发布报告 m_t。如果管理者进行表面的盈余管理，则报告偏离真相程度为 b_A。如果管理者进行真实的盈余管理，则报告偏离真相程度为 b_R。两种类型的区别在于尽管这两种都在第二期反转，会计操纵没有成本，但真实盈余管理是有成本的。为了得到内点解，作者假定真实盈余管理按第一期偏离程度平方的一定比例降低第二期盈余，即 $c(b_R^2)$ /2，其中，c 是成本参数。管理的报告为：

$$m_1 = x+\tilde{\varepsilon}_1+b_A+b_R \tag{8.4a}$$

且

$$m_2 = x+\tilde{\varepsilon}_2-b_A-b_R-c\ (b_R{}^2)\ /2 \tag{8.4b}$$

读者可能想知道为什么真实盈余管理反转。Ewert 和 Wagenhofer 假定真实平滑关心交易的时机，而不是失去的机会不能补偿。因为他们的研究表明监管使盈余管理的类型不断转换，而这一假定增强了两种类型的可比较性。

与 Sankar 和 Subramanyam（2001）类似，管理者薪酬取决于盈余和公司的股票价格。这一确切形式被假定为报告和第一期价格扣除进行两种盈余管理负效用的线性函数：

$$U = sm_1+m_2+pP_1\ (m_1)\ -r\ (b_A{}^2)\ /2-\ (b_R{}^2)\ /2 \tag{8.4c}$$

其中：s 是管理者效用函数中 m_1 相对于 m_2 的权重，$s>0$；p 是管理者支付中第一期价格的权重；r 是表示监管影响的参数。例如对通过会计处理而非真实交易进行盈余管理的相对成本，《萨班斯—奥克斯利法案》的影响如何（也就是说，最后两项分别表示管理者进行表面盈余管理和真实盈余管理的负效用）。

第一期期末价格是报告的线性函数：

$$P_1\ (m_1)\ = \alpha+\beta m_1 \tag{8.4d}$$

这里盈余管理不是中立的，因为市场不知道权重 p。市场意识到 p 来自正态分布。第一期信号和价格权重 p 的不同组合，可以得到相同的第一期报告。

既然公司公布盈余且盈余影响股价，则均衡是一个斯塔伯格博弈，其中领导者是公司，跟随者是市场。给定管理者对价格的推测 $\hat{p}_1 = \alpha+\hat{\beta}m_1$，管理者目标函数对盈余管理变量的一阶条件如下：

$$\frac{\partial U}{\partial b_A} = s-1+p\hat{\beta}-rb_A = 0$$

$$\frac{\partial U}{\partial b_A} = s-1-cb_R+p\hat{\beta}-b_R = 0 \tag{8.4e}$$

因此：

$$b_A = \frac{s-1+p\hat{\beta}}{r} \tag{8.4f}$$

$$b_R = \frac{s-1+p\hat{\beta}}{c+1} \tag{8.4g}$$

注意如果 $r=1$，表面的平滑优于有成本的真实盈余管理。因此通过设计薪酬函数降低 s，所有者将促使真实盈余管理水平更低。这样，如果 $s+p\hat{\beta}<1$，则公司可能在第一期缩小报告。

Kirschenheiter 和 Melumad（2000）发现当经济盈余适于平滑时其会“洗大澡”，因为它是为了未来报告储藏会计盈余的一种方式（详见第 7 章）。

总的来说，资本市场是罪犯，因为它引诱盈余管理而不是惩罚盈余管理。Fischer 和 Stocken（2004）注意到知情交易者扮演的角色，他们想获得投机收益（尽管他们也把资本市场描绘成盈余管理的驱动力）。特别地，如果这些投机者得到关于公司盈余管理的私人信息，则公司作出的反应是更多地管理盈余。但如果这些投机者有关于公司经济价值的更优信息，则他们可以降低盈余管理的范围，因为他们的交易影响了做市商确定股价。价格作为价值的信号越有效，对公司来说盈余管理用处就越小。

§8.2　公司治理

为了阐释公司治理在盈余管理中的作用，首先扩展前一部分的模型，增加股东和高级管理层之间的委托-代理关系。

为了清楚明确，我们继续分析前一部分研究的情形。图 8.2 总结了委托-代理模型的五个阶段：

时点 1	时点 2	时点 3	时点 4	时点 5
所有者设计经理人的合约 C	- 经理人选择不可观察的行为 a - 市场出现造市者决定价格	不可观察的真实盈余 x 实现了沟通	- 经理人观察结果并与审计师沟通 - 公司公布经审计的报告 - 经理人获得报酬	- 公司清算 - 所有者净清算股利

图 8.2　委托-代理模型的时间表

图 8.2 中描述的是委托-代理关系。在第一阶段，股东设计契约并与管理者签订契约。在第二阶段，管理者在生产和投资决策方面付出不可观测的努力，努力水平与自然状况一起决定真实盈余。第三阶段实现结果。考虑到盈余管理，我们假定只有管理者能观测真实盈余。第四阶段公司报告结果，按第一阶段的契约支付管理者薪酬。第五阶段所有者得到清算股利。

我们把努力水平加到模型中，假定管理者在绩差的努力水平 a_p 和绩优的努力水平 a_g 之间选择，$a\in\{a_p, a_g\}$，其中，$a_p<a_g$。用 θ_a 表示在努力水平 a 条件下，结果是 x_2 的概率，$\theta_a=\Pr[x=x_2 \mid a]$。如果管理者付出 a_g，则期望结果更高，因为当管理者付出绩优的努力水平时，θ_a 更高，即 $\theta_g>\theta_p$。管理者是风险规避者且厌恶工作，薪酬和努力水平之间的偏好是可分离的：关于薪酬的冯·纽曼-摩根斯坦效用函数为 U，关于努力水平的严格凸的负效用函数为 V，即 $U(C, a_g)=U(C)-U(a_g)$。股东是风险中立者，他们愿意支付更多以促使管理者付出绩优的努力水平。

所有者设计契约以解决以下问题：

$$
\begin{aligned}
&\min_{C} E\,[C\,(.)]\\
&\text{s. t.}\\
&E\,[W\,(C\,(.))]-V\,(a_g)\geqslant W_0 \qquad (PC)\\
&a_g\in \operatorname{argmax}\ E\,[W\,(C)]-V\,(a_g) \qquad (IC)\\
&a\in \{a_p,\ a_g\}
\end{aligned}
$$

既然最优努力水平是唯一的，则所有者可通过最小化管理者的期望份额 $E\,[C]$ 最大化价值。契约必须保证管理者的保留效用水平（PC），这里如果管理者管理盈余：

$$
\begin{aligned}
E\,[W\,(C\,(.))\mid a_g] =&[\rho\theta_g+(1-\pi)(1-\rho)(1-\theta_g)]\,W\,(C\,(P\,(r_2,\ h,\ a_g)))+\\
&[(1-\rho)\,\theta_g+(1-\pi)\,\rho\,(1-\theta_g)]\,W\,(C\,(P\,(r_2,\ \ell,\ a_g)))+\\
&\pi\,(1-\theta_g)\,W\,(C\,(P\,(r_1))) \qquad (8.5)
\end{aligned}
$$

契约也应通过确保管理者的期望效用至少等于付出绩差的努力水平所得到的，给管理者提供动力去付出绩优的努力水平（IC）。

$$
\begin{aligned}
E\,[W\,(C\,(.))\mid a_g]-E\,[W\,(C\,(.))\mid a_p] =&(\theta_g-\theta_p)\,\{QW\,(C\,(P\,(r_2,\ h,\ a_g)))+\\
&[\pi-Q]\,W\,(C\,(P\,(r_2,\ \ell,\ a_g)))-\\
&\pi W\,(C\,(P\,(r_1)))\} \qquad (8.6)
\end{aligned}
$$

其中：

$Q=\rho-(1-\pi)(1-\rho)$；$\pi-Q=.1-\rho-(1-\pi)\,\rho$

当报告是 r_1 时，契约独立于价格。这是 Holmström（1979）的信息含量标准（informativeness criterion）的一个特例。低结果的报告充分揭示了实际的结果 r^{-1}（$r=x_1$）$=x_1$，减少了对混淆实际结果信号的其他信息的需求。

这种盈余管理也是有害的，因为它增加契约成本和降低股东价值。为了明白这一点，将说真话的一阶条件（FOC）与盈余管理的 FOC 进行比较。用 λ 和 μ 分别表示（PC）和（IC）的拉格朗日乘数。FOC 结果如下：

$$\frac{1}{U'\,(C\,(r_1))}=\lambda-\mu\frac{\theta_g-\theta_P}{1-\theta_g} \qquad (8.7a)$$

$$\frac{1}{U'\,(C\,(r_2,\ \ell))}=\lambda+\mu\frac{(\theta_g-\theta_P)\,[\pi-Q]}{\theta_g\,(1-\rho)+(1-\pi)(1-\theta_g)\,\rho} \qquad (8.7b)$$

$$\frac{1}{U'\,(C\,(r_2,\ h))}=\lambda+\mu\frac{(\theta_g-\theta_P)\ Q}{\theta_g\rho+(1-\pi)(1-\theta_g)(1-\rho)} \qquad (8.7c)$$

很容易比较盈余管理下的契约与说真话下的契约，因为说真话均衡从数学角度看是完美审计技术，$\pi=1$ 的情形。在说真话中，一阶条件是：

$$\frac{1}{U'\,(C\,(r_2,\ \ell))}=\frac{1}{U'\,(C\,(r_2,\ h))}=\lambda+\mu\frac{\theta_g-\theta_P}{\theta_g}>\frac{1}{U'\,(C\,(r_1))} \qquad (8.7d)$$

股东不需要用市场需求的附加信号去消除那些管理报告中的噪声。既然对于说真话来说，由盈余管理契约决定的支付计划是可行的，那么没选择盈余管理契约的事实说明它对股东来说成本太高。

举一个数学例子来解释我们的观点。

例 3：假定管理者有一个常数相对风险规避系数效用函数 $U(z) = Z^{1/2}$，他对绩优的努力水平和绩差的努力水平的负效用分别为 0.75 和 0，且他的保留效用是 9.25。对绩优的努力水平，x_2 的概率是 0.50；对绩差的努力水平，x_2 的概率是 0.25。其他参数与例 1 和例 2 相同。

盈余管理下的最优契约是：$C(r_1) = 62$，$C(r_2, l) = 100$，$C(r_2, h) = 141$，期望成本是 103。股东的支付是 149 897。

说真话下的最优契约是：$C(r_1) = 72$，$C(r_2, l) = C(r_2, h) = 132$，期望成本是 102。股东的支付是 149 898。

如果契约没有促使绩优的努力水平，则 $C(r_1) = C(r_2, l) = C(r_2, h) = 100$，期望成本是 100，而股东的支付是 124 900 < 149 897。

这个例子表明盈余管理对委托人来说是有成本的，但相对期望结果而言，成本几乎可以忽略。然而，盈余管理是有害的，因为它扭曲市场价格和降低股东的价值。那么，为什么委托人不采取措施遏制它呢？已有文献给出三个答案：盈余管理替代物的成本太高；给定契约环境中的其他摩擦，盈余管理是有益的；自利委托人更喜欢盈余管理（Dye，1988；Evans 和 Sridhar，1996；Dutta 和 Gigler，2002；Demski、Frimor 和 Sappington，2004；Gao，2006；Goldman 和 Slezak，2006；Ronen、Tzur 和 Yaari，2006；Goel 和 Thakor，2007；Hermalin 和 Weisbach，2007）。

一些研究（Dye，1988；Evans 和 Sridhar，1996；Crocker 和 Slemrod，2006；Goldman 和 Slezak，2006）中，唯一可替代基于管理报告的契约设计的方法是，支付代理人稳定的工资，而这又遏制了管理者付出努力的积极性。这一替代方法对委托人来说是有成本的。由于报告策略对真实报告与管理报告之间的差异大小设置了限制，管理报告是有信息的（关于代理人的努力水平）。既然如此，盈余管理契约优于促使说真话的契约。阻止盈余管理可能代价较高，因为它把代理人（Demski、Frimor 和 Sappington，2004）或董事会（Gao，2006）的努力从生产活动转移出去。因此，在次优世界（结果是不能无代价的观测）里，盈余管理是最优的。根据 Dutta 和 Gigler（2002），盈余管理是有益的。面对不确定性，管理者发布预测盈余的成本较高，当盈余管理降低这一成本时，盈余管理就有益。管理盈余允许管理者在不利条件下实现预测盈余。在 Tzur 和 Yaari（2006）中，我们研究了公司是一个股东与董事会之间、董事会与管理层之间委托-代理关系的层级组织。设计管理层激励的委托人是董事会。对董事会来说，阻止盈余管理成本较高，因为董事会希望避免与管理层发生冲突。但中性的盈余管理仍是可行的，因为当报告被管理时，董事会可以用管理者的薪酬进行信号传递。我们研究表明知情的董事会鼓励有害的盈余管理，因为这样他们可以获得内部人交易利得。

到现在为止，我们主要关注最大化。最大化大多是单期现象，但管理者通常有多年激励契约。Healy（1985）观察到最小化对某些经济盈余也是合乎逻辑的。如果一份夸大的报告没有增加管理者的报酬（由于业绩高于最高限值或低于最低限值），那么为了储藏盈余以备未来使用，有效的策略是缩小报告盈余。Demski 和 Frimor（1999）发现当契约可重新谈判时，最优报告策略是发布混淆的报告。高信息含量的报告降低了管理者重新谈判契约的优势。另外，因为双方对总支付都有兴趣，只要总支付保持不变，两时期的任一部分支付都无关紧要（根据第 2 章盈余管理的定义，盈余管理是中性的。也参见 Rick Lambert，1999 的评论）。Christensen、Demski 和 Frimor（2002）研究了在重新谈判的两时期模型中，委托人选择的会计体系对代理人的均衡努力水平选择的影响，具体分五种情况研究：说真话、合并报告（代理人在第二期期末时报告一次）、稳健报告（考虑在第一期说真话或最小化策略，然后在第二期反转）、激进报告（考虑在第一期说真话或最大化策略，然后在第二期反转）和同时考虑稳健策略与激进策略的自由体系。他们的结果看起来确证了 Demski 和 Frimor（1999），既然会计体系允许合并策略占优其他策略。Gao（2006）推导出最大化和最小化的条件。她研究了一个管理者能进入完美资本市场的两时期模型。由于第一期结果和第二期结果的相关关系，两时期契约不是基于两个时期的总支付。也就是说，第一期报告含有对第二期薪酬有价值的契约信息。Gao 研究表明在董事会更愿意把努力从监督转移到生产活动的情形中存在均衡，这就允许管理者去管理盈余。每一期的线性契约有一个不同的斜率（命题 2），这导致财富最大化的管理者跨期转移报告盈余。当第二期边际报酬高于第一期边际报酬时，最小化发生。

我们用以下评论结束本部分。首先，到目前为止，我们以单个公司为对象分析盈余管理。Murphy（1999）和其他学者指出，奖金通常是以相对业绩为基础的，其基准是本行业其他公司的业绩。因此，相对业绩评价提供了新的管理盈余动机。Bagnoli 和 Watts（2000）证实相对业绩诱使每个公司看起来做得比其他公司好。那么，均衡中每一家公司都是最大化者。Nagar 和 Petacchi（2005）求解了在国家层面上的最优盈余管理。越多公司实行盈余管理，单个公司的收益就越小，实行盈余管理的可能性也越低。

其次，我们探讨的主要是无成本、后结果（post-outcome）、公开信号（市场需求）的委托-代理博弈。我们注意到委托-代理文献检验了当代理人也拥有私人的前决策（pre-decision）信息时的最优契约（见 Baiman 和 Evans，1983；Demski，1994；Gigler 和 Hemmer，2001；Lambert，2001；Ronen 和 Yaari，2001；Christensen 和 Feltham，2005）。

§8.3　竞争环境

给定产品市场上信息的专有性价值，公司有很多理由去管理盈余。例如在

Fischer 和 Verrecchia (2003) 中，当公司根据它所披露的（而不是根据真相）对生产作出保证时，披露比古诺竞争中真相更好的消息，优于说真话。这种情况是众所周知的博弈理论现象“弱者的暴政”（tyranny of the weak）的又一个例子。伪装非理性者迫使其他理性参与人适应他们的行为，以至于伪装者的支付大于他们表现理性时的支付。

我们再举一个例子，这涉及一垂直行业中的两个寡头。上游公司以单位成本 $\tilde{c}$ 生产半成品，其中，$\tilde{c}$ 是均值为 $\bar{c}$、方差为 s^2 的随机变量，取值区间为 $[\underline{c},\ \bar{c}]$。只有上游公司知道单位成本，并在它与下游公司谈判前，（通过财务报告）向下游公司披露成本。

两公司间的契约确定数量为 q 和半成品单位价格为 p_w。下游公司在观测最终需求并在自己的财务报告中向上游公司披露该信息后，购买半成品。最终反需求函数为 $\tilde{p}=\tilde{a}-q$，$\tilde{a}\in[\underline{a},\ \bar{a}]$，其中，$\tilde{p}$ 是面向消费者的价格，q 是销售数量。不失一般性地，假定每一单位半成品转换成一个单位的最终产品。

既然每个公司能使自己的报告有偏差，我们用 b_j 表示偏差，$j=u$，d，其中，u 代表上游公司，d 代表下游公司。上游公司的信息是 $(c+b_u)$，下游公司的信息是 $(a+b_d)$。如果 $b_j=0$，得到说真话；如果 $b_j>0$，得到最大化；如果 $b_j<0$，得到最小化。

时点 1	时点 2	时点 3	时点 4
各家公司都知道了自己不确定的参数。上游公司知道其单位成本 $\tilde{c}$，下游公司知道需求量 $\tilde{a}$	各家公司都根据自己对未来业绩的估计编制会计报告。该报告可能包含了偏差 b_j, $j=u,d$	上游及下游公司设定价格 p_w 和中间产品的数量 q	公司实现其利润

图 8.3　我们的模型的四个阶段总结

每家公司的盈余管理策略将是什么？为了让这种情况更有意思，假定两家公司有无限期界关系，以至于如果公司报告某些变量，它们要按照这些变量做。如果不符合，报告的接收者通过从此以后忽视信息来惩罚任一对报告一致策略的偏离。也就是说，第一阶段财务报告是对某一活动水平的承诺机制。

下游公司根据最大化 $\pi_d=(p-p_w)\,q=(a+b_d-q-p_w)\,q$ 来选择数量。后面的表达式是通过替代最终产品价格得到的（给定有偏报告），$p=a+b_d-q$。对 q 求一阶条件得 $q=\dfrac{a+b_d-p_w}{2}$。上游公司最大化其利润，$\pi_u=(p_w-c-b_u)\,q=[p_w-c-b_u]\,\dfrac{a+b_d-p_w}{2}$。对 p_w 求一阶条件得 $p_w=\dfrac{a+c+b_d+b_u}{2}$。

两家公司的报告利润是它们有偏报告的函数：

$$\pi_{\mathrm{d}}=2\left[\frac{a-c}{4}+\frac{b_{\mathrm{d}}-b_{\mathrm{u}}}{4}\right]^2 \tag{8.8a}$$

$$\pi_{\mathrm{u}}=2\left[\frac{a-c}{4}+\frac{b_{\mathrm{d}}-b_{\mathrm{u}}}{4}\right]^2 \tag{8.8b}$$

利润函数表明如果上游公司缩减成本且上游公司夸大需求，那么报告的单位利润下降，但销售数量和每家公司的利润增加。当一家公司考虑不存在盈余管理的均衡时，直觉是明显的。如 Tirole（1988）和其他学者研究表明，当每一家公司是最大化利润的垄断者时，行业产出和收入低于（行业）最优水平。因此，扩张性的盈余管理策略增加总报告利润。通过缩减（夸大）报告的单位成本（需求），上游（下游）公司卖（买和卖给消费者）得更多。我们留给读者一个练习，即找出管理报告盈余的现金流量效应。

似乎有很多机会描述产品市场中的竞争如何诱发盈余管理。我们希望看到未来有更多这方面的研究。

§8.4　监管

§8.4.1　当公司管理盈余时自愿披露对 ERC 的影响

本部分我们分析盈余管理如何影响监管的价值。特别地，我们研究在促使公司诚实自愿披露方面，盈余管理对《证券交易法》10b-5 规则的影响。

1934 年，《证券交易法》10b-5 规则规定：

> 任何个人，直接或间接进行以下三种行为都是非法的：
>
> （a）采用任何手段、图谋或伎俩进行欺诈。
>
> （b）对某重大事实做任何虚假的陈述，或不就某重大事实做必要说明以使其所为陈述在当时情况下不具有误导性。
>
> （c）参与任何与证券买卖相关、会或将会欺诈或欺骗他人的行动、操作或举措。

该规则在投资者集团诉讼中起着重要的作用，因为它允许投资者以他们支付（或卖出）的价格偏离正确价格造成损失为由提出诉讼。大多数案例涉及最大化方式的盈余管理，但近年诉讼也涉及其他盈余管理策略。普通法表明未能纠正以往披露也要受该规则约束 。这里我们将关注一次性博弈中的虚报。综合考虑虚报和漏报的分析，参见 Ronen 和 Yaari（2002）。

§8.4.2　分析性模型

考虑前面部分研究的委托-代理博弈，并做如下修正：首先，每家公司观测

到私人信号 s，$s \in \{u, f\}$，s 暗示经济盈余 x，$x \in \{x_1, x_2\}$，$x_1 < x_2$。s 表示：u 代表“不利的”——坏消息；f 代表“有利的”——好消息。信号有利时的期望经济盈余高于信号不利时的期望经济盈余。用 θ^s 表示在信号 s 条件下 x_2 的概率，$\theta^s = \Pr[x = x_2 \mid s]$，我们假定 $\theta^f > \theta^u$。有利信号的先验概率 γ 是共同知识，$\gamma = \text{Prob}[s = f]$。因此，每个公司做两个决策：第二阶段是否自愿披露 s、m，$s \in \{u, f\}$；是否在财务报告 r 中管理盈余，$r \in \{r_1, r_2\} = \{x_1, x_2\}$。这里没有一个披露必须是真实的。

其次，两种类型公司有不同的占优（如 Hart，1995）：公司中一部分 δ 最大化期望盈余 $E(x)$，而 $(1-\delta)$ 最大化期望价格 P。接下来，我们将第一种类型称做 VM，第二种为 PM。我们假定市场不能区分两种类型。

10b-5 规则的运用是以自愿披露带来的预期与之后的报告盈余和价格之间的比较为基础的。给定投资者信息也包括市场需求信号，下面的例子似乎有理：

表 8.1 运用“市场上的信息”原则。该原则的前提是市场是理性的，因为价格正确反映了所有有效的信息。特别地，需求高时的市场价格高于需求低时的价格，因为高市场需求表明报告 $r = x_2$ 的高可能性，而低需求与报告 $r = x_1$ 相关。如果公司报告有利的（不利的）信息且市场需求低（高），则法庭将认为市场当然提前知道报告将为低（高）的真相。对市场来说，信息的唯一来源是公司自身（及其代理人），自愿披露和市场需求相互矛盾的信号被法庭看做是市场接收信息，这些信息让公司改正因误导性自愿披露引起的潜在虚报。

表 8.1　　不同价格和披露下 10b-5 规则复原程度

公司披露 (m)	价格 (P)	报告更好的成果 ($r = x_2$)	报告更差的结果 ($r = x_1$)
有利的消息	P_2 (f, h)	0^1	买方要求 D^f
有利的消息	P_2 (f, l)	0^1	0^2
不利的消息	P_2 (u, h)	0^2	0^1
不利的消息	P_2 (u, l)	卖方要求 D^U	0^1
不披露	P_2 (ϕ, w)，$w = l$，h	0^3	0^3

[1] 规则 10b-5 没有被引用，因为报告与披露一致。

[2] 规则 10b-5 无法被引用，因为相互冲突的市场需求信号意味着“市场存在信息”。

[3] 规则 10b-5 无法被引用，因为披露信息不是出于积极的披露责任。

§8.4.3　盈余管理对 10b-5 规则价值的影响

我们关注披露的可验证性，如果披露事后可验证，则大量机制可用于产生真实的披露，如法庭中的可执行性。另外，通过将不披露看做掩盖坏消息，市场能促使真实披露。因此，公司最好披露信息，这是真实的，因为披露是可验证的。既然这样，10b-5 规则只是多个引出真相的可行机制中的一种，因此没有边际价值。

如果披露不可验证，则均衡取决于所有者促使管理者披露真相的动机。如果公司不管理盈余，则管理者向所有者披露的私人信息没有契约价值（Holmström，1979），因为它是真实报告结果的噪声信号 s。显然，在这种情况下，10b-5 规则是多余的。一些公司不关心披露，可能自愿披露私有信号。如果它们这么做，则它们将披露真相，因为它们没有动机去虚报。

数学证明当公司管理盈余时，市场需求信号和自愿披露信号都是有价值的，因为它们降低了期望契约成本。因此，VM 公司将披露真相。在均衡中，PM 公司通过披露好消息与 VM 公司混同。这一均衡伴随市场价格的扭曲，因为好消息公司的价格被低估了。问题是 10b-5 规则是否能改进均衡？

我们的回答是否定的。要改进均衡，需要制止 PM 公司错误披露。然而，从与 VM 公司混同以及基于 10b-5 规则的集团诉讼可行性中，PM 股东可以获益。因为他们卖出股份，如果价格降低，则他们有权诉讼。如果价格被夸大，则他们不需要吐出超额收益，因为诉讼中的被告是公司及其董事会和高管，不是股东。他们股份的买家不会折价去对价格降低的可能性负责，因为他们也能起诉公司。唯一可能的变化是现任股东的成本可能威慑 VM 公司披露。在这种情况下，监管实际上抑制了一个有价值的机制，该机制作为公司价值的信号，能降低盈余管理对财务报告质量的影响（更多分析，参见 Ronen 和 Yaari，2002；Ronen、Ronen 和 Yaari，2003）。

最后，注意本部分的分析是基于委托-代理模型，其伴随着私人信息的自愿披露。作为一个研究话题，自愿披露已引起大量关注，包括理论上（Verrecchia，2001；Dye，2001）和实证上（King、Pownall 和 Waymire，1990；Healy 和 Palepu，2001；Core，2001）。盈余管理附带披露的话题有几个方面。正如刚讨论的，研究（Fischer 和 Verrecchia，2000；Dutta 和 Gigler，2002；Ronen、Ronen 和 Yaari，2003）表明披露减小了盈余管理的有害范围。事实上，在某些情况下，披露能全面消除它，因为市场可以比较两种信号，如果信号不一致，市场会处罚公司或管理者。

§8.4.4　监管对盈余管理的影响

在一些研究中，监管决定盈余管理现象的制度背景。有时，监管是显示原理不适用的原因（Ronen 和 Yaari，1993）。例如，显示原理要求代理人秘密发送信号给委托人（Myerson，1979，1991）。但在某些情况下，这会违反内部人交易规定，该规定阻止交易者在交易时收到私人信息（见第 3 章）。

其他研究建立了监管与盈余管理之间的直接联系。Dye（2002）通过将公司类型模型化为连续的随机变量，检验了这一问题。这里会计管制认定分界点，使得所有高值类型的会计处理不同于应用于所有低值类型的会计处理，且每个公司更愿意看起来属于高值类型。通过假定公司花费大量资源以使自己看起来更好，盈余管理也被考虑进来。因为这些成本是共同知识，报告的读者可以区分官方的监管分界点与实际使用的分界点，后者更低一些。Dye 的研究探讨了这些分界点之间的关系。他发现由于盈余管理的成本与真实和实际分类之间的差异成比例，两种临界值是不独立的。也就是说，监管者不能都选择，即选择一个限定了选择另一个。而且，如果操纵成本低，所有公司试图报告好像他们的类型超过监管临界值的样子。

在 Ewert 和 Wagenhofer（2005）中，监管决定管理盈余的成本。如果监管者通过会计处理增加管理盈余的成本，公司可能用表面盈余管理策略代替消耗现金流的真实平滑。

Nagar 和 Petacchi（2005）研究了盈余管理和经济监管之间的联系，即公司管理盈余的比例及其对资本市场的影响，在不同经济环境下是不一样的。他们发现管理盈余的公司数量越多，监管者在惩罚它们时面临的困难就越多，但他们认为表面盈余管理的回报也会下降。结果，不同经济环境的盈余管理随监管环境变化而变化。

Goldman 和 Slezak（2006）把监管看做通过处罚那些被抓的管理盈余公司来表达。如果处罚非常大，则监管者将促使真实的报告。如果处罚不大，则监管可能增加盈余管理（或降低公司价值）。更强的动机诱使管理者付出更多努力，但也促使他加强管理盈余。这需要权衡，因为更高努力水平增加期望公司价值，而盈余管理降低公司价值，因为它消耗经济资源。

近期研究检验了《萨班斯—奥克斯利法案》的某些条款对盈余管理的影响。例如，Friebel 和 Guriev（2005）讨论了举报人制度对中级管理层与高级管理层共谋管理盈余的影响。由于举报人制度增加了内部举报人的数量，而上级管理层不得不贿赂内部举报人以忽略盈余管理尝试，所以盈余管理收益下降。SOX 使审计师更仔细监督盈余管理，说明 SOX 在降低盈余管理方面是有效的。Goldman 和 Slezak（2006）描述了 SOX 下审计师加强监督对审计服务的影响，这减少了盈余管理，但也降低了公司价值。

§8.5 小结

我们用一个数学例子总结第三部分，该例说明不同的报告策略如何得出不同系列的报告盈余。该例考虑了四个时期的情况，总经济盈余和会计盈余在第四期期末必须相等。因此，平均报告在不同类别间是相同的，但当公司平滑时，报告的波动性为零。由于该例考虑了盈余增长率，因此最小化策略会得出最高波动性，且这一波动性超过真实报告序列的波动性（见表 8.2）。

表 8.2　**总表**

年份	经济盈余 (1)	说真话 (2)	洗大澡 (3)	最小化 (4)	最大化 (5)	平滑 (6)
1	$ 1 370	$ 1 370	(200)	$ 1 233	$ 1 507	$ 7 000
2	3 940	3 940	?	3 546	4 334	7 000
3	15 690	15 690	?	16 221	15 159	7 000
合计	$ 21 000	$ 21 000	$ 21 000	$ 21 000	$ 21 000	$ 21 000
平均	$ 7 000	$ 7 000	$ 7 000	$ 7 000	$ 7 000	$ 7 000
(差异)	(2 776)	(2 776)	(?)	(3 100)	(2 473)	(0)

(1) 给定
(2) 报告数等于 (1)
(3) 公司在第一期报告最小化的盈余
(4) 报告数是真实情况的 90%
(5) 报告数是真实情况的 110%
(6) 报告数完美平滑，$ 7 000 = $ 21 000/3

第四部分

本部分我们讨论盈余管理实证研究方法。正如下面将提到的，大多数研究认为盈余管理与操控性应计的检测有联系。因此，我们首先简要讨论一下应计。

应计

当现金流的时间与交易的会计确认时间存在差异时，应计产生了。一个值得注意的例子是收入确认。收入可能在客户预付现金后、全部收入收到前确认（见表1）。

表1 **应计过程**

期间	1	2	3
事件	收到客户预付资金	发货给客户	客户确认货款
现金流	预收款流入	无	最终货款流入
会计确认收入	无	记录收入	无
应计	贷记预收账款	借记预收账款或借记应收账款	贷记应收账款

预付款产生了一个负债项“预收收入”。最后的支付减少一个资产项“应收账款”。

在公司的经营时间内，报告收入必须等于总现金流入，且总应计必须等于零。也就是说，资产和负债的应计余额要转回。我们的例子里，当商品装运时，预收收入负债项减至零，而当客户支付债务时，应收账款资产项减至零。

应计管理研究尝试区分由管理盈余产生的应计和正常应计。

定义：**非操控性应计**是因本期交易而产生的应计，给定业绩水平、企业战略、行业惯例、宏观事件和其他经济因素，它对公司来说是正常的。**操控性应计**是为了管理盈余，交易或选择会计处理而产生的应计。**反转应计**是来自于以前交易的应计。

注意该定义与我们第2章的定义一致，因为我们想要区分正常交易及会计处理与旨在管理盈余的非正常交易及会计处理，并且我们考虑有益的和中性的盈余管理。

有时操控性应计可能很大。Beneish（1997）以1987年至1994年43个受SEC强制措施管制的公司为样本，发现平均盈余高估值是留存收益的42.5%和总资产的11.5%（见表2）。Richardson、Tuna和Wu（2002）的应计包含营运资本应计和资产收购应计，他们以1971年至2000年重述盈余的440个公司-年（225个公司）为样本，发现总应计等于平均总资产的8.7%，而未重述公司控制样本组中，总应计等于平均总资产的3.9%（t统计值=4.50）。

我们的定义表明公司 i 在 t 期的总应计额分界如下：

$$EBTA_{it}=DA_{it}+NA_{it}+Reversal_{it}+EBTA_{i,t-1} \tag{1a}$$

其中：

$EBTA_{ik}$ =公司 i 在 k 期期末的应计额，$k=t$，$t-1$；

DA_{it}=公司 i 在 t 期由交易和事项产生的操控性应计；

NA_{it}=公司 i 在 t 期由交易和事项产生的非操控性应计；

$Reversal_{it}$=公司 i 在以前期间产生的应计额在 t 期反转。

为了说明等式（1a），考虑这个例子。假定公司有一笔 \$200 的销售收入。正常信用期是 30 天。由于不能在不放松信用政策的情况下做销售，公司同意 30 天内支付 50%，剩下的 50% 在 60 天内支付，这样公司增加了盈余。账户余额和应计额分解如下：

	月份			
	1	2	3	总计
$EBTA_{i,t-1}$	0			
$EBTA_{it}$	+200	100	0	
DA_{it}	+100			+100
ND_{it}	+100			+100
$Reversal_{it}$		-100	-100	-200
Total				0

在第一个月，非操控性应计额增加了 100，操控性应计额增加了 100。在第二个月，非操控性应计额减少了 100，然后在接下来的一个月，操控性应计额减少了 100。第二和第三个月中支付的 100 是反转。反转确保应计额的变化加起来等于零。

应计额的反转限制了管理盈余的能力。为了说明这一点，考虑这个案例，公司装运未经要求的商品给客户，使得收入在当年增加。商品预期在下一个会计期间返回（见第 2 章关于“渠道填充”）。下一期的收入因“销售退回”而降低，因此“应收账款”应计额反转了。出于本例目的，假定下一年末管理盈余和期望报告盈余仍相同。那么公司必须双倍管理盈余的规模，以补偿以前年度盈余管理反转的负面影响。在接下来的一年，公司必须三倍管理销售收入。

虽然反转应计很重要，但看起来大多数实证研究忽视了反转（在第 11 章，我们详细研究反转），主要是因为它们是不可观测的。这些研究将总应计等同于期末和期初应计额之间的差异。但不幸的是，这将计量误差注入应计中，正如下面的例子。

现金和应收账款的期初余额（BB）分别是 50 和 80。公司进行两个销售交易，一个是正常交易，正常销售收入是 \$2 000，这使非操控性应计 NDA 增加了 \$200；另一个是激进的“渠道填充”，它使销售收入和操控性应计（DA）增加了 \$50。期初应收账款应计额在本期偿付。

应计额的变化是 \$170（\$250－\$80），这也等于盈余和现金流之间的差异（\$2 050－\$1 880），但 NDA 和 DA 的总和为 \$250（\$200+\$50）。

现金		应收账款		销售收入	
期初余额 50		期初余额 80			
1 800		(NDA) 200			2 000
80		(DA) 50			50
			80（转回）		
期末余额 1 930		期末余额 250			期末余额 2 050

期初 $80 的反转产生了差异。但如果 BB 不是在本期偿付，期初和期末余额的差异正确反映了 NDA 和 DA 的加总，盈余（收入）和现金流之间的差异（$2 050 - $1 800）也是如此。

第四部分内容的安排

第 9 章讨论了没有盈余管理时应计生成过程的分析性模型。我们扩展该模型，并检验了盈余管理对应计统计特性的影响。这一框架强调盈余管理研究，以及应计与现金流关系的研究。

第 10 章阐述应计管理实证研究的演进，贯穿至 1991 年 Jones 模型的产生。第 10 章的第二部分评价了 Jones 模型的效率。

第 11 章详细阐述了自 1991 年以来至 Ye（2006）综合模型的发展。我们也讨论了替代性方法：会计选择方法和分布方法。前者关注那些对盈余有重大影响的应计。后者假定盈余分布偏离正态分布说明了存在盈余管理。特例是一分钱方法（penny approach），它检验公司是否管理每股收益中的一分钱，以得出更优数字。

第 9 章　应计过程

在第四部分引言中，我们将应计分成三个组成部分：操控性应计、非操控性应计和以前期间发生交易产生的反转。应计构成的不可观测性对盈余管理研究提出了挑战。Elgers、Pfeiffer 和 Porter（2003，p. 406）指出，“盈余管理估计的基本问题是报告盈余的管理成分和非管理成分的不可观测性。”

除容易被误解忽略的反转之外，这一问题的原因是非操控性应计随业绩发生变化。总应计的变化与以下因素一致：不同业绩导致的非操控性应计变化，以及管理盈余导致的操控性应计累积。因此，研究者为了识别管理应计，需要理解正常应计期望是多少，并增强盈余管理实证检验的效力（见 Guay、Kothari 和 Watts，1996；Jiambalvo，1996；Dechow、Sabino 和 Sloan，1998；McCulloch，1998a；Black 和 McCulloch，2003）。作为 Dechow 和 Dichev（2002；第 11 章讨论）的评论者，McNichols（2002，p. 67）指出，“这篇文章提出几个未来研究方向。第一个方向是通过具体指明生成现金流过程，来丰富模型的设定……”

然后，我们把注意力转移到非操控性应计。在接下来的部分，我们通过介绍公司报告的识别，解释盈余管理如何影响可观测的应计。

§9.1　非操控性应计

§9.1.1　非操控性应计生成过程

对销售行为作出假定已成为一种惯例，这有两个原因。首先，在预算过程中，销售决定公司生产和存货，这又决定销售成本、其他营业成本和投资决策。其次，利润表构成要素中，销售收入有最高的持续性，这里持续性衡量某一变量增加 $1 对该变量未来值的影响。Dechow 和 Schrand（2004，表 2.1，p. 13）收集了 1987 年至 2002 年 56 940 个公司-年样本，发现销售收入有最大的持续性 0.85；营业收益（折旧前后）其次，为 0.76，接着是税前盈余，为 0.72，最后是特殊项目前盈余，为 0.71

（所有变量经资产平减）。因此，销售收入变量似乎是一个描述公司特征的有效统计量。销售过程的描述如下：

$$S_t = (1+\lambda)\left[\mu+\phi(S_{t-1}-\mu)\right]+\varepsilon_t \tag{9.1}$$

其中：

$S_t = t$ 期销售收入；

λ = 增长率；

μ = 平均销售收入；

ϕ = 持续性参数，衡量以前期间偏移对本期销售收入的影响，$0 \leqslant \phi \leqslant 1$；

ε = 独立白噪声序列，$E(\varepsilon)=0$，$E(\varepsilon^2)=\sigma^2>0$，且 $Cov(\varepsilon_t, \varepsilon_{t-1})=0$。

销售收入生成过程包含着会计文献中最经常用的随机过程：如果 $\phi=0$，该过程是均值回归（mean reverting）；如果 $\phi=1$，该过程是随机游走；如果 $0<\phi<1$，该过程是伴随偏移的随机游走。

均值回归描绘了成熟大公司和极端业绩公司的特征（Fama 和 French，2000）。它是业绩计量的性质，如长窗口的资产回报率（Barber 和 Lyon，1996；Sloan，1996）。几个学者指出均值回归一般需要一个以上会计期间，且当公司业绩极端时，回归更快（Finger，1994；Sloan，1996；Dechow、Sabino 和 Sloan，1998；Fama 和 French，2000；Nissim 和 Penman，2001；Feng，2004；Richardson、Sloan、Soliman 和 Tuna，2005）。

其他学者采用了假设 $\phi=1$（$\lambda=0$），也就是说，该过程是随机游走（Finger，1994；Dechow、Kothari 和 Watts，1998；Barth、Cram 和 Nelson，2001；Kothari、Leone 和 Wasley，2005）。它特征化了短时窗内平均公司的销售收入生成过程。在随机游走的有效性测试中，Dechow、Kothari 和 Watts（1998）发现在他们对小样本作出必要调整前，季度盈余样本中销售收入里白色噪声的序列相关性只为 0.17。

销售收入决定营运资本应计额的变化：应收账款基于赊销，存货和应付账款基于赊购。我们接下来讨论一个特殊的例子，这里存货为零。如果我们假定期初应计额在本期全部反转，模型中的总应计是应收账款变化 ΔAR_t、应付账款变化 ΔAP_t 的差额，即 $TA_t=\Delta AR_t-\Delta AP_t$。我们假定销售收入 S 的 $\alpha\%$ 是以赊账的方式，$0<\alpha<1$。应收账款的应计额 AR 在 t 期期末为：

$$AR_t = \alpha S_t \tag{9.2}$$

类似地，购货 P 的 $\beta\%$ 是以赊账的方式，$0<\beta<1$。应付账款的应计额 AP_t 在 t 期期末为：

$$AP_t = \beta P_t \tag{9.3}$$

其中：

$$P_t = (1-\pi)S_t \tag{9.4}$$

π 是总利润占销售收入的比例。用 δ 表示每一美元销售收入增加的总应计额，$\delta=\alpha-\beta(1-\pi)$。给定任一时期的总应计额 TA_t 是非操控性应计 δS_t 与期初的（t-1）

期应计额的反转之和，而相应的期末应计额 EBTA_t 为

$$\mathrm{TA}_t = \delta \Delta S_t \tag{9.5a}$$

$$\mathrm{EBTA}_t = \delta S_t \tag{9.5b}$$

其中：$\Delta S_t = S_t - S_{t-1}$。伴随这一销售收入生成过程，$\Delta S_t$ 由增长率决定，$\Delta S_t = \lambda S_{t-1}$。增长率可以细分考虑：在成长行业中，$\lambda>0$；在下降行业中，$\lambda<0$。后者的例子是“9·11”事件之后的航空业。

§9.1.2　应计的统计特性

在 t 期期初，截至（t-1）期的所有的销售收入、支出和毛利，是被历史 H_{t-1} 所知的，但当期销售收入的新息（innovation）ε_t，和未来销售收入的新息是未知的。接下来，我们关注条件期望、方差和协方差。

未管理应计的变化的条件期望、方差和序列协方差如下：

$$E[\mathrm{TA}_t \mid H_{t-1}] = \delta E\Delta S_t,\ \text{其中：} E\Delta S_t = (1+\lambda)(1-\phi)(\mu - S_{t-1}) + \lambda S_{t-1} \tag{9.6}$$

$$\mathrm{Var}[\mathrm{TA}_t \mid H_{t-1}] = \delta^2 \sigma^2 \tag{9.7}$$

$$\mathrm{Cov}[\mathrm{TA}_t,\ \mathrm{TA}_{t+1} \mid H_{t-1}] = \delta^2 [(1+\lambda)\phi - 1]\sigma^2 \tag{9.8}$$

给定历史的条件期望应计取决于销售收入增长率 λ，和销售收入生成过程的类型 ϕ，以及应计的相对规模 δ。如果过程是增长率为零的随机游走，则期望应计为零。

应计的条件方差取决于销售收入新息的波动性 σ^2 和应计的强度 δ。对增长率为 $\lambda>1/\phi-1$ 的公司，本期应计与下一期应计是正相关的，尽管反转对跨期相关性有影响。但对较低增长率的公司，反转的作用更大，应计是负相关的。

下面我们检验应计是否对未来盈余 X 和净现金流 CF 有预测力：

$$\mathrm{Cov}[\mathrm{TA}_t,\ X_{t+1} \mid H_{t-1}] = \delta\pi(1+\lambda)\phi\sigma^2 \tag{9.9}$$

由于：

$$\mathrm{CF}_{t+1} = X_{t+1} - \mathrm{TA}_{t+1} = (\pi - \delta) S_{t+1} + \delta S_t$$

$$\mathrm{Cov}(\mathrm{TA}_t,\ \mathrm{CF}_{t+1} \mid H_{t-1}) = \delta(\pi-\delta)(1+\lambda)\phi\sigma^2 + \delta^2\sigma^2 \tag{9.10}$$

当本期销售收入有一定持续性（$\phi>0$）时，应计与未来盈余相关，因此应计与未来现金流相关。本期应计与未来现金流的相关性反映了本期应计的反转。总之，应计具有价值相关性。

§9.2　盈余管理对应计的影响

在我们的模型中加入盈余管理是有问题的，因为盈余管理策略太多。所有盈余管理策略的共同特性是公司报告 X'，而 X' 不同于真相 X。原因在于报告盈余与真实盈余之间差距的决策是在接近于报告日期制定的，该决策取决于受众和公司会计灵活性（见第 2 章）。既然第三部分讨论了这一博弈，我们这里只为了说明 DA 对盈余和应计

的统计特性的影响。我们的讨论限于两种涉及销售收入新息 ε 的确认时机的策略。一种策略推迟确认（SD），另一种策略加速确认（SB）。每一种策略跨期转移销售收入中的新息 ε。

推迟确认是有吸引力的，例如，对于计划 IPO 的公司，以及想要表现倾斜的销售收入增长率的公司，高增长率可以生成更高价值。相反，公司计划筹集资金可能加速确认，因为它想要表现更强的资金状况以降低资本成本。

假定公司截至（t-1）期报告真相，且只在第 t 期管理盈余（即公司在（t+1）期不管理盈余）。因此，在 t 期没有操控性应计的反转发生。SD 通过设定 $DA_t=-\theta\ (\pi\varepsilon_t)$, $0<\theta<1$，推迟报告盈余。SB 通过设定 $DA_t=\rho\ (\pi\varepsilon_{t+1})$，$0<\rho<1$，加速报告盈余。

出于表示法的目的，我们在下面的分析中合并了这两种类型。盈余管理策略在 t 期生成报告 X^r：

$$X_t^r=\pi\ \{S_t-\theta 1\varepsilon_t+\rho\ (1-1)\ \varepsilon_{t+1}\} \tag{9.11a}$$

其中：1 是指示性函数，在 SD 时取值为 1，在 SB 时取值为 0。既然公司采取任一策略，则等式（9.11a）指明在 SD 下，$X_t^r=\pi\{S_t-\theta\varepsilon_t\}$；在 SB 下，$X_t^r=\pi\ \{S_t+\rho\varepsilon_{t+1}\}$。因为应计的反转，下一期报告盈余是：

$$X_{t+1}^r=\pi\ \{S_{t+1}+\theta 1\varepsilon_t-\rho\ (1-1)\ \varepsilon_{t+1}\} \tag{9.11b}$$

比较等式（9.11a）和（9.11b）可得知，盈余管理关心销售收入确认的时间选择。在假设每一单位销售收入的应计变化为 δ 时，相应的应计为：

$$\mathrm{TA}_t=\delta\ [\Delta S_t-\theta 1\varepsilon_t+\rho\ (1-1)\ \varepsilon_{t+1}] \tag{9.12a}$$

$$\mathrm{TA}_{t+1}=\delta\ [\Delta S_{t+1}+\theta 1\varepsilon_t-\rho\ (1-1)\ \varepsilon_{t+1}] \tag{9.12b}$$

§9.2.1 管理应计的统计特性

从等式（9.12a）和等式（9.12b），我们得出截至（t-1）期的历史条件下，总应计的统计特性如下：

$$E\ [\mathrm{TA}_t\mid H_{t-1}]\ =\delta E\Delta S_t \tag{9.13}$$

$$\mathrm{Var}\ [\mathrm{TA}_t\mid H_{t-1}]\ =\delta^2\ [\ (1-\theta 1)^2+\rho^2\ (1-1)]\ \sigma^2 \tag{9.14}$$

$$\mathrm{Cov}\ [\mathrm{TA}_t,\ \mathrm{TA}_{t+1}\mid H_{t-1}]\ =\delta^2\sigma^2 M \tag{9.15}$$

其中：

$$M=\ (1+\lambda)\ \phi\ (1-\theta 1)\ -\ (1-\theta 1)^2+\rho\ (1-\rho)\ (1-1)$$

我们假设盈余管理工具是销售收入新息，这表明预期中，期望总应计与公司没有管理盈余时是相同的（期望销售收入新息为零）。盈余管理对条件方差的影响，是对使用的策略敏感的。如果公司推迟盈余到（t+1）期，盈余的波动性就会降低。这一策略平滑了盈余。提前确认销售的作用相反。盈余管理对应计的时间协方差的影响，是对盈余管理类型敏感的。在 SD 下，两个竞争效应同时发生。一方面，推迟报告销售收入新息意味着本期销售收入新息对未来盈余的影响模糊了。也就是说，SD 降低了前后应计间的协方差。另一方面，在（t+1）期更小金额的反转，减弱了反转引起的负相关关系，并增加了协方差。净效应取决于（1+λ）ϕ-（1-θ）。如果它是负的（正的），则时间协方差减小（增大）。但在SB下，时间协方差增大，因为当期应计也传递了未来销售收入新息的信号。

通过构建模型，未来现金流是 $CF_{t+1}=X^r_{t+1}-TA_{t+1}=$（$\pi-\delta$）（$S_{t+1}+\theta 1\varepsilon_t-\rho$（1-1）$\varepsilon_{t+1}$）$+\delta S_t$。现金流效应源自用来管理盈余的收入交易重构。因此，分别与等式（9.9）和等式（9.10）对应：

$$\mathrm{Cov}(\mathrm{TA}_t, X^r_{t+1} \mid H_{t-1}) = \delta\pi\sigma^2 M \tag{9.16}$$

$$\mathrm{Cov}(\mathrm{TA}_t, \mathrm{CF}_{t+1} \mid H_{t-1}) = \mathrm{Cov}(\mathrm{TA}_t, X^r_{t+1} \mid H_{t-1}) - \mathrm{Cov}(\mathrm{TA}_t, \mathrm{TA}_{t+1} \mid H_{t-1}) \tag{9.17}$$

给定等式（9.16）中括号里的项目与等式（9.15）里的相同，当期应计变化对未来报告盈余（等式（9.16））和未来现金流（等式（9.17））的信息含量的讨论，对时期协方差的讨论作出了回应。信号传递策略（SB）提高了信息含量，而平滑（SD）的作用较模糊。

最后，我们检验了操控性应计 DA_t，$DA_t=-\theta 1\varepsilon_t+\rho$（1-1）$\varepsilon_{t+1}$，和非操控性应计，$NDA_t=\delta\Delta S_t$，则：

$$\mathrm{Cov}(\mathrm{DA}_t, \mathrm{NDA}_t) = -\delta\theta 1\sigma^2 \tag{9.18}$$

正如在McCulloch（1998a）以及Black和McCulloch（2003）中，平滑销售收入新息（SD）使两类应计之间呈负相关关系。信号传递策略（SB）仍保持两类应计之间无相关关系。

管理盈余以调整销售收入的确认时机改变了同期应计和盈余的统计特性，而期望应计不变。性质效力取决于策略。如果盈余管理运用前瞻性信息，那么盈余管理是有益的，因为它增强了应计的预测性。但如果盈余管理通过平滑，试着隐藏关于当期销售收入新息的信息，则盈余管理可能是有害的，因为它降低了应计变化与当期和未来业绩之间的相关性。我们将在下一章运用本章的观点。

我们总结以下几点。在第四部分引言，我们讨论了应计额，但在第9章的分析中，我们运用了应计额的变化。两种方法的区别不是表面的。理论上容易关注应计额，因为之后的反转比较明显。但正如我们将在第10章和第11章看到的，实证研究大部分运用应计额的变化。

§9.3 应计与现金流

§9.3.1 应计误定价

值得注意的是，应计的模型化与盈余管理之外的研究相关。例如，研究已关注应计和现金流的持续性（*persistence*），以及市场是否正确评价它们。每一个变量的持续性被定义为该变量在预测未来一年同一变量中的权重（见 Dechow，1994；Subramanyam，1996；Guay 和 Sidhu，1996；Dechow、Kothari 和 Watts，1998；Dechow 和 Schrand，2004）。

应计反转和因而持续性低于现金流的观念引发了由 Sloan（1996）开始的“应计误定价”（或应计异象）的研究。已有研究检验了当股票市场评价盈余并发现它不是真实盈余时，股市是否能区分应计与现金流（见 Pfeiffer、Elgers、Lo 和 Rees，1998；Pfeiffer 和 Elgers，1999；Ali、Hwang 和 Trombley，2000；Bradshaw、Richardson 和 Sloan，2001；DeFond 和 Park，2001；Xie，2001；Burgstahler、Jiambalvo 和 Shevlin，2002；Beneish 和 Vargus，2002；Fairfield、Whisenant 和 Yohn，2002；Hribar 和 Collins，2002；Collins、Gong 和 Hribar，2003；Sun，2003；Zach，2003；Ahmed、Billings 和 Morton，2004；Desai、Rajgopal 和 Venkatachalam，2004；Ahmed、Nainar 和 Zhou，2005；Atwood 和 Xie，2005；Beneish 和 Nichols，2005，2006；Dopuch、Seethamraju 和 Xu，2005；Levi，2005；Melendrez、Schwartz 和 Trombley，2005；Richardson、Sloan、Soliman 和 Tuna，2005；Wei 和 Xie，2005；Barone 和 Magilke，2006；Chambers，2005；Core、Guay、Richardson 和 Verdi，2006；Dechow、Richardson 和 Sloan，2006；Cheng 和 Thomas，2006；Louis、Robinson 和 Sbaraglia，2006；Mashruwala、Rajgopal 和 Shevlin，2006；Papanastasopoulos、Thomakos 和 Wang，2007）。

§9.3.2 研究重点

Sloan（1996）在他的 40 679 个公司-年样本中发现，市场未分辨出年报中的应计与现金流，即使盈余的应计要素的持续性低于现金流要素。特别地，他表明那些高水平当期应计的公司遭受了未来盈余的系统性降低，并且它们的股票价格表现为“好像”投资者未预期到价格下跌。Collins 和 Hribar（2000）及 Core、Guay、Richardson 和 Verdi（2006）把这一结论扩展到季度数据，表明它显著不同于盈余漂移现象。

Collins、Gong 和 Hribar（2003）发现机构投资者持股比例高的大公司，比那些更小的、利润更低的、流动性更差的公司，遭受了更低的应计误定价。

Bradshaw、Richardson 和 Sloan（2001），Ahmed、Nainar 和 Zhou（2005）研究了分析师的预测误差，发现分析师不能正确区分应计与现金流的持续性。Bradshaw、Richardson 和 Sloan（2001）研究表明，审计师虽被认为是会计信息的老练的使用者，但也对极端应计错误定价。相反，Mashruwala、Rajgopal 和 Shevlin（2006）研究发现，应计的误定价不能被老练的风险规避套利者套利，因为对他们来说这样做风险太高。

Xie（2001）发现非正常应计要素的持续性低于正常应计要素，而正常应计要素的持续性又低于现金流要素。Beneish 和 Nichols（2005）也表明盈余管理可以解释误定价。由于投资者不能穿透应计的面纱，他们把夸大盈余（反映为高应计）看做是未来高盈余的信号，而不是反转（将导致报告盈余降低）的警告。受 Fama（1998）

的启发，Mitchell 和 Stafford（2000）及 Chambers（2005）通过构建新模型和在非正常应计度量中控制风险因子，补充了 Sloan（1996）及 Xie（2001）中的检验。

Beneish 和 Vargus（2002）把应计和盈余持续性与内部人交易联系起来。他们发现当管理者进行非正常销售（购买）时，收益增加的应计（income-increasing accruals）和未预期应计有更低的（更高的）持续性。他们指出错误定价可归因于正的应计的误定价。也就是说，由于投资者没有关注信息，其错误定价了所有正的应计。

Fairfield、Whisenant 和 Yohn（2002）提出盈余业绩定义为 1 年后营业收益除以 1 年后平均总资产（这将营业收益转化为资产回报率）。他们因此检验了应计与现金流和资产的关系。他们发现在预测 1 年后资产回报率时，应计的持续性低于经营现金流，而应计和现金流与 1 年后营业收益有同等的联系。这导致他们质疑错误定价是否应归因于计量误差（也参见 Pfeiffer 和 Elgers，1999），或者是否存在范围更广的增长异象。类似地，Desai、Rajgopal 和 Venkatachalam（2004）提供的证据表明，错误定价隐瞒了热门股票定价过高（热门股票是在高增长之后被高估）。Papanastasopoulos、Thomakos 和 Wang（2007）发现应计异象是市场在保留盈余错误定价的异象中的一种特例。

Sun（2003）发现错误定价只在报告利润的公司中发生。Dechow、Richardson 和 Sloan（2006）质疑应计误定价异象的存在性。他们表明现金流的持续性由给股东的支付所导致，这占现金流的一小部分。否则，现金流不持续。

Atwood 和 Xie（2005）检验了 Burgstahler、Jiambalvo 和 Shevlin（2002）的研究结果，认为市场没有充分考虑特殊项目与（标准化）未预期盈余之间的负相关关系。他们表明这是错误定价的特例。特殊项目影响市场对应计定价过高的程度：负的特殊项目加重定价过高（overpricing）的程度，而正的特殊项目减缓定价过高的程度。

Levi（2005）发现在 90 天的短时窗内（始于 10-Q 报告后的第 6 天）估值时，应计误定价消失。也就是说，公司在 10-Q 报告中自愿披露的应计信息，在披露时被充分吸收到股票价格里。

Richardson、Sloan、Soliman 和 Tuna（2005）通过把应计分解为经营活动应计、非经营活动应计和融资应计，扩展了 Sloan's（1996）的结果。他们表明当考虑应计的可靠性时，应计持续性与应计误定价之间的关系加强了：市场没有区分各种应计，尽管更低质量的应计有着较差的持续性（也参见 Richardson，2003）。

第 10 章　应计方法

在第 9 章，我们通过列示盈余管理生成过程的程式化模型，为本章奠定了基础。这里我们引入用非正常应计检验盈余管理的实证研究方法。

应计方法的里程碑是 Jones（1991）的研究。因此，我们分两部分讨论。第一部分详细阐述到 Jones 模型为止的研究演进。第二部分展开对 Jones 模型的评价。

因为盈余管理对会计的重要性，近年一些文献回顾已出版（Beneish，1999b；Healy 和 Wahlen，1999；McNichols，2000；Stolowy 和 Breton，2000；Beneish，2001；Fields、Lys 和 Vincent，2001；Dechow 和 Schrand，2004）。一般文献回顾的焦点是 Jones 模型，及其在事件研究中的实现，这类似于本书第二部分。我们对实证研究设计和近期发展进行综合评述，扩展了已有文献回顾。

§10.1　以应计为基础的研究演化

在 Jones 研究之前，尝试模型化正常应计的研究中的里程碑包括以下几篇：

- Ronen 和 Sadan（1981）。
- Healy（1985）。
- DeAngelo（1986，1988a）。
- Dechow 和 Sloan（1991）。

列示这些早期研究有三个优点。首先，它们提供了基准，据此我们可以评价 Jones 模型。例如，Ronen 和 Sadan 模型在估计非操控性应计时，仅考虑销售收入自变量；Jones 模型则考虑销售收入和 PP&E。我们后面将详细阐述这一区别。其次，它们包含一种模型化正常应计的思维核心，这可以纳入当代研究以获得新的观点。例如，Ronen 和 Sadan（1981）关注分类平滑（除跨期平滑之外），通过这种方式，净收益不受盈余管理的影响，但项目被移到“线上”或“线下”。再次，这些研究提供了研究机会。例如，Gaver、Gaver 和 Austin（1995）用 Jones 方法重新分析了 Healy（1985）中的样本。

§10.1.1　Ronen 和 Sadan (1981)

10.1.1.1　研究的问题

Ronen 和 Sadan 研究了普通收益（*ordinary income*）的平滑，如第 7 章所定义的。在这一情况下，公司故意平滑报告的“线上”盈余中的波动，这被假定对价值有更大影响。平滑可以由下面任何一种（或任一联合）方式实现：

- 真实平滑（*real smoothing*）：通过生产或投资活动平滑，这会影响现金流。
- 跨期平滑（*intertemporal smoothing*）：通过在会计期间分配总应计来表面平滑。
- 分类平滑（*classificatory smoothing*）：通过选择何处放置某一项目（线上（在普通收益里）或线下（作为特殊项目））来虚假平滑。例如，在样本收集时，非经常性收入和费用可以归类为正常或特别。

Ronen 和 Sadan 首先估计了长期盈余。既然公司必须在总计上报告真实盈余，那么平滑涉及利润表项目确认的时间选择。为了减少报告盈余序列的波动性，相比真实收益，公司报告的收益数字更接近长期平均收益——“趋势收益”（见图 10.1）。

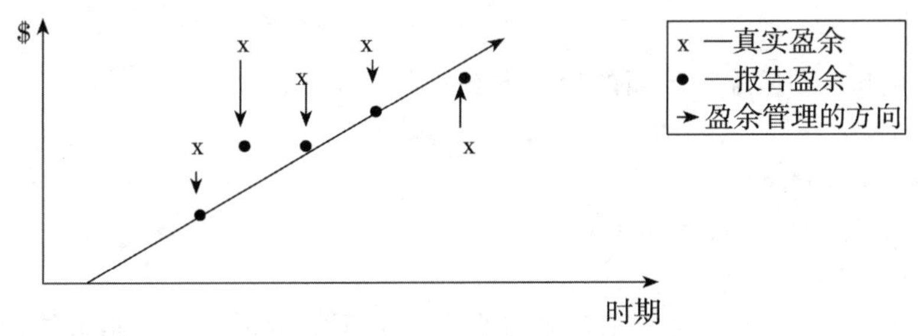

图 10.1　围绕“趋势收益”平滑

直线上升的斜线是“趋势收益”。平滑盈余比真实盈余更接近于这条线。

Ronen 和 Sadan 以下面已分类的利润表为基础，模型化费用：

（1）销售收入 L

（2）销售成本和经营费用 X_0

（3）=（1）-（2）经营利润 OP

（4）与持续业务有关的非经营费用 X_1

（5）=（3）-（4）常规利润 $OP-X_1=L-XX$

（6）意外损失 X_2

（7）=（5）-（6）净利润 $L-XX-X_2$

10.1.1.2　实证检验的设计

Ronen 和 Sadan 用下面的两阶段程序估计营业收益（operating income）：

$$L_t=a_{0L}+a_{1L}t+u_t \tag{10.1}$$

和

$$OP_t=a_{0p}+a_{1p}t+a_{2p}u_t+s_t \tag{10.2}$$

其中：s 是报告的长期趋势收益的偏差——非正常收益，也叫做非正常营业收益。

模型把营业收益 OP，与时间（即年）和非正常收入 u 线性联系起来，这里正常收入也被估计为时间的线性函数。两阶段估计的主要动机是估计非正常营业收益 s，表明平滑的需求（既然 OP 是盈余管理的目标）。如果 s 为正，则公司可能向下管理收益，反之亦然。此时，你想知道如何确信这是正确的动态均衡。毕竟，未被管理的盈余是不可观测的。答案在于合理的假设，即如果经济盈余低于趋势盈余，那么公司增加报告盈余但不超过；如果经济盈余高于趋势盈余，则公司同样减少盈余。为了说明这一点，假定"趋势收益"是 100，公司预管理盈余是 90。然后公司想报告多于 90 但不超过 100。如果它报告 95，则报告盈余与目标之间的差距为-5，这小于真实差距-10，但均为负。

两阶段程序的优点是它讨论了业绩与应计之间的关系。对于应计的标准 OLS 估计，有一个问题，即正常应计与业绩之间的关系可能是非线性的。通过营业收益对非正常销售收入 u 回归，可以控制非预期业绩（对非线性模型，参见 Ronen 和 Sadan，1975）。

Ronen 和 Sadan 运用了下面的回归方程：

$$X_{2t} = f_0 + f_{1t}t + f_{2t}u_t + q_t \tag{10.3}$$

$$X_{0t} = c_0 + c_{1t}t + c_{2t}u_t + c_{3t}q_t + \text{error} \tag{10.4}$$

$$X_{1t} = b_0 + b_{1t}t + b_{2t}u_t + b_{3t}q_t + b_{4t}s_t + \text{error} \tag{10.5}$$

$$XX_t = d_0 + d_{1t}t + d_{2t}u_t + d_{3t}q_t + \text{error} \tag{10.6}$$

其中：u_t、q_t、s_t 分别是非正常销售收入、非正常特别费用和非正常普通收益。在第四部分引言，我们将非正常应计作为操控性应计。Ronen 和 Sadan 也考虑了特别费用 q，作为盈余管理的指标。也就是说，任一费用是现金流、操控性应计和非操控性应计的总和。现金流要素和 X_{2t} 的非操控性应计由 $f_0+f_{1t}+f_{2t}u_t$ 捕捉，而残差 q_t 是操控性的。

10.1.1.3 结果和检测平滑的替代方法

虚假跨期平滑意味着 $b_{4t}>0$。非正常营业收益 s 越高，靠增加非营业费用抑制普通收益的需求越大。当非正常特殊项目用于替代利润表中的其他费用时，分类平滑发生。因此，分类平滑意味着 b_{3t}、c_{3t} 和 d_{3t} 是负的。

Ronen 和 Sadan 成功地提供了跨期平滑和分类平滑的证据。对于他们研究方法的进一步讨论，参见他们的文章。

已经使用的平滑的替代指标有：盈余波动性（如 Hunt、Moyer 和 Shevlin，2000；Abdel-Khalik，2006）；盈余的序列相关性，在平滑时预期为负（如 Guay、Kothari 和 Watts，1996）；预管理盈余方差系数与报告盈余方差系数的比率，这里预管理盈余被定义为净收益减操控性应计（Barton，2001，table 7；Pincus 和 Rajgopal，2002）；在横截面模型中，营业盈余的标准差与经营活动现金流的标准差的比率（Leuz、Nanda

和 Wysocki，2003；Zarowin，2002；Bhattacharya、Daouk 和 Welker，2003；Cohen、Dey 和 Lys，2005a）；应计变化与现金流变化的同期极端负相关性（Leuz、Nanda 和 Wysocki，2003；Myers、Myers 和 Skinner，2006）；公司的操控性应计变化与预管理盈余变化的负相关关系（Tucker 和 Zarowin，2006）；会计选择与行业繁荣或衰退，如银行加速损失准备（Liu 和 Ryan，2006）。对于运用目标收益作为检测平滑的基准的研究方法的讨论，参见 Lim 和 Lusgarten（2002）。

§10.1.2　Healy（1985）

10.1.2.1　研究的问题

Healy 分析了当管理层的边际奖金是“价外”（out of the money）时，管理层向上管理盈余的动机。从图 10.2 上看，经理人收到基本工资和奖金，其薪酬组合是一个分段契约。

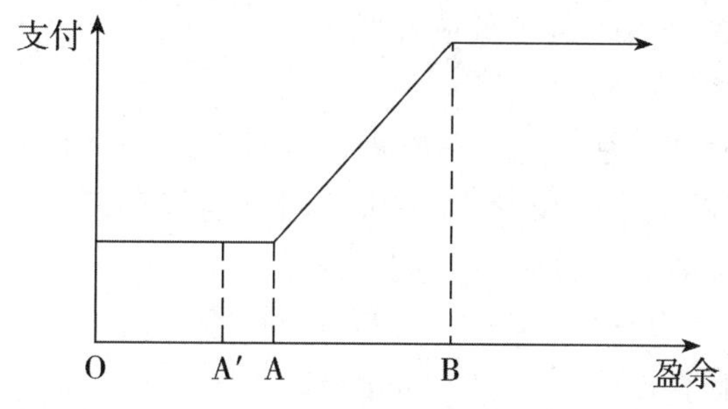

图 10.2　经理人的薪酬

薪酬是以报告的盈余为基础的，有两个分界点 A 和 B（Scott，1997）。如果会计灵活性允许管理者以 A′与 A 之间的差额夸大盈余，则该薪酬计划可以分为三个区域：A′的左边，A′和 B 之间和 B 的右边。如果真实盈余落入第二区域（A′-B），则经理人可以通过夸大盈余来增加他的当期奖金。如果真实盈余落入第一或第三区域，则夸大报告不会得到更高的薪酬。经理人通过各种方法，如立即确认未来费用来缩小报告（即“洗大澡”），可以创造一个报告盈余的“保留”，这可用于在未来赚取奖金。

10.1.2.2　Healy 的研究设计

Healy 定义 DA 如下：

$$DA=-DEP-X_2D_1+\Delta WORK-(TP+D_1)\times D_2 \tag{10.7}$$

其中：

DA＝操控性应计，等于总应计（用 ACC 表示）；

DEP＝折旧；

X_2＝特殊项目（在 Healy 文中用 XI 表示）；

D_1＝虚拟变量；如果奖金计划盈余被定义在特殊项目之后（之前），那么 D_1＝1（0）；

ΔWORK＝营运资本应计的变化：应收账款增加数（ΔAR）加上存货增加数

(ΔINV) 加上应付账款减少数 (ΔAP);

ΔTP=支付的所得税的变化;

D_2=虚拟变量;如果奖金计划盈余被定义在特殊项目之后(之前),那么 $D_2=1$ (0)

Healy 从 1980 年《财富》杂志名录上 250 家最大的美国工业上市公司收集数据,得出 1930 至 1980 年间 1 527 家公司-年样本(94 家公司充分披露了奖金计划,但未披露长期激励计划)。收益是计算奖金的基础,Healy 根据收益是否低于 A,在 A 与 B 之间,或高于 B,把每一个公司分类到 LOW、MID 和 UPP 组。另外,Healy 区分了收益达到上限 B 的公司与未披露 B 的公司(因缺乏更好的信息归类为没有达到上限的公司。他和 Holthausen、Larcker 和 Sloan,1995 发现这个分界点是存在的,它可能不披露或不公开披露)。

Healy 比较了操控性应计为负的公司频率与操控性应计为正的公司频率,其表 2 的 b 部分表明证据支持假设,因为负应计低于 A(在较小程度上高于 B)的公司频率高于正应计公司的频率。

他的检验以总应计 TA 为基础。一个解释是所有的应计是操控性的——TA=DA,因为 NDA=0(在本小节我们将谈到运用这一假设的一些研究)。对于零增长率均值回归或随机游走过程,这是成立的。否则,这是一个可疑的解释,因为正常应计可能有非零期望,假定为 K,$K\neq 0$。那么,公司分类的分界点是 K,即应计超过 K 的公司是“正的”,而应计小于 K 的公司是“负的”。然而,K 也可能随业绩不同而不同,即在 A′有一个 K,在 B 有另一个 K^0。如果 K 和 K^0 都为正,那么 Healy 的结论更有力,因为它们低估了“洗大澡”现象的真实大小。Healy 文章的批评者乐意承认 K^0 在 B 点是正的,但不承认 K 在 A 点是正的。在 A 点的负应计可能不是因为公司洗大澡以管理盈余,而是因为较差的业绩。也就是说,TA=NDA,且 DA=0(例如,Kasznik,1999 发现正的[负的]操控性应计与高[低]盈余有关)。

Healy 注意到总应计是操控性应计与非操控性应计的总和。他指出,“总应计(ACC_t)包括操控性和非操控性两个部分($ACC_t=NA_t+DA_t$),且由报告的会计盈余与经营活动现金流之间的差异来估计”(p. 94)。因此,另一种解释是 NDA 不为零,但在 TA=NDA+DA 中,DA 为正,且仅对 A′与 B 之间的业绩子集成立,而在其他子集中,DA 为负。但对此也有批评,因为 NDA 对业绩敏感,所以如果把对非正常活动水平来说正常的应计看做操控性应计,那么业绩子集之间的比较会受到干扰。在下一节 Healy 对盈余管理研究的贡献中,我们进一步讨论该解释。

至于第一个解释,即 TA=DA,我们注意到如今使用总应计已不流行,但一些研究仍用它们作为盈余质量的代理变量并检测盈余管理(见 Aharony、Lin 和 Loeb,1993;Chan、Chan、Jegadeesh 和 Lakonishok,2004;Dechow 和 Dichev,2002;Richardson、Tuna 和 Wu,2002,table 5;Leuz、Nanda 和 Wysocki,2003;Phillips、Pincus 和 Rego,2003;Ahmed、Billings 和 Morton,2004;Bergstresser 和 Philippon,

2006；Li、Xie 和 Wu，2005；Yan，2006）。

10.1.2.3　对盈余管理研究的贡献

Healy 的方法将正常应计定义为平减后的长期应计：

$$\mathrm{NDA}_{t+1}=\frac{1}{n}\sum_{i=t-n}^{t}\frac{\mathrm{TA}_i}{A_{i-1}} \tag{10.8}$$

其中：A_{i-1}是滞后一期的资产。在大多数应用中，平均数是以 5 年来计算的，$n=5$（见 Dechow、Sloan 和 Sweeney，1995；Dechow、Sabino 和 Sloan，1998；Thomas 和 Zhang，2000；Ye，2006）。当销售收入生成过程是零增长率的均值回归时，等式（10.8）与 Healy（1985）的研究设计一样，$\mathrm{NDA}_{t+1}=0$ 且 $\mathrm{DA}_{t+1}=\mathrm{TA}_{t+1}$，即操控性应计在事件年等于总应计。

Healy 的方法与 Healy（1985）的第二个解释一致。操控性应计是那些不同于长期均值的应计，DA=TA−NDA，且 NDA 可能为 0。Dechow、Sloan 和 Sweeney（1995）解释了这一动机：

> Healy（1985）通过不同组间（由盈余管理分组变量分组）比较平均总应计（除以滞后一期的资产）检验盈余管理。Healy 的研究之所以不同于其他大多数盈余管理研究，是因为他预测系统性盈余管理在每一期发生。他的分组变量把样本分成三组，一组是盈余被预测会向上管理，另两组则向下管理。通过成对比较盈余向上管理组与每一个盈余向下管理组的平均总应计，得出推论。该方法相当于把盈余向上管理的观测集看做处于估计期，而把盈余向下管理的观测集看做处于事件期。那么，估计期的平均总应计代表非操控性应计的计量（p.197）。

注意由于应计额反转，5 年期的平均应计额可能为零，且两种解释的差异消失。

为了说明等式（10.8），我们做了 1 000 个试验模拟，假定均值回归过程中，均值为 10 000。销售收入新息由 Beta 分布得到，最小值为 − 10 000，最大值为 10 000，且参数 $\alpha=\beta=30$。由于盈余是序列相关的（Kothari，2001），我们设每一个销售收入新息与上一年的随机项相关，相关系数见表 10.1。

表 10.1　**关于盈余的序列相关系数的假定**

年份	相关系数	年份	相关系数
1	0.49	4	−0.34
2	0.44	5	0.72
3	0.67	6	0.27

营运资本应计的应计额变化假定为每一年销售收入变化的 0.144。第 1 至 5 年的平均应计用来计量第 6 年 NDA（反转净值）。图 10.3 是我们模拟的结果。

由于当 $\alpha=\beta$ 时，对称的 Beta 分布是高斯分布，且我们假定最小值等于最大值的相反数，所以均值为零。得到的模拟曲线服从学生 t 分布，均值为 − 14.06，方差为

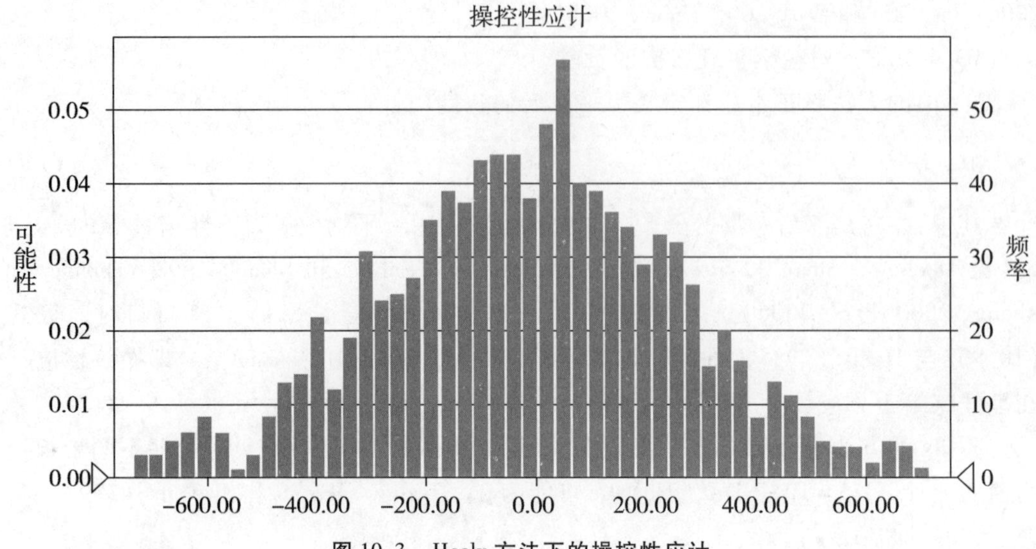

图 10.3 Healy 方法下的操控性应计

268.06。DA 在最小值 - 740.15 和最大值 714.02 之间取值。目前还不明确的是，该结果产生了更小和不均匀的样本。但有意思的是，我们没有得到零 DA（即分布对大量接近于零的 DA 仍成立），尽管模拟中不存在盈余管理。也就是说，这一方法把非正常业绩时的正常应计看做是操控性应计。

§10.1.3 DeAngelo（1986，1988a）

10.1.3.1 研究的问题

DeAngelo 在她 1986 和 1988a 的研究中开始了她的方法。在 1986 年的研究中，她检验了 64 个上市公司管理者做的会计决策，这些公司在 1973—1982 年间意图进行管理层收购。在 1988a 的研究中，她考虑了 42 家公司的盈余行为，这些公司在 1971—1982 年间进行了 43 个代理权竞争。

在两个研究中，样本公司的管理者有动机去管理盈余。在 1986 年的研究中，管理层和投资者不得不就交易价格达成一致意见。公司价值的不确定性让价格确定变得模糊，而在收购完成后公司价值可能增加。在谈判过程中，可观测的、报告的盈余是有价值的输入信息。从管理层的观点来看，这一情形是零和博弈。在该博弈中，为了降低价格，他们有动机在杠杆收购前向下管理盈余。

在 1988a 的研究中，反对的股东想通过引用盈余差作为业绩差的指标，获得其他股东的支持。DeAngelo 发现市场价格不可能被引用，或者只和业绩差一起被引用，因为价格往往在代理权竞争前上升，这表明市场预期到不管反对的股东是否成功，公司将改善业绩。显然，现任管理者有动机向上管理盈余，以反驳业绩差的主张（也参见 1988b）。

10.1.3.2 对盈余管理研究的贡献

DeAngelo 模型用以前期间的应计除以滞后一期的资产计算正常应计：

$$NDA_{t+1}=\frac{TA_{t-1}}{A_{t-1}} \tag{10.9}$$

其中：A_{t-1}是滞后一期的资产。

这一特征描述适合常数增长率的均值回复过程或随机游走过程。当年的期望应计等于上一年的期望应计，因此所有的应计变化是操控性的。

为了说明 DeAngelo 模型，我们做了 1 000 个试验模拟，假定与我们对 Healy 模型的模拟有相同的参数。在我们剔除四个极端观测值后，图 10.4 是操控性应计的分布，DA = TA - NDA。

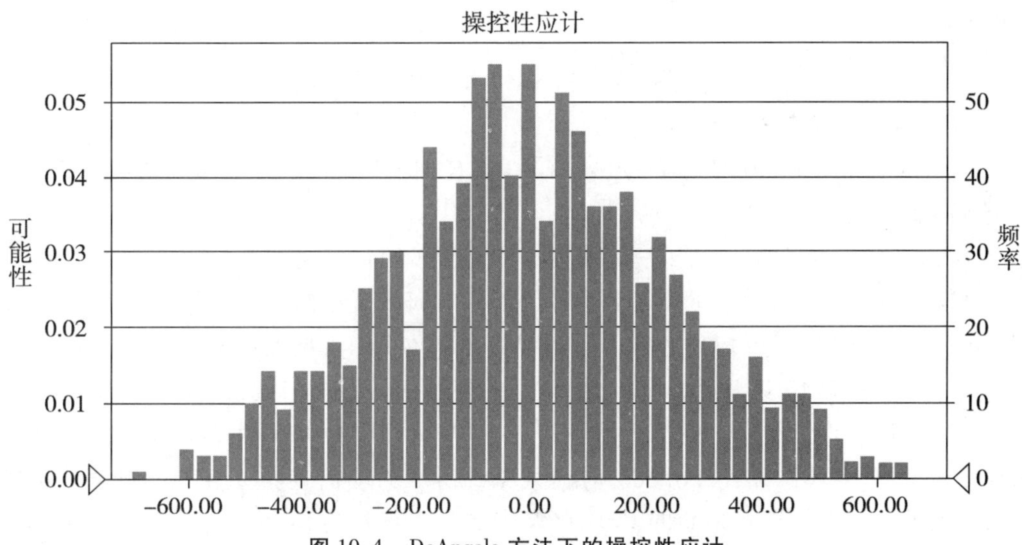

图 10.4　DeAngelo 方法下的操控性应计

我们运用与 10.1.2 部分相同的数据。此时，我们也得到学生 t 分布，均值接近于 0（均值是 - 7.62，标准差是 246.92）。看上去我们的模拟假定均值回归过程，DeAngelo 模型比 Healy 模型稍微好一点。原因在于销售收入新息的序列相关性。Healy 模型中的 NDA 包含过去应计的信息，而这些信息与估计（t+1）期的 DA 无关。

$DA^{DeAngelo}$（应计额的变化与等式（10.9）的差额）对 DA^{Healy}（应计额的变化与等式（10.8）的差额）的回归得到：

$$DA^{DeAngelo}=\underset{(0.157)}{0.93}+\underset{(27.75)}{0.61}\,DA^{Healy} \tag{10.10}$$

等式（10.10）的 R^2 为 0.44。圆括号里的数字是 t 统计值。常数项不显著，但斜率是显著的。两个 DA 模型间的相关度较高，这不是我们特效模拟的假象。原因是应计被定义为余额的差额。这抵消了应计长期均值的影响。也就是说，如果应计额是盈余的 0.144，且其产生于 μ = 10 000 的均值回归过程（即 $X_t = 10\,000 + \varepsilon_t$），那么应计额的差额，即应计为 0.144×$\Delta\varepsilon_t$。反之，如果平均销售收入不稳定，则两个模型的相关系数可能更小。

10.1.3.3　检验

DeAngelo 定义的总应计与 Healy（1985）一样，除了在她早期研究中，DeAngelo

调整盈余以反映会计的权益方法对公司间投资的影响。

在1986年的研究中，DeAngelo没有检测盈余管理，但在1988年的研究中，她成功检测到盈余管理。她的检验结果表明在代理权竞争中，盈余增加且增幅为总资产的1%，但应计增加了2%，尽管平均现金流的变化接近于零。因此，该证据说明盈余管理而非业绩提高是对代理权竞争压力作出的反应。

目前大多数研究没有运用DeAngelo的方法，除非他们想比较不同操控性应计模型的效力（如Dechow、Sloan和Sweeney，1995；Guay、Kothari和Watts，1996；Young，1999；Thomas和Zhang，2000；Bartov、Gul和Tsui，2002）。

§10.1.4 Dechow和Sloan（1991）

10.1.4.1 研究的问题

Dechow和Sloan分析了即将离职的CEO在任期最后一年中的研究和开发（R&D）支出。他们提出以下假设：

H1：在CEO离职前的两年里，研发支出减少的可能性更高。

H2：如果CEO的财富对公司价值敏感，那么研发支出减少的可能性更低。

H3：如果CEO变更是和平的，那么研发支出减少的可能性更低。

由于净收益是CEO奖金的基础，第一个假设由此提出。因此，CEO有动机通过减少研发支出来增加盈余。第二个假设是基于观察得到的，即研发减少降低了公司预期价值，所以当CEO持有公司股份时，其减少研发的动机减弱。第三个假设是基于事实得到的，即如果即将离职的CEO在离职前几年把权力移交给继任者，则到CEO离职时，他对这些决策没有权力（Vancil，1987）。

10.1.4.2 对盈余管理研究的贡献

Dechow和Sloan的研究设计是基于以下假设：在同行业所有公司间，非操控性应计的决定因素的变动是相同的。正常非操控性应计的行业模型（如Dechow、Sloan和Sweeney，1995；Guay、Kothari和Watts，1996）是：

$$NDA_{t+1}=\gamma_1+\gamma_2 \text{median}(TA_{t+1}) \tag{10.11}$$

其中，median（TA_{t+1}）是同行业和同年度中所有非样本公司的总应计的中位数，除以滞后一期的资产（Dechow、Sloan和Sweeney，1995使用标准产业分类（SIC）二级代码）。

该方法的优点是研究者不必构建关于正常项目如何表现的模型。Dechow和Sloan指出，“关于没有操纵时的预期R&D支出水平，我们没有明确的理论”（p.55）。他们的检验不采用以前的方法，而是考虑有管理盈余动机的公司与缺乏动机的公司在TA上的差异。

但它有两个缺点：首先，该模型仅适用于事件研究，且并非所有公司经历相同事件。其次，即使行业中并非所有公司有同样的动机去管理盈余，但如果其他公司也向同样的方向管理盈余，则该检验对发现盈余管理是有偏的；而如果其他公司向相反的方向管理盈余，则该检验可能表明不存在盈余管理。

10.1.4.3　检验

Dechow 和 Sloan 运用91个公司的共计517个公司-年样本，对以下模型回归：

$$\Delta R\&D_{it}=\alpha+\beta_1 DUM_{it}+\delta\Delta R\&D_{m(i)t}+\varepsilon_{it} \tag{10.12}$$

其中：

$\Delta R\&D_{it}$ = R&D的变化；

DUM_{it} = 虚拟变量，在CEO任期的最后两年，取值为1，否则为0；

$\delta\Delta R\&D_{m(i)t}$ = R&D支出中经济系统变化指数，按SIC三级代码计算所有公司，给定公司-年的权重与它的市场价值占所有公司价值的百分比有关。

他们发现在CEO任期的最后两年，R&D减少，且他的继任者大量增加R&D，但如果离职CEO拥有足够多的公司股权，则这一影响会减弱。

§10.1.5　Jones模型

10.1.5.1　研究的问题

Jones（1991）检验了在美国国际贸易委员会（International Trade Commission，ITC）的进口救济调查期间美国公司的应计。进口救济意味着保护国内的生产者，使之不受国外公司的竞争影响，主要方式有提高关税、减少配额、限制进口的市场协定和重新安置雇员的政府调节援助等。ITC以会计盈余、存货水平和剩余生产能力为基础进行决策。如果竞争导致这些会计信号严重恶化，就实行进口救济。

最优的盈余管理策略是减少盈余，以传递国外公司竞争有害的信号，特别是因为ITC不会调整财务数据来反映会计选择。

10.1.5.2　对盈余管理的贡献

Jones的文章是一个实证研究，所以它暗含一个假定：公司在事件前不管理盈余。因此，公司盈余的时间序列可以分解为两个子期间：估计期（其中，DA=0）和事件期。

Jones按以下程序展开：

第一阶段：估计期

在估计期，正常应计是：

$$NDA_{it}/A_{it-1}=TA_{it}/A_{it-1}=\alpha_i\ [1/A_{it-1}]\ +\beta_{1i}\ [\Delta REV_{it}/A_{it-1}]\ +\beta_{2i}\ [PPE_{it}/A_{it-1}]\ +\varepsilon_{it} \tag{10.13}$$

其中：

TA = 总应计；

A = 资产；

REV = 营业收入；

PPE = 总财产、厂房和设备；

ε = 误差项；

i = 公司，i=1，2，…，N；

t=估计期的各个时期（年），$t=1, 2, \cdots, T$；

Δ=给定变量的变化。

等式（10.13）没有常数项，因为第一项是期初资产的倒数。为了尽量消除异方差的影响，我们用滞后一期的资产去平减模型 $NA_t = B_1 + B_2 \Delta REV_{it}/A_{it-1} + B_3 [PPE_{it}/A_{it-1}] + \varepsilon_{it}$中的所有变量，得到该等式。等式（10.13）是基于以下理解：营运资本应计与销售收入的变化有关，折旧与资产有关。

通过回归，得到系数的估计量 $\hat{\alpha}_i$、$\hat{\beta}_{1i}$、$\hat{\beta}_{2i}$。这些系数的符号应该是什么？显然，财产、厂房和设备的系数为负，因为 PP&E 决定折旧费用。达成共识的是，销售收入变化的系数应为正。有争论的是，应收账款的变化与应付账款的变化有联系。既然盈利公司的销售收入超过其费用，如果公司信用政策与其供应商类似，则净营运资本应计将为正。为了说明这一点，让当期应计的变化由应收账款的变化减去应付账款的变化构成。假定所有销售只使用现金，但部分购买是以赊账方式进行。当销售收入增加时，应付账款也增加，所以销售收入变化的系数为负。

我们进行了以下检验。我们建立了本期应计①对滞后一期资产的导数和经平减后的销售收入变化的横截面回归。样本包括 Compustat 数据库 1991—2004 年所有公司（1990 年的数据用来计算 1991 年销售收入变化因子）。我们进行了如下筛选：剔除金融机构（SIC 6000-6999），因为它们的会计不同于其他，并且要求每个公司有超过 $100 000 的销售收入和资产，因为 Jones 模型不适用于极端的业绩（见下面的讨论）。我们还剔除了缺失数据的公司和本期应计超过上一期资产的公司。

我们对每一年每一行业（至少包括 30 个公司）分别进行回归。因此，OLS 中正态分布的假定可能成立。将公司按 SIC 三级代码分组。最后，得到 586 个回归：359 个系数为正，227 个系数为负。也就是说，39% 的销售收入变化的回归系数为负。

总之，负的折旧应计决定了总应计的符号。例如，Barth、Cram 和 Nelson（2001）发现尽管应收账款和应付账款是平均资产（期初资产加期末资产，再除以 2）的 1%，但折旧相当于这个数的 5 倍。因此，在某些情况下，实证研究者选择只关注短期应计，而忽略长期的折旧应计（Teoh Welch 和 Wong, 1998a, b）。

第二阶段：

在检验阶段，将参数 $\hat{\alpha}_i$、$\hat{\beta}_{1i}$、$\hat{\beta}_{2i}$代入等式（10.13）。应计的残差项（等式的预测误差）是非正常应计，它完全与操控性应计相等。也就是说：

① 本期应计定义为经营活动盈余（Compustat #123）与经营活动现金流（Compustat #308）的差额，加上折旧费用（Compustat #125）和资产处置损失（利得）（Compustat #213），即为 Compustat #123 - #308 + #125 + #213。

总应计额　从公司财务数据获得 i，TA_{ip}
正常应计　通过销售收入和固定资产的变化来估计，除以期初总资产，系数由等式（10.13）估计： $T\hat{A}_{ip}/A_{ip-1}=\hat{\alpha}_i\ [1/A_{ip-1}]\ +\hat{\beta}_{1i}\ [\Delta \mathrm{REV}_{ip}/A_{ip-1}]\ +\hat{\beta}_{2i}\ [\mathrm{PPE}_{ip}/A_{ip-1}]$
可操控应计　等于总应计减去正常应计： $u_{ip}=\mathrm{TA}_{ip}-T\hat{A}_{ip}$

10.1.5.3　检验

总应计根据资产负债表计算：Δ 流动资产（Compustat #4）－Δ 现金（Compustat #1）－［Δ 流动负债（Compustat #5）－Δ 一年内到期的长期负债（Compustat #44）－Δ 应付所得税（Compustat #71）］－折旧和摊销费用（Compustat #14）。为了克服异方差，Jones 用年初资产平减所有变量。

Jones 研究的结果拒绝原假设：公司没有管理盈余以影响救济调查的结果。调查前几年和调查期间的 Z 统计量（分别取－1 和 0）分别是－0.372（单尾显著性水平是 0.356）和－3.459（单尾显著性水平是 0.0003）。

§10.2　Jones 模型的评价

我们分两部分讨论。第一部分探讨我们自己的问题，并阐述有关模拟的争论。第二部分总结文献中已论证的结论。

§10.2.1　未探讨的问题

Jones 的正常应计的系数是用时间序列分析估计的，以便于回归参数适合每个公司。但时间序列方法有些要注意的地方。特别地，它提出了以下不相关的问题：

- 公司在估计期放弃了盈余管理吗？
- 随着时间推移，公司特定的基础是稳定的吗？

10.2.1.1　假设：估计期没有盈余管理

Jones 的方法包括两个阶段：（1）估计期，在此期间决定正常应计的系数；（2）事件期，在此期间为了检验盈余管理，分离出非正常应计。但现实是否如此理想化，以至于在估计期的 8 到 15 份年报里没有盈余管理发生？

表 10.2 列示了取自 Ye（2006）表 1 对 Compustat 数据库 1987—2003 年所有公司样本的统计量均值和中位数。

表 10.2　　应计的构成

	项目	平均数（中位数）	总应计的百分比（%）
1	总应计	-6.443（-5.489）	100
2	当期应计	-0.650（-0.144）	10.08（2.62）
3	折旧	-0.080（-0.051）	1.24（0.93）
4=2+3	当期应计与折旧之和	-0.73（-0.195）	11.33（3.55）
5=4-1	总应计减去总当期应计与折旧之和	5.713（5.294）	88.67（96.44）

表 10.2 表明，本期应计和折旧的总和得到的估计值比实际总应计更低。差异可归因于出售资产的损失。显然，相对这些资产的经济价值，它们的账面价值在销售前被夸大了。这可能是因为公司亏本卖掉没有生产能力的资产，但考虑到资产价值的降低应当立即注销，所以变量值的变化就很大。这表明由于过于乐观的折旧政策，资产可能被夸大。

假定公司在估计期管理折旧，我们对 Jones 模型的应计进行模拟。模拟的优点在于我们知道正确的操控性应计。缺点在于把我们自己的偏好强加于应计生成过程。因此，我们结果的一般化要求谨慎计量。该模拟基于以下参数：

1. 销售收入服从随机游走，$S_t=S_{t-1}+\varepsilon_t$。其中，$\varepsilon_t$ 是销售收入新息，来自于 Beta 分布，且 $\alpha=\beta=3$，最小值=100，最大值=1 000（即均值为 450 的对称分布）。

2. 可折旧的财产、厂房和设备是总资产的 0.553。经济使用年限是 4 年，残值为 0。

3. 盈余是销售收入的随机百分比。利润边际在 0.08 与 0.25 之间均匀分布。公司盈余扩大期末资产。

4. 本期应计中应计额的变化是销售收入新息的 0.144，即本期应计变化是 0.144ε，且长期应计额是折旧费用。

5. 初始参数为：资产=141.3；销售收入=2 000。

6. 此后，每 4 年公司实施一次资本性支出，金额为上一年销售收入的 1/10。

7. 公司管理盈余的方式是乐观地在前三年对可折旧资产计提 1/8 的折旧。剩余的折旧成本在第四年年底花费。

我们运行了 1 000 次模拟，把每一次运行看做是代表一个不同的公司。每个公司有 16 年的数据。前 4 年用来引起不同公司上面所指参数的变动。模拟样本包含每个公司的第 5 到第 16 个年度，所以 12 年模拟由三个四年周期构成（第 5 ~ 8 年，第 9 ~ 12 年，第 13 ~ 16 年）。

非操控性应计模型的模拟为：

$$NDA_{it}/A_{it-1}=0.144\ [\Delta REV_{it}/A_{it-1}]\ -0.25\ [PPE_{it}/A_{it-1}] \qquad (10.14)$$

给定模拟的 NDA，真实总应计和操控性应计如下：

在每个周期的前 3 年（第 5 ~ 7 年，第 9 ~ 11 年，第 13 ~ 15 年）：

$$TA_{it}/A_{it-1}=NDA_{it}/A_{it-1}+0.125\ [PPE_{it}/A_{it-1}] \qquad (10.15a)$$

即：

$$DA_{it}/A_{it-1}=0.125\ [PPE_{it}/A_{it-1}] \tag{10.15b}$$

在每个周期的最后一年（第 8 年、第 12 年、第 16 年）：

$$TA_{it}/A_{it-1}=NDA_{it}/A_{it-1}+Reversal_{it}/A_{it-1} \tag{10.15c}$$

其中：

$$Reversal_{it}=-0.375PPE_{it-1} \tag{10.15d}$$

即：

$$DA_{it}/A_{it-1}=0 \tag{10.15e}$$

由于 Jones 模型没有区分每个周期的第 1～3 年和第 4 年，它得出了有偏的系数。图 10.5 是销售收入变化的系数与我们 0.144 的模拟参数之间差异的分布情况。

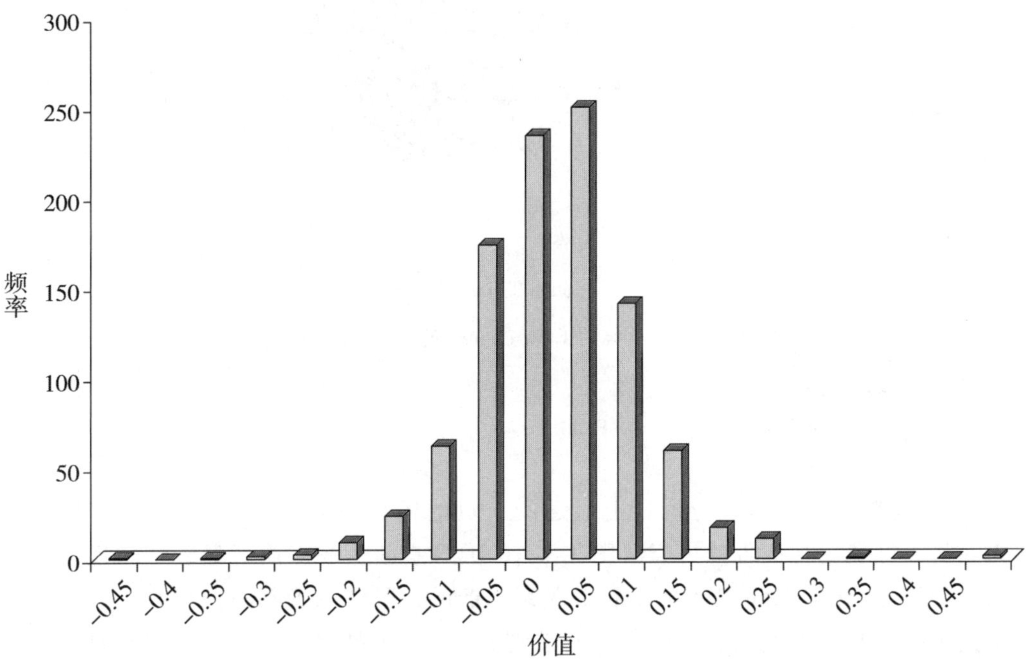

图 10.5　销售收入变化的估计系数对模拟假设的偏离

只有 23.6% 的样本是没有偏离的，42.5% 的样本在 0.05 的偏离度内，其他的样本就偏离得更多了。

我们检验了两次 Jones 模型。第一次检验运用第 5～14 年的数据来估计第 15 年的 DA，即 DA_{15}。盈余管理的真实大小 EM_{15} 等于第 15 年折旧费用的 50%。第二次检验运用第 5～15 年的数据来估计第 16 年的 DA，即 DA_{16}。但在第 16 年，没有盈余管理发生。由于前 3 年应计的反转，应计是非正常的，为 $Reversal_{16}$。

我们建立了 Jones 估计的操控性应计对基于模拟参数的预期操控性应计的横截面回归。

第一次检验得：

$$EM_{15}=1.677\times JonesDA_{15}\ (R^2=0.44)$$
$$(t=27.89) \tag{10.16}$$

这里 Jones 模型确实低估了EM_{15}。但作为盈余管理存在性的检验，Jones 模型是有效的，因为它捕捉到盈余管理显著向右。见图 10.6。

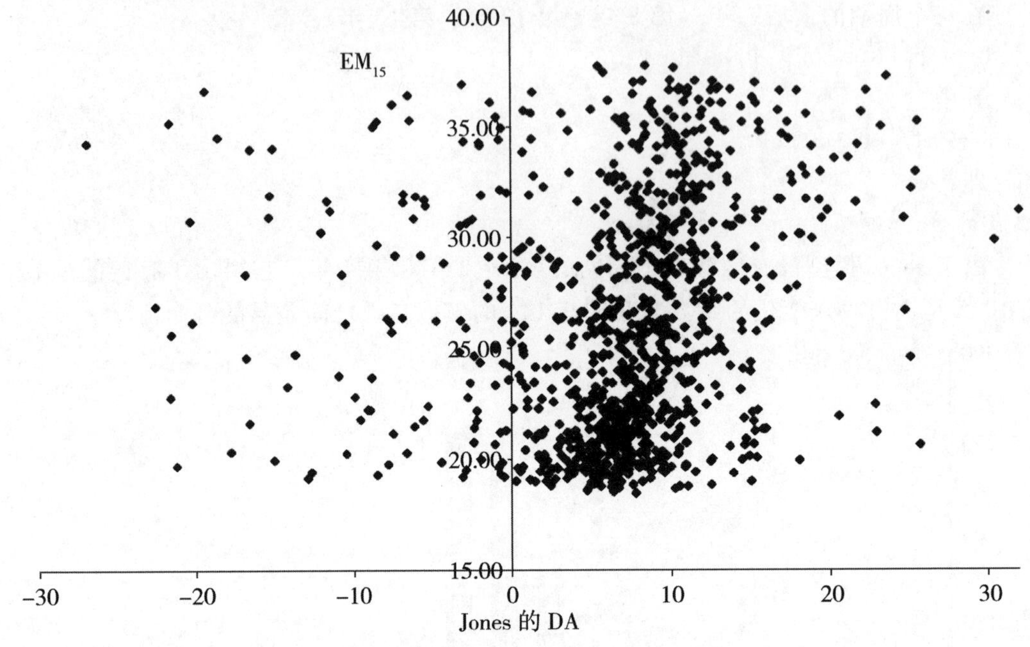

图 10.6　第 15 年的 EM 与 Jones 的 DA 之间的联系

第二次检验得：

$$Reversal_{16}=-0.68\times JonesDA_{16}\ (R^2=0.995)$$
$$(t=-512.58) \qquad (10.17)$$

Jones 模型把反转解释为统计上显著的、负的操控性应计。这一结果有误导性，因为经济折旧费用与报告的折旧费用在第 16 年的差额是前三期管理应计的反转。极高的 R^2 是由反转与 Jones DA 的伪相关关系引起的，既然二者都与销售收入有关：反转是因为投资与第 4 期之前的销售收入成比例，而 DA 是因为它是通过应计对本期销售收入的回归来计算的，这是对第 4 期之前销售收入的带噪声的度量。

总之，我们的结果证实了估计期的盈余管理降低了检验的有效性。

10.2.1.2　假设：应计强度系数的平稳性

时间序列分析的基本假设是系数 α_i、β_{1i} 和 β_{2i} 是不随时间改变的（且与误差项正交）。该假设与长期存在下去相冲突。也就是说，时间序列分析需要一系列样本。Dechow、Sloan 和 Sweeney（1995）指出，公司存在的平均年数超过 20 年。很难想象公司长期不调整企业政策和应计政策，而这影响公司的 NDA。

而且，Jones 模型也暗含费用平稳性的假设，因为模型对销售收入只有一个自变量衡量。不把费用作为独立的自变量可能导致忽略变量问题，除非在费用与销售收入的关系中存在其他的平稳性。在 Jones 模型中，来自费用业务的应计与来自销售业务的应计之间的比率被假定是固定的。

Yaari、DaDalt、Ronen 和 Yaari（2007）注意到一个事实，即营业收入与费用之间的平稳性创造了“应计之谜”。考虑下面的盈余、现金流与应计之间的协方差以及它们的符号，得到：

$$\mathrm{Cov}(\mathrm{TA}, X) > 0 \tag{10.18a}$$

$$\mathrm{Cov}(F, X) \geqslant 0 \tag{10.18b}$$

$$\mathrm{Cov}(\mathrm{TA}, F) \leqslant 0 \tag{10.18c}$$

实证研究已确定，前两个为正，第三个为负（见 McNichols 和 Wilson，1988，表 1；Finger，1994；Sloan，1996；Dechow、Kothari 和 Watts，1998；Dechow、Sabino 和 Sloan，1998；McNichols，2000；Barth、Cram 和 Nelson，2001；Dechow 和 Dichev，2002）。

为了明白“应计之谜”，用 α 表示应计与盈余的比率，此后称之为应计强度。$\mathrm{TA} \equiv \alpha X$，且 $F \equiv (1-\alpha) X$，其中，X 是盈余，F 是现金流。那么：

$$\mathrm{Cov}(\mathrm{TA}, X) = \alpha \mathrm{Var}(X) > 0 \tag{10.19a}$$

$$\mathrm{Cov}(F, X) = (1-\alpha) \mathrm{Var}(X) > 0 \tag{10.19b}$$

$$\mathrm{Cov}(\mathrm{TA}, F) = \alpha(1-\alpha) \mathrm{Var}(X) < 0 \tag{10.19c}$$

等式（10.19a）和等式（10.19b）为正，意味着 α 和（$1-\alpha$）都为正，这暗含着等式（10.19c）必须为正，但这与结果矛盾，结果是现金流与应计之间的协方差为负！

假定，例如，盈余的方差是 1，且盈余分解为 10% 的应计和 90% 的现金。盈余构成要素（应计和现金流）与盈余之间的协方差分别是 0.01 和 0.09，且现金流与应计之间的协方差是 0.09>0。

一个替代性假设是应计强度是随机变量。令 $\mathrm{TA} \equiv \alpha X + \nu$，且 $F \equiv (1-\alpha) X - \nu$。其中，$\nu$ 是白噪声（$E(\nu) = 0$，$E(\nu^2) = \tau^2$），盈余假定与噪声无关（$E(X, \nu) = 0$）。修改的协方差如下：

$$\mathrm{Cov}(CF_t, X_t) = \alpha\sigma^2 \tag{10.20a}$$

$$\mathrm{Cov}(\mathrm{TA}_t, X_t) = (1-\alpha)\sigma^2 \tag{10.20b}$$

$$\mathrm{Cov}(CF_t, \mathrm{TA}_t) = \alpha(1-\alpha)\sigma^2 - \tau^2 < 0 \tag{10.20c}$$

当等式（10.20c）中第二项的绝对值比第一项高时，现金流与应计之间的关系是负的。

这一问题已经被关注一段时间了（Healy，1996；Dechow、Sabino 和 Sloan，1998；Kothari、Leone 和 Wasley，2005）。例如，Dechow、Sabino 和 Sloan，1998 用随机强度来模型化应计过程（即应计与销售收入的比率是随机变量）。其含义是非正常应计可能不反映操控性应计，而是反映隐含的经济模型中的变化。

为了明白在 Jones 模型中将销售收入和滞后一期的销售收入联结成一个自变量的影响，我们把销售收入变量分解为本期销售收入和前期销售收入，并进行回归。我们选取了 Compustat 数据库 1991—2004 年所有超过 \$1 000 000 的销售收入和资产的公司，且其为数据可得的非金融机构（SIC 6000-6999），然后按 SIC 三级代码和年度分组。在剔除缺失数据的样本和应计超过总资产的样本后，我们得到 586 个行业-年回归（行业内至少包括 30 个公司）。

我们使用 Teoh、Welch 和 Wong（1998b）的当期应计模型的分解版本：

$$NDA_t = \frac{1}{Assets_{t-1}} + \lambda_t S_t + \lambda_{t-1} S_{t-1} + \varepsilon_t \tag{10.21}$$

图 10.7 列示了销售收入和滞后一期销售收入的系数差异的分布状况，并将之与正态分布比较。在我们的文章中，我们说明了 λ_t 和 λ_{t-1} 之间的差异可以通过在 Jones 模型中增加自变量来解决。图 10.7 表明该自变量近似服从正态分布，且是围绕正的均值的分布。

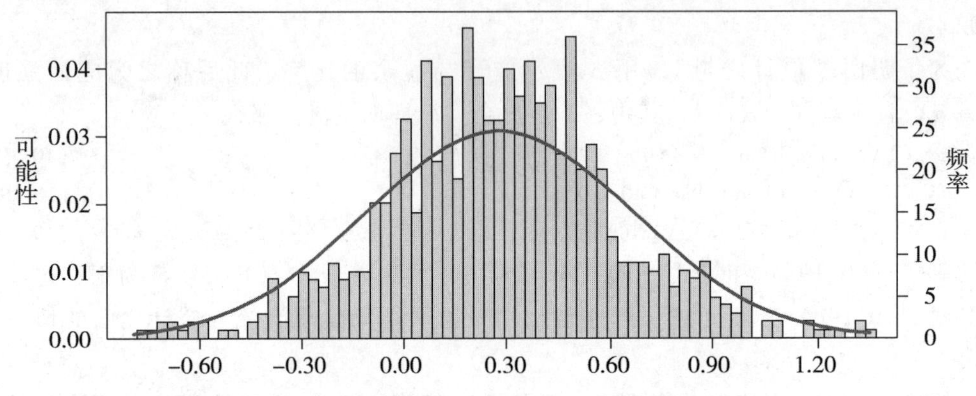

图 10.7　销售收入和滞后一期销售收入间系数差异的分布

我们使用横截面分析，因为它假定行业内所有公司有相同的经营周期，以及这些公司都在相同的周期阶段。时间序列分析没有做这一假定，因为它的估计系数是公司特定的。然而，给定时间序列分析需要很长的时期，且在此期间公司要靠调整公司计划和信用政策来设法生存，横截面分析看上去提供了更好的方法。而且，不清楚公司在每个会计年度年底是否处在相同的经营周期阶段。为了说明它，假定客户在其购买日后两星期内付款。2××1 年，12 月的大多数销售收入发生在前两周。2××2 年，12 月的大多数销售收入发生在第三周。即使信用政策没有变化，应收账款（因而应计）作为销售收入的一定比例，仍将在连续数年里有所不同。

§10.2.2　Jones 模型的评价

评价 Jones 模型的文献主要关注污染数据和模型错误设定。后文的总结也提供了补救方法。那么，这里我们不关注这些问题，而是关注方法的质量。

10.2.2.1　非正常应计与 DA

第一个问题是将非正常应计与 DA 划等号的有效性。一些应计变动是由变化的业务情况以及相应的战略和经营决策的变化引起的，而不是盈余管理引起的（Healy, 1996）。换句话说，当研究者拒绝没有盈余管理的原假设时，是否存在第一类错误呢？

该问题的解决方法之一是增加代表公司战略因素的自变量。

Hansen（1999）用 Jones 模型估计的操控性应计对用于收购的现金流或资金的水平和滞后一期变量 *Acq*，用于资本性支出的现金流或资金 *Cap*exp，非连续性经营活动 *Disc* 和来自财产、厂房和设备销售的现金流 *PPEsales* 进行回归：

$$\frac{|DA_t|}{A_{t-2}}=\beta_0\frac{1}{A_{t-2}}+\beta_1\frac{|Acq_t|}{A_{t-2}}+\beta_2\frac{|Acq_{t-1}|}{A_{t-2}}+\beta_3\frac{|Disc_t|}{A_{t-2}}+\beta_4\frac{|Disc_{t-1}|}{A_{t-2}}+\beta_5\frac{|Cap\exp_t|}{A_{t-2}}+\beta_6\frac{|Cap\exp_{t-1}|}{A_{t-2}}+\beta_7\frac{|PPEsales_t|}{A_{t-2}}+\beta_8\frac{|PPEsales_{t-1}|}{A_{t-2}}+\varepsilon_t \tag{10.22}$$

Hansen 认为非正常应计可能反映经济模型的变化而不是 DA。他发现自变量都为正，且在 0.01 水平上显著，据此推断结构变化造成操控性应计模型中的计量误差。评价该研究对盈余管理研究的贡献，需要连同 Hribar 和 Collins（2002）一起考虑，下文将详细阐述。

另一种方法关注样本选择。该方法删除较小的公司，它们通常是高增长公司，以与 DA 无关的、异常高的应计水平为特征。McNichols（2000）通过增加资产回报率（ROA）变量，控制了业绩。她表明非正常应计对增长率敏感，这里增长率是用分析师的一年后的预测值来衡量的。结果表明一些非正常应计与高增长公司有关。目前控制 ROA 的方法是把滞后一期的 ROA 作为 Jones 程序第一阶段的附加回归因子（见本书第 11 章对 Kothari、Leone 和 Wasley，2005 的讨论）。

10.2.2.2　小样本

一般来说，小样本会减弱检验的效力，因为它产生了大量的标准误。因此小样本增加了犯第二类错误的几率（错误接受盈余管理没发生的原假设）。这是一个需要特别关注的问题，因为有害的盈余管理旨在避免被发现。但如果样本足够大，实证研究“可能分离用来表征总体的系统性影响，但这对外部人来说，一个一个例子不是那么明显”（DeAngelo，1986，p. 405）。在某种程度上，小样本是不可避免的，因为在开始事件研究时样本数往往较小。在 Jones（1991）的研究中，样本只包括五个行业的 23 个公司（汽车（4）、碳钢（5）、不锈钢和合金工具钢（2）、农作物（4）和鞋类（8））。

因此，一些研究运用大样本进行横截面分析。例如，Bartov、Gul 和 Tsui（2002）指出，在横截面分析中，估计正常应计的样本中位数是 140，而在时间序列分析中只有 8 个样本。一些研究诉诸于运用混合样本（见 Erickson 和 Wang，1999；Cahan，1992；Han 和 Wang，1998；Hribar 和 Collins，2002；Park 和 Park，2004）。

但横截面分析方法提出一些时间序列分析中不存在的问题。首先，正常应计的适当标准是什么？已有文献提供了一些方法：配对公司（e. g.，Kang，2005；Kothari、Leone 和 Wasley，2005）；配对技术（Kasznik，1999；Klein，2002b）；在同一行业和年度的所有公司（DeFond and Jiambalvo，1994；Bartov，Gul，and Tsui，2002）；在同一行业同一年度的公司，事件公司除外（Matsumoto，2002）；上年行业业绩（Teoh、Welch 和 Wong，1998a，b；Xie、Davidson 和 DaDalt，2003；Williams，2006）。对这

一问题的更多讨论，参见 Baber 和 Lyon（1996）。

其次，不管标准如何，横截面方法产生一个问题，即是否这些用来估计正常应计系数的样本本身包含一些管理应计。Jeter 和 Shivakumar（1999）谈到，

> 考虑一个拥有有利经济条件的行业。如果公司平滑报告盈余，那么该行业的公司“实际”非正常应计将是负的。横截面模型不可能捕捉到所有负的非正常应计，然而，样本中公司间盈余管理同期相关。因此只有那些相对行业标准来说应计为负的公司，将被认定是盈余管理者。这反映了横截面方法的潜在限制，或对某些情况下发现盈余管理证据的偏差（p. 301）。

再次，行业内的横截面分析剔除了那些包含较少公司的行业的样本。而且，你可能质疑同质性假设——一个行业的所有公司有相同的经营技术，给定业绩水平且如果所有公司在经营周期的同一阶段，得出的正常应计相同——的有效性。虽然 SIC 二级代码提供了同一行业内更多数量的公司，但它可能加进了几乎没有共同点的公司（Bernard 和 Skinner，1996）。

虽然如此，研究者认为横截面方法优于时间序列方法。Jeter 和 Shivakumar（1999）及 Kang（2005）应用了显著性标准和标准误。Bartov、Tsui 和 Gul（2001）考虑了参数的标准差，这在横截面回归中更低。

Ye（2006）通过在正常应计模型中，增加对公司特定业务基础的控制，弥补了横截面样本的非同质性。他表明与只按年度和行业划分的横截面模型相比，包含他选择的业务基础的混合回归（Fama 和 MacBeth（1973））达到更高的 R^2。Ye 把样本限于强制性要求披露现金流量表之后的时期，得到 1987—2003 年 75 348 个样本。

10.2.2.3　计量误差

污染数据是个问题，因为如果总应计被错误计量，则 DA 的计量可能也是错误的。某种程度上，这一问题不可避免，因为研究依赖于公开数据，而公开数据并不总是完全的。例如，各年折旧费用是不同新旧程度的资产的折旧之和。Kaplan（1985）发现较老资产的折旧不太可能被管理。

10.2.2.3.1　计量误差对估计 DA 的影响

一些学者（McNichols 和 Wilson，1988；Kang 和 Sivaramakrishnan，1995；Hansen，1999；McNichols，2000；Hribar 和 Collins，2002，表 3）运用线性模型来检验事件前后的盈余管理，其中事件是用分组变量**PART** 来衡量的：

$$DA = \alpha + \beta \mathbf{PART} + \varepsilon \qquad (10.23)$$

其中：

DA＝操控性应计（根据 Jones 模型得出，经滞后一期总资产平减）；

PART ＝虚拟变量，把数据分成两组，研究者据此设定盈余管理预测，取值为 0 或 1；

ε＝误差项，独立且同正态分布。

在据说发生盈余管理的公司-年（“事件期”），**PART** 等于 1；在其他公司-年

（“估计期”），**PART** 等于 0。因此，如果**PART** =0，则平均操控性应计为 α；如果**PART** =1，则平均操控性应计为（$\alpha+\beta$）。

我们运用 ODA 来表示基于观测变量估计的应计方向。如果 ODA 存在计量误差，用 ME 来表示（即 ODA=DA−ME），则该回归估计为：

$$\mathrm{ODA}=\hat{\alpha}+\hat{\beta}\mathbf{PART}+v \tag{10.24}$$

其中：

$$v=\mathrm{ME}+\varepsilon \tag{10.25}$$

正如 Hansen 发现的，“操控性应计模型中的计量误差是很重要的问题，这些模型有用与否关键取决于它们是否有偏”（1999，p. 2）。如果分组变量**PART** 和计量误差 ME 不相关，则该回归得出无偏估计。否则，$\hat{\beta}$ 有偏，因为：

$$\hat{\beta}=\beta+\frac{\mathrm{Cov}\ (\mathbf{PART},\ v)}{\mathrm{Var}\ (\mathbf{PART})} \tag{10.26}$$

当**PART** 与计量误差 ME 的协方差的符号，与真实系数符号相反时，研究者可能得出错误的结论。

> 为了把以应计为基础的检验解释为盈余管理没发生的证据，你必须确信操控性应计代理变量能足够敏感地反映它。为了把以应计为基础的检验解释为盈余管理发生的证据，你必须确信操控性应计代理变量中的计量误差与研究设计中的分组变量无关（McNichols，2000，p. 320）。

10.2.2.3.2　补救：计算应计的不同方法

污染数据问题也受研究者的应计定义的影响。这里有两个互相排斥的补救方法：

1. 资产负债表法（BA）：总应计是非现金流动资产的变化（Compustat item #4 − #1）减流动负债的变化（一年内到期的长期负债除外）（Compustat item #5 − #34），再减折旧（Compustat item #14）。

2. 现金流量表法（CA）：总应计是特殊项目和非连续性经营活动前收益（Compustat item #123）与经营活动现金（Compustat item #308）之间的差额。

两种方法都用滞后一期资产（Compustat item #6）平减回归因子。

两种方法可能由于以下几个原因得出不同的数字。首先，BA 包括非流动应计，折旧除外，比如非连续性经营活动应计。其次，资产负债表没有与利润表连接。

Hribar 和 Collins（2002）认识到三个主要的事件可能导致这些分歧：兼并与收购（M&A）、剥离和外币换算。M&A 和剥离导致现金流量表中的投资活动，但它们可能也影响营运资本。当 M&A 增加营运资本应计时，它们把正偏差引入正常应计的估计中，而把负偏差引入非操控性应计的估计中。剥离有相反的作用。外币换算确认在基于资产负债表的综合收益中，因此它们对报告在利润表中的盈余没有影响。BA 估计的偏差取决于美元是增强还是减弱。注意这些列举并不详尽。例如，BA 和 CA 之间存在差异的另一原因是重分类，如把项目从线上移到利润表的“非连续性经营活动”部分（线下）。

CA 得到比 BA 更低的计量误差（Bahnson、Miller 和 Budge，1996；Baber 和 Kang，2001；Hribar 和 Collins，2002）。Hribar 和 Collins 检验了 1988—1997 年 14 558 个公司-年样本。其中，收购活动有 2 991 个公司-年样本，非连续性经营活动有 1 277个公司-年样本（代替剥离），外币换算有 2 812 个公司-年样本。将这些样本与没有这三种事件的 8 203 个公司-年比较，单变量检验表明 BA 在应计计量中引入偏差。对于 25% 的公司-年，在 M&A、非连续性经营活动和外币换算的子样本中，资产负债表方法下估计应计的误差分别等于特殊项目前盈余的 64. 34% 、19. 85% 和 24. 66%，而没有这三种事件的公司子样本中，误差为 25. 19% 。多变量分析表明，M&A 引起上一期总资产的 1. 48% 的正偏差，非连续性经营活动引起上一期总资产的 - 1. 56% 的负偏差，而外币换算引起上一期总资产的 - 0. 49% 的负偏差。如果是大的兼并（即它增加超过 50% 的当期销售收入），M&A 引起的偏差增加到上一期总资产的 2. 39% 。

盈余管理研究的意义在于第二部分报告的一些结果可能是计量误差引起的。例如，Hribar 和 Collins 注意到，销账与向下管理盈余一致的结论可能是销账之间正相关关系的假象，这是重组和非连续性经营活动导致的（见 Rees、Gill 和 Gore，1996）。类似地，困难公司的非连续性经营活动可能使这些公司的向下盈余管理检验产生偏差（Perry 和 Williams，1994；DeFond 和 Subramanyam，1998）。

Young（1999）进一步深入了解了忽略变量的重要性。他检验了预期操控性应计与现金流、销售增长率、资产强度（用固定资产净值与资本市值的比率衡量）、固定资产平均年限（用固定资产总值与折旧费用的比率衡量）、杠杆率（用长期负债与全部股东权益的比率衡量）、董事总权益占所有权益的比重、规模（前一期销售收入的自然对数）和平滑的指示变量（如果给定公司的 NDA 超过所属行业上一期 NDA 中位数，则取值为 1）之间的关系。前四个控制变量是被推测为导致估计偏差的忽略变量。后三个是为了控制盈余管理的动机，且被假定与前四个正交。Young 表明所有的变量都影响非正常应计的变化，且都显著。

关于用不同方法衡量应计的性质的进一步讨论，参见 Sloan（1996）及 Bradshaw、Richardson 和 Sloan（2001）。用资产负债表方法衡量的应计“往往在一段时间内相对稳定，只占总应计变化的很少一部分……”（Bradshaw、Richardson 和 Sloan，p. 51）。

10. 2. 2. 4　忽略变量

在某种程度上，F 统计量和 R^2 表明 Jones 模型拟合程度如何，结果表明 Jones 模型没有包括所有相关的回归因子。

例如，在我们上面使用的样本中，本期应计回归模型的 R^2 分布如图 10. 8。

注意，151 个样本的 R^2（895 的 16. 87%）为 0，382 个样本（42. 68%）处于 -0. 1到 0. 1 之间。明显的解释是，某些解释 TA 的变量被忽略了。

Dechow、Hutton 和 Sweeney（1995）详述了忽略变量问题。考虑他们的盈余管理线性检验：

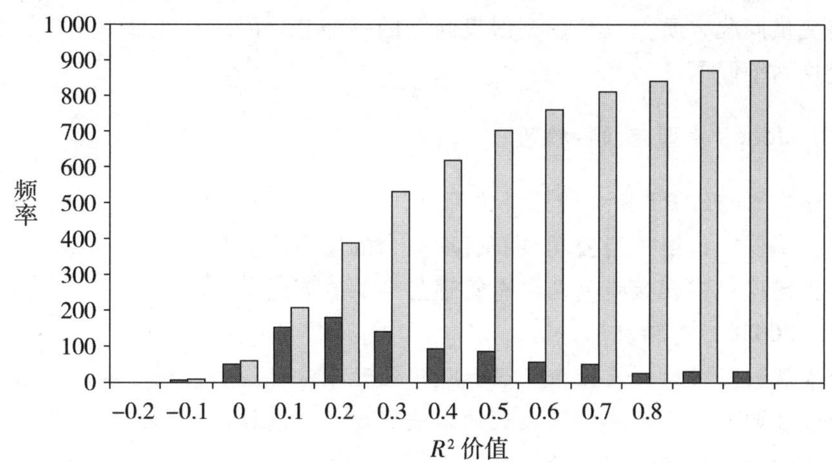

图 10.8　R^2 的频率（累积频率）

$$DA_t = \alpha + \beta PART_t + \sum_k \gamma_k X_{kt} + \varepsilon_t \quad (10.27)$$

其中：

DA＝操控性应计，经滞后一期总资产平减；

PART ＝虚拟变量，把数据分成两组，研究者据此设定盈余管理预测；

X_{kt}＝其他影响操控性应计的相关变量；$k=1, 2, ..., K$；

ε＝误差项，独立且同正态分布。

如果没有变量被忽略，且在“事件期”公司–年，**PART** 等于 1，而在“估计期”等于 0，那么当 $\beta=0$ 时，平均 DA 是 $\alpha + \sum_k \gamma_k X_{kt}$；当 $\beta=1$ 时，平均 DA 是 $\alpha + \beta + \sum_k \gamma_k X_{kt}$。如前所述，原假设是 $\beta=0$。

如果变量被忽略了，当分组变量与它们相关时，即使操控性应计被正确估计，估计系数也将有偏，因为回归方程是：

$$DA_{it} = \hat{\alpha}_{it} + \hat{\beta}_{it} PART + v_t \quad (10.28)$$

其中：

$$v_t = \sum_k \gamma_k X_{kt} + \varepsilon_t \quad (10.29)$$

注意，由于我们假设误差项是同分布的，噪声项没有下标 i。

因此，$\hat{\beta}_{it} = \beta_{it} + \sum_k \delta_{k,PART} \gamma_k$。其中，$\delta_{k,PART}$是在第 k 个忽略变量对**PART** 的回归方程中**PART** 的回归系数（Maddala，1988，p. 123）。如果 $\delta_{k,PART}=0$，则**PART** 的系数是无偏的。然而其他变量 $\sum_k \gamma_k X_{kt}$ 的忽略，会削弱检验的效力，因为它增加预测误差，并降低 R^2 和 t 统计值。

一个明显的忽略变量是费用。Kang（2005）发现“费用的变化与收入的变化正相关，但与因变量负相关。因而，费用的忽略会使 ΔREV 的系数产生向下的偏差”（p. 19）。

忽略变量问题本质上只是模型误设问题的一部分。因此，在接下来的部分，我们一起讨论这两个问题。

§10.2.3 Jones 模型有效性检验

当忽略变量与PART 相关或线性模型被误设时，DA 用两种误差中的一种衡量：

第一类错误：错误拒绝公司没有管理盈余的原假设。

第二类错误：错误接受公司没有管理盈余的原假设。

Klein（2002b）总结，

盈余管理的任何检验是盈余管理和使用的预期应计模型的联合检验。接受或拒绝没有盈余管理的原假设不能摆脱关键的方法问题，即选择的预期应计模型能在多大程度上把总应计分解成非预期（非正常）和预期两部分。

10.2.3.1 第一类错误

研究者可以在盈余管理不太可能发生的样本中检查第一类错误。如果 Jones 方法有效，则它的检测结果将拒绝（没有盈余管理的）原假设。

可以考虑两种候选样本：

- 极端业绩公司（Dechow、Sloan 和 Sweeney，1995；Kothari、Leone 和 Wasley，2005）。
- 随机样本（Dechow、Sloan 和 Sweeney，1995；Kang 和 Sivaramakrishnan，1995；Bartov、Tsui 和 Gul，2001；Kothari、Leone 和 Wasley，2005）。

极端业绩公司的应计

在该检验中，样本由极端业绩公司组成。动机是非正常应计可能与业绩有关，而与盈余管理无关。因此，如果 Jones 模型有效，它不会把极端的正常应计看做是操控性应计。

为了说明这一点，考虑一个公司没有管理应计的例子，故 DA=0，但非操控性应计（NDA）与销售收入的关系由非线性函数 f 反映。也就是说，在用滞后一期资产平减所有变量后，非操控性应计 NDA、操控性应计 DA 和总应计 TAC 为：

$$NDA=a_0+f(\Delta Sales)+a_2 PP\&E \tag{10.30}$$

$$DA=0 \tag{10.31}$$

$$TAC=NDA+DA=a_0+f(\Delta Sales)+a_2 PP\&E \tag{10.32}$$

假设销售收入是随机变量，所以围绕预期销售收入作泰勒级数展开：

$$f(Sales)\cong f(E[\Delta Sales])+f'(\Delta Sales-E[\Delta Sales])+\frac{1}{2}f''(\Delta Sales-E[\Delta Sales])^2 \tag{10.33}$$

观察到如果应计与业绩之间的关系是线性的，则等式（10.33）第二行的项会是 0。为了简化说明，假定“估计期”的销售收入是正常的且接近预期销售收入。结果，销售收入变化因子系数的无偏估计是 $f(\Delta Sales)=f(E[\Delta Sales])$。现在假定“事件期”的业绩如此极端，以至于销售收入变化［ΔSales］和预期销售收入变化

E [ΔSales]之间产生了缺口。根据等式（10.33），估计的操控性应计是：

$$D\hat{A}=TAC-N\hat{D}A \cong f'\ (\Delta Sales-E\ [\Delta Sales])\ +\frac{1}{2}f''\ (\Delta Sales-E\ [\Delta Sales])^2 \tag{10.34}$$

图 10.9 说明了该论点。

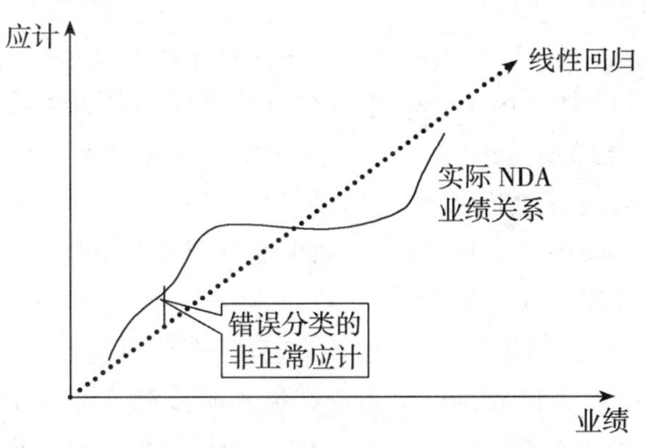

图 10.9 正常应计与极端业绩之间的非线性关系

我们注意到这里的关键问题是应计模型的非线性。非线性已经引起其他研究者的注意（Kang 和 Sivaramakrishnan，1995；Jeter 和 Shivakumar，1999）。（Jones 也关注了非线性，指出对她的样本公司，回归方程的残差散点图没有显现出非正常应计与收入变化之间的非线性关系）。

Dechow、Sloan 和 Sweeney（1995）从 Compustat 工业数据中得到 1950—1991 年共 168 771 个公司-年样本。他们选取了那些有极端盈余业绩或极端经营活动现金业绩的公司-年。该检验假设在有着极端业绩的公司样本中，平均公司没有管理盈余。程序如下：

1. 所有的观测值用滞后一期资产平减。
2. 所有公司-年用任一业绩计量排序。
3. 对每一种计量，按排列顺序分成十组。每个组合包含大约 17 000 个公司-年。
4. 1 000 个公司-年样本是从每一种计量下最高和最低的组合中随机选取的，只要每个公司有至少 10 年可得的数据。

这一程序得到四个极端业绩组合，分别为 LOW 或 HIGH。Jones 模型的评价现在取决于原假设在 5% 水平上（单尾检验）被拒绝的次数。结果表明 Jones 模型错误地将高业绩公司的正常应计识别为操控性应计。因此，很可能 Jones 模型确实由于正常应计与业绩之间的非线性关系而错误指定了。

解决办法

已有文献提供两种解决办法。如果极端业绩错误引导研究者把非正常应计归类为操控性应计，那么他应该加一个控制业绩的变量。Jeter 和 Shivakumar（1999）增加了经滞后一期资产平减的现金流。他们以 1984 至 1994 年间的 390 880 个公司-季度开始，将1 000个随机选择的公司-季度按经营活动现金流划分为五组。他们证明了操控性应计与现金流之间的单调关系（低现金流得出负的DA，高现金流得出高的DA）。当他们增加控制变量时，五个组之间的区别消失了（见他们的表6和表7）。我们在第11章再讨论这个问题。

第二种解决办法是放弃线性回归，而是按照行业和业绩标准对公司进行配对。该方法的优点是成功的配对适用于任何业绩与应计之间的函数关系。该方法要注意的是“……配对公司方法的成功取决于配对可以实现的精确度，以及对配对公司和样本公司来说，业绩与应计之间关系的同质性”（Kothari、Leone和Wasley，2005，p. 170）。Kothari、Leone和Wasley认为，如果配对公司管理盈余，则第二类错误几率增加（见他们在pp. 170 - 171的讨论）。

Ye（2006）为了努力剔除不寻常样本，选择了那些总资产、收入、PP&E都大于$1 000 000的公司样本，然后讨论了当业绩极端时检测不存在DA的问题（剔除了低端业绩）。他发现两个变量是非线性的：ROA和营业收入增长率。缩尾化处理ROA和营业收入增长率的高值，使两个变量分别在0.1 ~ 0.3范围和0.05 ~ 0.5范围内，解决了非线性问题。

随机样本的应计

如果公司在估计期不管理盈余，则平均公司代表总体。如果它们管理盈余，不同的公司按不同的方向管理盈余，那么平均公司没有管理盈余（只要公司被随机选择且样本规模足够大）。如果Jones模型检测到盈余管理，则第一类错误有嫌疑。

Dechow、Sloan和Sweeney（1995）从Compustat工业数据中得到168 771个公司-年样本，再从中选取1 000个公司-年的随机样本。选择的公司在1950—1991年间（估计期）至少要有10个样本，该选择是序贯的，且不重复抽样。他们以操控性应计为因变量，$DA = \alpha + \beta \mathbf{PART} + \varepsilon$，以随机选择的分组变量为自变量进行回归。给定以上程序，预期操控性应计应为0。他们的结果表明，既非Jones模型也非其他三种模型——Healy模型、DeAngelo模型和Dechow和Sloan行业模型——拒绝原假设。Jones模型表现得比其他模型好，因为尽管所有模型的平均非正常应计接近于0，但Jones模型的标准误是最小的（0.092，其他三个模型分别为0.195，0.281和0.211）。Jones模型更有效。

如上所述，该程序的潜在假设是即使公司管理盈余，它们会在相反的方向管理盈余，以便于在足够大的样本中平均公司没有管理盈余。然而，有收益增加盈余管理和收益减少盈余管理之间对称的证明吗？作为观察性证据，考虑Davis-Hodder、Mayew、McAnally和Weaver（2004）。他们探讨了在计算员工股票期权的公允价值中披露的参数的准确性。他们以S&P 1 500家公司为样本，检验了手工收集的从1995到1998年的员工股票期权（employee stock options，ESO）。发现平均公司减少了设定的公允价值，即报告每股$9.98的公允价值而不是每股$11.43，而如果公司不进行盈余管理，则每股 $11.43 假定会被披露。只有 25% 的公司偏离基准，增加报告的 ESO 公允价值。其他例子包括表明利润与损失不对称的研究（如 Barua Legoria 和 Moffitt，2006；Jacob 和 Jorgensen，2007）。总之，对于在足够大的样本中盈余管理抵消的假定，还需进一步详查。

10.2.3.2　第二类错误

研究者可以通过使用盈余管理已知发生的样本，检验 Jones 模型第二类错误。

可以考虑两种这样的样本：

- 已知违反 GAAP 的公司样本，因为它们受 SEC 强制措施管制，例如 Dechow、Hutton 和 Sweeney（1995）的 32 个公司样本和 Beneish（1997）的 64 个公司样本。
- 随机样本，在其中研究者故意引入管理的应计。例如，Dechow、Hutton 和 Sweeney（1995）；Kang 和 Sivaramakrishnan（1995）；Jeter 和 Shivakumar（1999）；Peasnell、Pope 和 Young（1999）及 Kothari、Leone 和 Wasley（2005）。

GAAP 违反者

Beneish（1997）研究了 64 个违反 GAAP 的公司样本，其以选择大的应计且没有违反 GAAP 的公司为控制组。一般来说，违反 GAAP 的公司往往是成立时间较短的公司，它们一旦被揭露为 GAAP 违反者，就会报告大的、负的应计反转。其他研究也支持 GAAP 违反者有大的应计（例如，Dechow、Sloan 和 Sweeney，1996；Bradshaw、Richardson 和 Sloan，2001）。为了检验 Jones 模型，Beneish 选择大应计的公司作为控制组，因为“大的操控性应计不仅产生于盈余管理，也产生于对公司业绩的外部影响或战略经营决策的影响，后者不被人为增加报告盈余的欲望所驱动”（p. 273）。

Beneish 选择了在 1983 至 1992 年的每一年 Jones 操控性应计排名前 10% 的公司，发现这些公司识别了 64 个 GAAP 违反者中的 59 个。但 Jones 模型只成功预测 15 个在财务报告重述前违反 GAAP 的公司（如果应计模型的预测误差在 5% 水平上显著，则公司应被归类为预期违反公司）。Dechow、Sloan 和 Sweeney（1995）提供了类似的结果。

如果在达到目标盈余上存在“啄击顺序”，那么第二类错误的检验易受批评。通过应计进行盈余管理有可能已经发生，甚至在违反 GAAP 以前。因此，违反 GAAP 的公司可能用尽以前的应计储存。那么，估计期的应计可能已经是“非正常应计”，它把事件期的非正常应计彻底改为正常的。Beneish（1997）评论道，

> GAAP 违反者的行为，就它们报告较高盈余的长度来说，是极端的（如记录虚拟交易），但就操控性应计的大小来说则不一定。也就是说，尽管 GAAP 违反者在被揭露前数年内很可能有连续正的应计，但在违反年度它们的应计低于那些激进应计（p. 292）。

故意操纵的随机样本

Dechow Hutton 和 Sweeney（1995）将 1 000 个随机选择的公司-年作为样本，并

引入固定的且已知金额的应计操纵。Dechow、Hutton 和 Sweeney 发现 Jones 模型优于 Healy 和 DeAngelo 模型，但 Jones 模型把操控性应计归类为非操控性应计。只有当盈余管理占总资产的 5% 或更高比重时，Jones 模型才能得出非正常应计。他们的检验是基于回归结果和 z 统计值来判断的。

10. 2. 3. 3　检验 Jones 模型相对有效性的其他方法

对 Jones 模型评价的重要观点超出了它对第一类和第二类错误的敏感性问题。更重要的是，Jones 模型相对于其他方法表现如何。一方面，Dechow、Sloan 和 Sweeney（1995）及 Bartov、Tsui 和 Gul（2001）和其他学者提供了令人信服的证据，表明 Jones 模型优于 Healy 和 DeAngelo 的幼稚模型，以及 Dechow 和 Sloan 的行业模型。但其他研究表明对于检验盈余管理，没有应计模型（即 Healy、DeAngelo 和 Jones 模型）优于其他任意方法：Guay、Kothari 和 Watts（1996）发现所有模型的操控性应计之间高度相关。当应计被随机分解成操控性和非操控性应计时，他们发现两种应计都是高度相关的。他们注意到，“总的来说，在 Jones 模型、修正 Jones 模型等模型中，应计要素间存在高度相关性……基于随机分解应计的结果我们认为，所有五个模型很不精确地估计操控性应计”（p. 95）。类似地，Thomas 和 Zhang（2000）发现上述操控性应计模型（包括 Jones 模型）比预测操控性应计等于总资产 - 5% 的幼稚模型更不准确（对所有公司和年度）。另一个检验方法是正常应计的相对持续性（Thomas 和 Zhang，2000；Kothari、Leone 和 Wasley，2005；Ye，2006）。直觉上，正常应计预期比非正常应计更持久。

第 11 章　修正的 Jones 模型和替代性方法

第 10 章我们详细阐述了 Jones 模型检验结果中的第一类错误和第二类错误。现今文献一致认为要关注第一类错误（Bernard 和 Skinner，1996；Healy，1996；Dechow、Richardson 和 Tuna，2003；Kothari、Leone 和 Wasley，2005），这一类错误是错误地指明盈余管理已发生。McNichols（2000）认为第二类错误不够紧急，因为编辑拒绝“弱”结果的研究。

对第一类错误的关注提出两个问题。我们如何改进 Jones 模型以减少错误？是否有其他盈余管理方法来确证 Jones 模型结果？本章围绕这两个问题展开。

§11.1　改进后的 Jones 模型

Jones 模型中正常应计的选择是有逻辑的。它把应计与“收入”和“财产、厂房和设备”（PP&E）的变化联系起来。“收入”决定营运资本应计的变化，如应收账款、存货和应付账款。PP&E 决定折旧费用的应计。

接下来，我们讨论 Jones 模型的改进模型：

1. Dechow、Sloan 和 Sweeney（1995）的修正 Jones 模型。

2. Dechow、Richardson 和 Tuna（2003）的前瞻性模型。

3. 三种业绩调整模型：

（a）Kang 和 Sivaramakrishnan（1995）的要素模型；

（b）Dechow 和 Dichev（2002）的现金流模型；

（c）Kothari、Leone 和 Wasley（2005）的线性业绩配对 Jones 模型；

4. Ye（2006）的综合模型。

§11.1.1　修正的 Jones 模型

Dechow、Sloan 和 Sweeney（1995）提出了修正的 Jones 模型（*modified Jones model*）。他的创新之处是应收账款的处理。如果公司在估计期没有管理盈余，而在事件期管理应收账款，那么赊销应计在估计期是正常的，但在事件期是不正常的。修正的 Jones 模型通过做以下调整，认识到时间序列分析中的这一区别：估计正常应计的第一阶段与 Jones 模型类似。在第二阶段（事件期），正常应计 NDA 由销售收入变化的估计系数乘以（代替销售收入变化的）现金销售收入的变化（收入变化减应收账款变化）计算得到。公司 i 在事件期 p 的 NDA 计算如下：

$$NDA_{ip}=\hat{\alpha}_i\,[1/A_{ip-1}]+\hat{\beta}_{1i}\,[(\Delta REV_{ip}-\Delta AR_{ip})/A_{ip-1}]+\hat{\beta}_{2i}\,[PPE_{ip}/A_{ip-1}] \tag{11.1}$$

其中：

NDA_{ip}＝公司 i 在时期 p 的正常应计或非操控性应计；

A_{ip-1}＝公司 i 的滞后一期资产；

REV＝营业收入；

AR＝应收账款；

PPE＝PP&E；

Δ＝变化；

$\hat{\beta}_{1i}$＝估计期总收入的系数。它是应计对 ΔREV_i 和 PPE_i 的回归得出的估计系数。

从表面看，修正的 Jones 模型不一致，因为正常应计模型在两个阶段的应用不同。管理的赊销使事件期的正常应计估计有偏，这一问题可以通过在两个阶段考虑现金收入来解决，正如横截面检验中所做的。运用现金销售收入也让你避免因应收账款既在自变量（收入）又在因变量（总应计）而引起的同时性问题（simultaneity problem）。

为了领会不同应收账款处理的含义，我们举两个简单的例子。

假定公司年底完成所有销售额且所有成本固定，坏账费用除外（便于跨期费用变化为0）。当公司没有管理盈余时，它的信用政策允许客户以20%的赊销比例购买，余额在下一会计期间支付。坏账费用合理估计为赊销的10%。也就是说，赊销的每一美元增加90美分盈余和18美分应计。因此，应收账款的应计额减去坏账准备等于销售收入的18%（20%（100%－10%）），我们假设坏账在下一期注销。Jones 模型对应计强度的估计得出18%的结果，即 $\hat{\beta}_{1i}=0.18$。

考虑两个例子。第一个例子中，公司通过允许客户以100%的赊销比例购买来管理盈余。结果销售收入从＄100到＄140，增加了＄40（在正常商业周期中，销售每年增加＄10）。第二个例子中，销售收入也增加到＄140，但它发生是因为行业繁荣，并且公司通过消除坏账费用进一步增加盈余。表11.1总结了 Jones 模型和修正的 Jones 模型的 DA。

正如这两个例子所说明的，两个模型检测到盈余管理意图且方向正确。当销售收入被操纵时，Jones 模型正确捕捉了坏账费用的操纵，但低估了管理盈余。修正的 Jones 模型在两个例子中都高估了盈余管理的大小。我们的例子表明修正的 Jones 模型比 Jones 模型更不容易犯第二类错误。

表 11.1　**设例**

	例 1 公司通过管理销售收入来提高盈余	例 2 公司通过消除坏账来提高盈余
举例	通过放松信用政策，从 20% 的赊销放松到 100% 赊销。公司将销售收入增加到 \$140（应是 \$110）	没有盈余管理意图，销售增加到 \$140，盈余管理通过提升 0 坏账准备来实现
1. 事件期的报告应计	+\$108.0（140×100%×0.9－100×18%）	+\$10.0（20%×140－18%×100）
2. 事件期未管理的应计（DNA）	\$1.80（110－100）×18%	\$7.20（140－100）×18%
3. “真实”DA	+\$106.20（108.0－1.80）	+\$2.80（10－7.20）
4. 琼斯模型的 DA[a]	+\$100.80（108.0－18%×40）	+\$2.80（10.0－18%×40）
5. 修正的琼斯模型的 DA[b]	+\$122.40（108.0－18%×（－80））	+\$4.24（10.0－18%×32）

[a] 两例中的销售收入变动为：140－100＝40。

[b] 例 1 中的现消变动为：\$140×0－\$100×0.8＝－\$80，例 2 中，为 0.8×（\$140－\$100）＝\$32。

修正的 Jones 模型被广泛应用。在横截面分析中，对于正常应计的参数估计，应收账款的变化要从收入的变化中减去（例如，见 Subramanyam，1996；DeFond 和 Park，1997；Dechow、Richardson 和 Tuna，2003；Kothari、Leone 和 Wasley，2005）。也就是说，这两种 Jones 模型的区别影响了盈余管理检测程序的两个阶段：正常应计的估计和非正常应计的识别。下面的定义总结了这个模型。

> 定义：**时间序列修正 Jones 模型（time-series modified Jones model）**服从 Jones 模型的第一阶段，但估计事件期的 DA 如下：
>
> $$\widehat{NDA}_{ip}/A_{ip-1}=\hat{\alpha}_i\,[1/A_{ip-1}]+\hat{\beta}_{1i}\,[(\Delta REV_{ip}-\Delta AR_{ip})/A_{ip-1}]+\hat{\beta}_{2i}\,[PPE_{ip}/A_{ip-1}]$$
>
> 其中，ΔAR 是应收账款的变化。
>
> **横截面修正 Jones 模型（cross-sectional modified Jones model）**对正常应计和 DA 的估计，用现金收入的变化 ΔREV－ΔAR，代替收入的变化。

我们用以下评论作结本部分。当使用资产负债表方法时，计量误差问题在修正的 Jones 模型中更复杂（见第 10 章）。计量误差也存在于应收账款自变量的变化，相反，Jones 模型只影响因变量。Hribar 和 Collins（2002）表明兼并收购时该偏差为正，剥离时则为负。

§11.1.2 前瞻性模型

Dechow、Richardson 和 Tuna（2003）提出了前瞻性模型（forward-looking model）。该模型包括三个新方法：分离赊销中的 NDA 和 DA、控制滞后一期的应计和控制增长率。

第一个新方法是在事件期把一些赊销也看做非操控性应计。Dechow、Richardson 和 Tuna 将应收账款的变化 ΔREC 对销售收入的变化 ΔSales 进行回归（两个变量都经滞后一期资产平减）：

$$\Delta REC = a + k\Delta Sales + \varepsilon \tag{11.2}$$

其中：

ΔREC＝应收账款的变化（经滞后一期资产平减）；

ΔSales＝销售收入的变化（经滞后一期资产平减）；

k＝销售收入变化的系数。

参数 k 衡量非操控性应收账款变化对销售收入变化的敏感性。因此，如果 100% 的应收账款变化是非操控性的，则 $k=1$；如果所有的变化是操控性的，则 $k=0$。销售收入的 k 倍将应收账款中的 NDA 和 DA 分离。这一改写的 Jones 模型把非操控性应收账款 $k\Delta Sales$，增加到现金销售收入的变化 ΔSales－ΔAR 中，得到［ΔSales－ΔAR］＋$k\Delta Sales$＝（1＋k）ΔSales－ΔAR。

Dechow、Richardson 和 Tuna 选取了 Compustat 数据库 1998—2000 年所有除金融机构以外的公司，并按 SIC 二级代码分组，得到 637 个横截面回归，发现其中 k 取值在 0 到 0.392 之间，均值为 0.07（中位数为 0.068）。

第二个新方法是增加了滞后一期的应计。之前的研究已指出在回归中增加滞后一期应计的价值（Kang 和 Sivaramakrishnan，1995；Beneish，1997；Chambers，1999；Nwaeze，2001）。Beneish（1997，p. 296）指出，"到现在为止，相关证据表明……应计模型的能力可以通过增加滞后一期应计来增强……"

正如第四部分引言所讨论的，过去的应计可以控制反转。Dechow、Richardson 和 Tuna 认为这一新方法使调整 R^2 增加到 17.2%。没有这一控制（即只有第一个新方法），则模型有 9.3% 的调整 R^2，而修正的 Jones 模型为 9.2%。

第三个新方法反映了部分非正常应计来源于商业决策变化这一事实（Healy，1996）。如果销售收入预期增长，则存货不得不增大以供应未来增加的需求。这就增加了本期的 NDA。没有认识到存货增加的需求会导致 NDA 错误地归类为 DA。因此，Dechow、Richardson 和 Tuna 控制了销售增长率。他们衡量销售增长率的方法是用下一期销售收入与本期销售收入的比值再减 1。因此，NDA 模型包含前瞻性变量。他们指出这一新方法使 R^2 进一步增加到 20%。

销售增长率的另一种观点认为增长率是公司的特征。McNichols（2000）注意到，成立时间较短的公司的特征是高增长率和高正常应计。没有考虑这些特征可能导致 NDA 错误地归类为 DA。McNichols 认为在会计年度最后一个月，分析师对长期盈余增长率的预测值（由 I/B/E/S 数据库提供）的中位数可衡量销售增长率。DA 对资产回报率（ROA）和增长率变量的回归得出 DA 与增长率之间显著正相关。

下面的定义总结了横截面前瞻性 Jones 模型。

> 定义：**横截面前瞻性 Jones 模型（cross-sectional forward-looking Jones model）**用以下等式估计 NDA：
>
> $$\mathrm{TACC}_{it}=\alpha+\beta_1\left((1+k)\ \Delta\mathrm{Sales}-\Delta\mathrm{AR}\right)+\beta_2 PPE+\beta_3\mathrm{TACC}_{it-1}+\beta_4\mathrm{GR\_\ sales}_{it+1}$$
>
> 其中：
>
> TACC_{it} = 本年度公司 i 的总应计，经 $t-1$ 年总资产平减；
>
> k = ΔAR 对 ΔSales 回归得来的斜率系数；
>
> ΔSales = 销售收入变化，经 $t-1$ 年总资产平减；
>
> ΔAR = 应收账款变化，经 $t-1$ 年总资产平减；
>
> PPE = 财产、厂房和设备；
>
> TACC_{it-1} = 上一年公司 i 的总应计，经 $t-2$ 年总资产平减；
>
> $\mathrm{GR\_\ sales}_{it+1}$ = 公司 i 从 t 年到 $t+1$ 年的销售收入变化，经 t 年销售收入平减。

§11.1.3　业绩调整模型

如第 10 章所讨论的，应计与业绩有关（McNichols 和 Wilson，1988；Dechow、Sloan 和 Sweeney，1995；Kasznik，1999）。在 McNichols（2000）对盈余管理研究的回顾里，她指出，

> 研究者比较不同盈余业绩或增长特征的公司，很可能观测到（或未观测到）估计的操控性应计之间的区别，而这些操控性应计与公司的业绩特征有关，而不是与管理盈余的动机有关。

业绩影响盈余管理的估计，因为当业绩非正常且应计与业绩之间的关系为非线性时，NDA 可能错误地归类为 DA。本书第二部分讨论的事件与业绩相关：薪酬、内部人交易、首次公开发行和增发股票、管理层收购等。因此，由于应计与业绩之间的关系，这些事件与盈余管理之间的联系可能是虚假的。

本部分我们详细讨论 Jones 模型的改进，来解决业绩对 DA 的影响。我们开始讨论 Kang 和 Sivaramakrishnan（1995），他们将应计分解成收入、费用和折旧。然后讨论 Dechow 和 Dichev（2002），他们提出也把现金流作为盈余质量的代理变量。接下来，我们讨论 Kothari、Leone 和 Wasley（2005），他们增加滞后一期资产回报率来控制业绩对应计的非线性影响。最后，我们完全放弃线性 OLS 模型，提出一个业绩配对程序。

11.1.3.1 平行要素模型

Kang 和 Sivaramakrishnan（1995）提出平行要素模型（competing-component model）。与本章讨论的其他模型不同，该模型没有改进 Jones 模型。更确切地说，它对文献的贡献是指出 Jones 模型的遗漏变量。它在三个方面区别于 Jones 模型。

首先，交易和资产与源于它们的营运资本应计相匹配：

- 收入（REV）决定应收账款应计（AR）。
- 费用（EXP）决定存货应计（INV）、其他非现金流动资产应计（OCA）和流动负债应计（CL）。这些应计加总为一个衡量方式 APB，其中 APB = INV + OCA - CL。
- 总 PP&E（GPPE）决定折旧费用（DEP）。

其次，该模型考虑随着时间推移而变化的应计行为。也就是说，在没有盈余管理的情况下（用未管理应计加星号来表示），假定以下关系式：

$$\frac{AR_t^*}{REV_t^*}=\phi_{AR}\frac{AR_{t-1}^*}{REV_{t-1}^*}+v_{AR} \tag{11.3a}$$

$$\frac{APB_t^*}{EXP_t^*}=\phi_{APB}\frac{APB_{t-1}^*}{EXP_{t-1}^*}+v_{APB} \tag{11.3b}$$

$$\frac{DEP_t^*}{GPPE_t^*}=\phi_{DEP}\frac{DEP_{t-1}^*}{GPPE_{t-1}^*}+v_{DEP} \tag{11.3c}$$

其中，v 是误差项。这些关系式由业绩产生于交易的政策来解释。既然应收账款产生于赊销，则用前期信用政策可以预测本期的信用政策。产生于费用 APB 的要素，反映供应商的信用政策（前期既定）。折旧强度取决于公司折旧政策。第三个区别是所有变量是期末金额而非本年与上一年的差额。

Kang 和 Sivaramakrishnan 通过运用工具变量（IV）方法和广义矩方法（GMM）而不是 OLS，解决了变量中的误差、忽略变量和同时性问题（见第 10 章）。他们运行模拟后，发现 IV 和 GMM 减小了第一类和第二类错误的范围（第二类错误是在增加操纵应计后计量的，在指定的事件期，操纵应计约为期初净资产的 2%），且 GMM 优于 IV。例如，在 GMM 下，47% 的公司检测到第二类错误（z 统计值为 19.26），而在 IV 下为 34%（z 统计值为 12.84），在 Jones 模型下为 23%（z 统计值为 8.25）。

Kang 和 Sivaramakrishnan 方法的优点具有两面性。首先，当收入和费用的信用政策不完全相关时，收入与费用的分离减少了模型误设错误。Kang（2005，pp. 6 - 7）注意到，Jones 模型假设：

> 流动资产和流动负债的变化都是收入变化驱动的。该假设看起来是限制性的，因为流动负债（如应付账款）更可能与费用有关（相比收入）……费用的忽略可能可以解释为什么 Jones 模型经常产生偏差，即在经济上升时（如当盈余增加时）发现正的管理的应计，在经济下滑时则相反。

下面的关系式总结了 Kang 和 Sivaramakrishnan 模型：

$$AB_{i,t}=\phi_0+\phi_{AR}\left[\frac{AR_{t-1}^*}{REV_{t-1}^*}REV_{i,t}\right]+\phi_{APB}\left[\frac{APB_{t-1}^*}{EXP_{t-1}^*}EXP_{i,t}\right]+\phi_{DEP}\left[\frac{DEP_{t-1}^*}{GPPE_{t-1}^*}GPPE_{i,t}\right]+\varepsilon_{i,t}$$

其中：$AB_{i,t}$是公司 i 在 t 期期末未管理的应计额；

$\varepsilon_{i,t}$是白噪声。

该研究引起了大量的关注。Kang（2005）选取了 Compustat 数据库 1978 年至 1996 年间怀疑有避免报告损失的动机的 1 502 个公司-年样本（从 5 370 个没有怀疑有避免损失动机的公司中选取 1 451 个进行配对），来研究盈余管理问题，填补了该模型与 Jones 模型之间遗漏的环节。他的结果证实 IV 方法优于 Jones 模型，且 Jones 模型易犯第一类和第二类错误。

11.1.3.2　现金流 Jones 模型

考虑到财务分析文献提倡通过比较应计和现金流的模式来检测盈余管理（例如，Palepu、Healy 和 Bernard，2003），现金流看起来是控制业绩的理所当然的“候选者”（例如，Dechow、Sloan 和 Sweeney，1995；Rees、Gill 和 Gore，1996；Jeter 和 Shivakumar，1999；Zarowin，2002；Park 和 Park，2004；Cohen、Dey 和 Lys，2005a；Francis、LaFond、Olsson 和 Schipper，2005；Myers、Myers 和 Skinner，2006；Ye，2006）。

为了说明有现金流控制的 Jones 模型，考虑 Jeter 和 Shivakumar（1999），他们改写 Jones 模型如下：

$$\frac{NDA_t}{A_{t-1}}=\beta_0+\beta_1\frac{\Delta REV}{A_{t-1}}+\beta_2\frac{PPE}{A_{t-1}}+\sum_{j=3}^{7}\beta_j\times I_{j-2}\times\frac{CFO}{A_{t-1}} \tag{11.4}$$

其中，增加的变量是经营活动现金流 CFO 和指数函数I_{j-2}，如果公司的 CFO 处于五分之（j-2）位数，则取值为 1，否则取 0。

既然现金流定义为特殊项目前盈余与应计之间的差额，则把同时期的现金流作为自变量可能产生同时性问题，特别是如果研究设计运用现金流量表方法来计算应计。因此，直到 Dechow 和 Dichev（2002），大多数研究没有控制这种业绩计量。

Dechow 和 Dichev（2002）集中研究了盈余质量。他们提出应计质量取决于它们在预测现金流中的错误，因为应计分离了现金流的时机和它们的会计确认。

为了说明这一点，考虑公司的信用政策要求客户提前支付销售额的一部分 b，当商品发送后，再支付一部分 $1-a-b$，而剩下的一部分 a 在下一季支付。公司用现金支付所有费用 E。现金流 CF_t、盈余 X_t 和应计 ACC_t 是一系列销售收入 S_{t-1}、S_t、S_{t+1}的函数，如下式：

$$CF_t=bS_{t+1}+[1-a-b]\,S_t+aS_{t-1}-E_t=[S_t-E_t]-a\Delta S_t+b\Delta S_{t+1} \tag{11.5a}$$

$$X_t=S_t-E_t,\ \text{且} \tag{11.5b}$$

$$ACC_t=a\Delta S_t-b\Delta S_{t+1} \tag{11.5c}$$

其中：$\Delta S_k=S_k-S_{k-1}$，$k=t$，$t+1$。

由于 $t-1$ 期商品销售的未预期回报或 $t+1$ 期发现的未预期坏账，会计确认与三个期间（$t-1$、t 和 $t+1$）的总现金流之间的差异可能发生。在这些情况下，应计包含错误，因为总应计不等于零（见第四部分引言）。在 t（$t+1$）期的未预期回报是 $t-1$ 期带来的，这意味着$-a\Delta S_t$（$[1-a-b]\ S_t$）是夸大的。应计是错误的，因而质量较低。

根据等式（11.5c），t 期应计额与以下因素相匹配：由 $t-1$ 期未赚取收入（b）的反转而引起的 $t-1$ 期现金流入、由 t 期应收账款（a）的反转而引起的 $t+1$ 期现金流入、由 t 期现金销售收入（$1-a-b$）而引起的 t 期现金流入。也就是说，t 期应计额与三个期间（$t-1$、t 和 $t+1$）的现金流相关。Dechow 和 Dichev 运行了下面公司-年的时间序列回归方程：

$$\Delta WC_t = b_0 + b_1 CF_{t-1} + b_2 CF_t + b_3 CF_{t+1} + \varepsilon_t \tag{11.6}$$

其中：

ΔWC_t = 营运资本变化，即应收账款变化（Compustat #302）加上存货的变化（Compustat #303）减去应付账款的变化（Compustat #304）减去应付税款的变化（Compustat #305）加上其他流动资产的变化（Compustat #307）的总和，所有变量都经平均资产平减；

CF_t = 经营活动现金流（Compustat #308）；

ε = 误差项，用来衡量盈余质量。

该模型的残差用来衡量盈余质量和应计质量。他们检验了公司特征如何影响盈余质量，得出如下主要结论：应计质量随着总资产、公司规模、销售收入变动性、现金流量和应计的增加而降低；这些结果的解释为当应计高时错误的概率增加。应计质量随着营业周期的长度，即 360/（销售收入/平均应收账款）+360（销售成本/平均存货）的增加而降低。直觉上，该结果大意是应计质量受不确定性影响：周期越长，应计的估计和确认中犯错的可能性越大。公司报告损失的频率越高，应计质量越低，因为应计中的错误与重大事件相关，如重组费用。他们最有趣的发现是在应计质量对公司特征（报告损失的频率、平均营业周期、销售收入的标准差和规模）的回归中，调整 R^2 为 0.61。当回归中的自变量只是应计的标准差和盈余的标准差时，调整 R^2 上升为 0.79。正如他们总结的，“估计应计质量的一个简单实际的方法是评估盈余和应计的变动性”（p. 49）。

在 McNichols（2002）对 Dechow 和 Dichev 文章的讨论中，她比较了 Dechow 和 Dichev 模型和其他两种模型：Jones 模型以及将等式（11.6）和 Jones 模型相结合的模型，即：

$$\Delta WC_t = b_0 + b_1 CF_{t-1} + b_2 CF_t + b_3 CF_{t+1} + b_4 \Delta sales + b_5 PPE + \varepsilon_t \tag{11.7}$$

McNichols（2002）选取了 Compustat 数据库中在 1988—1998 年 SIC 代码为 2000 ~ 3999的公司，剔除兼并、收购或非连续性经营活动后，得到数据可得的 15 015 个公司-年样本。她注意到，Jones 模型和等式（11.6）（NDA 的计量与 Dechow 和 Dichev 的研究一样）的 R^2 分别是 0.073 和 0.2011。当这两种模型结合成为等式（11.7）时，R^2 升至 0.30。而且，当 Jones 模型通过控制一系列现金流量来修正时，销售收入变化的系数 b_4 和 PPE 的系数 b_5 增加：b_4 从 0.08 增加到 0.096（相应的 t 统计值是 33.74 和 45.93），b_5 从 - 0.005 增加到 - 0.002（相应的 t 统计值是 - 5.57

和 - 3.32）。McNichols 的发现说明在 Jones 模型中，可以运用现金流来控制业绩。

11.1.3.3 业绩配对模型

Kothari、Leone 和 Wasley（2005）提出了业绩配对模型（performance-matching model）。他们的动机是解决正常应计与业绩之间的非线性关系：

> 出于统计和经济原因，我们预期本期业绩到未来业绩的映射，或者业绩到回报的映射是非线性的（如 Brooks 和 Buckmaster，1976；Beaver 等人，1979；Freeman 和 Tse，1992；Basu，1997；Watts，2003a，b）……除非操控性应计模型（如 Jones 模型或修正的 Jones 模型）立即解决非线性问题，否则我们不预期回归方法在分层随机样本中控制非零的估计的操控性应计是有效的（pp. 169–170）。

他们提供了两种不同的方法。第一种方法是与类似公司配对，它减轻了运用 DA 的 OLS 估计的必要性。他们通过比较公司的应计来检测盈余管理，这些公司在其他方面几乎完全相同。第二种方法是线性业绩配对模型，表现为对 Jones 模型和修正的 Jones 模型的两处修改：常数项和增加滞后一期的资产回报率 ROA_{t-1} 的控制。他们也使用同时期的 ROA（见他们的表 1），但由于后来的研究只使用滞后一期的 ROA，我们把注意力限于 ROA_{t-1}。

因为 Jones 模型的第一项是滞后一期资产的倒数，从计量经济学角度看，Jones 模型没有常数项。经滞后一期资产平减，是想减小异方差。Kothari、Leone 和 Wasley 发现异方差仍是一个问题，为了减小异方差，他们也包含常数项。他们发现常数项围绕零操控性应计表现出较高的对称性，这提高了对第一类错误的检验效力。他们指出，排除常数项增加了超过 20% 的拒绝率，高于那些包括常数项的模型（见他们表 3 的 A 部分）。

> 线性业绩配对模型是：
>
> $$ND\hat{A}_{ip}/A_{ip-1}=\alpha_0+\hat{\alpha}_i\ [1/A_{ip-1}]\ +\hat{\beta}_{1i}\ [\Delta REV_{ip}-\Delta AR_{ip}/A_{ip-1}]\ +\hat{\beta}_{2i}\ [PPE_{ip}/A_{ip-1}]\ +\delta_1 ROA_{i,p-1}$$
>
> 其中：α_0 是常数；
>
> $ROA_{i,p-1}$ 是滞后一期资产回报率。

Kothari、Leone 和 Wasley 选取了 Compustat 数据库中在 1962—1999 年数据充分（即每个行业至少有 10 个公司，且总应计不超过总资产）的 122 798 个观测值，构建 250 个样本组，每个样本组有 100 个公司。他们发现当他们预期原假设（没有盈余管理）成立时，回归中包含 ROA 会降低操控性应计。例如，来自于 Jones 模型和修正的 Jones 模型的 DAs，在没有包含业绩配对时分别是 - 0.31 和 - 0.61，但包含 $ROA_{i,t-1}$ 时分别是 0.08 和 - 0.14。Kothari、Leone 和 Wasley 观测到 DAs 的标准误随滞后一期的 $ROA_{i,t-1}$ 增加而增加。为了证实他们模型的有效性，他们提出以下检验：

> 在非随机样本中，总应计自身可能相关，这将导致操控应计估计的序列

相关。总应计的序列相关性产生是由于经济或经营原因（如管理层的行动，比如在增长期扩大应收账款或存货）。操控性应计模型的主要目标是从总应计中滤出非操控性应计，以得到操控性应计估计，这里操控性应计有零均值且序列不相关，正如在没有盈余管理的原假设下所预期的（p. 179）。

该模型很流行，因为它得出比 Jones 模型更强的结果。例如，Ye（2006）报告了 4.9% 的样本外 R^2，而 Jones 模型为 3.8% 的 R^2。当仅对流动应计实施检验时（见第 10 章），R^2 更高，Jones 模型为 8.09%，业绩配对模型为 11.13%。我们在下一部分详细描述 Ye 的研究。

§11.1.4 业务模型：一个综合

目前为止，Jones 模型的改进已经涉及增加对应计和增长持续性的控制，考虑业务基础如历史比率，以及运用线性回归模型以外的研究方法。

这些改进提出两个问题：合并所有这些改进的最有效的方式是什么？为了提高正常应计模型化的效率，我们如何微调附加变量？

Ye（2006）对这些问题给出了答案。Ye 检验了下面的模型：

$TA_{i,t}=INT+(\beta_0+\beta_1\Delta REV_{i,t}+\beta_2 PPE_{i,t})/A_{i,t-1}+\beta_4 ROA_{i,t-1}+$ 非零截距 Jones 模型　　　　Kothari 等的业绩控制	
$\beta_5 NCWC_{i,t-1}-\beta_6\overline{NCWC}_{i,t}+\beta_7 NCWC_{i,t-1}\times\Delta REV_{i,t}+\beta_8 dep_{i,t-1}+$ 非正常盈余除以销售营运资本密度折旧率	
$\beta_9 dep_{i,t-1}PPE_{i,t}$, 非流动资产的历史折旧	（11.8）

其中：

TA＝总应计；

INT＝常数项；

ΔREV＝销售收入的变化；

PPE＝财产、厂房和设备；

A＝总资产；

ROA＝资产回报率；

NCWC＝非现金营运资本（流动资产减流动负债（扣除一年内到期的长期负债）和现金），经滞后一期资产平减；

$\overline{NCWC}$＝正常非现金营运资本，$\overline{NCWC}_{i,t}=\frac{1}{3}\sum_{k=2}^{4}NCWC_{i,t-k}$；

dep＝折旧率：折旧费用除以 PPE；

i，t＝下标，公司为 i，年度为 t。

Ye 扩展了 Kothari、Leone 和 Wasley（2005）的线性业绩配对模型，他增加了前期非正常应计、营运资本强度、预期折旧和折旧率（出于计量经济学的原因，确保 β_9 是无偏的）。

Ye 用一连串的检验来评估模型。报告的结果是基于 1987—2003 年 Compustat 数据库中的 75 348 个公司-年样本。他的选择标准如下：数据可得；总资产、收入和 PP&E 都超过 \$1 000 000；折旧不超过 PP&E 的 33%。第二个标准是为了防止极端业绩和应计之间存在有问题的非线性关系，为了进一步解决这一问题，Ye 缩尾化处理了 ROA 和销售收入变化。第三个标准剔除了异常样本。

上一期非正常应计：上一期应计 $NCWC_{i,t-1}$ 被前期非正常应计 $NCWC_{i,t-1}-\widehat{NCWC}_{i,t}$ 取代。从计量经济学来看，检验非正常应计和滞后一期应计是至关重要的，Ye 分离了该变量的构成要素，并表明它们的系数几乎有相同的大小，但有不同的标记。对于本期应计，NCWC 的系数是+10.29（t=22.6），$\widehat{NCWC}_{i,t}$ 的系数是+10.55（t=22.6）。

营运资本强度：为了分离流动应计和长期折旧应计，Ye 增加了公司特定的业务基础 $NCWC_{i,t-1}\times\Delta REV_{i,t}$。该变量控制了销售收入增长率，增长率的重要性已由 McNichols（2000）及 Dechow、Richardson 和 Tuna（2003）确立。考虑下面两个关系式，一个是受 Kang 和 Sivaramakrishnan 启发，其他是来自有效性标准：

$$\frac{\widehat{NCWC}_{it}}{\Delta REV_{it}}=\frac{NCWC_{i,t-1}}{\Delta REV_{i,t-1}} \quad \text{（NCWC 强度）}$$

$$GROWTH=\frac{\Delta rev_{i,t-1}}{Sales_{i,t-1}} \quad \text{（增长率）}$$

$$ASSET\ UTILIZATION=\frac{Sales_{i,t-1}}{A_{i,t-1}} \quad \text{（有效性）}$$

其中，为了与 Ye 的研究中的符号一致，rev 是收入，且不被期初总资产（A）所除。增长率与有效性相乘，得 $\Delta REV_{i,t-1}$，而 $\Delta REV_{i,t-1}$ 与 NCWC 相乘，得到 Ye 的变量。Ye 假定该变量的系数应为正，因为当收入的增加与相应的营运资本应计的增加一致时，它反映应计增加。事实上，Ye 表明这是一个重要的正的变量。当因变量是流动应计时，它的系数是 25.50（t=41.6）。

折旧：如前所述，与 Kang 和 Sivaramakrishnan 类似，Ye 运用历史折旧率 $dep_{i,t-1}$ 来计算本期预期折旧 $dep_{i,t-1}\times PPE_{it}$。当用现金流量表方法计算应计时，折旧系数显著为负，为-56.63（t=39.6）。

Ye 将各种修改的 Jones 模型集合成一个模型。除了有价值的综合，Ye 在两个方面做出贡献。首先，一旦我们开始不用 Jones 模型，就会产生无限的可能性。因此，问题不是加什么，而是什么时候停止加。Ye 提供了有意义的洞察，正如他表明的，即使有限的微调——通过分离营运资本应计与折旧——也可以提高 Jones 模型的效力。其次，如第 10 章讨论的，尽管横截面分析因为它提供更丰富的样本规模而更优，但该分析禁止公司特定参数，这就需要识别“连接横截面中应计与前期业绩的特定函数形式”（Kothari、Leone 和 Wasley，2005，p. 166）。Ye 的三个增加的公司特定业务基础变量实现了这一点。

§11.2 检测盈余管理的替代性方法

三个主要的替代性方法已经被应用于检测盈余管理:

• 分析单个利润表项目，或会计处理的组合，这些项目或组合是基于需要做决定的假设。

• 检验公司盈余的分布——分布性方法。

• 检验每股盈余（EPS）的小数点两位的分布。

一些学者将几种方法相结合使用，这是运用盈余管理度量的总分而不是单独检验每一个度量方式（如 Leuz、Nanda 和 Wysocki，2003；Cohen、Dey 和 Lys，2005a）。本部分我们讨论单个账户法的结合方法，来说明单个账户法如何扩展。

§11.2.1 单个账户分析

11.2.1.1 方法

该方法关注单个利润表项目，选择的原因是它对报告盈余有重大影响，且能在 GAAP 范围内合法操纵，因为它基于估计：例如，注销（Strong 和 Meyer，1987；Elliott 和 Shaw，1988；Elliott 和 Hanna，1996；Francis、Hanna 和 Vincent，1996；Rees、Gill 和 Gore，1996；Bunsis，1997；Alciatore、Dee、Easton 和 Spear，1998；Bartov、Lindahl 和 Ricks，1998；Press 和 Dowdell，2004；Dey、Cohen 和 Lys，2005a）；发行人利润表中的坏账费用（McNichols 和 Wilson，1988）；财产及意外保险公司利润表中的赔款准备金（见第 4 章）。

单个账户而非总应计的检验是有效的，因为研究者可以理解会计模型以及未被管理的费用应该是什么。既然盈余管理研究的主要问题是未被管理会计数字的不可观察性，那么一个正确的未被管理费用的模型在构造和解释模型方面是一个优势。劣势在于如果给定单个账户的非操控性应计成分相对于操控性应计成分很大，则前者可能“淹没”后者，从而得出第二类错误（McNichols 和 Wilson，1988）。另一个批评是该方法太弱，因而无法检测盈余管理。我们不愿参与批评，因为似乎已是常识的是在单个账户发现盈余管理也支持在总计上发现盈余管理，尽管在某个账户没有发现盈余管理并不意味着在其他账户不存在盈余管理。

最后，注意部分研究使用会计处理的组合（如 Healy 和 Palepu，1990 以及那些追随“实证会计理论”学派的研究），而且在某些情况下，单个利润表项目本身也是合计项。例如，Dhaliwal、Gleason 和 Mills（2004）发现检验递延税费的组成部分，如备抵计价，可能在盈余管理发生率方面提供混合的结果，但研究整个递延税费提供了确定的证据。

我们用 McNichols 和 Wilson（1988）的研究，阐明单个账户方法的运用。

11.2.1.2　McNichols 和 Wilson（1988）

McNichols 和 Wilson 检验了单个应计账户——坏账准备。这使他们的样本限于该费用重要的行业。样本包括来自 1967—1985 年的 289 个公司-年，分别为：印刷出版业（行业代码 SIC 27，37 个公司）、非耐用商品批发业（SIC 50，51 个公司）和商业服务业（SIC 73，29 个公司）。样本中应收项目与总资产比率的平均值是 28.7%，而 Compustat 总体的该比率平均值是 22.3%。

McNichols 和 Wilson 探讨了非正常费用与盈余（经期末资产平减得出 ROA）之间的联系，给定管理者（其奖金是以盈余为基础的）有动机通过坏账费用来管理盈余。他们检验了公司是否通过坏账费用平滑（平滑假设），或者与 Healy（1985）类似，当盈余极高或极低时，他们是否"洗大澡"（奖金假设）。

管理的应计是下面回归方程的残差 $resprov_t$：

$$Prov_t = \alpha_0 + \alpha_1 BgBl_t + \alpha_2 Write\text{-}off_t + \alpha_3 Write\text{-}off_{t+1} + resprov_t \quad (11.9)$$

其中：

$Prov_t$ = 坏账准备，经 t 期销售收入平减；

$BgBl_t$ = 坏账备抵的 t 期期初额，经 t 期销售收入平减；

$Write\text{-}off_j$ = j 期注销，经 t 期销售收入平减，$j=t$，$t+1$；

$resprov_t$ = 预测误差，设它与自变量正交。

研究设计假定管理者完全预见未来注销，以至于未管理的估计最终备抵等于实际的 $Write\text{-}off_{t+1}$。换句话说，预测误差可归因于盈余管理。用 μ 表示操控性应计的中位数。

既然 McNichols 和 Wilson 用资产平减盈余，则根据 ROA 对标准的偏离，可以将公司分成高、中、低组。最初他们考虑四个标准：零、行业 ROA 均值、对样本期公司平均 ROA 的回报、公司上年 ROA。后来，McNichols 和 Wilson 选择两个标准，ROA 变化和 ROA 对公司平均 ROA 的偏离（见他们的表 5），这是因为它们与公司四大高层的薪酬数据有更强的联系。对这两种 ROA 标准中的每一种，他们根据观测值对标准的偏离，将观测值排序。排在顶部（底部）1/10 的公司被认为是 HIGH（LOW）盈余公司。在 2/10～9/10 区间的观测值用来构成比较样本，用 MID 表示。

用 μ 表示坏账准备残差的中位数，他们进行三个检验：

Test 1：

$\mu_{HIGH} = \mu_{MID}$　　VS.　　$\mu_{HIGH} > \mu_{MID}$（与平滑和奖金假设一致）

Test 2：

$\mu_{LOW} = \mu_{MID}$　　VS.　　$\mu_{LOW} \neq \mu_{MID}$

（平滑假设意指 $\mu_{LOW} < \mu_{MID}$，奖金假设意指 $\mu_{LOW} > \mu_{MID}$）

Test 3：

$\mu_{HIGH,LOW} = \mu_{MID}$　VS.　　$\mu_{HIGH,LOW} \neq \mu_{MID}$

（奖金假设预测公司对高低盈余都进行向下的盈余管理）

结果支持检验的替代性假设。他们的表 7 报告了结果，其应计的分组是基于 ROA 对公司平均 ROA 的偏离。它表明坏账准备中位数在第一个和第十个十分位区间为正，两个都是 0.001，而在第二个至第九个十分位区间为负。检验 1、2 和 3 的相应 Wilcoxon z 统计值分别是 4.90（在 0.009 水平上显著，单尾检验）、2.02（在 0.05 水平上显著，单尾检验）、4.64（在 0.001 水平上显著，单尾检验）。也就是说，结果与平滑和奖金假设一致。

有意思的是，当操控性应计用 Healy 的总应计衡量时，结果更弱，只有检验 1 的替代性结果成立。总应计的中位数在第一个十分位区间是 - 0.032，在第十个十分位区间是 - 0.005，而其他十分位区间也有负的总应计，除了在第七个十分位区间是 0.001。检验 1、2 和 3 的相应 Wilcoxon z 统计值分别是 - 3.78（在 0.009 水平上显著，单尾检验）、1.30（不显著）、 - 1.62（不显著）。

该方法可以通过与其他方法结合来丰富。Cohen、Dey 和 Lys（2005a）注意到“关注单个度量方式可能不是正确的方法”（p. 15）。他们检验了以下度量方式：

1. 横截面修正 Jones DA。
2. 总应计绝对值与经营活动现金流绝对值的比率。
3. 应收账款变化与销售收入变化的比率。
4. 存货变化与销售收入变化的比率。
5. 经期初总资产平减的本期特殊项目值。

第一个度量方式捕捉非正常应计，第二个捕捉平滑，接下来两个捕捉非正常销售活动。例如，在渠道填充下，相对销售收入来说应收账款增加，而在“接单但未出货”交易下，存货不会随着销售收入增加而减少。最后的度量方式捕捉分类的盈余管理，这发生在项目被移进或移出特殊项目类别时（见第 2 章）。与其他研究运用不同方法比较结果相比，Cohen、Dey 和 Lys 运用主成分分析法，对每个公司-季度加总这些度量方式。因此，其还有一个优点，即它们的分数“可能比任何一种单独度量方式，能更有效地捕捉一个公司的盈余管理总水平”（p. 15）。

与加总盈余管理的度量方式不同，Ibrahim（2005）提出分解应计。Ibrahim 假定应计的构成要素将以前后一致的方式被管理，例如，为了实现正的收益操纵，管理者选择运用正的应收账款操纵（增加收入进而增加收益）和负的应付账款操纵（减少费用和增加收益）。然后她提出一个比率来捕捉操控性应计构成要素之间的关系：操控性应计构成要素总和的绝对值除以非操控性应计构成要素绝对值的总和。该方法表现出增加盈余管理检验的效力，但在模型设定上的改进有限。

§11.2.2　分布性方法

我们在第 4 章和第 5 章阐述了这一方法，论述的主要是符合标准的动机。该方法假定未被管理的盈余服从高斯分布，且盈余管理的证据是观测到的盈余对该分布的偏离。

本部分我们基于 Burgstahler 和 Dichev（1997a），概述替代性检验方法。该方法的机理是基于假定未被管理的盈余变化（和未被管理的盈余水平）的横截面分布是相对平滑的：在围绕零的小区间内，观测点的预期数量等于在两个邻近区间观测点数量的平均值。检验统计量是观测点的实际和预期数量的差异与该差异的估计标准差的比率。在没有盈余管理的原假设下，这些标准化差异接近于标准正态分布（均值为 0，标准差为 1）。但事实上，既然平滑的原假设在零处可能不成立，那么趋近于 0 的左边区间的标准化差异与趋近于 0 的右边区间的标准化差异是不独立的。因此，在零点非连续的检验是基于一个差异，或者左边或者右边。Burgstahler 和 Dichev 在 1977—1994 年 64 466 个公司-年观测点样本中运用 0.0025 的区间宽度，检验结果得出趋近于 0 的左边（右边）区间的标准化差异为-8.00（5.88）。

§11.2.3　EPS 的约数

用小数表示每股盈余 EPS，小数点后保留两位，如 *zz.xy*。公司可以通过操作 *y* 影响 EPS，以至于根据公司是否想夸大或缩小报告的 EPS，来上调或下调 EPS。和其他方法一样，通过比较盈余管理的实际目标与没有盈余管理时假设的分布，来检测盈余管理。在这种情况下，研究者检验 *y* 的分布。

受 Carslaw（1988）启发，Thomas（1989）考虑一个服从以下数学法则的假设分布：

$$\Pr(y \leqslant y_0) = \sum_{x=1}^{9}\left(\log_{10}\left(x+\frac{y_0+1}{10}\right) - \log_{10}\left(x+\frac{y_0}{10}\right)\right)$$

对所有数字，它不是对称的，且产生 0 的可能性低于大多数其他数字（见表 11.2）。

表 11.2　**位数的累计频率**

YO	概率	累计概率
0	0.120	0.120
1	0.114	0.234
2	0.229	0.342
3	0.218	0.447
4	0.329	0.547
5	0.315	0.644
6	0.422	0.737
7	0.405	0.827
8	0.510	0.915
9	0.490	1.000

Thomas 把样本分成两组：净收益为正的 68 738 个公司-年（盈利公司）和净收

益为负的 11 359 个公司-年（亏损公司）。证据表明当 $y=8$ 或 9 时，盈利公司上调数字，因为 $y=0$ 的报告频率高于数学法则下的概率，而 $y=8$ 或 9 的报告频率低于数学法则下的概率。亏损公司表现出相反的形式。$y=9$ 的报告频率高于 $y=0$ 的频率，但对亏损公司，对数学法则的偏离程度更弱。进一步分析好消息（相对于上年盈余）的公司和坏消息的公司，也得出位数的不寻常模式的证据。但每股盈余似乎基于上调小数点后第三位数。

运用类似方法的研究包括 Das 和 Zhang（2003）研究美国公司，以及 Kinnunen 和 Koskela（2003）研究跨国公司。Das 和 Zhang 检验了小数点后第一位数（我们这里是 x）。他们也发现对盈利公司和亏损公司存在相反的行为模式，显示两种公司都通过报告多于 4、小于 4 或 $x=4$，来调整 EPS。既然 Thomas 表明对未被管理的小数，数学法则不太可能适用于 EPS，他们选择二项式检验，未被管理的数字小于 5 的概率显著不同于 50%。他们填补了该方法与其他分布方法以及应计方法之间的空白。特别地，在他们的 1989 到 1998 年 103 944 个公司-季度观测点中，他们检验了以下公司的上调频率：符合分析师预测的公司、报告 1 美分微小利润的公司、报告和上年同季度相同的 EPS 的公司。他们通过营运资本应计捕捉了应计管理，因为他们推测盈余管理有一个短时窗，且其他的应计或者太大或者超出管理层管理的能力范围。他们的证据支持公司确实调整数字来管理盈余的观点。现在，我们知道要不断努力去改进 Jones 模型和估计盈余管理的方法（见 Dopuch、Mashruwala、Seethamraju 和 Zach，2006）。

总结与后记

2002 年股票市场“醒来”发现不再有可信的数字。按 20 世纪 90 年代的公司文化，证券发行商以股东价值提高为目标，但他们采取了激进的甚至欺诈的处理手段来提高报告盈余，而他们的审计师没有做任何事情来阻止他们（Bratton，2004，p. 2）。

盈余管理引起了监管机构（Levitt，1998，1999，2000；Turner 和 Godwin，1999；Barth，2000；Turner，2001a；Glassman，2002，2006a；Breeden，20031；Cox，2006）、实务界和新闻界（Griffiths，1986，1995；O’Glove，1987；Jameson，1988；Kellogg 和 Kellogg，1991；Naser，1993；Pijper，1994；Blake 和 Salas，1996；Smith，1996；Mulford 和 Comiskey，1996；Schonfeld，1998；McBarnet 和 Whelan，1999；Loomis，1999；Vickers，1999；Collingwood，2001；Miller 和 Bahnson，2002；Schilit，2002）以及学术界的兴趣。

本书概述

本书第一部分，我们详述了为什么盈余这么重要以至于成为操纵的目标，然后我们定义了盈余管理。我们将盈余管理定义为一系列的管理决策，这些决策使管理层不报告他们所知晓的真实的短期盈余。

盈余管理可以是：

-有益的：它能传递企业长期价值的信号。

-有害的：它会掩盖企业长期或短期的价值。

-中性的：它能显示企业的短期价值。

被管理的盈余通常是这样产生的：在盈余确认之前对企业的生产或投资过程采取行动，或者在盈余已经确定之后，选择能够影响盈余数据及其解释的会计处理方法。

本书第二部分，我们回顾了实证研究文献。下表总结了盈余管理的种类，是按会计领域的下述参与者分类的：管理者、普通报表使用者和守门人。该表也列出了与每类参与者相关的主要文献。

收获

我们期望本书能给读者带来几点收获：

盈余管理的提供者	盈余信息的接收者	
高级管理者	普通使用者[a]	守门人[b]
-报酬（healy，1985） -内部交易（Park 和 Park，2004） -营业额（Murphy 和 Zimmerman，1993） -管理层收购（Wu，1997）	-超过基准值（Degeorge，Patel 和 Zeckhauser，1999） -首次发行、公开增发股票和新上市（Teoh、Welch 和 Wang，1988b） -兼并与并购（Erickson 和 Wang，1999） -债券契约（Beneish，1997） -监管（Aharony、Jevons Lee 和 Wong，2000） -税收（Phillips、Pincus 和 Rego，2003） -被管制行业，如保险公司和银行（Beaver，McNichols 和 Nelson，2000） -雇员（Peltier-Riverst，1999） -供应商和竞争者（Peltier-Rivest，2002）	-达到或超过分析师预期（Bartov、Tsui 和 Gul，2002） -机构投资者（Bushee，1998） -公司治理（Klein，2002b） -审计师（Nelson、Eliott 和 Tarpley，2003） -媒体（Miller，2005）

[a] 供应商、投资者、雇员、消费者、债权人和监管者。

[b] 董事会、分析师、投资银行、债权经纪人、审计师、律师和媒体。

第一，21 世纪在盈余管理方面最令人感到遗憾的变化在于，在已经揭露出的巨大会计丑闻中，盈余管理增添了丑陋的内涵。在《纽约时报》2005 年 10 月 15 日出版的报告中，Jenny Anderson 和 Landon Thomas 说，“CEO 需要满足那些没有耐心的投资者的欲望，加上这样一种计算法：更好的盈余等于更高的股价和更富有的期权，CEO 面临着巨大的压力。有些时候这会导致 CEO 跨过道德底线，如果不是法律底线”。我们对盈余管理的定义指出，盈余管理有时可以是有益的，它能够起信号传递作用，降低企业与其选民之间的信息不对称程度。

对股东来说，有害的盈余管理是高成本的，因为公司得为虚假的利润交税，（Erickson、Hanlon 和 Maydew，2004），得因集体诉讼或 SEC 和司法部分的惩罚而出血（例如，Ronen 和 Yaari，2002，Karpoff、Lee 和 Martin，2007a），并导致资源配置的扭曲（Kedia 和 Phillippon，2005）。盈余管理对管理者而言也可能是高成本的，因为他们会失去盈余资本（Desai、Hogan 和 Wilkins，2006）。中性的盈余管理不会影响现金流（Stein，1989；Johnson 和 Schwartz，2005），有益的盈余管理通过降低企业与投资者之间的信息不对称程度，通过降低代理成本，提高了股东的价值（例如，Demski，1998；Arya、Glover 和 Sunder，2003；Ronen 和 Yaari，2007）。

第二，第三部分的讨论明确了一点，这就是：在财务报表分析和关于盈余管理的经济学研究之间存在矛盾。我们所提供的关于竞争对盈余管理的影响的例证非常新颖。实证研究没有注意产品市场竞争和企业战略的其他方面对盈余管理的影响，他们认为，只要在回归分析中控制行业和年度变量就等于控制了所有这些方面，就足够了。

第三，我们暂时还未形成一致的方法论能够完美地应对下述事实带来的挑战：未经管理的盈余实际上是不可观察的。尽管 Ye（2006）的研究在 Jones 模型中加入了个别企业经营基础变量，且似乎前景可观，但研究者们还在继续使用可能太不可靠的工具。

相关的研究

在本书中，我们综述了大量的相关研究。那是否还遗漏了部分呢？答案是肯定的。我们没有考虑非营利性机构中的盈余管理（例如，Chase 和 Coffiman，1994；Kreihnan、Yetman 和 Yetman，2002；Mensah、Considine 和 Oakes，1994；Leone 和 Van Horn，2003；Jones an dRoberts，2006；Ranjani、Yetman 和 Yetman，2006；Keating、Parsonsn 和 Roberts，2007），也没有重点关注披露以及披露与盈余管理相互关系的重要文献（Ajinkya 和 Gift1984；Atiase，1985，Hooskins、Hughes 和 Ricks，1986，Darrough，1993；Dontoh，1989；Darrough 和 Stoughton，1990；Gibbins、Richardson 和 Waterhouse，1990；Ruland、Tung 和 Georege，1990；Feltham、Gigler 和 Hughes，1992；Alles 和 Lundholm，1993；Newman 和 Sansing，1993；Ziv，1993；Ali、Ronen 和 Li，1994；Antle、demski 和 Ryan，1994；Botosan，1997；Bamber 和 Cheon，1998；Admati 和 Pfleiderer，2000；Boot 和 Thakor，2000；Schrand 和 Walther，2000；Aerts，2001；Lobo 和 Zhou，2001；Begley 和 Feltham，2002；Botosan 和 Plumlee，2002；Boo 和 Simnett，2002；Chen、DeFond 和 Park，2002；Lundholm 和 Myers，2002；Hutton、Miller 和 Skinner，2003；Leone 和 Van Horn，2003；Dobler，2004；Fischer 和 Verrecchia，2004；Einhom，2005，2007；Wasley 和 Wu，2005；baginski、Hassell 和 Kimbrough，2006；Byard、Li 和 Weintrop，2006；Cao、Wasley 和 Wu，2006；Hoje 和 Kim，2007；Langberg 和 Sivaramakrishnan，2006）.

另外，我们对于美国之外的国际上大量的研究证据也没有予以足够的重视（例如，Walsh、Craig 和 Clarke，1991；Whitterd 和 Chan，1992；Ashari、Koh、Tan 和 Wong，1994；Sheikholeslami，1994；Blake 和 Salas，1996；Booth、Kalhunki 和 Martikainen，1996，1997；Gore、Taib 和 Taylor，1999；Eddey 和 Taylor，1999；Herrmann 和 Tatsuo，1996；Kasanen、Kinnunen、Kinnuned 和 Niskanen 1996；Saudagaran 和 Sepe，1996；Marsden 和 Wong，1998；Culvenor、Godfrey 和 Byrne，1999；Kailunki 和 Martikainen，1999；Kinnnin，1999；Pierce-Brown 和 Steele，1999；Pope 和 Walker，1999；Aharny、Jevons Lee 和 Wong 2000；Garza、Okumnura 和 Kunimura，2000；Land 和 Lang，2002；Rahman 和 Bakar，2002；Gabrielsen、Gramlich 和 Plenborg，2002；Gul、Srinidhi 和 Shieh，2002；Loh 和 Tan，2002；Poitras、Wilkins 和 Kwan，2002；Wells，2002；Yeo、Tan、Ho 和 Chen，2002；Bowman 和 Navissi，2003；Chen、Lee 和 Li，2003；Liu 和 Zhou，2003；Ming 和 Wong，2003；Bushman、Piotroski 和 Smith，2004；Jaime 和 Alboronz，2004；Song、Jihe 和 Windram，2004；Melis，2004；Riahi-Belkaoui，2004；Jong、DeJong、Merterns 和 Roosenboom，2005；Lobo 和 Zhou，2005；Pastor 和 Poveda，2005；Peasnell、Pope 和 Young，2005；Ashbaugh、Lafound 和 Lang，2006；Ben 和 Zeghal，2006；Burgstahler、Hail 和 Leuz，2006；Chen、Elder 和 Hsieh，2007；Beuselinck、Deloof 和 Mani Gart，2007）。

我们之所以要逐一列出上述没有十分重视的文献，是因为我们意识到在这些领域存在研究机会，这些研究可以丰富我们的认识，并进一步加深我们对盈余管理现象的理解。我们期望读者们能够理解，我们忽略这些文献是因为我们表达方面的有限理性，而不是出于故意或恶意。

参考文献

Abarbanell, Jeffery S. and Victor Bernard. 1992. Tests of analysts' overreaction/underreaction to earnings information as an explanation for anomalous stock price behavior. *Journal of Finance*, 47, 3 (July): 1181–1207.

Abarbanell, Jeffery S. and Brian J. Bushee. 1997. Fundamental analysis, future earnings, and stock prices. *Journal of Accounting Research*, 35, 1 (Spring): 1–24.

Abarbanell, Jeffery S., and Reuven Lehavy. 2002. Differences in commercial database reported earnings: Implications for empirical research. SSRN. com/abstract=228918.

Abarbanell, Jeffery S. and Reuven Lehavy. 2003a. Can stock recommendations predict earnings management and analysts' earnings forecast errors? *Journal of Accounting Research*, 41, 1 (March): 1–31.

Abbott, Lawrence J. and S. Susan Parker. 2000. Audit committee characteristics and auditor selection. *Auditing: A Journal of Practice and Theory*, 19, 2 (Fall): 47–66.

Abbott, Lawrence J. and S. Susan Parker. 2001. Audit committee characteristics and auditor selection: Evidence from auditor switches. *Research in Accounting Regulation*, 15: 151–166.

Abbott, Lawrence, Susan Parker, and Gary F. Peters. 2004. Audit committee characteristics and restatements. *Auditing: A Journal of Practice and Theory*, 23, 1 (March): 69–87.

Abbott, Lawrence, Susan Parker, and Gary F. Peters. 2006. Earnings management, litigation risk, and asymmetric audit fee responses. *Auditing: A Journal of Practice and Theory*, 25, 1 (May): 85–98.

Abbott, Lawrence J., Susan Parker, Gary F. Peters, and Kannan Raghunandan. 2001. An investigation of the impact of audit committee characteristics on the relative magnitude of non-audit service purchases. SSRN. com/abstract=285151.

Abbott, Lawrence, Susan Parker, Gary F. Peters, and Dasaratha V. Rama. 2004. Audit, nonaudit, and information technology fees: Some empirical evidence. *Accounting and the Public Interest*, 3, 1: 1–21.

Abdel-khalik, Ahmed Rashad. 2002. Reforming corporate governance post Enron: Shareholders' board of trustees and the auditor. *Journal of Accounting and Public Policy*, 21, 2 (Summer): 97-103.

Abdel-khalik, Ahmed Rashad. 2006. An empirical analysis of CEO risk aversion and the propensity to smooth earnings volatility. SSRN. com/abstract = 926912.

Aboody, David. 1996. Recognition versus disclosure in the oil and gas industry. *Journal of Accounting Research*, 34, 3 (Supplement): 21-32.

Aboody, David, Mary E. Barth, and Ron Kasznik. 2004a. SFAS 123 stock-based compensation expense and equity market values. *The Accounting Review*, 79, 2 (April): 251-275.

Aboody, David and Ron Kasznik. 2000. CEO stock option awards and the timing of corporate voluntary disclosure. *Journal of Accounting and Economics*, 29, 1 (February): 73-100.

Aboody, David Ron Kasznik, and Michael Williams. 2000. Purchase versus pooling in stock-for-stock acquisitions: Why do firms care? *Journal of Accounting and Economics*, 29, 3 (June): 261-286.

Abowd, John M. and David S. Kaplan. 1999. Executive compensation: Six questions that need answering. NBER Working Paper No. 7124.

Adams, Renée B. 2005. What do boards do? Evidence from board committee and director compensation data. EFA 2005 Moscow Meeting Paper. SSRN. com/abstract = 397401.

Adams, Renée B. and Daniel Ferreira. 2004. Do directors perform for pay? Working Paper, Stockholm School of Economics.

Adams, Renée and Daniel Ferreira. 2007. A theory of friendly boards. *Journal of Finance*, 62, 1 (February): 217-250.

Adams, Renée B. and Hamid Mehran. 2005. Corporate performance, board structure and its determinants in the banking industry. EFA 2005 Moscow Meeting Paper SSRN. com/abstract = 302593.

Adams, Renée B., and Jo. o A. C. Santos. 2006. Identifying the effect of managerial control on firm performance. *Journal of Accounting and Economics*, 41, 1-2 (April): 55-85.

Adiel, Ron. 1996. Reinsurance and the management of regulatory ratios and taxes in the property—casualty insurance industry. *Journal of Accounting and Economics*, 22, 1-3 (August-December): 207-240.

Admati, Anat R. and Paul Pfleiderer. 2000. Forcing firms to talk: Financial disclosure regulation and externalities. *Review of Financial Studies*, 13, 3 (Fall): 479-519.

Aerts, Walter. 2001. Inertia in the attributional content of annual accounting narratives. *European Accounting Review*, 10, 1 (March): 3-32.

Affleck-Graves, John, Carolyn M. Callahan, and Niranjan Chipalkatti. 2002. Earnings predictability, information asymmetry, and market liquidity. *Journal of Accounting Research*, 40, 3 (June): 561-583.

Aggarwal, Rajesh K. and Dhananjay Nanda. 2004. Access, common agency, and board size. SSRN. com/abstract=571801.

Aggarwal, Rajesh. K. and Andrew A. Samwick. 1999. The other side of the tradeoff: The impact of risk on executive compensation. *Journal of Political Economy*, 107, 1 (February): 65-105.

Aggarwal, Rajesh K. and Andrew A. Samwick. 2006. Empire-builders and shirkers: Investment, firm performance, and managerial incentives. *Journal of Corporate Finance*, 12, 3 (June): 489-515.

Aghion, Philippe, Patrick Bolton, and Jean J. Tirole. 2004. Exit options in corporate finance: Liquidity versus incentives. *Review of Finance*, 8, 3 (September): 327-353.

Aghion, Philippe, Mathias Dewatripont, and Patrick Rey. 1994. Renegotiation design with unverifiable information. *Econometrica*, 62, 2 (March): 257-282.

Aghion, Philippe and Jean J. Tirole. 1997. Formal and real authority in organizations. *Journal of Political Economy*, 105, 1 (February): 1-29.

Agrawal, Anup and Sahiba Chadha. 2005. Corporate governance and accounting scandals. *Journal of Law and Economics*, 48, 2 (October): 371-406.

Agrawal, Anup and Mark A. Chen. 2006. Analysts conflicts and research quality. Working Paper, University of Alabama and University of Maryland.

Agrawal, Anup and Tommy Cooper. 2007. Insider trading before accounting scandals. SSRN. com/abstract=929413.

Agrawal, Anand and Sanjay Fuloria. 2004. Corporate governance for competitive credibility. *Journal of Social Science*, 9, 3: 185-194.

Agrawal, Anup, Jeffrey F. Jaffe, and Jonathan M. Karpoff. 1999. Management turnover and governance changes following the revelation of fraud. *Journal of Law and Economic*, 42, 1 (April): 309-342.

Agrawal, Anup and Charles R. Knoeber. 2001. Do some outside directors play a political role? *The Journal of Law and Economics*, 44, 1 (April): 179-198.

Agrawal, Anup, Charles, R. Knoeber, and Theofanis Tsoulouhas. 2006. Are outsiders handicapped in CEO successions? *Journal of Corporate Finance*, 12 (June): 619-644.

Agrawal, Anup and Gershon N. Mandelker. 1987. Managerial incentives and corporate investment and financing decisions. *Journal of Finance*, 42, 4 (September): 823-837.

Agrawal, Anup and Gershon N. Mandelker. 1990. Large shareholders and the monitoring of managers: The case of antitakeover charter amendments. *Journal of Financial and Quantitative Analysis*, 25, 2: 143-161.

Aharoni, Amram and Joshua Ronen. 1989. The choice among accounting alternatives and management compensation: Effects of corporate tax. *The Accounting Review*, 64, 1 (January): 69-86.

Aharony, Joseph, Chi-Wen Jevons Lee, and T. J. Wong. 2000. Financial packaging of IPO firms in China. *Journal of Accounting Research*, 38, 1 (Spring): 103-126.

Ahdieh, Robert B. 2005. From "federalization" to "mixed governance" in corporate law: A defense of Sarbanes-Oxley. *Buffalo Law Review* (September). SSRN. com/abstract =834386.

Ahmed, Anwer S. 1994. Accounting earnings and future economic rents: An empirical analysis. *Journal of Accounting and Economics*, 17, 3 (May): 377-400.

Ahmed, Anwer S., Bruce K. Billings, and Richard M. Morton. 2004. Extreme accruals, earnings quality, and investor mispricing. SSRN. com/abstract=544984.

Ahmed, Anwer S., Scott Duellman, and Ahmed M. Abdel-Meguid. 2006. Auditor independence, corporate governance and abnormal accruals. SSRN. com/abstract=887364.

Ahmed, Anwer S., Gerald J. Lobo, and Jian Zhou. 2006. Job security and income smoothing: An empirical test of the Fudenberg and Tirole (1995) model. SSRN. com/abstract=248288.

Ahmed, Anwer S., Khalid Nainar, and Jian Zhou. 2005. Do analysts' forecasts fully reflect the information in accruals? *Canadian Journal of Administrative Sciences*, 22, 4 (December): 329-342.

Ahmed, Anwer S. and Carolyn Takeda. 1995. Stock market valuation of gains and losses on commercial banks' investment securities: An empirical analysis. *Journal of Accounting and Economics*, 20, 2 (September): 207-225.

Ahmed, Zeeshan. 2005. An investigation of firm's earnings management practices around product recalls. A Ph. D. dissertation. Mississippi State University.

AICPA. 1994. *Improving Business Reporting—A Customer Focus. Meeting the Needs of Investors and Creditors (Comprehensive Report of the Special Committee on Financial Reporting)*. New York: American Institute of Certified Public Accountants.

Aier, Jagadison K., Joseph Comprix, Matthew T. Gunlock, and Deanna Lee. 2005. The financial expertise of CFOs and accounting restatements. *Accounting Horizons*, 19, 3 (September): 123-135.

AIMR. 1993. *Financial Reporting in the* 1990*s and Beyond.* A position paper of the Association for Investment Management and Research (AIMR), prepared by P. H. Knutson.

Ajinkya, Bipin B., Rowland K. Atiase, and Michael J. Gift. 1991. Volume of trading and the dispersion in financial analysts' earnings forecasts. *The Accounting Review*, 66, 2 (April): 389–401.

Ajinkya, Bipin B. and Michael J. Gift. 1984. Corporate managers' earnings forecasts and symmetrical adjustments of market expectations. *Journal of Accounting Research*, 22, 2 (Fall): 425–444.

Akerlof, George A. 1970. The market for "lemons": Quality uncertainty and the market mechanism. *Quarterly Journal of Economics*, 84, 3 (August): 488–500.

Albrecht, David W. and Fredrick M. Richardson. 1990. Income smoothing by economy sector. *The Journal of Business Finance and Accounting*, 17, 5 (Winter): 713–730.

Albuquerque, Rui A. and Jianjun Miao. 2006. CEO power, compensation, and governance. SSRN. com/abstract=922700.

Alchian, Armen A. and Harold Demsetz. 1972. Production, information costs, and economic organization. *American Economic Review*, 62, 5 (December): 777–795.

Alciatore, Mimi, Carol Callaway Dee, Peter Easton, and Nasser Spear. 1998. Asset write downs: A decade of research. *Journal of Accounting Literature*, 17: 1–39.

Alciatore, Mimi, Peter Easton, and Nasser Spear. 2000. Accounting for the impairment of long-lived assets: Evidence from the petroleum industry. *Journal of Accounting and Economics*, 29, 2 (April): 151–172.

Alexander, Janet C. 1991. Do the merits matter? A study of settlements in securities class actions. *Stanford Law Review*, 43 (February): 497–598.

Ali, Ashiq. 1994. The incremental information content of earnings, working capital from operations, and cash flows. *Journal of Accounting Research*, 32, 1 (Spring): 61–74.

Ali, Ashiq, Lee Seok Hwang, and Mark A. Trombley. 2000. Accruals and future stock returns: Tests of the naïve investor hypothesis. *Journal of Accounting, Auditing and Finance*, 15, 2 (Spring): 161–181.

Ali, Ashiq, April Klein, and James Rosenfeld. 1992. Analysts' use of information about permanent and transitory earnings components in forecasting annual EPS. *The Accounting Review*, 67, 1 (January): 183–198.

Ali, Ashiq and Krishna R. Kumar. 1994. The magnitudes of financial statement effects and accounting choice: The case of the adoption of SFAS 87. *Journal of Accounting and Economics*, 18, 1 (July): 89–114.

Alka, Arora and Alam Pervaiz. 2001. The dual role of accounting earnings: Contracting and valuation. *Journal of Corporate Communications*, 3 (October): 3. http://www. corpcomm. org.

Allaire Yvan and Mihaela Firsirotu. 2005. *Beyond Monks and Minow : From Fiduciary to Value Creating Governance (Series on Strategy and Governance)*. Montreal, Canada:

Forstrat-International-Press.

Allen, Franklin. 1985a. Repeated principal-agent relationships with lending and borrowing. *Economics Letters*, 17, 1-2: 27-31.

Allen, Franklin. 1985b. Repeated principal-agent contracts with lending and borrowing. *Economic Letters*, 17, 1: 27-31.

Alles, Michael, and Russell J. Lundholm. 1993. On the optimality of public signals in the presence of private information. *The Accounting Review*, 68, 1 (January): 93-112.

Allgood, Sam and Kathleen A. Farrell. 2003. The match between CEO and firm. *The Journal of Business*, 76, 2 (April): 317-341.

Almazam, Andres, Jay C. Hartzell, and Laura T. Starks. 2005. Active institutional shareholders and costs of monitoring: Evidence from executive compensation. Working Paper, University of Texas.

Altamuro, Jennifer, Anne Beatty, and Joseph Peter Weber. 2005. Earnings management and earnings informativeness: Evidence from SEC Staff Accounting Bulletin (SAB) 101. *The Accounting Review*, 20, 2 (April): 373-401.

Altinkilic, Oya and Robert S. Hansen. 2003. Discounting and underpricing in seasoned equity offers. *Journal of Financial Economics*, 69, 2 (August): 285-323.

American Accounting Association. 1966. *A Statement of Basic Accounting Theory*. Prepared by a committee: Norton M. Bedford, R. Lee Brummet, Neil C. Churchill, Paul E. Fertig, Russell H. Morrison, Roland F. Salmonson, George H. Sorter, Lawrence L. Vance, and Charles T. Zlatkovich, Chairman.

Amershi, Amin H., Joel Demski, and John Fellingham. 1985. Sequential Bayesian analysis in accounting settings. *Contemporary Accounting Research*, 1, 2 (Spring): 176-192.

Amershi, Amin H., Joel Demski, and Mark Wolfson. 1982. Strategic behavior and regulation research in accounting. *Journal of Accounting and Public Policy*, 1, 1 (Autumn): 19-32.

Amir, Eli and Elizabeth Gordon. 1996. Firms' choice of estimation parameters: Empirical evidence from SFAS No. 106. *Journal of Accounting, Auditing and Finance*, 11, 3 (Summer): 427-448.

Amir, Eli, Yanling Guan, and Gilad Livne. 2005. The effects of auditor independence on cost of public debt. SSRN. com/abstract = 781844.

Amir, Eli and Joshua Livnat. 1996. Multiperiod analysis of adoption motives: The case of SFAS 106. *The Accounting Review*, 71, 4 (October): 539-553.

Amir, Eli and Joshua Livnat. 1997. Adoption choices of SFAS 106: Implications for financial analysis. *Journal of Financial Statement Analysis*, 2, 2 (Winter): 51-60.

Amir, Eli and Amir Ziv. 1997a. Recognition, disclosure, or delay: Timing the adoption of

SFAS 106. *Journal of Accounting Research*, 35, 1 (Spring): 61–81.

Amoah, Nana. 2006. Auditor characteristics, board structure, and the likelihood of auditor initiated restatements. Working Paper, Morgan State University.

Amzaleg, Yaron, Uri Ben-Zion, and Ahron Rosenfeld. 2002. On the role of institutional investors in corporate governance: Evidence from voting of mutual funds in Israel. SSRN. com/abstract=746024.

Anand, Anita I. 2005. An analysis of enabling vs. mandatory corporate governance structures post Sarbanes-Oxley. *Delaware Journal of Corporate Law*, 31, 1: 229 – 252. SSRN. com/abstract=718341.

Anderson, Kirsten L., Daniel N. Deli, and Stuart L. Gillan. 2006. Boards of directors, audit committees, and the information content of earnings. Weinberg Center for Corporate Governance Working Paper No. 2003–04. SSRN. com/abstract=444241.

Anderson, Lynne Ann. 2005. Sarbanes-Oxley's protection of employee whistleblowers impacts the financial services industry. *Journal of Taxation and Regulation of Financial Institutions*, 19, 1 (September/October). SSRN. com/abstract=876996.

Anderson, Ronald C., Sattar A. Mansi, and David M. Reeb. 2003. Founding family ownership and the agency cost of debt. *Journal of Financial Economics*, 68, 2 (May): 263–285.

Anderson, Ronald C., Sattar A. Mansi, and David M. Reeb. 2004. Board characteristics, accounting report integrity, and the cost of debt. *Journal of Accounting and Economics*, 37, 3 (September): 315–342.

Anderson, Ronald C. and David M. Reeb. 2003a. Family ownership, corporate diversification, and firm leverage. *The Journal of Law and Economics*, 46, 2 (October): 653–684.

Anderson, Ronald C. and David M. Reeb. 2003b. Founding family ownership and firm performance: Evidence from S&P 500. *Journal of Finance*, 58, 3 (June): 1301–1327.

Anderson, Ronald C. and David M. Reeb. 2004. Board composition: Balancing family influence in S&P 500 Firms. *Administrative Science Quarterly*, 49, 2 (June): 209–237.

Anonymous. 2003. Reforms: Watching the watchdogs. *Consumer reports publication* (March): 68.

Anthony, Joseph and Kathy R. Petroni. 1997. Accounting estimation disclosures and firm valuation in the property-casualty insurance industry. *Journal of Accounting, Auditing and Finance*, 12, 3 (Summer): 257–281.

Antle, Rick. 1982. The auditor as an economic agent. *Journal of Accounting Research*, 20, 2 (Autumn): 503–527.

Antle, Rick. 1984. Auditor independence. *Journal of Accounting Research*, 22, 1

(Spring): 1–20.

Antle, Rick, Joel Demski, and Stephen G. Ryan. 1994. Multiple sources of information, valuation, and accounting earnings. *Journal of Accounting, Auditing and Finance*, 9, 4 (Fall): 675–696.

Antle, Rick and Frøystein Gjesdal. 2001. Dividend covenants and income measurement. *Review of Accounting Studies*, 6, 1 (March): 53–76.

Antle, Rick, Elizabeth Gordon, Ganapathi Narayanamoorthy, and Ling Zhou. 2006. The joint determination of audit fees, non-audit fees, and abnormal accruals. *Review of Quantitative Finance and Accounting*, 27, 3 (November): 235–266.

Antle, Rick and Barry Nalebuff. 1991. Conservatism and auditor-client negotiations. *Journal of Accounting Research*, 29 (Supplement): 31–54.

Archambeault, Deborah and Todd DeZoort. 2001. Auditor opinion shopping and the audit committee: An analysis of suspicious auditor switches. *International Journal of Auditing* 5, 1 (March): 33–52.

Arya, Anil, Hans Frimor, and Brian Mittendorf. 2003. Pouring money down the drain? How sunk investments and signing bonuses can improve employee incentives. *Topics in Economic Analysis & Policy*, 3, 1 (January): 1–14.

Arya, Anil, Jonathan Glover, and Pierre Jinghong Liang. 2004. Intertemporal aggregation and incentives. *European Accounting Review*, 13, 4 (December): 643–657.

Arya, Anil, Jonathan Glover, and Shyam Sunder. 2003. Are unmanaged earnings always better for shareholders? *The Accounting Horizon*, 17 (Supplement): 111–116.

Arya, Anil and Brian Mittendorf. 2004. Offering stock options to gauge managerial talent. *Journal of Accounting and Economics*, 40, 1–3 (December): 189–210.

Arya, Anil and Brian Mittendorf. 2007. The interaction among disclosure, competition between firms, and analyst following. *Journal of Accounting and Economics*, 43, 2–3: 321–339.

Arya, Anil, Peter Woodlock, and Richard A. Young. 1992. Managerial reporting discretion and the truthfulness of disclosures. *Economics Letters*, 39, 2 (June): 163–168.

Ascioglu, Asli N., Shantaram Hegde, and John B. McDermott. 2005. Auditor compensation, disclosure quality, and market liquidity: Evidence from the stock market. *Journal of Accounting and Economics*, 24, 4 (July-August): 325–354.

Ashari, Nasuhiyah, Hian Chye Koh, Soh Leng Tan, and Wei Har Wong. 1994. Factors affecting income smoothing among listed companies in Singapore. *Accounting and Business Research*, 24, 96 (Autumn): 291–301.

Ashbaugh, Hollis, Ryan LaFond, and Brian H. Mayhew. 2003. Do nonaudit services compromise auditor independence? Further evidence. *The Accounting Review*, 78, 3 (July):

611-639.

Ashbaugh-Skaife, Hollis, Daniel W. Collins, and William R. Kinney, Jr. 2006. The discovery and reporting of internal control deficiencies prior to SOX-mandated audits. McCombs Working Paper No. ACC-02-05. SSRN. com/abstract=694681.

Ashbaugh-Skaife, Hollis, Daniel W. Collins, and Ryan LaFond. 2006. The effects of corporate governance on firms' credit ratings. *Journal of Accounting and Economics*, 42, 1-2 (October): 203-243.

Ashbaugh-Skaife, Hollis, Ryan LaFond, and Mark Lang. 2006. The effects of governance on smoothing and smoothing consequences: International evidence. Working Paper, University of North Carolina.

Asquith, Paul, Anne Beatty, and Joseph Peter Weber. 2005. Performance pricing in bank debt contracts. *Journal of Accounting and Economics*, 40, 1-3 (December): 101-128.

Asquith, Paul, Robert Gertner, and David Scharfstein. 1994. Anatomy of financial distress: An examination of junk-bond issuers. *Quarterly Journal of Economics*, 109, 3 (August): 625-658.

Asquith, Paul, Paul M. Healy, and Krishna G. Palepu. 1989. Earnings and stock splits. *The Accounting Review*, 64, 3 (July): 387-403.

Asthana Sharad. 1999. Determinants of funding strategies and actuarial choices for defined-benefit pension plans. *Contemporary Accounting Research*, 16, 1 (Spring): 39-74.

Asthana, Sharad, Steven Balsam, and Sungsoo Kim. 2004. The effect of Enron, Andersen, and Sarbanes-Oxley on the market for audit services. SSRN. com/abstract=560963.

Atiase, Rowland K. 1985. Predisclosure information, firm capitalization, and security price behavior around earnings announcements. *Journal of Accounting Research*, 23, 1 (Spring): 21-36.

Atwood, T. J. and Hong Xie. 2005. The market mispricing of special items and accruals: One anomaly or two? SSRN. com/abstract=734803.

Ausubel, Lawrence M. 1990. Insider trading in rational expectations economy. *American Economic Review*, 80, 5 (December): 1022-1041.

Ayers, Benjamin C., Craig E. Lefanowicz, and John R. Robinson. 2002. Do firms purchase the pooling method? *Review of Accounting Studies*, 7, 1 (March): 5-32.

Ayres, Frances L. 1994. Perceptions of earnings quality: What managers need to know. *Management Accounting*, 75, 9 (March): 27-29.

Baber, William R., Shuping Chen, and Sok-Hyon Kang. 2006. Stock price reaction to evidence of earnings management: Implications for supplementary financial disclosure. *Review of Accounting Studies*, 11, 1 (March): 5-19.

Baber, William R., Patricia M. Fairfield, and James A. Haggard. 1991. The effect of concern about reported income on discretionary spending decisions: The case of research and development. *The Accounting Review*, 66, 4 (October): 818-829.

Baber, William R., Surya N. Janakiraman, and Sok-Hyon Kang. 1996. Investment opportunities and the structure of executive compensation. *Journal of Accounting and Economics*, 21, 3 (June): 297-318.

Baber, William R. and Sok-Hyon Kang. 2001. Stock price reactions to on-target earnings announcements: Implications for earnings management. SSRN. com/abstract=275275.

Baber, William R. and Sok-Hyon Kang. 2002a. The impact of split adjusting and rounding on analysts' forecast error calculations. *Accounting Horizons*, 16, 4 (December): 277-289.

Baber, William R. and Sok-Hyon Kang. 2002b. Is meeting the consensus EPS good news or bad news? A Working Paper. SSRN. com/abstract=303579.

Baber, William R. and Sok-Hyon Kang. 2003. Does the stock market ignore earnings management? Evidence from earnings announcements. A paper presented in the seminar of the Department of Accounting at University of Maryland, October.

Baber, William R., Sok-Hyon Kang, and Lihong Liang. 2005. Strong boards, management entrenchment, and accounting restatement. SSRN. com/abstract=760324.

Backer, Larry Catá. 2002. The Sarbanes-Oxley Act: Federalizing norms for officer, lawyer and accountant behavior. *St. John Law Review*, 76, 4 (October): 897-952.

Backer, Larry Catá. 2004. Surveillance and control: Privatizing and nationalizing corporate monitoring after Sarbanes-Oxley. *Michigan State Law Review*, 2 (Summer): 327-440.

Badertscher, Brad, John D. Phillips, Morton P. K. Pincus, and Sonja O. Rego. 2006a. Tax implications of earnings management activities: Evidence from restatements. Working Paper.

Badertscher, Brad, John D. Phillips, Morton P. K. Pincus, and Sonja O. Rego. 2006b. Do firms manage earnings downward in a book-tax conforming manner? SSRN. com/abstract =921422.

Bae, Benjamin B. and Heibatollah Sami. 2005. The effect of potential environmental liabilities on earnings response coefficients. *Journal of Accounting, Auditing and Finance*, 20, 1 (Winter): 43-70.

Baginski, Stephen P. 1987. Intraindustry information transfers associated with management forecast of earnings. *Journal of Accounting Research*, 25, 2 (Spring): 196-216.

Baginski, Stephen P. and John M. Hassell. 1990. The market interpretation of management earnings forecasts as a predictor of subsequent financial analyst forecast revision. *The Accounting Review*, 65, 1 (January): 175-190.

Baginski, Stephen P. and John M. Hassell. 1997. Determinants of management forecast precision. *The Accounting Review*, 72, 2 (April): 303-312.

Baginski, Stephen P., John M. Hassell, and William A. Hillison. 2000. Voluntary casual disclosures: Tendencies and capital market reaction. *Review of Quantitative Finance and Accounting*, 15, 4 (December): 371-389.

Baginski, Stephen P., John M. Hassell, and Michael D. Kimbrough. 2002. The effect of legal environment on voluntary disclosure: Evidence from management earnings forecasts issued in U. S. and Canadian markets. *The Accounting Review*, 77, 1 (January): 25-50.

Baginski, Stephen P., John M. Hassell, and Michael D. Kimbrough. 2004. Why do manag-ers explain their earnings forecasts? *Journal of Accounting Research*, 42, 1 (March): 1-29.

Baginski, Stephen P., John M. Hassell, and Michael D. Kimbrough. 2006. The effect of macro information environment change on the quality of management earnings forecasts. SSRN. com/abstract=926361.

Baginski, Stephen P., John M. Hassell, and John D. Neill. 1999. Predicting subsequent management forecasting behavior at the date of an initial public offering. *Review of Quantitative Finance and Accounting*, 12, 1 (January): 5-21.

Bagnoli, Mark, Messod D. Beneish, and Susan G. Watts. 1999. Whispers forecasts of quarterly earnings per share. *Journal of Accounting and Economics*, 28, 1 (November): 27-50.

Bagnoli, Mark, William Kross, and Susan G. Watts. 2002. The information in management's expected earnings report date: A day late, a penny short. *Journal of Accounting Research*, 40, 5 (December): 1275-1296.

Bagnoli, Mark, Stanley Levine, and Susan Watts. 2005a. Analyst estimation revision clusters and corporate events, Part I. *Annals of Finance*, 1, 3 (August): 245-265.

Bagnoli, Mark and Susan G. Watts. 2005. Conservative accounting choices. *Management Science*, 51, 5 (May): 786-801.

Bahnson, Paul R., Paul Miller, and Bruce Budge. 1996. Nonarticulation in cash flow statements and implications for education, research, and practice. *Accounting Horizons*, 10, 4 (December): 1-15.

Baik, Bok and Guohua Jiang. 2006. The use of management forecasts to dampen analysts' expectations. *Journal of Accounting and Public Policy*, 25, 5 (September-October): 531-553.

Bailey, Warren, Haitao Li, Connie Mao, and Rui Zhong. 2003. Regulation Fair Disclosure and earnings information: Market, analyst, and corporate responses. *Journal of Finance*, 58, 6 (December): 2487-2514.

Baiman, Stanley and Joel S. Demski. 1980. Variance analysis procedures as motivational devices. *Management Science*, 26, 8 (August): 840-848.

Baiman, Stanley and John H. Evans III. 1983. Pre-decision information and participative management control systems. *Journal of Accounting Research*, 21, 2 (Fall): 371-395.

Baiman, Stanley and Robert E. Verrecchia. 1995. Earnings and price-based compensation contracts in the presence of discretionary trading and incomplete contracting. *Journal of Accounting and Economics*, 20, 1 (July): 93-121.

Baiman, Stanley and Robert E. Verrecchia. 1996. The relation among capital markets, financial disclosure, production efficiency, and insider trading. *Journal of Accounting Research*, 34, 1 (Spring): 1-22.

Bainbridge, Stephen M. 2001. The law and economics of insider trading: A comprehensive primer. SSRN. com/abstract=261277.

Bainbridge, Stephen M. 2002. The board of directors as nexus of contracts: A critique of Gulati, Klein & Zolt's "Connected Contracts" model. UCLA School of Law Research Paper No. 02-05. SSRN. com/abstract=299743.

Bainbridge, Stephen M. 2005. Shareholder activism and institutional investors. UCLA School of Law, Law-Econ Research Paper 05-20. SSRN. com/abstract=796227.

Bainbridge, Stephen M. 2006. Sarbanes-Oxley: Legislating in haste, repenting in leisure. UCLA School of Law, Law-Econ Research Paper No. 06-14. SSRN. com/ abstract =899593.

Bainbridge, Stephen M. and Christina J. Johnson. 2004. Managerialism, legal ethics, and Sarbanes-Oxley Section 307. *Michigan State Law Review*, 2: 299-326. SSRN. com/ abstract=434721.

Baker, Alisa. 2006. *The Stock Option Book.* The National Center for Employee Ownership.

Baker, Malcolm P. and Paul A. Gompers. 2003. The determinants of board structure at the initial public offering. *The Journal of Law and Economics*, 46, 2 (October): 569-598.

Baker, Terry A. 1999. Options reporting and the political costs of CEO pay. *Journal of Accounting, Auditing and Finance*, 14, 2 (Spring): 125-145.

Baker, Terry A., Denton Collins, and Austin L. Reitenga. 2003. Stock option compensation and earnings management incentives. *Journal of Accounting, Auditing and Finance*, 18, 4 (Fall): 557-582.

Balatbat, Maria C. A. 2006. Discussion of explaining the short and long-term IPO anomalies in the US by R&D. *Journal of Business Finance and Accounting*, 33, 3-4 (April): 580-586.

Baldenius, Tim, Nahum Melumad, and Amir Ziv. 2002. Monitoring in multiagent organizations. *Contemporary Accounting Research*, 19, 4 (Winter): 483-511.

Baldenius, Tim and Amir Ziv. 2003. Performance evaluation and corporate income taxes in a sequential delegation setting. *Journal of Accounting Studies*, 8, 2 - 3 (June): 283-309.

Ball, Ray and Eli Bartov. 1996. How naive is the stock market's use of earnings information? *Journal of Accounting and Economics*, 11, 3 (July): 319-337.

Ball, Ray. 2001. Infrastructure requirements for an economically efficient system of public financial reporting and disclosure. Brookings-Wharton Papers on Financial Services (2001): 127-182.

Ball, Ray and Lakshmanan Shivakumar. 2006. Earnings quality at initial public offerings. SSRN. com/abstract=918421.

Balsam, Steven. 1998. Discretionary accounting choices and CEO compensation. *Contemporary Accounting Research*, 15, 3 (Fall): 229-252.

Balsam, Steven. 2002. *An Introduction to Executive Compensation.* New York: Academic Press.

Balsam, Steven, Eli Bartov, and Carol Marquardt. 2002. Accruals management, investor sophistication, and equity valuation: Evidence from 10-Q filings. *Journal of Accounting Research*, 40, 4 (September): 987-1012.

Balsam, Steven, Huajing Chen, and Srinivasan Sankaraguruswamy. 2003. Earnings management prior to stock option grants. SSRN. com/abstract=378440.

Balsam, Steven, Robert Halperin, and Haim A. Mozes. 1997. Tax costs and nontax benefits: The case of incentive stock options. *Journal of the American Taxation Association*, 19, 2 (Fall): 19-37.

Balsam, Steven, In-Mu Haw, and Steven B. Lilien. 1995. Mandated accounting changes and managerial discretion. *Journal of Accounting and Economics*, 20, 1 (July): 3-29.

Balsam, Steven, Jagan Krishnan, and Joon S. Yang. 2003. Auditor industry specialization and earnings quality. *Auditing: A Journal of Practice and Theory*, 22, 2 (September): 71-97.

Balsam, Steven, Haim A. Mozes, and Harry A. Newman. 2003. Managing pro forma stock option expense under SFAS 123. *Accounting Horizons*, 17, 1 (March): 31-45.

Balsam, Steven and Qin Jennifer Yin. 2005. Explaining firm willingness to forfeit tax deductions under Internal Revenue Code Section 162 (m): The million-dollar cap. *Journal of Accounting and Public Policy*, 24, 4 (July/August): 300-324.

Bamber, Linda Smith and Youngsoon Susan Cheon. 1998. Discretionary management earnings forecast disclosures: Antecedents and outcomes associated with forecast venue and forecast specificity choices. *Journal of Accounting Research*, 36, 2 (Fall): 167-190.

Bange, Mary M. and Werner F. M. De-Bondt. 1998. R&D budgets and corporate earnings targets. *Journal of Corporate Finance: Contracting, Governance and Organization*, 4, 2

(June): 153-184.

Banker, Rajiv D. and Srikat R. Datar. 1989. Sensitivity, precision, and linear aggregation of signals for performance evaluation. *Journal of Accounting Research*, 27, 1 (Spring): 21-39.

Barber, Brad M. and John D. Lyon. 1996. Detecting abnormal operating performance: The empirical power and specification of test statistics. *Journal of Financial Economics*, 41, 3 (July): 359-399.

Barclay, Michael J., Dan Gode, and S. P. Kothari. 2000. Matching delivered performance. *Journal of Contemporary Accounting and Economics*, 1, 1 (June): 1-25.

Barnea, Amir, Joshua Ronen, and Simcha Sadan. 1976. Classificatory smoothing of income with extraordinary items. *The Accounting Review*, 51, 1 (January): 110-122.

Barone, Gerhard J. and Matthew J. Magilke. 2006. A re-examination of the naive-investor hypothesis in accruals mispricing: The role of cash flows. SSRN. com/abstract=886093.

Barrett, Edgar M., Victor L. Bernard, and Carol A. Frost. 1989. The role of debt covenants in assessing the economic consequences of limiting capitalization of exploration costs. *The Accounting Review*, 64, 4 (October): 788-808.

Barrett, Matthew J. 2003. New opportunities for obtaining and using litigation reserves and disclosures. *Ohio State Law Journal*, 64: 1183-1195. SSRN. com/abstract=794830.

Barron, Orie, Donal Byard, and Oliver Kim. 2002. Changes in analysts' information around earnings announcements. *The Accounting Review*, 77, 4 (October): 821-846.

Barron, Orie, Oliver Kim, Steve Lim, and Douglas Stevens. 1998. Using analysts' forecasts to measure properties of analysts' information environment. *The Accounting Review*, 73, 4 (October): 421-433.

Barry, Christopher B. and Robert H. Jennings. 1992. Information and diversity of analyst opinion. *Journal of Financial and Quantitative Analysis*, 27, 2 (June): 169-183.

Barth, Mary E. 2000. Valuation-based accounting research: Implications for financial reporting and opportunities for future research. *Accounting and Finance*, 40, 1 (March): 7-32.

Barth, Mary E., William H. Beaver, John R. M. Hand, and Wayne R. Landsman. 1999. Accruals, cash flows, and equity values. *Review of Accounting Studies*, 4, 3-4 (December): 205-229.

Barth, Mary E., William H. Beaver, and Wayne R. Landsman. 2001. The relevance of the value relevance literature for financial accounting standard setting: Another view. *Journal of Accounting and Economics*, 31, 1-3 (September): 77-104.

Barth, Mary E., William H. Beaver, and Mark Wolfson. 1990. Components of earnings and the structure of bank share prices. *Financial Analysts Journal*, 46, 3 (May-June):

53–60.

Barth, Mary E., Donald P. Cram, and Karen K. Nelson. 2001. Accruals and prediction of future cash flows. *The Accounting Review*, 76, 1 (January): 27–58.

Barth, Mary E., John A. Elliott, and Mark W. Finn. 1999. Market rewards associated with patterns of increasing earnings. *Journal of Accounting Research*, 37, 2 (Autumn): 387–413.

Barth, Mary E. and Amy Hutton. 2000. Differential information environments: Effects on cost of capital and reflection in share prices of recognized and disclosed accounting amounts. SSRN. com/abstract=55488.

Barth, Mary, Ron Kasznik, and Maureen McNichols. 2001. Analyst coverage and intangible assets. *Journal of Accounting Research*, 39, 1 (June): 1–34.

Barton, Jan. 2001. Does the use of financial derivatives affect earnings management decisions? *The Accounting Review*, 76, 1 (January): 1–26.

Barton, Jan and Molly Mercer. 2004. To blame or not to blame: Analysts' reactions to external explanations for poor financial performance. *Journal of Accounting and Economics*, 39, 3 (September): 509–533.

Barton, Jan and Paul J. Simko. 2002. The balance sheet as an earnings management constraint. *The Accounting Review*, 77 (Supplement): 1–27.

Bartov, Eli. 1992. Patterns of unexpected earnings as an explanation for post-announcement drift. *The Accounting Review*, 67, 3 (July): 610–622.

Bartov, Eli. 1993. The timing of asset sales and earnings manipulation. *The Accounting Review*, 68, 4 (October): 840–855.

Bartov, Eli and Daniel A. Cohen. 2007. Mechanisms to meet/beat analyst earnings expectations in the pre-and post-Sarbanes-Oxley Eras. NYU Law and Economics Research Paper No. 07–18. SSRN. com/abstract=954857.

Bartov, Eli, Dan Givoly, and Carla Hayn. 2002. The rewards to meeting or beating earnings expectations. *Journal of Accounting and Economics*, 33, 2 (June): 173–204.

Bartov, Eli, Ferdinand A. Gul, and Judy S. L. Tsui. 2000. Discretionary-accruals models and audit qualifications. *Journal of Accounting and Economics*, 30, 3 (December): 421–452.

Bartov, Eli, Ferdinand A. Gul, and Judy S. L. Tsui. 2002. The rewards to meeting or beating earnings expectations. *Journal of Accounting and Economics*, 33, 2 (June): 173–204.

Bartov, Eli and Partha S. Mohanram. 2004. Private information, earnings manipulation, and executive stock option exercises. *The Accounting Review*, 79, 4 (October): 889–920.

Bartov, Eli, Partha S. Mohanram, and Doron Nissim. 2003. Stock option expense, forward-looking information, and implied volatilities of traded options. Working Paper, NYU and Columbia.

Bartov, Eli, Partha S. Mohanram, and Chanddrakanth Seethamraju. 2002. Valuation of internet stock-An IPO perspective. *Journal of Accounting Research*, 40, 2 (May): 321-346.

Bartov, Eli, Stephen G. Lynn, and Joshua Ronen. 1999. Return-earnings regressions: a mismeasured earnings expectations perspective. Working paper, New York University.

Bartov, Eli, Suresh Radhakrishnan, and Itzhak Krinsky. 2000. Investor sophistication and patterns in stock returns. *The Accounting Review*, 75, 1 (January): 43-63.

Barua, Abhijit, Joseph Legoria, and Jacquelyn Sue Moffitt. 2006. Accruals management to achieve earnings benchmarks: A comparison of pre-managed profit and loss firms. *Journal of Business Finance and Accounting*, 33, 5-6 (June-July): 653-670.

Baryh, Loretta, Peter DaDalt, and Varda Yaari. 2007. Earnings management and insider trading around seasoned equity offerings. Mid-Atlantic Regional Meeting Paper, Parsippany, NJ.

Basu, Sudipta. 1997. The conservatism principle and the asymmetric timeliness of earnings. *Journal of Accounting and Economics*, 24, 1 (December): 3-37.

Basu, Sudipta. 2004. What do we learn from two new accounting-based stock market anomalies? *Journal of Accounting and Economics*, 38 (December): 333-348.

Basu, Sudipta, Lee-Seok Hwang, and Ching-Lih Jan. 2002. Differences in conservatism between big eight and non-big eight auditors. Sudipta_Basu@ bus. emory. edu.

Basu, Sudipta and Stanimir Markov. 2004. Loss function assumptions in rational expectations tests on financial analysts' earnings forecasts. *Journal of Accounting and Economics*, 38, 1-3 (December): 171-203.

Bathala, Chenchuramaiah T. and Ramesh P. Rao. 1995. The determinants of board composition: An agency theory perspective. *Managerial and Decision Economics*, 16, 1 (January-February): 59-69.

Bauman, Jeffery D. 1979. Rule l0b-5 and the corporation's affirmative duty to disclose. *The Georgetown Law Journal*, 67: 935-990.

Bauman, Christine C., Mark P. Bauman, and Robert F. Halsey. 2001. Do firms use the deferred tax asset valuation allowance to manage earnings? *Journal of the American Taxation Association*, 23 (Supplement): 27-48.

Bauman, Mark P., Mike Braswell, and Kenneth W. Shaw. 2006. The numbers game: How do managers compensated with stock options meet analysts' earnings forecasts? *Research in Accounting Regulation*, 18: 3-18.

Beasley, Mark S. 1996. An empirical analysis of the relation between the board of director composition and financial statement fraud. *The Accounting Review*, 71, 4 (October): 443-465.

Beasley, Mark S., Joseph V. Carcello, Dana R. Hermanson, and Paul D. Lapides. 2000. Fraudulent financial reporting: Consideration of industry traits and corporate governance mechanism. *Accounting Horizons*, 14, 4 (December): 441-454.

Beasley, Mark S. and Kathy R. Petroni. 1998. Board independence and audit firm type. SSRN. com/abstract=137582.

Beattie, Vivien, Stephen Brown, David Ewers, Brian John, Stuart Manson, Dylan Thomas, and Michael Turner. 1994. Extraordinary items and income smoothing: A positive accounting approach. *Journal of Business Finance and Accounting*, 21, 6 (September): 791-811.

Beattie, Vivien, Stella Fearnley, and Richard Brandt. 2004. Grounded theory model of auditor-client negotiations. *International Journal of Auditing*, 8, 1 (March): 1-19.

Beatty, Anne, Sandra Chamberlain, and Joseph Magliolo. 1995. Managing financial reports of commercial banks: The influence of taxes regulatory capital, and earnings. *Journal of Accounting Research*, 33, 2 (Fall): 231-261.

Beatty, Anne L. and David G. Harris. 1999. The effect of taxes, agency costs and information asymmetry on earnings management: A comparison of public and private firms. *Review of Accounting Studies*, 4, 3-4 (December): 299-326.

Beatty, Anne, Bin Ke, and Kathy Petroni. 2002. Earnings management to avoid earnings declines across publicly and privately held banks. *The Accounting Review*, 77, 3 (July): 547-570.

Beatty, Anne, Krishnamoorthy Ramesh, and Joseph Peter Weber. 2002. The importance of accounting changes in debt contracts: The cost of flexibility in covenant calculations. *Journal of Accounting and Economics*, 33, 2 (June): 205-227.

Beatty, Anne and Robert Verrecchia. 1989. The effect of mandated accounting change on the capitalization process. *Contemporary Accounting Research*, 5, 2 (Spring): 472-493.

Beatty, Anne and Joseph Peter Weber. 2000. Performance pricing in debt contracts. SSRN. com/abstract=249172.

Beatty, Anne and Joseph Peter Weber. 2003. The effects of debt contracting on voluntary accounting methods changes. *The Accounting Review*, 78, 1 (January): 119-142.

Beaver, W. H. 1998. *Financial Reporting and Accounting Revolution.* Third edition. New Jersey: Prentice-Hall (Contemporary topics in accounting series).

Beaver, William, Carol Eger, Stephen Ryan, and Mark Wolfson. 1989. Financial reporting and the structure of bank share prices. *Journal of Accounting Research*, 27, 2 (Fall): 157-178.

Beaver, William H. and Ellen E. Engel. 1996. Discretionary behavior with respect to allowances for loan losses and the behavior of security prices. *Journal of Accounting and Economics*, 22, 1-3 (August-December): 177-206.

Beaver, William H., Maureen F. McNichols, and Karen Kristine Nelson. 2003. Management of the loss reserve accrual and the distribution of earnings in the property-casualty insurance industry. *Journal of Accounting and Economics*, 35, 3 (August): 347-376.

Beaver, William H., Maureen F. McNichols, and Karen Kristine Nelson. 2004. An alternative interpretation of the discontinuity in earnings distributions. 14th Annual Conference on Financial Economics and Accounting (FEA). AAA 2004 Annual Meeting, Orlando, L. SSRN. com/abstract=384580.

Beaver, William H. and Stephen Ryan. 2000. Biases and lags in book value and their effects on the ability of the book-to-market ratio to predict book return on equity. *Journal of Accounting Research*, 38, 1 (Spring): 127-148.

Beaver, William H. and Stephen Ryan. 2005. Conditional and unconditional conservatism: Concepts and modeling. *Review of Accounting Studies*, 10, 2-3 (September): 269-309.

Bebchuk, Lucian Arye. 2002. Asymmetric information and the choice of corporate governance arrangements. Harvard Law and Economics Discussion Paper No. 398. SSRN. com/abstract=327842.

Bebchuk, Lucian Arye. 2003. The case for empowering shareholders. Berkeley Program in Law & Economics, Working Paper Series, Working Paper No. 1085.

Bebchuk, Lucian Arye. 2005a. The case for increasing shareholder power. *Harvard Law Review*, 118, 3 (January): 833-914.

Bebchuk, Lucian Arye. 2005b. The myth of the shareholder franchise. Harvard Law and Economics Discussion Paper No. 565. SSRN. com/abstract=829804.

Bebchuk, Lucian Arye. 2007. Letting shareholders set the rules. *Harvard Law Review*, 119: 1784-1813, 2006. A revised version is available at SSRN: SSRN. com/abstract=891823.

Bebchuk, Lucian Arye and Oren Bar-Gill. 2003. Misreporting corporate performance. Harvard Law and Economics Discussion Paper No. 400. SSRN. com/abstract=354141.

Bebchuk, Lucian Arye and Alma Cohen. 2005. The cost of entrenched boards. *Journal of Financial Economics*, 78, 2 (November): 409-433.

Bebchuk, Lucian Arye, Alma Cohen, and Allen Ferrell. 2004. What matters in corporate governance? Harvard Law and Economics Discussion Paper No. 491. SSRN. com/abstract=593423.

Bebchuk, Lucian Arye and Chaim Fershtman. 1991. The effect of insider trading on insiders' reactions to opportunities to "waste" corporate value. NBER Technical Working Paper No. 95.

Bebchuk, Lucian Arye and Jesse M. Fried. 2003. Executive compensation as an agency problem. *Journal of Economic Perspectives*, 17, 3 (Summer): 71–93.

Bebchuk, Lucian Arye and Jesse M. Fried. 2004. *Pay Without Performance: The Unfulfilled Promise of Executive Compensation.* ① Boston: Harvard University Press.

Bebchuk, Lucian Arye, Jesse M. Fried, and David I. Walker. 2002. Managerial power and rent extraction in the design of executive compensation. *The University of Chicago Law Review*, 69, 3 (Summer): 751–847.

Bebchuk, Lucian Arye, Yaniv Grinstein, and Urs C. Peyer. 2006. Lucky CEOs. Harvard Law and Economics Discussion Paper No. 566. SSRN. com/abstract=945392.

Bebchuk, Lucian Arye and Oliver D. Hart. 2001. Takeover bids vs. proxy fights in contests for corporate control. Harvard Law and Economics Discussion Paper No. 336, and ECGI—Finance Working Paper No. 04/2002. SSRN. com/abstract=290584.

Bebchuk, Lucian Arye and Lars. A. Stole. 1993. Do short-term objectives lead to under-or overinvestment in long-term projects? *Journal of Finance*, 48, 2 (June): 719–729.

Becht, Marco, Patrick Bolton, and Ailsa Roell. 2003. Corporate governance and control. In George M. Constantinides, Milton Harris, and Réne Stulz, eds., *Handbook of the Economics of Finance*, Volume 1. Amsterdam: North Holland. Ch. 1.

Becker, Connie, Mark DeFond, James J. Jiambalvo, and K. R. Subramanyam. 1998. The effect of audit quality on earnings management. *Contemporary Accounting Research*, 15, 1 (Spring): 1–24.

Bédard, Jean. 2006. Sarbanes-Oxley internal control requirements and earnings quality. SSRN. com/abstract=926271.

Begley, Joy and Gerald A. Feltham. 2002. The relation between market values, earnings forecasts, and reported earnings. *Contemporary Accounting Research*, 19, 1 (Spring): 1–48.

Begley, Joy and Paul E. Fischer. 1998. Is there information in an earnings announcement delay? *Review of Accounting Studies*, 3, 4 (December): 347–363.

Behn, Bruce K., Albert L. Nagy, and Richard A. Riley, Jr. 2002. The association between stock/compensation mix and earnings usefulness. SSRN. com/abstract=301659.

① Part I: The Official View and its Limits is available at http://ssrn. com/abstract=537783. Part II: Power and Pay is available at http://ssrn. com/abstract=537810. Part III: The De-coupling of Pay from Performance is available at http://ssrn. com/abstract=546105. Part IV: Going Forward is available at http://ssrn. com/abstract=546107.

Beidleman, Carl R. 1973. Income smoothing: The role of management. *The Accounting Review*, 48, 4 (October): 653-667.

Beiner, Stefan, Wolfgang Drobertz, Frank Schmid, and Heinz Zimmerman. 2003. Is board size an independent corporate governance mechanism? *Kyklos*, 57, 3 (August): 327-356.

Belkaoui, Ahmed. 1983. Accrual accounting and cash accounting: Relative merits of derived accounting indicator numbers. *Journal of Business Finance and Accounting*, 10, 2 (Summer): 299-312.

Belkaoui, Ahmed and Ronald D. Picur. 1984. The smoothing of income numbers: Some empirical evidence on systematic differences between core and periphery industrial sectors. *Journal of Business Finance and Accounting*, 11, 4 (Winter): 527-545.

Belkhir, Mohamed. 2004. Board of directors size and performance in banking. SSRN. com/abstract=604505.

Ben, Othman Hakim and Daniel Zeghal. 2006. A study of earnings-management motives in the Anglo-American and Euro-Continental accounting models: The Canadian and French cases. *The International Journal of Accounting*, 41, 4 (December): 406-435.

Beneish, Messod Daniel. 1998a. A call for paper: Earnings management. *Journal of Accounting and Public Policy*, 17, 1 (Spring): 85-88.

Beneish, Messod Daniel. 1998b. Discussion of "Are accruals during initial public offerings opportunistic?" *Review of Accounting Studies*, 3, 1-2 (March): 209-221.

Beneish, Messod Daniel. 1999a. Incentives and penalties related to earnings overstatements that violate GAAP. *The Accounting Review*, 74, 4 (October): 425-458.

Beneish, Messod Daniel. 1999b. The detection of earnings manipulation. *Financial Analysts Journal*, 55, 5 (September/October): 24-36.

Beneish, Messod Daniel. 1999c. A note on Wiedman's (1999) instructional case: Detecting earnings manipulation. *Issues in Accounting Education*, 14, 2 (May): 369-370.

Beneish, Messod Daniel. 2001. Earnings management: A perspective. *Managerial Finance*, 27, 12 (December): 3-17.

Beneish, Messod Daniel, Mary Brooke Billings, and Leslie D. Hodder. 2006. Internal control weaknesses and information uncertainty. SSRN. com/abstract=896192.

Beneish, Messod Daniel Patrick E. Hopkins and Ivo Ph. Jansen. 2001. Do auditor resignations convey information about continuing audit clients? SSRN. com/abstract=268953.

Beneish, Messod Daniel and Craig D. Nichols. 2005. Earnings quality and future returns: The relation between accruals and the probability of earnings manipulation. SSRN. com/abstract=725162.

Beneish, Messod Daniel and Craig D. Nichols. 2006. The long and short of the accrual anomaly. SSRN. com/abstract=920101.

Beneish, Messod Daniel and Eric G. Press. 1993. Costs of technical violation of accounting-based debt covenants. *The Accounting Review*, 68, 2 (April): 233-257.

Beneish, Messod Daniel and Eric G. Press. 1995a. The resolution of technical default. *The Accounting Review*, 70, 2 (April): 337-353.

Beneish, Messod Daniel and Eric G. Press. 1995b. Interrelation among events of default. *Contemporary Accounting Research*, 12, 1 (Fall): 57-84.

Beneish, Messod Daniel, Eric G. Press, and Mark E. Vargus. 2005. The effect of the threat of litigation on insider trading and earnings management. Working Paper, Indiana University.

Bennedsen, Morton and Daniel Wolfenzon. 2000. The balance of power in closely held corporations. *Journal of Financial Economics*, 58, 1-2 (October): 113-139.

Bens, Daniel and Rock Johnson. 2006. Accounting discretion: Use of abuse? Restructuring charges —1989-1992. Working Paper.

Bens, Daniel and Steven Monahan. 2005. Altering investment decisions to manage financial reporting outcomes: Asset backed commercial paper conduits and FIN 46. Working Paper, University of Chicago.

Bens, Daniel, Venky Nagar, and Franco Wong. 2002. Real investment implications of employee stock option exercises. *Journal of Accounting Research*, 40, 2 (May): 359-393.

Benston, George J., Michael Bromwich, and Alfred Wagenhofer. 2006. Principles-versus rules-based accounting standards: The FASB's standard setting strategy. *Abacus*, 42, 2 (June): 165-188.

Beresford, Dennis R. 1991. Standard setting process in trouble (again). *Accounting Horizons*, 5, 2 (June): 94-96.

Beresford, Dennis R. 1993. Frustrations of a standard setter. *Accounting Horizons*, 7, 4 (December): 70-76.

Beresford, Dennis R. 1995. How should the FASB be judged? *Accounting Horizons*, 9, 2 (June): 56-61.

Beresford, Dennis R. 1997. How to succeed as a standard setter by trying really hard. *Accounting Horizons*, 11, 3 (September): 79-90.

Beresford, Dennis, R. 2001. Congress looks at accounting for business combinations. *Accounting Horizons*, 15, 1 (March): 73-86.

Beresford, Dennis R. and Todd Johnson. 1995. Interactions between the FASB and the Academic Community. Accounting Horizons, 9, 4 (December): 108-117.

Bergstresser, Daniel, Mihir A. Desai, and Joshua Rauh. 2005. Earnings manipulation, pension assumptions and managerial investment decisions. SSRN. com/abstract=557084.

Bernard, Victor L. and H. Nejat Seyhun. 1997. Does post earnings announcements drift in stock prices reflect a market inefficiency? A stochastic dominance approach. *Review of Quantitative Finance and Accounting*, 9, 1 (July): 17-34.

Bernard, Victor L. and Douglas J. Skinner. 1996. What motivates managers' choice of discretionary accruals? *Journal of Accounting and Economics*, 22, 1-3 (August-December): 313-325.

Bernard, Victor L. and Jacob K. Thomas. 1989. Post-earnings-announcement drift: Delayed price response or risk premium? *Journal of Accounting Research*, 27, 3 (Supplement): 1-36.

Bernhardt Dan and Murillo Campello. 2003. The dynamics of earnings forecast management. SSRN. com/abstract=379263.

Bernile, Gennaro, Gregg A. Jarrell, and Howard Mulcahey. 2006. The effect of the options backdating scandal on the stock-price performance of 110 accused companies. SSRN. com/abstract=952524.

Berry, Tammy K., John Bizjak, Michael L. Lemmon, and Lalitha Naveen. 2006. Organizational complexity and CEO labor markets: Evidence from diversified firms. *Journal of Corporate Finance*, 12, 4 (September): 797-817.

Bethel, Jennifer E., Julia Porter Liebeskind, and Tim Opler. 1998. Block share purchases and corporate performance. *Journal of Finance*, 53, 2 (April): 605-634.

Bettis, J. Carr, Jeffrey L. Coles, and Michael L. Lemmon. 2000. Corporate policies restricting trading by insiders. *Journal of Financial Economics*, 57, 2 (August): 191-220.

Beuselinck, Christof, Marc Deloof, and Sophie Manigart. 2007. Private equity involvement and earnings quality. SSRN. com/abstract=483522.

Bewley, Kathryn, Janne Chung, Susan McCracken, and Peggy Ng. 2006. Auditor dismissals: An examination using evidence from Andersen's demise. A Paper Presented at the 2006 Auditing Midyear Conference, Los Angeles, CA.

Bhagat, Sanjai and Bernard Black. 1999. The uncertain relationship between board composition and rirm performance. *Business Lawyer*, 54: 921-963.

Bhagat, Sanjai, John Bizjack, and Jeffrey L. Coles. 1998. The shareholder wealth implications of corporate lawsuits. *Financial Management*, 27, 4 (Winter): 5-28.

Bhagat, Sanjai and Bernard S. Black. 2002. The non-correlation between board independence and long-term firm performance. *Journal of Corporation Law*, 27: 231-273. SSRN. com/abstract=133808.

Bhagat, Sanjai, Bernard S. Black, and Margaret M. Blair. 2004. Relational investing and firm performance. *Journal of Financial Research*, 27, 1 (Spring): 1–30.

Bhagat, Sanjai, Dennis C. Carey, and Charles M. Elson. 1998. Director ownership, corporate performance, and management turnover. SSRN. com/abstract = 134488.

Bhagat, Sanjai and Richard H. Jefferies, Jr. 2005. *The Econometrics of Corporate Governance Studies*. Boston, MA: MIT Press.

Bharati, Rakesh, Manoj Gupta, and Prasad Nanisetty. 1998. Are dividends smoothed signals of earnings asymmetry? An empirical investigation. *International Journal of Business*, 3, 2 (Fall): 1–18.

Bharath, Sreedhar T., Jayanthi Sunder, and Shyam V. Sunder. 2004. Accounting quality and debt contracting. SSRN. com/abstract = 545364.

Bhattacharya, Nilabhra Neil, Ervin L. Black, Theodore E. Christensen, and Rick D. Mergenthaler. 2004. Empirical evidence on recent trends in pro forma reporting. *Accounting Horizons*, 18, 1 (March): 27–43.

Bhattacharya, Nilabhra Neil, Ervin L. Black, Theodore E. Christensen, and Rick D. Mergenthaler. 2007. Who trades on pro forma earnings information? *The Accounting Review*, 82, 3(May): 581–620.

Bhattacharya, Somnath and Ronald F. Premuroso. 2006. Is there a relationship between firm performance, corporate governance, and a firm's decision to form a technology committee? SSRN. com/abstract = 932143.

Bhattacharya, Sudipto. 1979. Imperfect information, dividend policy, and the "bird in the hand" fallacy. *Bell Journal of Economics*, 10, 1 (Spring): 259–270.

Bhattacharya, Uptal, Hazem Daouk, and Michael Welker. 2003. The world pricing of earnings opacity. *The Accounting Review*, 78, 3 (July): 641–678.

Bhattacharya, Utpal, Peter Groznik, and Bruce Haslem. 2003. Is CEO certification credible? *Regulation*, 26, 3 (Fall): 8–10.

Bhattacharya, Utpal, Peter Groznik, and Bruce Haslem. 2004. Is CEO certification of earnings numbers value-relevant? SSRN. com/abstract = 332621.

Bhojraj, Sanjeev, Paul Hribar, and Marc Picconi. 2003. Making sense of cents: An examination of firms that marginally miss or beat analyst's forecasts. SSRN. com/ abstract = 418100.

Bhojraj, Sanjeev and Partha Sengupta. 2003. Effect of corporate governance on bond ratings and yields: The role of institutional investors and outside directors. *The Journal of Business*, 76, 3 (July): 455–475.

Bhushan, Ravi. 1989. Firms characteristics and analyst following. *Journal of Accounting and Economics*, 11, 2–3 (July): 255–274.

Billings, Bruce K. and Richard M. Morton. 2001. Book to-market components, future security returns, and errors in expected future earnings. *Journal of Accounting Research*, 39, 2 (September): 197-219.

Bishop, Marguerite L. and Elizabeth A. Eccher. 2000. Do markets remember accounting changes? An examination of subsequent years. SSRN. com/abstract=218448.

Bitner, Larry N. and Robert C. Dolan. 1996. Assessing the relationship between income smoothing and the value of the firm. *Quarterly Journal of Business and Economics*, 35, 1 (Winter): 16-35.

Bizjak, John M., James A. Brickley, and Jeffrey L. Coles. 1993. Stock-based incentive compensation and investment behavior. *Journal of Accounting and Economics*, 16, 1-3 (January/April/July): 349-372.

Bizjak, John M., Michael L. Lemmon, and Ryan J. Whitby. 2006. Option backdating and board interlocks. SSRN. com/abstract=946787.

Black, Ervin L., Thomas A. Carnes, Michael Mosebach, and Susan E. Moyer. 2004. Regulatory monitoring as a substitute for debt covenants. *Journal of Accounting and Economics*, 37, 3 (September): 367-391.

Black, Ervin L., Thomas A. Carnes, and Vernon J. Richardson. 2000. The value relevance of multiple occurrences of nonrecurring item. *Review of Quantitative Finance and Accounting*, 15, 4 (December): 391-411.

Black, Ervin L. and Brian W. McCulloch. 2003. Earnings management relations of accruals components: A multi-period setting. SSRN. com/abstract=476164.

Blackwell, David W., Thomas R. Noland, and Drew B. Winters. 1998. The value of auditor assurance: Evidence from loan pricing. *Journal of Accounting Research*, 36, 1 (Spring): 57-70.

Blair, Margaret M. 1995. *Ownership and Control: Rethinking Corporate Governance for the Twenty-First Century*. Washington, DC: Brookings Institution Press.

Blake, John and Oriol A. Salas. 1996. Creative accounting is not just an English disease. *Management Accounting*, 74, 9 (October): 54-56.

Block, Stanley. 1999. The role of nonaffiliated outside directors in monitoring the firm and the effect on shareholder wealth. *Journal of Financial and Strategic Decisions*, 12, 1 (Spring): 1-8.

Block, Stanley. 2003. The latest movement to going private: An empirical study. *Journal of Applied Finance*, 14, 1 (Spring/Summer): 36-44.

Blonigen, Bruce A. and Rossitza B. Wooster. 2003. CEO turnover and foreign market participation. SSRN. com/abstract=385040. NBER Working Paper 9527.

Blumberg Cane, Marilyn and Sarah Smith Kelleher. 2004. Bring on 'da noise: The SEC's proposals concerning professional conduct for attorneys under Sarbanes-Oxley. *Delaware*

Journal of Corporate Law, 28, 2. SSRN. com/abstract=574081.

Boehmer, Ekkehart, Eric Kelley, and Christo Pirinsky. 2005. Institutional investors and the informational efficiency of prices. Working Paper, Texas A&M University.

Bolliger, Guido and Manuel Kast. 2004. Executive compensation and analyst guidance: The link between CEO compensation and expectations management. EFA 2003 Annual Conference Paper. SSRN. com/abstract=555221.

Bolton, Patrick and David Scharfstein. 1990. A theory of predation based on agency problems in financial contracting. *American Economic Review*, 80, 1 (March): 93-106.

Bolton, Patrick, Jose A. Scheinkman, and Wei Xiong. 2006. Executive compensation and short-termist behavior in speculative markets. *Review of Economic Studies*, 73, 3 (July): 577-610.

Bonner, Sarah, Zoe-Vonna Palmrose, and Susan Young. 1998. Fraud type and auditor litigation: An analysis of the SEC Accounting and Auditing Enforcement Releases. *The Accounting Review*, 73, 4 (October): 503-532.

Boo, Elfred and Roger Simnett. 2002. The information content of management's prospective comments in financially distressed companies: A note. *Abacus*, 38, 2 (June): 280-295.

Booth, Geoffrey G., Juha-Pekka Kallunki, and Teppo Martikainen. 1996. Post-announcement drift and income smoothing: Finnish evidence. *Journal of Business Finance and Accounting*, 23, 8 (October): 1197-1212.

Booth, Geoffrey G., Juha-Pekka Kallunki, and Teppo Martikainen. 1997. Delayed price response to the announcements of earnings and its components in Finland. *European Accounting Review*, 6, 3 (September): 377-392.

Booth, James R. and Daniel N. Deli. 1996. Factors affecting the number of outside directorships held by CEOs. *Journal of Financial Economics*, 40, 1 (January): 81-104.

Booth, Richard A. 2005. Executive compensation, corporate governance, and the partner-manager. *University of Illinois Law Review*, 1 (June): 269-302.

Borch, Karl. 1962. Equilibrium in reinsurance market. *Econometrica*, 30, 3 (July): 424-444.

Borden, Michael. 2007. The role of financial journalists in corporate governance. *Fordham Journal of Corporate and Financial Law*, 12, 2(March): 311-369.

Border, Kim C. and Joel Sobel. 1987. Samurai accountant: A theory of auditing and plunder. *Review of Economics Studies*, 54, 180 (October): 525-540.

Borokhovich, Kenneth A., Kelly R. Brunarski, Maura S. Donahue, and Yvette S. Harman. 2006. The importance of board quality in the event of a CEO death. *The Financial Review*, 41, 3 (August): 307-337.

Botosan, Christine. 1997. Disclosure level and the cost of equity capital. *The Accounting Review*, 72, 3 (July): 323-349.

Botosan, Christine and Marlene Plumlee. 2002. A re-examination of disclosure level and the expected cost of equity capital. *Journal of Accounting Research*, 40, 1 (March): 21-40.

Boumosleh, Anwar and David Reeb. 2005. The governance role of corporate insiders. http://ssrn.com/abstract=674082.

Bowen, Robert N., David Burgstahler, and Lane A. Daley. 1987. The incremental information content of accruals versus cash flows. *The Accounting Review*, 62, 4 (October): 723-748.

Bowen, Robert, Angela K. Davis, and Dawn Matsumoto. 2005. Emphasis on pro forma versus GAAP earnings in quarterly press releases: Determinants, SEC intervention, and market reactions. *The Accounting Review*, 80, 4 (October): 1001-1038.

Bowen, Robert, Angela K. Davis, and Shivaram Rajgopal. 2002. Determinants of revenue-reporting practices for internet firms. *Contemporary Accounting Research*, 19, 4 (Winter): 523-562.

Bowen, Robert M., Larry DuCharme, and D. J. Shores. 1995. Stakeholders' implicit claims and accounting method choice. *Journal of Accounting and Economics*, 20, 3 (December): 255-295.

Bowen, Robert M., Shivaram Rajgopal, and Mohan Venkatachalam. 2004. Accounting discretion, corporate governance and firm performance. SSRN.com/abstract=367940.

Boylan, Richard T. and Bente Villadsen. 1998. Contracting and income smoothing in an infinite agency model. Working Paper, Washington University. Olin Working Paper Series OLIN-97-16. SSRN.com/abstract=68848.

Boynton IV, Charles E., Paul S. Dobbins, and George A. Plesko. 1992. Earnings management and the corporate alternative minimum tax. *Journal of Accounting Research*, 30, 3 (Supplement): 131-153.

Bradbury, Michael E. 1992. Voluntary semiannual earnings disclosures, earnings volatility, unexpected earnings, and firm size. *Journal of Accounting Research*, 30, 1 (Spring): 137-145.

Bradbury, Michael E., Yuen Teen Mak, and S. M. Tan. 2004. Board characteristics, audit committee characteristics and abnormal accruals. SSRN.com/abstract=535764.

Bradshaw, Mark T. 2003. A discussion of "Assessing the relative informativeness and permanence of pro forma earnings and GAAP operating earnings." *Journal of Accounting and Economics*, 36, 1-3 (December): 321-335.

Bradshaw, Mark T. 2004. How do analysts use their earnings forecasts in generating stock recommendations? *The Accounting Review*, 79, 1 (January): 25-50.

Bradshaw, Mark T., Scott A. Richardson, and Richard G. Sloan. 2001. Do analysts and auditors use information in accruals? *Journal of Accounting Research*, 39, 1 (June): 45-74.

Bradshaw, Mark T., Scott A. Richardson, and Richard G. Sloan. 2006. The relation between corporate financing activities, analysts' forecasts and stock returns. *Journal of Accounting and Economics*, 42, 1-2 (October): 53-85.

Branson, Douglas M. 2006. Too many bells? Too many whistles? Corporate governance in the post Enron, post WorldCom era. SSRN. com/abstract=887176.

Bratton, William W. 2004. Enron, Sarbanes-Oxley and accounting: Rules versus standards versus rents. *Villanova Law Review*, 48, 4. SSRN. com/abstract=399120.

Brayshaw, R. E. and Ahmed E. K. Eldin. 1989. The smoothing hypotheses and the role of exchange differences. *Journal of Business Finance and Accounting*, 16, 5 (Winter): 621-633.

Brazel, Joseph F. and Elizabeth Webb. 2006. CEO compensation and the seasoned equity offering decision. *Managerial and Decision Economics*, 27, 5 (July-August): 363-378.

Breeden, Richard C. 2003. Restoring trust. Report to the Hon. Jed S. Rakoff the United States District Court for the Southern District of New York on corporate governance for the future of MCI, Inc. http://www. sec. gov/spotlight/worldcom/wcomreport0803. pdf.

Brennan, Michael J. and Patricia J. Hughes. 1991. Stock prices and the supply of information. *Journal of Finance*, 46, 5 (December): 1665-1691.

Brennan, Michael J. and Avanidhar Subrahmanyam. 1995. Investment analysis and price formation in securities markets. *Journal of Financial Economics*, 38, 3 (July): 361-381.

Brennan, Michael J. and Claudia Tamarowski. 2000. Investor relations, liquidity, and stock prices. *Journal of Applied Corporate Finance*, 12, 4 (Winter): 26-37.

Brenner, Menachem, Rangarajan K. Sundaram, and David Yermack. 2000. Altering the terms of executive stock options. *Journal of Financial Economics*, 57, 1 (July): 103-128.

Breton, Gaéton and Richard J. Taffler. 1995. Creative accounting and investment analyst response. *Accounting and Business Research*, 25, 8 (Spring): 81-92.

Brick, Ivan E., Oded Palmon, and John K. Wald. 2006. CEO compensation, director compensation, and firm performance: Evidence of cronyism? *Journal of Corporate Finance*, 12, 3 (June): 403-423.

Bricker, Robert and Julia Grant. 2001. Surprise! Analyst responses to unexpected earnings. *Journal of Corporate Communications*, 3. http://69. 171. 137. 25: 85/articles/

surprise103101. pdf.

Brickley, James A. 2003. Empirical research on CEO turnover and firm-performance: A discussion. *Journal of Accounting and Economics*, 36, 1-3 (December): 227-233.

Brickley, James A., Jeffrey L. Coles, and Gregg Jarrel. 1997. Leadership structure: Separating the CEO and the chairman of the board. *Journal of Corporate Finance*, 3, 3 (June): 189-220.

Brickley, James A., Ronald C. Lease, and Clifford W. Smith. 1988. Ownership structure and voting on antitakeover amendments. *Journal of Financial Economics*, 20, 1 (March): 267-291.

Brickey, Kathleen F. 2003. From Enron to WorldCom and beyond: Life and crime after Sarbanes-Oxley. *Washington University Law Quarterly*, 81. SSRN. com/abstract=447100.

Brochet, Francois and Zhan Gao. 2004. Managerial entrenchment and earnings smoothing. Working Paper, New York University.

Bronson, Scott N., Joseph V. Carcello, Carl W. Hollingswoth, and Terry L. Neal. 2006. Are fully independent audit committees really necessary? A paper presented in the 2006 Auditing Midyear Conference, Los Angeles, CA.

Brooks, LeRoy D. and Dale A. Buckmaster. 1976. Further evidence of the time series properties of accounting income. *Journal of Finance*, 31, 5 (December): 1359-1373.

Brooks, Robert E., Don M. Chance, and Brandon N. Cline. 2006. Private information and the exercise of executive stock options. SSRN. com/abstract=804564.

Broshko, Erinn B. and Kai Li. 2006. Corporate governance requirements in Canada and the United States: A legal and empirical comparison of the principles-based and rules-based approaches. SSRN. com/abstract=892708.

Brown, Helen L. 2003. The effects of engagement risks and experience in auditor-client negotiations. Working Paper, University of Wisconsin-Madison.

Brown, Lawrence D. 1993. Earnings forecasting research: Its implications for capital markets research. *International Journal of Forecasting*, 9, 3 (November): 295-320.

Brown, Lawrence D. 1998. Managerial behavior and the bias in analysts' earnings forecasts. SSRN. com/abstract=113508.

Brown, Lawrence D. and Marcus L. Caylor. 2006. Corporate governance and firm valuation. *Journal of Accounting and Public Policy*, 25, 4 (July-August): 409-434.

Brown, Lawrence D. and Ngo H. Higgins. 2001. Managing earnings surprises in the US versus 12 other countries. *Journal of Accounting and Public Policy*, 20, 4 (Winter): 373-398.

Brown, Lawrence D. and Kwon-Jung Kim. 1993. The association between nonearnings disclosures by small firms and positive abnormal returns. *The Accounting Review*, 68, 3

(July): 668-680.

Brown, Lawrence D. and Emad Mohd. 2003. The predictive value of analyst characteristics. *Journal of Accounting, Auditing and Finance*, 18, 4 (Fall): 625-647.

Brown, Lawrence D. and Kumar N. Sivakumar. 2003. Comparing the quality of two earnings measures. *Review of Accounting Studies*, 8, 4 (December): 561-572.

Brown, Stephen. 2004. The impact of pension assumptions on firm value. SSRN. com/abstract=596666.

Brown, Stephen, Stephen A. Hillegeist, and Kin Lo. 2006. The effect of meeting or missing earnings expectations on information asymmetry. SSRN. com/abstract=922128.

Brown, Stephen, Kin Lo, and Thomas Lys. 1999. Use of R^2 in accounting research: Measuring changes in value relevance over the last four decades. *Journal of Accounting and Economics*, 28, 2 (January): 83-115.

Browne, Mark J., Yu-Luen Ma, and Ping Wang. 2004. Stock options and reserve errors. Working paper, University of Wisconsin-Madison.

Bruns, William J. and Kenneth A. Merchant. 1990. The dangerous morality of managing earnings. *Management Accounting*, 72, 2 (August): 22-25.

Bryan, Daniel M., Carol Liu, and Samuel L. Tiras. 2004. The influence of independent and effective audit committees on earnings quality. SSRN. com/abstract=488082.

Bryan, Daniel Varda M., Samuel L. Tiras, and Clark M. Wheatley. 2005. Do going concern opinions serve as early warnings of financial collapse? Working Paper, State University of New York at Buffalo.

Bryan, Stephen H., Lee-Seok Hwang, and Steven Lilien. 2000. CEO stock-based compensation: An empirical analysis of incentive-intensity, relative mix, and economic determinants. *The Journal of Business*, 73, 4 (October): 661-693.

Bryan, Stephen H., and Steven B. Lilien. 2005. Characteristics of firms with material weaknesses in internal control: An assessment of Section 404 of Sarbanes Oxley. SSRN. com/abstract=682363.

Bryan, Stephen, Robert Nash, and Ajay Patel. 2006. Can the agency costs of debt and equity explain the changes in executive compensation during the 1990s? *Journal of Corporate Finance*, 12, 3 (June): 516-535.

Bryant-Kutcher, Lisa, Emma Yan Peng, and Kristina Zvinakis. 2005. Timeliness and quality of 10-K filings: The impact of the accelerated filing deadline. SSRN. com/abstract=735583.

Buchheit, Steve and Mark Kohlbeck. 2002. Having earnings announcements lost information content? *Journal of Accounting, Auditing and Finance*, 17, 2 (Spring): 137-153.

Buckmaster, Dale A. 2001. In Gary Previs and Robert J. Bricker eds., *Development of the*

Income Smoothing Literature 1893–1998: *A Focus on the United States.* Studies in the Development of Accounting Thought, Volume 4. Elsevier.

Buffet, Warren. 2003. Letter to the shareholders. http://www.berkshirehathaway.com/letters/2003ltr.pdf

Bunsis, Howard. 1997. A description and market analysis of write-off announcements. *Journal of Business Finance and Accounting*, 24, 9-10 (October-December): 1385–1400.

Burgstahler, David and Ilia Dichev. 1997a. Earnings management to avoid earnings decreases and losses. *Journal of Accounting and Economics*, 24, 1 (December): 99–126.

Burgstahler, David and Michael J. Eames. 2006. Management of earnings and analysts` forecasts to achieve zero and small positive earnings surprises. *Journal of Business Finance and Accounting*, 33, 5–6 (June/July): 633–652.

Burgstahler, David, L. Hail, and Christian Leuz. 2006. The importance of reporting incentives: Earnings management in European private and public firms. *The Accounting Review*, 81, 5 (October): 983–1016.

Burilovich, Linda S. and Susan C. Kattelus. 1997. Auditors' influence on earnings management: Evidence from the alternative minimum tax. *Journal of Applied Business Research*, 13, 2 (Spring): 9–22.

Burns, Natasha and Simi Kedia. 2006. The impact of performance-based compensation on misreporting. *Journal of Financial Economics*, 79, 1 (January): 35–67.

Bushee, Brian J. 1998. The influence of institutional investors on myopic R&D investment behavior. *The Accounting Review*, 73, 3 (July): 305–333.

Bushee, Brian J., John E. Core, Wayne R. Guay, and Jihae Wee. 2007. The role of the business press as an information intermediary. SSRN.com/abstract=955021.

Bushee, Brian J. and Christian Leuz. 2005. Economic consequences of SEC disclosure regulation: Evidence from the OTC bulletin board. *Journal of Accounting and Economics*, 39, 2 (June): 233–264.

Bushee, Brian J., Dawn A. Matsumoto, and Gregory S. Miller. 2003. Open versus closed conference calls: The determinants and effects of broadening access to disclosure. *Journal of Accounting and Economics*, 34, 1–3 (January): 149–180.

Bushee, Brian J. and Christopher F. Noe. 2000. Disclosure quality, institutional investors, and stock return volatility. *Journal of Accounting Research*, 38 (Supplement): 171–202.

Bushman, Robert M. 1991. Public disclosure and the structure of private information markets. *Journal of Accounting Research*, 29, 2 (Autumn): 261–276.

Bushman, Robert, Qi Chen, Ellen Engel, and Abbie J. Smith. 2004. Financial accounting information, organizational complexity and corporate governance systems. *Journal of*

Accounting and Economics, 37, 2 (June): 167–201.

Bushman, Robert M., Ellen Engel, Jenifer Milliron, and Abbie J. Smith. 1998. An empirical investigation of trends in the absolute and relative use of earnings in determining CEO cash compensation. SSRN. com/abstract = 130910 .

Bushman, Robert M., Ellen Engel, Jennifer C. Milliron, and Abbie J. Smith. 2000. An analysis of the relation between the stewardship and valuation roles of earnings. SSRN. com/abstract = 221548.

Bushman, Robert M. and Raffi J. Indjejikian. 1993. Accounting income, stock price, and managerial compensation. *Journal of Accounting and Economics*, 16, 1-3 (January-July): 3–23.

Bushman, Robert M. and Raffi Indjejikian. 1995. Voluntary disclosures and the trading behavior of corporate insiders. *Journal of Accounting Research*, 33, 2 (Autumn): 293–316.

Bushman, Robert M., Raffi Indjejikian, and Abbie Smith. 1996. CEO compensation: The role of individual performance evaluation. *Journal of Accounting and Economics*, 21, 2 (April): 161–193.

Bushman, Robert M. and Abbie J. Smith. 2001. Financial accounting information and corporate governance. *Journal of Accounting and Economics*, 32, 1-3 (December): 237–333.

Bushman, Robert M. and Abbie J. Smith. 2003. Transparency, financial accounting information, and corporate governance. *Economic Policy Review*, 9, 1 (April): 65–87.

Butler, Henry N. and Larry E. Ribstein. 2006. The Sarbanes-Oxley Debacle: How to fix it and what we've learned. Prepared for American Enterprise Institute. The Liability Project.

Butler, Marty, Arthur Kraft, and Ira S. Weiss. 2007. The effect of reporting frequency on the timeliness of earnings: The cases of voluntary and mandatory interim reports. *Journal of Accounting and Economics*, 43, 2–3 (July): 181–217.

Butler, Marty, Andrew J. Leone, and Michael Willenborg. 2004. An empirical analysis of auditor reporting and its association with abnormal accruals. *Journal of Accounting and Economics*, 37, 2 (June): 139–165.

Byard, Donal and Kenneth W. Shaw. 2003a. Corporate disclosure quality and properties of analysts' information environment. *Journal of Accounting, Auditing and Finance* 18, 3 (Summer): 355–378.

Byard, Donal and Kenneth W. Shaw. 2003b. The informational role of financial analysts: Interpreting public disclosures. *Journal of Financial Transformation*, 11 (August): 143–148.

Byrd, John W. and Kent A. Hickman. 1992. Do outside directors monitor managers? Evidence from tender offer bids. *Journal of Financial Economics*, 32, 2 (October): 195-221.

Byrd, John, Marilyn F. Johnson, and Susan L. Porter. 1998. Discretion in financial reporting: The voluntary disclosure of compensation peer groups in proxy statement performance graphs. *Contemporary Accounting Research*, 15, 1 (Spring): 25-52.

Cahan, Steven F. 1992. The effect of antitrust investigations on discretionary accruals: A refined test of the political-cost hypothesis. *The Accounting Review*, 67, 1 (January): 77-95 .

Cahan, Steven F. , Betty M. Chavis, and Richard G. Elmendorf. 1997. Earnings management of chemical firms in response to political costs from environmental legislation. *Journal of Accounting, Auditing and Finance*, 12, 1 (Winter): 37-65.

Cahan, Steven F. and Wei Zhang. 2006. After Enron: Auditor conservatism and ex-Andersen clients. *The Accounting Review*, 81, 1 (January): 49-82.

Callen, Jeffrey L. and Dan Segal. 2004. Do accruals drive firm-level stock returns? A variance decomposition analysis. *Journal of Accounting Research*, 42, 3 (June): 527-560 .

Campos, Roel C. 2005. Remarks before the Committee on Banking, Housing, and Urban Affairs United States Senate. http://www. sec. gov/news/speech/spch072605rcc. htm.

Cao, Yan, Charles E. Wasley, and Joanna Shuang Wu. 2006. The impact of forecast ambiguity and forecast bias on the credibility of management cash flow forecasts. Simon School Working Paper No. FR 06-01. SSRN. com/abstract=874106.

Carcello, Joseph V. , Roger H. Hermanson, and N. T. McGrath. 1992. Audit quality attributes: The perceptions of partners, preparers, and financial statement users. *Auditing: A Journal of Practice and Theory*, 11, 2 (Fall): 1-15.

Carcello, Joseph V. and Albert L. Nagy. 2002. Auditor industry specialization and fraudulent financial reporting. Proceedings of the 2002 Deloitte & Touche.

Carcello, Joseph V. and Terry L. Neale. 2000. Audit committee characteristics and auditor reporting. *The Accounting Review*, 75, 4 (October): 453-467.

Carcello, Joseph V. and Terry L. Neale. 2003. Audit committee composition and auditor dismissals following "new" going concern reports. *The Accounting Review*, 78, 1 (January): 95-117.

Carlson, S. J. and C. T. Bathala. 1997. Ownership differences and firms' income smoothing behavior. *Journal of Business Finance and Accounting*, 24, 2 (March): 179-196.

Carney, William J. 2006. The costs of being public after Sarbanes-Oxley: The irony of 'going private. Emory Law and Economics Research Paper No. 05-4. *Emory Law Journal*,

55: 141. SSRN. com/abstract=896564.

Carpenter, Jennifer and Barbara Remmers. 2001. Executive stock option exercises and inside information. *The Journal of Business*, 74, 4 (October): 513–534.

Carpenter, Mason A. and James D. Westphal. 2001. The strategic context of external network ties: Examining the impact of director appointments on board involvement in strategic decision making. *Academy of Management Journal*, 44, 4 (August): 639–660.

Carpenter, Tina D. and Jane L. Reimers. 2001. Unethical and fraudulent financial reporting: Applying the theory of planned behavior. *Journal of Business Ethics*, 60, 2 (August): 115–129.

Carslaw, Charles A. P. N. 1988. Anomalies in income numbers: Evidence of goal Varda(-) oriented behavior. *The Accounting Review*, 63, 2 (April): 321–327.

Carter, Mary Ellen, and Luann J. Lynch. 2001. An examination of executive stock option repricing. *Journal of Financial Economics*, 61, 2 (August): 207–225.

Carter, Mary Ellen and Luann J. Lynch. 2003. The consequences of the FASB's 1998 proposal on accounting for stock option repricing. *Journal of Accounting and Economics*, 35, 1 (April): 51–72.

Carter, Mary Ellen, Luann J. Lynch, and Sarah L. Center Zechman. 2006. The relation be-tween executive compensation and earnings management: Changes in the post-Sarbanes-Oxley era. AAA 2006 Management Accounting Section (MAS). SSRN. com/abstract=770327.

Catanach, Anthony H. and Shelley C. Rhoades. 2003. Enron: A financial reporting failure? *Villanova Law Review*, 48, 4: 1057. SSRN. com/abstract=418920.

Caton, Gary L. and Jeremy Goh. 2003. Are all rivals affected equally by bond rating downgrades? *Review of Quantitative Finance and Accounting*, 20, 1 (January): 49–62.

Chai, Mary L. and Samuel Tung. 2002. The effect of earnings-announcement timing on earnings management. *Journal of Business Finance and Accounting*, 29, 9-10 (November/December): 1337–1354.

Chalmers, John M. R., Larry Y. Dann, and Jarrad Harford. 2002. Managerial opportunism? Evidence from directors' and officers' insurance purchases. *The Journal of Finance*, 57, 2 (April): 609–636.

Chambers, Dennis J. 1999. Earnings management and capital market misallocation. SSRN. com/abstract=198790.

Chan, Kam C., Barbara R. Farrell, and Picheng Lee. 2006. Earnings management and return-earnings association of firms reporting material internal control weaknesses under Section 404 of the Sarbanes-Oxley Act. Working Paper, Pace University.

Chan, Konan, Louis K. C. Chan, Narasimhan Jegadeesh, and Joseph Lakonishok. 2004.

Earnings quality and stock returns. *The Journal of Business*, 79, 3 (May): 1041–1082.

Chan, Konan, John W. Cooney, Joonghyuk Kim, and Ajai K. Singh. 2003. The IPO Derby: Are there consistent losers and winners on this track? AFA 2004 San Diego Meeting, EFMA 2003 Helsinki Meeting. SSRN. com/abstract=392002.

Chan, Louis K. R., Jason Karceski, and Josef Lakonishok. 2003. Analysts' conflict of inter-ests and biases in earnings forecasts. AFA 2004 San Diego Meeting; EFMA 2003, Helsinki Meeting. SSRN. com/abstract=392004.

Chandler III, William B. and Leo E. Strine, Jr. 2002. The new federalism of the American corporate governance system: Preliminary reflections of two residents of one small state. SSRN. com/abstract=367720.

Chaney, Paul K., Debra Coleman Jeter, and Craig M. Lewis. 1998. The use of accruals in income smoothing: A permanent earnings hypothesis. *Advances in Quantitative Analysis of Finance and Accounting* (old series), 6: 103–135.

Chaney, Paul K. and Craig M. Lewis. 1995. Earnings management and firm valuation under asymmetric information. *Journal of Corporate Finance: Contracting, Governance, and Organization*, 1, 3-4 (April): 319–345.

Chaney, Paul K. and Craig M. Lewis. 1998. Income smoothing and underperformance in initial public offerings. *Journal of Corporate Finance: Contracting, Governance, and Organization*, 4, 1 (March): 1–29.

Chaney, P. and Kirk L. Philipich. 2002. Shredded reputation: The cost of audit failure. *Journal of Accounting Research*, 40, 4 (September): 1221–1245.

Chang, Charles, Daouk Hazem, and Varda (Albert) Wang, Albert. 2006. Does the oil market learn about analyst accuracy? SSRN. com/abstract=931704.

Chang, Wen-Jing, Ling-Tai Lynette Chou, and Hsiou-wei William Lin. 2006. The effect of dismissal threat on auditor independence. A paper presented in the 2006 Auditing Midyear Conference, Los Angeles, CA.

Charitou, Andreas and Christodoulos Louca. 2003. Earnings management by foreign firms preceding their listing in U. S. stock exchanges. EFMA 2003 Helsinki Meeting.

Charitou, Andreas, Lampertidis Neophytos, and Lenos Trigeorgis. 2004. Managerial discretion, institutional ownership and monitoring preceding bankruptcy. EFMA 2004 Basel Meeting Paper. SSRN. com/abstract=486865.

Chase, Bruce W. and Edward N. Coffman. 1994. Choice of accounting method by not-for-profit institutions accounting for investments by colleges and universities. *Journal of Accounting and Economics*, 18, 2 (September): 233–243.

Chen, Kevin C. W. and K. C. John Wei. 1993. Creditors' decisions to waive violations of accounting-based debt covenants. *The Accounting Review*, 68, 2 (April): 218–232.

Chen, Kevin C. W. , and Hongqui Yuan. 2004. Earnings management and capital resource allocation: Evidence form China's accounting based regulation of rights issues. *The Accounting Review*, 79, 3 (July) 645-665.

Chen, Peter and Lane Daley. 1996. Regulatory capital, tax, and earnings management effects on loan loss accruals in the Canadian banking industry. *Contemporary Accounting Research*, 13, 1 (Spring): 91-128.

Chen, Qi and Wei Jiang. 2006. Analysts' weighting of private and public information. *The Review of Financial Studies*, 19, 1 (April): 319-355.

Chen, Shuping 2003. Why do managers fail to meet their own forecasts? 14th Annual Conference on Financial Economics and Accounting (FEA). SSRN. com/ abstract=490562.

Chen, Shuping, Mark L. DeFond, and Chul W. Park. 2002. Voluntary disclosure of balance sheet information in quarterly earnings announcements. *Journal of Accounting and Economics*, 33, 2 (June): 229-251.

Chen, Shuping, and Dawn Matsumoto. 2006. Favorable versus unfavorable recommendations: The impact on analyst access to management-provided information. *Journal of Accounting Research*, 44, 4 (September): 57-689.

Chen, Xia, Qiang Cheng, and Kin Lo. 2006. Are analyst research and corporate disclosures complements or substitutes? SSRN. com/abstract=917919.

Chen, Xiao, Chi-Wen Jevons Lee, and Jing Li. 2003. Chinese tango: Government assisted earnings management. SSRN. com/abstract=408800.

Chen, Yeh-Ning. 2004. Debt seniority and the lenders' incentive to monitor: Why isn't trade credit senior? EFA 2004 Maastricht Meeting Paper, 2244. SSRN. com/abstract=559009.

Cheng, Agnes C. S. , William S. Hopewood, and James C. McKewon. 1992. Non-linearity and specification problems in unexpected earnings response regression model. *The Accounting Review*, 67, 3 (July): 579-598.

Cheng, Agnes C. S. and Austin L. Reitenga. 2006. Characteristics of institutional investors and discretionary accruals. SSRN. com/abstract=277717. *The Journal of Applied Business Research*, forthcoming.

Cheng, T. Y. and Michael Firth. 2000. An empirical analysis of the bias and rationality of profit forecasts published in new issue prospectuses. *Journal of Business Finance and Accounting*, 27, 3-4 (April/May): 423-446.

Cheung, Sheran C. and Itzhak Krinsky. 1994. Information asymmetry and the underpricing of initial public offerings: Further empirical evidence. *Journal of Business Finance and Accounting*, 21, 5 (July): 739-747.

Chevis, Gia Marie, Somnath Das, and K. Sivaramakrishnan. 2001. An empirical analysis of firms that meet or exceed analysts' earnings forecasts. SSRN. com/abstract=268628.

Chhaochharia, Vidhi and Yaniv Grinstein. 2005. Corporate governance and firm val-uevarda (: or-) -the impact of the 2002 governance rules. AFA 2006 Boston Meeting Paper. SSRN. com/abstract = 556990.

Chi, Wuchun and Huichi Huang. 2006. Discretionary accruals, audit-firm tenure and auditor tenure: An empirical case in Taiwan. Working Paper.

Chidambaran, N. K. and Ivan E. Brick. 2005. Board monitoring and firm risk. EFA 2005 Moscow Meeting Paper. SSRN. com/abstract = 677123.

Chidambaran, N. K. and Kose John. 1999. Managerial compensation and the efficiency of large shareholder monitoring. New York University, Center for Law and Business, Working Paper 99-006. SSRN. com/abstract = 164503.

Chidambaran, N. K. and Kose John. 2003. Managerial compensation, voluntary disclosure, and large shareholder monitoring. Working Paper, New York University.

Chidambaran, Nenmara K. , and Nagpurnanand R. Prabhala. 2003. Executive stock option repricing, internal governance mechanisms, and management turnover. *Journal of Financial Economics*, 69, 1 (July) : 153-189.

Ching, Ken, Michael Firth, and Oliver M. Rui. 2002. Earnings management, corporate governance and the market for seasoned equity offerings. SSRN. com/abstract = 337880.

Chng, Chee-Kiong. 2002. Board independence and the shielding of CEO pay from unusual transactions. Working Paper, National University of Singapore.

Choi, Byeonghee Ben, BuRyung Brian Lee, and Eric G. Press. 2002. Differences in the value relevance of earnings in knowledge-based and traditional industries. SSRN. com/abstract = 350320.

Choi, Jay Pil, Eirik G. Kristiansen, and Jae Hyon Nahm. 2007. Communication of soft information to lenders: Credibility and reputation. SSRN. com/abstract = 976886.

Choi, Stephen. 2005. Do the merits matter less after the Private Securities Litigation Reform Act? American Law and Economics Association Annual Meeting: 25-50.

Choi, Sung K. and Debra C. Jeter. 1992. The effects of qualified audit opinions on earnings response coefficients. *The Journal of Accounting and Economics*, 5, 2-3 (June-September) : 229-247.

Choi, Tae H. 2004. Characteristics of firms that persistently meet or beat analysts' forecasts. KDI School of Public Policy & Management Paper No. 04-17. SSRN. com/abstract = 635104.

Chou, De-Wai, Michael Gombola, and Feng-Ying Liu. 2006. Earnings management and stock performance of reverse leveraged buyouts. *Journal of Financial and Quantitative Analysis*, 41, 2 (June) : 407-438.

Christensen, Peter Ove and Jerald A. Feltham. 1993. Communication in multiperiod agencies with production and financial decisions. *Contemporary Accounting Research*, 9, 2 (Spring): 706–744.

Christensen, Peter Ove and Jerald A. Feltham. 2000. Market performance measures and disclosure of private management information in capital markets. *Review of Accounting Studies*, 5, 4 (December): 301–329.

Christensen, Peter Ove and Jerald A. Feltham. 2002. *Economics of Information, Volume I: Information in Markets.* New York, LLC: Springer-Verlag.

Christensen, Peter Ove and Jerald A. Feltham. 2005. *Economics of Information, Volume II: Performance Evaluation.* New York, LLC: Springer-Verlag.

Christensen, Theodore E., Robert E. Hoyt, and Jeffrey S. Paterson. 1999. Ex ante incentives for earnings management and the informativeness of earnings. *Journal of Business Finance and Accounting*, 26, 7–8 (September-October): 807–832.

Christie, Andrew A. 1987. On cross-sectional analysis in accounting research. *Journal of Accounting and Economics*, 9, 3 (December): 231–258.

Christie, Andrew A. 1990. Aggregation of test statistics: An evaluation of the evidence on contracting and size hypotheses. *Journal of Accounting and Economics*, 12, 1–3 (January): 15–36.

Christie, Andrew A. and Jerold L. Zimmerman. 1994. Efficient and opportunistic choices of accounting procedures: Corporate control contexts. *The Accounting Review*, 69, 4 (October): 539–566.

Chung, Hyeesoo and Sanjay Kallapur. 2003. Client importance, non audit services, and abnormal accruals. *The Accounting Review*, 78, 4 (October): 931–955.

Chung, Kwang-Hyun, Rudolph A. Jacob, and Ya B. Tang. 2003. Earnings management by firms announcing earnings after SEC filing. *International Advances in Economic Research*, 9, 2 (May): 152–162.

Chung, Richard, Michael Firth, and Jeong-Bon Kim. 2002. Institutional monitoring and opportunistic earnings management. *Journal of Corporate Finance: Contracting, Governance and Organization*, 8, 1 (January): 29–48.

Ciccone, Stephen J. 2002. GAAP versus street earnings: Making earnings look higher and smoother. SSRN. com/abstract=319320.

Clarke, Jonathan, Stephen P. Ferris, Narayanan Jayaraman, and Jinsoo Lee. 2006. Are analysts recommendations biased? Evidence from corporate bankruptcies. *Journal of Financial and Quantitative Analysis*, 41, 1 (March): 169–196.

Clarke, Richard N. 1983. Collusion and incentives for information sharing. *Bell Journal of Economics*, 14, 2 (Autumn): 383–394.

Clark, Robert Charles. 2005. Corporate governance changes in the wake of the Sarbanes-

Oxley Act: A morality tale for policymakers too. Harvard Law and Economics Discussion Paper No. 525. SSRN. com/abstract=808244.

Clarkson, Peter M., Jennifer L. Rao, and Gordon D. Richardson. 1994. The voluntary inclusion of forecasts in the MD&A Section of annual reports. *Contemporary Accounting Research*, 11, 2 (Fall): 423–450.

Clearfield, Andrew Mark. 2005. With friends like these, who needs enemies? The structure of the investment industry and its reluctance to exercise governance oversight. *Corporate Governance: An International Review*, 13, 2 (March): 114–121.

Cloyd, Bryan, C., Jamie Pratt and Toby Stock. 1996. The use of financial accounting choice to support aggressive tax positions: Public and private firms. *Journal of Accounting Research*, 34, 1 (Spring): 23–43.

Coase, Ronald H. 1937. The nature of the firm. *Economica*, New Series, 4, 16. (November): 386–405.

Coffee, John C. 1991. Liquidity versus control: The institutional investor as corporate monitor. *Columbia Law Review*, 91, 6 (October): 1277–1368.

Coffee, John C. 2001. The acquiescent gatekeeper: Reputational intermediaries, auditor independence and the governance of accounting. Columbia Law and Economics Working Paper 191. SSRN. com/abstract=270944.

Coffee, John C. 2002. Understanding Enron: It's about the gatekeepers, stupid. SSRN. com/abstract=325240.

Coffee, John C. 2003b. What caused Enron? A capsule social and economic history of the 1990's. Columbia Law and Economics Working Paper No. 214. SSRN. com/abstract= 373581.

Coffee, John C. 2003c. Ensuring independence, promoting investor confidence: Governance of the New York Stock Exchange as a quasi-public entity. A testimony before the Subcommittee of U. S. House of Representatives on Capital Markets, Insurance and Government Sponsored Enterprises of the Committee on Financial Services.

Coffee, John C. 2005. A theory of corporate scandals: Why the U. S. and Europe differ Varda(?). *Oxford Review of Economic Policy*, 21, 2: 198–211.

Coglianese, Cary and Michael L. Michael. 2006. After the scandals: Changing relationships in corporate governance. KSG Working Paper No. RWP06-024. SSRN. com/abstract=911653.

Cohen, Daniel A., Aiyesha Dey, and Thomas Z. Lys. 2005a. Trends in earnings management and informativeness of earnings announcements in the pre-and post-Sarbanes Oxley periods. SSRN. com/abstract=658782.

Cohen, Daniel A., Aiyesha Dey, and Thomas Lys. 2005b. The Sarbanes Oxley Act of

2002: Implications for compensation structure and risk-taking incentives of CEOs. SSRN. com/abstract=568483.

Cohen, Daniel A., Rebecca N. Hann, and Maria Ogneva. 2007. Another look at GAAP versus the street: An empirical assessment of measurement error bias. *Review of Accounting Studies*, 2-3 (September): 271-303.

Cohen, Jeffrey, Ganesh Krishnamoorthy, and Arnold Wright. 2002. Corporate governance and the audit process. *Contemporary Accounting Research*, 19, 4 (Winter): 573-594.

Cohen, Jeffrey, Ganesh Krishnamoorthy, and Arnold Wright. 2004. Corporate governance mosaic and financial reporting quality. *The Journal of Accounting Literature*, 23: 87-152.

Cohen, Randolph B., Brian J. Hall, and Luis M. Viceira. 2000. Do executive stock options encourage risk-taking? Working Paper, Harvard University.

Coles, Jeffrey L., Michael L. Lemmon, and Lalitha Naveen. 2003. A comparison of profitability and CEO turnover sensitivity in large private and public firms. SSRN. com/abstract=391103.

Coles, Jeffrey L. and Chun Keung Hoi. 2003. New evidence on the market for directors: Board membership and Pennsylvania Senate Bill 1310. *Journal of Finance*, 58, 1 (February): 197-230.

Coller, Maribeth and Julia L. Higgs. 1997. Firm valuation and accounting for employee stock options. *Financial Analysts Journal*, 53, 1 (January/February): 26-34.

Coller, Maribeth and Teri Lombardi Yohn. 1997. Management forecasts and information asymmetry: An examination of bid-ask spreads. *Journal of Accounting Research*, 35, 2 (Autumn): 181-191.

Collingwood, Harris. 2001. The earnings game: Everybody plays, nobody wins. *Harvard Business Review*, 79, 6 (June): 65-74.

Collins, Daniel W. and Linda DeAngelo. 1990. Accounting information and corporate governance: Market and analyst reactions to earnings of firms engaged in proxy contests. *Journal of Accounting and Economics*, 13, 3 (October): 213-247.

Collins, Daniel W., Guojin Gong, and Paul Hribar. 2003. Investor sophistication and the mispricing of accruals. *Review of Accounting Studies*, 8, 2-3 (June): 251-276.

Collins, Daniel W., Guojin Gong, and Haidan Li. 2005. The effect of the Sarbanes-Oxley Act on the timing manipulation of CEO stock option awards. SSRN. com/ abstract=850564.

Collins, Daniel W. Guojin Gong, and Haidan Li. 2006. Corporate governance and backdating of executive stock options. SSRN. com/abstract=934881.

Collins, Daniel W., and Paul Hribar. 2000. Earnings-based and accrual-based market anomalies: One effect or two? *Journal of Accounting and Economics* 29, 1 (February):

101-123.

Collins, Daniel W., Edward L. Maydew, and Ira S. Weiss. 1997. Changes in the value-relevance of earnings and book values over the past forty years. *Journal of Accounting and Economics*, 24, 1 (December): 39-67.

Collins, Denton, Austin L. Reitenga, and Juan Manuel Sanchez. 2005. Managerial consequences of earnings restatements. SSRN. com/abstract=771564.

Collins, Julie, Deen Kemsley, and Mark Lang. 1998. Cross-jurisdictional income shifting and earnings valuation. *Journal of Accounting Research*, 36, 2 (Autumn): 209-229.

Collins, Julie H., Douglas A. Shackelford, and James M. Wahlen. 1995. Bank differences in the coordination of regulatory capital, earnings and taxes. *Journal of Accounting Research*, 33, 2 (Autumn): 263-291.

Committee of Governmental Affairs of the US Senate. 2002. The Role of the Board of Directors in Enron's Collapse. Report 107-70. http://news.findlaw.com/hdocs/docs/enron/senpsi70802rpt.pdf.

Comprix, Joseph, Lillian Mills, and Andrew Schmidt. 2004. Bias in quarterly effective tax rate estimates: Implications for earnings management and analysts' forecasts. Working Paper, Arizona State University and University of Arizona.

Conyon, Martin J. and Laura E. Read. 2006. A model of the supply of executives for outside directorships. *Journal of Corporate Finance*, 12, 3 (June): 645-659.

Cook, Kirsten A., George Ryan Huston, and Thomas C. Omer. 2006. Earnings management through effective tax rates: The effects of tax planning investment and the Sarbanes-Oxley Act of 2002. SSRN. com/abstract=897749.

Core, John E. 2001. A review of the empirical disclosure literature: Discussion. *Journal of Accounting and Economics*, 31, 1-3 (September): 441-456.

Core, John E. 2006. Discussion of "An analysis of the theories and explanations offered for the mispricing of accruals and accrual components." *Journal of Accounting Research*, 44, 2 (May): 341-350.

Core, John E. and Wayne R. Guay. 1999. The use of equity grants to manage optimal equity incentive levels. *Journal of Accounting and Economics*, 28, 2 (December): 151-184.

Core, John E. and Wayne R. Guay. 2001. Stock option plans for non-executive employees. *Journal of Financial Economics*, 61, 2 (August): 253-287.

Core, John E. and Wayne R. Guay. 2002a. The other side of the trade-off: The impact of risk on executive compensation, a revised comment. SSRN. com/abstract=292955.

Core, John E. and Wayne R. Guay. 2002b. Estimating the value of employee stock option portfolios and their sensitivities to price and volatility. *Journal of Accounting Research*,

40, 4 (June): 613–630.

Core, John E., Wayne R. Guay, and David F. Larcker. 2003. Executive equity compensation and incentives: A survey. *Economic Policy Review*, 9, 1 (April): 27–50.

Core, John E., Wayne R. Guay, Scott A. Richardson, and Rodrogi S. Verdi. 2006. Stock market anomalies: What can we learn from repurchases and insider trading? *Review of Accounting Studies*, 11, 1 (March): 49–70.

Core, John E., Wayne R. Guay, and Tjomme O. Rusticus. 2006. Does weak governance cause weak stock returns? An examination of firm operating performance and analysts' expectations. *Journal of Finance*, 61, 2 (April): 655–687.

Core, John E., Wayne R. Guay, and Robert E. Verrecchia. 2003. Price versus non-price performance measures in optimal CEO compensation contracts. *The Accounting Review*, 78, 4 (October): 957–981.

Core, John E., Robert W. Holthausen, and David F. Larcker. 1999. Corporate governance, chief executive officer compensation, and firm performance. *Journal of Financial Economics*, 51, 3 (March): 371–406.

Core, John E. and Jun Qian. 2001. Option-like contracts for innovation and production. SSRN. com/abstract=207968.

Core, John E. and Catherine M. Schrand. 1999. The effect of accounting-based debt covenants on equity valuation. *Journal of Accounting and Economics*, 27, 1 (February): 1–34.

Cotter, James F. and Sarah W. Peck. 2001. The structure of debt and active equity investors: The case of the buyout specialist. *Journal of Financial Economics*, 59, 1 (January): 101–147.

Cotter, James F., Anil Shivdasani, and Marc Zenner. 1997. Do independent directors enhance target shareholder wealth during tender offers? *Journal of Financial Economics*, 43, 2 (February): 195–218.

Cotter, Julie, Irem A. Tuna, and Peter D. Wysocki. 2006. Expectations management and beatable targets: How do analysts react-o explicit earnings guidance? *Contemporary Accounting Research*, 23, 3 (Autumn): 593–624.

Cowen, Amanda, Boris Groysberg, and Paul Healy. 2006. Which types of analyst firms are more optimistic? *Journal of Accounting and Economics*, 41, 1–2 (April): 119–146.

Cox, Christopher. 2006. *A Message from the Chairman.* Securities and Exchange Commission 2006 Performance and Accountability Report. http://www. sec. gov/about/secpar/secpar2006. pdf#chairman.

Cox, Clifford. 1985. Further evidence on the representativeness of management earnings forecasts. *The Accounting Review*, 60, 4 (October): 692–701.

Craig, Russell and Paul Walsh. 1989. Adjustments for "extraordinary items" in smoothing reported profit of listed Australian companies: Some empirical evidence. *Journal of Business Finance and Accounting*, 16, 2 (Spring): 229–245.

Crainer, Stuart. 2004. Interview: Robert A. G. Monks. Business Strategy Review, 15, 2 (June): 34–36. SSRN. com/abstract=551168.

Craswell, Allen T., Jere R. Francis, and Stephen L. Taylor. 1995. Auditor brand name reputations and industry specializations. *Journal of Accounting and Economics*, 20, 3 (December): 297–322.

Crawford, Vincent P. and Joel Sobel. 1982. Strategic information transmission. *Econometrica*, 50, 6 (November): 579–594.

Cremers, Martijn, Joost Driessen, Pascal Maenhout, and David Weinbaum. 2005. Does skin in the game matter? Director incentives and governance in the mutual fund industry. http://faculty. insead. edu/maenhout/research/PDF/weinbaum. pdf.

Crocker, Keith, J. and Steven Huddart. 2006. An optimal contracting approach to earnings management. Working Paper, Pennsylvania State University.

Crocker, Keith, J., and Joel Slemrod. 2006. The economics of earnings manipulation and managerial compensation. SSRN. com/abstract=938971.

Cross, Frank B. and Robert A. Prentice. 2006. Economies, capital markets, and securities law. University of Texas Law, Law and Economics Research Paper No. 73. SSRN. com/abstract=908927.

Culvenor, Jane, Jayne M. Godfrey, and Graeme Byrne. 1999. Modeling total accruals in international environment: The impact of alternative measures of PPE. *Journal of International Accounting, Auditing and Taxation*, 8, 2: 289–313.

Cu. at, Vicente and Maria Guadalupe. 2005. Managerial compensation and product market competition. *Journal of the European Economic Association*, 3, 5 (September): 1058–1082.

Cunningham, Lawrence A. 2003. The Sarbanes-Oxley yawn: Heavy rhetoric, light reform (and it might just work). *University of Connecticut Law Review*, 36: 915–988: 1698–1735.

DaDalt, Peter and Speros Margetis. 2007. The intra-industry contagion effects of earnings restatements. Temporary title. Working Paper.

Dallas, Lynne. 2002. The new managerialism and diversity on corporate boards of directors. *Tulane Law Review*, 76. SSRN. com/abstract=313425.

Dalton, Dan R., Catherine. M. Daily, Jonathan L. Johnson, and Alan E. Ellstrand. 1999. Number of directors and financial performance: A meta-analysis. *Academy of Management Journal*, 42, 6 (December): 674–686.

Daneilson, Morris G. and Jonathan M. Karpoff. 1998. On the uses of corporate governance provisions. *Journal of Corporate Finance*, 4, 4 (December): 347-371.

Daneshfar, Alireza and Daniel Zeghal. 2001. Earnings management and the stock price environment. Working Paper, University of New Haven and University of Ottawa.

Dann, Larry Y., Diane Del Guercio, and Megan Partch. 2003. Governance and boards of directors in closed-end investment companies. EFA 2002 Berlin Meeting Paper; and Tuck-JFE Contemporary Corporate Governance Conference. SSRN. com/abstrac t=236105.

Dann, Larry Y., Ronald W. Masulis, and David Mayers. 1992. Repurchase tender offers and earnings information. *Journal of Accounting and Economics*, 14, 3 (September): 217-251.

Danos, Paul and John W. Eichenseher. 1981. Audit industry dynamics: Factors affecting changes in client-industry market shares. *Journal of Accounting Research*, 20, 2 (Autumn): 604-616.

Danos, Paul and John W. Eichenseher. 1986. Long-term trends toward seller concentration in the U. S. audit market. *The Accounting Review*, 61, 4 (October): 633-650.

Daouk, Hazem, Charles M. C. Lee, and David Ng. 2006. Capital market governance: How do security laws affect market performance? *Journal of Corporate Finance*, 12, 3 (June): 560-593.

Darrough, Masako N. 1993. Disclosure policy and competition: C. urnot vs. Bertrand. *The Accounting Review*, 68, 3 (July): 534-561.

Darrough, Masako N. and Srinivasan Rangan. 2005. Do insiders manipulate earnings when they sell their shares in an initial public offering? *Journal of Accounting Research*, 43, 1 (March): 1-33.

Darrough, Masako N. and Neal M. Stoughton. 1990. Financial disclosure policy in an entry game. *Journal of Accounting and Economics*, 12, 1-3 (January): 219-243.

Das, Sonnath, Carolyn B. Levine, and Siva Sivaramakrishnan. 1998. Earnings predictability and bias in analysts' earnings forecasts. *The Accounting Review*, 73, 2 (April): 277-294.

Datar, Srikant, Susan Cohen Kulp, and Richard A. Lambert. 2001. Balancing performance measures. *Journal of Accounting Research*, 39, 1 (June): 75-92.

Davidson, Wallace N., Pornsit Jiraporn, and Peter J. DaDalt. 2006. Causes and consequences of audit shopping: An analysis of auditor opinions, earnings management, and auditor changes. *Quarterly Journal of Business and Economics*, 45, 1/2 (Winter/Spring): 69-87.

Davis, Angela. 2002. The value relevance of revenue for internet firms: Does reporting grossed-up or barter revenue make a difference? *Journal of Accounting Research*, 40, 2

(May): 445–477.

Davis, Larry R., Billy Soo, and Greg Trompeter. 2006. Auditor tenure and the ability to meet or beat earnings forecasts. A paper presented in the 2006 Auditing Midyear Conference, Los Angeles, CA.

Davis-Hodder, Leslie, William Mayew, Mary Lea McAnally, and Constance D. Weaver. 2004. Using valuation model inputs to manage employee stock option disclosures. SSRN. com/abstract=537222.

De, Sankar and Pradyot K. Sen. 2002. Legal liabilities, audit accuracy and the market for audit services. *Journal of Business Finance and Accounting*, 29, 3-4 (April/May): 353–410.

De Franco, Gus, Yuyan Guan, and Hai Lu. 2005. The wealth change and redistribution effects of Sarbanes-Oxley internal control disclosures. SSRN. com/abstract=706701.

De Miguel, Alberto, Julio Pindado, and Chabela de la Torre. 2003. How do managerial entrenchment and expropriation affect control mechanisms? SSRN. com/abstract=475981.

DeAngelo, Linda Elizabeth. 1982. Mandated successful efforts and auditor choice. *Journal of Accounting and Economics*, 4, 3 (December): 171–203.

DeAngelo, Harry and Linda Elizabeth DeAngelo. 1991. Union negotiations and corporate policy: A study of labor concessions in the domestic steel industry during the 1980s. *Journal of Financial Economics*, 30, 1 (November): 3–43.

DeAngelo, Harry, Linda Elizabeth DeAngelo, and Edward Rice. 1984. Going private: Minority freezeouts and stockholders wealth. *The Journal of Law and Economics*, 27, 2 (October): 367–401.

DeAngelo, Harry, Linda Elizabeth DeAngelo, and Douglas J. Skinner. 1994. Accounting choice in troubled companies. *Journal of Accounting and Economics*, 17, 1-2 (January): 113–143.

DeAngelo, Harry, Linda Elizabeth DeAngelo, and Douglas J. Skinner. 1996. Reversal of fortune: Dividend signaling and the disappearance of sustained earnings growth. *Journal of Financial Economics*, 40, 3 (March): 341–371.

DeAngelo, Harry, Linda Elizabeth DeAngelo, and Douglas J. Skinner. 2004. Are dividends disappearing? Dividend concentration and the consolidation of earning. *Journal of Financial Economics*, 72, 3 (June): 425–456.

DeAngelo, Linda Elizabeth. 1988a. Managerial competition, information costs, and corporate governance: The use of accounting performance measures in proxy contests. *Journal of Accounting and Economics*, 10, 1 (January): 3–36.

DeAngelo, Linda Elizabeth. 1988b. Discussion of evidence of earnings management from the provision for bad debts. *Journal of Accounting Research*, 26 (Supplement): 32–40.

DeAngelo, Linda Elizabeth. 1990. Equity valuation and corporate control. *The Accounting Review*, 65, 1 (January): 93–112.

DeZoort, Todd F., Dana R. Hermanson, Deborah S. Archambeault, and Scott A. Reed. 2002. Audit committee effectiveness: A synthesis of the empirical audit committee literature. *Journal of Accounting Literature*, 21: 38–75.

DeZoort Todd F. and Steven E. Salterio. 2001. The effects of corporate governance experience and financial-reporting and audit knowledge on audit committee member judgments. *Auditing: A Journal of Practice and Theory*, 20, 2 (September): 31–47.

Dechow, Patricia M. 1994. Accounting earnings and cash flows as measures of firm performance: The role of accounting accruals. *Journal of Accounting and Economics*, 18, 1 (July): 3–42.

Dechow, Patricia M. 2006. Asymmetric sensitivity of CEO cash compensation to stock returns: A discussion. *Journal of Accounting and Economics*, 42, 1–2 (October): 193–202.

Dechow, Patricia M. and Ilia D. Dichev. 2002. The quality of accruals and earnings: The role of accrual estimation errors. *The Accounting Review*, 77 (Supplement): 35–59.

Dechow, Patricia M., Mark R. Huson, and Richard G. Sloan. 1994. The effect of restructuring charges on executives' cash compensation. *The Accounting Review*, 69, 1 (January): 138–156.

Dechow, Patricia M., Amy P. Hutton, Lisa B. Meulbroek, and Richard G. Sloan 2001. Short-sellers, fundamental analysis and stock returns. *Journal of Financial Economics*, 61, 1 (July): 77–106.

Dechow, Patricia M., Amy P. Hutton, and Richard G. Sloan. 1996. Economic consequences of accounting for stock-based compensation. *Journal of Accounting Research*, 34 (Supplement): 1–20.

Dechow, Patricia M., Amy P. Hutton, and Richard G. Sloan. 2000. The relation between analysts' forecasts of long-term earnings growth and stock price performance following equity offerings. *Contemporary Accounting Research*, 17, 1 (Spring): 1–32.

Dechow, Patricia M., S. P. Kothari, and Ross L. Watts. 1998. The relation between earnings and cash flows. *Journal of Accounting and Economics*, 25, 2 (May): 133–168.

Dechow, Patricia M., Scott Anthony Richardson, and Richard G. Sloan. 2006. The persistence and pricing of the cash component of earnings. Working paper. University of Pennsylvania.

Dechow, Patricia M., Scott Anthony Richardson, and Irem A. Tuna. 2000. Are benchmark beaters doing anything wrong? SSRN. com/abstract = 222552.

Dechow, Patricia M., Scott Anthony Richardson, and Irem A. Tuna. 2003. Why are earnings kinky? An examination of the earnings management explanation. *Review of Accounting Studies*, 8 (June-September): 355–384.

Dechow, Patricia M., Jowell Sabino, and Richard G. Sloan. 1998. Implications of nondiscretionary accruals for earnings management and market-based research. Working Paper, University of Michigan.

Dechow, Patricia M. and Catherine M. Schrand. 2004. *Earnings Quality*. Research Foundation of CFA Institute.

Dechow, Patricia M. and Douglas J. Skinner. 2000. Earnings management, reconciling the views of accounting academics, practitioners, and regulators. *Accounting Horizons*, 14, 2 (June): 235–250.

DeFond, Mark L. 2002. Discussion of "The balance sheet as an earnings management constraint." *The Accounting Review*, 77 (Supplement): 29–33.

DeFond, Mark L., Michael Ettredge, and David B. Smith. 1997. An investigation of auditor resignations. *Research in Accounting Regulation*, 11: 25–45.

DeFond, Mark L. and Jere R. Francis. 2005. Audit research after Sarbanes-Oxley. *Auditing: A Journal of Practice and Theory*, 24, Supplement (May): 5–30.

DeFond, Mark L., Rebecca N. Hann, and Xuesong Hu. 2005. Does the market value financial expertise on audit committees of boards of directors? *Journal of Accounting Research*, 43, 2 (May): 153–193. SSRN. com/abstract=498822.

DeFond, Mark L. and Mingyi Hung. 2003. An empirical analysis of analysts' cash flow forecasts. *Journal of Accounting and Economics*, 35, 1 (April): 73–100.

DeFond, Mark L., and James Jiambalvo. 1991. Incidence and circumstances of accounting errors. *The Accounting Review*, 66, 3 (July): 643–655.

DeFond, Mark L. and James Jiambalvo. 1993. Factors related to auditor-client disagreements over income-increasing accounting methods. *Contemporary Accounting Research*, 9, 2 (Spring): 415–431.

DeFond, Mark L. and James Jiambalvo. 1994. Debt covenant violation and manipulation of accruals. *Journal of Accounting and Economics*, 17, 1–2 (January): 145–176.

DeFond, Mark L. and Chul W. Park. 1997. Smoothing income in anticipation of future earnings. *Journal of Accounting and Economics*, 23, 2 (July): 115–139.

DeFond, Mark L. and Chul W. Park. 1999. The effect of competition on CEO turnover. *Journal of Accounting and Economics*, 27, 1 (February): 33–56.

DeFond, Mark L. and Chul W. Park. 2001. The reversal of abnormal accruals and the market valuation of earnings surprise. *The Accounting Review*, 76, 3 (July): 375–404.

DeFond, Mark L., K. Raghunandan, and K. R. Subramanyam. 2002. Do non-audit service fees impair auditor independence? Evidence from going concern audit opinions.

Journal of Accounting Research, 40, 4 (September): 1247-1274.

Deli, Daniel and James Booth. 2006. Managerial incentives and audit fees: Evidence from the mutual fund industry. A paper presented in the Auditing Midyear Conference, Los Angeles, CA.

Deloitte and Touche. 2005. *Under Control: Sustaining Compliance with Sar banes-Oxley in Year Two and Beyond.*

DeMarzo, Peter M., Michael J. Fishman, and Kathleen M. Hagerty. 1998. The optimal enforcement of insiders trading regulations. *Journal of Political Economy*, 106, 3 (June): 602-633.

Demougin, Dominique and C. Claude Fluet. 1998. Mechanism sufficient statistic in the risk-neutral agency problem. *Journal of Institutional and Theoretical Economics*, 154, 4 (December): 622-639.

Demougin, Dominique and Claude Fluet. 2001. Monitoring versus incentives. *European Economic Review*, 45, 9 (October): 1741-1764.

Dempsey, Jayendu S., Herbert G. Hunt, and Nicholas W. Schrodder. 1993. Earnings management and corporate ownership structure: An examination of extraordinary item reporting. *Journal of Business Finance and Accounting*, 20, 4 (June): 479-500.

Demsetz, Harold and Kenneth Lehn. 1985. The structure of corporate ownership: Causes and consequences. *Journal of Political Economy*, 93, 6 (December): 1155-1177.

Demski, Joel S. 1973. The general impossibility of normative accounting standards. *The Accounting Review*, 48, 4 (October): 718-723.

Demski, Joel. 1994. *Managerial Uses of Accounting Information.* Boston: Kluwer.

Demski, Joel S. 1998. Performance measure manipulation. *Contemporary Accounting Research*, 15, 3 (Fall): 261-285.

Demski, Joel S. 2002. Enron et al. —A comment. *Journal of Accounting and Public Policy*, 21, 2 (Summer): 129-130.

Demski, Joel S. 2003. Corporate conflicts of interest. *Journal of Economic Perspectives*, 17, 2 (June): 51-72.

Demski, Joel S. 2004. Endogenous expectations. *The Accounting Review*, 79, 2 (April): 519-539.

Demski, Joel S. and Ronald A. Dye. 1999. Risk, return, and moral hazard. *Journal of Accounting Research*, 37, 1 (Spring): 27-55.

Demski, Joel S., Stephen A. FirzGerald, Yuri Ijiri, Yumi Ijiri, and Haijin Lin. 2006. Quan-tum information and accounting information: Their salient features and conceptual applications. *Journal of Accounting and Public Policy*, 25, 4 (July-August): 435-464.

Demski, Joel S. and Hans Frimor. 1999. Performance measure garbling under renegotiation in multi-period agencies. *Journal of Accounting Research*, 37 (Supplement): 187–214.

Demski, Joel S., Hans Frimor, and David E. M. Sappington. 2004. Efficient manipulation in a repeated setting. *Journal of Accounting Research*, 42, 1 (March): 31–49.

Demski, Joel S., James M. Patell, and Mark A. Wolfson. 1984. Decentralized choice of monitoring systems. *The Accounting Review*, 59, 1 (January): 16–34.

Demski, Joel S. and David E. M. Sappington. 1984. Optimal incentive contracts with multiple agents. *Journal of Economic Theory*, 33, 1 (June): 152–171.

Demski, Joel S. and David E. M. Sappington. 1987. Delegated expertise. *Journal of Accounting Research*, 25, 1 (Spring): 68–89.

Demski, Joel S. and David E. M. Sappington. 1990. Fully revealing income measurement. *The Accounting Review*, 65, 2 (April): 363–383.

Demski, Joel S. and David E. M. Sappington. 1992. Further thoughts on fully revealing income measurement. *The Accounting Review*, 67, 3 (July): 628–630.

Denis, David J., Diane K. Denis, and Atulya Sarin. 1997. Ownership structure and top executive turnover. *Journal of Financial Economics*, 45, 2 (August): 193–221.

Denis, David J., Paul Hanouna, and Atulya Sarin. 2006. Is there a dark side to incentive compensation? *Journal of Corporate Finance*, 12, 3 (June): 467–488.

Denis, David J. and Timothy A. Kruse. 2000. Managerial discipline and corporate restructuring following performance declines. *Journal of Financial Economics*, 55, 3 (March): 391–424.

Denis, David J. and Atulya Sarin. 1999. Ownership and board structures in publicly traded corporations. *Journal of Financial Economics*, 52, 2 (May): 187–223.

Denis, David J. and J. M. Serrano, 1996. Active investors and management turnover following unsuccessful control contests. *Journal of Financial Economics*, 40, 2 (February): 239–266.

Dennis, Patrick J. and Deon Strickland. 2002. Who blinks in volatile markets, individuals or institutions? *Journal of Finance*, 57, 5 (2002): 1923–1949.

Dennis, Steven A. and Donald J. Mullineaux. 2000. Syndicated loans. *Journal of Financial Intermediation*, 9, 4 (October): 404–426.

Dennis, Steven, Debarshi Nandy, and Ian G. Sharpe. 2000. The determinants of contract terms in bank revolving credit agreements. *Journal of Financial and Quantitative Analysis*, 35, 1 (March): 87–110.

Depamphilis, Donald. 2003. *Mergers, Acquisitions, and Other Restructuring Activities.* Second edition. New York: Academic Press.

DePree, Chauncey M. and Terry C. Grant. 1999. Earnings management and ethical decision making: Choices in accounting for security investments. *Issues in Accounting*

Education, 14, 4 (November): 613-640.

Desai, Hemang, Chris E. Hogan, and Michael S. Wilkins. 2006. The reputational penalty for aggressive accounting: Earnings restatements and management turnover. *The Accounting Review*, 81, 1 (January): 83-112.

Desai, Hemang and Prem C. Jain. 2004. Long-run stock returns following Briloff's analyses. *Financial Analysts Journal*, 60, 2 (March/April): 47-56.

Desai, Hemang, Srinivasan Krishnamurthy, and Kumar Venkataraman. 2006. Do short sellers target firms with poor earnings quality? Evidence from earnings restatements. *Review of Accounting Studies*, 11, 1 (March): 71-90.

Desai, Hemang, Shivaram Rajgopal, and Mohan Venkatachalam. 2004. Value-glamour and accruals mispricing: One anomaly or two? *The Accounting Review*, 79, 2 (April): 355-385.

Desai, Hemang, K. Ramesh, Ramu S. Thiagarajan, and Bala V. Balachandran. 2002. An investigation of the informational role of short interest in the Nasdaq market. *The Journal of Finance*, 57, 5 (October): 2263-2287.

Desai, Mihir A. 2003. The divergence between book and tax income. Working Paper, Harvard University.

Deutsch, Yuval. 2005. The impact of board composition on firms' critical decisions: A meta-analytic review. *Journal of Management Review*, 31, 3 (June): 424-444.

Dhaliwal, Dan S. and Shiing-wu Wang. 1992. The effect of book income adjustment in the 1986 alternative minimum tax on corporate financial reporting. *Journal of Accounting and Economics*, 15, 1 (March): 7-26.

Dharan, Bala G. 2003. Earnings management with accruals and financial engineering. http://www. ruf. rice. edu/ ~bala/files/EM_and_financial_Engineering-the_accountants_ world_ICFAI_02-2003. pdf.

Diamond, Douglas W. 1985. Optimal release of information by firms. *Journal of Finance*, 40, 4 (September): 1071-1094.

Dichev, Ilia D., Anne L. Beatty, and Joseph Peter Weber. 2002. The role and characteristics of accounting-based performance pricing in private debt contracts. SSRN. com/ abstract=318399.

Dichev, Ilia D. and Douglas J. Skinner. 2002. Large-sample evidence on the debt covenants hypothesis. *Journal of Accounting Research*, 40, 4 (September): 1091-1123.

Dietrich, Richard J., Steven J. Kachelmeier, Don N. Kleinmuntz, and Thomas J. Linsmeier. 2001. Market efficiency, bounded rationality, and supplemental business reporting disclosures. *Journal of Accounting Research*, 39, 2 (September): 243-268.

DiGabriele, James A. and Alan B. Eisner. 2005. Putting the E back in P/E ratios. *The*

Valuation Examiner, (December): 24–27.

DiGabriele, James A. and Aron A. Gottesman. 2006. The Sarbanes-Oxley Act and the private company discount: An empirical investigation. SSRN. com/abstract=908061.

Dionne, Georges and Thouraya Triki. 2004. On risk management determinants: What really matters? HEC Montreal Risk Management Chair Working Paper, No. 04 – 04. SSRN. com/abstract=558761.

Dlugosz, Jennifer, Rudiger Fahlenbrach, Paul A. Gompers, and Andrew Metrick. 2006. Large blocks of stock: Prevalence, size, and measurement. *Journal of Corporate Finance*, 12, 3 (June): 594–618.

Dobler, Michael. 2004. Credibility of Managerial Forecast Disclosure—Game Theory and Regulative Implications. Working Paper, University Munch.

Dontoh, Alex. 1989. Voluntary disclosure. *Journal of Accounting, Auditing and Finance*, 4, 4 (Fall) 480–511.

Dontoh, Alex. 1992. Discussion of "The effects of line-of-business reporting on competi-tion in oligopoly settings". *Contemporary Accounting Research*, 9, 1 (Fall): 24–28.

Dontoh, Alex, Suresh Radhakrishnan, and Joshua Ronen. 2004. The declining value-relevance of accounting information and non-information-based trading: An empirical analysis. *Contemporary Accounting Research*, 21, 4 (Winter): 795–812.

Dopuch, Nicholas, Raj Mashruwala, Chandra Seethamraju, and Tzachi Zach. 2006. Accrual determinants, sales changes and their impact on empirical accrual models. Working Paper.

Dopuch, Nicholas, Chandra Seethamraju, and Weihong Xu. 2003. An empirical assessment of the credibility premium associated with meeting or beating both time-series earnings expectations and analysts' forecasts. SSRN. com/abstract=471622.

Dopuch, Nicholas, Chandra Seethamraju, and Weihong Xu. 2005. The pricing of accruals for profit and loss firms. SSRN. com/abstract=663514.

Dowdell, Thomas D. and Jagan Krishnan. 2004. Former audit firm personnel as CFOSs: Effect on earnings management. *Canadian Accounting Perspectives*, 3, 1 (Spring): 117–142.

Doyle, Jeffrey T., Weili Ge, and Sarah E. McVay. 2006. Determinants of weaknesses in internal control over financial reporting. SSRN. com/abstract=770465.

Doyle, Jeffrey T., Russell J. Lundhom, and and Mark T. -oliman. 2003. The predictive value of expenses excluded from "pro forma" earnings. *Review of Accounting Studies*, 8, 2–3 (June-September): 145–174.

Doyle, Jeffrey T., Maureen McNichols, and Mark T. Soliman. 2004. Do managers use pro forma earnings to exceed analyst forecasts? Working Paper, University of Michigan.

D'Souza, Julia, John Jacob, and K. Ramesh. 2000. The use of accounting flexibility to reduce labor renegotiation costs and manage earnings. *Journal of Accounting and Economics*, 30, 2 (October): 187-208.

DuCharme, Larry L., Paul H. Malatesta, and Stephen E. Sefcik. 2002. Earnings management, stock issuance, and shareholder lawsuits. *Journal of Financial Economics*, 71, 1 (January): 27-49.

DuCharme, Larry L., Paul H. Malatesta, and Stephen E. Sefcik. 2004. Earnings management: IPO valuation and subsequent performance. *Journal of Accounting, Auditing and Finance*, 16, 4 (Fall): 369-396.

Duemes, Rogier. 2003. The effect of firm risk and management ownership on board composition and ownership concentration. Working Paper, Maastricht University, The Netherlands.

Dugar, Amitabh and Siva Nathan. 1995. The effect of investment bank relationships on financial analysts' earnings forecasts and investment recommendations. *Contemporary Accounting Research*, 12, 1 (Fall): 131-160.

Dugar, Amitabh, and Siva Nathan. 1996. Analysts' research reports: Caveat emptor. *The Journal of Investing*, (Winter): 13-22.

Duke, Joanne C. and Herbert G. Hunt. 1990. An empirical examination of debt covenant restrictions and accounting-related debt proxies. *Journal of Accounting and Economics*, 12, 1-3 (January): 45-63.

Dyck, Alexander, Adair Morse, and Luigi Zingales. 2007. Who blows the whistle on corporate fraud? NBER Working Paper No. W12882.

Dyck, Alexander I. J. and Luigi Zingales. 2002. The corporate governance role of the media. CRSP Working Paper, 543. SSRN. com/abstract=335602.

Dye, Ronald A. 1983. Communication and post-decision information. *Journal of Accounting Research*, 21, 2 (Autumn): 514-533.

Dye, Ronald A. 1984a. Inside trading and incentives. *The Journal of Business*, 57, 3 (July): 295-313.

Dye, Ronald A. 1984b. The trouble with tournaments. *Economic Inquiry*, 22, 1: 147-149.

Dye, Ronald A. 1984c. Relative performance evaluation and project selection. *Journal of Accounting Research*, 30, 1 (Spring): 27-52.

Dye, Ronald A. 1985a. Disclosure of nonproprietary information. *Journal of Accounting Research*, 23, 1 (Spring): 123-145.

Dye, Ronald A. 1985b. Strategic accounting choice and the effects of alternative financial reporting requirements. *Journal of Accounting Research*, 23, 2 (Autumn): 123-145.

Dye, Ronald A. 1986a. Proprietary and nonproprietary disclosures. *The Journal of Business*,

59, 2 Part 1 (April): 331-366.

Dye, Ronald A. 1986b. Optimal monitoring policies in agencies. *RAND Journal of Economics*, 17, 3 (Autumn): 339-350.

Dye, Ronald A. 1988. Earnings management in an overlapping generations model. *Journal of Accounting Research*, 26, 2 (Autumn): 195-235.

Dye, Ronald A. 1991. Informationally motivated auditor replacement. *Journal of Accounting and Economics*, 14, 4 (December): 347-374.

Dye, Ronald A. 1998b. Investor sophistication and voluntary disclosures. *Review of Accounting Studies*, 3, 3 (September): 261-287.

Dye, Ronald A. 2001. An Evaluation of "Essays on disclosure" and the disclosure literature in accounting. *Journal of Accounting and Economics*, 32, 1-3 (December): 181-235.

Dye, Ronald A. 2002. Classifications manipulation and Nash accounting standards. *Journal of Accounting Research*, 40, 4 (September): 1125-1163.

Dye, Ronald A. and Sri S. Sridhar. 1995. Industry-wide disclosure dynamics. *Journal of Accounting Research*, 33, 1 (Spring): 157-174.

Dye, Ronald A. and Sri S. Sridhar. 2004. Reliability-relevance trade-offs and the efficiency of aggregation. *Journal of Accounting Research*, 42, 1 (March): 51-88.

Easley, David, Maureen O'Hara, and J. Paperman. 1998. Financial analysts and information-based trade. *Journal of Financial Markets*, 1, 2 (August): 175-201.

Easterbrook, Frank H. 1985. Insider trading as an agency problem, in John W. Pratt and Richard J. Zeckhauser eds., *Principals and Agents: The Structure of Business*. Boston: Harvard Business Press.

Easterbrook, John C., and Stacey R. Nutt. 1999. Inefficiency in analysts' earnings forecasts: Systematic misreaction or systematic optimism? *Journal of Finance*, 54, 5 (October): 1777-1797.

Easterwood, Cynthia M. 1998. Takeovers and incentives for earnings management: An empirical analysis. *Journal of Applied Business Research*, 14, 1 (Winter): 29-48.

Easton, Peter D., Peter H. Eddey, and Trevor S. Harris. 1993. An investigation of revaluations of tangible long-lived assets. *Journal of Accounting Research*, 31 (Supplement): 1-38.

Easton, Peter D., and Trevor S. Harris. 1991. Earnings as an explanatory variable for returns. *Journal of Accounting Research*, 29, 1 (Spring): 19-36.

Easton, Peter D., Pervin K. Shroff, and Gary Taylor. 2000. Permanent and transitory earnings, accounting recording lag, and the earnings coefficient. *Review of Accounting Studies*, 5, 4 (December): 281-300.

Eddey, Peter D. and Stephen L. Taylor. 1999. Directors' recommendations on takeover bids and the management of earnings: Evidence from Australian takeovers. *Abacus*, 35, 1 (February): 29–45.

Efendi, Jap, Anup Srivastava, and Edward P. Swanson. 2006. Why do corporate managers misstate financial statements? The role of option compensation, corporate governance, and other factors. *Journal of Financial Economics*, 83, 3 (September): 667–708.

Eilifsen, Aasmund, Kjell Henry Knivsfla, and Frode Saettem. 1999. Earnings manipulation: Cost of capital versus tax. *European Accounting Review*, 8, 3 (September): 481–491.

Einhorn, Eti. 2005. The nature of the interaction between mandatory and voluntary disclosures. *Journal of Accounting Research*, 43, 4 (September): 593–622.

Einhorn, Eti. 2007. Voluntary disclosure under uncertainty about the reporting objective. *Journal of Accounting and Economics*, 43, 2–3 (July): 245–274.

Eisenberg, Theodore and Jonathan R. Macey. 2004. Was Arthur Andersen different? An empirical examination of major accounting firm audits of large clients. *Journal of Empirical Legal Studies*, 1, 2 (July): 263–300.

Eisenberg, Theodore S., Stefan Sundgren, and Martin T. Wells. 1998. Larger board size and decreasing firm value in small firms. *Journal of Financial Economics*, 48 (April): 35–54.

Eldenburg, Leslie, Benjamin E. Hermalin, Michael S. Weisbach, and Marta Wosinka. 2004. Governance, performance objectives and organizational form: Evidence from hospitals. *Journal of Corporate Finance*, 10, 4 (September): 527–548.

Eldridge, Susan W. and Burch T. Kealey. 2005. SOX costs: Auditor attestation under Section 404. SSRN. com/abstract=743285.

Elgers, Pieter T., Mary H. Lo, and Ray J. Pfeiffer Jr. 2001. Delayed security price adjustments to financial analysts' forecasts of annual earnings. *The Accounting Review*, 76, 4 (October): 613–632.

Elgers, Pieter T., Ray J. Pfeiffer Jr., and Susan L. Porter. 2003. Anticipatory income smoothing: A re-examination. *Journal of Accounting and Economics*, 35, 3 (August): 405–422.

Elitzur, Ramy. 1995. A classroom exercise on executive incentive compensation schemes. *Managerial and Decision Economics*, 16, 6 (November): 649–652.

Elitzur, Ramy. 2007. The accounting art of war: A multi-period model of earning manipulation and insider trading. Working paper, University of Toronto.

Elitzur, Ramy and Arieh Gavious. 2003. Contracting, signaling, and moral hazard: A model of entrepreneurs, "angels," and venture capitalists. *Journal of Business Venturing*, 18, 6 (November): 709–725.

Elitzur, Ramy and Varda Yaari. 1995. Managerial equity holdings, insider trading and earnings management in multi-period contract. *Journal of Economic Organization and Behavior*, 26, 2 (March): 201–219.

Elliott, Brooke W. 2004. Emphasis and information display of non-GAAP earnings measures: Effects on professional and non-professional investor judgments and decisions. SSRN. com/abstract=497548.

Elliott, John A. and Douglas J. Hanna. 1996. Repeated accounting write-offs and the informa-tion content of earnings. *Journal of Accounting Research*, 34 (Supplement): 135–155.

Elliott, John A. and Wayne H. Shaw. 1988. Write-off as accounting procedures to manage perceptions. *Journal of Accounting Research*, 26 (Supplement): 91–119.

Ely, Kirsten M. 1991. Interindustry differences in the relation between compensation and firm performance variables. *Journal of Accounting Research*, 29, 1 (Spring): 37–58.

Elyasiani, Elyas, Lin Guo, and Liang Tang. 2002. The determinants of debt maturity at issuance: A system-based model. *Review of Quantitative Finance and Accounting*, 19, 4 (December): 351–377.

Engel Ellen, Rachel M. Hayes, and Xue Wang. 2003. CEO turnover and properties of accounting information. *Journal of Accounting and Economics*, 36, 1–3 (December): 197–226.

Engel, Ellen, Rachel M. Hayes, and Xue Wang. 2007. The Sarbanes-Oxley Act and firms' go-ing-private decisions. *Journal of Accounting and Economics*, 441 (September): 116–145.

Entwistle, Gary M., Glenn D. Feltham, and Chima Mbagwu. 2006. Financial reporting regulation and the reporting of pro forma earnings. *Accounting Horizons*, 20, 1 (March): 39–55.

Erickson, Merle, Michelle Hanlon, and Edward L. Maydew. 2004. How much will firms pay for earnings that do not exist? Evidence of taxes paid on allegedly fraudulent earnings. *The Accounting Review*, 79, 2 (April): 387–408.

Erickson, Merle, Michelle Hanlon, and Edward L. Maydew. 2006. Is there a link between executive compensation and accounting fraud? *Journal of Accounting Research*, 44, 1 (March): 113–144.

Erickson, Merle and Shiing-wu Wang. 1999. Earnings management by acquiring firms in stock for stock mergers. *Journal of Accounting and Economics*, 27, 2 (April): 149–176.

Ettredge, Michael L., Chan Li, and Lili Sun. 2005. Internal control quality and audit delay in the SOX era. SSRN. com/abstract=794669.

Ettredge, Michael L. , Chan Li, and Lili Sun. 2007. CFO turnover following adverse SOX 404 opinions. SSRN. com/abstract = 959215.

Evans, John H. 1980. Optimal contracts with costly conditional auditing. *Journal of Accounting Research*, 18 (supplement): 108–128.

Evans, John H. , Kyonghee Kim, and Nandu J. Nagarajan. 2006. Uncertainty, legal liability, and incentive contracts. *The Accounting Review*, 81, 5 (October): 1045–1071.

Evans, John H. and Sri S. Sridhar. 1996. Multiple control systems, accrual accounting, and earnings management. *Journal of Accounting Research*, 34, 1 (Spring): 45–65.

Ewert, Ralf and Alfred Wagenhofer. 2005. Economic effects of tightening accounting standards to restrict earnings management. *The Accounting Review*, 80, 4 (October): 1101–1124.

Fairchild, Lisa and Joanne Li. 2005. Director quality and firm performance. *The Financial Review*, 40, 2 (May): 257–279.

Fairfax, Lisa. 2002a. The Sarbanes-Oxley Act as confirmation of recent trends in director and officer fiduciary obligations. *St. John's Law Review*, 76 (Fall): 953 – 979. SSRN. com/abstract = 921061.

Fairfax, Lisa. 2002b. Form over substance? Officer certification and the promise of enhanced personal accountability under the Sarbanes-Oxley Act. *Rutgers Law Review*, 55, 1 (Fall): 1–64.

Fairfax, Lisa. 2005. Sarbanes-Oxley, corporate federalism, and the declining significance of federal reforms on state director independence standards. *Ohio Northern University Law Review*, 31: 381–417. SSRN. com/abstract = 921036.

Fairfield, Patricia, Scott Whisenant, and Teri Lombardi Yohn. 2002. The differential persistence of accruals and cash flows for future operating income versus future profitability. *Review of Accounting Studies*, 8, 2–3 (June): 221–243.

Faleye, Olubunmi. 2004. Are large boards poor monitors? Evidence from CEO turnover. SSRN. com/abstract = 498285.

Fama, Eugene F. 1980. Agency problems and the theory of the firm. *Journal of Political Economy*, 88, 2 (April): 288–307.

Fama, Eugene F. 1998. Market efficiency, long-term returns, and behavioral finance. *Journal of Financial Economics*, 49, 3 (September): 283–306.

Fama, Eugene F. and Kenneth French. 1995. Size and book-to-market factors in earnings and returns. *Journal of Finance*, 50, 1 (March): 131–155.

Fama, Eugene F. and Kenneth French. 2000. Forecasting profitability and earnings. *The Journal of Business*, 73, 2 (April): 161–175.

Fama, Eugene F. and Michael C. Jensen. 1983. Separation of ownership and control. *The Journal of Law and Economics*, 26, 2 (June): 301–325.

Fama, Eugene F. and James D. MacBeth. 1973. Risk, return, and equilibrium: Empirical tests. *Journal of Political Economy*, 81, 3 (May-June): 607–636.

Farrell, Kathleen A. and David A. Whidbee. 2003. Impact of firm performance expectations on CEO turnover and replacement decisions. *Journal of Accounting and Economics*, 36, 1–3 (December): 165–196.

Faure-Grimoud, Antoine and Denis Gromb. 2004. Public trading and Private incentives. *Review of Financial Study*, 17, 4 (Winter): 985–1014.

Fee, Edward C. and Charles J. Hadlock. 2004. Management turnover across the corporate hierarchy. *Journal of Accounting and Economics*, 37, 1 (February): 3–38.

Fellingham, John C., Paul D. Newman, and Young Soo Suh. 1985. Contracts without memory in agency models. *Journal of Economic Theory*, 37, 2 (December): 340–355.

Felo, Andrew J., Srinivasan Krishnamurthy, and Steven A. Solieri. 2003. Audit committee characteristics and the perceived quality of financial reporting: An empirical analysis. SSRN. com/abstract=401240.

Feltham, Gerald A., Frank B. Gigler, and John S. Hughes. 1992. The effects of line-of-business reporting on competition in oligopoly settings. *Contemporary Accounting Research*, 9, 1 (Fall): 1–23.

Feltham, Gerald A., John S. Hughes, and Dan A. Simunic. 1991. Empirical assessment of the impact of auditor quality on the valuation of new issues. *Journal of Accounting and Economics*, 14, 4 (December): 375–399.

Feltham, Gerald A., Raffi Indjejikian, and Dhananjay Nanda. 2006. Dynamic incentives and dual-purpose accounting. *Journal of Accounting and Economics*, 42, 3 (December): 417–437.

Feltham, Jerald A. and Jinhan Pae. 2000. Analysis of the impact of accounting accruals on earnings uncertainty and response coefficients. *Journal of Accounting, Auditing and Finance*, 15, 3 (Summer): 199–220.

Feltham, Jerald A. and Martin Wu. 2000. Public reports, information acquisition by investors, and management incentives. *Review of Accounting Studies*, 5, 2 (June): 155–190.

Feltham, Jerald A. and Martin Wu. 2001. Incentive efficiency of stock versus options. *Review of Accounting Studies*, 6, 1 (March): 7–28.

Feltham, Gerald A. and J. Z. Xie. 1992. Voluntary financial disclosure in an entry game with continua of types. *Contemporary Accounting Research*, 9, 1 (Fall): 46–80.

Feltham, Gerald A. and Jim Xie. 1994. Performance measure congruity in multi-task principal/agent relations. *The Accounting Review*, 69, 3 (July): 429-453.

Feng, Mei. 2004. A rational explanation for why managers meet or slightly beat earnings forecasts. Working Paper, University of Michigan.

Fenn, George W. and Nellie Liang. 2001. Corporate payout policy and managerial stock incentives. *Journal of Financial Economics*, 60, 1 (April): 45-72.

Ferguson, Michael J., Kevin C. K. Lam, and Grace M. Lee. 2002. Voluntary disclosure by state-owned enterprises listed on the stock exchange of Hong Kong. *Journal of International Financial Management and Accounting*, 13, 2 (Summer): 125-152.

Fern, Richard H., Betty C. Brown, and Steven W. Dickey. 1994. An empirical test of politically-motivated income smoothing in the oil refining industry. *Journal of Applied Business Research*, 10, 1: (Winter): 92-100.

Ferris, Stephen P. and Murali Jagannathan. 2001. The incidence and determinants of multiple corporate directorships. *Applied Economics Letters*, 8, 1 (January), 31-35.

Ferris, Stephen P., Murali Jagannathan, and A. C. Pritchard. 2003. Too busy to mind the business? Monitoring by directors with multiple board appointments. *Journal of Finance*, 58, 3 (June): 1087-1112.

Ferris, Stephen P., Robert M. Lawless, and Anil K. Makhija. 2001. Derivative lawsuits as a corporate governance mechanism: Empirical evidence on board changes surrounding filings, *Contracting and Organizations Research Institute*, Working Paper #2001-03, University of Missouri-Columbia.

Ferris, Stephen P. and Adam C. Pritchard. 2001. Stock price reactions to securities fraud class actions under the Private Securities Litigation Reform Act. Michigan Law and Economics Research Paper 01-009. SSRN. com/abstract=288216.

Fershtman, Chaim and Kenneth L. Judd. 1987. Equilibrium incentives in oligopoly. *American Economic Review*, 77, 5 (December): 927-940.

Fich, Eliezer M. 2005. Are some outside directors better than others? Evidence form director appointments by Fortune 1000 firms. *The Journal of Business*, 78, 5 (September): 1943-1971.

Fich, Eliezer M. and Anil Shivdasani. 2005. The impact of stock-option compensation for outside directors on firm value. *The Journal of Business*, 78, 6 (November): 2229-2254.

Fich, Eliezer M. and Anil Shivdasani. 2006. Are busy boards effective monitors? *Journal of Finance*, 61, 2 (April): 689-724.

Fields, Andrew M. and Phyllis Y. Keys. 2003. The emergence of corporate governance from Wall St. to Main St.: Outside directors, board diversity, earnings management, and managerial incentives to bear risk. *The Financial Review*, 38, 1 (February): 1-24.

Fields, Thomas D., Thomas Z. Lys, and Linda Vincent. 2001. Empirical research on accounting choice. *Journal of Accounting and Economics*, 31, 1-3 (September): 255-307.

Financial Accounting Standards Board. 1987. Statement of Financial Accounting Concepts, 1: *Objectives of Financial Reporting by Business Enterprises* (FASB, Stamford, CT).

Finger, Catherine A. 1994. The ability of earnings to predict future earnings and cash flows. *Journal of Accounting Research*, 32, 2 (Autumn): 210-223.

Firth, Michael and Andrew Smith. 1992. The accuracy of profit forecasts in initial public offering prospectuses. *Accounting and Business Research*, 22, 87 (Summer): 239-247.

Fischer, Paul E. and Robert E. Verrecchia. 2000. Reporting bias. *The Accounting Review*, 75, 2 (April): 229-245.

Fischer, Paul E. and Robert E. Verrecchia. 2004. Disclosure bias. *Journal of Accounting and Economics*, 38, 1-3 (December): 223-250.

Fishman, Michael J. and Katherine M. Hagerty. 1989. Disclosure decisions by firms and the competition for price efficiency. *Journal of Finance*, 44, 3 (July): 633-646.

Fishman, Michael J. and Katherine M. Hagerty. 1992. Insider trading and the efficiency of stock prices. *RAND Journal of Economics*, 23, 1 (Spring): 106-122.

Fisman, Raymond J., Rakesh Khurana, and Matthew Rhodes-Kropf. 2005. Governance and CEO turnover: Do something or do the right thing? EFA 2005 Moscow Meeting Paper. SSRN. com/abstract=656085.

Fleischer, Victor. 2006. Options backdating, tax shelters, and corporate culture. University of Colorado Law Legal Studies Research Paper No. 06-38. SSRN. com/ abstract=939914.

Forbes, Daniel P. and Frances J. Milliken. 1999. Cognition and corporate governance: Understanding boards of directors as strategic decision-making groups. *The Academy of Management Review*, 24, 3 (July): 489-505.

Foster, George. 1987. Rambo IX: Briloff and the capital market. *Journal of Accounting, Auditing and Finance*, 2, 4 (Fall): 409-430.

Foster, George, Chris Olsen, and Terry Shevlin. 1984. Earnings releases, anomalies, and the behavior of security returns. *The Accounting Review*, 59, 4 (October): 574-603.

Francis, Jennifer. 1990. Corporate compliance with debt covenants. *Journal of Accounting Research*, 28, 2 (Autumn): 326-347.

Francis, Jennifer. 1994. Discussion of lawsuits against auditors. *Journal of Accounting Research*, 32 (Supplement): 95-102.

Francis, Jennifer. 2001. Discussion of empirical research on accounting choice. *Journal of Accounting and Economics*, 31, 1-3 (September): 309-319.

Francis, Jennifer, Qi Chen, Donna R. Philbrick, and Richard H. Willis. 2004. *Security*

Analyst Independence. Research Foundation of CFA Institute.

Francis, Jennifer, Douglas J. Hanna, and Linda Vincent. 1996. Causes and effects of discretionary asset write-offs. *Journal of Accounting Research*, 34, 1 (Spring): 117–134.

Francis, Jennifer, Ryan LaFond, Per Olsson, and Katherine Schipper. 2005. The market pricing of accruals quality. *Journal of Accounting and Economics*, 39, 2 (June): 295–327.

Francis, Jennifer, Dhananjay Nanda, and Xin Wang. 2006. Re-examining the effects of regulation fair disclosure using foreign listed firms to control for concurrent shocks. *Journal of Accounting and Economics*, 41, 3 (September): 271–292.

Francis, Jennifer and Donna Philbrick. 1993. Analysts' decisions as a product of a multi-task environment. *Journal of Accounting Research*, 31, 2 (Autumn): 216–230.

Francis, Jennifer, Donna Philbrick, and Katherine Schipper. 1994. Shareholder Litigation and Corporate Disclosures. *Journal of Accounting Research*, 32, 2 (Autumn): 137–164.

Francis, Jennifer, Katherine Schipper, and Linda Vincent. 2002. Earnings announcements and competing information. *Journal of Accounting and Economics*, 33 3 (August): 313–342.

Francis, Jere R., Edward Maydew, and H. Sparks. 1999. The role of Big 6 Auditors in the credible reporting of accruals. *Auditing: A Journal of Practice and Theory*, 18, 2 (Fall): 17–34.

Francis, Jere R. and Daniel Simon. 1987. A test of audit pricing in the small-client segment of the U. S. audit market. *The Accounting Review*, 62, 1 (January): 145–157.

Francis, Jere R. and Dechun Wang. 2004. Investor protection, auditor conservatism and earnings quality: Are big 4 auditors conservative only in the United States? Working Paper, University of Toronto.

Francis, Jere R. and Earl R. Wilson. 1988. Auditor changes: A joint test of theories relating to agency costs and auditor differentiation. *The Accounting Review*, 63, 4 (October): 663–682.

Frank, Mary Margaret, Luann J. Lynch, and Sonja Olhoft Rego. 2004. Does aggressive financial reporting accompany aggressive tax reporting (and vice versa)? Working Paper, University of Iowa.

Frank, Mary Margaret and Sonja O. Rego. 2006. Do managers use the valuation allowance account to manage earnings around certain earnings targets? *Journal of the American Taxation Association*, 28, 1 (Spring): 43–65.

Frankel, Richard M., Marilyn F. Johnson, and Karen K. Nelson. 2002. The relation between auditors' fees for non-audit services and earnings management. *The Accounting*

Review, special issue on quality of earnings, 77, 4 (October): 71–105.

Frankel, Richard M., S. P. Kothari, and Joseph Peter Weber. 2006. Determinants of the informativeness analyst research. *Journal of Accounting and Economics*, 41, 1–2 (April): 29–54.

Frankel, Richard M. and M. C. Lee. 1998. Accounting valuation, market expectation, and cross-sectional stock returns. *Journal of Accounting and Economics*, 25, 3 (June): 283–319.

Frankel, Richard M. and Xu Li. 2004. Characteristics of a firm's information environment and the information asymmetry between insiders and outsiders. *Journal of Accounting and Economics*, 37, 2 (June): 229–259.

Frankel, Richard M., Maureen McNichols, and Peter Wilson. 1995. Discretionary disclosure and external financing. *The Accounting Review*, 70, 1 (January): 135–150.

Frankel, Richard M., Sarah E. McVay, and Mark T. Soliman. 2006. Street earnings and board independence. Working Paper, New York University.

Frankel, Richard M. and Sugata Roychowdhury. 2006. Testing the clientele effect: An explanation for non-GAAP earnings adjustments used to compute I/B/E/S earnings. SSRN. com/abstract=833304.

Frankel, Tamar. 2006. Using Sarbanes-Oxley Act to reward honest corporations. Boston University School of Law Working Paper No. 06–08. SSRN. com/abstract=897783.

Frederickson, James R., Frank D. Hodge, and Jamie H. Pratt. 2006. The evolution of stock option accounting: Disclosure, voluntary recognition, mandated recognition, and management disavowals. *The Accounting Review*, 81, 5 (October): 1073–1093.

Frederickson, James R. and Jeffrey S. Miller. 2004. Pro Forma earnings disclosures: Do analysts and nonprofessional investors react differently? *The Accounting Review*, 79, 3 (July): 667–686.

Freeman, Robert N. and Senyo Y. Tse. 1992. A nonlinear model of security price responses to unexpected earnings. *Journal of Accounting Research*, 30, 2 (Autumn): 185–209.

Frost, Carol A. and Victor L. Bernard. 1989. The role of debt covenants in assessing the economic consequences of limiting capitalization of exploration costs. *The Accounting Review*, 64, 4 (October): 788–808.

Frost, Carol A. and Grace Pownall. 1994. Accounting disclosure practices in the United States and the United Kingdom. *Journal of Accounting Research*, 32, 1 (Spring): 75–102.

Fudenberg, Drew, Bengt Holmstr. m, and Paul Milgrom. 1990. Short-term contracts and long-term agency relationships. *Journal of Economic Theory*, 51, 1 (June): 1–31.

Fudenberg, Drew and David Kreps. 1987. Reputation in the simultaneous play of multiple opponents. *The Review of Economics Studies*, 54, 4 (October): 541-568.

Fudenberg, Drew and Jean J. Tirole. 1986. A "signal-jamming" theory of predation. *RAND Journal of Economics*, 17, 3 (Autumn): 366-376.

Fudenberg, Drew and Jean J. Tirole. 1995. A theory of income and dividend smoothing based on incumbency rents. *Journal of Political Economy*, 103, 1 (February): 75-93.

Fuller, Joseph. 2004. So, why be public? *Directors and Boards* (Winter). SSRN. com/abstract = 499942.

Gabrielsen, Gorm, Jeffrey D. Gramlich, and Thomas Plenborg. 2002. Managerial ownership, information content of earnings, and discretionary accruals in a non-US Setting. *Journal of Business Finance and Accounting*, 29, 7-8 (September/October): 967-988.

Gal-Or, Esther. 1985. Information sharing in oligopoly. *Econometrica*, 53, 2 (March): 329-343.

Galbraith, Craig S. and Gregory B. Merrill. 1996. The politics of forecasting: Managing the truth. *California Management Review*, 38, 2 (Winter): 29-43.

Gao, Yanmin. 2006. Is more monitoring better? AAA 2006 Financial Accounting and Reporting Section (FARS) Meeting. SSRN. com/abstract = 815025.

Garrie, Daniel and Matthew Armstrong. 2006. Electronic discovery and the challenge posted by the Sarbanes Oxley Act. *UCLA Journal of Law and Technology*, forthcoming.

Garrod, Neil. 2002. Environmental contingencies and sustainable modes of corporate governance. SSRN. com/abstract = 215951.

Garza, Gomez Xavier, Masashi Okumura, and Michio Kunimura. 2000. Discretionary accrual models and the accounting process. *Kobe Economic and Business Review*, 45: 103-135. SSRN. com/abstract = 209073.

Garvey Gerald, T., Simon Grant, and Stephen P. King. 1999. Myopic corporate behaviour with optimal management incentives. *Journal of Industrial Economics*, 47, 2 (June) 231-250.

Gasparino, Charles. 2005. *Blood on the Street*, New York: Free Press.

Gaver, Jennifer J. 1998. Discussion of "Discretionary accounting choices and CEO compensation." *Contemporary Accounting Research*, 15, 3 (Fall): 253-260.

Gaver, Jennifer J. and Kenneth M. Gaver. 1993. Additional evidence on the association between the investment opportunity set and corporate financing, dividend, and compensation polices. *Journal of Accounting and Economics*, 16, 1-3 (April): 125-160.

Gaver, Jennifer J. and Kenneth M. Gaver. 1998. The stock market reaction to performance plan adoptions. *The Accounting Review*, 67, 1 (January): 172-182.

Gaver, Jennifer J., Kenneth M. Gaver, and Jeffrey R. Austin. 1995. Additional evidence on bonus plans and income management. *Journal of Accounting and Economics*, 19, 1 (February): 3-28.

Gaver, Jennifer J. and Jeffrey S. Paterson. 2000. Earnings management under changing regulatory regimes: State accreditation in the insurance industry. *Journal of Accounting and Public Policy*, 19, 4-5 (Winter): 399-420.

Gaver, Jennifer J. and Jeffrey S. Paterson. 2001. The association between external monitoring and earnings management in the property-casualty insurance industry. *Journal of Accounting Research*, 39, 2 (September): 269-282.

Gaver, Jennifer J. and Jeffrey S. Paterson. 2004. Do insurers manipulate loss reserves to mask solvency problems? *Journal of Accounting and Economics*, 37, 3 (September): 393-416.

Gavious, Arieh, Joshua Ronen, and Varda Yaari. 2002. Valuation and growth rate manipulation. *Asian-Pacific Journal of Accounting and Economics*, 9, 3 (June): 87-104.

Ge, Weili and Sarah E. McVay. 2005. The disclosure of material weaknesses in internal control after the Sarbanes-Oxley Act. *Accounting Horizons*, 19, 3 (September): 137-158.

Géczy, Christopher C., Bernadette A. Minton, and Catherine Schrand. 2006. The use of multiple risk management strategies: Evidence from the natural gas industry. *The Journal of Risk*, 8, 3 (Spring): 19-54.

Geiger, Marshall A., David S. Marshall, and Brendan T. O'Connell. 2005. The auditor to client revolving door and earnings management. *Journal of Accounting, Auditing and Finance*, 20, 1 (Winter): 1-26.

Geiger, Marshall A. and David S. North. 2006. Does hiring a new CFO change things? An investigation of changes in discretionary accruals. *The Accounting Review*, 81, 4 (July): 781-809.

Gelb, David S. and Paul Zarowin. 2002. Corporate disclosure policy and the informativeness of stock price. *Review of Accounting Studies*, 7, 1 (March): 33-52.

Gerety, Mason and Kenneth Lehn. 1997. The causes and consequences of financial fraud. *Managerial and Decision Economics*, 18, 7-8 (November/December): 587-599.

Gertner, Robert and Steven N. Kaplan. 1998. The value maximizing board. *Corporate Governance Today*, the Sloan Project on Corporate Governance at Columbia Law School.

Gibbins, Michael, Susan McCracken, and Steve Salterio. 2005. Negotiations over accounting issues: The congruency of audit partner and chief financial officer recalls. *Auditing: A Journal of Practice and Theory*, 24 (Supplement): 171-193.

Gibbins, Michael, Alan J. Richardson, and John Waterhouse. 1990. The management of corporate financial disclosure: Opportunism, ritualism, policies, and processes. *Journal of Accounting Research*, 32 (Spring): 75–102.

Gibbins, Michael, Alan J. Richardson, and John Waterhouse. 1992. *The Management of Financial Disclosure: Theory and Perspectives.* The Canadian Certified General Accountants' Research Foundation. Research Monograph Number 20.

Gibbons, Robert and Kevin J. Murphy. 1992a. Does executive compensation affect investment? *Journal of Applied Corporate Finance*, 5, 2 (June): 99–109.

Gibbons, Robert and Kevin J. Murphy. 1992b. Optimal incentive contracts in the presence of career concerns: Theory and evidence. *Journal of Political Economy*, 100, 3 (June): 468–505.

Gigler, Frank. 1994. Self-enforcing voluntary disclosures. *Journal of Accounting Research*, 32, 2 (Autumn): 224–241.

Gigler, Frank B. and Thomas Hemmer. 2001. Conservatism, optimal disclosure policy, and the timeliness of financial reports. *The Accounting Review*, 76, 4 (October): 471–493.

Gigler, Frank B. and Thomas Hemmer. 2002. Informational costs and benefits of creating separately identifiable operating segments. *Journal of Accounting and Economics*, 33, 1 (February): 69–90.

Gigler, Frank B. and Thomas Hemmer. 2004. On the value of transparency in agencies with renegotiation. *Journal of Accounting Research*, 42, 5 (December): 871–893.

Gigler, Frank B. and Mark Penno. 1995. Imperfect competition in audit market and its effect on the demand for audit-related services. *The Accounting Review*, 70, 2 (April): 317–336.

Gillan, Stuart L., Jay C. Hartzell, and Laura T. Starks. 2003. Explaining corporate governance: Boards, bylaws, and charter provisions. Weinberg Center for Corporate Governance Working Paper, NYU.

Gillan, Stuart L. and Laura T. Starks. 1998. A survey of shareholder activism: Motivation and empirical evidence. *Contemporary Finance Digest*, 2, 3 (Autumn): 10–34.

Gillan, Stuart L. and Laura T. Starks. 2000. Corporate governance proposals and shareholder activism: The role of institutional investors. *Journal of Financial Economics*, 57, 2 (August): 275–305.

Gillan, Stuart L. and Laura T. Starks. 2003. Corporate governance, corporate ownership, and the role of institutional investors: A global perspective. *Journal of Applied Finance*, 13, 2, (Fall/Winter): 4–22.

Gillan, Stuart L. and Laura T. Starks. 2007. The evolution of shareholder activism in the United States. *Journal of Applied Corporate Finance*, 19, 1 (Winter): 55–73.

Gilson, Stuart C. 1989. Management turnover and financial distress. *Journal of Financial Economics*, 25, 2 (December): 241–262.

Gilson, Stuart C. 1990. Bankruptcy, boards, banks, and blockholders: Evidence on changes in corporate ownership and control when firms default. *Journal of Financial Economics*, 27, 2 (October): 355-387.

Gilson, Stuart C. and Michael R. Vetsuypens. 1993. CEO compensation in financially distressed firms: An empirical analysis. *Journal of Finance*, 48, 2 (June): 425-458.

Gilson, Stuart C. and Jerold B. Warner. 1998. Private versus public debt: Evidence from firms that replace bank loans with junk bonds. SSRN. com/abstract=140093.

Givoly, Dan and Carla Hayn. 2000. The changing time-series properties of earnings, cash flows and accruals: Has financial reporting become more conservative? *Journal of Accounting and Economics*, 29, 3 (June): 287-320.

Givoly, Dan and Carla Hayn. 2002. Rising conservatism: Implications for financial analysis. *Financial Analysts Journal*, 58, 1 (January/February): 56-74.

Gjesdal, Froystein. 1981. Accounting for stewardship. *Journal of Accounting Research*, 19, 1 (Spring): 208-231.

Gjesdal, Froystein. 1989. Piecewise linear incentive schemes. In Seppo Honkapohja ed., *Information and Incentives in Organizations.* Base, UK: Blackwell. Ch. 2.

Glassman, Cynthia. 2002. Sarbanes-Oxley and the idea of "good" governance. A speech given at the American Society of Corporate Secretaries, Washington DC, September 27. http://www. sec. gov/news/speech/spch586. htm.

Glassman, Cynthia. 2006a. Corporate governance in the United States. Remarks before the ECGI/ALI 2006 Transatlantic Corporate Governance Conference, Brussels, Bel-gium, June 27.

Glassman, Cynthia. 2006b. Observations of an economist commissioner on leaving the SEC. A speech given at National Economists Club, Washington, DC, July 6. http://www. sec. gov/news/speech/2006/spch070606cag. htm.

Godfrey, Jayne M. and Kerrie L. Jones. 1999. Political cost influences on income smoothing via extraordinary items classification. *Accounting and Finance*, 39, 3 (November): 229-253.

Godfrey, Jayne M., Paul R. Mather, and Alan L. Ramsay. 2003. Earnings and impression management in financial reports: The case of CEO changes. *Abacus*, 39, 1 (February): 95-123.

Goel, Anand Mohan and Anjan V. Thakor. 2003. Why do firms smooth earnings? *The Journal of Business*, 76, 1 (January): 151-192.

Goel, Anand M. and Anjan V. Thakor. 2007. Overconfidence, CEO selection, and corporate governance. AFA 2007 Chicago Meeting Paper. SSRN. com/abstract=890274.

Goldman, Eitan and Steven L. Slezak. 2006. An equilibrium model of incentive contracts in the presence of information manipulation. *Journal of Financial Economics*, 80, 3 (June): 603–626.

Gompers, Paul A., Joy L. Ishii, and Andrew Metrick. 2003. Corporate governance and equity prices. *The Quarterly Journal of Economics*, 118, 1 (February) 107–155.

Gompers, Paul A. and Andrew Metrick. 2001. Institutional investors and equity prices. *Quarterly Journal of Economics*, 116, 1 (February): 229–259.

Gonedes, Nicholas J. 1972. Income-smoothing behavior under selected stochastic processes. *The Journal of Business*, 45, 4 (October): 570–584.

Gong, Goujin, Henock Louis, and Amy X. Sun. 2007. Earnings management and firm performance following open-market repurchases. *Journal of Finance*, forthcoming.

Gooch, Roxanne and Robert C. Lipe. 2003. An empirical comparison of grant-date and exercise-date measurements in employee stock option accounting. Working Paper, University of Oklahoma.

Gopalakrishnan, V. and Mohinder Parkash. 1995. Borrower and lender perceptions of accounting information in corporate lending agreements. *Accounting Horizons*, 9, 1 (March): 13–26.

Gordon, Elizabeth A. and Elaine Henry. 2005. Related party transactions and earnings management. SSRN. com/abstract=662234.

Gordon, Elizabeth A., Elaine Henry, and Darius Palia. 2004. Related party transactions: Associations with corporate governance and firm value. EFA 2004 Maastricht Meeting Paper No. 4377. SSRN. com/abstract=558983.

Gordon, Jeffrey N. 2003. Governance failures of the Enron board and the new information order of Sarbanes-Oxley. Columbia Law and Economics Working Paper No. 216; Harvard Law and Economics Discussion Paper No. 416. SSRN. com/abstract=391363.

Gordon, Lawrence A., Martin P. Loeb, William Lucyshyn, and Tashfeen Sohail. 2006. The impact of the Sarbanes-Oxley Act on the corporate disclosures of information security activities. *Journal of Accounting and Public Policy*, 25, 5 (September-October): 503–530.

Gordon, Myron J. 1964. Postulates, principles and research in accounting. *The Accounting Review* 39, 2 (April): 251–263.

Graham, John R. 1999. Herding among investment newsletters: Theory and evidence. *The Journal of Finance*, 54, 1 (February): 237–268.

Graham, John R., Campbell R. Harvey, and Shiva Rajgopal. 2005. The economic implications of corporate financial reporting. *Journal of Accounting and Economics*, 40, 1–3 (December): 3–73.

Gramlich, Jeffrey D. 1991. The effect of the alternative minimum tax book income adjustment on accrual decisions. *The Journal of the American Taxation Association*, 13, 1 (Spring): 36-56.

Gramlich, Jeffrey D. 1992. Discussion of earnings management and the corporate alternative minimum tax. *Journal of Accounting Research*, 30 (Supplement): 154-160.

Gramlich, Jeffrey D., M. L. McAnally, and J. Thomas. 2001. Balance sheet management: The case of short-term obligations reclassified as long term debt. *Journal of Accounting Research*, 39, 2 (September): 283-295.

Grant, Julia, Garen Markarian, and Antonio Parbonetti. 2007. CEO risk-related incentives and income smoothing. SSRN. com/abstract=975266.

Gray, Robert. 2004. The allowance for loan losses and earnings management. SSRN. com/abstract=598482.

Gary, Robert P. and Frank L. Clarke. 2004. A methodology for calculating the allowance for loan losses in commercial banks. *Abacus*, 40, 3 (October): 321-341.

Green, Edward J. 1984. On the difficulty of eliciting summary information. *Journal of Economic Theory*, 32, 2 (April): 228-245.

Gr'egoire, Philippe. 2004. Insider trading and voluntary disclosure. Working Paper, Lakehead University.

Griffin, Paul A. 1996. Financial and stock price performance following shareholder litigation. *Journal of Financial Statement Analysis*, 2, 1 (Fall): 5-22.

Griffin, Paul A. 2003. A league of their own? Financial analysts' responses to restatements and corrective disclosures. *Journal of Accounting, Auditing and Finance*, 18, 4 (Fall): 479-518.

Griffin, Paul, Joseph A. Grundfest, and Michael A. Perino. 2004. Stock price response to news of securities fraud litigation: An analysis of sequential and conditional information. *Abacus*, 40, 1 (February): 21-48.

Griffin, Paul A. and David H. Lont. 2005a. Taking the oath: Investor response to SEC certification under Sarbanes-Oxley. *Contemporary Journal of Accounting and Economics*, 1, 1 (June): 27-63.

Griffin, Paul A. and David H. Lont. 2005b. The effects of auditor dismissals and resignations on audit fees: Evidence based on SEC disclosures under Sarbanes-Oxley. SSRN. com/abstract=669682.

Grullon, Gustavo and Roni Michaely. 2004. The information content of share repurchase programs. *Journal of Finance*, 59, 2 (April): 651-680.

Gu, Zhaoyang and Ting Chen. 2004. Analysts' treatment of nonrecurring items in street earnings. *Journal of Accounting and Economics*, 38, 1-3 (December): 129-170.

Gu, Zhaoyang, Chi-Wen Jevons Lee, and Joshua G. Rosett. 2003. Measuring the pervasiveness of earnings management from quarterly accrual volatility. SSRN. com/abstract= 305764.

Guay, Wayne R. 1999. The sensitivity of CEO wealth to equity risk: An analysis of the magnitude and determinants. *Journal of Financial Economics*, 53, 1 (July): 43–71.

Guay, Wayne R. 2002. Discussion of "real investment implications of employee stock option exercises." *Journal of Accounting Research*, 40, 2 (May): 395–406.

Guay, Wayne, S. P. Kothari, and Ross Watts. 1996. A market-based evaluation of discretionary accrual models. *Journal of Accounting Research*, 34 (Supplement): 83–105.

Guay, Wayne R. and Baljit K. Sidhu. 1996. The role of short-versus long-term accruals: A re-assessment and extension. Working Paper, Rochester University. Simon School of Business Working Paper, FR 95–27.

Guenther, David A. 1994. Earnings management in response to corporate tax rate changes. Evidence from the 1986 Tax Reform Act. *The Accounting Review*, 69, 1 (January): 230–243.

Guidry, Flora, Andrew J. Leone, and Steve Rock. 1999. Earnings-based bonus plans and earnings management by business-unit managers. *Journal of Accounting and Economics*, 26, 1–3 (January): 113–142.

Gul, Ferdinand A., and Judy S. L. Tsui. 2001. Free cash flow, debt monitoring and audit pricing: Further evidence on the role of director equity ownership. *Auditing: A Journal of Practice and Theory*, 20, 2 (September): 71–84.

Gul, Ferdinand A., Charles Jieping Chen, and Judy S. L. Tsui. 2003. Discretionary accounting accruals, managers' incentives, and audit fees. *Contemporary Accounting Research*, 20, 3 (Fall): 441–464.

Gul, Ferdinand A. and Simon Y. K. Fung. 2004. Investor protection, cross listings and opportunistic earnings management. Working Paper, City University of Hong Kong.

Gul, Ferdinand A. and Kam-Wah Lai. 2002. Insider entrenchment, board leadership structure and market perceptions of earnings management. SSRN. com/abstract=304399.

Gul, Ferdinand A., S. Leung, and Bin Srinidhi, 2000. Efficient management of earnings to signal growth opportunities–an empirical investigation. Working Paper, City University of Hong Kong.

Gul, Ferdinand A., Sidney Leung, and Bin Srinidhi. 2002. The effect of investment opportunity set and debt level on earnings-returns relationship and the pricing of discretionary accruals. SSRN. com/abstract=236080.

Gul, Ferdinand, A., Bin Srinidhi, and Tony Shieh. 2002. The Asian financial crisis, accounting conservatism and audit fees: Evidence from Hong Kong. SSRN. com/abstract= 315062.

Gunther, Marc. 2004. *Faith and Fortune: The Quiet Revolution to Reform American Business.* Crown Business books.

Gupta, Parveen, P. and Tim Leech. 2006. Making Sarbanes-Oxley 404 work: Reducing cost, increasing effectiveness. *International Journal of Disclosure and Governance*, 3, 1 (March): 27-48.

Gupta, Parveen P. and Nandu Nayar. 2006. Market reaction to control deficiency disclosures under the Sarbanes-Oxley Act: The early evidence. A paper presented at the Auditing Section 2006 Midyear Conference, January 12-14, 2006 Los Angeles, CA.

Guttman, Ilan, Ohad Kadan, and Eugene Kandel. 2006. A rational expectations theory of kinks in financial reporting. *The Accounting Review*, 81, 4 (July): 811-848.

Haas, Max. 2000. Earnings management in two-period principal-agent models. Discussion paper series in economics and management. German Economic Association of Business Administration, Discussion Paper No. 00-02.

Hackenbrack, Karl E. and Chris D. Hogan. 2002. Market response to earnings surprises conditional on reasons for an auditor change. *Contemporary Accounting Research*, 19, 2 (Summer): 197-223.

Hall, Brian J. 1999. The design of multi-year stock options plans. *Journal of Applied Corporate Finance*, 12, 2 (Summer): 97-102.

Hall, Brian J. and Jeffrey B. Liebman. 1998. Are CEOs really paid like bureaucrats? *Quarterly Journal of Economics*, 113, 3 (August): 653-691.

Hall, Brian J. and Kevin J. Murphy. 2002. Stock options for undiversified executives. *Journal of Accounting and Economics*, 33, 1 (February): 3-42.

Hall, Steven C. 1994. Dividend restrictions and accounting choices. *Journal of Accounting, Auditing and Finance*, 9, 3 (Summer): 447-463.

Hallock, Kevin F. and Paul Oyer. 1999. The timeliness of performance information in determining executive compensation. *Journal of Corporate Finance*, 5, 4 (December): 303-321.

Hammersley, Jacqueline S., Linda A. Myers, and Catherine Shakespeare. 2005. Market reactions to the disclosure of internal control weaknesses and to the characteristics of those weaknesses under Section 302 of the Sarbanes-Oxley Act of 2002. SSRN. com/abstract=830848.

Han, Jerry C. Y. and Shiing-wu Wang. 1998. Political costs and earnings management of oil companies during the 1990 Persian Gulf crisis. The Accounting Review, 73, 1 (January): 103-117.

Han, Jerry C. Y. and John J. Wild. 1990. Unexpected earnings and intraindustry information transfers: Further evidence. *Journal of Accounting Research*, 28, 1 (Spring):

211-219.

Hand, John R. M. 2005. The value relevance of financial statements in the venture capital market. *The Accounting Review*, 80, 2 (April): 613-648.

Hand, John R. M. and Terrance R. Skantz. 1997. The economic determinants of accounting choices: The unique case of equity carve-outs under SAB 51. *Journal of Accounting and Economics*, 24, 2 (December): 175-203.

Haniffa, R. M. and Terry E. Cooke. 2002. Culture, corporate governance and disclosure in Malaysian corporations. Abacus, 38, 3 (October): 317-349.

Hanlon, Michelle. 2005. The persistence and pricing of earnings, accruals, and cash flows when firms have large book-tax differences. *The Accounting Review*, 80, 1 (January): 137-166.

Hanlon, Michelle, Shivaram Rajgopal, and Terry Shevlin. 2003. Are executive stock options associated with future earnings? *Journal of Accounting and Economics*, 36, 1-3 (December): 3-43.

Hann, Rebecca, Yvonne Lu, and K. R. Subramanyam. 2007. Uniformity versus flexibility: Evidence from pricing of the pension obligation. *The Accounting Review*, 82, 1 (January): 107-137.

Hansen, Gary S. and Charles W. Hill. 1991. Are institutional investors myopic? A time-series study of four technology-driven industries. *Strategic Management Journal*, 12, 1 (January): 1-16.

Hansen, Glen A. 1999. Bias and measurement error in discretionary accrual models. SSRN. com/abstract=192748.

Hansen, James C. 2004. Additional evidence on discretionary accrual levels of benchmark beaters. Working Paper, University of Illinois at Chicago. AAA 2004 Annual Meeting Paper, Orlando, FL.

Harford, Jarrad. 2003. Takeover bids and target directors' incentives: The impact of a bid on directors' wealth and board seats. *Journal of Financial Economics*, 69, 1 (July): 51-83.

Harris, Mary Stanford. 1998. The association between competition and managers, business segment reporting decisions. *Journal of Accounting Research*, 26, 1 (Spring): 111-128.

Harris, Milton. 1987. *Dynamic Economic Analysis.* New York: Oxford University Press.

Harris, Milton and Arthur Raviv. 1978. Some results on incentive contracts with applications to education and employment, health insurance, and law enforcement. *The American Economic Review*, 68, 1 (March): 20-30.

Harris, Milton and Arthur Raviv. 1979. Optimal incentive contracts with imperfect information. *Journal of Economic Theory*, 20, 2 (April): 231–259.

Harris, Milton and Arthur Raviv. 1990. Capital structure and the informational role of debt. *Journal of Finance*, 45, 2 (June): 321–349.

Harris, Milton and Arthur Raviv. 1991. The theory of capital structure. *Journal of Finance*, 46, 1 (March): 297–355.

Harris, Milton and Arthur Raviv. 1992. Financial contracting theory. Jean J. Laffont, ed., *In Advances in Economic Theory*, ed. Cambridge University Press.

Harris, Milton and Arthur Raviv. 2005. A theory of board control and size. Working Paper, University of Chicago and Northwestern University. Working Paper, Northwestern University.

Harsanyi, John C. 1973. Games with randomly disturbed payoffs: A new rationale for mixed-strategy equilibrium points. *International Journal of Game Theory*, 2, 1 (December): 1–23.

Harsanyi, John C. and Reinhard Selten. 1988. *Equilibrium Selection in Games*. MIT Press.

Hart, Oliver. 1983a. The market mechanism as an incentive scheme. *Bell Journal of Economics*, 14, 2 (Autumn): 366–382.

Hart, Oliver. 1983b. Optimal labour contracts under asymmetric information: An introduction. *Review of Economic Studies*, 50, 1 (January): 1–35. Reprinted in Sherwin Rosen, ed., *Implicit Contract Theory*. Edward Elgar Publishing Ltd, 1994.

Hart, Oliver. 1995a. Corporate governance: Some theory and implications. *The Economic Journal*, 105, 430 (May): 678–689.

Hart, Oliver. 1995b. *Firms, Contracts, and Financial Structure*. Oxford: Oxford University Press.

Hartzell, Jay C. and Laura T. Starks. 2003. Institutional investors and executive compensation. *Journal of Finance*, 58, 6 (December): 2351–2374.

HassabElnaby, Hassan R. 2006. Waiving technical default: The role of agency costs and bank regulations. *Journal of Business Finance and Accounting*, 33, 9–10 (November/December): 1368–1389.

HassabElnaby, Hassan R., Michael Mosebach, and Scott Whisenant. 2005. The effect of technical default cost on discretionary accounting decisions. SSRN. com/abstract=660802.

Hassell, John M., Robert H. Jennings, and Dennis J. Lasser. 1988. Management earnings forecasts: Their usefulness as a source of firm-specific information to security analysts. *Journal of Financial Research*, 11, 4 (Winter): 303–319.

Hatfield, H. R. 1927. *Accounting: Its Principles and Problems*. Scholar Books Co. Houston, TX.

Haw, In-Mu, Bingbing Hu, Lee-Seok Hwang, and Woody Wu. 2004. Ultimate ownership, income management, and legal and extra-legal institutions. Journal of Accounting Research, 42, 2 (May): 423–462.

Hayes, Rachel M. 1998. The impact of trading commission incentives on analysts' stock coverage decisions and earnings forecasts. *Journal of Accounting Research*, 36, 2 (Autumn): 299–320.

Hayes, Rachel M. and Russell J. Lundholm. 1996. Segment reporting to the capital market in the presence of a competitor. *Journal of Accounting Research*, 34, 2 (Autumn): 261–279.

Hayes, Rachel M. Paul E. Oyer, and Scott Schaefer. 2005. Co-worker complementarity and the stability of top management teams. Working Paper, Stanford University.

Hayn, Carla. 1995. The information content of losses. *Journal of Accounting and Economics*, 20, 2 (September): 125–153.

He, Frank, Bin Srinidhi, Xijia Su, and Ferdinand A. Gul. 2003. Earnings management by changing R&D expenditure: Evidence on the role of CEO stock compensation. SSRN. com/abstract=459040.

Healy, Paul M., Amy P. Hutton, and Krishna G. Palepu. 1999. Stock performance and intermediation changes surrounding sustained increases in disclosure. *Contemporary Accounting Research*, 16, 3 (Fall): 485–520.

Healy, Paul M., Sok-Hyon Kang, and Krishna G. Palepu. 1987. The effect of accounting procedure changes on CEO's cash salary and bonus compensation. *Journal of Accounting and Economics*, 9, 1 (April): 7–34.

Healy, Paul M. and Krishna G. Palepu. 1988. Earnings information conveyed by dividend initiations and omissions. *Journal of Financial Economics*, 21, 2 (September): 149–175.

Healy, Paul M. and Krishna G. Palepu. 1989. How investors interpret changes in corporate financial policy. *Journal of Applied Corporate Finance*, 2, 3 (September): 59–64.

Healy, Paul M. and Krishna G. Palepu. 1990. Effectiveness of accounting-based dividend covenants. *Journal of Accounting and Economics*, 12, 1-3 (January): 97–123.

Healy, Paul M. and Krishna G. Palepu. 1993. The effect of firms' financial disclosure strategies on stock prices. *Accounting Horizons*, 7, 1 (March): 1–11.

Healy, Paul M. and Krishna G. Palepu. 1995. The challenges of investor communication: The case of CUC International, Inc. *Journal of Financial Economics*, 38, 2 (June): 111–141.

Healy, Paul M. and Krishna G. Palepu. 2001. Information asymmetry, corporate disclosure and the capital markets: A review of the empirical disclosure literature. *Journal of Ac-*

counting and Economics, 31, 1-3 (September): 405-440.

Healy, Paul M. and Krishna G. Palepu. 2003. The fall of Enron. *Journal of Economics Perspectives*, 17, 2 (Spring): 3-26.

Healy, Paul M. and James Michael Wahlen. 1999. A review of the earnings management literature and its implications for standard setting. *Accounting Horizons*, 13, 4 (December): 365-383.

Heflin, Frank and Charles Hsu. 2005. The impact of the SEC's regulation of non-GAAP disclosures. SSRN. com/abstract=494882.

Heflin, Frank, Sing S. Kwon, and John J. Wild. 2002. Accounting choices: Variation in managerial opportunism. *Journal of Business Finance and Accounting*, 29, 7/8 (September): 1047-1078.

Heflin, Frank, K. R. Subramanyam, and Yuan Zhang. 2003. Regulation FD and the financial information environment: Early evidence. *The Accounting Review*, 78, 1 (January): 1-37.

Helland, Eric. 2006. Reputational penalties and the merits of class-action securities litigation. *Journal of Law and Economics*, 49, 2 (October): 365-396.

Helland, Eric and Michael E. Sykuta. 2005. Who's monitoring the monitor? Do outside directors protect shareholders' interests? *Financial Review*, 40, 2, (May): 155-172.

Hellman, Niclass. 1999. Earnings manipulation: Cost of capital versus tax. A commentary. *European Accounting Review*, 8, 3 (September): 493-497.

Hemmer, Thomas, Oliver Kim, and Robert E. Verrecchia. 1999. Introducing convexity into optimal compensation contracts. *Journal of Accounting and Economics*, 28, 3 (December): 307-327.

Heninger, William G. 2001. The association between auditor litigation and abnormal accruals. *The Accounting Review*, 76, 1 (January): 76-111.

Henning, Peter J. 2004. Sarbanes-Oxley Act Section 307 and corporate counsel: Who better to prevent corporate crime? *Buffalo Criminal Law Review*, 8: 101. SSRN. com/abstract=642561.

Hepworth, Samuel R. 1953. Periodic income smoothing. *The Accounting Review*, 28, 1 (January): 32-39.

Hermalin, Benjamin E. and Michael S. Weisbach. 2007. Transparency and corporate governance. SSRN. com/abstract=958628.

Heron, Randall A. and Erik Lie. 2002. Operating performance and the method of payment in takeovers. *Journal of Financial and Quantitative Analysis*, 37, 1 (March): 137-155.

Heron, Randall A. and Erik Lie. 2006. What fraction of stock option grants to top executives have been backdated or manipulated? http://www.issproxy.com/pdf/OptionsBackdatingStudy071406.pdf.

Heron, Randall A. and Erik Lie. 2007. Does backdating explain the stock price pattern around executive stock option grants? *Journal of Financial Economics*, 83, 2 (February): 271–295.

Hertig, Gerard. 2005. On-going board reforms: One-size-fits-all and regulatory capture. ECGI-Law Working Paper No. 25/2005. SSRN.com/abstract=676417.

Hertz, Kathleen. 2006. The impact of SOX on auditor resignations and dismissals. Working Paper, University of Washington.

Hertzel, Michael and Prem Jain. 1991. Earnings and risk changes around stock repurchase tender offers. *Journal of Accounting and Economics*, 14, 3 (September): 253–274.

Hilary, Gilles and Clive Steven Lennox. 2005. The credibility of self-regulation: Evidence from the accounting profession's peer review program. *Journal of Accounting and Economics*, 40, 1-3 (December): 211–229.

Himmelberg, Charles P., Glenn R. Hubbard, and Darius Palia. 1999. Understanding the determinants of managerial ownership and the link between ownership and performance. *Journal of Financial Economics*, 53, 3 (September): 353–384.

Hirschey, Mark and Vernon J. Richardson. 2002. Information content of accounting goodwill numbers. *Journal of Accounting and Public Policy*, 21, 3 (Autumn): 173–191.

Hirshleifer, David A. and Yoon Suh. 1992. Risk, managerial effort, and project choice. *Journal of Financial Intermediation*, 2, 3 (September): 308–345.

Hirshleifer, David A. and Siew Hong Teoh. 2003. Limited attention, information disclosure, and financial reporting. *Journal of Accounting and Economics*, 36, 1–3 (December): 337–386.

Hirst, Eric D. 2006. Discussion of "Cherry picking, disclosure quality, and comprehensive income reporting choices: The case of property-liability insurers." *Contemporary Accounting Research*, 23, 3 (Fall): 693–700.

Hirst, Eric D. and Patrick E. Hopkins. 1998. Comprehensive income reporting and analysts' valuation judgments. *Journal of Accounting Research*, 36 (Supplement): 47–75.

Ho, Yueh-Fang. 2003. Three essays on seasoned equity offerings. Ph. D. dissertation. Drexel University.

Hochberg, Yael V. 2005. Venture capital and corporate governance in the newly public firm. Working Paper, Northwestern University.

Hochberg, Yael V., Yigal S. Newman, and Michael A. Rierson. 2003. Information in the time-series dynamics of earnings management: Evidence from insider trading and firm returns. Working Paper, Northwestern University.

Hochberg, V. Yael, Paola Sapienza, and Annette Vissing-Jørgensen. 2006. A lobbying approach to evaluating the Sarbanes-Oxley Act of 2002. Working Paper, Northwestern University.

Holland, Kevin E. and Richard H. G. Jackson. 2004. Earnings management and deferred tax. *Accounting and Business Research*, 34, 2: 101–123.

Hollie, Dana, Joshua Livnat, and Benjamin Segal. 2004. "Oops, our earnings were indeed preliminary": Market reactions to companies that subsequently file different earnings with the SEC. http://pages. stern. nyu. edu/ ~jlivnat/jpm%20submission. pdf.

Holmström, Bengt R. 1979. Moral hazard and observability. *The Bell Journal of Economics*, 10, 1 (Spring): 74–91.

Holmström, Bengt R. 1999. Managerial incentive problems: A dynamic perspective. *Review of Economic Studies*, 66, 1 (January), 169–182.

Holmström, Bengt R. and Steven N. Kaplan. 2001. Corporate governance and merger activity in the U. S.: Making sense of the 1980s and 1990s. *The Journal of Economic Perspectives*, 15, 2 (Spring): 121–144.

Holmström, Bengt R. and Steven N. Kaplan. 2003. The State of U. S. corporate governance. What's right and what's wrong? Finance Working Paper 23/2003, European Corporate Governance Institute. A 2004 revision is available at http://www. aei-brookings. org/admin/authorpdfs/page. php? id=319.

Holmström, Bengt R. and Paul Milgrom. 1987. Aggregation and linearity in the provision of intertemporal incentives. *Econometrica*, 55, 2 (March): 303–328.

Holmström, Bengt and Jean J. Tirole. 1993. Market liquidity and performance monitoring. *Journal of Political Economy*, 101, 4 (August): 678–709.

Holthausen, Robert W. 1990. Accounting method choice: Opportunistic behavior, efficient contracting, and information perspectives. *Journal of Accounting and Economics*, 12, 1-3 (January): 207–218.

Holthausen, Robert W. and David F. Larcker. 1996. The financial performance of reverse leveraged buyouts. *Journal of Financial Economics*, 42, 3 (November): 293–332.

Holthausen, Robert W., David F. Larcker, and Richard G. Sloan. 1995. Annual bonus schemes and the manipulation of earnings. *Journal of Accounting and Economics*, 19, 1 (February): 29–74.

Holthausen, Robert W. and Richard W. Leftwich. 1983. The economic consequences of accounting choice implications of costly contracting and monitoring. *Journal of Accounting and Economics*, 5: 77–117.

Hoogendoorn, Martin N. 1985. Income smoothing. A paper presented Erasmus University. 8503/ACC.

Hopkins, Patrick E. , Richard W. Houston, and Michael F. Peters. 2000. Purchase, pooling, and equity analysts' valuation judgments. *The Accounting Review*, 75, 3 (July): 257–281.

Hoskins, Robert E. , John S. Hughes, and William E. Ricks. 1986. Evidence on the incremental information content of additional firm disclosures made concurrently with earnings. *Journal of Accounting Research*, 24 (Supplement): 1–36.

Hotchkiss, Edith S. and Deon Strickland. 2003. Does shareholder composition matter? Evidence from the market reaction to corporate earnings announcements. *Journal of Finance*, 58, 4 (August): 1469–1498.

Houston, Joel F. , Baruch Lev, and Jennifer W. Tucker. 2006. To guide or not to guide? Causes and consequences of stopping and subsequently resuming quarterly earnings guidance. Working Paper, University of Florida, New York University.

Hribar, Paul and Dan Collins. 2002. Errors in estimating accruals: Implications for empirical research. *Journal of Accounting Research*, 40, 1 (March): 105–134.

Hribar, Paul and Nicole Thorne Jenkins. 2004. The effect of accounting restatements on earnings revisions and the estimated cost of capital. *Review of Accounting Studies*, 9, 2-3 (June-September): 337–356.

Hribar, Paul, Nicole Thorne Jenkins, and W. Bruce Johnson. 2006. Stock repurchases as an earnings management device. *Journal of Accounting and Economics*, 41, 1-2 (April): 3–27.

Hsieh, Jim, Lilian Ng, and Qingghai Wang. 2005. Analyst stock recommendations and insider trading activities. A revised paper presented in the FMA 2004 Annual Meeting, New Orleans.

Hsu, Charles. 2004. Strategic choices of street earnings and earnings perceptions management. Ph. D. dissertation. Purdue University.

Huang, Wenli. 2005. Executive stock options and risk-taking. Working Paper, University of Califronia at Berkeley.

Hubbard, Glenn R. , Kenneth N. Kuttner, and Darius N. Palia. 2002. Are there bank effects in borrowers' costs of funds? Evidence from a matched sample of borrowers and banks. *The Journal of Business*, 75, 4 (October): 559–581.

Huddart, Steven J. 1993. The effect of a large shareholder on corporate value. *Management Science*, 39, 11 (November): 1407–1421.

Huddart, Steven J. , Bin Ke, and Charles Shi. 2007. Jeopardy, non-public information, and insider trading around SEC 10-K and 10-Q filings. *Journal of Accounting and Economics*, 43, 1 (March): 3–36.

Huddart, Steven J. and Mark Lang. 1996. Employee stock option exercises: An empirical analysis. *Journal of Accounting and Economics*, 21, 1 (February): 5-43.

Hughes, Patricia J., Eduardo S. Schwartz, and John Fellingham. 1988. The LIFO/FIFO choice: An asymmetric information approach. *Journal of Accounting Research*, 26, 3 (Supplement): 41-63.

Hui, Loi Teck and Quek Kia Fatt. 2007. Strategic organizational conditions for risks reduction and earnings management: A combined strategy and auditing paradigm. *Accounting Forum*, 31, 2 (June): 179-201.

Huijgen, Carel and Martien Lubberink. 2005. Earnings conservatism, litigation and contracting: The case of cross-listed firms. *Journal of Business Finance and Accounting*, 32, 7-8 (September): 1275-1309.

Hunt, Alister, Susan E. Moyer, and Terry Shevlin. 1996. Managing interacting accounting measures to meet multiple objectives: A study of LIFO firms. *Journal of Accounting and Economics*, 21, 3 (June): 339-374.

Hunt, Alister, Susan E. Moyer, and Terry Shevlin. 2000. Earnings volatility, earnings management, and equity value. Working Paper, University of Washington.

Hunton, James E., Robert Libby, and Cheri L. Mazza. 2006. Financial reporting transparency and earnings management. *The Accounting Review*, 81, 1 (January): 135-158.

Huson, Mark R., Paul H. Malatesta, and Robert Parrino. 1997. Managerial succession and firm performance. *Journal of Financial Economics*, 74, 2 (November): 237-275.

Huson, Mark R., Robert Parrino, and Laura T. Starks. 2001. Internal monitoring mechanisms and CEO turnover: A long-term perspective. *Journal of Finance*, 56, 6 (December): 2265-2297.

Hutton, Amy, Gregory Miller, and Douglas Skinner. 2003. The role of supplementary statements with management earnings forecasts. *Journal of Accounting Research*, 41, 5 (December), 867-890.

Hwang, Lee-Seok and Stephen G. Ryan. 2000. The varied nature and pricing implications of discretionary behavior: Big baths, loss avoidance and sugarbowling. Working Paper, Baruch College and New York University.

Hyeesoo, Chung and Sanjay Kallapur. 2003. Client importance, non-audit fees, and abnormal accruals. *The Accounting Review*, 78, 4 (October): 931-955.

Ibrahim, Salma. 2005. An alternative measure to detect intentional earnings management through discretionary accruals. Ph. D. dissertation. University of Maryland.

Ikenberry, David L. and S. Ramnath. 2002. Underreaction to self-selected news events: The case of stock splits. *The Review of Financial Studies*, 15, 2 (March): 489-526.

Ikenberry, David L., Graeme Rankine, and Earl K. Stice. 1996. What do stock splits really signal? *Journal of Financial and Quantitative Analysis*, 31, 3 (September):

357–375.

Indjejikian, Raffi J. 1991. The impact of costly information interpretation on firm disclosure decisions. *Journal of Accounting Research*, 29, 2 (Autumn): 277–301.

Indjejikian, Raffi J. and Dhananjay (DJ) Nanda. 1999. Dynamic incentives and responsibility accounting. *Journal of Accounting and Economics*, 27, 2 (April): 177–201.

Indjejikian, Raffi J. and Dhananjay (DJ) Nanda. 2002. Executive target bonuses and what they imply about performance standards. *The Accounting Review*, 77, 4 (October): 755–792.

Ingley, C. B. and N. T. van der Walt. 2004. Corporate governance, institutional investors and conflicts of interest. *Corporate Governance: An International Review*, 12, 4 (October): 534–551.

Innes, Robert D. 1990. Limited liability and incentive contracting with ex-ante action choices. *Journal of Economic Theory*, 52, 1 (October): 45–67.

Institutional Shareholders Services. 2005. Post-season report: *Corporate Governance at Crossroads*. http://www.issproxy.com/pdf/2005PostSeasonReportFINAL.pdf.

Jacob, John and Bjorn N. Jorgensen. 2007. Earnings management and accounting income aggregation. *Journal of Accounting and Economics*, 43, 2–3 (July): 369–390.

Jaffe, Jeffery. 1974. Special information and insider trading. *The Journal of Business*, 47, 3 (July): 410–428.

Jaggi, Bikki and Ferdinand A. Gul. 1999. An analysis of joint effects of investment opportunity set, free cash flows and size on corporate debt policy. *Review of Quantitative Finance and Accounting*, 12, 4 (June): 371–381.

Jaggi, Bikki and Picheng Lee. 2002. Earnings management response to debt covenant violations and debt restructuring. *Journal of Accounting, Auditing and Finance*, 17, 4 (Fall): 295–324.

Jaggi, Bikki and Lili Sun. 2006. Financial distress and earnings management: Effectiveness of independent audit committees. Whitcomb Center for Research in Financial Services (WCRFS): 06-31. A paper presented in the 2006 Auditing Midyear Conference, Los Angeles, CA.

Jagolinzer, Alan and Darren T. Roulstone. 2004. Corporate restrictions on insider trading around earnings announcements. Working Paper, Stanford.

Jaime, Jose J. Alcarria and Belen Hill De Albornoz Moguer. 2004. Specification and power of cross-sectional abnormal working capital accruals models in the Spanish context. *European Accounting Review*, 13, 1 (May): 73–104.

Jain, Neelan and Leonard J. Mirman. 1999. Insider trading with correlated signals. *Eco-*

nomics Letters, 65, 1 (October): 105-113.

Jain, Pankaj K., Jang-Chul Kim, and Zabihollah Rezaee. 2006. Trends and determinants of market liquidity in the pre-and post-Sarbanes-Oxley Act periods. 14th Annual Conference on Financial Economics and Accounting (FEA). SSRN. com/abstract = 488142.

Jain, Pankaj K. and Zabihollah Rezaee. 2004. The Sarbanes-Oxley Act of 2002 and accounting conservatism. SSRN. com/abstract = 554643.

Jameson, M. 1988. *A Practical Guide to Creative Accounting*. London: Kogan Page.

Janakiraman, Surya N., Suresh Radhakrishnan, and Rafal Szwejkowski. 2006. Regulation fair disclosure and analysts' first-forecast horizon. SSRN. com/abstract = 898624.

Janes, Troy D. 2003. Accruals, financial distress, and debt covenants. Working Paper, American University.

Jenkins, Thorne N. and Morton Pincus. 1998. LIFO versus FIFO: Updating what we have learned. Working Paper, University of Iowa.

Jensen, Michael. 2006. Should we stay or should we go? Accountability, status anxiety, and client defections. *Administrative Science Quarterly*, 51, 1 (March): 97-128.

Jensen, Michael C. 1986. Agency cost and free cash flows, corporate finance and takeovers. *American Economic Review*, 76, 2 (May): 323-339.

Jensen, Michael C. 2000. The modern industrial revolution, exit, and the failure of internal control systems. *Theory of the Firm*. Cambridge, MA: Harvard University Press (An earlier version published in *Journal of Finance*, July 1993).

Jensen, Michael C. 2001. Paying people to lie: The truth about the budgeting process. Harvard NOM Research Paper No. 01-03, and HBS Working Paper No. 01-072.

Jensen, Michael C. 2004. Agency costs of overvalued equity. Center for Public Leadership. Working Paper, Harvard University.

Jensen, Michael C. 2005a. Managers and capital markets: Issues in managing the tensions between two cultures (PowerPoint slides). Harvard NOM Working Paper No. 05-14, Kalmbach Lecture, University of Rochester, and University of Chicago Finance Seminar. SSRN. com/abstract = 723382.

Jensen, Michael C. 2005b. The puzzling state of low-integrity relations between managers and capital markets (PowerPoint slides). SSRN. com/abstract = 783604.

Jensen, Michael C. and William H. Meckling. 1976. Theory of the firm: Managerial behavior, agency costs and ownership structure. *Journal of Financial Economics*, 3, 4 (October): 305-360.

Jensen, Michael C. and Kevin J. Murphy. 1990a. Performance pay and top-management incentives. *Journal of Political Economy*, 98, 2 (April): 225-264.

Jensen, Michael C. and Kevin J. Murphy. 1990b. CEO incentives: It's not how much you pay. It's how. *Journal of Applied Corporate Finance*, 3, 3 (Fall): 36-49. Reprinted in Michael C. Jensen, *Foundations of Organizational Strategy*. Boston, MA: Harvard University Press.

Jensen, Michael C., Kevin J. Murphy, and Wruck, Eric G. 2004. Remuneration: Where we've been, how we got to here, what are the problems, and how to fix them. Harvard NOM Working Paper No. 04-28, ECGI—Finance Working Paper No. 44/2004. SSRN. com/abstract=561305.

Jenter, Dirk C. 2001. Understanding high-powered incentives. Harvard NOM Working Paper No. 01-06, EFMA 2001 Lugano Meeting Paper. SSRN. com/abstract=269420.

Jenter, Dirk C. 2005. Market timing and managerial portfolio decisions. *Journal of Finance*, 60, 4 (August): 1903-1949.

Jenter, Dirk C. Katharina Lewellen, and Jerold B. Warner. 2006. Security issue timing: What do managers know, and when do they know it. NBER Working Paper No. W12724.

Jeter, Debra C. and Lakshmanan Shivakumar. 1999. Cross-sectional estimation of abnormal accruals using quarterly and annual data. Effectiveness in detecting event-specific earnings management. *Accounting and Business Research*, 29, 4 (Autumn): 299-319.

Jevons Lee, Chi-Wen, Yue Li, and Heng Yue. 2006. Performance, growth and earnings management. *Review of Accounting Studies*, 11, 2-3 (September): 305-334.

Jewitt, Ian. 1988. Justifying the first-order approach to principal-agent problem. *Econometrica*, 56, 5 (September): 1177-1190.

Jiambalvo, James. 1996. Discussion of causes and consequences of earnings manipulation: An analysis of firms subject to enforcement actions by the SEC. *Contemporary Accounting Research*, 13, 1 (Spring): 37-47.

Jiraporn, Pornsit, Gary Miller, Soon Suk Yoon, and Young Sang Kim. 2006. Is earnings management opportunistic or beneficial? An agency theory perspective. SSRN. com/abstract=917941.

Jo, Hoje, Yong H. Kim, and Yongtae Kim. 2005. Earnings management and CEO cash compensation. *International Journal of Finance*, forthcoming.

Jo, Hoje and Yongtae Kim. 2006. Disclosure frequency and earnings management. *Journal of Financial Economics*, 84, 2(May): 561-590.

Joe, Jennifer J. 2003. Why press coverage of a client influences the audit opinion. *Journal of Accounting Research*, 41, 1 (March): 109-134.

John, Kose and Lemma W. Senbet. 1998. Corporate governance and board effectiveness. *Journal of Banking and Finance*, 22, 4 (May): 371-401.

Johnson, Bruce W. and Thomas Lys. 1990. The market for audit services: Evidence from voluntary auditor changes. *Journal of Accounting and Economics*, 12, 1-3 (January): 281-308.

Johnson, Bruce W. and William C. Schwartz. 2005. Are investors misled by "pro forma" earnings? *Contemporary Accounting Research*, 22, 4 (Winter): 915-963.

Johnson, Jonathan L., Catherine M. Daily, and Alan E. Ellstrand. 1996. Board of directors: A review and research agenda. *Journal of Management*, 22, 3 (Fall): 409-438.

Johnson, Marilyn, Ron Kasznik, and K. Nelson. 2000. Shareholder wealth effects of the Private Securities Litigation Reform Act of 1995. *Review of Financial Studies*, 5, 3 (September): 217-233.

Johnson, Marilyn, Ron Kasznik, and K. Nelson. 2001. The impact of securities litigation reform on the disclosure of forward-looking information by high technology firms. *Journal of Accounting Research*, 39, 2 (September): 297-327.

Johnson, Marilyn, Karen K. Nelson, and Adam C. Pritchard. 2007. Do the merits matter more? Class actions under the Private Securities Litigation Reform Act. *The Journal of Law, Economics, and Organization*, 23, 3(Oct): 627-652.

Johnson, Shane A., Harley E. Ryan, and Yisong Sam Tian. 2003. Executive compensation and corporate fraud. SSRN. com/abstract=395960.

Johnson, Van E., Inder K. Khurana, and Kenneth Reynolds. 2002. Audit-firm tenure and the quality of financial reports. *Contemporary Accounting Research*, 19, 4 (Winter): 637-660.

Johnston, Derek. 2006. Managing stock option expense: The manipulation of option-pricing model assumptions. *Contemporary Accounting Research*, 23, 2 (Summer): 395-425.

Jong, Abe De, Douglas V. DeJong, Gerard Merterns, and Peter Roosenboom. 2005. Royal ahold: A failure of corporate governance and an accounting scandal. Working Paper 2005-57, Tilburg University.

Jordan, Charles E., Stanley J. Clark, and Robert E. Smith. 1997-1998. Earnings management under SFAS 115: Evidence from the insurance industry. *Journal of Applied Business Research*, 14, 1 (Winter): 49-56.

Jorion, Philippe, Charles Shi, and Sanjian Zhang. 2005. Tightening credit standards: Fact or fiction. Working Paper, Washington University.

Jung, Boochun, Shiva Sivaramakrishnan, and Naomi S. Soderstrom. 2006. Informational effects of Regulation Fair Disclosure on equity analysts' responses to debt rating changes. SSRN. com/abstract=907487.

Jung, Woon-Oh and Young K. Kwon. 1998. Disclosure when the market is unsure of information endowment of managers. *Journal of Accounting Research*, 26, 1 (Spring):

146–153.

Kadan, Ohad and Jun Yang. 2006. Exeutive stock options and earnings management: A theoretical and empirical analysis. Working Paper, Washington University.

Kahn, Charles and Andrew Winton. 1998. Ownership structure, speculation, and shareholder intervention. *Journal of Finance*, 53, 1 (February): 99–129.

Kalay, Avner. 1982. Stockholder-bondholder conflict and dividend constraints. *Journal of Financial Economics*, 10, 2 (July): 211–233.

Kallunki, Juha-Pekka and Minna Martikainen. 1999. Do firms use industry-wide targets when managing earnings? Finnish evidence. *The International Journal of Accounting*, 34, 2 (June): 249–259.

Kallunki, Juha-Pekka, and Minna Martikainen. 2003. Earnings management as a predictor of future profitability of Finish firms. *European Accounting Review*, 12, 2 (July): 311–325.

Kallunki, Juha-Pekka and Teppo Martikainen. 1999. Financial failures and managers' accounting responses: Finnish evidence. *Journal of Multinational Financial Management*, 9, 1 (January): 15–26.

Kamar, Ehud, Pinar Karaca-Mandic, and Eric L. Talley. 2005. Going-private decisions and the Sarbanes-Oxley Act of 2002: A cross-country analysis. Working Paper, University of California at Berkeley.

Kanagaretnam, Kiridaran, Gerald J. Lobo, and Dong-Hoon Yang. 2004. Joint tests of signaling and income smoothing through bank loan loss provisions. *Contemporary Accounting Research*, 21, 4 (Winter): 843–884.

Kang, Sok-Hyon. 2005. A conceptual and empirical evaluation of accrual prediction models. SSRN. com/abstract=147259.

Kang, Sok-Hyon and K. Sivaramakrishnan. 1995. Issues in testing earnings management and an instrumental variable approach. *Journal of Accounting Research*, 33, 2 (Autumn): 353–367.

Kaplan, Robert. 1985. Evidence of the effect of bonus schemes on accounting procedure on accruals decisions. *Journal of Accounting and Economics*, 7, 1-3 (April) 109–113.

Kaplan, Steven. 1989. The effects of management buyouts on operating performance and value. *Journal of Financial Economics*, 24, 2 (October): 217–254.

Kaplan, Steven. 1991. The staying power of leveraged buyouts. *Journal of Financial Economics*, 29, 2 (October): 287–313.

Kaplan, Steven. 2001a. Ethically related judgments by observers of earnings management. *Journal of Business Ethics*, 32, 4 (August): 285–298.

Kaplan, Steven. 2001b. Further evidence on the ethics of managing earnings: An examination of the ethically related judgments of shareholders and non-shareholders. *Journal of Accounting and Public Policy*, 20, 1 (Spring): 27–44.

Karpoff, Jonathan M. 1998. The impact of shareholder activism on target companies: A survey of empirical findings. Working Paper, University of Washington.

Karpoff, Jonathan M., Scott D. Lee, and Gerald S. Martin. 2007a. The cost to firms of cooking the books. SSRN. com/abstract=652121.

Karpoff, Jonathan M., Scott D. Lee, and Gerald S. Martin. 2007b. The consequences to managers for financial misrepresentation. SSRN. com/abstract=972607.

Karuna, Christo. 2004. The effect of product-market competition on managerial incentives in compensation contracts. Working Paper.

Kasanen, Earo, Juha Kinnunen, and Jyrki Niskanen. 1996. Dividend-based earnings management. *Journal of Accounting and Economics*, 22, 1-3 (August-December): 283–312.

Kasznik, Ron. 1999. On the association between voluntary disclosure and earnings management. *Journal of Accounting Research*, 37, 1 (Spring): 57–81.

Kasznik, Ron 2003. Discussion of "Information distribution within firms: Evidence from stock option exercises." *Journal of Accounting and Economics*, 34, 1-3 (January): 33–41.

Kasznik, Ron and Baruch Lev. 1995. To warn or not to warn: Management disclosures in the face of an earnings surprise. *The Accounting Review*, 70, 1 (January): 113–134.

Kasznik, Ron and Maureen F. McNichols. 2002. Does meeting earnings expectations matter? Evidence from analyst forecast revisions and share prices. *Journal of Accounting Research*, 40, 3 (June): 727–759.

Ke, Bin. 2001. Why do CEOs of publicly traded firms prefer reporting small increases in earnings and long duration of consecutive earnings increases? SSRN. com/ abstract=250308.

Ke, Bin, Steven Huddart, and Kathy Petroni. 2003. What insiders know about future earnings and how they use it: Evidence from insider trades. *Journal of Accounting and Economics*, 35, 3 (August): 315–346.

Ke, Bin, Kathy Ruby Petroni, and Assem M. Safieddine. 1999. Ownership concentration and sensitivity of executive pay to accounting performance measures: Evidence from publicly and privately-held insurance companies. *Journal of Accounting and Economics*, 28, 2 (December): 185–209.

Ke, Bin and Yong Yu. 2006. The effect of issuing biased earnings forecasts on analysts' access to management and survival. *Journal of Accounting Research*, 44, 5 (December): 965–999.

Keating, Elizabeth K., Linda Parsons, and Andrea Alston Roberts. 2007. Misreporting fundraising: How do nonprofit organizations account for telemarketing campaigns? SSRN. com/abstract=960091.

Kerstein, Joseph J. and Atul Rai. 2005. Intra-year shifts in the earnings distribution and implications for earnings management. AAA 2006 Financial Accounting and Reporting Section (FARS) Meeting Paper. SSRN. com/abstract=817365.

Key, Kimberly Galligan. 1997. Political cost incentives for earnings management in the cable television industry. *Journal of Accounting and Economics*, 23, 3 (November): 309-337.

Keys, Phyllis and Joanne Li. 2005. Evidence on the market for professional directorship. *The Journal of Financial Research*, 28, 4 (December): 575-589.

Khurana, Inder K. and K. K. Raman. 2004. Litigation risk and the financial reporting credibility of big 4 versus non-big 4 audits: Evidence from Anglo-American countries. *The Accounting Review*, 79, 2 (April): 473-495.

Kile, Charles, Grace Pownall, and Gregory Waymire. 1998. How frequently do managers disclose prospective earnings information? *Journal of Financial Statement Analysis*, 3, 3 (Spring): 5-16.

Kim, Irene. 2002. An analysis of the market reward and torpedo effect of firms that consistently meet expectations. European Financial Management and Marketing Association 2002 Meeting Paper. SSRN/com/abstract=314381.

Kim, Irene. 2006. Directors' and officers' insurance and opportunism in accounting choice. Working Paper, Duke University.

Kim, Jeong-Bon, Richard Chung, and Michael Firth. 2003. Audit conservatism, asymmetric monitoring, and earnings management. *Contemporary Accounting Research*, 20, 2 (Summer): 323-359.

Kim, Kyonghee. 2005. Large shareholder turnover and CEO compensation. Working Paper, University of Pittsburgh.

Kim, Oliver. 1993. Disagreement among shareholders over a firm's disclosure policy. *Journal of Finance*, 48, 2 (June): 747-760.

Kim, Oliver, Steve C. Lim, and Kenneth Shaw. 2001. The inefficiency of the mean analyst forecast as a summary forecast of earnings. *Journal of Accounting Research*, 39, 2 (September): 329-335.

Kim, Oliver and Yoon S. Suh. 1993. Incentive efficiency of compensation based on accounting and market performance. *Journal of Accounting and Economics*, 16, 1-3 (January-July): 25-53.

Kim, Oliver and Robert Verrecchia. 2001. The relation among disclosure, returns, and trading volume information. *The Accounting Review*, 76, 4 (October): 633-654.

Kim, Yongtae and Myung Seok Park. 2005. Pricing of seasoned equity offers and earnings management. *Journal of Financial and Quantitative Analysis*, 40, 2 (June): 435–463.

Kim, Yongtae and Myung Seok Park. 2006. Market uncertainty and disclosure of internal control deficiencies under the Sarbanes-Oxley Act. AAA 2006 Annual Meeting Paper, Washington, DC.

King, Ronald, Grace Pownall, and Gregory Waymire. 1990. Expectations adjustment via timely management forecasts: Review, synthesis, and suggestions for future research. *Journal of Accounting Literature*, 9: 113–144.

King, Ronald, Grace Pownall, and Gregory Waymire. 1992. Corporate disclosure and price discovery associated with NYSE temporary trading halts. *Contemporary Accounting Research*, 8, 2 (Spring): 509–531.

Kinney, William, David Burgstahler, and Roger Martin. 2002. Earnings surprise "materiality" as measured by stock returns. *Journal of Accounting Research*, 40, 5 (December): 1297–1329.

Kinney, William R. and Roger Martin. 1994. Does auditing reduce bias in financial reporting? A review of audit-related adjustment studies. *Auditing: A Journal of Practice and Theory*, 13, 1 (Spring): 149–156.

Kinney, William R., Zoe-Vonna Palmrose, and Susan Scholz. 2004. Auditor independence, non-audit services, and restatements: Was the U. S. government right? *Journal of Accounting Research*, 42, 3 (June): 561–588.

Kinnunen, Juha, Marti Keloharju, Eero Kasanen, and Jyrki Niskanen. 1999. Earnings management and expected dividend increases around seasoned share issues: Evidence from Finland. *Scandinavian Journal of Management*, 16, 2 (June): 209–228.

Klassen, Kenneth J. 1997. The impact of insider ownership concentration on the trade-off between financial and tax reporting. *The Accounting Review*, 72, 3 (July): 455–474.

Klausner, Michael D. 2001. Institutional shareholders' split personality on corporate governance: Active in proxies, passive in IPOs. Stanford Law and Economics Olin Working Paper, No. 225. SSRN. com/abstract=292083.

Kofman, Fred and Jacques Lawarree. 1993. Collusion in hierarchical agency. *Econometrica*, 61, 3 (May): 629–656.

Koh, Kevin, Dawn A. Matsumoto, and Shivaram Rajgopal. 2007. Meeting or beating analyst expectations in the post-scandals world: Changes in stock market rewards and managerial actions. SSRN. com/abstract=879831.

Kolasinski, Adam and S. P. Kothari. 2004. Investment banking and analyst objectivity: Evidence from forecasts and recommendations of analysts affiliated with M&A advisors. MIT Sloan School of Management Working Paper No. 4467-04. SSRN. com/abstract=499068.

Kole, Stacey R. and Kenneth M. Lehn. 1999. Deregulation and the adaptation of governance structure: The case of the U. S. airline. *Journal of Financial Economics*, 52, 1 (April): 79–117.

Kolev, Kain, Carol Marquardt, and Sarah McVay. 2007. SEC scrutiny and the evolution of non-GAAP reporting. *Acccounting Review*, forthcoming.

Korczak, Adriana. 2004. Managerial ownership and informativeness of accounting numbers in a European emerging market. Working Paper, European University Viadrina Frankfurt.

Kothari, S. P. 2001. Capital markets research in accounting. *Journal of Accounting and Economics*, 31, 1-3 (September): 105–231.

Kothari, S. P., Andrew L. Leone, and Charles E. Wasley. 2005. Performance matched discretionary accrual measures. *Journal of Accounting and Economics*, 39, 1 (February): 163–197.

Kothari, S. P., Thomas Lys, Clifford W. Smith, and Ross L. Watts. 1988. Auditor liability and information disclosure. *Journal of Accounting, Auditing and Finance*, 3, 4 (Fall): 307–339.

Kren, Leslie and Bruce A. Leauby. 2001. The effect of FAS 106 on chief executive compensation. *Advances in Public Interest Accounting* 8.

Kreps, David M. 1990. *Game Theory and Economic Modeling.* Clarendon Lectures in Economics. Oxford: Clarendon Press.

Krishnan, Gopal V. 2003a. Audit quality and the pricing of discretionary accruals. *Auditing: A Journal of Practice and Theory*, 22, 1 (March): 109–126.

Krishnan, Gopal V. 2003b. Does big 6 auditor industry expertise constrain earnings management? *Accounting Horizons*, 17 (Supplement): 1–16.

Krishnan, Gopal V. 2005a. Did Houston clients of Arthur Andersen recognize publicly available bad news in a timely fashion? *Contemporary Accounting Research*, 22, 1 (Spring): 165–193.

Krishnan, Gopal V. 2005b. The association between big 6 auditor industry expertise and the asymmetric timeliness of earnings. *Journal of Accounting, Auditing and Finance*, 20, 3 (Summer): 209–228.

Krishnan, Gopal V. and Ferdinand A. Gul. 2002. Has audit quality declined? Evidence from the pricing of discretionary accruals. SSRN. com/abstract = 304392.

Krishnan, Gopal V. and Gnanakumar Visvanathan. 2005a. Reporting internal control deficiencies in the post-Sarbanes-Oxley era: The role of auditors and corporate governance. SSRN. com/abstract = 646925,

Krishnan, Gopal V. and Gnanakumar Visvanathan . 2005b. Does the SOX definition of an accounting expert matter? The association between audit committee director's expertise and conservatism. SSRN. com/abstract = 866884.

Krishnan, Jagan and Jayanthi Krishnan. 1997. Litigation risk and auditor resignations. *The Accounting Review*, 72, 4 (October): 539-560.

Krishnan, Jayanthi, Heibatollah Sami, and Yinqi Zhang. 2005. Does the provision of nonaudit services affect investor perceptions of auditor independence? *Auditing: A Journal of Practice and Theory*, 24, 2 (November): 111-135.

Krishnan, Ranjani. 2005. The effect of changes in regulation and competition on firms' demand for accounting information. *The Accounting Review*, 80, 1 (January): 269-287.

Krishnan, Ranjani, Michelle H. Yetman, and Robert J. Yetman. 2002. Financial disclosure management by nonprofit organizations. Working Paper, University of Iowa.

Krishnaswami, Sudha, Paul A. Spindtand, and Venkat R. Subramaniam. 1999. Information asymmetry, monitoring, and the placement structure of corporate debt. *Journal of Financial Economics*, 51, 3 (March): 407-434.

Krull, Linda K. 2004. Permanently reinvested foreign earnings, taxes, and earnings management. *The Accounting Review*, 79, 3 (July): 745-767.

La Porta, Rafael, Josef Lakonishok, Andrei Shleifer, and Robert W. Vishny. 1997. Good news for value stocks: Further evidence on market efficiency. *Journal of Finance*, 52, 2 (June): 859-874.

La Porta, Rafael, Florencio Lopez-De-Silanes, and Andrei Shleifer. 1999. Corporate ownership around the world. *Journal of Finance*, 54, 2 (April): 471-517.

La Porta, Rafael, Florencio Lopez-De-Silanes, Andrei Shleifer, and Robert Vishny. 2002. Investor protection and corporate valuation. *Journal of Finance*, 57, 3 (June): 1147-1170.

Laffont, Jean-Jacques, and Eric S. Maskin. 1990. The efficient market hypothesis and insider trading on the stock market. *Journal of Political Economy*, 98, 1 (February): 70-93.

Lai, Kam Wah. 2003. The Sarbanes-Oxley Act and auditor independence: Preliminary evidence from audit opinion and discretionary accruals. SSRN. com/abstract = 438280.

Lakonishok, Josef and Inmoo Lee. 2001. Are insider trades informative? *Review of Financial Studies*, 14, 1 (Spring): 79-111.

Lakonishok, Josef, Andrei Shleifer, and Robert W. Vishny. 1992. The impact of institutional trading on stock prices. *Journal of Financial Economics*, 32, 1 (August): 23-43.

Lakonishok, Josef, Andrei Shleifer, Richard H. Thaler, and Robert W. Vishny. 1991.

Window dressing by pension fund managers. *American Economic Reuiew Papers and Proceedings*, 81: 227–231.

Lambert, Richard A. 1983. Long term contracts and moral hazard. *The Bell Journal of Economics*, 14, 2 (Autumn): 441–452.

Lambert, Richard A. 1984. Income smoothing as rational equilibrium behavior. *The Accounting Review*, 59, 4 (October): 604–618.

Lambert, Richard A. 1986. Executive effort and selection of risky projects. *The RAND Journal of Economics*, 17, 1 (Spring): 77–88.

Lambert, Richard A. 1993. The use of accounting and security price measures of performance in managerial compensation contract: A discussion. *Journal of Accounting and Economics*, 16, 1-3 (January): 101–123.

Lambert, Richard A. 1999. Discussion of performance measure garbling under renegotiation in multi-period agencies. *Journal of Accounting Research*, 37 (Supplement): 215–221.

Lambert, Richard A. 2001. Contracting theory and accounting. *Journal of Accounting and Economics*, 32, 1-3 (December): 3–87.

Lambert, Richard A. 2003. Discussion of "Limited attention, information disclosure, and financial reporting." *Journal of Accounting and Economics*, 36, 1-3 (December): 387–400.

Lambert, Richard A., William N. Lanen, and David F. Larcker. 1989. Executive stock option plans and corporate dividend policy. *Journal of Financial and Quantitative Analysis*, 24, 4 (December): 409–425.

Lambert, Richard A. and David F. Larcker. 1987. An analysis of the use of accounting and market measures of performance in executive compensation contracts. *Journal of Accounting Research*, 25 (Supplement): 85–125.

Lambert, Richard A. and David F. Larcker. 2004. Stock options, restricted stock, and incentives. SSRN. com/abstract=527822.

Lambert, Richard A., David F. Larcker, and Robert Verrecchia. 1991. Portfolio considerations in valuing executive compensation. *Journal of Accounting Research*, 29, 1 (Spring): 129–149.

Lamont, Owen. 1998. Earnings and expected returns. *The Journal of Finance*, 53, 5 (October): 1563–1587.

Land, Judy and Mark H. Lang. 2002. Empirical evidence on the evolution of international earnings. *The Accounting Review*, 77, 4 (October): 115–133.

Lander, Guy P. 2004. *What is Sarbanes-Oxley*? New York: McGraw-Hill.

Landsman, Wayne R., Karen K. Nelson, and Brian Robert Rountree. 2006. An empirical analysis of Big N auditor switches: Evidence from the pre-and post-Enron eras.

SSRN. com/abstract = 899544.

Lang, Mark and Russel J. Lundholm. 1993. Cross-sectional determinants of analysts ratings of corporate disclosures. *Journal of Accounting Research*, 31, 2 (Autumn): 246–271.

Lang, Mark and Russell J. Lundholm. 1996. Corporate disclosure policy and analyst behavior. *The Accounting Review*, 71, 4 (October): 467–492.

Lang, Mark and Muareen McNichols. 1997. Institutional trading and corporate performance. Working Paper No. 1460, Stanford University.

Lang, Mark, Jana Smith Raedy, and Wendy M. Wilson. 2006. Earnings quality and cross listing: Are reconciled earnings comparable to US earnings? *Journal of Accounting and Economics*, 42, 1-2 (October): 255–283.

Langberg, Nisan and Shiva Sivaramakrishnan. 2006. Analyst coverage and conservatism: Implications for the precision of voluntary disclosures. SSRN. com/abstract = 909549.

Langevoort, Donald C. 2003. Managing the "expectations gap" in investor protection: The SEC and the post-Enron reform agenda. *Villanova Law Review*, 48, 4: 1139. SSRN. com/abstract = 474721.

Larcker, David F. and Scott A. Richardson. 2004. Fees paid to audit firms, accrual choices, and corporate governance. *Journal of Accounting Research*, 42, 3 (June): 625–658.

Larcker, David F., Scott A. Richardson, Andrew Seary, and Irem A. Tuna. 2005. Back door links between directors and executive compensation. SSRN. com/ abstract = 671063.

Larcker, David F., Scott A. Richardson, and Irem A. Tuna. 2005. How important is corporate governance? SSRN. com/abstract = 595821.

Larrymore, Norris L., Pu Liu, and James N. Rimbey. 2006. Asymmetric information and bond rating downgrade announcements. Working Paper, Quinnipiac University and University of Arkansas.

Latane, Henry A. and Charles P. Jones. 1979. Standardized unexpected earnings – 1971-1977. *Journal of Finance*, 34, 3 (June): 717–724.

Latham, Mark. 2005. Vote your stock. http://www. corpmon. com/VoteYourStock. pdf.

Lavelle, Louis. 2002. Commentary: When directors join CEOs at the trough. *Business Week*, June 17.

Lee, Chun I., Stuart Rosenstein, Nanda Rangan, and Wallace N. Davidson. 1992. Board composition and shareholder wealth. The case of management buyouts. *Financial Management*, 21, 1 (Spring): 58–72.

Lefwich, Robert. 1983. Accounting information in private markets: Evidence from private lending agreements. *The Accounting Review*, 58, 1 (January): 23–42.

Lehavy, Reuven and Lawrence Revsine. 1994. Adopting timing: An examination of SFAS choices. Working Paper, Northwestern University.

Lehn, Kenneth and Anil K. Makhija. 1997. EVA, accounting profits, and CEO turnover. An empirical examination 1985 – 1994. *Journal of Applied Corporate Finance*, 10, 2 (Fall): 90–97.

Lehn, Kenneth, Sukesh Patro, and Mengxin Zhao. 2005. Determinants of the size and structure of corporate boards: 1935–2000. SSRN. com/abstract=470675.

Lehn, Kenneth and Mengxin Zhao. 2004. CEO turnover after acquisitions: Do bad bidders get fired? SSRN. com/abstract=562502.

Leland, Hayne E. 1992. Insider trading: Should it be prohibited? *Journal of Political Economy*, 100, 4 (August): 859–887.

Leland, Hayne E. and David Pyle. 1977. Informational asymmetries, financial structure, and financial intermediation. *Journal of Finance*, 32, 2 (May): 371–387.

Lemke, Kenneth W. and Michael J. Page. 1992. Economic determinants of accounting policy choice: The case of current cost accounting in the U. K. *Journal of Accounting and Economics*, 15, 1 (March): 87–114.

Lennox, Clive S. 2005. Audit quality and executive officers' affiliations with CPA firms. *Journal of Accounting and Economics*, 39, 2 (June): 201–231.

Lennox, Clive S. and Chul W. Park. 2006. The informativeness of earnings and management's issuance of earnings forecasts. *Journal of Accounting and Economics*, 42, 3 (December): 439–458.

Leon, Gregory C. 2006. Stigmata: The stain of Sarbanes-Oxley on U. S. capital markets. GWU Law School Public Law Research Paper No. 224. SSRN. com/abstract=921394.

Leone, Andrew J. and Steve Rock. 2002. Empirical tests of budget ratcheting and its effect on managers' discretionary accrual choices. *Journal of Accounting and Economics*, 33, 1 (February): 43–67.

Leone, Andrew J. and Lawrence Van Horn. 2003. Earnings management in not-for-profit institutions: Evidence from hospitals. SSRN. com/abstract=146610.

Leone, Andrew J., Joanna Shuang Wu, and Jerold L. Zimmerman. 2005. Asymmetric Sensitivity of CEO Cash Compensation to Stock Returns. Simon School, University of Rochester, Research Paper No. FR 06–04. SSRN. com/abstract=510603.

Leone, Andrew J. Joanna Shuang Wu, and Jerold L. Zimmerman. 2006. Asymmetric sensitivity of CEO cash compensation to stock returns. *Journal of Accounting and Economics*, 42, 1–2 (October): 167–192.

Leuz, Christian, Dhananjay J. Nanda, and Peter David Wysocki. 2003. Earnings management and investor protection: An intentional comparison. *Journal of Financial Economics*, 69, 3 (September): 505–527.

Lev, Baruch. 2003. Corporate earnings: Facts and fiction. *Journal of Economic Perspectives*, 17, 2 (Summer): 27-50.

Lev, Baruch and Stephen H. Penman. 1990. Voluntary forecast disclosure, nondisclosure, and stock prices. *Journal of Accounting Research*, 28, 1 (Spring): 49-76.

Levi, Shai. 2005. Voluntary disclosure of accruals in earnings press releases and the pricing of accruals. SSRN. com/abstract = 772306.

Levitt, Arthur. 1998. The numbers game. A speech delivered at the NYU Center for Law and Business, New York, N. Y. http://www. sec. gov/spch220. txt. Printed in *Take on the Street: What Wall Street and Corporate America Don't Want You to Know: What You Can Do to Fight Back* (with Paula Dwyer). New York: Pantheon Books.

Levitt, Arthur. 1999. Quality information: The lifeblood of our markets. Unpublished remarks. Available at http://www. sec. gov. news. speeches/spch304. txt.

Levitt, Arthur. 2000. Renewing the covenant with investors. A speech given at New York University Center for Law and Business on May 10. http://www. sec. gov/news/speech/spch370. htm.

Levitt, Arthur. 2002. *Take on the Street: What Wall Street and Corporate America Don't Want You to Know*. Pantheon.

Lewellen, Wilbur, Taewoo Park, and Byung T. Ro. 1995. Executive stock options compensation: The corporate reporting decision. *Managerial and Decision Economics*, 16, 6 (November/December): 633-647.

Lewellen, Wilbur G., Taewoo Park, and Byung T. Ro. 1996. Self-serving behavior in managers' discretionary information disclosure decisions. *Journal of Accounting and Economics*, 21, 2 (April): 227-251.

Li, Chan and Qian Wang. 2006. SOX 404 assessments and financial reporting errors. SSRN. com/abstract = 926180.

Li, Haidan, Morton P. K. Pincus, and Sonja O. Rego. 2006. Market reaction to events surrounding the Sarbanes-Oxley Act of 2002: Overall and as a function of earnings management. SSRN. com/abstract = 475163.

Li, Jinliang, Lu Zhang, and Jian Zhou. 2005. Earnings management and delisting risk: The case of IPO firms. Simon School Working Paper FR 05-05. SSRN. com/ abstract = 641021.

Li, Oliver, Zhen Hong Xie, and Weihong Xu. 2005. Heterogeneous valuation of accruals and trading volume. SSRN. com/abstract = 493043.

Li, Si. 2003. Stock-based incentives, corporate governance, and managers' fraudulent stock price manipulation. A Ph. D. dissertation. Duke University.

Li, Xianghong and Shelly Zhao. 2005. Propensity score matching and abnormal performance after seasoned equity offerings. AFA 2004 San Diego Meeting Paper. SSRN. com/

abstract = 451740.

Li, Yue and Bruce J. McConomy. 2004. Simultaneous signaling in IPOs via management earnings forecasts and retained ownership: An empirical analysis of the substitution effect. *Journal of Accounting, Auditing and Finance*, 19, 1 (Winter): 1-28.

Liang, Pierre J. 2000. Accounting recognition, moral hazard, and communication. *Contemporary Accounting Research*, 17, 3 (Fall): 457-490.

Liang, Pierre Jinghong. 2004. Equilibrium earnings management, incentive contracts, and accounting standards. *Contemporary Accounting Research*, 21, 3 (Fall): 685-718.

Libby, Robert and William R. Kinney. 2000. Does mandated audit communication reduce opportunistic corrections to manage earnings to forecasts? *The Accounting Review*, 75, 4 (October): 383-404.

Lim, Terence. 2001. Rationality and analysts' forecast bias. *Journal of Finance*, 56, 1 (February): 369-385.

Lin, Hsiou-Wie. and Maureen McNichols. 1998. Underwriting relationships, analysts' earnings forecasts and investment recommendations. *Journal of Accounting and Economics*, 25, 1 (February): 101-127.

Lin, Jane-Raung Philip. 2003. The long-run underperformance of post-listing stock returns: The evidence of earnings management. AFA 2003 Meeting Paper, Washington, DC. SSRN. com/abstract = 341740.

Lin, Shu, Suresh Radhakrishnan, and Lixin (Nancy) Su. 2006. Earnings management and guidance for meeting or beating analysts' earnings forecasts. SSRN. com/ abstract = 928182.

Lin, Zhi-Xing and Michael S. H. Shih. 2002. Earnings management in economic downturns and adjacent periods: Evidence from the 1990-1991 recession. SSRN. com/ abstract = 331400.

Lin, Zhi-Xing and Michael S. H. Shih. 2006. Does the stock market see a zero or small positive earnings surprise as a red flag? SSRN. com/abstract = 929943.

Linck, James S., Jeffry M. Netter, and Tina Yang. 2006. Effects and unintended consequences of the Sarbanes-Oxley Act on corporate boards. AFA 2006 Boston Meeting Paper. SSRN. com/abstract = 687496.

Liu, Qiao and Joe Zhou Lu. 2003. Earnings management to tunnel: Evidence from China's listed companies. EFMA 2004 Basel Meeting Paper. SSRN. com/abstract = 349880.

Liu, Ti and Stephen Paul Green. 2004. China's informal stock market: How it developed, how it works and how it might grow. SSRN. com/abstract = 504043.

Liu, Yang and Paul H. Malatesta. 2006. Credit ratings and the pricing of seasoned equity offerings. Working Paper, University of Washington.

Livnat, Joshua. 2003. Differential persistence of extremely negative and positive earnings surprises: Implications for the post-earnings-announcement drift. SSRN. com/ abstract

=42100.

Livnat, Joshua and Richard R. Mendenhall. 2006. Comparing the post-earnings announcement drift for surprises calculated from analyst and time series forecasts. *Journal of Accounting Research*, 44, 1 (March): 177-205.

Lobo, Gerald J. and Jian Zhou. 2001. Disclosure quality and earnings management. *Asia-Pacific Journal of Accounting and Economics*, 8, 1 (June): 1-20.

Lobo, Gerald J., and Jian Zhou. 2005. To swear early or not to swear early? An empirical investigation of factors affecting CEOs' decisions. *Journal of Accounting and Public Policy*, 24, 2 (March-April): 153-160.

Lobo, Gerald J. and Jian Zhou. 2006. Did conservatism in financial reporting increase after the Sarbanes-Oxley Act? Initial evidence. *Accounting Horizons*, 20, 1 (March): 57-73.

Lock, Mark S., Mansi Sattar, and William F. Maxwell. 2005. Does corporate governance matter to bondholders? *Journal of Financial and Quantitative Analysis*, 40, 4 (December): 693-719.

Loh, Alfred L. C. and Tin Hoe Tan. 2002. Assets write-offs-managerial incentives and macroeconomic factors. *Abacus*, 38, 1 (February): 134-151.

Loomis, C. J. 1999. Lies, damned lies, and managed earnings. *Fortune*, 140, 3 (August 2): 74-92.

Lopez, Thomas J. and Lynn Rees. 2002a. The effect of beating and missing analysts' forecasts on the information content of unexpected earnings. *Journal of Accounting, Auditing, and Finance*, 17, 2 (Summer): 155-184.

Lopez, Thomas J. and Lynn Rees. 2002b. The effect of beating and missing analysts' forecasts on the information content of unexpected earnings. *Journal of Accounting, Auditing, and Finance* 17, 2 (Spring): 155-184.

Lopez-De-Silanes, Florencio. 2005. Overview of current research. Working paper, University of Califronia at Berkely.

Lord, Richard A. and Yoshie Saito. 2004. Interrelationships between components of managerial compensation and firm characteristics. Working paper, Montclair State University and Temple University. AAA 2004 Annual Meeting Paper, Orlando, FL.

Lougee, Barbara and Carol Marquardt. 2004. Earnings quality and strategic disclosure: An empirical examination of "pro forma" Earnings. *The Accounting Review*, 79, 3 (July): 769-795.

Loughran, Tim and Jay R. Ritter. 1997. The operating performance of firms conducting seasoned equity offerings. *Journal of Finance*, 52, 5 (December): 1823-1850.

Louis, Henock. 2004. Earnings management and the market performance of acquiring firms.

Journal of Financial Economics, 74, 1 (October): 121-148.

Louis, Henock. 2005. Acquirers' abnormal returns and the non-big 4 auditor clientele effect. *Journal of Accounting and Economics*, 40, 1-3 (December): 75-99.

Louis, Henock, Jennifer Joe, and Dahlia Robinson. 2005. Managers' and investors' responses to media exposure of board ineffectiveness. SSRN. com/abstract=714501.

Louis, Henock and Dahlia Robinson. 2005. Do managers credibly use accruals to signal private information? Evidence from the pricing of discretionary accruals around stock splits. *Journal of Accounting and Economics*, 39, 2 (June): 361-380.

Louis, Henock, Dahlia Robinson, and Andrew M. Sbaraglia. 2006. An integrated analysis of the association between accrual disclosure and the abnormal accrual anomaly. SSRN. com/abstract=785148.

Lu, J. 2000. The valuation allowance for deferred tax assets and earnings management. Working Paper, University of Southern California.

Lu, Tong. 2006. Does opinion shopping impair auditor independence and audit quality? *Journal of Accounting Research*, 44, 3 (June): 561-584.

Lu, Yvonne Y. 2003. Earnings management and securities litigation. Working Paper, University of California at Berkeley.

Lubberink, Martien and Carel Huijgen. 2000. A wealth based explanation for earnings conservatism. SSRN. com/abstract=253854.

Lundholm, Russell J. 1988. Price-signals relations in the presence of correlated public and private information. *Journal of Accounting Research*, 26, 1 (Spring): 107-118.

Lundholm, Russell J. 1991. Public signals and the equilibrium allocation of private information. *Journal of Accounting Research*, 29, 2 (Autumn): 322-349.

Lundholm, Russell J. 1999. Reporting on the past: A new approach to improving accounting today. *Accounting Horizons*, 13, 4 (December): 315-322.

Lundholm, Russell J. and Linda A. Myers. 2002. Bringing the future forward: The effect of disclosure on the returns-earnings relation. *Journal of Accounting Research*, 40, 3 (June): 809-839.

MacAvoy, Paul and Ira M. Millstein. 1999. The active board of directors and its effect on the performance of the large publicly traded corporation. *Journal of Applied Corporate Finance*, 11, 4 (Winter): 8-20.

Maddala, G. S. 1998. Introduction to Econometrics. London: Collier McMillan Publishers.

Magee, Robert P. and Mein Chiun Tseng. 1990. Audit pricing and independence. *The Accounting Review*, 65, 2 (April): 315-336.

Magnan, Michel and Denis Cormier. 1997. The impact of forward-looking financial data in IPOs on the quality of financial reporting. *Journal of Financial Statement Analysis*, 3, 2

(Winter): 6-17.

Magnan, Michel, Cathy Nadeau, and Denis Cormier. 1999. Earnings management during antidumping investigations: Analysis and implications. *Canadian Journal of Administrative Science*, 16, 2 (June) 149-162.

Maines, Laureen A. and Linda S. McDaniel. 2000. Effects of comprehensive income characteristics on nonprofessional investors' judgments: The role of financial-statement presentation format. *The Accounting Review*, 75, 2 (April): 179-207.

Mak, Yuen Teen and Yuanto Kusnadi. 2002. Size really matters: Further evidence on the negative relationship between board size and firm value. NUS Business School Working Paper. SSRN. com/abstract=303505.

Malmquist, David H. 1990. Efficient contracting and the choice of accounting method in the oil and gas industry. *Journal of Accounting and Economics*, 12, 1-3 (January): 173-205.

Manne, Henry G. 1966. *Insider Trading and the Stock Market*. New York: Free Press.

Mansi, Sattar A., William F. Maxwell, and Darius P. Miller. 2004. Does auditor quality and tenure matter to investors? Evidence from the bond market. *Journal of Accounting Research*, 40, 4 (September): 755-793.

Manzon Jr., Gil B. 1992. Earnings management of firms subject to the alternative minimum tax. *The Journal of American Taxation Association*, 14, 2 (Fall): 86-111.

Markelevich, Ariel, Rani Hoitash, and Charles A. Barragato. 2005. Auditor fees, abnormal fees and audit quality before and after the Sarbanes-Oxley Act. SSRN. com/abstract=646681.

Marks, Erin. 2004. The Sarbanes-Oxley Act: Costs and trade offs relating to international application and convergence. *Research in Accounting Regulation*, 17: 233-266.

Marosi, Andras and Nadia Ziad Massoud. 2004. Why do firms go dark? SSRN. com/abstract=570421.

Marquardt, Carol A. 2002. The cost of employee stock option grants: An empirical analysis. *Journal of Accounting Research*, 40, 4 (September): 1191-1217.

Marquardt, Carol A. and Christine I. Wiedman. 2004a. How are earnings managed? An examination of specific accruals. *Contemporary Accounting Research*, 21, 4 (Summer): 461-491.

Marquardt, Carol A. and Christine I. Wiedman. 2004b. The effect of earnings management on the value relevance of accounting information. *Journal of Business Finance and Accounting*, 31, 3/4 (April/May): 297-332.

Marquardt, Carol A. and Christine I. Wiedman. 2005. Earnings management through transaction structuring: Contingent convertible debt and diluted EPS. *Journal of Ac-*

counting Research, 43, 2 (May): 205-243.

Marquardt, Carol A., Christine I. Wiedman, and Michael Welker. 1998. Voluntary disclosure, information asymmetry, and insider selling through secondary equity offerings. *Contemporary Accounting Research*, 15, 4 (Winter): 505-537.

Marques, Ana Christina. 2006. SEC interventions and the frequency and usefulness of non-GAAP financial measures. *Review of Accounting Studies*, 11, 4 (December): 549-574.

Marsden, Alastair and Jilnaught Wong. 1998. The impact of taxation on the earnings management of New Zealand electric power boards. *The Pacific Accounting Review*, 10, 2 (December): 1-31.

Mashruwala, Christina, Shivaram Rajgopal, and Terry Shevlin. 2006. Why is the accruals anomaly not arbitraged away? The role of idiosyncratic risk and transaction costs. *Journal of Accounting and Economics*, 42, 1-2 (October): 3-33.

Mason, Lori and Mir A. Zaman. 2004. Insider trading and motivations for earnings management. A paper presented in 2004 FMA Conference, Zurich Switzerland.

Matsumoto, Dawn A. 2002. Management's incentives to avoid negative earnings surprises. *The Accounting Review*, 77, 3 (July): 483-514.

Matsunaga, Steve R. and Chul W. Park. 2001. The effect of missing a quarterly earnings benchmark on the CEO's annual bonus. *The Accounting Review*, 76, 3 (July): 313-332.

Matsunaga, Steve R., Terry S. Shevlin, and D. Shores. 1992. Disqualifying dispositions of incentive stock options: Tax benefits versus financial reporting costs. *Journal of Accounting Research*, 30, 3 (Supplement): 37-76.

Matthews, Steven A. 2001. Renegotiating moral-hazard contracts under limited liability and monotonicity. *Journal of Economic Theory*, 97, 1 (March): 1-29.

Maug, Ernest. 1998. Large shareholders as monitors: Is there a trade-off between liquidity and control? *Journal of Finance*, 53, 1 (February): 65-98.

Maug, Ernst G. and Kristian Rydqvist. 2006. Do shareholders vote strategically? Voting behavior, proposal screening, and majority rules. Mannheim Finance Working Paper No. 2006-15. SSRN. com/abstract=471362.

Mayew, William J. 2006. Evidence of management discrimination among analysts during earnings conference calls. SSRN. com/abstract=924417.

Mayhew, Brian W. and Joel E. Pike. 2004. Does investor selection of auditors enhance auditor independence? *The Accounting Review*, 79, 3 (July): 797-822.

McAnally, Mary Lea, Anup Srivastava, and Connie D. Weaver. 2006. Executive stock options, missed earnings targets and earnings management: Evidence from book-tax differences. AAA 2007 Financial Accounting & Reporting Section (FARS) Meeting Paper. SSRN. com/abstract = 925584.

McBarnet, Doreen and Christopher Whelan. 1999. *Creative Accounting and the Cross-Eyed Javelin Thrower*. New York: Wiley.

McConnell, John J. and Henri Servaes. 1990. Additional evidence on equity ownership and corporate value. *Journal of Financial Economics*, 27, 2 (October): 595-612.

McConomy, Bruce J. and Merridee L. Bujaki. 2002. Corporate governance: Factors influencing voluntary disclosure by publicly traded Canadian firms. *Canadian Accounting Perspectives*, 1, 2 (Fall): 105-139.

McCulloch, Brian W. 1998a. Multi-period incentives and alternative dials for earnings management. Working Paper. SSRN. com/abstract = 121531.

McCulloch, Brian W. 1998b. Relations among components of accruals under earnings management. SSRN. com/abstract = 131455.

McDaniel, Linda, Roger D. Martin, and Laureen A. Maines. 2002. Evaluating financial reporting quality: The effects of financial expertise vs. financial literacy. *The Accounting Review*, 77, 1 (January): 139-167.

McDonnell, Brett H. 2004. SOX appeals. *Michigan State University—DCL Law Review*. SSRN. com/abstract = 497422.

McInnis, John M. and Daniel W. Collins. 2006. Do cash flow forecasts deter earnings management? SSRN. com/abstract = 922770.

McNeil, Chris, Greg Niehaus, and Eric Powers. 2004. Management turnover in subsidiaries of conglomerates versus stand-alone firms. *Journal of Financial Economics*, 72, 1 (April) 2004: 63-96.

McNichols, Maureen F. 1989. Evidence of informational asymmetries from management earnings forecasts and stock returns. *The Accounting Review*, 64, 1 (January), 1-27.

McNichols, Maureen F. 2000. Research design issues in earnings management studies. *Journal of Accounting and Public Policy*, 19, 4-5 (Winter): 313-345.

McNichols, Maureen F. 2002. Discussion of the quality of accruals and earnings: The role of accrual estimation error. *The Accounting Review*, 77 (Supplement): 61-69.

McVay, Sarah Elizabeth, Venky Nagar, and Vicki Wei Tang. 2006. Trading incentives to meet earnings thresholds. *Review of Accounting Studies*, 11, 4 (December): 575-598.

McWilliams, Victoria B. and Nilanjan Sen. 1997. Board monitoring and antitakeover amendments. *Journal of Financial and Quantitative Analysis*, 32, 4 (December): 491-505.

Melendrez, Kevin, William C. Schwartz Jr., and Mark A. Trombley. 2005. How does the market value accrual and cash flow surprises? SSRN. com/abstract = 676651.

Melis, Andrea. 2004. Corporate governance failures. To what extent is Parmalat a particularly Italian case? *Corporate Governance: An International Review*, 13, 4 (July): 478-488.

Mendenhall, Richard R., William D. Nichols, and Krishna G. Palepu. 1988. Bad news and differential market reactions to announcements of earlier-quarters versus fourth-quarter earnings. *Journal of Accounting Research*, 26, 3 (Supplement): 63-91.

Menon, Krishnagopal and Joanne Deahl Williams. 1994. The use of audit committees for monitoring. *Journal of Accounting and Public Policy*, 13, 2 (Summer): 121-139.

Menon, Krishnagopal and Joanne Deahl Williams. 2004. Former audit partners and abnormal accruals. *The Accounting Review*, 79, 4 (October): 1095-1118.

Mensah, Yaw M., Judith M. Considine, and Leslie Oakes. 1994. Statutory insolvency regu-lations and earnings management in the prepaid health-care industry. *The Accounting Review*, 69, 1 (January): 70-95.

Merchant, Kenneth A. 1990. The effects of financial controls on data manipulation and management myopia. *Accounting Organizations and Society*, 15, 4: 297-313.

Merchant, Kenneth A. and Joanne Rockness. 1994. The ethics of managing earnings: An empirical investigation. *Journal of Accounting and Public Policy*, 13, 1 (Spring): 79-94.

Mest, David P. and Elizabeth Plummer. 2003. Analysts' rationality and forecast bias: Evidence from sales forecasts. *Review of Quantitative Finance and Accounting*, 21, 2 (September): 103-122.

Meth, Bracha. 1996. Reduction of outcome variance: Optimality and incentives. *Contemporary Accounting Research*, 13, 1 (Spring): 309-328.

Meulbroek, Lisa. 2001. The efficiency of equity-linked compensation: Understanding the full cost of awarding executive stock options. *Financial Management*, 30, 2 (Summer): 5-30.

Meuwissen, Roger, Frank Moers, Erik Peek, and Ann Vanstraelen. 2004. The influence of auditor independence regulation on earnings quality: An empirical analysis of firms cross-listed in the U. S. SSRN. com/abstract=552001.

Michaely, Roni and Michael R. Roberts. 2006. Dividend smoothing, agency costs, and information asymmetry: Lessons from the dividend policies of private firms. SSRN. com/abstract=927802.

Michaely, Roni and Kent L. Womack. 1999. Conflict of interest and the credibility of underwriter analyst recommendations. *The Review of Financial Studies*, 12, 4 (Special): 653-686.

Michaud, Dennis Wright and Kate A. Magaram. 2006. Recent technical papers on corporate governance. SSRN. com/abstract=895520.

Michelson, Stuart E. , James Jordan-Wagner, and Charles H. Wootton. 1995. A market based analysis of income smoothing. *Journal of Business Finance and Accounting*, 22, 8 (December): 1179-1193.

Mikhail, Michael B. 1999. Coordination of earnings, regulatory capital and taxes in private and public companies. SSRN. com/abstract=165010.

Mikhail, Michael B. , Beverly R. Walther, and Richard H. Willis. 1999. Does forecast accuracy matter to security analysts? *The Accounting Review*, 74, 2 (April): 185-200.

Mikhail, Michael B. , Beverly R. Walther, and Richard H. Willis. 2003. The effect of experience on security analyst underreaction. *Journal of Accounting and Economics*, 35, 1 (April): 101-116.

Mikhail, Michael B. , Beverly R. Walther, and Richard H. Willis. 2004. Earnings surprises and the cost of equity capital. SSRN. com/abstract=504662.

Mikkelson, Wayne H. and Magen M. Partch. 1997. The decline of takeovers and disciplinary managerial turnover. *Journal of Financial Economics*, 44, 2 (May): 205-228.

Milgrom, Paul R. 1981. Good news and bad news: Representation theorems and applications. *Bell Journal of Economics*, 12, 2 (Autumn): 380-391.

Milgrom, Paul R. and John Roberts. 1986. Relying on the information of interested parties. *RAND Journal of Economics*, 17, 1 (Spring): 18-32.

Milgrom, Paul R. and John Roberts. 1992. *Economics, Organization, and Management.* Englewood Cliffs, New Jersey: Prentice-Hall.

Miller, Gregory S. 2002. Earnings performance and discretionary disclosure. *Journal of Accounting Research*, 40, 1 (March): 173-204. .

Miller, Gregory S. 2005. The press as a watchdog for accounting fraud. SSRN. com/abstract= 484423.

Mitchell, Lawrence E. 2003. The Sarbanes-Oxley Act and the reinvention of corporate governance? *Villanova Law Review*,48, 4: 1189. SSRN. com/abstract=474761.

Mitchell, Mark L. and Erik Stafford. 2000. Managerial decisions and long-term stock price performance. *The Journal of Business*, 73, 3 (July): 287-329.

Mitra, Santanu and Mahmud Hossain. 2006. Ownership composition and nonaudit service fees. A paper presented in the auditing midyear conference, Los Angeles, CA.

Mittendorf, Brian and Yun Zhang. 2005. The role of biased earnings guidance in creating a healthy tension between managers and analysts. *The Accounting Review*, 80, 4 (October): 1193-1209.

Moberly, Richard. 2006. Sarbanes-Oxley's structural model to encourage corporate whistleblowers. *Brigham Young University Law Review*, 1107. SSRN. com/abstract=902941.

Moehrle, Stephen R. 2002. Do firms use restructuring charge reversals to meet earnings targets? *The Accounting Review*, 77, 2 (July): 397–413.

Mohanram, Partha S. 1999. How do young firms choose among different modes of investor communications? SSRN. com/abstract = 151021.

Mohanram, Partha S. and Shyam V. Sunder. 2004. How has Regulation Fair Disclosure affected the functioning of financial analysts? SSRN. com/abstract = 297933.

Mohd, Emad. 2005. Financial analysts turnover. A paper presented at the Annual Meeting of the Canadian Academic Accounting Association, Quebec City, Canada.

Mohrman, MaryBeth. 1993. Debt contracts and FAS No. 19: A test of the debt covenant hypothesis. *The Accounting Review*, 68, 2 (April): 273–288.

Mohrman, MaryBeth. 1996. The use of Fixed GAAP provisions in debt contracts. *Accounting Horizons*, 10, 3 (September): 78–91.

Monahan, Steven J. 2005. Conservatism, growth and the role of accounting numbers in the equity valuation process. *Review of Accounting Studies*, 10, 2 – 3 (September): 227–260.

Monahan, Steven J. 2006. Discussion of "Why do managers voluntarily issue cash flows forecasts?" *Journal of Accounting Research*, 44, 2 (May): 431–436.

Monks, Robert A. G. and Nell Minow. 2004. *Corporate Governance*. Third Edition. Oxford: Blackwell.

Monsen, Joseph R. and Anthony Downs. 1965. A theory of large managerial firms. *Journal of Political Economy*, 73, 3 (June): 221–236.

Mookherjee, Dilip. 1984. Optimal incentives schemes with many agents. *The Review of Economic Studies*, 51, 3 (July): 433–446.

Moore, Don A., Philip E. Tetlock, Lloyd Tanlu, and Max H. Bazerman. 2006. Conflicts of interest and the case of auditor independence: Moral seduction and strategic issue cycling. *The Academy of Management Review*, 31, 1: 10–29.

Morsfield, Suzanne G. and Christine E. Tan. 2006. Do venture capitalists influence the decision to manage earnings in initial public offerings? *The Accounting Review*, 81, 5 (October): 1119–1150.

Moses, Douglas O. 1987. Income smoothing and incentives: Empirical tests using accounting changes. *The Accounting Review*, 62, 2 (April): 358–377.

Moyen, Nathalie. 2000. Investment distortions caused by debt financing. SSRN. com/abstract = 237088.

Moyer, Susan E. 1990. Capital adequacy ratio regulations and accounting choices in commercial banks. *Journal of Accounting and Economics*, 13, 2 (July): 123–154.

Mozes, Haim A. 1997. The implications of a LIFO liquidation for future gross margins. *Journal of Financial Statement Analysis*, 2, 4 (Summer): 39–51.

Mulford, Charles W. and Eugene E. Comiskey. 1996. *Financial Warnings*. New York: Wiley.

Mulford, Charles W. and Eugene E. Comiskey. 2002. The financial numbers game: detecting creative accounting practices. New York: Wiley.

Muller, Karl A. 1999. An examination of the voluntary recognition of acquired brand names in the United Kingdom. *Journal of Accounting and Economics*, 26, 1-3 (January): 179-191.

Munzig, Peter Grosvenor. 2003. Enron and the economics of corporate governance. Working Paper. A Ph. D. dissertation. Stanford University.

Murphy, Kevin J. 1985. Corporate performance and managerial remuneration: An empirical analysis. *Journal of Accounting and Economics*, 7, 1-3 (April): 11-42.

Murphy, Kevin J. 1996. Reporting choice and the 1992 proxy disclosure rules. *Journal of Accounting, Auditing and Finance*, 11, 3 (Summer): 497-515.

Muscarella, Chris J. and Michael R. Vetsuypens. 1990. Efficiency and organizational structure: A study of reverse LBOs. *Journal of Finance*, 45, 6 (December): 1389-1413.

Myers, James, Linda A. Myers, and Thomas C. Omer. 2003. Exploring the term of the auditor-client relationship and the quality of earnings: A case for mandatory auditor rotation? *The Accounting Review*, 78, 3 (July): 779-799.

Myers, James N., Linda A. Myers, and Douglas J. Skinner, 2006. Earnings momentum and earnings management. SSRN. com/abstract=741244.

Myers, Stewart C. 1991. Signaling and accounting information. MIT working Paper.

Myers, Stewart C. and Nicholas Majluf. 1984. Corporate financing and investment decisions when firms have information that investors do not have. *Journal of Financial Economics*, 13, 2 (June): 187-221.

Myerson, Roger. 1979. Incentive compatibility and the bargaining problem. *Econometrica*, 47, 1 (January): 61-73.

Myerson, Roger. 1991. *Game Theory: Analysis of Conflict*. Cambridge, MA: Harvard University Press.

Nagar, Venky. 2002. Delegation and incentive compensation. *The Accounting Review*, 77, 2 (April): 379-396.

Nagar, Venky and Paolo Petacchi. 2005. An economy-level model of earnings management with endogenous enforcement. SSRN. com/abstract=806684.

Nagar, Venky, Kathy Petroni, and Daniel Wolfenzon. 2002. Governance problems in close corporations. Working Paper, New York University.

Nagarajan, Nandu J. and Sri S. Sridhar. 1996. Corporate responses to segment disclosure requirements. *Journal of Accounting and Economics*, 21, 2 (April): 253-275.

Nam, Seunghan and Joshua Ronen. 2007. Information transfer effects of senior executives' migrations and subsequent write-offs. Working Paper, Rutgers Business School and Leonard N. Stern School of Business.

Narayanan, M. P. 1985. Managerial incentives for short-term results. *Journal of Finance*, 40, 5 (December): 1469–1484.

Narayanan, M. P. 1996. Form of compensation and managerial decision horizon. *Journal of Financial and Quantitative Analysis*, 31, 4 (December): 467–491.

Narayanan, M. P. and Nejat H. Seyhun. 2006. The dating game: do managers designate option grant dates to increase their compensation? SSRN. com/abstract=896164.

Narayanan, M. P., Cindy A. Schipani, and H. Nejat Seyhun. 2006. The economic impact of backdating of executive stock options. *The Michigan Law Review*, 105, 8 (June): 1597–1641.

Narayanan, M. P. and Nejat H. Seyhun. 2005. Effect of Sarbanes-Oxley Act on the influencing of executive compensation. SSRN. com/abstract=852964.

Narayanan, Ranga. 2000. Insider trading and the voluntary disclosure of information by firms. *Journal of Banking and Finance*, 24, 3 (March): 395–425.

Narayanan, V. G. and Antonio Davila. 1998. Using delegation and control systems to mitigate the trade-off between the performance-evaluation and belief-revision uses of accounting signals. *Journal of Accounting and Economics*, 25, 3 (June): 255–282.

Natarajan, Ramachandran. 2004. Informativeness of performance measures in the presence of reporting discretion. *Journal of Accounting, Auditing and Finance*, 19, 1 (Winter): 61–83.

Navissi, Farshid. 1999. Earnings management under price regulation. *Contemporary Accounting Research*, 16, 2 (Summer): 281–304.

Ndubizu, Gordian A. 2007. Do cross-border listing firms manage earnings or seize a window of opportunity? *The Accounting Review*, July, forthcoming.

Ndubizu Gordian A., and Yongtao Hong. 2007. Is earnings management at the cross-listing period informative? Working paper, Drexel University.

Neill, John D., Susan G. Pourciau, and Thomas F. Schaefer. 1995. Accounting method choice and IPO valuation. *Accounting Horizons*, 9, 3 (September): 68–80.

Nelson, Mark. 2006. Response. Ameliorating conflicts of interests in auditing: Effects of recent reforms on auditors and their clients. *The Academy of Management Review*, 31, 1: 30–42.

Nelson, Mark W., John A. Elliott, and Robin L. Tarpley. 2002. Evidence from auditors about managers' and auditors' earnings management decisions. *The Accounting Review*, 77 (Supplement): 175–202.

Nelson, Mark W., John A. Elliott, and Robin L. Tarpley. 2003. How are earnings managed: Examples from auditors. *Accounting Horizons*, 17 (Supplement): 17-35.

Newkirk, Thomas C. and Melissa A. Robertson. 1998. Insider trading—A U. S. perspective. A speech given at the 16th International Symposium on Economic Crime. Jesus College, Cambridge, England. http://www.sec.gov/news/speech/speecharchive/1998/spch221.htm.

Newman, Paul. 1988. Discussion of "An explanation for accounting income smoothing". *Journal of Accounting Research*, 26, 3 (Supplement): 140-143.

Newman, Paul. 1998. Discussion of "Performance measure manipulation." *Contemporary Accounting Research*, 15, 3 (Fall): 287-290.

Newman, Paul and Richard Sansing. 1993. Disclosure policies with multiple users. *Journal of Accounting Research*, 31, 1 (Spring): 92-112.

Nichols, Donald R. and David B. Smith. 1983. Auditor credibility and auditor changes. *Journal of Accounting Research*, 21, 2 (Autumn): 534-544.

Nichols, Nancy, Sid B. Gray, and Donna L. Street. 2005. Pro forma adjustments to GAAP earnings: An analysis of specific adjustments, materiality, and SEC action. *Research in Accounting Regulation*, 18: 29-52.

Nicolaisen, Donald T. 2004. Keynote speech at 11th Annual Midwestern Financial Reporting Symposium. http://www.sec.gov/news/speech/spch100704dtn.htm.

Niehaus, Greg and Greg Roth. 1999. Insider trading, equity issues, and CEO turnover in firms subject to securities class actions. *Financial Management*, 28, 4 (Winter): 52-72.

Niskanen, William A. (ed.) 2005. *After Enron: Lessons for Public Policy*. Lanham, MD: Rowman & Littlefield Publishers, Inc.

Nissim, Doron and Stephen H. Penman. 2001. Ratio analysis and equity valuation: From research to practice. *Review of Accounting Studies*, 6, 1 (March): 109-154.

Niu, Flora. 2006. Corporate governance and the quality of accounting earnings: A Canadian perspective. AAA 2006 Annual Meeting Paper, Washington, DC.

Noe, Christopher F. 1999. Voluntary disclosures and insider transactions. *Journal of Accounting and Economics*, 27, 3 (July): 305-326.

Nofsinger, John R. and Kenneth A. Kim. 2003. *Infectious Greed: Restoring Confidence in America's Companies.* Upper Saddle River, NJ: Prentice-Hall.

Nofsinger, John R. and Richard W. Sias. 1999. Herding and feedback trading by institutional and individual investors. *Journal of Finance*, 54, 6 (December): 2263-2295.

Nohel, Tom and Steven K. Todd. 2002. Compensation for managers with career concerns: The role of stock option in optimal contracts. SSRN.com/abstract=299991.

Nwaeze, Emeka T. 2001. The adjustment process of accruals: Empirical evidence and implication for accrual research. *Review of Quantitative Finance and Accounting*, 17, 2 (September): 187–211.

O'Brien, Patricia and Ravi Bhushan. 1990. Analyst following and institutional ownership. *Journal of Accounting Research*, 28, 3 (Supplement): 55–82.

O'Brien, Patricia C., Maureen F. McNichols, and Hsiou-Wei Lin. 2005. Analyst impartiality and investment banking relationships. *Journal of Accounting Research*, 43, 4 (September): 623–650.

O'Connell, Brendan T. 2004. Enron. Con: "He that filches from me my good name... makes me poor indeed." *Critical Perspectives on Accounting*, 15, 6–7 (August): 733–749.

O'Connor, Sean M. 2002. The inevitability of Enron and the impossibility of "auditor independence" under the current audit system. SSRN. com/abstract=303181.

Oded, Jacob and Yu Wang. 2005. Large shareholders' activism and corporate valuation. Working paper, Boston University.

Odegaard, Bernt Arne and øyvind Bøhren. 2003. Governance and performance revisited. ECGI-Finance Working Paper No. 28/2003; EFA 2003 Annual Conference Paper No. 252. SSRN. com/abstract=423461.

OECD. 2004. *OECD Principles of Corporate Governance.* Organization for Economic Co-Operation and Development.

Oesterle, Dale A. 2006. The high cost of IPOs depresses venture capital in the United States. Ohio State Public Law Working Paper No. 75. SSRN. com/abstract=923572.

Ofek, Eli and David Yermack. 2000. Taking stock: Equity-based compensation and the evolution of managerial ownership. *Journal of Finance*, 55, 3 (June): 1367–1384.

Ofer, Aharon and Daniel Siegel. 1987. Corporate financial policy, information, and market expectations: An empirical investigation of dividends. *Journal of Finance*, 42, 4 (September): 889–911.

O'glove, Thornton L. (with R. Sobel). 1987. *Quality of Earnings: The Investor's Guide to How Much Money a Company is Really Making.* New York: Free Press.

Ogneva, Maria, K. R. Subramanyam, and Kannan Raghunandan. 2006. Internal control weakness and cost of equity: Evidence from SOX section 404 disclosures. AAA 2006 Financial Accounting and Reporting Section (FARS) Meeting Paper. SSRN. com/abstract=766104.

Omer, Thomas C., Jean C. Bédard, and Diana Falsetta. 2006. Auditor-provided tax services: The effects of a changing regulatory environment. *The Accounting Review*, 81, 5 (October): 1095–1117.

Oswald, Dennis R. and Paul Zarowin. 2005. Capitalization vs. expensing of R&D and earnings management. Working Paper, Stanford University.

Owers, James E., Chen-Miao Lin, and Ronald C. Rogers. 2004. The informational content and valuation ramifications of earnings restatements. *International Business and Economics Research Journal*, 1, 5: 71-84.

Oyer, Paul. 1998. Fiscal year ends and non-linear incentive contracts: The effect on business seasonality. *Quarterly Journal of Economics*, 113, 1 (February): 149-185.

Palepu, Krishna G., Paul M. Healy, and Victor Bernard. 2003. *Business Analysis and Valuation: Using Financial Statements.* Belmont, CA: SouthWestern College Publishing.

Palmon, Oded and John K. Wald. 2002. Are two heads better than one? The impact of changes in management structure on performance by firm size. *Journal of Corporate Finance*, 8, 3 (July): 213-226.

Palmrose, Zoe-Vonna. 1988. An analysis of auditor litigation and audit service quality. *The Accounting Review*, 63, 1 (January): 55-73.

Palmrose, Zoe-Vonna, Vernon Richardson, and Susan Scholz. 2004. Determinants of market reactions to restatement announcements. *Journal of Accounting and Economics*, 37, 1 (February): 59-89.

Palmrose, Zoe-Vonna and Susan W. Scholz. 2004. The circumstances and legal consequences of non-GAAP reporting: Evidence from restatements. *Contemporary Accounting Research*, 21, 1 (Spring): 139-180.

Papanastasopoulos, George A., Dimitrios D. Thomakos, and Tao Wang. 2007. The implications of retained and distributed earnings for future profitability and market mispricing. SSRN. com/abstract=882108.

Paredes, Troy A. 2003. Blinded by the light: Information overload and its consequences for securities regulation. *Washington University Law Quarterly*. SSRN. com/abstract=413180.

Parfet, William U. 2000. Accounting subjectivity and earnings management: A preparer perspective. *Accounting Horizons*, 14, 4 (December): 481-488.

Park, Eun-Soo. 1995. Incentives contracting under limited liability. *Journal of Economics and Management Strategy*, 4, 3 (September): 477-490.

Park, Myung Seok and Taewoo Park. 2004. Insider sales and earnings management. *Journal of Accounting and Public Policy*, 23, 5 (September-October): 381-411.

Parker, Susan S. 1997. The effect of audit committees on financial reporting. A Ph. D. dissertation. University of Oregon.

Parrino, Robert, Richard Sias, and Laura T. Starks. 2003. Voting with their feet: Institutional ownership changes around forced CEO turnover. *Journal of Financial Economics*,

68, 1 (April): 3-46.

Pastena, Victor and Joshua Ronen. 1979. Some hypotheses on the pattern of management informal disclosures. *Journal of Accounting Research*, 17, 2 (Autumn): 550-564.

Pastor, María Jesús, and Francisco Poveda. 2005. Earnings management as an explanation of the equity issue puzzle. *IVIE* Working paper, 2005-04.

Paton, William Andrew. 1922. *Accounting Theory*. Houston, TX: Scholars Book, Co.

Paul, Donna. 2001. Board composition and corrective action: Evidence from corporate responses to bad acquisition bids. Working Paper, Babson College.

Pavlik, Ellen L., Thomas W. Scott, and Peter Tiessen. 1993. Executive compensation: Issues and research. *Journal of Accounting Literature*, 12: 131-189.

Payne, Jeff A. and Sean W. G. Robb. 2000. Earnings management: The effect of ex-ante earnings expectations. *Journal of Accounting, Auditing and Finance*, 15, 4 (Fall): 371-392.

Peltier-Rivest, Dominic. 2002. Implicit claim incentives on the accounting choices of troubled companies. *Journal of Forensic Accounting*, III, 2 (December): 165-184.

Peltier-Rivest, Dominic and Steve Swirsky. 2000. Earnings management in healthy firms. *Quarterly Journal of Business and Economics*, 39, 4 (Autumn): 21-37.

Peng, Lin and Alisa A. R. ell. 2006. Executive pay, earnings manipulation and shareholder litigation. AFA 2005 Meeting Paper. SSRN. com/abstract=488148.

Penman, Stephen H. 1980. An empirical investigation of the voluntary disclosure of corporate earnings forecasts. *Journal of Accounting Research*, 18, 1 (Spring): 132-160.

Penman, Stephen H. and Xiao-Jun Zhang. 2002. Accounting conservatism, the quality of earnings, and stock returns. *The Accounting Review*, 77, 2 (April): 237-264.

Penno, Mark. 1987. Accrual accounting in a principal-agent setting. Working paper, University of Chicago.

Perino, Michael A. 2003. American corporate reform abroad: Sarbanes-Oxley and the foreign private issuer. *European Business Organization Law Review*, 4, 2 (October): 213-244.

Perino, Michael A. 2006. Enron's legislative aftermath: Some reflections on the deterrence aspects of the Sarbanes-Oxley Act of 2002. Columbia Law and Economics Working Paper No. 212; St. John's Legal Studies Research Paper. SSRN. com/abstract=350540.

Perry, Susan E. and Thomas H. Williams. 1994. Earnings management preceding management buyout offers. *Journal of Accounting and Economics*, 18, 2 (September): 157-179.

Perry, Tod. 2000. Incentive compensation for outside directors and CEO turnover. Presented at Tuck-JFE Contemporary Corporate Governance Conference. SSRN. com/

abstract = 236033.

Perry, Tod and Urs Peyer. 2005. Board seat accumulation by executives: A shareholder's perspective. *Journal of Finance*, 60, 4 (August): 2083–2123.

Perry, Tod and Anil Shivdasani. 2005. Do boards affect performance? Evidence from corporate restructuring. *The Journal of Business*, 78, 4 (July): 1403–1432.

Perry, Tod and Marc Zenner. 2001. Pay for performance? Government regulation and the structure of compensation contracts. *Journal of Financial Economics*, 62, 3 (December): 453–488.

Persons, Obeua S. 2006. The effects of fraud and lawsuit revelation on U. S. executive turnover and compensation. *Journal of Business Ethics*, 64, 4 (April): 405–419.

Petroni, Ruby K. 1992. Optimistic reporting in the property-casualty insurance industry. *Journal of Accounting and Economics*, 15, 4 (December): 485–508.

Petroni, Kathy and Mark Beasley. 1996. Errors in accounting estimates and their relation to audit firm type. *Journal of Accounting Research*, 34, 1 (Spring): 151–171.

Petroni, Kathy R., Stephen G. Ryan, and James M. Wahlen. 2000. Discretionary and nondiscretionary revisions of loss reserves by property-casualty insurers: Differential implications for future profitability, risk and market value. *Review of Accounting Studies*, 5, 2 (June): 95–125.

Phillips, John D., Morton P. K. Pincus, Sonja O. Rego, and Huishan, Wan. 2004. Decomposing changes in deferred tax assets and liabilities to isolate earnings management activities. *The Journal of the American Taxation Association*, 26 (Supplement): 43–66.

Pierce-Brown, Rhoda and Tony Steele. 1999. The economics of accounting for growth. *Accounting and Business Research*, 29, 2 (Spring): 157–173.

Pijper, Trevor. 1994. Creative Accounting: *The Effectiveness of Financial Reporting in the UK*. London: Macmillan.

Pincus, Morton and Sivaram Rajgopal. 2002. The interaction between accrual management and hedging: Evidence from oil and gas firms. *The Accounting Review*, 77, 1 (January): 127–160.

Pincus, Morton, Sivaram Rajgopal, and Mohan Venkatachal. 2007. The accrual anomaly: International evidence. *The Accounting Review*, 82, 1 (January): 169–203.

Piotroski, Joseph D. and Darren T. Roulstone. 2005. Do insider trades reflect both contrarian beliefs and superior knowledge about future cash flow realizations? *Journal of Accounting and Economics*, 39, 1 (February): 55–81.

Poitras, Geoffrey, Trevor Wilkins, and Yoke Shang Kwan. 2002. The timing of asset sales: Evidence of earnings management? *Journal of Business Finance and Accounting*, 29, 7/8 (August/September): 903–934.

Pope, Peter F. and Martin Walker. 1999. International differences in the timeliness, conservatism and classification of earnings. *Journal of Accounting Research*, 37, 3 (Supplement): 53–87.

Potter, Gordon. 1992. Accounting earnings announcements, institutional investor concentration, and common stock returns. *Journal of Accounting Research*, 30, 1 (Spring): 146–155.

Povel, Paul, Rajdeep Singh, and Andrew Winton. 2005. Booms, busts, and fraud. Working Paper, University of Minnesota.

Pozen, Robert. 2004. Can European companies escape U. S. listings? Harvard Law and Economics Discussion Paper, 464. SSRN. com/abstract=511942.

Prendergast, Canice. 2000. What trade-off of risk and incentives? *The American Economic Review*, 90, 2 (May): 421–425.

Prendergast, Canice. 2002. The tenuous trade-off between risk and incentives. *Journal of Political Economy*, 110, 5 (October): 1071–1102.

PricewaterhouseCoopers LLP. 2000. *Securities Litigation Study.*

Pourciau, Susan. 1993. Earnings management and nonroutine executive changes. *Journal of Accounting and Economics*, 16, 1–3 (January-July): 317–336.

Pownell, Grace, Charles Wasley, and Gregory Waymire. 1993. The stock price effect of alternative types of management earnings forecasts. *The Accounting Review*, 68, 4 (October): 896–912.

Pownall, Grace and Gregory Waymire. 1989. Voluntary disclosure credibility and securities prices: Evidence from management earnings forecasts. *Journal of Accounting Research*, 27, 2 (Autumn): 227–245.

Press, Eric G. and Thomas D. Dowdell. 2004. The impact of SEC scrutiny on financial statement reporting of in-process research and development expense. *Journal of Accounting and Public Policy*, 23, 3 (May-June): 227–244.

Raghunandan K. and Dasaratha Rama. 2006. SOX Section 404 material weakness disclosures and audit fees. *Auditing: A Journal of Practice and Theory*, 25, 1 (May): 99–114.

Raheja, Charu G. 2005. Determinants of board size and composition: A theory of corporate boards. *Journal of Financial and Quantitative Analysis*, 40, 2 (June): 283–306.

Rahman, Rashidah Abdul and Afidah Abu Bakar. 2002. Earnings management and acquiring firms preceding acquisitions in Malaysia. Working Paper presented at 2002 APFA/PACAP/FMA Finance International Conference, Tokyo, Japan.

Raith, Michael A. 1996. A general model of information sharing in oligopoly. *Journal of Economic Theory*, 71, 1 (October): 260–288.

Raith, Michael A. 2003. Competition, risk and managerial incentives. *American Economic Review*, 93, 4 (September): 1425-1436.

Rajan, Madhav V. and Bharat Sarath. 1996. Limits to voluntary disclosure in efficient markets. *Journal of Accounting, Auditing and Finance*, 11, 3 (Summer): 361-387.

Rajgopal, Shivaram and Terry Shevlin. 2002. Empirical evidence on the relation between stock option compensation and risk taking. *Journal of Accounting and Economics*, 33, 2 (June): 145-171.

Rajgopal, Shivaram and Mohan Venkatachalam. 1997. The role of institutional investors in corporate governance: An empirical investigation. SSRN. com/abstract = 130901.

Rajgopal, Shivaram, Mohan Venkatachalam, and Suresh Kotha. 2002. Managerial actions, stock returns, and earnings: The case of business-to-business internet firms. *Journal of Accounting Research*, 40, 2 (May): 529-556.

Rama, Dasaratha V. and William J. Read. 2006. Resignations by the big 4 and the market for audit services. *Accounting Horizons*, 20, 2 (June): 97-109.

Ramakrishnan, Ram. 1998. Valuation of permanent, transitory, and price-irrelevant components of reported earnings. *Journal of Accounting, Auditing and Finance*, 13, 3 (Summer): 301-336.

Ramakrishnan, Ram and Anjan V. Thakor. 1982. Moral hazard, agency costs, and asset prices in a competitive equilibrium. *Journal of Financial and Quantitative Analysis*, 17, 4 (November): 503-532.

Ramakrishnan, Ram and Anjan V. Thakor. 1984. The valuation of assets under moral hazard. *Journal of Finance*, 39, 1 (March): 229-238.

Ramasastry, Ambarish, Kose John, and Joseph Williams. 1987. Efficient signaling with dividends and investments. *Journal of Finance*, 42, 2 (June): 321-343.

Ramsay, Ian Malcolm, Geof Stapledon, and Kenneth Fong. 2000. Corporate governance: The perspective of Australian institutional shareholders. *Company and Securities Law Journal*, 18, 2 (March): 110-142.

Ramesh, K. and Lawrence Revsine. 2000. The effects of regulatory and contracting costs on banks' choice of accounting method for other postretirement employee benefits. *Journal of Accounting and Economics*, 30, 2 (October): 159-186.

Rangan, Srinivasan. 1998. Earnings management and the performance of seasoned equity offerings. *Journal of Financial Economics*, 50, 1 (October): 101-122.

Ranjani, Krishnan, Michelle H. Yetman, and Robert J. Yetman. 2006. Expense misreporting in nonprofit organizations. *The Accounting Review*, 81, 2 (March): 399-420.

Rayburn, Judy and Stefanie Lenway. 1992. An investigation of the behavior of accruals in the semiconductor industry. *Contemporary Accounting Research*, 9, 3 (Fall): 237-251.

Rees, Lynn L. 2005. Abnormal returns from predicting earnings thresholds. *Review of Accounting Studies*, 10, 4 (December): 465–496.

Rees, Lynn L., Susan Gill, and Richard Gore. 1996. An investigation of asset write-downs and concurrent abnormal accruals. *Journal of Accounting Research*, 34 (Supplement): 157–169.

Rees, Lynn L. and Shiva Sivaramkrishnan. 2006. The effect of meeting or beating revenue forecasts on the association between quarterly returns and earnings forecast errors. *Contemporary Accounting Research*, 24, 1 (Spring): 259–290.

Reichelstein, Stephen. 2000. Providing managerial incentives: Cash flows versus accrual accounting. *Journal of Accounting Research*, 38, 2 (Autumn): 243–270.

Reingold, Daniel and Jennifer Reingold. 2006. *Confessions of a Wall Street Analyst*: A true story of inside Information and Corruption in the Stock Market. New York: Harper Collins.

Reitenga, Austin, Steve Buchheit, Qin Jennifer Yin, and Terry Baker. 2002. CEO bonus pay, tax policy, and earnings management. *Journal of the American Taxation Association*, 24, 2 (Supplement): 1–25.

Reitenga, Austin L. and Michael G. Tearney. 2003. Mandatory CEO retirements, discretionary accruals, and corporate governance mechanisms. *Journal of Accounting, Auditing and Finance*, 18, 2 (Spring): 255–280.

Revsine, Lawrence. 1991. The selective financial misrepresentation hypothesis. *Accounting Horizons*, 5, 4 (December): 16–27.

Revsine, Lawrence. 2002. Enron: Sad but inevitable. *Journal of Accounting and Public Policy*, 21, 2 (Summer) 137–145.

Reynolds, Kenneth J. and Jere R. Francis. 2000. Does size matter? The influence of large clients on office-level auditor reporting decisions. *Journal of Accounting and Economics*, 30, 3 (December): 375–400.

Reynolds, Kenneth J., D. Deis, and Jere R. Francis. 2004. Professional service fees and auditor objectivity. *Auditing: A Journal of Practice and Theory*, 23, 1 (Spring): 29–52.

Rezaee, Zabihollah and Pankaj K. Jain. 2006. The Sarbanes-Oxley Act of 2002 and security market behavior: Early evidence. *Contemporary Accounting Research*, 23, 3 (Fall): 629–654.

Riahi-Belkaoui, Ahmed. 2004. What is puzzling with this picture? The determinants of earnings opacity internationally. SSRN. com/abstract=483983.

Ribstein, Larry E. 2002. Market vs. regulatory responses to corporate fraud: A critique of the Sarbanes-Oxley Act of 2002. *Journal of Corporation Law*, 28 (September): 1–74.

Ribstein, Larry E. 2003. International implications of Sarbanes-Oxley: Raising the rent on U. S. law. *Journal of Corporate Law Studies*, 3, 2: 299–327.

Ribstein, Larry E. 2005. Sarbanes-Oxley after three years. Illinois Law & Economics Research Paper No. LE05–016. SSRN. com/abstract=746884.

Richardson, Scott A. 2003. Earnings quality and short sellers. *The Accounting Horizons*, 17 (Supplement): 49–61.

Richardson, Scott Anthony, Richard G. Sloan, Mark T. Soliman, and Irem A. Tuna. 2006. The implications of accounting distortions and growth for accruals and profitability. *The Accounting Review*, 81, 3 (May): 713–743.

Richardson, Scott Anthony, Siew Hong Teoh, and Peter D. Wysocki. 2004. The walkdown to beatable analyst forecasts: The role of equity issuance and insider trading incentives. *Contemporary Accounting Research*, 21, 4 (Winter): 885–924.

Richardson, Scott Anthony, Irem A. Tuna, and Min Wu. 2002. Predicting earnings management: The case of restatements. SSRN. com/abstract=338681.

Richardson, Vernon J. 2000. Information asymmetry and earnings management: Some evidence. *Review of Quantitative Finance and Accounting*, 15, 4 (December): 325–347.

Richardson, Vernon J. and James F. Waegelein. 2002. The influence of long-term performance plans on earnings management and firm performance. *Review of Quantitative Finance and Accounting*, 18, 2 (March): 161–183.

Riedl, Edward J. 2004. An examination of long-lived asset impairments. *The Accounting Review*, 79, 3 (July): 823–852.

Riedl, Edward J. and Suraj Srinivasan. 2006. The strategic reporting of special items: Does management presentation reflect underlying firm performance or opportunism? SSRN. com/abstract=923898.

Ritter, Jay R. 1998. Initial public offerings. *Contemporary Finance Digest*, 2, 1 (Spring): 5–30.

Ritter, Jay R. and Ivo Welch. 2002. A review of IPO activity, pricing, and allocations. *The Journal of Finance*, 57, 4 (August): 1795–1828.

Robb, Sean W. G. 1998. The effect of analysts' forecasts on earnings management in financial institutions. *Journal of Financial Research*, 21, 3 (Fall): 315–331.

Roberts, Gordon S. and Kamphol Panyagometh. 2003. Private information, agency problems and determinants of loan syndications. SSRN. com/abstract=310003.

Roberts, Michael R. and Sudheer Chava. 2006. Is financial contracting costly? An empirical analysis of debt covenants and corporate investment. AFA 2007 Chicago Meeting Paper. SSRN. com/abstract=854324.

Roe, Mark J. 1991. A political theory of American corporate finance. *Columbia Law Re-*

view, 91 (January): 10-67. Working Paper, Columbia University.

Rogerson, William. 1985a. Repeated moral hazard. *Econometrica*, 53, 1 (January): 69-76.

Rogerson, William. 1985b. The first-order approach to principal-agent problems. *Econometrica*, 53, 6 (December): 1357-1367.

Romano, Roberta. 1991. The shareholder suit: Litigation without foundation? *Journal of Law, Economics, and Organization*, 7, 1 (Spring): 55-87.

Romano, Roberta. 2001. Less is more: Making institutional investor activism a valuable mechanism of corporate governance. *Yale Journal on Regulation*, 18, 2 (Summer): 174-251.

Romano, Roberta. 2005. The Sarbanes-Oxley Act and the making of quack corporate governance. *Yale Law Journal* (June). SSRN. com/abstract=749524.

Ronen, Joshua. 1979. The dual role of accounting: A financial economic perspective. In Amsterdam: James L. Bicksler, ed. Handbook of Financial Economics. North-Holland. 415-454.

Ronen, Joshua. 2002a. Market solution to the accounting crisis. *New York Times*, March 8, 2002, Section A, 21.

Ronen, Joshua. 2002b. Policy reforms in the aftermath of accounting scandals. *Journal of Accounting and Public Policy*, 21, 4-5 (Summer): 281-286.

Ronen, Joshua. 2002c. Post-Enron reform: Financial statement insurance, and GAAP revisited. *Stanford Journal of Law, Business & Finance*, 8, 1 (Autumn): 1-30.

Ronen, Joshua, and Kenneth A. Sagat. 2007. The public auditor as an insurer of client restatements: A radical proposal for reform. *Journal of Accounting, Auditing and Finance*, forthcoming.

Ronen, Joshua, Joseph Tzur, and Varda Lewinstein Yaari. 2006. The effect of directors' equity incentives on earnings management. *Journal of Accounting and Public Policy*, 25, 4 (July-August): 359-389.

Ronen, Joshua, Joseph Tzur, and Varda Lewinstein Yaari. 2007. Legal insider trading, CEO's incentives, and quality of earnings. *Corporate Governance and Control*, 4 (Spring): 210-219.

Ronen, Joshua. 2005. Accounting for share-based payments. SSRN. com/abstract = 934437. Ronen, Joshua and Arnold Berman. 2004. Musing on post Enron reforms. *Journal of Accounting, Auditing and Finance*, 19, 3 (Summer): 331-342.

Ronen, Joshua, Simcha Sadan, and Charles Snow. 1977. Income smoothing—A review. *The Accounting Journal*, 1, 1 (Spring): 11-26.

Ronen, Joshua, and Varda Lewinstein Yaari. 1993. The disclosure policy of the firm in an efficient market. *Review of Quantitative Finance and Accounting*, 3, 3 (September): 311-324.

Ronen, Joshua, and Varda L. Yaari. 2001. Limited-liability contracts with earnings management. SSRN. com/abstract = 255274. AAA 2001 Annual Meeting Paper, Atlanta, Georgia.

Ronen, Tavy, Joshua Ronen, and Varda Lewinstein Yaari. 2003. The effect of voluntary disclosure and preemptive preannouncements on earnings response coefficients (ERC) when firms manage earnings. *Journal of Accounting, Auditing and Finance*, 18, 3 (Summer): 379-410.

Roosenboom, Peter, Tjalling van der Goot, and Gerard Mertens. 2002. Earnings management and the fortunes of IPOs: A tale of two forms. Working Paper, Tilburg University.

Roosenboom, Peter, Tjalling van der Goot, and Gerard Mertens. 2003. Earnings management and initial public offerings: Evidence from the Netherlands. *The International Journal of Accounting*, 38, 3 (Autumn): 243-266.

Rose, Paul. 2005. Balancing public market benefits and burdens for smaller companies post-Sarbanes-Oxley. *Willamette Law Review*, 41, 3 (Summer). SSRN. com/ abstract= 668062.

Rosenstein, Stuart and Jeffrey G. Wyatt. 1990a. Outside directors, board independence and shareholder wealth. *Journal of Financial Economics*, 26, 2 (August): 175-191.

Rosenstein, Stuart and Jeffrey G. Wyatt. 1990b. Inside directors, board independence, and shareholder wealth. *Journal of Financial Economics*, 44, 2 (May): 229-250.

Rosner, Rebecca L. 2003. Earnings manipulation in failing firms. *Contemporary Accounting Research*, 20, 2 (Summer): 361-408.

Roulstone, Darren T. 2003. The relation between insider-trading restrictions and executive compensation. *Journal of Accounting Research*, 41, 3 (June): 525-551.

Roychowdhury, Sugata. 2006. Earnings management through real activities manipulation. *Journal of Accounting and Economics*, 42, 3 (December): 335-370.

Roychowdhury, Sugata and Ross L. Watts. 2007. Asymmetric timeliness of earnings, market-to-book and conservatism in financial reporting. *Journal of Accounting and Economics*, 44, 1-2 (September): 2-31.

Rubinstein, Ariel and Menachem Yaari. 1983. Repeated insurance contracts and moral hazard. *Journal of Economic Theory*, 30, 1 (June): 74-97.

Ruddock, Caitlin, M. S. and Sarah J. Taylor. 2006. Non-audit services and earnings conservatism: Is auditor independence impaired? *Contemporary Accounting Research*, 23, 3 (Autumn): 701-746.

Ruland, William, Samuel Tung, and Nashwa E. Georege. 1990. Factors associated with the disclosure of managers' forecasts. *The Accounting Review*, 65, 3 (July): 710–721.

Russ, Tobert W. 2005. SEC regulation of corporate 10K filing dates: The effect on earnings management and market recognition. A Ph. D. dissertation. Marietta College.

Ryan, Stephen G., Baruch Itamar Lev, and Min Wu. 2006. Rewriting earnings history. SSRN. com/abstract=878690.

Ryan, Stephen G. and Paul Zarowin. 2003. Why has the contemporaneous linear returns-earnings relation declined? *The Accounting Review*, 78, 2 (April): 523–553.

Safdar, Irfan. 2003. Stock option exercise, earnings management, and abnormal stock returns. Simon Business School Working Paper FR 03-31. SSRN. com/abstract=468561.

Sainty, Barbara J., Gary K. Taylor, and David D. Williams. 2002. Investors dissatisfaction toward auditors. *Journal of Accounting, Auditing and Finance*, 17, 2 (Spring): 111–136.

Salmon, Walter J. 1993. Crisis prevention: How to gear up your board? The fight for good governance. *Harvard Business Review* (January/February): 68–83.

Sankar, Mandira Roy. 1995. Disclosure of predecision information in a duopoly. *Contemporary Accounting Research*, 11, 2 (Spring): 829–859.

Sankar, Mandira Roy. 1999. The impact of alternative forms of earnings management on the return-earnings relation. SSRN. com/abstract=146732.

Sankar, Mandira Roy and K. R. Subramanyam. 2001. Reporting discretion and private information communication through earnings. *Journal of Accounting Research*, 39, 2 (Fall): 365–386.

Sappington, David E. M. 1991. Incentives in principal-agent relationships. *Journal of Economic Perspectives*, 5, 2 (Spring): 45–66.

Sarath, Bharat and Ramachandran Nagarajan. 1996. Unobservable risk preferences and value of information in financial markets with adverse selection. *Journal of Accounting, Auditing and Finance*, 11, 2 (Spring): 197–222.

Sarbanes-Oxley Act of July 2002. Public Company Accounting Reform and Investor Protection Act of 2002.

Saudagaran, Shahrokh M. and James F. Sepe. 1996. Replication of Moses' income smoothing test with Canadian and UK data: A note. *Journal of Business Finance and Accounting*, 23, 8 (October): 1219–1222.

Saul, Ralph S. 1996. Commentary: What ails the accounting profession? *Accounting Horizons*, 10, 2 (June): 131–137.

Sawicki, Julia. 2005. Are insider trades and earnings management related? SSRN. com/abstract=740864.

Schadler, Fredrick P. and Timothy L. Manuel. 1994. Underwriter choice and announcement effects for seasoned equity offerings. *Journal of Financial and Strategic Decisions*, 7, 2 (Summer): 53-65.

Scharfstein, David S. 1988. Product-market competition and managerial slack. *Rand Journal of Economics*, 19 (Spring): 147-155.

Schelleman, Caren and Robert W. Knechel. 2005. The impact of potential earnings management on the pricing and production of audit services. www. isarhq. org/ papers/ Schelleman. doc.

Schilit, Howard M. 2002. *Financial Shenanigans: How to Detect Accounting Gimmicks and Fraud in Financial Reports.* Second edition. New York: McGraw Hill (1st edition 1993).

Schipper, Katherine. 1989. Commentary on earnings management. *Accounting Horizons*, 3, 4 (December): 91-102.

Schipper, Katherine and Linda Vincent. 2003. Earnings quality. *Accounting Horizons* (Earnings Quality Supplement): 97-110.

Schloetzer, Jason D. 2006. Arthur Andersen, SOX Section 404 and auditor turnover: Theory and evidence. SSRN. com/abstract=870586.

Schmidt, Klaus M. 1997. Managerial incentives and product market competition. *The Review of Economic Studies*, 64, 2 (April): 191-213.

Sch. ler, Finn. 2005. Earnings management to avoid earnings decreases and losses. Working Paper. Financial Reporting Research Group, Working Paper No. 2005-03, Aarhus School of Business.

Scholes, Myron S., Peter G. Wilson, and Mark A. Wolfson 1992. Firms responses to anticipated reductions in tax rates: The Tax Reform Act of 1986. *Journal of Accounting Research*, 30 (Supplement): 161-185.

Schonfeld, E. 1998. The guidance game. *Fortune*, December 21: 256-257.

Schrand, Catherine M. 2004. Discussion of firms' voluntary recognition of stock-based compensation expense. *Journal of Accounting Research*, 42, 2: 151-158.

Schrand, Catherine M. and Robert E. Verrecchia. 2002. Disclosure choice and cost of capital: Evidence from underpricing in initial public offerings. SSRN. com/ abstract= 316824.

Schwartz, Rachel. 1997. Legal regimes, audit quality and investment. *The Accounting Review*, 72, 3 (July): 385-406.

Schwarzkopf, David L. and Hugh M. Miller. 2005. Early evidence of how Sarbanes-Oxley implementation affects individuals and their workplace relationships. *Business and Society Review*, 110, 1 (February): 21-45.

Scott, William R. 1997. *Financial Accounting Theory.* Second edition. Upper Saddle River,

NJ: Prentice Hall.

Scott, William R. 2003. *Financial Accounting Theory*. Third edition. Upper Saddle River, NJ: Prentice Hall.

Securities and Exchange Rule 14a-8 in Release 34-40018, dated May 21, 1998. Securities and Exchange Commission.

Seetharaman, Ananth, Ferdinand A. Gul, and Stephen G. Lynn. 2002. Litigation risk and audit fees: Evidence from UK firms cross-listed on US markets. *Journal of Accounting and Economics*, 33, 1 (February): 91–115.

Seida, Jim A. and William F. Wempe. 2004. Investors' and managers' reactions to corporate inversion transactions. Working Paper, University of Notre Dame, Indiana, and Texas Christian University, Forth Worth, Texas.

Selective Disclosure and Insider Trading, Securities and Exchange Commission, 17 CFR Parts 240, 243, and 249. Release Nos. 33-7881, 34-43154, IC-24599, File S7-31-99 RIN 3235-AH82.

Selten, Reinhard. 1965. Spieltheoretische behandlung eines oligopolmodels mit nachfragetragheit. *Zeitschrifi fur die Gesamte Staatswissenschaft*, 121: 301–324.

Selten, Reinhard. 1975. Reexamination of the perfectness concept for equilibrium points in extensive games. *International Journal of Game Theory*, 4, 1 (March): 25–55.

Seyhun, Nejat H. 1988. *Investment Intelligence from Insider Trading*. Cambridge, MA: MIT Press.

Seyhun, Nejat H. 1992. The effectiveness of the insider trading sanctions. *The Journal of Law and Economics*, 35, 1 (April): 149–182.

Seyhun, Nejat H. 2000. *Investor Intelligence from Insider Trading*. Cambridge, MA: The MIT Press.

Seyhun, Nejat H., and Michael Bradley. 1997. Corporate bankruptcy and insider trading. *The Journal of Business*, 70, 2 (April): 189–216.

Shackelford, Douglas A. 1996. Earnings, regulatory capital, and tax management. *Journal of Accounting and Economics*, 22, 1-3 (August-December): 241–247.

Shackelford, Douglas A. 1999. Discussion of "The effects of taxes, agency costs and information asymmetry on earnings management: A comparison of public and private firms." *Review of Accounting Studies*, 4, 3-4 (December): 327–329.

Shackelford, Douglas A. and Terry Shevlin. 2001. Empirical tax research in accounting. *Journal of Accounting and Economics*, 31, 1-3 (September): 321–387.

Shafer, William E. 2002. Effects of materiality, risk, and ethical perceptions on fraudulent reporting by financial executives. *Journal of Business Ethics*, 38, 3 (July): 241–260.

Shah, Atul K. 1996. Creative compliance in financial reporting: *Accounting Organizations and Society*, 21, 1 (January): 23–39.

Shane, Philip B., Naomi S. Soderstrom, and SungWook Yoon. 2001. Earnings and price discovery in the post-Reg. FD information environment: A preliminary analysis SSRN. com/abstract=291082.

Shang, Alfred. 2003. Earnings management and institutional ownership. Working Paper, Harvard University.

Shapiro, Amy. 2005. Who pays the auditor calls the tune? Auditing regulation and clients' incentives. *Seton Hall Law Review*, 30, Book 3 (June): 1030–1095.

Shapiro, Carl. 1986. Exchange of cost information in oligopoly. *Review of Economic Studies*, 53, 3 (July): 433–446.

Shareholder Proposal. Staff legal bulletin 14B (CF). 2004. Securities and Exchange Commission. (September 15). http://www. sec. gov/interps/legal/cfslb14b. htm.

Shavell, Steven. 1979. Risk sharing and incentives in the principal and agent relationship. *Bell Journal of Economics*, 10, 1 (Spring): 55–73.

Sheikh, Aamer. 2001. The effect of ratcheting performance standards on CEO compensation. Working Paper, University of Georgia.

Sheikholeslami, Mehdi. 1994. The impact of foreign stock exchange listing on income smoothing: Evidence from Japanese firms. *International Journal of Management*, 11, 2 (June): 737–742.

Sherman, Anne E. 2000. IPOS and long term relationships: An advantage of book building. *Review of Financial Studies*, 13, 3 (Autumn): 697–714.

Shivdasani, Anil. 1993. Board composition, ownership structure, and hostile takeovers. *Journal of Accounting and Economics*, 16, 1-3 (January-July): 167–198.

Shivdasani, Anil and David Yermack. 1999. CEO involvement in the selection of new board members: An empirical analysis. *Journal of Finance*, 54, 5 (October): 1829–1853.

Shleifer, Andrei. 2000. *Inefficient Markets: An Introduction to Behavioral Finance*, Oxford: Oxford University Press.

Shleifer, Andrei and Robert Vishny. 1986. Large shareholders and corporate control. *Journal of Political Economy*, 94, 3 (June): 461–488.

Shleifer, Andrei and Robert Vishny. 1990. Equilibrium short horizons of investors and firms. *American Economic Review*, 80, 2 (May): 148–153.

Shleifer, Andrei and Robert Vishny. 1997. A survey of corporate governance. *Journal of Finance*, 52, 2 (June): 737–783.

Shroff, Pervin K. 1995. Determinants of the returns – earnings correlation. *Contemporary Accounting Research*, 12, 1 (Fall): 41–55.

Shroff, Pervin K. 1999. The variability of earnings and non-earnings information and earnings prediction. *Journal of Business Finance and Accounting*, 26, 7-8 (September): 863-882.

Shroff, Pervin K. 2002. The relation between aggregate earnings and security returns over long intervals. *Contemporary Accounting Research*, 19, 1 (Spring): 147-164.

Shroff, Pervin K., Ramgopal Venkataraman, and Baohua Xin. 2004. Leaders and followers among security analysts: Analysis of impact and accuracy. 14th Annual Conference on Financial Economics and Accounting (FEA). SSRN. com/abstract=487902.

Shroff, Pervin K., Ramgopal Venkataraman, and Suning Zhang. 2004. The conservatism principle and the asymmetric timeliness of earnings: An event-based approach. A Working Paper, University of Minnesota. AAA 2004 Annual Meeting, Orlando, FL. SSRN. com/abstract=437144.

Shu, Susan Zhan. 2000. Auditor resignations: Clientele effects and legal liability. *Journal of Accounting and Economics*, 29, 2 (April): 173-205.

Shubik, Martin. 2002. Accounting and economic theory. Yale SOM Working Paper No. AC-16. SSRN. com/abstract=344421.

Sias, Richard. 1996. Volatility and the institutional investor. *Financial Analysts Journal*, 52, 21 (April/May): 13-20.

Sidak, J. Gregory. 2003. The failure of good intentions: The WorldCom fraud and the collapse of American telecommunications after deregulation. *Yale Journal on Regulation*, 20: 207. SSRN. com/abstract=335180.

Sidhu, Baljit K., Tom M. Smith, and Robert E. Whaley. 2006. Regulation Fair Disclosure and the cost of adverse selection. SSRN. com/abstract=917850.

Singer, Zvi. 2007. Discretionary financial reporting: Items manipulated by IPO firms, and investors' increased awareness. SSRN. com/abstract=898644.

Skinner, Douglas J. 1993. The investment opportunity set and accounting procedure choice: Preliminary evidence. *Journal of Accounting and Economics*, 16, 4 (October): 407-445.

Sloan, Richard G. 1993. Accounting earnings and top executive compensation. *Journal of Accounting and Economics*, 16, 1-3 (January-July): 55-100.

Sloan, Richard G. 1996. Do stock prices fully reflect information in accruals and cash flows about future earnings? *The Accounting Review*, 71, 3 (July): 289-315.

Sloan, Richard G. 1999. Discussion of "Accruals, cash flows and equity values." *Review of Accounting Studies*, 4, 3-4 (December): 231-234.

Sloan, Richard G. 2001. Financial accounting and corporate governance: A discussion. *Journal of Accounting and Economics*, 32, 1-3 (December): 335-347.

Slovin, Myron B., Marie E. Sushka, and Carl D. Hudson. 1990. External monitoring and its effect on seasoned common stock issues. *Journal of Accounting and Economics*, 12, 4 (March): 397-417.

Smith, Abbie. 1990. Corporate ownership structure and performance: The case of management buyouts. *Journal of Financial Economics*, 27, 1 (September): 143-164.

Smith, Abbie. 1993. Earnings and management incentives: Comments. *Journal of Accounting and Economics*, 16, 1-3 (January-July): 289-303.

Smith, Clifford W. 1993. A perspective on accounting-based debt covenant violations. *The Accounting Review*, 68, 2 (April): 289-303.

Smith, Clifford W. and Jerold B. Warner. 1979. On financial contracting: An analysis of bond covenants. *Journal of Financial Economics*, 7, 2 (June): 117-161.

Smith, Clifford W. and Ross L. Watts. 1992. The investment opportunity set and corporate financing, dividend, and compensation polices. *Journal of Financial Economics*, 32, 3 (December): 263-292.

Smith, Geoffrey Peter. 2006. A look at the impact of US regulation on cross-listed firms. SSRN. com/abstract=931051.

Smith, James A. and Zabihollal Rezaee. 1995. Earnings management by the early adopters of SFAS 106. *International Advances in Economic Research*, 1, 4 (November): 426-430.

Smith, Rebecca and John R. Emshwiller. 2003. 24 Days: *How Two WALL STREET JOURNAL Reporters Uncovered The Lies That Destroyed Faith in Corporate America*? Harper Business, Harper Collins.

Smith, Roy C. and Ingo Wlater. 2006. Four years after Enron: Assessing the financial-market regulatory cleanup. *The Independent Review*, 11, 1 (Summer): 53-66.

Smith, Terry. 1996. *Accounting for growth—Stripping the camouflage from company accounts*. Second edition. London: Century Business.

Soffer, Leonard C., Ramu S. Thiagarajan, and Beverly R. Walther. 2000. Earnings preannouncements strategies. *Review of Accounting Studies*, 5, 1 (March): 5-26.

Song, Chang Soon. 2004. Are interest rate swaps used to manage banks' earnings? Working Paper, Michigan State University.

Song, Jihe and Brian Windram. 2004. Benchmarking audit committee effectiveness in financial reporting. *International Journal of Auditing*, 8, 3 (November): 195-205.

Spagnolo, Giancarlo. 2000. Stock-related compensation and product-market competition. *The RAND Journal of Economics*, 31, 1 (Spring): 22-42.

Spathis, C. H., M. Doumpos, and C. Zopounidis. 2002. Detecting falsified financial statements: A comparative study using multicriteria analysis and multivariate statistical techniques. *European Accounting Review*, 11, 3 (September): 509-535.

Spear, Stephen E. and Sanjay Srivastava. 1987. On repeated moral hazard with discounting. *The Review of Economic Studies*, 54, 4 (October): 599-618.

Spira, Laura F. 1999. Ceremonies of governance: Perspectives on the role of the audit committee. *Journal of Management and Governance*, 3, 3 (September): 231-260.

Srinidhi, Bin and Ferdinand A. Gul. 2006. The differential effects of auditors' non-audit and audit fees on accrual quality. *Contemporary Accounting Research*, 24, 2 (Summer): 595-629.

Srinidhi, Bin, Joshua Ronen, and A. J. Maindiratta. 2001. Market imperfections as the cause of accounting income smoothing—the case of differential capital access. *Review of Quantitative Finance and Accounting*, 17, 3 (November): 283-300.

Srinivasan, Suraj. 2005. Consequences of financial reporting failure for outside directors: Evidence from accounting restatements. *Journal of Accounting Research*, 43, 2 (May): 291-334.

Stein, Jeremy C. 1988. Takeover threats and managerial myopia. *Journal of Political Economy*, 96, 1 (February): 61-80.

Stein, Jeremy C. 1989. Efficient capital markets, inefficient firms: A model of myopic corporate behavior. *Quarterly Journal of Economics*, 104, 4 (November): 655-669.

Stickel, Scott E. 1991. Common stock returns surrounding earnings forecast revisions: More puzzling evidence. *The Accounting Review*, 66, 2 (April) :402-416.

Stiglitz, Joseph E. 1969. A re-examination of the Modigliani-Miller Theorem. *The American Economic Review*, 59, 5 (December): 784-793.

Stiglitz, Joseph E. 2003. *The Roaring Nineties.* New York: W. W. Norton & Company. Ch. 5: 115-139. Stocken, Philip C. 2000. Credibility of voluntary disclosure. *RAND Journal of Economics*, 31, 2 (Summer): 359-374.

Stolowy, Herve and Gaetan Breton. 2000. Accounts manipulation: A literature review and proposed conceptual framework. *Review of Accounting and Finance*, 3, 1: 5-66.

Strahan, Philip E. 1998. Securities class actions, corporate governance and managerial agency problems. Working Paper, Federal Reserve Bank of New York.

Strobl, Günter. 2004. Managerial compensation, market liquidity, and the overinvestment problem. Working Paper, University of Pennsylvania.

Strong, John S. and John R. Meyer. 1987. Asset writedowns: Managerial incentives and security returns. *Journal of Finance*, 42, 3 (June): 643-661.

Suh, Yoon S. 1990. Communication and income smoothing through accounting method choice. *Management Science*, 36, 6 (June): 704-729.

Suijs, Jeroen. 2005. Voluntary disclosure of bad news. *Journal of Business Finance and Accounting*, 32, 7/8 (September/October): 1423-1436.

Suk, In-Ho. 2005. Persistence in meeting/beating earnings thresholds and strategic earnings reporting policy. Working Paper, Purdue University.

Sullivan, Richard J. and Kenneth Spong. 2004. Managerial wealth, ownership structure, and risk in commercial banks. SSRN. com/abstract = 558684.

Summers, Scott L. and John T. Sweeney. 1998. Fraudulently misstated financial statements and insider trading: An empirical analysis. *The Accounting Review*, 73, 1 (January): 131–146.

Sun, Yan. 2003. Analysis of accrual mispricing. www. olin. wustl. edu/fs/acadseminars/downloadPDF. cfm? recNum = 40868.

Sunder, Shyam. 1996. Security markets and accounting standards: Lessons from research. Working Paper, Yale University.

Sunder, Shyam. 1997. *Theory of Accounting and Control.* Cincinnati: Southwest College Publishing.

Sunder, Shyam. 1999. Classical stewardship, and market perspectives on accounting: A synthesis. In Shyam Sunder and Hidetoshi Yamaji, eds. , *The Japanese Style of Business Accounting.* Westport, CT: Quorum Books: 17–31.

Sunder, Shyam. 2002. Management control, expectations, common knowledge, and culture. *Journal of Management Accounting Research*, 14, 1: 173–187.

Sunder, Shyam. 2004. Contract theory and strategic management: Balancing expectations and actions. Working Paper, Yale University.

Swaminathan, Siva and Joseph Weintrop. 1991. The information content of earnings, revenues, and expenses. *Journal of Accounting Research*, 29, 2 (Autumn): 418–427.

Sweeney, Amy P. 1994. Debt-covenant violations and manager's accounting responses. *Journal of Accounting and Economics*, 17, 3 (May): 281–308.

Tan, Hun-Tong, Robert Libby, and James E. Hunton. 2002. Analysts' reactions to earnings preannouncement strategies. *Journal of Accounting Research*, 40, 1 (March): 223–246.•

Tan, Hwee-Cheng and Karim Jamal. 2006. Effect of accounting discretion on ability of managers to smooth earnings. *Journal of Accounting and Public Policy*, 25, 5 (September-October): 554–573.

Taplin, Ross, Greg Tower, and Phil Hancock. 2002. Disclosure (discernibility) and compliance of accounting policies: Asia-Pacific evidence. *Accounting Forum*, 26, 2 (June): 172–190.

Tasker, Sarah C. 1998. Bridging the information gap: Quarterly conference calls as a medium of voluntary disclosure. *Review of Accounting Studies*, 3, 1-2 (March): 137–167.

Teoh, Siew H. , Ivo Welch, and T. J. Wong. 1998b. Earnings management and the long-run market performance of initial public offerings. *Journal of Finance*, 53, 6 (December): 1935–1974.

Teoh, Siew Hong and T. J. Wong. 1993. Perceived auditor quality and the earnings response coefficient. *The Accounting Review*, 68, 2 (April): 346–366.

Teoh, Siew Hong and T. J. Wong. 2002. Why new issues and high-accrual firms underperform: The role of analysts' credulity. *The Review of Financial Studies*, 15, 3 (July): 869–900.

Teoh, Siew Hong, T. J. Wong, and Gita Rao. 1998. Are accruals during initial public offerings opportunistic? *Review of Accounting Studies*, 3, 1–2 (March): 175–208.

Thaler, Richard H. 1994. *Quasi Rational Economics*, New York: Russell Sage Foundation.

Thomas, Jacob K. 1989. Unusual patterns in reported earnings. *The Accounting Review*, 64, 4 (October): 773–787.

Thomas, Jacob K. and Huai Zhang. 2002. Inventory changes and future returns. *Review of Accounting Studies*, 7, 2-3 (June): 163–187.

Thomas, Jacob K. and X. J. Zhang. 2000. Identifying unexpected accruals: A comparison of current approaches. *Journal of Accounting and Public Policy*, 19, 4-5 (Winter): 347–376.

Thomas, Randall S. and Kenneth J. Martin. 1999. The effect of shareholder proposals in executive compensation. *University of Cincinnati Law Review*, 67: 1021–1081.

Tippett, Elizabeth Chika. 2006. The promise of compelled whistleblowing: What the corporate governance provisions of Sarbanes Oxley mean for employment law. SSRN. com/abstract=930226.

Tirole, Jean J. 1988. *The Theory of Industrial Organization.* Reading MA: MIT Press.

Tirole, Jean J. 2002. Corporate governance. *Econometrica*, 69, 1 (January): 1–35.

Titman, Sheridan and Brett Trueman. 1986. Information quality and the valuation of new issues. *Journal of Accounting and Economics*, 8, 2 (June): 159–172.

Townsend, Robert M. 1979. Optimal contracts and competitive markets with costly state verification. *Journal of Economic Theory*, 21, 2 (October): 265–293.

Townsend, Robert M. 1982. Optimal multiperiod contracts and the gain from enduring relationships under private information. *The Journal of Political Economy*, 90, 6 (December): 1166–1186.

Trueman, Brett. 1990. Theories of earnings announcement timing. *Journal of Accounting and Economics*, 13, 3 (October): 285–301.

Trueman, Brett. 1996. The impact of analyst following on stock prices and the implications for firms' disclosure policies. *Journal of Accounting, Auditing and Finance*, 11, 3 (Summer): 333–354.

Trueman, Brett. 1997. Managerial disclosures and shareholder litigation. *Review of Accounting Studies*, 2, 2 (June): 181–199.

Trueman, Brett and Sheridan Titman. 1988. An explanation for accounting income smoothing. *Journal of Accounting Research*, 29, 3 (Supplement): 127–139.

Tsoulouhas, Theofanis, Charles R. Knoeber, and Anup Agrawal. 2007. Contests to become CEO: Incentives, selection and handicaps. *Economic Theory*, 30, 2 (February): 195–221.

Tucker, Jennifer W. and Paul Zarowin. 2006. Does income smoothing improve earnings informativeness? *The Accounting Review*, 81, 1 (January): 251–270.

Tufano, Peter and Matthew Sevick. 1997. Board structure and fee-setting in the U. S. mutual fund industry. *Journal of Financial Economics*, 46, 3 (December): 321–355.

Turner, Lynn E. 2001a. *The Accounting Profession's Obligation to Global Investors: Quality Investor Information through Quality Audits.* April 6. http://www.sec.gov/news/speech/spch480.htm.

Tzur, Joseph and Varda (Lewinstein) Yaari. 1994. Management's reporting strategy and the imperfection of the capital market. *Managerial and Decision Economics*, 15, 1 (January): 57–61.

Tzur, Joseph and Varda (Lewinstein) Yaari. 1999. Microstructure of firm's disclosure. *Review of Quantitative Finance and Accounting*, 13, 4 (December): 367–391.

United States General Accounting Office. 2002. Financial Statement Restatements: Trends, Market Impacts, Regulatory Responses and Remaining Challenges. A Report to the Chairman, Committee on Banking, Housing and Urban Affairs, U. S. Senate. GAO-03-138 (October).

Uzun, Hatice, Samuel H. Szewczyk, and Raj R. Varma. 2004. Board composition and corporate fraud. *Financial Analysts Journal*, 60, 3 (May/June): 33–43.

Vafeas, Nikos. 1999a. Board meeting frequency and firm performance. *Journal of Financial Economics*, 53, 1 (July): 113–142.

Vafeas, Nikos. 1999b. The nature of board nominating committees and their role in corporate governance. *Journal of Business Finance and Accounting*, 26, 1/2 (January-March): 199–225.

Vafeas, Nikos. 2000. Board structure and the informativeness of earnings. *Journal of Accounting and Public Policy*, 19, 2 (June): 139–160.

Vafeas, Nikos. 2003. Length of board tenure and outside director independence. *Journal of Business Finance and Accounting*, 30, 7–8 (September/October): 1043–1064.

Vafeas, Nikos. 2005. Audit committees, boards, and the quality of reported earnings. *Contemporary Accounting Research*, 22, 4 (Winter): 1093–1122.

Vafeas, Nikos, Adamos Vlittis, Philippos Katranis, and Kanalis Ockree. 2003. Earnings management around share repurchases: A note. *Abacus*, 39, 2 (June): 262–272.

Van Damme, Eric. 1987. *Stability and Perfection of Nash Equilibria.* Berlin: Springer-Verlag.

Vance, Stanley C. 1983. *Corporate Leadership: Boards, Directors, and Strategy.* New York: McGraw-Hill.

Vancil, Richard F. 1987. *Passing the Baton: Managing the Process of CEO Succession.* Boston: Harvard Business School Press.

Venugopalan, Raghu. 2004. Conservatism in accounting: Good or bad? Working Paper, University of Chicago.

Vermaelen, Theo. 1981. Common stock repurchases and market signaling: An Empirical study. *Journal of Financial Economics*, 9, 2 (June): 139–183.

Vermeer, Thomas, E. 2005. Do CEO/CFO certifications provide a signal of credible financial reporting? *Research in Accounting Regulation*, 18: 163–176.

Verrecchia, Robert E. 1982. The use of mathematical models in financial accounting. *Journal of Accounting Research*, 20 (Supplement): 1–42.

Verrecchia, Robert E. 1983. Discretionary disclosure. *Journal of Accounting and Economics*, 5: 179–194.

Vickers, Marcia. 1999. Ho-hum, another earnings surprise. *Business Week*, May 24: 83–84.

Visvanathan, Gnanakumar. 1998. Deferred tax valuation allowances and earnings management. *Journal of Financial statements Analysis*, 3, 4 (Summary): 6–15.

Wagenhofer, Alfred. 1990. Voluntary disclosure with a strategic opponent. *Journal of Accounting and Economics*, 12, 4 (March): 341–363.

Wahlen, James M. 1994. The nature of information in commercial bank loan loss disclosures. *The Accounting Review*, 69, 3 (July): 455–478.

Wall, Larry D. and Pamela P. Peterson. 1996. Banks' responses to binding regulatory capital requirements. *Economic Review*, Federal Reserve Bank of Atlanta.

Walker, David. 2006. Some observations on the stock option backdating scandal of 2006. The Boston University School of Law Working Paper 06-31. SSRN. com/ abstract=929702.

Walsh, Pauk, Russell Craig, and Frank Clarke. 1991. "Big bath accounting" using extraordinary items adjustments: Australian empirical evidence. *Journal of Business Finance and Accounting*, 18, 2 (January): 173–189.

Walther, Beverly R. 1997. Investor sophistication and market earnings expectations. *Journal of Accounting Research*, 35, 2 (Autumn): 157–192.

Wan-Hussin, Wan Nordin, and Noraizan Ripain. 2003. IPO profit guarantees and income smoothing. SSRN. com/abstract=411380.

Wang, Hefei. 2006. Pooling the good and the bad: A theory of reputation acquisition of stock analysts. SSRN. com/abstract=887156.

Wang, Shiing-wu and Jerry Han. 1998. Political costs and earnings management of oil companies in the 1990 Persian Gulf crisis. *The Accounting Review*, 73, 1 (January): 103-117.

Wang, Tracy Yue. 2004. Investment, shareholder monitoring, and the economics of corporate securities fraud. Working Paper, University of Maryland.

Wang, Zhemin and Thomas H. Williams. 1994. Accounting income smoothing and stockholder wealth. *Journal of Applied Business Research*, 10, 3 (Summer): 96-110.

Warfield, Terry D. and Thomas J. Linsmeier. 1992. Tax planning, earnings management, and the differential information content of bank earnings components. *The Accounting Review*, 67, 3 (July): 546-562.

Warfield, Terry D. and John J. Wild. 1992. Accounting recognition and the relevance of earnings as an explanatory variable for returns. *The Accounting Review*, 67, 4 (October): 821-842.

Warfield, Terry D., John J. Wild, and Kenneth L. Wild. 1995. Managerial ownership, accounting choices, and informativeness of earnings. *Journal of Accounting and Economics*, 20, 1 (July): 61-91.

Warner, Jerold B., Ross L. Watts, and Karen H. Wruck. 1988. Stock prices and top management changes. *Journal of Financial Economics*, 20: 461-492.

Watts, Ross L. 2003a. Conservatism in accounting part I: Explanations and implications. *Accounting Horizons*, 17, 3 (September): 207-221.

Welch, Ivo. 1996. Herding among security analysts. John E. Anderson Graduate School of Management at UCLA Publishing.

Watts, Ross L. 2003b. Conservatism in accounting part II: Evidence and research opportunities. *Accounting Horizons*, 17, 4 (December): 287-301.

Watts, Ross, L. and Sugata Roychowdhury. 2005. Asymmetric timeliness of earnings, market-to-book and conservatism in financial reporting. MIT Sloan Research Paper No. 4550-05. SSRN. com/abstract=638001.

Watts, Ross L. and Jerold L. Zimmerman. 1978. Towards a positive theory of the determination of accounting standards. *The Accounting Review*, 53, 1 (January): 112-134.

Watts, Ross L. and Jerold L. Zimmerman. 1986. *Positive Accounting Theory*. Englewood Cliffs: Prentice Hall.

Watts, Ross L. and Jerold L. Zimmerman. 1990. Positive accounting theory: A ten year perspective. *The Accounting Review*, 65, 1 (January): 131–156.

Waymire, Gregory. 1984. Additional evidence on the information content of management earnings forecasts. *Journal of Accounting Research*, 22, 2 (Autumn): 703–718.

Waymire, Gregory. 1986. Additional evidence on the accuracy of analyst forecasts before and after voluntary management earnings forecasts. *The Accounting Review*, 61, 1 (January): 129–141.

Wayne, Leslie. 2003. Creative deal or highflying pork? *New York Times*, 4/20/2003.

Weber, Margaret Liebenow. 2004. Executive equity incentives, earnings management and corporate governance. Ph. D. dissertation. The University of Texas at Austin.

Wei, K. C. John and Feixue Xie. 2005. Earnings management, corporate investments, and stock returns. SSRN. com/abstract=685113.

Weisbach, Michael S. 1988. Outside directors and CEO turnover. *Journal of Financial Economics*, 20, 1 (March): 431–460.

Weisbach, Michael S. 1995. CEO turnover and the firm's investment decisions. *Journal of Financial Economics*, 37, 2 (February): 159–188.

Weisbenner, Scott J. 2000. Corporate share repurchases in the 1990s: What role do stock options play? The Federal Reserve Board.

Welch, Ivo. 1992. Sequential sales, learnings, and cascades. *Journal of Finance*, 47, 2 (June): 695–732.

Welch, Ivo. 2000. Herding among security analysts. *Journal of Financial Market*, 58, 3 (December): 369–396.

Welch, Jack and John A. Bryne. 2001. *Jack: Straight from the Gut.* New York: Warner Books, Inc.

Wells, Peter. 2002. Earnings management surrounding CEO changes. *Accounting and Finance*, 42, 2 (June): 169–193.

Werhane, Patricia H., Jenny Mead, and Cindy Eddins Collier. 2006. HealthSouth (C): The Trial. UVA-E-0275. SSRN. com/abstract=908774.

Westphal, James D. 1999. Collaboration in the boardroom: The consequences of social ties in the CEO/board relationship. *Academy of Management Journal*, 42, 2 (March): 7–24.

Westmore, Jill L. and John R. Brick. 1994. Loan loss provisions of commercial banks and adequate disclosure: A note. *Journal of Economics and Business*, 46, 4 (October): 299–305.

Westport Tippett and Elizabeth Chika. 2006. The promise of compelled whistleblowing: What the corporate governance provisions of Sarbanes-Oxley mean for employment law. SSRN. com/abstract=930226.

Williams, Jan. 2006. An empirical examination of the management strategies used by firms to meet or beat analysts' forecasts: Pre and post Regulation FD and Sarbanes Oxley Act. A Ph. D. dissertation. Morgan State University.

Williams, Jan, Peter DaDalt, Wei Liang Sun, and Varda Yaari. 2006. Has regulation changed the market's reward for meeting or beating expectations? In M. Neelan, ed., *Focus on Accounting and Finance*, Hauppauge, NY: Nova Publishers.

Williamson, Oliver E. 1985. *The Economic Institutions of Capitalism*, New York: Free Press.

Williamson, Oliver E. 1996. *The Mechanisms of Governance.* Oxford: Oxford University Press.

Wilson, Thomas E. and Richard A. Grimlund. 1990. An examination of the importance of an auditor's reputation. *Auditing: A Journal of Practice and Theory*, 9, 2 (Spring): 43–59.

Winton, Andrew. 1993. Limitation of liability and the ownership structure of the firm. *Journal of Finance*, 48, 2 (June): 487–512.

Wojcik, Dariusz, Gordon Leslie Clark, and Rob Bauer. 2004. Corporate governance and cross-listing: Evidence from European companies. SSRN. com/abstract = 593364.

Wolnizer, P. W. 1995. Are audit committees red herrings? *Abacus*, 31, 1 (March): 45–66.

Wright, David W. 1999. Evidence on the relation between corporate governance characteristics and the quality of financial reporting. SSRN. com/abstract = 10138.

Wu, Min. 2002. Earnings restatements: A capital market perspective. Working Paper, New York University.

Wu, Woody Y. 1997. Management buyouts and earnings management. *Journal of Accounting, Auditing and Finance*, 12, 4 (Fall): 373–389.

Wu, Yilin. 2000. "Honey, CalPERS shrunk the board." SSRN. com/abstract = 235295.

Wysocki, Peter D. 2004. Discussion of ultimate ownership, income management, and legal and extra-legal institutions. *Journal of Accounting Research*, 42, 2 (May): 463–474.

Xie, Biao, Wallace N. Davidson III, and Peter J. DaDalt. 2003. Earnings management and corporate governance: The roles of the board and the audit committee. *Journal of Corporate Finance*, 9, 3 (June): 295–316.

Xie, Hong. 2001. The mispricing of discretionary accruals. *The Accounting Review*, 76, 3 (July): 357–373.

Xue, Yanfeng. 2003. Information content of earnings management: Evidence from managing earnings to exceed thresholds. SSRN. com/abstract = 582601.

Yaari, Hila, Peter DaDalt, Joshua Ronen, and Varda Yaari. 2007. An accruals conundrum in earnings management research. Work in process.

Yaari, Varda. 1991. On hoarding in contract theory. *Economics Letters*, 35, 1 (January): 21–25.

Yaari, Varda. 1993. A taxonomy of disclosure policies. *Journal of Economics and Business*, 45, 5 (December): 361–374.

Yaari, Varda. 2005. Smoothing, conservative smoothing, and truth telling. CAAA 2005 Annual Meeting, Quebec, Canada, 2005, and AAA 2005 Meeting, San Francisco, CA. SSRN. com/abstract=754886.

Yan, Xiong. 2006. Earnings management and its measurement: A theoretical perspective. *Journal of American Academy of Business*, 9, 1 (March): 214–219.

Ye, Jianming. 2006. Accounting accruals and tests of earnings management. Working Paper, Baruch College.

Yeo, Gillian H. H., Patricia M. S. Tan, Kim Wai Ho, and Sheng-Syan Chen. 2002. Corporate ownership structure and the informativeness of earnings. *Journal of Business Finance and Accounting*, 29, 7/8 (September/October): 1023–1046.

Yermack, David. 1998. Companies' modest claims about the value of CEO stock option awards. *Review of Quantitative Finance and Accounting*, 10, 2 (March): 207–226.

Yermack, David. 2004. Remuneration, retention, and reputation incentives for outside directors. *Journal of Finance*, 59, 5 (October): 2281–2308.

Yermack, David. 2006a. Flights of fancy: Corporate jets, CEO perquisites, and inferior shareholder returns. *Journal of Financial Economics*, 80, 1 (April): 211–242.

Yermack, David. 2006b. Golden handshakes: Separation pay for retired and dismissed CEOs. *Journal of Accounting and Economics*, 41, 3 (September): 237–256.

Young, Richard A. 2000. Discussion of "Accounting recognition, moral hazard, and communication." *Contemporary Accounting Research*, 17, 3 (Fall): 491–496.

Young, Steven. 1999. Systematic measurement error in the estimation of discretionary accruals: An evaluation of alternative modeling procedures. *Journal of Business Finance and Accounting*, 26, 7-8 (September-October): 833–862.

Young, Stewart M. 2004. Whistleblowing in a foreign key: The consistency of ethics regulation under Sarbanes-Oxley with the WTO GATS provisions. *Denver Journal of International Law and Policy*, 32, 1: 55–85. SSRN. com/abstract=586821.

Zach, Tzachi. 2003. Inside the "accrual anomaly." Working Paper, Washington University.

Zacharias, Fred C. 2004. Lawyers as gatekeepers. *San Diego Law Review*, 41, issue 3, p. 1387. SSRN. com/abstract=591655.

Zajac, Edward J. 1990. CEO selection, succession, compensation and firm performance: A theoretical integration and empirical analysis. *Strategic Management Journal*, 11, 3 (March): 217-230.

Zajac, Edward J. and James D. Westphal. 2004. The costs and benefits of managerial incentives and monitoring in large U. S. corporations: When is more not better? *Strategic Management Journal*, 15, Special Issue: Competitive Organizational Behavior (Winter): 121-142.

Zhang, Huai. 2000. How rational is the stock market towards properties of analyst consensus forecasts? A Ph. D. dissertation. Columbia University.

Zhang, Ivy Xiying. 2005. Economic consequences of the Sarbanes-Oxley Act of 2002. Working Paper, University of Rochester.

Zhang, Ping. 1999. A bargaining model of auditor reporting. *Contemporary Accounting Research*, 16, 1 (Spring): 167-184.

Zhang, Yan, Jian Zhou, and Nan Zhou. 2006. Audit committee quality, auditor independence, and internal control weaknesses. SSRN. com/abstract=925732.

Zhou, Jian and Ken Y. Chen. 2004. Audit committee, board characteristics and earnings management by commercial banks. Working Paper, SUNY at Binghamton and National Cheng Kung University.

Zhou, Jian and Randal J. Elder. 2004. Audit quality and earnings management by seasoned equity offering firms. *Asia-Pacific Journal of Accounting and Economics*, 11, 2 (August): 95-120.

Zhou, Xianming. 2001. Understanding the determinants of managerial ownership and the link between ownership and performance: Comment. *Journal of Financial Economics*, 62, 3 (December): 559-571.

Zingales, Luigi. 1998. Peter Newman, Ed. , *Corporate Governance. The New Palgrave Dictionary of Economics and the Law*, New York: Stockton Press.

Zingales, Luigi. 2006. Is the U. S. capital market losing its competitive edge? The Initiative on Global Financial Markets. Working Paper No. 1.

Ziv, Amir. 1993. Information sharing in oligopoly: The truth-telling problem. *RAND Journal of Economics*, 24, 3 (Autumn): 455-465.

Ziv, Amir. 1998. Discussion of "Earnings management and the revelation principle." *Review of Accounting Studies*, 3, 1-2 (March): 35-40.

Zou, Xiaopeng and Xuejie Chen. 2002. Earnings management of Chinese listed firms: A survey of empirical studies. Special reports.

译后记

当我第一次阅读这部著作的英文版时，我就心动了。一方面，它再次激起了我对盈余管理研究的关注；另一方面，它让我下定决心将其翻译成中文，以便更多的国内同行有机会欣赏到。

盈余管理是公司会计行为中最具代表性，也是最有特色的部分。它反映了公司会计行为的动机与利益指向，表征着公司会计行为的方式方法及其经济后果。

1998 年前后，我就开始着手盈余管理的研究。近十多年来，国内也有一批学者从事这一领域的研究，并取得了丰硕的成果。但最近几年，我在阅读这些研究文献时，感觉很迷茫，甚至担心盈余管理的研究可能走到了尽头。究其原因，主要有三：

第一，盈余管理的研究愈来愈陷入对控股股东或管理层的拷问，忽视了信息使用者、监管者、诸多守门人等其他参与者的角色。盈余管理就像一盘大棋局，有多个“玩家”（参与者）。如果看不到这些其他参与者在盈余管理中的角色，我们只能是盲人摸象，知之甚少。

第二，盈余管理研究中的理论支撑越来越薄弱，实证研究提供的证据及其解释更多地停留于现象本身。盈余管理如平滑收益等，作为公司最具特色的会计行为，与资本市场、公司治理、产品和要素市场、法律与监管理论等密切相关。如果不完善盈余管理研究的理论支撑，我们只能就事论事、流于表层，研究就失去了灵魂。

第三，由于盈余管理研究的方法论持续创新不足，用来识别盈余管理之方法的有效性受到人们的怀疑。盈余管理具有很强的隐形特征，不易观察得到，更难于识别。如果没有方法论的创新和突破，我们只能盲猜，既看不清问题，更摸不着实质。

罗恩和耶理撰写的《盈余管理——理论、实践与研究的新发展》，正好是一部有助于解决上述问题的优秀著作。这部著作分四个部分，分别讨论了盈余管理的内涵及重要性、盈余管理的各类参与者、盈余管理研究的理论需求与供给和盈余管理研究的方法论。其中的第二部分“盈余管理的各类参与者”，全面、系统和深入解读了盈余管理这盘大棋局；第三部分“盈余管理研究的理论需求与供给”，为人们认识、理解盈余管理这一会计行为的实质、动机及其经济后果提供了丰富的理论支撑，使其灵魂得以复活；第四部分“盈余管理研究的方法论”，不仅深刻分析了应计过程、应计方法和相关研究模型，还讨论了检测盈余管理的替代性方法，为人们识别盈余管理提供了一串串钥匙。

我本人非常喜爱这部著作，我在中山大学的同事漆江娜、路晓燕副教授和当时的博士生饶静也都喜欢它。大家一起努力，经过一年多的翻译和两次审校，终于成稿。在这里，我要感谢她们三位的用心、专注和专业。

我不敢肯定出版这部译作一定能盈利，但我有信心地认为：这是一部优秀的著作和用心翻译的译作。东北财经大学出版社更看重后者，因此给予了鼎力支持。衷心感谢出版社和编辑们的支持！

魏明海

二零一四年四月十八日